中国资本市场研究报告（2016）

股市危机与政府干预：让历史告诉未来

Annual Research Report on China's Capital Markets

Stock Market Crisis and the Government Intervention: Let History Tell the Future

吴晓求 等著

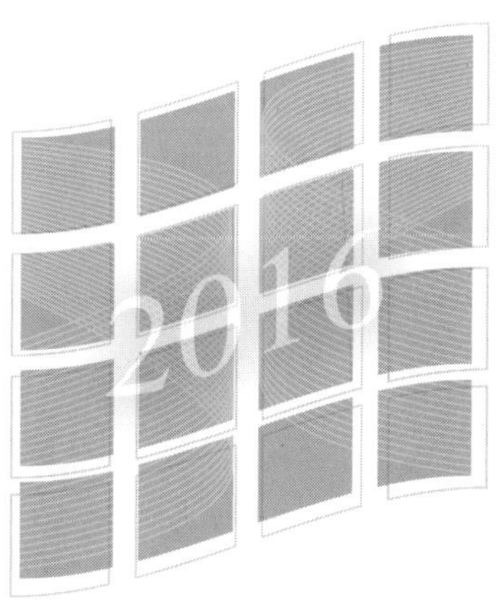

中国人民大学出版社
·北京·

学术指导

黄　达　　刘鸿儒　　胡乃武

作者名单

主　　笔　吴晓求

副 主 笔　赵锡军　董安生　瞿　强　施　炜

执　　笔　（按姓氏拼音为序）

曹圣熙　陈　乾　陈　越　戴奥然　董安生　付　敏
黄春妍　赖元杰　李凤云　李　刚　李少君　李诗瑶
李向科　李星汉　李永森　李好雪　刘成立　刘民昊
陆　超　卢昱融　彭　飞　瞿　强　施　炜　孙　冉
汤　珂　田　苗　韦博洋　魏建华　吴　昊　吴建丽
吴晓求　王　琳　许　荣　徐　昭　杨皓月　姚　佩
尹志锋　应展宇　张江涛　张　宁　张　霞　张　夏
赵海瑞　赵锡军　赵　扬　郑　韬　朱　宁

英文译校　赵锡军（校）孙冉（译）

编　　务　赵振玲

Academic Advisors

Huang Da　　Liu Hongru　　Hu Naiwu

Contributors

Chief Author: Wu Xiaoqiu

Deputy Chief Author: Zhao Xijun　Dong Ansheng　Qu Qiang　Shi Wei

Authors:

Cao Shengxi	Chen Qian	Chen Yue	Dai Aoran
Dong Ansheng	Fu Min	Huang Chunyan	Lai Yuanjie
Li Fengyun	Li Gang	Li Shaojun	Li Shiyao
Li Xiangke	Li Xinhan	Li Yongsen	Li Yuxue
Liu Chengli	Liu Minhao	Lu Chao	Lu Yurong
Peng Fei	Qu Qiang	Shi Wei	Sun Ran
Tang Ke	Tian Miao	Wei Boyang	Wei Jianhua
Wu Hao	Wu Jianli	Wu Xiaoqiu	Wang Lin
Xu Rong	Xu Zhao	Yang Haoyue	Yao Pei
Yin Zhifeng	Ying Zhanyu	Zhang Jiangtao	Zhang Ning
Zhang Xia	Zhang Xia	Zhao Hairui	Zhao Xijun
Zhao Yang	Zhen Tao	Zhu Ning	

English:

Zhao Xijun (Review)　Sun Ran (Translation)

Editing Staff:

Zhao Zhenling

出版说明

本研究报告是中国人民大学金融与证券研究所（FSI）所长吴晓求教授领衔、FSI研究团队连续撰写的第二十个年份的《中国资本市场研究报告》，曾提交给2016年1月9日在中国人民大学举行的“第二十届（2016年度）中国资本市场论坛”，并作为论坛的主题研究报告。

吴晓求教授统纂了本研究报告，他在通读了本研究报告的核心内容并做必要修正后定稿。赵锡军教授对本研究报告的英文内容做了校阅。

本研究报告得到了教育部社会科学司的大力支持。从2011年起，由吴晓求教授领衔撰写的《中国资本市场（年度）研究报告》被教育部社会科学司列为教育部哲学社会科学研究（发展）报告资助项目。本研究报告的写作和出版得到了鑫苑（中国）置业有限公司、华融证券股份有限公司和《资本市场》杂志社等多方面的帮助，同时得到了中国人民大学出版社的大力支持。对此，我们深表感谢！

本研究报告可以代表本研究报告主持人和FSI对危机理论所持的主要观点。

中国人民大学金融与证券研究所（FSI）

2016年1月20日

Publishing Notes

This research report is the 20th annual *China Capital Market Research Report*, which is composed by Professor Wu Xiaoqiu—director of the Finance and Securities Institute (FSI) —and experts from FSI research team. Also, as the matic report, it was submitted to "the 20th (2016) China Capital Market Forum", which was hold by Renmin University of China on January 9, 2016.

Professor Wu Xiaoqiu organized the writing of the report, read the core contents after the completion of the writing and finalized the last version with certain necessary amendments. Professor Zhao Xijun reviewed the English version and put forward some constructive suggestions.

This research report received substantial supports from the Social Science Department of the Ministry of Education. The serial *China Capital Market Research Reports*, which are composed by Professor Wu Xiaoqiu, have been selected as a sponsorship project of Philosophy and Social Science Research (Development) by the Ministry of Education since 2011. Also, this research report obtained enormous assistance from Xinyuan Real Estate Co. Ltd., Huarong Securities Co. Ltd., *Capital Markets* and Renmin University Press. We would like to thank the institutions mentioned above.

This research report reflects the main opinion of the chief author, Professor Wu Xiaoqiu, as well as FSI on the theory of financial crisis.

Finance and Securities Institute (FSI) of Renmin University of China

January 20, 2016

内容简介

2015年，中国资本市场出现了自沪、深交易所建立以来最严重的市场危机。在中国资本市场不断开放和国际化的过程中，如何尽可能避免和有效防范未来再次发生股市危机，如何应对未来可能不断重复发生的股市危机，如何将未来股市危机的破坏性控制到最小，如何在股市危机后迅速恢复市场的有效性，是我们面临的重大研究课题。为此，有必要系统分析和深刻反思这次股市危机的演变过程、形成原因、风险特点和监管教训。与此同时，我们还应当全面回顾和总结近三十年来全球股市危机形成的规律和相关国家应对股市危机的经验、教训。然后，在上述研究的基础上，提出相应的制度变革和政策调整建议，寻找防范和应对股市危机的有效措施。

本研究报告由导论、分论、专论和市场研究四部分组成，其中导论、分论和专论是本研究报告的主体内容。导论部分主要研究股市危机形成的内在逻辑和金融危机四种形态相关转化的过程，并做了一些重要的理论概括。分论主要研究了近三十年来全球主要股市危机的形成过程、原因和相关国家如何应对股市危机，内容包括1987年美国股市的“黑色星期一”，1990年前后日本泡沫经济与股市危机，1997年亚洲金融危机，1998年俄罗斯金融危机，2000年互联网泡沫与纳斯达克市场危机，2008年全球金融海啸与股市危机，2015年中国股市危机等。专论部分主要研究与股市危机有关的理论问题，包括信用扩张与资产价格泡沫的关系，金融体系不稳定的标志识别，政府干预与市场契约的关系，技术进步带来的交易技术、交易制度和交易结构的变化与市场波动的关系等。市场研究实际上是本研究报告的重要补充内容，主要是从基本面和技术面的角度，分析了2015年中国股票市场的特点和2016年的变化趋势。

Introduction

In 2015, the Chinese stock market experienced the most serious market crisis since the establishment of the Shanghai and Shenzhen Stock Exchange. In the opening and internationalization process of China's capital market, how to effectively avoid and prevent the stock market crises, how to deal with the repeated occurrence of the stock market crises, how to minimize the destructiveness of the stock market crises in the future and how to quickly recover from the stock market crises are major research projects in front of us. Therefore, it is necessary to systematically analyze and profoundly introspect the evolution process, causes, risk characteristics and regulatory exhortation of the stock market crises. Meanwhile, a comprehensive review and summary of the formation laws and the experience of relevant countries dealing with the global stock market crisis in the past 30 years were discussed in this research report. Then, based on the above study, we proposed measures for institutional reforms and policy adjustments.

This study is composed of four parts: introduction, theses, special topics and market research. The introduction, theses and special topics are the main body of the study. The introduction focuses on the internal logic of the stock market crises and the conversion process among the four forms of the financial crises, and makes some important theoretical generalizations. The theses concentrate on the formation process, the causes of the stock market crises in the past 30 years, and the measures dealing with the crises by relevant countries. The contents include the US stock market "Black Monday" in 1987, the Japanese bubble economy and the stock market crisis in the 1990s, the Asian financial crisis in 1997, the Russian financial crisis in 1998, the Internet bubble and the NASDAQ market crisis in 2000, the global financial tsunami and the stock market crisis in 2008, and the Chinese stock market crisis in 2015. Theoretical issues related to the stock market crises are discussed in the special topics session, including the relationship between credit expansion and asset prices bubble, the symbol identification of financial system instability, the relationship between government intervention and market contracts, the relationship between market volatility and the changes of trading technology, trading system and trading structure, which were brought about by technological progress. The market research part is actually an important complement to the contents of the report, mainly from the perspective of fundamental and technical. The market research part analyzes the characteristics of the stock market in 2015 and forecasts the trends in 2016.

核 心 观 点

1.2015 年，中国发生了自沪、深交易所建立以来最严重的市场危机。我们必须认真反思和分析这次股市危机的形成过程、发生原因和监管缺陷，以期找到一个防范和应对未来再次发生股市危机的制度安排及政策措施。

2. 中国资本市场的历史较短，样本的宽度、历史深度和典型性都不够。为此，我们需要认真研究近三十年全球具有典型意义和重要影响的股市危机形成的规律以及各国政府应对股市危机的经验或教训。他山之石，可以攻玉。

3. 金融危机有四种个体形态：货币危机、债务危机、银行流动性危机和股市危机。基于经济规模、经济的市场化程度、经济增长对外源性资本的依赖程度以及金融结构的差异，不同国家金融危机的类型、发生过程、对实体经济的影响程度、应对措施和危机后的市场恢复能力等均有重大差异。在发生了金融危机的国家或经济体中，金融危机的四种形态存在复杂而又不同的转化过程和感染效应。

4. 事实上，金融危机存在着跨期和跨地域的国际传递。这种传递主要通过国际资本的逐利和全球流动得以完成。这可能是全球金融危机或股市危机 8～10 年为一个周期的重要原因。

5. 在大多数发生过股市危机的国家或经济体，信贷的过度扩张或信贷泡沫是股市危机形成的历史起点。信贷的过度扩张一般都发生在经济周期增长阶段的中前段，它催生着包括房地产和股票等资产价格的快速上涨，进而引发股市危机乃至全面的金融危机。股市危机存在一个可描述的理论逻辑过程。

6. 金融危机或股市危机本质上仍是一种货币现象，或者说是一种资本严重过剩的现象。金融危机或股市危机是恶性通货膨胀的基因变异（转基因），两者不同宗但同源。

7. 控制股市危机必须控制杠杆率，如同控制水流量必须控制阀门一样。逆周期的杠杆调整机制是抑制市场泡沫乃至危机的必要条件。

8. 有效的监管是市场的重要稳定机制，也是市场秩序和透明度的重要保障。监管者是市场的“清道夫”，而不是至少不主要是市场趋势的直接推动者。监管者追求的显然不是指数的高低，而是没有边际的蓝色天空。

Key Point

1. In 2015, the most serious market crisis occurred in China since the establishment of the Shanghai and Shenzhen Stock Exchanges. We must seriously analyze and ponder the formation, the causes and the regulatory defects of the stock market crisis, and thus to find institutional arrangements and policy measures to avoid and deal with the stock market crisis in the future.

2. The short history of China's capital market result in the insufficient sample width, inadequate history depth and the lack of representative characteristics. Therefore, we need to seriously study the law of the formation and the experience to deal with the global stock market crises, which had typical and important influence in the nearly 30 years. The stones of other hills may serve to polish the jade.

3. There are four individual forms of financial crises: currency crisis, debt crisis, banking liquidity crisis and stock market crisis. Based on the diversities in economic size, market-oriented level, exogenous capital dependence and financial structure, the types, occurrence, impacts on real economy, coping measures and market recovery capabilities in different countries are different. In the countries or economies occurred financial crises, there existed complex and different conversion processes and infection effects among the four forms of the financial crises.

4. In fact, there exist inter-temporal and cross-regional international transfers in the financial crises. The transfers can be accomplished by profit seeking and global flow of international capital. This may be an important reason that the global financial crises or the stock market crises usually have eight to ten-year period.

5. In most countries or economies occurred the stock market crises, excessive credit expansion or credit bubble is the historical starting point in the formation process of the stock market crises. Excessive credit expansion generally occurs in the growth phase of the economic cycle, it gives birth to rapid increases in asset prices including real estate and stock prices, and then triggers a stock market crisis and even an all-around financial crisis. The presence of a theoretical logic

process can be described in the stock market crisis.

6. Essentially, the financial crisis or the stock market crisis is a monetary phenomenon or a serious capital surplus. The financial crisis or the stock market crisis is the genovariation (transgenosis) of the hyper inflation, they are different in forms but homogeneous in nature.

7. In order to prevent the stock market crisis, the leverage ratio must be controlled, just as to control the water flow needs to control the valve. Counter-cyclical leverage adjustment mechanism is the prerequisite to control the market bubble and even the crisis.

8. Effective market regulation is an important stabilizing mechanism, also an important guarantee of market order and transparency. Regulators are market "scavengers" rather than direct promoter of market trends. Obviously, regulator spursue the boundless blue sky, well ordered market, instead of the level of the index.

目　录

导　论

股市危机：逻辑结构与多因素分析 …… 3

分　论

分论一　“黑色星期一”与美国股市危机 …… 51
分论二　日本泡沫经济与金融危机 …… 100
分论三　亚洲金融危机与外部干预 …… 124
分论四　俄罗斯金融危机与政府干预 …… 159
分论五　互联网泡沫与纳斯达克市场危机 …… 191
分论六　2008 年美国次贷危机与全球股市海啸 …… 210
分论七　多因素下的中国股市危机 …… 259

专　论

专论一　资产价格泡沫与信用扩张 …… 321
专论二　金融不稳定性：原因、代价及对策 …… 336
专论三　政府干预与市场契约精神 …… 369
专论四　交易制度、交易结构与股价波动 …… 411

市场研究

基本分析　2015—2016 年中国资本市场基本分析 …… 449
技术分析　2015—2016 年沪、深股票市场技术分析及展望 …… 480

政策分析

2015 年中国证券市场政策分析 …… 495

附　录

附录一　第二十届（2016 年度）中国资本市场论坛会议纪要 ……………… 511
附录二　专家、学者在第二十届（2016 年度）中国资本市场论坛上的发言………………………………………………………… 514

后　记………………………………………………………………………… 577

Contents

Introduction

The Stock Market Crisis: Logic Structure and Multivariate Analysis ········ 3

Sections

Thesis 1 "Black Monday" and the US Stock Market Crisis ·················· 51

Thesis 2 The Japanese Bubble Economy and the Financial Crisis ··········· 100

Thesis 3 The Asian Financial Crisis and the External Intervention ········ 124

Thesis 4 The Russian Financial Crisis and the Government Intervention ·· 159

Thesis 5 The Internet Bubble and the NASDAQ Market Crisis ··········· 191

Thesis 6 The US Subprime Mortgage Crisis in 2008 and the Global Stock Market Tsunami ··· 210

Thesis 7 The Multivariate Chinese Stock Market Crisis ······················ 259

Special Topics

Topic 1 Asset Price Bubble and Credit Expansion ··························· 321

Topic 2 Financial Instability: Causes, Costs and Coping Measures ········ 336

Topic 3 Government Intervention and the Spirit of Market Contracts ····· 369

Topic 4 Trading Systems, Trading Structures and Stock Price Volatility ··· 411

Market Research

Fundamental Analysis Fundamental Analysis on the Chinese Capital

Market in 2015—2016 …… 449

Technical Analysis Technical Analysis and Outlook on Shanghai and Shenzhen Stock Markets in 2015—2016 …… 480

Policy Analysis

Policy Analysis on the China's Securities Markets in 2015 …… 495

Appendix

Appendix Ⅰ The 20th (2016) China Capital Markets Forum Summary …… 511

Appendix Ⅱ The Speeches by Experts and Scholars on the 20th (2016) China Capital Markets Forum …… 514

Postscript …… 577

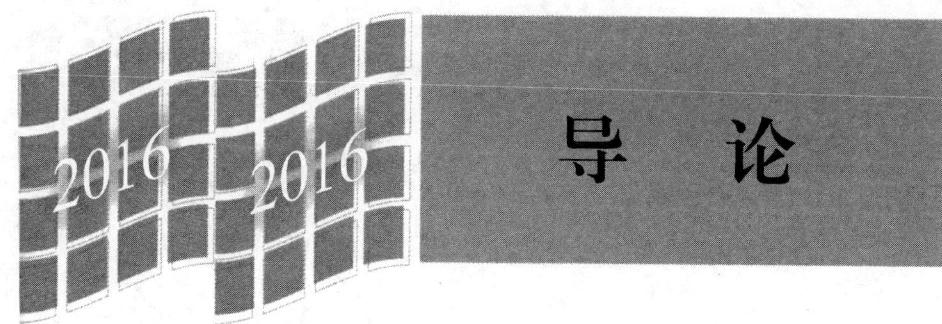

导论

股市危机：逻辑结构与多因素分析

摘　要

金融危机有多种形态，其中，股市危机似乎已成为金融危机的一种常态。近三十年来，股市危机乃至金融危机在全球频发并表现出某些周期性、递延性和关联性等特征，其背后是否具有共同的理论逻辑？在金融危机的诸多形态（货币危机、债务危机、股市危机和银行流动性危机）之间，相互转化、相互传染是如何发生的？不同类型的国家金融危机的形态组合和逻辑过程为什么会有重大差异？是否存在金融危机的跨期和跨区域的国际传递？这些都是本书研究的重要内容。

在构建上述股市危机的理论逻辑基础上，本书以中国 2015 年中期发生的股市危机为研究样本，深入分析了引发这次股市危机的主要原因，剖析了中国股市的结构性缺陷，然后在此基础上，试图厘清关于股市危机的若干重要理论认识，并提出了相应的改革措施和政策建议。

Abstract

There are many forms in financial crises. Among them, the stock market crisis seems to become a normal state of financial crises. In the past 30 years, stock market crises and financial crises occur frequently and exhibit certain features, such as periodicity, continuity and interconnectivity. Do they share a common theoretical logic? Among these financial crises forms, such as currency crises, debt crises, stock market crises and bank liquidity crises, how do they spread or convert into each other? Why do financial crises have different patterns or logical processes in different countries? Does inter-temporal or cross-regional transfer exist in financial crises? All these topics will be discussed in this study.

Based on the theoretical logic construction of stock market crises, this study will take the stock market crisis occurred in China in the mid of 2015 as a sample and analyze the main causes of the stock market crisis and the structural defects in the Chinese stock market. Connecting all previous points together, this study tries to clarify a number of important theoretical knowledge about the stock market crises and propose corresponding reform measures and policy recommendations.

金融危机有多种形态，其中，股票市场危机似乎已成为各国金融危机的一种常态。从全球市场来看，股市动荡乃至危机伴随着其他金融危机形态（如货币危机、债务危机等）的出现而频繁出现，这种频繁似乎是以8～10年为一个周期。股市危机是现代金融结构下一种重要的金融危机形态，它在整个金融危机的形态和链条中究竟处在何种地位，起着什么样的作用，有待于进一步研究。

中国是一个正在开放的国家，市场化和国际化是中国金融改革及发展的基本着力点。发展中国的资本市场并使其成为21世纪新的国际金融中心，是中国金融改革和发展的重中之重。与其他大国一样，中国在金融体系市场化改革和资本市场发展的过程中，亦会出现重大的市场风险乃至市场危机。2015年6月中旬至8月下旬，中国股票市场出现了自1990年建立以来第一次真正意义上的市场危机。以上证指数为例，曾有两次在10个交易日（2015年6月15—29日和2015年8月18—26日）连续下跌超过20%，即分别从5 170点左右跌至4 000点左右和从4 000点左右跌至2 800点左右。根据学术界公认的标准，如果一个市场在10个交易日内股票价格指数的下跌超过了20%，就可以认定这个市场已出现了危机。按照这个标准，中国在2015年6月中旬以后出现的市场大幅下跌可以认为是一场真正意义上的市场危机。目前，虽然中国股票市场已趋于正常，但2015年6月中旬至8月底的市场危机带给我们的教训是深刻的。认真分析这次股市危机形成的内在逻辑和外部原因，还原其清晰的演变过程，在全球股市危机的历史中寻求规律和启迪，对正在走向更加开放的中国资本市场来说，其意义不言而喻。前车之鉴，后事之师。

（一）

在剖析中国2015年股市危机之前，让我们先回顾自1929年大萧条以来全球股票市场中那些可以载入史册的危机事件。

从研究股市危机的角度看，那些可以载入史册的股市危机主要有：1987年美国的“黑色星期一”，20世纪90年代前后日本泡沫经济引发的股市危机，1997年前后的亚洲金融危机（1998年的俄罗斯金融危机实质上是亚洲金融危机的延续），2000年前后美国互联网泡沫所引发的股市危机（主要是纳斯达克市场危机）和2008年由美国次贷危机引发的全球金融危机等。这几次股市危机的影响深远，对剖析金融危机形成的逻辑结构和在不同类型金融体系中的演变过程具有典型意义。

1. 1987年10月19日“黑色星期一”

在1933年结束大萧条以来的五十多年时间里，包括股票市场在内的全球金融市场波澜不惊。然而，正是在这平静的表象下，全球股票市场正在积蓄某种能量并进入了一个剧烈动荡的时期，而这个动荡时期的历史起点就是1987年10月19日（史称“黑色星期一”）。1987年10月19日星期一，一个普通的日子，但它是将载入史册的特殊日子。这天上午自9:30纽约证券交易所（以下简称“纽交所”）开市伊始，道琼斯指数就下跌了67点，随后卖盘以排山倒海的气势涌出：开盘不到1小时，道琼斯指数就下跌了100多点；到下午2点，道琼斯指数已下跌了250点，市场开始出现崩溃式下跌；到下午4点收盘时，道琼斯指数已由上一交易日收盘时的2 246.72点下跌到1 738.47点，下跌了508.25点，当日下跌幅度达到了创纪录的22.6%，见图导—1。当时，在纽交所上市的1 600多只股票中，有95%左右的股票都在下跌，其中近1 200只股票的价格下跌到1年前的水平，通用、运通、波音、可口可乐等蓝筹股的股价下跌超过30%，纽交所当天交易市值损失超过5 000亿美元，约等于法国当年的国民生产总值，是自1933年大萧条结束以来全球最严重的股市危机，史称“黑色星期一”。面对市场雪崩式的下跌和空前的市场危机，美国政府和金融监管当局公开喊话，用以安抚市场情绪、稳定投资者信心。在“黑色星期一”发生的当天，时任美国总统里根随即发表讲话，认为美国经济“所有指标都很健康”，美联储主席格林斯潘第二天清晨发表了具有历史意义的讲话：“为履行中央银行的职能，美联储为支持经济和金融体系的正常运行，将保证金融体系的流动性。”美联储和美国证券交易委员会随后采取了一系列稳定市场的措施，包括向市场提供足够的流动性、鼓励金融机构与客户共渡难关、保证贷款续贷、鼓励上市公司回购股票等。因为美国政府、美联储及美国证券交易委员会有力的短期救市措施，使得市场的恐慌情绪得到缓解，因而股市危机并未演变成全面的金融危机，更没有引发经济衰退。一个月后，美国股市开始反弹，并逐渐进入正常状态，并在两年后回到1987年“黑色星期一”爆发前的水平。在“黑色星期一”股市危机爆发后，除了美国政府、美联储以及美国证券交易委员会等及时发表安抚市场情绪的讲话、声明和推出市场流动性救助、贷款续贷、股份回购等短期措施外，更为重要的是，社会各阶层都在系统、全面、深入地分析“黑色星期一”产生的原因，寻找市场结构缺陷，以期推动在制度规则和机制方面的改革。“熔断”机制就是在对“程序化交易对市场持续下跌具有重要助推作用”的认识基础上所建立起来的一种新的交易制度安排。在短期政策的救助和安抚下，在市场制度和规则做了重新调整的基础上，在美国经济强劲增长的推动下，美国股市在20世纪90年代进入了黄金增长的10年，见图导—2。

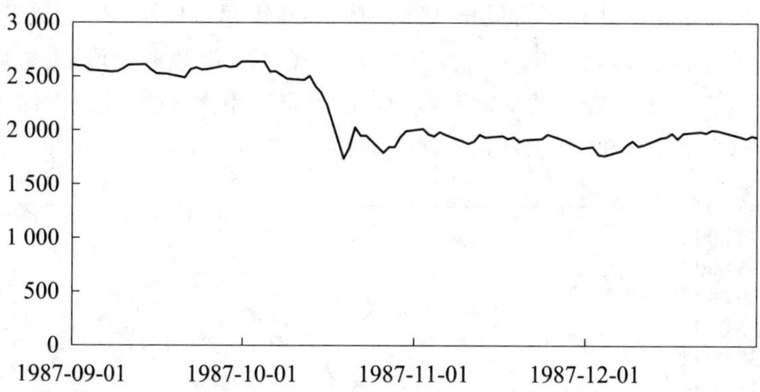

图导—1　1987年9月—1987年12月“黑色星期一”前后道琼斯指数的变动趋势

资料来源：Wind资讯。

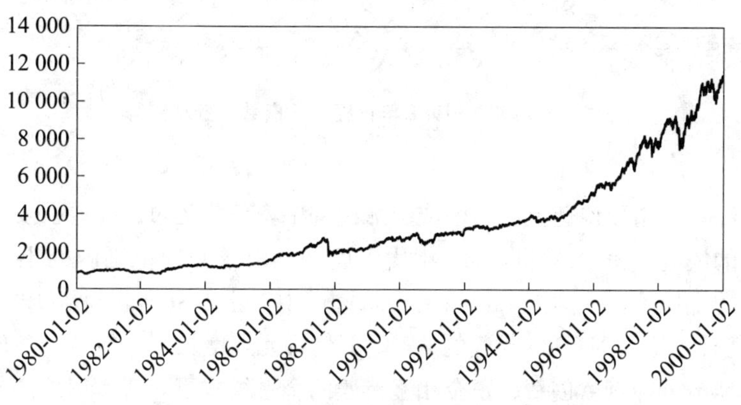

图导—2　1980—2000年道琼斯指数的变动趋势

资料来源：Wind资讯。

在经历了1987年10月19日“黑色星期一”后，全球股票市场开始进入了一个原因错综复杂、风险相互传递、市场繁荣与危机交织的梦幻时期。

2. 20世纪90年代前后日本泡沫经济引发的股市危机

与1987年10月19日美国的“黑色星期一”不同，在1990年前后由日本泡沫经济引发的股市危机并不是单一的市场危机，而是先由信贷过度扩张引发房地产价格暴涨，进而引爆股市危机，最后导致银行危机和金融体系瘫痪的综合性金融危机。两者唯一不同的是，这种综合性金融危机并没有引发日元贬值危机。

从第二次世界大战废墟中发展起来的日本经济，在20世纪70年代中后期进入高速发展时期，日经 225 指数相对均衡上涨。到 1985 年，日经 225 指数在 12 000 点上下浮动，处在正常成长状态。从 1986 年起，日经 225 指数持续上升，到 1989 年底最高已接近 39 000 点，4 年间日经 225 指数的上涨超过了 200%，见图导—3。在国民总资产的金融资产中，股票资产由 1985 年底的 242 万亿日元猛增到 1989 年底的 890 万亿日元，增长了约 270%。

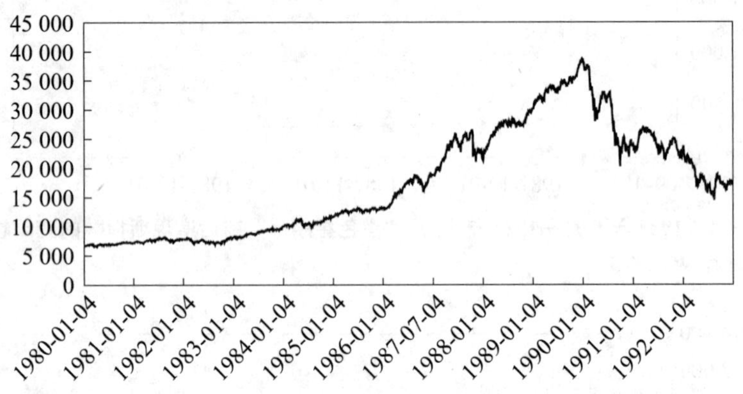

图导—3　1980—1992 年日经 225 指数的变动趋势

资料来源：Wind 资讯。

在日经 225 指数快速上涨之前或上涨过程中，信贷的过度投放引发了日本房地产价格的快速上涨。20 世纪 80 年代中后期，由于全国范围内的土地开发热潮，日本的土地价格快速上涨：在国民总资产中，土地资产总额从 1985 年底的 1 003 万亿日元增加到 1989 年底的 2 137 万亿日元，增长了一倍多。在放松金融管制、房地产抵押贷款创新、银企相互持股的金融模式下，日本房地产价格的上涨带来了股票价格的快速上涨，而房地产和股价的交互上涨，致使银行贷款随之循环增加，为市场不断地提供巨额流动性。这种基于投机、缺乏实体经济支持的资产价格泡沫化的内循环效应的尽头就是 1989 年 12 月 29 日之后日经 225 指数的暴跌：从 1989 年 12 月 29 日最高时的 38 915 点开始下跌，1990 年日经 225 指数下跌了 30%，1991 年又下跌了 30%；虽然其间有一些反弹，但下跌是日经 225 指数的基本趋势，至 1992 年 8 月 18 日下跌到 14 309 点的低位，基本回到 1985 年的水平，此后一直处在漫漫“熊市”之中而不可拔。时至今日，日本股票市场的趋势仍无明显改变。1990 年前后日本泡沫经济引发的股市危机，给日本金融业特别是商业银行带来了深重灾难，严重影响了日本实体经济的增长，阻碍了产业的转型与竞争力的提升。时间已经过去了 25 年，但日本泡沫经济时期股市危机形成的逻辑，对中国而言仍具有巨大的反省价值。

3. 1997 年前后的亚洲金融危机

1997 年前后爆发的亚洲金融危机既有其经济结构脆弱的内生原因，也有外生的热钱输入因素。从一定意义上说，这是 1990 年前后日本泡沫经济引发的股市危机的跨期延伸。

从 20 世纪 60 年代开始，韩国、新加坡、中国台湾和中国香港先后推出出口导向型经济发展战略，创造了所谓的“亚洲四小龙”奇迹。这种出口导向型经济发展模式相继被泰国、马来西亚、印度尼西亚和菲律宾等东南亚国家所效仿，并取得了明显成效。在 1997 年之前，这些国家的经济已取得连续 10 年的高速增长，见表导—1。

表导—1　1985—1997 年泰国、马来西亚、印度尼西亚、菲律宾的经济增长

国家 年份	泰国		马来西亚		印度尼西亚		菲律宾	
	GDP（亿美元）	增长率（%）	GDP（亿美元）	增长率（%）	GDP（亿美元）	增长率（%）	GDP（亿美元）	增长率（%）
1985	389.01	4.65	317.72	−1.12	873.39	3.48	307.34	−7.31
1986	430.97	5.53	282.43	1.15	800.61	5.96	298.68	3.42
1987	505.35	9.52	321.82	5.39	759.30	5.30	331.96	4.31
1988	616.67	13.29	352.72	9.94	887.88	6.36	378.85	6.75
1989	722.51	12.19	388.49	9.06	1 014.55	9.08	425.75	6.21
1990	853.43	11.17	440.24	9.01	1 144.26	9.00	443.12	3.04
1991	982.35	8.56	491.34	9.55	1 281.68	8.93	454.18	−0.58
1992	1 114.53	8.08	591.52	8.89	1 391.16	7.22	529.76	0.34
1993	1 250.11	8.25	668.94	9.89	1 580.07	7.25	543.68	2.12
1994	1 443.08	8.99	744.81	9.21	1 768.92	7.54	640.85	4.39
1995	1 680.19	9.24	888.32	9.83	2 021.32	8.40	741.20	4.68
1996	1 819.48	5.90	1 008.51	10.00	2 273.70	7.64	828.48	5.85
1997	1 508.91	−1.37	1 001.69	7.32	2 157.49	4.70	823.44	5.19

资料来源：世界银行。

随着经济的高速增长，这些国家的银行信贷快速扩张，同时国际资本涌入，导致短期外债大幅增加，而资产价格开始膨胀。在 20 世纪 90 年代前半期，泰国、马来西亚、印度尼西亚等国的股价增长了 3～5 倍；与此同时，它们的房价上涨也十分惊人。在此期间，它们的资产与债务结构出现了严重不匹配，而缺乏弹性的汇率制度、过分依赖国际资本的经济增长模式以及快速上涨的资产价格已为金融风险埋下了伏笔，危机一触即发。1997 年 7 月初的泰铢大幅贬值以及泰国放弃固定汇率制度成为亚洲金融危机的导火索和突破口，见表导—2。泰国货币危机的爆发，迅速蔓延到东南亚各国及金融的各个层面，而后陆续扩散到中国台湾、中国香港和韩国。随后，韩国爆发了更为严重的全面金融危机。作为亚洲金融危机的延伸，1998 年俄罗斯金融危机全面爆发。

表导—2　　亚洲金融危机时期相关国家的汇率及股市波动

国家	汇率变动		股指名称	股票价格指数变动	
	危机前	危机中		危机前	危机中
泰国	24.7	55.5	泰国综合指数	527.3	207.3
菲律宾	26.4	45.1	马尼拉综合指数	2 809.2	1 082.2
印度尼西亚	2 432.0	16 650.0	雅加达综合指数	724.6	256.8
马来西亚	2.5	4.7	吉隆坡综合指数	1 077.3	262.7
韩国	884.8	1 962.5	韩国综合指数	745.4	280.0
俄罗斯	5.8	27.0	俄罗斯 RTS	418.6	38.5

说明：危机前汇率就是 1997 年 6 月底危机前收盘价（美元兑该国货币），危机中汇率就是危机期间最高收盘价（或报价），危机前股指就是 1997 年 6 月底危机前收盘价，危机中股指就是截至 1999 年底最低收盘价。

资料来源：Wind 资讯，彭博通讯社。

亚洲金融危机给危机国家或地区带来了严重危害，如货币大幅贬值、股市崩盘、财富严重缩水、经济衰退、银行倒闭、经济秩序混乱以及社会动荡加剧。类似的现象在 1998 年俄罗斯金融危机中亦有出现，见图导—4。

1997 年开始爆发的亚洲金融危机对新兴发展中国家具有典型意义，它是一次全面的带有标准特征的金融危机，而且金融危机的多种形态交叉在一起，它们相互影响、互相推动，具有清晰的逻辑过程，并且经历了汇率波动、货币贬值、股市动荡、财富缩水、银行倒闭、经济衰退等一系列过程。

4. 2000 年前后美国互联网泡沫引发的股市大动荡

在亚洲金融危机和俄罗斯金融危机的阴霾还未完全散尽之时，一场由互联网泡沫引发的结构性股市危机在美国悄然而至，它就是 2000 年前后的纳斯达克股市危机。

从 20 世纪 80 年代至 1999 年的近 20 年时间里，除了 1987 年 10 月 19 日发生的“黑色星期一”出现了短期的大幅下跌外，美国股市呈逐年上升趋势，股价年均增长率达到 13%，其持续上涨时间和上涨幅度在美国 200 年的股票市场历史中是罕见的。狭义证券化率（股票市值/GDP 总值）也由 1982 年的 60%上升到 1999 年的 300%。①

① 参见查尔斯·P·金德尔伯格、罗伯特·Z·阿利伯：《金融危机史》，6 版，北京，中国金融出版社，2014。

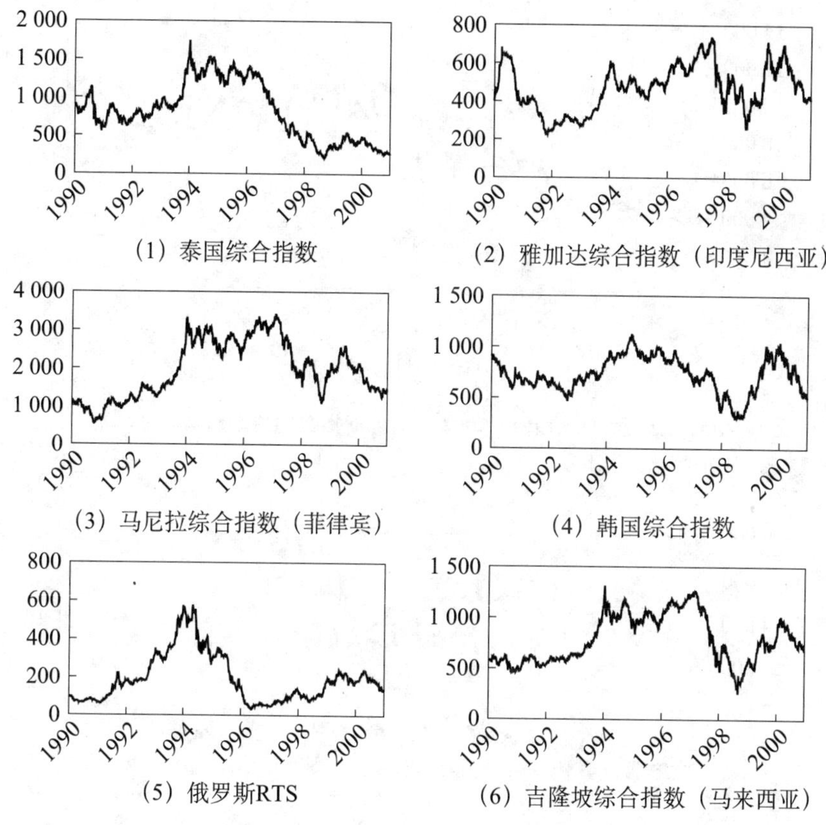

图导—4　1990—2000 年亚洲金融危机相关国家和地区股票价格指数变动图

资料来源：Wind 资讯。

在股市持续上涨的同时，作为高科技市场，纳斯达克在科技泡沫特别是互联网估值泡沫的推动下，其上涨幅度远超纽交所股票价格的上涨幅度。纳斯达克指数从 1994 年 10 月的 750 点左右上涨到 2000 年 3 月 10 日的 5 048 点（收盘价，盘中当日最高达 5 132 点），涨幅超过了 5.7 倍，远超同期道琼斯指数的涨幅 1.6 倍，见图导—5 和图导—6。美国股票市场特别是纳斯达克市场表现出非理性繁荣①。

这场由科技股特别是互联网公司（.com 公司）估值泡沫所推动的非理性繁荣，在美联储连续多次加息和 2000 年 4 月 3 日美国地方法院裁定微软违反美国《反垄断法》之后，终于走到了尽头。纳斯达克指数从 2000 年 3 月 10 日的 5 132

① 1996 年 12 月，时任美联储主席格林斯潘针对不断上涨的股市首次提出了“非理性繁荣”的说法。

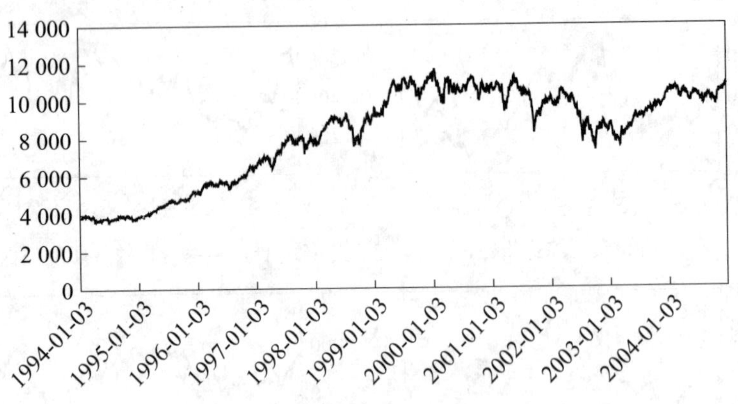

图导—5 1994—2004 年道琼斯指数的变动趋势

资料来源：Wind 资讯。

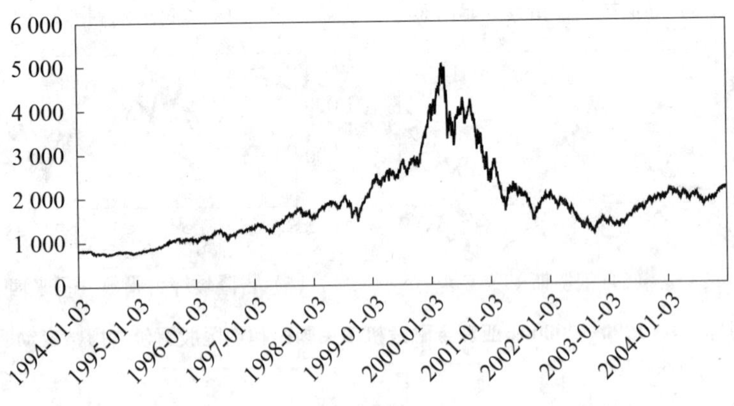

图导—6 1994—2004 年纳斯达克指数的变动趋势

资料来源：Wind 资讯。

点历史高点下跌到 2001 年 4 月的 1 600 点左右，下跌幅度接近 70%，2002 年 10 月进一步下跌到自 1996 年 8 月以来的新低点 1 114.11 点。受此影响，道琼斯指数也出现了大幅下跌。在美国，由于金融结构的约束，因而股价的大幅下跌尚未严重影响到银行体系，所以此次危机表现为单一的股市危机。单一的股市危机是一把双刃剑，在美国互联网泡沫引发的世纪之交危机中得到了印证。纳斯达克指数的大幅下跌，使无数高科技公司特别是具有互联网概念的公司破产、倒闭或退市，同时也催生了一批伟大的公司，它们在崩盘的灰烬中重生、发展、壮大，如亚马逊（Amazon）、微软（Microsoft）、英特尔（Intel）和思科（Cisco）等。大浪淘沙后留下的是精华，催生着伟大，孕育着一个新经济时代的到来。

从此次危机的逻辑线索和国际资本的流动角度看，这场互联网泡沫引发的市场危机与1997年的亚洲金融危机有着千丝万缕的关联，是全球股市危机的进一步延伸。另外，此次危机还在向更大规模、更深层次进行传递和繁衍。

5. 2008年美国次贷危机引爆的全球金融危机

在时隔8年之后，更大范围的金融危机终于在全球蔓延开来，这就是震撼世界的2008年全球“金融海啸”。它是自1933年大萧条结束以来最严重、波及范围最广的一次全球性金融危机。

2000年，由互联网泡沫引发的股市危机，使人们的财富严重缩水、需求不足，而且经济出现衰退趋势。为了刺激经济增长，从2001年起，美联储开始从加息周期转变为减息周期，在连续13次降低利率之后，联邦基准利率由2001年初的6.5%下降到2003年6月的1%，为46年来的最低水平。联邦基准利率的持续且大幅下降加上美国联邦政府实施的减税政策，使美国的房贷需求和房价不断上涨。2000—2006年美国的房价上涨了80%，投资银行为追求高利润，大量发行住房抵押贷款；随后，基于竞争的加剧，次贷的规模和比例逐渐增大。为了增加资产流动性，投资银行又将这些贷款进行了证券化，并形成了抵押贷款支持证券（MBS）、资产支持证券（ABS）等债券供投资者购买。截至2006年，次级贷款占全部住房抵押贷款的比例达到20%。在金融创新的浪潮下，投资银行在MBS的基础上不断推出新的结构性金融工具（如CDS、CDO等）。在一个低利率的环境中，MBS、ABS以及MBS的衍生品和杠杆交易，吸引了越来越多的投资者。这些创新性金融工具在短期内满足了市场的交易需求，但它们使风险处于潜在的累积状态，而利率周期的反转和房地产价格的停滞或下跌就会使这种风险迅速暴露。

2004年6月，基于通货膨胀的压力和市场的潜在风险，美联储的低利率政策开始逆转：截至2006年8月，经过17次加息，联邦基准利率由1%上升到5.25%。美联储连续加息的政策效应在2006年下半年开始显现，全国房价开始下降，同时按揭违约风险明显增加，MBS、ABS以及MBS的衍生品CDS、CDO等金融产品的风险开始暴露。2007年4月2日，新世纪金融公司（New Century Financial Corp）申请破产保护，自此揭开了美国次贷危机的帷幕。随后，美国次级抵押贷款机构出现了多米诺骨牌效应，次贷危机全面扩散，全球股票市场开始出现强烈反应。在2007年，这场危机还仅限于次贷危机，并未演变成全球性金融危机。

进入2008年后，次贷危机使全球一些著名金融机构的财务状况严重恶化、出现了巨额亏损，致使市场的流动性压力骤然增大，而投资者的恐慌情绪开始蔓延，因此股票市场的波动明显扩大。

2008 年 9 月是美国次贷危机演变成全球性金融危机的关键时刻。2008 年 9 月 7 日，美国联邦政府宣布接管房利美和房地美；9 月 15 日，有着 158 年历史的美国第四大投行雷曼兄弟宣布申请破产保护；9 月 16 日，美国政府宣布接管全球保险业巨头美国国际集团（AIG）等。这些事件彻底摧垮了全球投资者的信心，导致全球股票市场出现了持续性暴跌，使金融危机迅速从美国蔓延至欧洲、亚洲等金融市场相对发达的国家或地区。受此次危机的影响，除股票价格出现暴跌外，欧洲一些国家（如 PIGS 某些国家、冰岛等）还出现了严重的货币危机、债务危机和银行流动性危机。由于此次起源于美国次贷危机的全球金融危机来势汹汹、破坏极大，以至于人们把它称为“金融海啸”（financial tsunami）。

关于 2008 年全球金融危机对世界经济和全球金融市场的影响，我们曾做过一些研究①，学者们仍在做更深入的研究，主流的评价似乎大体一致，主要是：①对金融机构的重创，包括美国的五大投行垮掉了 3 家以及全球数十家银行的倒闭等。②对股票市场的巨大破坏力，道琼斯指数从危机前的 14 164.53 下跌到 6 547.05。③包括不动产和金融资产在内的资产大幅缩水。有人认为，这场危机导致全球金融资产缩水 27 万亿美元②。④经济衰退，失业加剧。这次危机导致 2007—2009 年全球经济增长率由危机前 2007 年的 4.95％下降到－0.6％，美国的经济增长率从 1.78％衰退到－2.78％，欧元区则由 2.6％衰退到－3.9％。此外，失业率也有较明显的上升，美国的失业率由 2008 年的 5.8％上升到 2010 年 9.6％。由于中国政府采取了 4 万亿的强烈刺激计划，因而经济增长率未受到大的影响，见表导—3。

表导—3　2000—2014 年美国、英国、法国、德国、日本和中国的经济增长率及失业率（％）

国家 年度	经济增长率					
	美国	英国	法国	德国	日本	中国
2000	4.09	3.77	3.88	2.98	2.26	8.43
2001	0.98	2.66	1.95	1.70	0.36	8.30
2002	1.79	2.45	1.12	0.01	0.29	9.09
2003	2.81	4.30	0.82	－0.72	1.69	10.02
2004	3.79	2.45	2.79	1.18	2.36	10.08
2005	3.35	2.81	1.61	0.71	1.30	11.35
2006	2.67	3.04	2.37	3.71	1.69	12.69
2007	1.78	2.56	2.36	3.27	2.19	14.19

① 参见吴晓求等：《金融危机启示录》，北京，中国人民大学出版社，2009。

② 参见石自强：《历次金融危机解密》，北京，龙门书局，2011。

续前表

年度＼国家	经济增长率					
	美国	英国	法国	德国	日本	中国
2008	−0.29	−0.33	0.20	1.05	−1.04	9.62
2009	−2.78	−4.31	−2.94	−5.64	−5.53	9.23
2010	2.53	1.91	1.97	4.09	4.65	10.63
2011	1.60	1.65	2.08	3.59	−0.45	9.48
2012	2.32	0.66	0.18	0.38	1.75	7.75
2013	2.22	1.65	0.66	0.11	1.61	7.68
2014	2.39	2.55	0.18	1.60	−0.10	7.35
年度＼国家	失业率					
	美国	英国	法国	德国	日本	中国
2000	4.00	5.50	10.22	7.70	4.80	4.50
2001	4.70	4.70	8.61	7.80	5.00	4.50
2002	5.80	5.10	8.70	8.60	5.40	4.40
2003	6.00	4.80	8.58	9.30	5.20	4.30
2004	5.50	4.60	9.21	10.30	4.70	4.30
2005	5.10	4.70	8.88	11.10	4.40	4.10
2006	4.60	5.40	8.83	10.30	4.10	4.00
2007	4.60	5.30	8.00	8.60	3.90	3.80
2008	5.80	5.30	7.39	7.50	4.00	4.40
2009	9.30	7.70	9.12	7.70	5.00	4.40
2010	9.60	7.80	9.28	7.10	5.00	4.20
2011	8.90	7.80	9.17	5.90	4.50	4.30
2012	8.10	7.90	9.83	5.50	4.30	4.50
2013	6.70	7.70	9.86	5.30	4.00	4.60
2014	5.60	5.80	10.40	4.70	3.60	5.10

资料来源：世界银行。

实际上，由于美国金融市场的高度开放和美国金融市场在国际上的中心地位，故美国的金融结构具有良好的风险分散功能。这场大萧条以来最严重的发端于美国次贷市场的全球性金融危机，对美国经济和金融体系的破坏性既远低于金融危机中被传染的国家（这些国家为美国过度分食了金融危机的苦果），也远低于美国在这场金融危机所获得的财富、机制和优势。为什么在这场危机之后美国在全球经济、金融中的地位不但没有削弱，反而有所增强？为什么欧盟和欧元的影响力、优势反而有所削弱？这些方面都值得我们再深思、再讨论。

（二）

股市危机乃至金融危机在全球的频发，其理论逻辑是什么？它们除了具有自身的特殊原因外，还有共同的“基因”吗？有共同的逻辑结构吗？金融学家特别是金融史学家一直在研究思考这样的问题。在这里，我们分析的金融危机主要侧重于股票市场危机，必要时也会偶尔涉及其他危机形态。

关于金融危机的过程、原因、机理、效应、干预、救助等的研究，因危机发生时期、金融体制背景、汇率制度、金融结构、发展水平，甚至文化传统的差异，关注的重点有所不同。

不过，几乎所有有影响的研究都会探寻危机的形成规律和逻辑结构。这里基于近 30 年来特别是基于前述严重金融危机的历史事件，试图厘清以下几个重要的理论疑惑。

1. 股市危机乃至金融危机发生的理论逻辑是什么？

首先，我们需要研究股票市场泡沫的形成和危机的发生与广义货币（M2）变动之间的关系。下面观测几个典型国家股市危机前后的相关数据，见表导—4～表导—10 和图导—7～图导—13。

表导—4　　1980—2010 年美国 M2 的变动和股票市值、股价指数相关数据

年度	广义货币(M2)		纽约证券交易所				纳斯达克			
	水平值	增长率(%)	道琼斯指数	增长率(%)	市值(十亿美元)	增长率(%)	纳斯达克指数	增长率(%)	市值(十亿美元)	增长率(%)
1980	1 604.80		963.98		1 189.22		202.34		125.77	
1981	1 760.30	9.69	875.00	−9.23	1 095.87	−7.85	195.84	−3.21	130.78	3.99
1982	1 915.00	8.79	1 046.55	19.61	1 254.26	14.45	232.41	18.67	164.06	25.44
1983	2 134.70	11.47	1 258.64	20.27	1 513.53	20.67	278.60	19.87	240.98	46.89
1984	2 319.40	8.65	1 211.56	−3.74	1 484.76	−1.90	247.35	−11.22	214.32	−11.07
1985	2 505.00	8.00	1 546.67	27.66	1 834.64	23.56	325.22	31.48	291.64	36.08
1986	2 742.30	9.47	1 895.95	22.58	2 050.30	11.75	348.83	7.26	344.08	17.98
1987	2 841.30	3.61	1 938.80	2.26	2 058.79	0.41	330.47	−5.26	328.04	−4.66
1988	3 003.60	5.71	2 168.60	11.85	2 268.79	10.20	381.38	15.41	337.66	2.93
1989	3 167.90	5.47	2 753.20	26.96	2 793.43	23.12	454.82	19.26	382.94	13.41
1990	3 286.20	3.73	2 633.66	−4.34	2 568.17	−8.06	373.84	−17.80	309.33	−19.22
1991	3 386.10	3.04	3 168.83	20.32	3 361.48	30.89	586.34	56.84	510.06	64.89
1992	3 440.10	1.59	3 301.11	4.17	3 679.79	9.47	676.95	15.45	616.40	20.85
1993	3 493.40	1.55	3 754.09	13.72	4 156.95	12.97	776.82	14.75	778.86	26.36

续前表

年度	广义货币(M2)		纽约证券交易所				纳斯达克			
	水平值	增长率(%)	道琼斯指数	增长率(%)	市值(十亿美元)	增长率(%)	纳斯达克指数	增长率(%)	市值(十亿美元)	增长率(%)
1994	3 507.00	0.39	3 834.44	2.14	4 102.01	−1.32	751.96	−3.20	788.63	1.25
1995	3 652.00	4.13	5 117.12	33.45	5 484.47	33.70	1 052.14	39.92	1 169.51	48.30
1996	3 828.00	4.82	6 448.27	26.01	6 676.95	21.74	1 291.03	22.71	1 500.94	28.34
1997	4 041.40	5.57	7 908.25	22.64	8 811.04	31.96	1 570.35	21.64	1 832.61	22.10
1998	4 382.00	8.43	9 181.43	16.10	10 544.27	19.67	2 192.69	39.63	2 606.99	42.26
1999	4 644.00	5.98	11 497.12	25.22	11 672.29	10.70	4 069.31	85.59	5 207.81	99.76
2000	4 928.80	6.13	10 786.85	−6.18	11 872.47	1.71	2 470.52	−39.29	3 611.82	−30.65
2001	5 434.00	10.25	10 021.50	−7.10	10 834.46	−8.74	1 950.40	−21.05	2 854.56	−20.97
2002	5 769.80	6.18	8 341.63	−16.76	8 888.44	−17.96	1 335.51	−31.53	1 952.42	−31.60
2003	6 064.20	5.10	10 453.92	25.32	11 329.74	27.47	2 003.37	50.01	2 963.95	51.81
2004	6 415.20	5.79	10 783.01	3.15	12 822.02	13.17	2 175.44	8.59	3 277.14	10.57
2005	6 676.10	4.07	10 717.50	−0.61	13 661.86	6.55	2 205.32	1.37	3 330.64	1.63
2006	7 065.30	5.83	12 463.15	16.29	15 486.23	13.35	2 415.29	9.52	3 643.28	9.39
2007	7 474.50	5.79	13 264.82	6.43	15 524.27	0.25	2 652.28	9.81	3 880.61	6.51
2008	8 204.80	9.77	8 776.39	−33.84	9 208.27	−40.68	1 577.03	−40.54	2 302.63	−40.66
2009	8 511.30	3.74	10 428.05	18.82	11 559.26	25.53	2 269.15	43.89	3 376.21	46.62
2010	8 822.50	3.66	11 577.51	11.02	13 459.81	16.44	2 652.87	16.91	3 927.76	16.34

资料来源：世界银行，Wind 资讯。

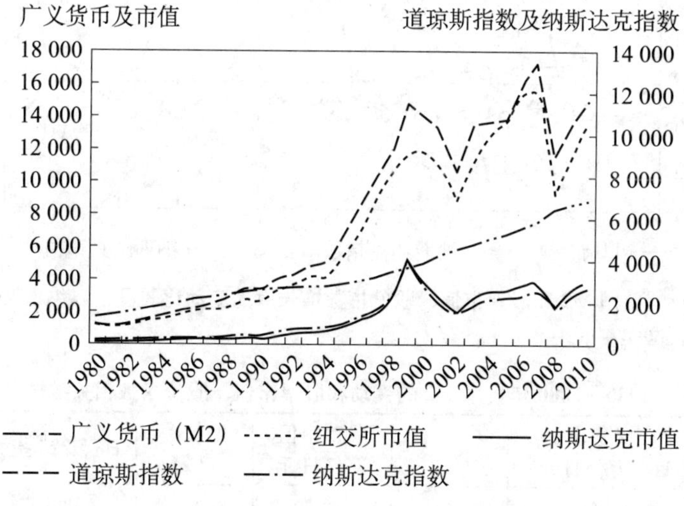

图导—7（1） 美国 M2 和股票市值、股价指数的变动比较图

资料来源：Wind 资讯。

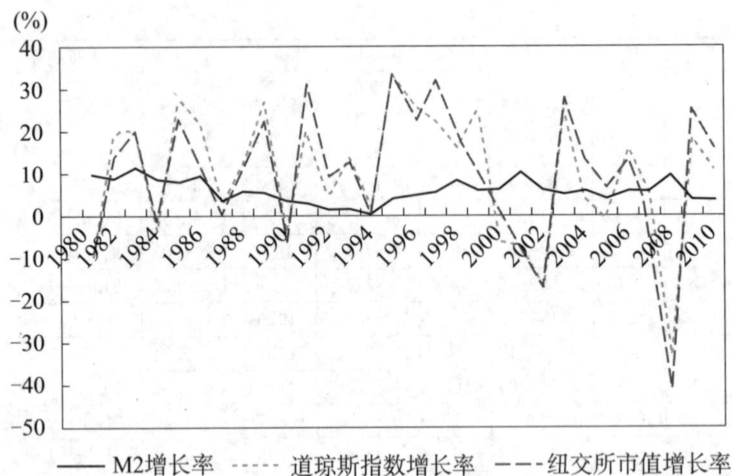

图导—7（2） 美国M2和股票市值、股价指数增长率的变动比较图（以道琼斯指数为例）

资料来源：Wind资讯。

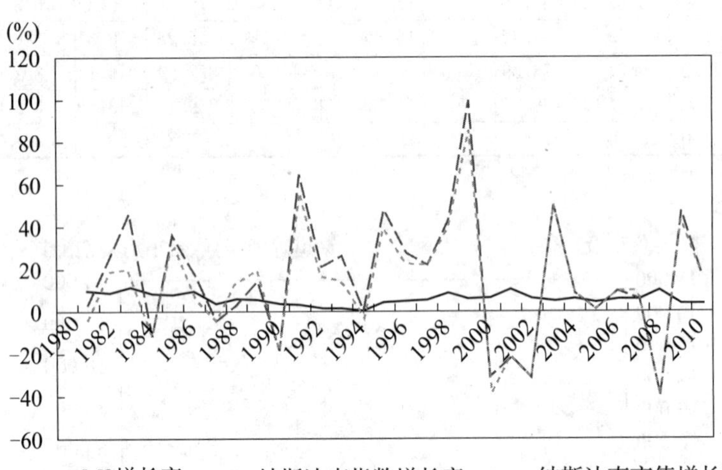

图导—7（3） 美国M2和股票市值、股价指数增长率的变动比较图（以纳斯达克指数为例）

资料来源：Wind资讯。

表导—5 1980—2000年日本M2的变动和股票市值、股价指数相关数据

年份	广义货币（M2，万亿日元）	增长率（%）	股票市值（万亿日元）	增长率（%）	日经225指数	增长率（%）
1980	350.42	—	—	—	7 063.13	—
1981	391.68	11.77	—	—	7 681.84	8.76
1982	428.08	9.29	—	—	8 016.67	4.36

续前表

年份	广义货币（M2，万亿日元）	增长率（%）	股票市值（万亿日元）	增长率（%）	日经 225 指数	增长率（%）
1983	464.41	8.49	—	—	9 893.82	23.42
1984	500.95	7.87	—	—	11 542.60	16.66
1985	544.75	8.74	—	—	13 083.80	13.35
1986	594.78	9.18	—	—	18 820.65	43.85
1987	650.85	9.43	—	—	21 564.00	14.58
1988	709.96	9.08	—	—	30 159.00	39.86
1989	788.01	10.99	555.30	—	38 915.87	29.04
1990	842.00	6.85	517.69	−6.77	23 848.71	−38.72
1991	888.72	5.55	424.11	−18.08	22 983.77	−3.63
1992	917.96	3.29	363.99	−14.17	16 924.95	−26.36
1993	958.53	4.42	319.94	−12.10	17 417.24	2.91
1994	998.67	4.19	357.64	11.78	19 723.06	13.24
1995	1 039.34	4.07	362.57	1.38	19 868.15	0.74
1996	1 078.88	3.80	340.63	−6.05	19 361.35	−2.55
1997	1 141.56	5.81	304.14	−10.71	15 258.74	−21.19
1998	1 177.36	3.14	297.40	−2.22	13 842.17	−9.28
1999	1 210.36	2.80	422.50	42.07	18 934.34	36.79
2000	1 226.52	1.34	428.88	1.51	13 785.69	−27.19

说明：广义货币及股票市值数据源于世界银行，以现价本币单位计量。表导—6～表导—10 的数据统计方式相同。

资料来源：世界银行，Wind 资讯。

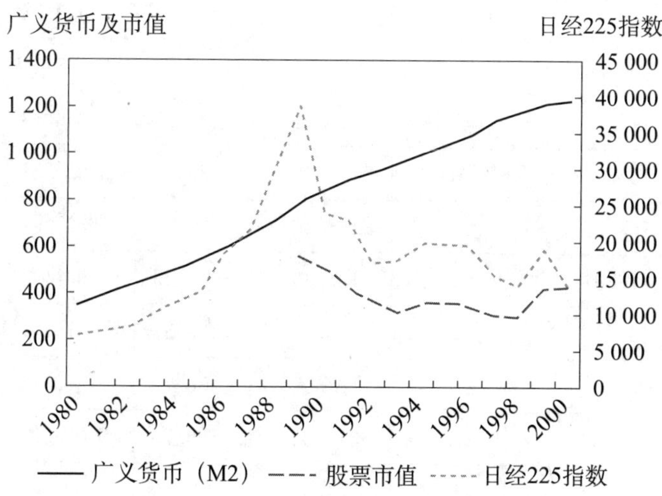

图导—8（1）　日本 M2 和股票市值、股价指数的变动比较图

资料来源：Wind 资讯。

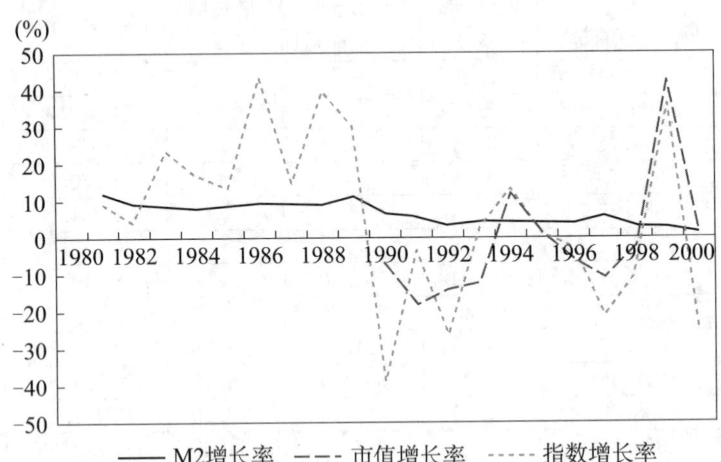

图导—8（2） 日本M2和股票市值、股价指数增长率的变动比较图

资料来源：Wind资讯。

表导—6 1990—2000年韩国M2变动和股票市值、股价指数相关数据

年份	广义货币（M2，万亿韩元）	增长率（%）	股票市值（万亿韩元）	增长率（%）	韩国综合指数	增长率（%）
1990	68.71	—	88.63	—	696.11	—
1991	83.75	21.89	76.29	−13.92	610.92	−12.24
1992	96.26	14.94	77.96	2.20	678.44	11.05
1993	112.22	16.58	98.11	25.85	866.18	27.67
1994	133.18	18.68	134.38	36.96	1 027.37	18.61
1995	153.95	15.59	148.75	10.70	882.94	−14.06
1996	178.31	15.83	127.56	−14.25	651.22	−26.24
1997	203.53	14.14	78.61	−38.37	376.31	−42.21
1998	258.54	27.03	107.51	36.77	562.46	49.47
1999	329.32	27.38	319.04	196.75	1 028.07	82.78
2000	413.05	25.43	334.37	4.80	504.62	−50.92

资料来源：世界银行，Wind资讯。

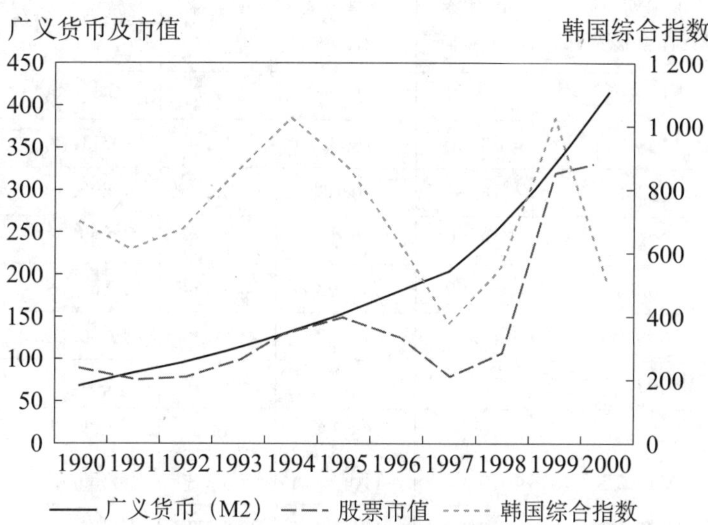

图导—9（1）韩国 M2 和股票市值、股价指数的变动比较图

资料来源：Wind 资讯。

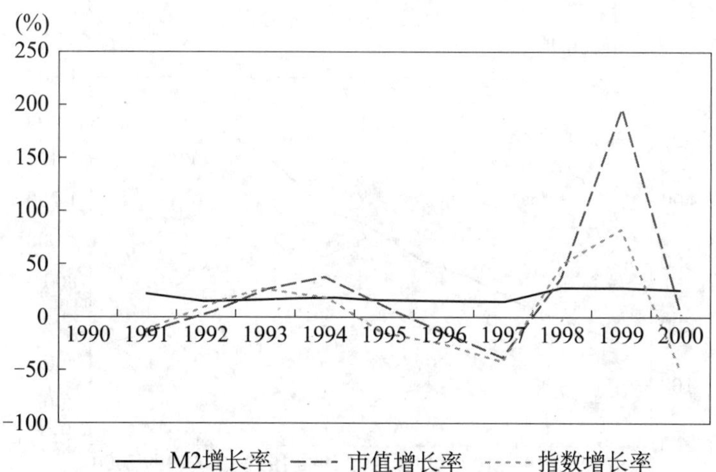

图导—9（2） 韩国 M2 和股票市值、股价指数增长率的变动比较图

资料来源：Wind 资讯。

表导—7　　1990—2000 年泰国 M2 的变动和股票市值、股价指数相关数据

年份	广义货币（M2，百亿泰铢）	增长率（%）	股票市值（百亿泰铢）	增长率（%）	泰国综合指数	增长率（%）
1990	166.31	—	63.91	—	612.86	—
1991	198.57	19.40	76.45	19.61	711.36	16.07
1992	229.37	15.51	120.38	57.47	893.42	25.59
1993	272.93	18.99	239.14	98.66	1 682.85	88.36
1994	302.10	10.69	333.98	39.66	1 360.09	−19.18
1995	355.70	17.74	343.32	2.80	1 280.81	−5.83
1996	393.47	10.62	305.33	−11.07	831.57	−35.07
1997	470.40	19.55	166.68	−45.41	372.69	−55.18
1998	517.76	10.07	110.35	−33.80	355.81	−4.53
1999	537.43	3.80	181.82	64.77	481.92	35.44
2000	563.81	4.91	170.26	−6.36	269.19	−44.14

资料来源：世界银行，Wind 资讯。

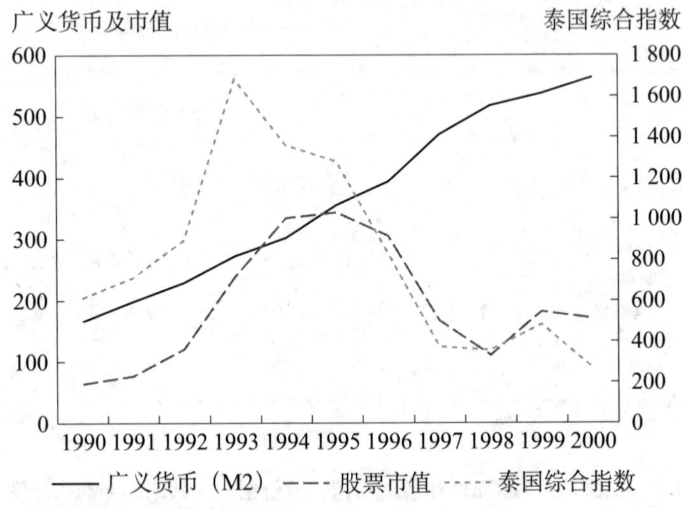

图导—10（1）　泰国 M2 和股票市值、股价指数变动比较图

资料来源：Wind 资讯。

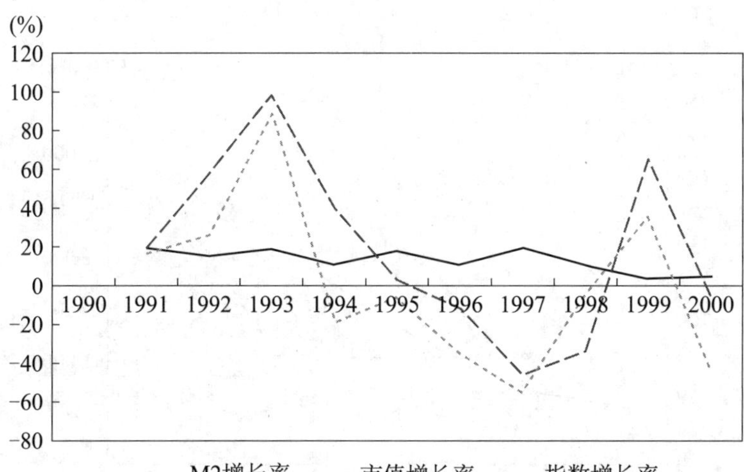

图导—10（2） 泰国M2和股票市值、股价指数增长率的变动比较图

资料来源：Wind资讯。

表导—8 1990—2000年菲律宾M2变动和股票市值、股价指数相关数据

年份	广义货币（M2，百亿菲律宾比索）	增长率（%）	股票市值（百亿菲律宾比索）	增长率（%）	马尼拉综合指数	增长率（%）
1990	36.89	—	20.35	—	653.11	—
1991	43.43	17.72	22.94	12.74	1 154.26	76.73
1992	49.12	13.11	35.35	54.11	1 256.22	8.83
1993	62.95	28.15	73.03	106.61	3 241.86	158.06
1994	79.77	26.73	131.08	79.48	2 785.81	−14.07
1995	98.82	23.87	152.94	16.68	2 594.18	−6.88
1996	122.27	23.73	183.45	19.95	3 170.56	22.22
1997	150.53	23.11	154.75	−15.65	1 869.23	−41.04
1998	163.42	8.57	118.74	−23.27	1 968.78	5.33
1999	191.01	16.88	155.47	30.93	2 142.97	8.85
2000	206.52	8.12	136.68	−12.09	1 494.50	−30.26

资料来源：世界银行，Wind资讯。

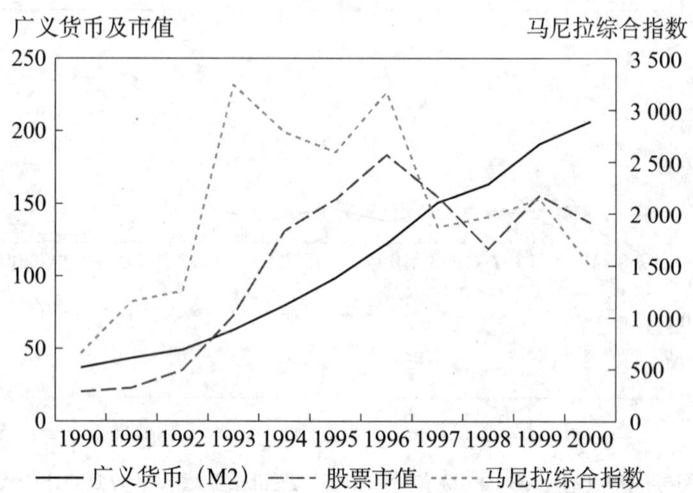

图导—11（1） 菲律宾M2和股票市值、股价指数的变动比较图

资料来源：Wind资讯。

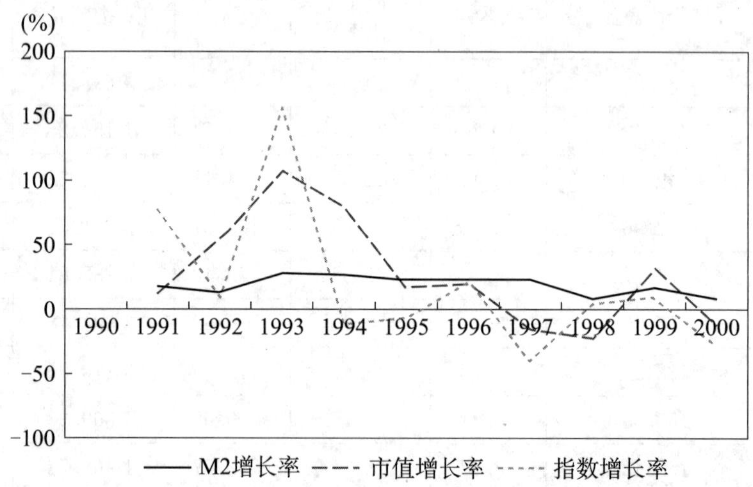

图导—11（2） 菲律宾M2和股票市值、股价指数增长率的变动比较图

资料来源：Wind资讯。

表导—9　　1990—2000 年马来西亚 M2 变动和股票市值、股价指数相关数据

年份	广义货币（M2，百亿林吉特）	增长率（%）	股票市值（百亿林吉特）	增长率（%）	吉隆坡综合指数	增长率（%）
1990	7.67	—	11.91	—	505.92	—
1991	8.96	16.88	14.64	22.92	556.22	9.94
1992	15.40	71.91	20.03	36.84	643.96	15.77
1993	19.46	26.36	39.96	99.54	1 275.32	98.04
1994	21.70	11.51	54.53	36.45	971.21	−23.85
1995	25.72	18.53	54.08	−0.82	995.17	2.47
1996	30.48	18.48	66.62	23.18	1 237.96	24.40
1997	35.37	16.04	52.15	−21.72	594.44	−51.98
1998	35.45	0.23	32.72	−37.26	586.13	−1.40
1999	39.74	12.10	46.88	43.30	812.33	38.59
2000	43.73	10.05	49.74	6.10	679.64	−16.33

资料来源：世界银行，Wind 资讯。

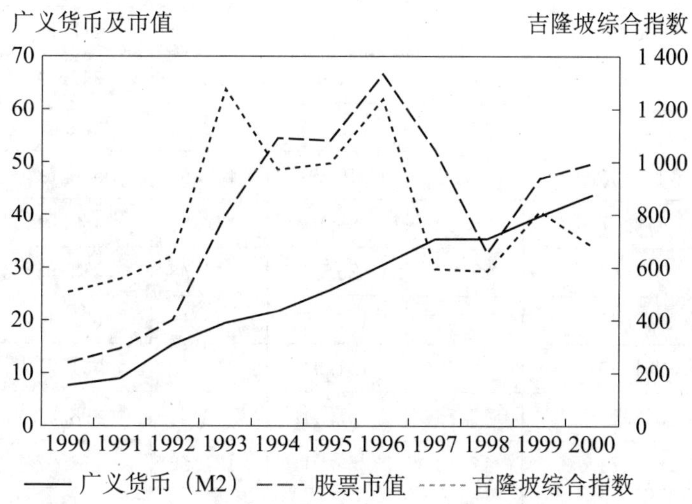

图导—12（1）　马来西亚 M2 和股票市值、股价指数的变动比较图

资料来源：Wind 资讯。

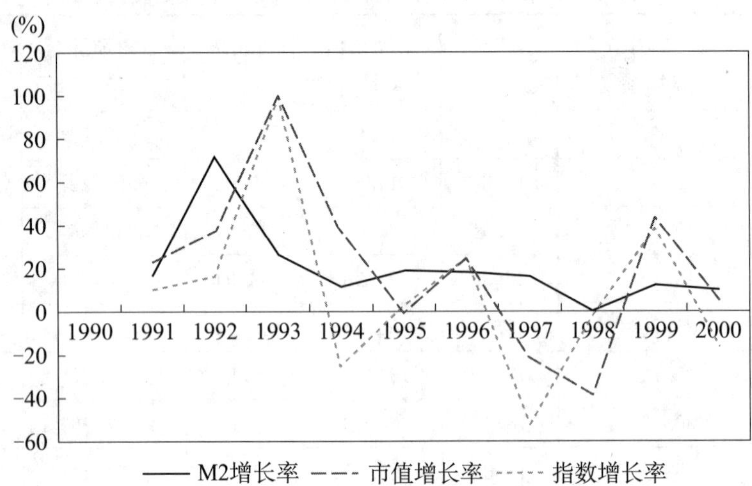

图导—12（2） 马来西亚M2和股票市值、股价指数增长率的变动比较图

资料来源：Wind资讯。

表导—10 1990—2000年印度尼西亚M2变动和股票市值、股价指数相关数据

年份	广义货币（M2，万亿印度尼西亚盾）	增长率（%）	股票市值（万亿印度尼西亚盾）	增长率（%）	雅加达综合指数	增长率（%）
1990	85.35	—	9.26	—	417.79	—
1991	100.31	17.53	14.19	53.23	247.39	−40.79
1992	120.00	19.62	18.76	32.22	274.34	10.89
1993	144.06	20.06	46.65	148.59	588.77	114.61
1994	173.17	20.20	85.62	83.56	469.64	−20.23
1995	220.83	27.52	126.36	47.58	513.85	9.41
1996	280.63	27.08	183.45	45.18	637.43	24.05
1997	351.50	25.25	151.91	−17.19	401.71	−36.98
1998	572.12	62.76	157.44	3.64	398.04	−0.91
1999	642.11	12.23	365.01	131.83	676.92	70.06
2000	748.85	16.62	368.77	1.03	416.32	−38.50

资料来源：世界银行，Wind资讯。

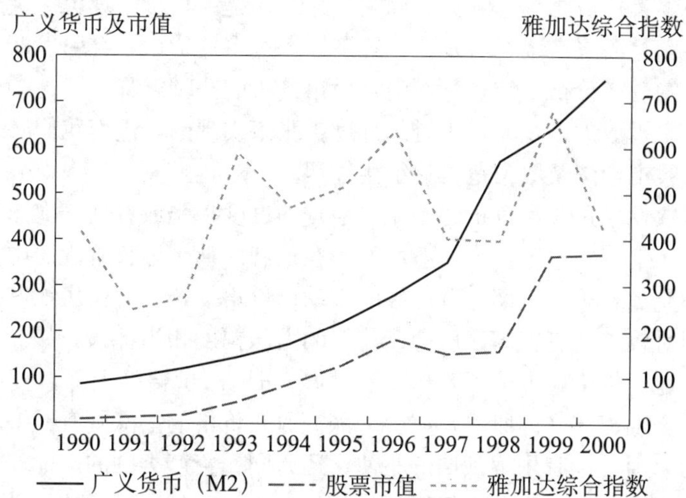

图导—13（1） 印度尼西亚 M2 和股票市值、股价指数的变动比较图

资料来源：Wind 资讯。

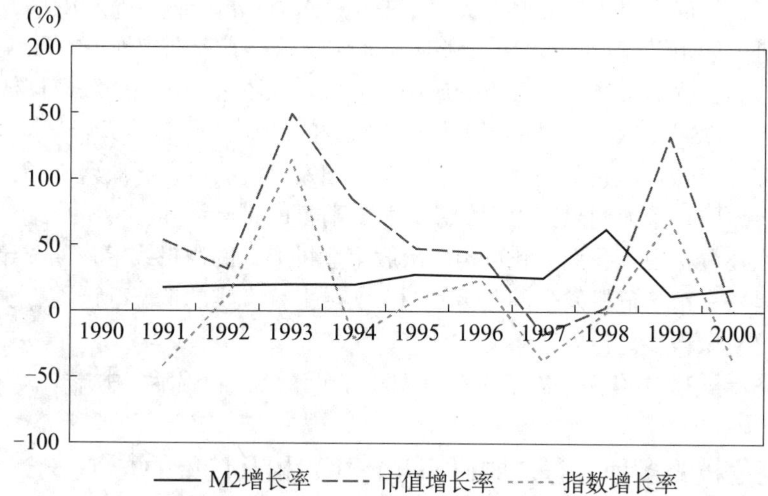

图导—13（2） 印度尼西亚 M2 和股票市值、股价指数增长率的变动比较图

资料来源：Wind 资讯。

通过表导—4～表导—10的数据和图导—7～图导—13的趋势比较大体可以形成这样的理论猜想：股市的泡沫化和股市危机的发生或许是经济金融化时代通货膨胀的一种替代或结构升级，因而它们最终还是一种货币现象。这或许就是在金融市场特别是股票市场相对发达的经济体，过多的货币不会引发严重的通货膨胀，但会引发资产价格泡沫，进而引发股市危机的一种解释。

货币过多投放大多是通过信贷的过度扩张来实现的，进而我们必须思考**信贷过度扩张与股市泡沫及股市危机的衍生过程**。

在大多数发生过股市危机的国家，信贷的过度扩张或者信贷泡沫是股市危机的历史起点。信贷的过度扩张一般都发生在经济周期中增长阶段的中前期，此时人们对经济充满着乐观预期，资产中的不动产价格持续上升。房地产价格上涨的周期时间相对较长，有些国家房地产价格的上涨幅度相当惊人，如20世纪80年代日本的房地产价格就上涨了5～6倍。随着房地产价格的上涨，资产中一种更具流动性的金融资产（即股票）亦会上涨。股票价格的上涨既有经济增长、企业盈利增加的原因，也有乐观预期的驱使，还有同属资产类别的房地产价格上涨的刺激。资产价格的上涨通过银行抵押贷款又会进一步创造更多的流动性。流动性的大幅增加在经过几个循环周期后，必然会出现股市的巨大泡沫，一旦资产升值的幅度不能对冲增量资金的成本，市场上升的动能就会减弱，此时股市危机也就悄然而至，这就是市场交易量或换手率是观察市场是上涨还是下跌，是继续成长还是危机开始的重要指标的原因所在。处在高点时期的下跌，是演变成股市危机还是渐进“熊市”，取决于市场上涨时资金的来源，或者准确地说，取决于资金杠杆率。高杠杆的市场大多会演变成市场危机，即股价快速下跌，低杠杆的市场则可能进入漫漫“熊市”。随着股价下跌趋势的确立，另一类资产（即房地产）的价格亦会下跌，但它下跌的幅度在大多数国家可能会逊色于股票市场，其中的一个重要原因在于人们恐慌程度的差异和对财富的不同认知。

从上述分析中，我们大致可勾画出股市危机形成的逻辑线索，见图导—14。

这是一个市场危机发生的逻辑简图。实际上，真实的情况（诱因、演变和后果）比这复杂得多。

在图导—14中有两个因素没有考虑，即汇率变化和国际资本流动。

2. 金融危机的多种形态是如何相互转化、相互传染的？

当我们纳入汇率变动的巨大影响后，股市危机的发生过程会发生什么变化呢？从完整的结构形态看，金融危机包括货币危机、债务危机、股市危机、银行危机。金融危机既指这四种危机中的一种，也指这四种危机中的相互组合形态。在极端情况下，甚至包括这四种危机的重叠。在现实中，如果一国或一个经济体

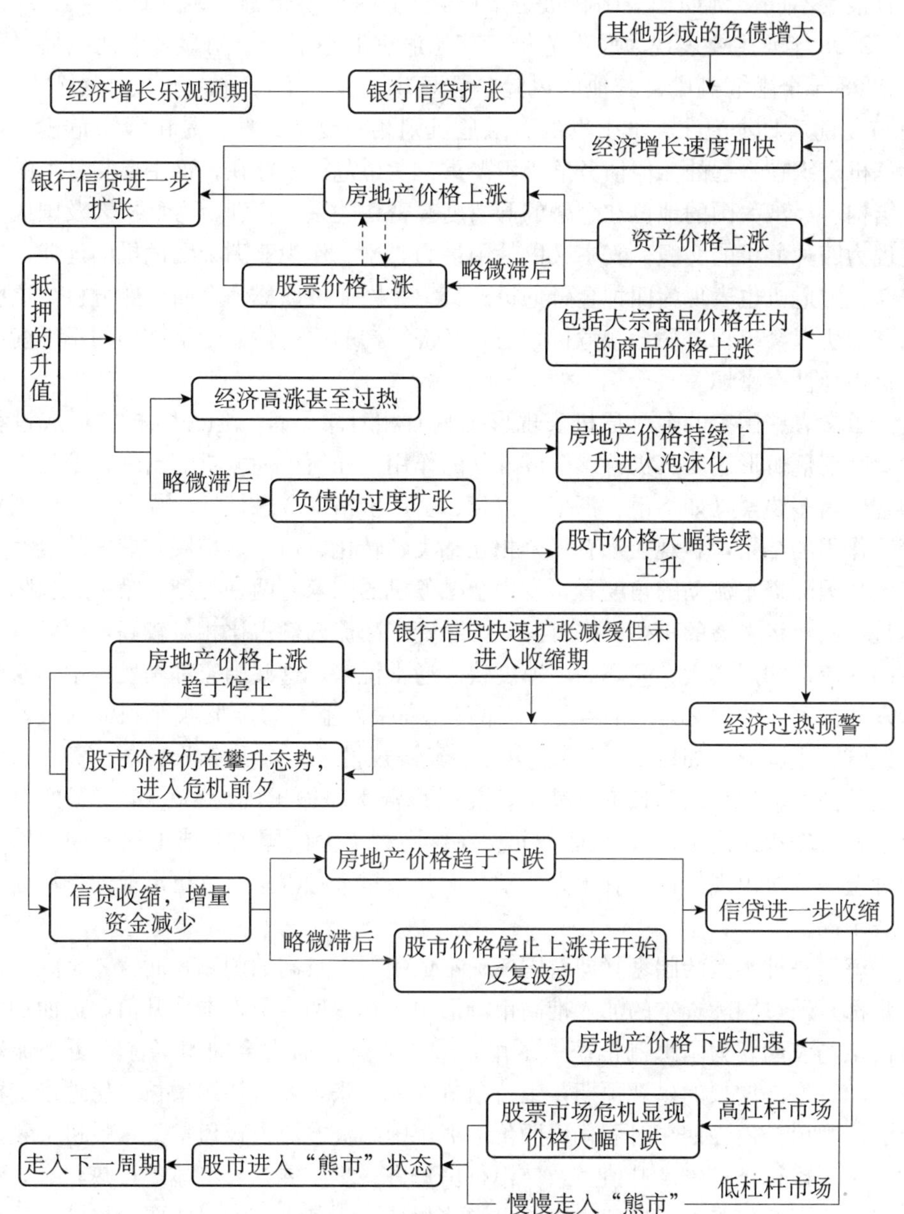

图导—14　股市危机形成逻辑简图

出现了四种危机形态中一种，一般都认定为已出现了金融危机。

在不同国家，由于发展水平、金融结构、汇率制度、货币因素以及金融文化等的差异，危机的组合形态会有明显差异，危机对金融体系和经济增长的影响力亦有很大不同。例如，美国在最近 30 年发生的三次金融危机（1987 年、2000 年、2008 年）主要表现为股市危机，其他危机形态不十分明显，即使在最严重的 2008 年金融危机中，其他的风险略有显现，但并不严重，还未到危机状态。1990 年前后日本泡沫经济引发的金融危机则相对复杂一些，是由股市危机、银行危机交织在一起的，但债务危机不严重，货币危机不存在，这主要与日本的金融结构、经济大国的地位和金融的开放度有密切关系。亚洲金融危机涉及国大多表现为四种危机的交织，其中又以韩国最为典型。作为亚洲金融危机的延伸，俄罗斯金融危机也表现为四种金融危机的交织，因而可以称为全面金融危机。这些国家之所以会出现全面金融危机，与其经济结构的脆弱性、金融结构的不平衡性和货币弹性有密切关系。

虽然有些国家的金融危机表现形态具有相对单一性，但在危机的形成过程中，其他危机形态要素仍有感染或推动的作用。任何一种危机的出现，都是经济和金融诸多要素（如货币、汇率、信贷、资产价格、金融杠杆、复杂的金融创新等）作用的结果，客观上都有一个相互感染、转化、衍生、扩展和爆发的过程。

从国际资本流动的角度看，发生金融危机的国家有两种类型：第一，国际资本是本国经济发展的重要资本资源，国际资本净流入额占比相对较高，而且资本在国际流动的规模大、频率高、速度快。通常说来，这些国家都是发展中国家或后发达国家（或地区），如泰国、菲律宾、马来西亚、印度尼西亚和韩国等，也有经济转型国家（如俄罗斯等）。第二，经济规模大、金融资源丰富、资本实力强大的国家，如美国和日本。其中，美国是资本净输出国，2007 年美国的对外直接投资净额达到 1 928.76 亿美元。在这两种类型的国家（或地区）中，上述四种金融危机出现的概率有很大差别，而且诸多金融因素对危机形成的作用亦有显著不同。

就第一种类型的国家（即对国际资本依赖程度较高的国家）而言，金融危机通常都是通过国际资本的涌入推高市场汇率，在短期内引发本币升值，进而加大外汇市场波动。为了抑制汇率（本币）升值，央行通常会向市场注入更多流动性。随着经济增长的乐观预期，银行信贷规模扩张，经济持续增长，房地产价格上涨，本币升值预期相对固化，股价上涨，国际资本流入规模扩大，投机气氛渐浓。由于银行抵押资产升值，致使银行信贷进一步扩展，经济显现过热状态，汇率坚挺，资产价格上涨速度加快并呈泡沫化特征。其中，尤以股票价格的上涨明显，此时包括国际资本在内的投资者或投机者由于资产价格特别是股票价格过高、本币估值过高，会出现大规模的跨市场联动做空，其结果通常是货币大幅贬值、股票价格暴跌、银行坏账大增、债务（特别是国际债务）违约严重、大量国际资本特别是短期投机性资本流出、汇率大幅波动、国际储备告急，最终导致金融危机全面爆发、经济严重衰退、居民财富大幅缩水，不少银行由于流动性困难而面临倒闭。一国金融危机时迫切需要外部救助，因而国际救助启动。风险的这种衍生过程和形成逻辑在亚洲金融危机及俄罗斯金融危机中已经出现过。这种复合式金融危机早已在过度依赖国际资本和汇率机制上埋下了伏笔，因而危机的爆发已在趋势之中。从起源和基因角度看，这种复合式金融危机主要是一种外部输入式的，而一国内部结构的脆弱起到了一种类似于“猎物”的引诱作用。

由于第二种类型国家（或地区）货币的特殊功能和国际地位，其对国际资本的依赖性不强，即使出现金融危机，一般也不会出现因货币大幅贬值而引发的货币危机，并且难以出现全面的债务危机。由于国际资本的双向大幅流动和本币国际化的地位，这种金融结构既有风险对冲功能，又有危机（主要是货币危机和债务危机）减压或减震效应。是否会出现大范围的银行危机甚至倒闭，取决于所在国的金融模式和金融结构的市场化程度，但有一点我们可以肯定，资产价格的大幅下跌和股市危机是不可避免的，因而它更多地表现为一种相对单一的股市危机。这类国家金融危机发生的原因是具有某种货币创造功能的杠杆。

3. 是否存在金融危机的跨期、跨地域的国际传递?

近三十年来，基于汇率的自由化、金融结构的证券化和金融市场的国际化，国际资本在全球的流动规模不断增加、流通速度不断加快，而国际投机性资本的逐利嗅觉愈加敏感。在这种条件下，几乎没有一场金融危机是孤立的。金融危机跨期、跨区域的传递效应从国际资本的大规模移动过程中总能寻找到一些蛛丝马迹，就像大海中的波涛一样，虽隔千里，形似无关，实则相连，因为海浪永不停息，资本逐利的动能更不会泯灭。

从一个完整的周期看，金融危机会使处在危机末端的投资者和所在国居民的财富大幅缩水，这是从最后结果上看到的。实际上，在资产价格大幅涨落的过程中，有不少人大发其财，特别是国际资本。一个危机的结束，意味着国际逐利资本更大规模的流出，表明它在流动中寻找下一个目标。对于任何一场金融危机，人们都可以找到解释的理由。人们解释的理由要么来自经济结构的失衡，要么来自经济政策的失误，要么来自政府管控的失灵，抑或人类行为的贪婪等等。这种解释都有合理的成分，但我仍然确信，金融危机是一种衍生性的通货膨胀，是资本逐利的结果。金融危机在本质上仍是一种货币现象。

既然金融危机是资本逐利的结果，而资本的天性就是生命不息、逐利不止，因此这种流动可以是跨地域的，也可以是跨期的。资本跨期、跨地域的流动特性，使全球几乎所有金融危机都有某种延续性和关联性。

一些学者亦有同样的推测。查尔斯·P·金德尔伯格（Charles P. Kindleberger）和罗伯特·Z·阿利伯（Robert Z. Aliber）在《金融危机史》（*A History of Financial Crises*）一书中就认为，20 世纪 80 年代初墨西哥、巴西、阿根廷及其他发展中国家的巨额债务危机将泡沫推向了日本，从而推高了 20 世纪 80 年代中后期日本的房地产价格和股票价格。90 年代初，随着日本资产价格泡沫的破灭，大量游资撤离日本，而后转向泰国、马来西亚、印度尼西亚、菲律宾等国，进而导致这些国家的货币升值、房地产和股票价格上涨。在亚洲金融危机后，游资又涌入了美国，为日后美国金融危机的形成起了重要作用。①

（三）

在 2008 年全球金融危机 7 年后，中国股票市场爆发了自 1990 年建立以来最严重的危机。这场股市危机发生在中国经济转型、增速下降、金融结构调整的重要时期。我国股票市场波动幅度之大、涨跌速度之快，着实让全球市场受到了惊吓，更让我们深刻地体会了股市危机的巨大风险和发展资本市场的复杂性。在中国资本市场的发展历史上，这场股市危机是一个里程碑式的大事件，值得人们去分析、反思和总结。

1. 过程描述

与全球历次市场危机一样，中国的这场股市危机也经历了快速上涨、断崖式下跌、政府救市、市场趋稳四个阶段。从时间跨度、波动幅度和后续影响看，它与 1987 年 10 月 19 日美国的“黑色星期一”有一定的相似性。

2014 年 7 月中旬，中国股票市场在 2 000 点左右徘徊了 6 年之后，正在悄然复苏，见图导—15。在最初的 4 个月（即从 2014 年 7 月中旬到 11 月中旬），市场处在恢复性缓慢上涨之中，这种恢复性上涨是合理的、符合预期的。从 2014 年 11 月 19 日市场开始第一波快速上涨到 2015 年 1 月 5 日的 31 个交易日，代表蓝筹股市场的上证指数从 2 450 点上涨到 3 350 点，上涨幅度达到了 36.7%。此后，在诸多“利多”因素的刺激下，从 2015 年 3 月 9 日开始，中国股票市场开始了第二波快速上涨。到 4 月 27 日，上证指数由 3 224 点上涨到 4 527 点，上涨幅度达到了 40.4%，中小板和创业板分别上涨了 35.2%和 41.5%。在此期间，市场交易量急剧放大，由此前的 6 600 亿元左右猛增到 1.65 万亿元左右，流通市值由 35.43 万亿元增加到 47.26 万亿元，换手率从 1.86%快速上升到 3.46%。

① 参见查尔斯·P·金德尔伯格（Charles P. Kindleberger）和罗伯特·Z·阿利伯（Robert Z. Aliber）：《金融危机史》，6 版，北京，中国金融出版社，2014。

此时，政策层面已经开始提示风险，但在非理性预期和高杠杆的作用下，市场迅速进入第三波的疯狂上涨。从 2015 年 5 月 19 日到 6 月 12 日的 18 个交易日中，上证指数从 4 285 点上涨到 5 166 点，期间曾达到 5 178 点的峰值，上涨幅度达到 20.6%。与此同时，中小板和创业板上涨了 20.0%和 17.8%。在此期间，创业板曾达到创纪录的 4 037.96 点。在这一阶段，市场交易量几乎每天都在 2 万亿元左右，5 月 28 日更是达到了令人难以置信的 2.42 万亿元的新交易记录，换手率曾一度突破 4%。如果从 2014 年 11 月 19 日算起，到 2015 年 6 月 12 日，在不到 7 个月的时间里，上证指数从 2 450 点上涨到 5 166 点（峰值为 5 178 点），累计上涨超过一倍，达到了 110.9%。中小板和创业板在此期间的累计上涨幅度更大，分别达到了 121.4%和 159.1%。从市场结构上看，由于银行、地产、石油石化、煤炭等传统大盘股的权重大，因而上涨幅度较小，而小市值、互联网和并购概念股的上涨幅度惊人，大多在 4 倍以上，少数达到了 10 倍以上。除去银行、石油石化等行业的上市公司，市盈率平均超过 50 倍，创业板平均市盈率超过 150 倍。无论是从上涨速度、上涨幅度上看，还是从交易量、换手率上看，抑或是从市盈率上看，市场显然出现了极其严重的泡沫，因而危机已在眼前、崩盘随时出现。

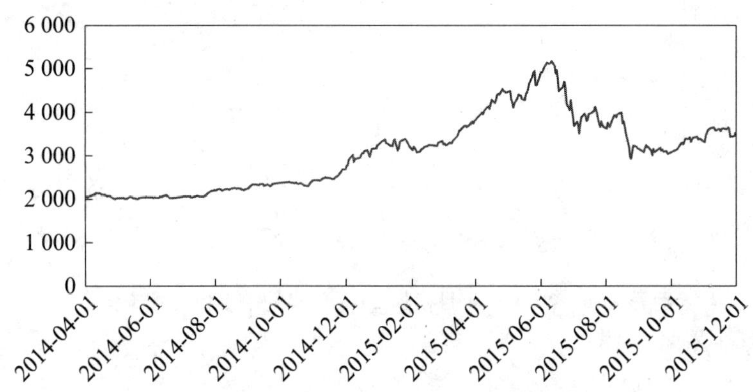

图导—15　2014 年 4 月初到 2015 年底的上证指数走势

资料来源：Wind 资讯。

2015 年 6 月 15 日又是一个星期一，从这天开始到 7 月 8 日，除了有几个交易日短暂稳定外，崩盘式的下跌成为市场的大趋势。上证指数从 6 月 15 日开盘时的 5 174 点一路狂泻到 7 月 8 日的 3 507 点，大跌 1 667 点，市场整体跌幅达到了 32.2%，而中小板、创业板的跌幅更大，分别达到 38.4%和 39.7%。此后，政府采取了一系列重要的救市政策，使市场在短期内得到了稳定。由于受到过早讨论政府退市和基于内幕交易的大规模救市反向操作行为的影响，2015 年 8

月 18—26 日的 7 个交易日（其中有两天是周末）内，市场出现了第二波大幅下跌，上证指数从 4 000 点狂跌到 2 850 点，下跌幅度为 28.8%，同期中小板、创业板下跌了 26.8%和 29.3%，见图导—16 和图导—17。在此期间，从 2015 年 6 月 15 日到 8 月 26 日，上证指数从最高点 5 178 点下跌到最低点 2 850 点，下跌了 45.0%，中小板和创业板分别下跌了 44.6%和 51.8%。按照学术界对市场危机下跌幅度的定义，即 10 个交易日内市场指数连续下跌超过 20%就可被定义为“危机”，则中国股票市场 2015 年 6—8 月的这场异常波动就是危机。这场股市危机对中国金融体系的稳定产生了严重影响，为了恢复投资者信心、稳定市场预期、保证金融体系的整体安全，在市场出现了第一波下跌后，政府就开始推出包括入市、续贷、鼓励回购、暂停 IPO、限制做空等稳定市场的措施。在股市第二波下跌后，政府和监管部门加大了打击操纵市场和内幕交易等违规违法行为的力度和清理场外配资的行为。目前，市场已趋于正常，25 年来中国的第一次股市危机正在慢慢消解。

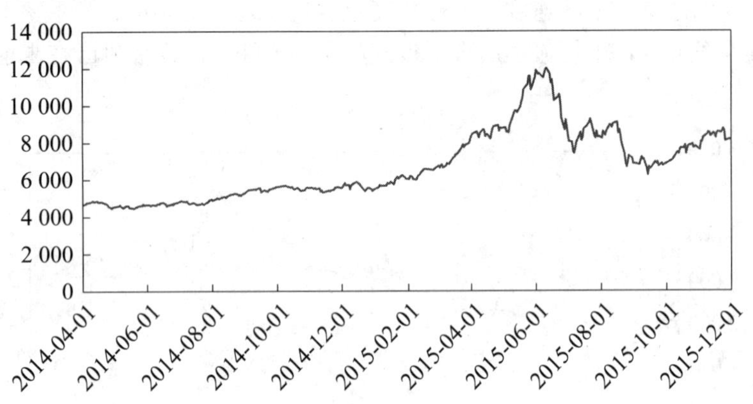

图导—16　2014 年 4 月初到 2015 年底的中小板指数走势

资料来源：Wind 资讯。

2. 原因分析

本轮股市的异常波动，实质上是一场单纯的股市危机，引发这场股市危机的原因主要有：

第一，市场对中国经济改革和增长模式转型的短期预期过高，但长期预期不足，从而造成急功近利、短期炒作，进而形成了快速推高价格、迅速套利离场的市场状态。

应该说，2014 年 7 月前的中国经济具备了摆脱徘徊、告别低迷、进入成长周期的基础。自 2008 年金融危机以来，中国经济持续增长，经济规模迅速扩大，

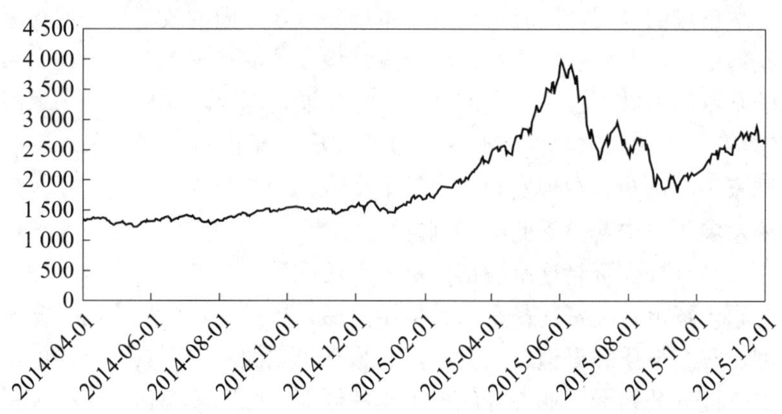

图导—17　2014 年 4 月初到 2015 年底的创业板指数走势

资料来源：Wind 资讯。

GDP 由 2008 年的 31.67 万亿元猛增到 2013 年的 58.8 万亿元，经济增长了 85.66%，并且在 2010 年成为全球第二大经济体。2013 年，中国进出口贸易第一次突破 4 万亿美元，达到 4.16 万亿美元，成为全球第一大贸易国。

与此同时，我国的经济改革和经济转型开始启动，致使我国的经济增长模式处在调整之中。从需求驱动转向创新驱动，市场在配置资源中的“基础作用”转向“决定性作用”是这一次增长模式转型的重要特点。“一带一路”战略、“互联网+”模式、新兴产业的崛起、经济发展新多极圈的形成等，形成了对未来中国经济的新预期。在这种现实基础和未来预期的作用下，中国股市从 2014 年 7 月开始了新一轮成长周期。然而，随着市场的缓慢上涨和有关政策、规则的出台，市场开始对改革红利和“新因素”的作用做了过度解读，夸大并突出了短期效应，忽视了长期的战略价值，把经济转型的一些长期因素偷换成短期的炒作概念，从而使缓慢上涨的市场变成了泡沫化的市场，致使具有长期成长基础的市场被快速透支。

第二，严重误读大力发展资本市场的政策本意，扭曲理解资本市场的战略价值，功利化地认为发展资本市场就是推高股价。

发展资本市场是中国金融改革的重点，也是中国金融市场化、国际化改革的重要突破口，对进一步调整金融结构、完善金融功能、提升金融效率、提高金融防范风险的能力都有重要意义。在过去较长的一个时期内，中国金融结构过度“银行化”，银行类金融机构的信贷资产规模和占比越来越大。与此同时，证券化金融资产的比重趋于下降，因而金融体系中存量资产所沉淀的潜在风险越来越大，为了有效地化解中国金融体系越来越严重的金融风险，推动资产证券化、大力发展资本市场是一个必然的选择。正是基于这种宏观判断，我们开始着力推进多层次资本市场的发展，同时推动资本市场领域多方面的改革，并取得了积极的成效。我们认为，发展资本市场符合金融结构变革的基本趋势。但是，市场对这个长期的基本趋势做了过于短期的理解，把发展资本市场这样一个国家战略误读为“国家牛”，而“国家牛”的概念很容易麻痹投资者的风险意识。没有风险意识的“国家牛”认知，在现实中很容易演变成“快牛”甚至“疯牛”。在全球资本市场的发展历史中，不乏此类案例。

第三，高杠杆配资是这次股市危机的直接推手。

在股票市场上，配资交易是一种信用交易，也是一种杠杆交易。配资交易视配资类型、资金性质和渠道、工具特点、平仓机制的不同而具有不同的市场杠杆效应。随着证券公司融资业务和融资工具的创新，中国股票市场中的配资渠道和配资类型日渐丰富及多元。在股市长期向好、上涨预期一致时，配资规模特别是场外配资规模会有爆发式增长；在监管不足或监管滞后时，这种爆发式增长的配资交易为未来的危机埋下了伏笔。

我国股票市场上的配资分为场内配资和场外配资，主要分为五大渠道：证券公司融资融券、证券公司股票收益互换、“伞形”结构化信托、单账户结构化配资、互联网和民间配资。五大配资渠道的资金来源主要有自有资金、债务融资（包括同业贷款和多种债券融资）、非债务工具融资、交易保证金和银行资金等。在五大配资渠道中，上述资金来源的规模、结构虽有较大差别，但银行资金却是其重要来源，只不过进入的方式有所不同——有的是以非理财资金通过同业贷款等方式进入配资（如证券公司的“两融”业务），有的是通过理财资金购置相关产品间接配资（如认购信托产品优先级等），见图导—18。

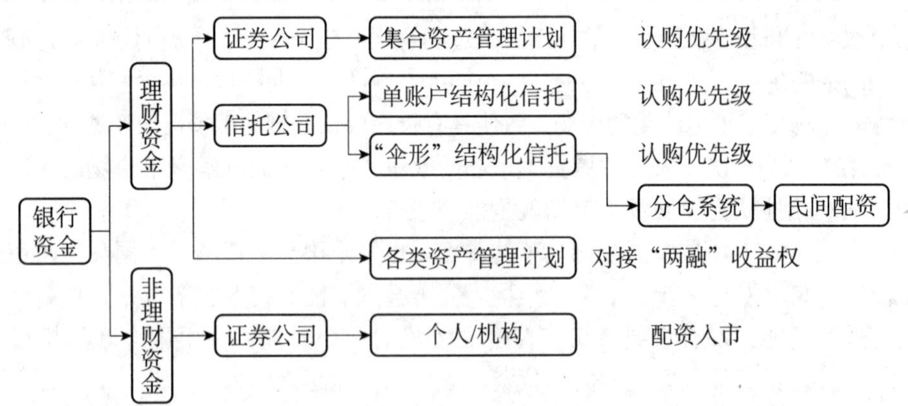

图导—18 银行资金与各类配资方式的接口

资料来源：清华大学国家金融研究院课题组：《完善制度设计，提升市场信心，建设长期健康稳定发展的资本市场》，2015-11-19。

在配资渠道日渐多元化的同时，随着市场上涨预期的增强，配资规模快速膨胀。以证券公司“两融”规模为例，2014 年 6 月底证券公司的融资规模约 4 000 亿元，到 2015 年 6 月底则大幅增加到 2.04 万亿元，期间峰值达到 2.26 万亿元，到 11 月底，融资余额大幅下降到 1.19 万亿元，见图导—19 和图导—20。

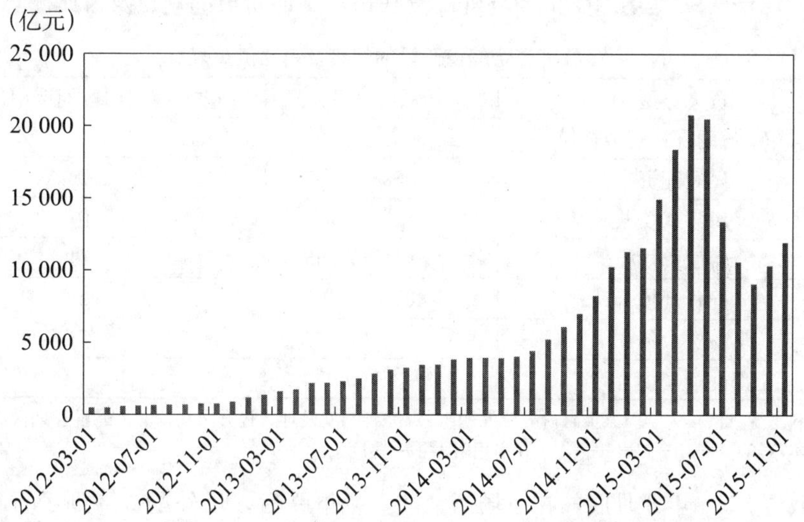

图导—19　2012 年 3 月到 2015 年 11 月证券公司“两融”余额的变化

说明：自 2014 年 7 月后，融券额不足“两融”余额的 1%。

资料来源：Wind 资讯。

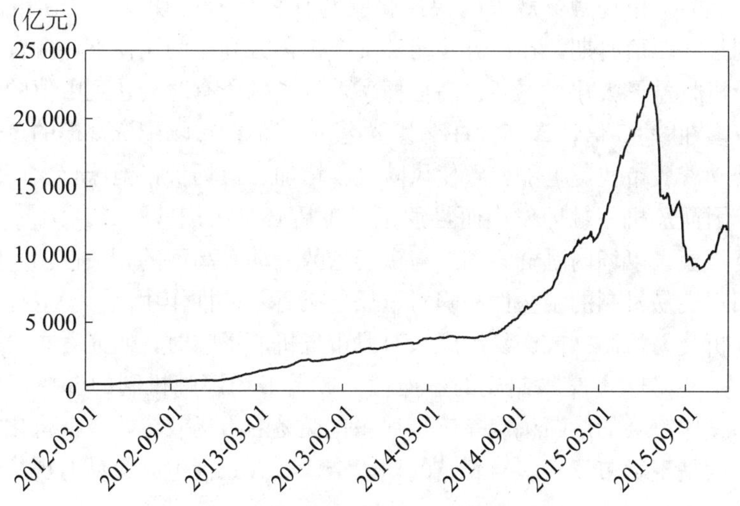

图导—20　两市融资余额的变化趋势

资料来源：Wind 资讯。

依照清华大学国家金融研究院根据渤海证券相关数据进行的测算，2014 年 10 月至 2015 年 6 月股市上涨期间，峰值阶段进入股票市场的杠杆资金为 5.4 万亿～6 万亿元。其中，场外配资（“两融”以外的配资）规模为 3 万亿～3.8 万亿元；在场外配资中，又以信托渠道的杠杆资金规模最大，占 60%，为 1.8 万亿～2.2 万亿元。表导—11 是场内融资与场外配资在市场峰值阶段的规模及占比测算表。

表导—11　　多杠杆资金峰值阶段的规模及占比测算表

资金类型	市场峰值（亿元）	占比（%，区间取中值）
信托渠道的杠杆资金规模	18 000～22 000	35.04
民间配资	4 000～6 000	8.76
分级基金 A 类规模	1 752	3.07
资管配资规模	7 655	13.41
场外配资规模合计	31 407～37 407	60.29
融资余额	22 666	39.71
全部配资规模合计	54 073～60 073	100

资料来源：清华大学国家金融研究院课题组：《完善制度设计，提升市场信心，建设长期健康稳定发展的资本市场》，2015-11-19。本表在引用时做了一些调整。

截至 2015 年 8 月底，在市场第二波大幅下跌后，场外配资降到 1 万亿元左右。经过 8 月以后对场外配资的进一步清理，11 月底场外配资除少数未到期产品外，基本已清理完毕，场内融资也降到 1.19 万亿元。此时，融资规模趋于正常范围，市场进入正常状态。

研究表明，市场融资规模的快速膨胀与杠杆率有密切关系。在市场上涨阶段，特别是在峰值时期，在证券公司和资金提供方利益的诱使下，融资主体为追求股票投机收益最大化，不断提高杠杆率，场内融资有时会达到限值的 2 倍，而场外配资多在 3～5 倍，最高杠杆率甚至达到 10 倍。市场配资规模的迅速膨胀和高杠杆推动着股市快速上涨，致使风险大幅增加、市场价格泡沫化、市场结构极其脆弱，因而危机一触即发，而且危机发生后必呈雪崩式下跌。图导—21 表明市场融资规模（以场内融资为例）与市场指数变动有高度的相关性。

第四，交易机制的结构性缺陷对市场危机起了助推作用。

在分析交易机制（或交易制度）对股市危机的影响时，研究者主要关注以下问题：一是“T+1”交易制度的适当性；二是市场停牌机制的选择，即个股涨跌停板和整体市场的熔断机制；三是程序化交易的市场效应，包括量化投资和高频交易；四是现货市场买多与套空的动能结构；五是衍生品交易对现货市场的影响等。

（1）关于“T+1”交易制度的适当性分析。从 1995 年 1 月 1 日起，我国股

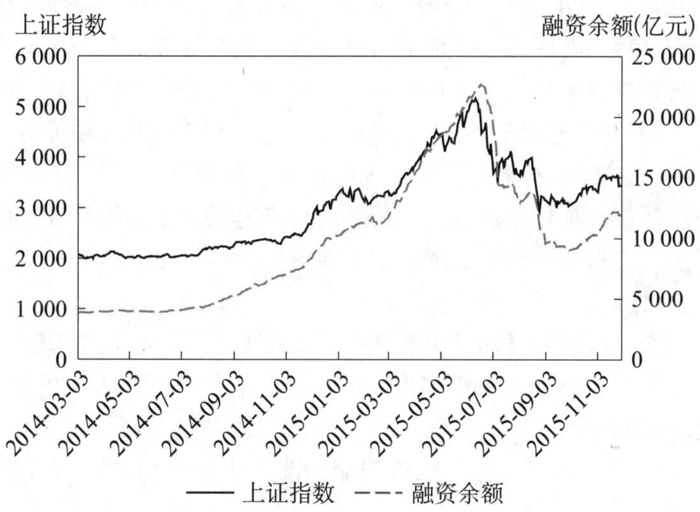

图导—21　2014 年 3 月—2015 年 11 月场内融资与上证指数的变化关联图

资料来源：Wind 资讯。

票市场一直实行的是“T+1”交易制度，其目的是试图让投资者在买卖股票时有一个理性判断的时间，以维护市场的稳定，尽可能保护市场的投资功能，防止过度投机。但是，从这次股市危机的情况看，由于“T+1”交易制度不能进行日内回转交易，因而在市场突然变向时投资者是无法控制风险的。一些符合适当性规定的投资者可能会转向股指期货，通过套空来锁定风险，这将对股指期货的下行有一定的压力，从而会在更宏观的层面影响现货市场的趋势。

在中国，股指期货实行的是“T+0”交易制度，而股票现货市场与股票衍生品市场完全不同的交易制度会使两个市场的风险控制功能脱节，也就是使股指期货市场的投机色彩更浓。

中国股票市场实行“T+1”交易制度已有 20 年。当时，由于市场规模小、信息披露不规范、管理缺乏经验、法制不完善、投资者对股票市场缺乏深入了解，因而在当时实行“T+1”交易制度是恰当的。时至今日，中国股票市场在各个层面都发生了巨大变化，因此完善市场流动机制和风险控制机制，建立符合市场化原则和国际化要求的、一体化的、相互衔接的交易规则体系，应是当前的重要任务。所以，从规则体系的一体化、市场化和国际化的角度看，股票市场全面实行“T+0”交易制度的时机已经成熟。

(2) 关于市场“停摆”机制的改革。为了抑制过度投机，使投资者有一个理性思考的时间，在股票市场出现异常波动并达到一定程度后，各国都会设计一个期限不等的“停摆”机制。中国股票市场实施的是个股价格涨跌停板制度，至今已有 19 年的历史。[①] 在中国，个股价格的涨跌停板制度与“T+1”交易制度在制度设计上有某种内在联系和近似的市场背景。从实际效果看，在市场出现某种突发情况，特别是在市场出现危机状态和上市公司出现异常信息时，涨跌停板制度的确成了一种有利于市场炒作的制度设计，它们对价格发现和价格扭曲的矫正难有正向作用。在市场出现异常波动或危机时，它们还会加重投资者的恐慌情绪、恶化市场环境、加剧市场危机、延续市场恢复正常状态的时机。从已有的实践看，个股涨跌停板制度难以达到“理性判断”的制度效应，与“T+1”交易制度类似，这种制度应予取消。

作为个股涨跌停板制度的升级替代品，我们自 2016 年 1 月起建立了具有市场整体效应的双向“熔断机制”，即在市场出现异常波动时的市场整体“停摆”制度。但是，我们应当明确，任何一种“停摆”机制都不可能阻止危机的发生，只可能在一定程度上恢复市场的定价功能、改善市场流动性、减轻危机的冲击作用。

（3）程序化交易的市场效应。程序化交易相对于传统的人为主观交易是一种交易技术创新，也是一种在计算机和网络技术支持下瞬间完成预先设置好的组合交易的交易手段。高频交易既是一种程序化交易，更是程序化交易的新进展。量化投资大多通过程序化交易来完成。程序化交易及其高频交易的基础是云计算、大数据、计量模型和网络平台，因而是股票市场交易技术和交易制度的创新。在实践中，市场交易制度和数据结构对程序化交易特别是高频交易的效率有重要影响。“T+0”交易制度、流动性好、市场规模大、大数据平台以及无涨跌幅限制的市场有利于程序化交易特别是高频交易。在中国，由于受到相应交易制度（如“T+1”交易制度、涨跌停板制度）和有关大数据平台（如大数据发布、挖掘、获取等）方面的约束，一般的程序化交易在股票市场的发展空间受限，而高频交易在股票市场上几乎难以生存，它们主要存在于股指期货市场。基于量化投资的程序化交易都是一种“止损”（或“止盈”）交易，且交易程序是事先设定的，故在市场出现异动特别是大幅下跌时，止损交易容易出现群体性行为。在高杠杆配资的市场结构中，程序化交易对加剧价格下跌、引发市场危机的确有推波助澜的效应。2015 年 6 月中旬至 8 月的中国股票市场崩盘式的下跌，明显有这个因素的作用，从这些交易日跌停板股票数量之多、跌停价压盘规模之大可略窥端倪。

有人把高频交易归类于引发这次危机的众多原因之一，可能略显勉强。如前所述，因为中国股票市场的交易制度和交易结构制约了高频交易的宽度及深度。

① 为了抑制当时过度投机的市场，1996 年 12 月 26 日中国股票市场实行了个股涨跌停板制度，即 ST 股票价格的涨跌幅限制为±5%，ST 以外的股票价格实行±10%的涨跌幅限制。

至于股指期货市场上的高频交易是否是这场股市危机的主要原因，需要做跨市场的计量分析。

(4) 股票市场多空动能结构失衡。就中国股票市场的内部结构看，买多和卖空的动能是严重不匹配的，这种多空动能的严重不匹配并不主要体现在存量上，而是体现在增量上。从图导—19 所示的证券公司“两融”规模及结构上就能明显地观察到这一情况，这还没有考虑规模更加庞大的场外配资在买多动量上的巨大作用。在证券公司的“两融”中，融券规模还不到“两融”规模的1%。在美国市场上，这一比率大约为 3∶1。在实际市场操作中，考虑到杠杆融资买入不但规模几乎没有约束，而且交易便捷、制度阻碍小、成本也不高，所以融券不仅数量上有硬约束，而且存在更复杂的制度屏障，因此在成本上无优势。在上涨预期明确的市场趋势中，这种动能结构严重失衡的力量，必将加快市场的上涨，直至危机的到来。

(5) 股指期货在这场危机中的角色。在制度设计中，为了弥补或平衡股票市场上多空力量在动能结构方面的严重失衡，股指期货的设立或许能起到一定的对冲或校正作用。从理论上看，股指期货的重要功能是完善或校正现货市场的价格发现功能，起到价值回归的引导作用。站在中国股票市场多空动能结构严重失衡的角度看，建立并发展一个有效的股指期货市场显然是有必要的。

然而，由于股票衍生品市场和股票现货市场在交易制度和投资者结构上的重大差异，虽然股指期货在客观上仍然发挥了一定的股票价格校正作用，但这种价格校正效应在类别和个股上有巨大的差异。总体指数的回归掩盖了相关类股和个股价格的严重扭曲，这正是在政府救市期间，人们诟病股指期货的重要原因。与此同时，股指期货市场上的投资者还利用了“T+0”的灵活交易制度与股票市场上“T+1”的滞后效应以及投资者适当性原则获得了巨额的制度性盈利。这种由于制度差异而获取的利益显然有失公允，这正是股指期货在中国恶名不断的重要原因。从这个角度来说，虽然我们还没有非常确定的定量分析结果得出股指期货是这场危机爆发的“帮凶”，但对股票市场的投资者特别是中小投资者而言，其不公平性是显而易见的。这从一个侧面说明，公平制度的安排是多么重要。

第五，监管的滞后和监管独立性的缺失是股市危机爆发的不可漠视因素。

近年来，为了健全证券公司的市场主体地位、活跃股票市场、给投资者以更大的资产组合空间，资本市场上金融创新的步伐明显加快，多种新型的金融产品、融资工具、避险机制、交易技术和交易制度等都有较快发展或完善。例如，股票收益互换、结构化融资、“伞形”信托、基于互联网平台的多种形态的场外配资、衍生品与现货的跨期套利以及各种类型的程序化交易、量化投资、高频交易等。无论是金融工具的创新，还是交易技术的升级，一方面提升了市场效率、拓展了市场交易资源、改善了市场流动性，另一方面也改变了原来的交易结构，使其进一步游离于传统监管视野之外，致使既往监管标准难以覆盖，而新的不确定性显著增加。从整体上看，市场监管的理念没有及时跟上创新的步伐，传统监管手段难以监测到新的风险源。也就是说，监管的敏感度远远不及风险变化的速度，对市场创新的速度以及这种创新可能带来的新风险缺乏深度理解，这样的监管一定是滞后的监管。虽然我们不能把这次股市危机的主要责任归咎于监管低效，但监管的滞后和对风险的低敏感，无疑是一个不可漠视的因素。

监管的滞后和低效既与监管者的市场化和专业化能力有关系，更与监管者的监管独立性不够有密切的关系。在市场上涨的过程中，当市场开始出现严重的泡沫化趋势之前，监管部门对上涨的关心大大超过对风险的关注，有时甚至会误认为股票价格的上涨是监管者的重要目标，以至于对一些可能给市场带来重大潜在风险的工具创新和违规违法行为视而不见。2015 年 3—6 月中旬，股票市场的交易量持续放大，从 6 500 亿元到 1.6 万亿元再到 2 万亿元，峰值时甚至超过 2.4 万亿元（峰值时，市场流通市值换手率超过 4%），这样令人恐惧的交易规模已比同期全球所有市场的交易量总和还要大，难道不知道这种不可持续的巨大交易量对后续的市场意味着崩盘式的危机吗？在 2015 年 3 月市场交易量突破 1 万亿元时，就有专家提出了明确的风险警示①，提出面对这样巨大的成交量，需要反思很多规则的设计，要进行新的思考，并且随着指数的上升要不断降低市场杠杆率。那时，社会（包括监管部门）只关注股票市场的上涨，把股票市场的发展简单理解为股票价格的上涨、市值的增加，以至于忽略了高杠杆给市场带来的灾难。除了没有警惕配资越来越大、杠杆越来越高的巨大风险外，在此期间，各种以提高股价为目的的可疑信息披露（以形形色色的并购重组为标志）也在股票市场弥漫。事后表明，这些可疑信息不少都是虚假信息。从基本常识和起码的专业能力看，对如此多的所谓“利好”信息是必须纳入监管视野的，但在当时，这些可疑信息被股票市场上涨的欢呼声淹没了，监管的独立性被严重削弱。一个缺乏独立性监管的股票市场一定是一个秩序混乱的股票市场，其结果一定是一个泡沫化的股票市场，而股灾和危机只是时间问题。

资本市场发展的基石是透明度，资本市场秩序的维系依靠独立监管。监管的天职是维护市场秩序和“三公”原则，至于市场的涨跌趋势，显然不在监管的职责范围内。

第六，一些重要媒体对于市场乐观情绪的过度渲染，对市场产生了严重的单

① 参见吴晓求：《上万亿交易量让人感到恐惧》，载《上海证券报》，2015-03-20。

向误导，构成了市场危机爆发的舆情因素。

在25年的股票市场发展历史中，中国的股票市场从来没有像2015年这样受到众多主流媒体如此高度的关注，这或许与现在的股票市场与经济发展、居民财富和人民生活息息相关有关。媒体作为信息发布的平台和传播的渠道，必须尽可能做到客观、真实、完整，对那些具有明显倾向性的预测、评论、建议等，亦要在技术上做到不为其背书，这一点对官方主流媒体尤为重要。但是，在这次股市危机形成的过程中，一些媒体特别是一些官方主流媒体频繁发表一些针对市场走势的评论、预测，这在一定程度上影响了投资者预期，加固了人们的“牛市”思维。在中国，不少人会认为，官方主流媒体的观点表达的是“国家意志”。例如，2015年4月21日人民网发表的《4 000点才是A股牛市的开端》一文经新华网转载后又被其他媒体广泛传播，对市场产生了重大而广泛的影响。虽然此文是人民网记者个人撰写的稿件，但由于《人民日报》、人民网、新华网的特殊背景和权威性，投资者理所当然地会认为这可能代表这些官方主流媒体的意见，甚至有人还会将其误读为“国家意志”。在众多网络媒体的广泛传播下，此文对市场的影响已远远超过预期。在此期间，虽然有专业人士对此文提出过严重质疑，认为既不专业更没有依据，但这种质疑被市场当时的亢奋情绪所淹没。

除了某些官方主流媒体外，一些市场化媒体更倾向于传播市场的“牛市情节”，很少提示风险。如果说某些主流官媒的“牛市”观点具有权威性、引导性，那么市场化财经媒体则将这种“牛市”思维普及化、大众化。在这种舆情的渲染下，全社会弥漫着一种浓烈的“牛市”情结，风险意识荡然无存，股票市场很容易进入一种非理性状态。

3. 政策建议

这场危机是中国建立股票市场以来第一次真正意义上的市场危机，它既有对发展资本市场复杂性理解不深所带来的急于求成的主观原因，更有制度、规则、监管等基础架构原因。为此，我们特提出以下改革意见和政策建议：

（1）大力发展资本市场的基本方向不能变。中国是个大国，因此必须构建与中国经济相匹配的大国金融。中国金融的核心标志是人民币的国际化和资本市场的国际中心地位，而发达、透明、具有国际金融中心地位的资本市场是中国大国金融的基石。中国现行的金融结构离大国金融的目标还有很大差距。中国金融结构最根本的缺陷在于不断累积风险、分散和化解风险的能力差、财富管理的功能弱，表现为银行类金融机构的信贷资产比重高、证券化金融资产比重低。这样的金融结构潜伏着巨大风险，既不可能形成现代意义上的大国金融，也不可能成为国际金融中心。改革现行的金融结构唯有大力发展资本市场。在中国，发展资本市场顺应了现代金融变革的基本趋势。需要注意的是，要深刻认识到中国发展资本市场的复杂性和长期性，要充分尊重资本市场发展的内在规律，要缜密设计、循序渐进，不可一蹴而就，过度过快地透支金融结构性改革的红利。

（2）在基本制度方面，要继续推进多层次资本市场的发展。彻底改革现行的实质上是行政配置资源的股票发行核准制，建立以市场配置资源为主导的、以强化信息披露为核心的股票发行注册制。从核准制到注册制，不是简单的行政放权，而是资源配置机制的变革，是资本市场平衡责权结构的变革。注册制改革的核心是强化信息披露，建立基于成长性而不是重要性，立足于未来而不是关注过去的企业上市标准，其目标是建设一个信息透明、自主投资、预期有序、基于成长的股票市场。

（3）规范融资渠道，形成动态的杠杆调整机制。在市场融资方面：一是大幅调低杠杆率，建立一种逆周期的动态的杠杆调整机制；二是在清理的基础上，规范市场融资渠道，注意平衡金融工具的创新和管控风险，建立一种可监测、可调节的杠杆融资机制。总体而言，我国要收缩甚至清理场外配资渠道和规模，规范并发展场内“两融”。为了平衡市场多空动能结构，要特别注意发展包括融券在内的市场卖空工具。

（4）建立更加市场化的交易机制。在交易机制方面：一是取消现行的个股涨跌停板制度，取而代之的是建立整体市场异常波动的停板制，即“熔断机制”。“熔断机制”的触发标准可参照发达市场的做法和中国市场的实情而确定。从2016年1月起中国股票市场实施的“熔断机制”具有双向功能，与现行的个股涨跌停板相并存，阈值分为±5%和±7%两档，基准指数为沪深300指数。这种与个股涨跌停板制度并存的“熔断机制”的效果有待观察。我们认为，在实施“熔断机制”时，应取消个股涨跌停板制，以形成“宏观管控、微观搞活”的制度结构。二是改革“T+1”交易制度，由“T+1”交易制度调整为“T+0”交易制度，以提高市场异常情况下投资者控制风险的机会，减小股指期货与股票市场之间因“T+X”交易制度的不同而出现的制度套利。不过，这种改革是否会减弱股指期货的风险传递作用，尚难定论。

（5）平衡处理交易技术创新与风险管控的关系。在交易技术创新方面，要正确处理包括程序化交易和高频交易等在内的新交易技术的创新与市场风险之间的关系。一般来说，应鼓励交易技术和交易平台的创新，充分体现云计算、大数据、互联网平台、计量化在股票交易技术进步中的推动作用；同时，又必须将这些交易方式纳入可监测的范围，制定如何最大限度地限制“幌诈”效应和在市场出现异常波动时的临时限制机制。

（6）强化监管的独立性，调整监管重心。在监管方面：一是必须强化监管主体的独立性。监管者依据法律赋予的权利和责任监管市场，只做监管的事。二是调整监管的重心。从事前监管、事中监管和事后监管并重调整为事中监管和事后监管的统一。事中监管的重点是信息披露监管，事后监管的重点是违法违规行为的监管。违法违规行为主要包括虚假陈述、内幕交易、操纵市场等。三是改革宏观监管架构，在厘清监管权力、责任、义务边界的基础上，系统整合现行的监管架构，建立一个权力有约束、责任有主体、义务有边界、危险无漏出的功能型超级金融监管者。

（四）

2015年刚刚发生的这场股市危机，是在中国金融体系特别是资本市场即将全面开放之际发生的。正确把握危机发生的规律，深刻剖析危机形成的原因，科学总结治理危机的得与失，对未来中国资本市场深化改革、扩大开放和建设国际金融中心，无疑具有极其重要的意义。前车之鉴，后事之师。危机之后，理念当有所改变，制度当有所进步，规则当有所完善，市场当有所成熟，但所有这些都是建立在总结历史、直面现实、科学反思的基础上。在全面回顾、梳理和总结30年来全球金融危机历史的基础上，结合中国这次股市危机的特点和原因，我们认为以下几点至关重要：

1. 金融危机并不必然以经济基本面的恶化为前提，或者说经济的严重衰退是金融危机出现的大概率事件，反之则不然

在现代经济金融结构下，由于金融的作用日趋重要，并逐渐成为现代经济的核心，因而金融危机的出现可能主要是基于金融自身的原因，而非实体经济的原因。这实质上告诉我们，要防止金融危机的爆发，必须更多地关注金融因素的重大变异。

2. 金融危机本质上仍是一种货币现象，或者说是一种资本严重过剩的现象

在金融市场不发达的经济体系中，过多的货币（即通货膨胀）必然引起物价的大幅上涨，而在金融结构趋于市场化或金融市场发达的经济体中，过多的货币会演变成资本的严重过剩，从而推动资产价格的大幅上涨，继而使金融危机成为可能的事件。金融危机是恶性通货膨胀的基因变异（转基因），两者不同宗但同

源，这实质上为我们找到了解决金融危机的根本办法。

3. 虽然金融危机在现实中有多种组合形态，但股市危机通常都是一种经常出现的形态

金融危机的形态有货币危机、债务危机、股市危机和银行危机。在最近30年全球金融危机的既有历史中，它们有各种不同的组合，既有四种危机相互交织在一起的全面金融危机（如1997年亚洲金融危机、1998年俄罗斯金融危机），也有相对单一的股市危机（如1987年“黑色星期一”、2000年互联网泡沫危机、2015年中国股市危机等），还有股市危机与银行危机的交织（如1990年日本泡沫经济危机、2008年美国金融危机，即使在这两次金融危机中，仍以股市危机为主）。可以肯定的是，任何一种现代意义上的金融危机都必然伴随着股市危机，或者说股市危机是现代金融危机的常态。

4. 一个国家（或经济体）的金融危机是复合式的全面金融危机，还是相对单一的股市危机，取决于这个国家的经济规模、市场化程度和竞争力，也取决于这个国家货币的弹性和金融风险的结构状态

一国金融危机容忍度的顺序选择应为：单一股市危机、以股市危机为主的复合型金融危机、全面金融危机。基于中国未来基本要素的判断，股市危机或股市的周期性异常波动可能是中国金融危机（如果有的话）未来的主要形态，银行危机是中国防范金融危机的重点和底线，因为它涉及社会的稳定和金融的基本秩序。中国未来出现货币危机的概率相对较小，是因为人民币未来的弹性会得到很大改善，而全面的债务违约危机出现的概率也不会很大。

5. 从短期看，金融危机虽是一种资本过剩条件下过度投机的现象，但在不同经济增长类型的国家，由于过剩资本的形成机制和期限结构的不同，金融危机的主体形态和形成过程迥然不同

这里说的不同经济增长类型是从资本来源依赖性上说的。一国的经济增长过度依赖外源性资本输入，尤其当这种外源性资本主要是一种短期投机性资本，那么这个国家一定会发生金融危机，一定会表现为复合型金融危机，甚至是全面金融危机。在经济增长主要依赖于内源性资本的国家，一旦出现金融危机，股市危机可能是常态。虽然以内源性资本为主的国家也会出现国际资本的大规模流动，但不会出现过度失衡的现象，这些国家大多是国际资本的输出者，至少是潜在输出者。

6. 在所有出现金融危机的国家，无论是单一的股市危机还是复合型或全面金融危机，它们都有一个共同现象，即资产价格的持续大幅上涨是重要前提

在资产价格上涨的过程中，以房地产价格的持续、大幅上涨为先导，继而以股票价格的持续大幅上涨为主体，直至进入泡沫化状态。其中，银行资金直接或间接地以杠杆融资的方式进入股市，而杠杆融资是股市危机的催化剂。

7. 控制股市危机就必须控制杠杆率，就如同控制水流量必须控制阀门一样

杠杆与贪婪成正比。杠杆是贪婪的标签，贪婪是杠杆的动力。杠杆有多大，危机来得就有多猛；杠杆率有多高，危机来得就有多快。高杠杆将少数人送上天堂，而将多数人送下地狱。高杠杆让 2008 年全球金融危机成为一场“海啸”，也让 2015 年的中国股市变得一地鸡毛。资本市场不能没有杠杆，但肯定不需要贪婪成性的高杠杆。优化杠杆，逆周期动态调整杠杆是资本市场杠杆原理的精髓。在中国，优化杠杆的重点是规范融资方式，建立全方位、可监测、大数据的融资监控体系。

8. 有效的监管是市场重要的稳定机制，也是市场秩序和市场透明度的建设者、维护者

市场监管者的核心职责是维护市场的透明度和秩序，这就是为什么监管者必须重视对信息披露的监管和对市场违法违规行为进行处罚的原因所在。监管者是市场的清道夫，而不是至少不主要是市场趋势的直接推动者。监管者的唯一行为准则就是法律，他们追求的唯一目标就是没有边际的蓝色天空。

参考文献

［1］查尔斯·P·金德尔伯格，罗伯特·Z·阿利伯．金融危机史．6 版．北京：中国金融出版社，2014

［2］石自强．历次金融危机解密．北京：龙门书局，2011

［3］清华大学国家金融研究院课题组．完善制度设计，提升市场信心，建设长期健康稳定发展的资本市场．2015-11-19

［4］吴晓求．金融危机启示录．北京：中国人民大学出版社，2009

［5］吴晓求．中国资本市场制度变革研究．北京：中国人民大学出版社，2013

［6］吴晓求．中国资本市场：开放与国际化．北京：中国人民大学出版社，2015

［7］吴晓求．上万亿成交量让人感到恐惧．上海证券报，2015-03-20

［8］吴晓求．大国金融中的中国资本市场．金融论坛，2015（5）

2016
2016
分　论

分论一 “黑色星期一”与美国股市危机

摘 要

从历史上看，1987 年 10 月美国股市的崩溃可认为是 20 世纪 70 年代“金融革命”以来发生的第一次现代意义上的大规模、全球性的发达国家股票市场危机。从当时的状况看，1987 年 10 月 20 日（星期二）的股市崩溃在短期内引发了巨大的负面冲击，一度使美国证券市场乃至整个金融体系陷入“停摆”的边缘。宏观经济“大缓和”时期的来临以及金融市场结构性变化引发的运行机制复杂化极大地增加了 1987 年 10 月股市崩溃成因分析的难度。时至今日，关于 1987 年 10 月股市崩溃成因的分析远未达成共识，现有基于有效市场、流动性以及行为金融等多个不同视角的股市危机理论解读。美联储针对此次股市崩溃的救助针对性极强、措施得当，使得股市危机并未蔓延，在较短时期内就恢复了市场的正常运行。1987 年 10 月发生的股灾促成了美国证券监管架构的变革，在此后十余年间，与证券市场结构、市场控制、支付清算等领域相关的美国诸多证券监管规则较此前发生了较大的变化，在一定程度上促进了证券市场运行效率的明显改善。

Abstract

Historically, the stock market crisis in October 1987 was the first modern, massive and global stock market crash since the financial revolution in 1970s. It was a terrible day on Tuesday, October 20th, 1987, the stock market and even the financial system in the United States nearly closed because of the negative impacts of the crisis. It is the upcoming macroeconomic "Great Moderation" period and the complex operation mechanism caused by the structural change of the financial market that make the analysis of the crash difficult. But up till now, scholars haven't reach a consensus of the causes of the stock market crash. Theoretical interpretation of the stock market crash focused on several aspects, such as efficient market, liquidity and behavioral finance. With the highly targeted and appropriate bailout measures taken by the Federal Reserve, the spread of the stock market crisis was prevented and the market was restored in a relatively short period. The stock market crash occurred in 1987 promoted the reform of the United States securities regulatory framework. In the following decade after the crash, the regulatory rules had undergone great changes, especially in the areas of the market structure, market control, payment and clearing. The operation efficiency of the stock market was significantly improved.

1. 引　言

对于当时美国证券市场的投资者而言，伴随着股市交易量和价格波动幅度的急剧上升，1987 年 10 月的股市简直就像是进入了一种“大屠杀”状态——从 10 月 5 日开始的一周内，道琼斯工业指数（以下简称“道指”）下跌了 159 点，随后的一周道指进一步下跌了 236 点（其中，10 月 16 日一天就下跌了 108 点），两周之内近 5 000 亿美元的股票账面财富灰飞烟灭。而在紧接着的一个交易日，即 10 月 19 日（“黑色星期一”），巨量的抛售浪潮同时袭击了芝加哥和华尔街，“大萧条”的前兆似乎在时隔 60 年后再次重现——在一片恐慌、混乱的气氛中，道指急速下跌了 508 点（收于 1 738.74 点，较前一收盘价下跌了 22.6%），成为美国股市自创设以来单日跌幅最大的一天，并且当日交易量达到了 6.043 亿股的历史性天量，一天之内近 5 000 亿美元的账面财富蒸发殆尽。在 10 月 20 日开盘时，尽管有格林斯潘代表美联储的简短公告发布，但投资者的恐慌情绪依旧，市场一直处在寻找底部的过程中——道指在中午前一度下探到最低点 1 709 点，下午则在公司回购等多重利好的刺激下出现了强劲的反弹，最终收于 1 841 点，当日成交量进一步放大到 6.081 亿股。尽管自 10 月 21 日开始的 8 个交易日的道指上下浮动，但由于前期跌幅过大，市场总体呈现出反弹的态势，10 月底的道指和S & P 500 指数分别收于 1 993.53 点和 251.79 点（较 9 月底分别下降了 23.2%和 21.8%）。除道指外，10 月美国的其他主要股票价格指数也出现了类似的明显下挫态势——纽约证券交易所综合指数、美国证券交易所指数和 NASDAQ指数在 10 月分别下降了 21.9%、27%和 27.2%。此外，在芝加哥商品交易所（CME）上市的 S & P 500 指数期货合约的价格较 S & P 500 指数出现了更为剧烈的变化——10 月 20 日，S & P 500 指数期货合约的最低价一度达到 181 点（大致等价于道指跌至 1 444 点），较当年最高点的相对跌幅接近 44%，与此同时，纽约的股票现货和芝加哥股指期货之间的价格关系出现了持续的基差反转现象（即相对于现货价格而言，期货价格贴水，而非正常的升水）。更值得一提的是，1987 年 10 月 19 日美国的“黑色星期一”在全球范围内都引发了巨大的冲击——10 月 19—20 日期间，日经 225 指数和伦敦富时指数分别下跌了 4 456 点（跌幅 16.9%）和 500 点（跌幅近 22%），10 月 30 日两个指数分别位于 23 328.91 点和 1 749 点，月跌幅分别为 12.8%和 26.4%，见表分—1—1。

表分—1—1　　全球主要市场股价指数变化（1987 年全年和 1987 年 10 月）

	本币计算		美元计算	
	1987 年	1987 年 10 月	1987 年	1987 年 10 月
澳大利亚	−3.6	−41.8	4.7	−44.9
奥地利	−17.6	−11.4	0.7	−5.8

续前表

	本币计算		美元计算	
	1987年	1987年10月	1987年	1987年10月
比利时	−15.5	−23.2	3.1	−18.9
加拿大	4.0	−22.5	10.4	−22.9
丹麦	−4.5	−12.5	15.5	−7.3
法国	−27.8	−22.9	−13.9	−19.5
德国	−36.8	−22.3	−22.7	−17.1
中国香港	−11.3	−45.8	−11.0	−45.8
爱尔兰	−12.3	−29.1	4.7	−25.4
意大利	−32.4	−16.3	−22.3	−12.9
日本	8.5	−12.8	41.4	−7.7
马来西亚	6.9	−39.8	11.7	−39.3
墨西哥	158.9	−35.0	5.5	−37.6
荷兰	−18.9	−23.3	0.3	−18.1
新西兰	−38.7	−29.3	−23.8	−36.0
挪威	−14.0	−30.5	1.7	−28.8
新加坡	−10.6	−42.2	−2.7	−41.6
南非	−8.8	−23.9	33.5	−29.0
西班牙	8.2	−27.7	32.6	−23.1
瑞典	−15.1	−21.8	−0.9	−18.6
瑞士	−34.0	−26.1	−16.5	−20.8
英国	4.6	−26.4	32.5	−22.1
美国	0.2	−23.2	0.2	−23.2

资料来源：Bloomberg。

从某种意义上说，1987年10月美国股市的崩溃可认为是20世纪70年代“金融革命”以来发生的第一次现代意义上的大规模、全球性的发达国家股票市场危机（尽管这次危机的持续时间较短暂，对经济的冲击也不显著）——因为这次危机爆发之前，股指期货、股指期权等金融衍生品已较为普遍，在投资者机构化初露端倪的同时，组合管理、投资组合保险、指数套利以及基于上述方法的交易策略等已颇为流行，而以金融风险管理为核心的美国金融模式的要素已基本齐备。从历史上看，20世纪30年代的美国新政改革，尤其是创建证券交易委员会（SEC）的目的就是为了防止20年代大萧条之前股市崩溃事件的重演。但是，1987年10月所发生的事情显然意味着在“金融革命”发生后，美国证券市场的内在运行机制存在诸多缺陷，同时证券市场监管也有漏洞。从后续的发展来看，尽管1987年10月的股市崩溃并未在宏观经济层面造成类似1929年的严重后果，股市乃至经济在短暂调整后就重现上升趋势，但股灾的发生仍在学术层面提出了很多疑问：在一天、一周乃至一月之内，美国进而全球范围内股票（含股指期货）的市场价格为什么能发生如此之大的波动，进而引发社会财富如此巨大的灾难？股市崩溃究竟是一件独立的事件，还是一系列股灾事件中的一环？是否能够采取监管措施防止此类事件的发生，或者说至少降低其发生的概率并减轻问题的严重性？……为了弄清这些疑问，1987 年股市崩溃后的短短 1 年之内，美国国会、SEC、美国商品期货委员会（CFTC）、各家证券期货交易所和私人组织都成立了数量众多的调查委员会，试图通过对此次股市崩溃（事故）的深入调查来了解其形成机制并确定原因，进而改进美国证券市场的运行和监管，避免危机在未来的重演或者说降低冲击的消极影响。这些调查的研究成果，诸如“布雷迪报告”、SEC 市场监管部的“市场崩溃报告”、“CFTC 报告”等对 1987 年 10 月的市场运行进行了极为详尽的研究和分析，并对市场结构、支付清算、信息披露以及国际协调等重要问题提出了一些政策建议，类似“熔断”机制、跨市场保证金机制、改进支付结算等政策建议已成为现实。鉴于美国证券市场在全球金融体系中的地位以及 1987 年股灾与 2015 年中国股灾的诸多相似性（如下跌速度之快、幅度之大，股指期货和股票现货之间价格的传导关系，股指期货保证金的上调幅度等），本分论试图在回顾股灾发生前后历史事实的基础上，通过对股灾成因、政府救助措施及其后续监管影响的分析和思考，尝试总结 1987 年 10 月股灾的经验教训和对中国股市发展的借鉴意义。

2. 1987 年 10 月的美国股市崩溃：历史回顾

1987 年 10 月，美国股票市场可以说经历了一场灾难——与 1987 年 8 月 25 日的盘中高点 2 746 点相比，在 10 月 19 日“黑色星期一”道指单日下跌幅度达到 508 点的基础上，10 月 20 日道指一度下探 1 709 点，8 个交易周内的最大绝对下跌幅度超过 1 000 点，相对跌幅一度达到 37%。这次市场崩溃不仅引致了近万亿美元的股票账面财富损失，而且更为严重的是，受此冲击，美国股市乃至整个金融体系在 10 月 20 日一度濒临“停摆”。

2.1 崩溃前的美国股市：大牛市及其暴跌征兆的出现

随着罗纳德·里根在 1980 年当选美国总统，华尔街进入了一个新的时代。在里根政府的支持下，为了抑制通货膨胀，时任美联储主席保罗·沃尔克在放慢货币增长速度的同时，大幅提高了贴现率，进而导致其他利率也随之升高——20 世纪 80 年代初，美国银行的最高利率一度曾达到 20%的水平。这一系列紧缩措施致使美国在 1980—1981 年陷入了大萧条以来最严重的经济衰退——当时，失业率升到了 10%的水平，公司盈利锐减，道指狂泻 20%，一度跌到了 800 点以下。

但是，随着通货膨胀压力的减退，美联储在1982年夏开始调低贴现率，市场利率开始从历史最高水平回跌，公司盈利水平增长。在经济复苏、金融管制放松、杠杆并购以及对股权投资进行税收激励等多种因素的共同作用下，美国股票市场在此后近5年的时间里开启了牛市模式，并且一路上涨——1982年，道指从777点回升到了1 000点之上；1985年12月11日，道指首次达到了1 500点（在短短3年时间里上涨了50%）；仅仅一年之后，1987年1月8日，道指重回2 000点；6个月后，1987年7月17日道指达到了2 500点，并在8月25日达到了2 746点的历史最高位。当时，伴随着股票市场指数的持续上涨，大量的新发行股票充斥市场——1986年新发行普通股的筹资金额达到563亿美元，1987年上半年的发行规模也有270亿美元。

当美国股票市场在1987年8月25日达到顶峰（道指当日收于2 722.42点）后，鉴于当时的股票估值水平已远超历史以及基本面因素所能支持的水平，再加上财政赤字不断扩大导致的美元贬值预期、经济过热导致的通货膨胀率回升以及美联储升息预期等各种令人担忧的消息越来越多，股市运行不再像此前那样高歌猛进，而是出现了一些调整迹象——1987年8月31日，道指收于2 662.95点，较此前的历史高位有所回落。进入9月后，随着9月4日美联储理事会决定上调贴现率0.5%的消息公布，其抑制通货膨胀的政策取向得到了市场人士的明确证实，股市出现了调整迹象，但初期的跌幅并不明显，到9月30日道指收于2 596.28点，仅较8月下跌了2.5%。

进入1987年10月后，股市的恐慌情绪突然放大，股价随之出现了明显跳水——在经历了10月1日和2日颇为平静的两个交易日之后，从10月5日开始的一周内，道指下跌了159点（跌幅近6%）。一场席卷华尔街的金融巨灾即将到来。

2.2 5个黑色交易日：10月14—20日的美国股票市场

尽管前一周的道指出现了快速跳水的迹象，但1987年10月12日和13日的市场交易却并未延续之前的跌势，反倒显得颇为平静。然而，可能当时谁也没有想到，这只是金融风暴来临前的暂时宁静，紧随其后的5个交易日注定成为美国金融市场发展史中无法忽略的“黑色一周”——仅10月14—19日4个交易日的道指跌幅就达到了769点（跌幅31%），累计股票市值下跌规模接近1万亿美元。

2.2.1 10月14—16日

尽管1987年10月14—16日的单日跌幅没有19日那么惊人，但如果以S&P 500指数的变化看这3天的累积股市波动，可知总计10.12%的指数下降是自20世纪50年代以来美国股市最大的3日累积跌幅，颇为罕见，见表分—1—2。

表分—1—2 1950年1月1日—1987年10月16日最大的三日累积跌幅（S & P 500指数）

时间	跌幅（%）
1987年10月14日，15日，16日	10.12
1962年5月24日，25日，28日	9.18
1986年9月10日，11日，12日	6.86
1974年11月15日，18日，19日	6.65
1950年6月23日，26日，27日	6.52
1970年5月19日，20日，21日	6.24

资料来源：McKeon and Netter（2009）。

（1）10月14日星期三。在10月14日开盘之前，美国股市获得了两条颇为负面的消息：一是10月13日晚，众议院筹款委员会（House Ways and Means Committee）在对背负沉重债务负担的企业适用税收减免的情况进行了调查之后，提交了一份旨在限制收购的税收法案（对于运用债务获得超过20%目标公司股份或资产的收购方而言，不允许利息抵扣）；二是当天上午美国政府公布了8月份商品贸易赤字为157亿美元，远高出业界估计值约15亿美元，直接导致市场预期美元进一步贬值的压力加大，美元在外汇市场上被纷纷抛售，联邦德国马克和日元出现了显著升值。当天伦敦和纽约市场出现了美国国债的抛售潮（出于美元贬值可能引发的通货膨胀加剧和国债对国际投资者吸引力下降等考虑），长期国债的价格出现了明显下降，由此导致美国中长期国债的收益率显著上升（两年内首次超过10%的水平）。

多个利空消息的联合冲击，使得美国股市受到了极大的下行压力。当日开盘时，在S & P 500指数期货价格出现快速跳水之后，道指也出现了急速下降——开盘半小时之内，指数就下跌了44点，见图分—1—1。

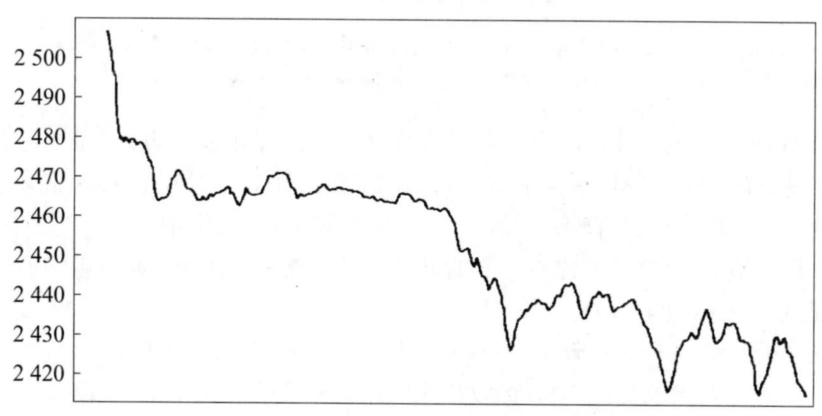

图分—1—1 1987年10月14日道琼斯指数走势变化（1分钟K线）

资料来源："The Report of President Task Force on Market Mechanism"，1988。

借助图分—1—1，可以发现在经历了开盘之后短暂的道指快速下跌后，市场进入了 2 个小时的盘整期，但 12:15 之后的 1 小时内，由于投资组合保险者在股指期货市场上大量出售，引致指数套利者在现货市场上大量出售，道指再次出现了幅度为 45 点的一个快速下降期。此后，尽管市场指数有所回升，但在最后 1 小时，道指出现了 17 点的下跌。

10 月 14 日，在股票现货市场上，道指下跌了 95.46 点（跌幅约 3.8%），收于 2 412.7 点，交易量 2.07 亿股。此外，S & P 500 指数当日下跌了 9.29 点（跌幅约 2.95%），S & P 500 指数期货的下跌幅度略小于现货。

(2) 10 月 15 日星期四。10 月 15 日，美国股市一开盘，股票现货和股指期货的价格均呈现下跌态势——芝加哥期货交易所在开盘半小时内就迎来了以投资组合保险者为主的参与者抛出的巨量空单（投资组合保险提交的空单数量达到了 2 500 份，合约名义价值 3.8 亿美元）；随后 NYSE 开盘，道指在 4 800 万股股票抛单的压力下，在半小时内下跌了 20 点，见图分—1—2。

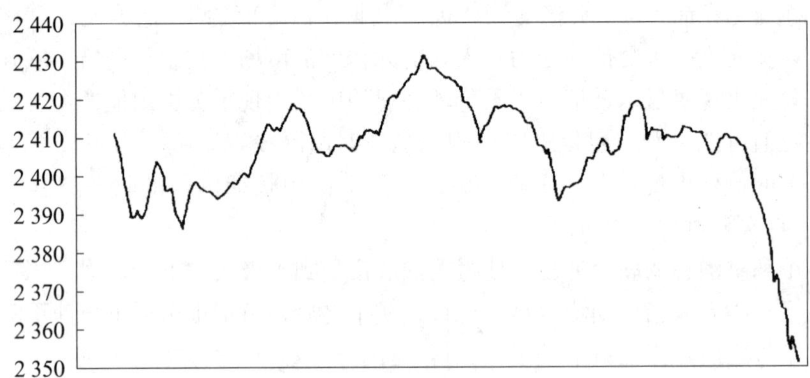

图分—1—2　1987 年 10 月 15 日道琼斯指数走势变化（1 分钟 K 线）

资料来源："The Report of President Task Force on Market Mechanism"，1988。

借助图分—1—2 可知，从全天交易情况看，尽管开盘之初美国股市延续了上一交易日的跌势，但随后就显示了较为明显的反弹，当日指数最高触及 2 430 点。此后，虽然道指出现较大回调，到下午 3:30 之前，道指仅较上一交易日下跌了 4 点。但 3:30 之后，原本平静的股市再起波澜——在该交易日的最后 30 分钟时间里，道指狂泻 53 点。

在全天收盘时，道指较上一交易日下跌了 57.61 点（跌幅 2.38%），收于 2 355.09 点，全天成交量 2.63 亿股。此外，S & P 500 指数当日下跌了 7.15 点（跌幅约 2.34%），而 S & P 500 指数期货的下跌幅度略小于现货。

借助表分—1—3 可知，10 月 15 日美国股市最主要的净出售方来自对冲基金和指数套利者，而股指期货市场上最主要的净出售方来自投资组合保险者。

表分—1—3 **1987 年 10 月 15 日交易行为汇总** 单位：百万美元

	股票交易（NYSE）		股指期货交易（CME）	
	买入	卖出	买入	卖出
投资组合保险者	201	257	171	968
指数套利者	407	717	717	407
交易所做市商	1 486	1 364	7 530	7 509
其他交易所会员	1 849	1 629	—	—
期权做市商	—	—	864	998
交易型投资者	1 026	1 156	2 236	2 050
部分养老基金	368	190	76	169
其他金融机构	798	516	57	109
对冲基金	998	1 419	27	3
外国投资者	—	—	298	442
公司回购	—	—	—	—
总计	11 400	11 400	18 830	18 830

资料来源："Corporate Repurchases，SEC Report"，table 6—2；"Exchange Market-makers and Other Exchange Members，Task Force Report"，table VI—B—1；"All Other Categories，Task Force Report"，figure III—13 and figure III—14；"Task Force Report"，figure III—15 and figure III—16。

（3）10 月 16 日星期五。10 月 16 日是周五，也是多份以股指为标的物的期权合约到期的日子。鉴于过去两天内价格的急速下跌，大多数原先的期权合约从实值期权转变为了虚值期权，致使很多投资者无法轻易地利用期权合约的滚动来实现套期保值的目的，只能转而利用股指期货市场。这意味着对于原先拥有股票现货的机构而言，芝加哥股票交易所的股指期货市场从一开盘就将面临出于套期保值考虑的巨量空单。此外，使问题更加严重的是，一旦这种情况成为现实，投资组合保险者也将采取类似的投资操作（即出售期货），进而加大市场的下行压力。

遗憾的是，当市场正式开盘之后，这些预期均成为了现实——当天，期权交易者占据了股指期货市场总空单的 7%和总多单的 6%，见表分—1—4。

表分—1—4 **1987 年 10 月 16 日交易行为汇总** 单位：百万美元

	股票交易（NYSE）		股指期货交易（CME）	
	买入	卖出	买入	卖出
投资组合保险者	161	566	109	2 123
指数套利者	394	1 592	1 705	392
交易所做市商	2 012	1 845	7 125	7 088

续前表

	股票交易（NYSE）		股指期货交易（CME）	
	买入	卖出	买入	卖出
其他交易所会员	2 124	1 922	—	—
期权做市商	—	—	1 254	1 399
交易型投资者	1 081	1 446	3 634	3 373
部分养老基金	773	794	294	234
其他金融机构	1 221	959	126	247
对冲基金	1 485	1 339	73	11
外国投资者	—	—	443	479
公司回购	—	—	—	—
总计	14 500	14 500	19 640	19 640

资料来源："Corporate Repurchases，SEC Report"，table 6—2；"Exchange Market-makers and Other Exchange Members，Task Force Report"，table VI—B—1；"All Other Categories，Task Force Report"，figure III—13 and figure III—14；"Task Force Report"，figure III—15 and figure III—16。

但令人诧异的是，从图分—1—3 显示的当日道指走势来看，从开盘直到上午 11:00 之前，虽然股指期货市场价格由于巨量空单的出现而呈现较为明显的下跌态势，但 NYSE 的股票现货市场波动并不明显——道指只下跌了 7 点。随后的 12:00—2:00，尽管股票现货市场有过极为短暂的反弹，但道指总体上呈现快速下跌的态势，出现了 70 点的快速跳水。2:30 之后，股票市场出现了一个明显的技术性反弹，但紧接着就是一个 50 点的跳水（3:00—3:50），只是在收盘前的 10 分钟出现了一个 22 点回调，最终道指收于 2 246.74 点，较前一交易日下跌了 108.35 点（跌幅为 4.6%）。全天 NYSE 成交 3.385 亿股，该成交量已较此前明显放大。

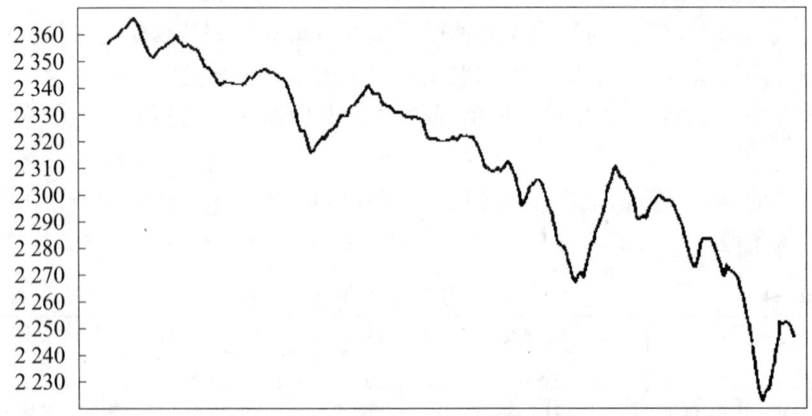

图分—1—3　1987 年 10 月 16 日道琼斯指数走势变化（1 分钟 K 线）

资料来源："The Report of President Task Force on Market Mechanism"，1988。

需要强调的是，由于10月16日S & P 500指数下跌了15.38点（跌幅约5.16%），而S & P 500指数期货出现了更大幅度的波动，导致该交易日股指期货与现货的价格差出现了与前两个交易日迥异的情况——价格贴水在开盘时没有出现，但在接近收盘时，指数期货价格明显低于现货（一度超过了6点），出现了极为罕见的大幅贴水现象。

2.2.2 10月19日“黑色星期一”

10月16日之后的两个休息日并没有出现利好消息，反倒是美元贬值等利空因素日益严重——10月18日，美国时任财政部长贝克在电视节目中宣布：如果联邦德国不降低利率，美国将考虑让美元继续下跌，预示着10月19日的美国股市可能延续此前的下跌颓势。

10月19日上午9:15，芝加哥期货交易所（CBOT）的股指期货率先开始交易。一开盘，芝加哥期货交易所的主要市场指数（major market index，MMI）期货合约较上周五的收盘价下跌了2.5%。15分钟后开始交易的S & P 500指数期货的合约价格在沉重卖压下也出现了明显的低开状况——大幅下降了22个点，相当于现货价格的8%。使情况变得更加复杂的是，当NYSE开始交易时，市场中存在的巨大出售压力使得很多股票的买入和卖出订单数量之间产生了极大的失衡——仅在DOT系统中，市场开盘前就有价值约5亿美元的卖出市价订单。在这种状况下，NYSE的很多专家在开盘后近1个小时之内根本无法报出交易价格——“到10:00为止，95只S & P 500指数的成分股（约占指数价值的30%）还没有开盘交易”（SEC，1988）。同时，《华尔街（1987）》指出：道指30只成分股中的11只（其中包括IBM、Exxon、Sears等几只主要股票）出现了开盘延迟的状况。因此，在芝加哥商品交易所的S & P 500指数期货完全反映了19日开盘的信息情况。与此同时，道琼斯公司、S & P指数公司等计算并对外公布的股票（现货）指数只好采用了16日的收盘价。这意味着19日上午NYSE和CME（股指期货）交易制度的差异事实上造成了两个市场之间的价格缺口。这个市场价格缺口在当时吸引了很多指数套利者的介入，其交易策略就是在NYSE交易系统中输入市价出售指令（期望通过在更低价位的股指期货合约的购买来平仓获利）。当现货市场最终开始交易时，价格缺口逐渐缩小，此时很多指数套利者发现他们之前输入的市价出售指令的实际成交价格大大低于其原有的预期水平，进而他们在这个时期尝试通过股指期货市场上的买入来对冲交易损失。

图分—1—4显示的19日道指的变化清晰地反映了这一市场行为的变化：在开盘的第一个小时，由于很多股票没有交易，基于16日收盘价的道指实际上并没有出现过大的跌幅，但从S & P 500指数现货和股指期货两个市场价格基差的变化看，出现了极为显著的价格贴水现象——开盘时，股指期货价格低于现货价格的水平就超过了 20 点（超过 7%的幅度），这种贴水现象一直持续到上午 11:00。到 10:30 的时候，由于绝大多数股票有了实际交易，道指已从 16 日收盘时的 2 247 点跌到了约 2 150 点的水平，跌幅近 4.3%。此时，很多套利者感觉现货出售价格过低，开始在股指期货市场上大幅买进。这种行为大概在 10:50 时出现，导致股指期货价格出现了明显回升，基差从 11:00 之后重新变为负值。与此同时，道指也出现了回调。这种状况大约持续了 1 小时左右。

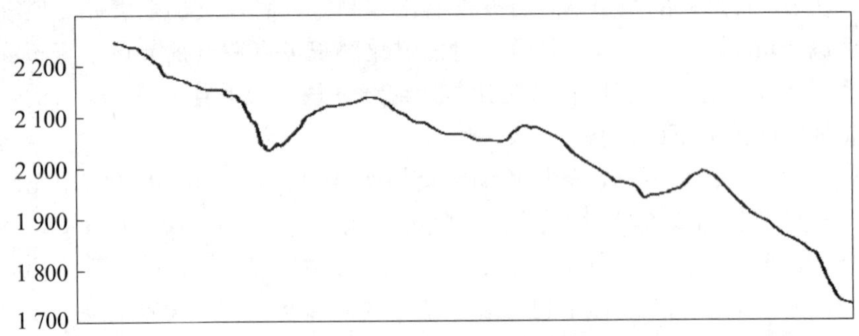

图分—1—4　1987 年 10 月 19 日道琼斯指数走势变化（1 分钟 K 线）

资料来源："The Report of President Task Force on Market Mechanism"，1988。

然而，这种状况在 11:40 左右开始出现了变化——从这一时期开始，投资组合保险者的空单陡然上升，在后续 1 个多小时的时间内引发了幅度高达 100 点的下跌，道指从 2 140 点跌到了 1 950 点。

下午 1:00 左右，华尔街突然传闻 SEC 主席在当日的一次演讲中提及"肯定有一个点位，尽管我不知道这个点位是什么，我会和 NYSE 沟通是否可以短暂，非常短暂地停止交易"。NYSE 可能在随后关闭的这则传言极大地加剧了华尔街投资者的恐慌情绪——他们需要在市场关闭之前把股票赶快出手，随之而来的抛售潮直接导致道琼斯指数快速下跌 100 点。此后的交易时间可以说是一场灾难——在收盘前的一个半小时内，机构投资者出售了 6 000 份股指期货合约（合约名义价值 6.6 亿美元），同时一些指数套利者不愿意通过电子自动对盘系统（DOT）出售股票现货，进而也不需要在股指期货市场上做多，故股指期货市场与现货市场的关系进一步扭曲，基差水平持续为正值，并一度在 3:20 左右达到了近+28 点的水平。此外，股票现货和股指期货之间的巨大基差使得很多交易者不敢轻易在现货市场上买进（相对于股指期货而言，现货的价格太高了），而股票现货市场多头的消失则引发了道指断崖式的下跌——在 19 日的最后一个多小时里，道指下跌了近 300 点（跌幅超过 13%），最终全天下跌 508.32 点，收于 1 738.74 点，跌幅为 22.6%，创造了美国股市发展史上最大的单日跌幅。

尽管19日NYSE全天的股票交易量达到了6.043亿股，交易额为210亿美元，但值得注意的是，当时NYSE的股票总市值约3万亿美元，全天换手率仅0.7%。此外，当天S & P 500指数下跌了57.86点（跌幅约20.5%），而CME的S & P 500指数期货的跌幅则达到了29%，远超现货的跌幅。

值得一提的是，在19日的股市崩盘中，个别机构的交易行为在整个卖空压力的形成中起到了关键作用——在19日交易的210亿美元股票和200亿美元S & P 500指数期货中，有四个投资者实现了42亿美元的卖出量，其中有三个投资组合保险共卖出了11亿美元的股票和23亿美元的股指期货，一家对冲基金卖出了超过8亿美元的股票，见表分—1—5。

表分—1—5　　1987年10月19日交易行为汇总　　单位：百万美元

	股票交易（NYSE）		股指期货交易（CME）	
	买入	卖出	买入	卖出
投资组合保险者	449	1 748	113	4 037
指数套利者	110	1 774	1 582	129
交易所做市商	3 976	3 239	5 682	5 479
其他交易所会员	2 558	2 714	—	—
期权做市商	—	—	915	898
交易型投资者	1 316	1 751	4 510	2 590
部分养老基金	1 481	875	447	631
其他金融机构	1 221	1 416	320	525
对冲基金	1 947	2 168	143	19
外国投资者	—	—	609	494
公司回购	411	—	—	—
总计	21 000	21 000	18 987	18 987

资料来源：“Corporate Repurchases，SEC Report”，table 6—2；“Exchange Market-makers and Other Exchange Members，Task Force Report”，table VI—B—1；“All Other Categories，Task Force Report”，figure III—13 and figure III—14；“Task Force Report”，figure III—15 and figure III—16。

2.2.3　10月20日星期二

在10月20日股市开盘之前（8:15），美联储发表了一份简短的公开声明，表明其将向金融体系提供必要的流动性。尽管美联储的这份公开声明在一定程度上稳定甚至可以说提升了市场信心，但在开盘阶段，NYSE的专家还是经受了巨大的挑战——鉴于19日NYSE专家出于交易所制度规定的稳定市场的约束，持续购买并累积持有了超过10亿美元的股票存货，对于20日开盘之前由那些具有空头股票或股指期货的价值驱动的投资者和交易者提交的巨量市价出售订单，他们仍面临与19日开盘颇为类似的订单失衡状况，无法报出有效的开盘价。但是，由美联储公开声明引致的市场信心回升，还是吸引了大量的买入订单，不仅使20日CME的S & P 500股指期货在开盘时高开了近10点（即223点），而且NYSE开盘时，虽然道指比19日收盘点位要略低一些，但在开盘后1小时的交易时段内，S & P 500股指期货和股票现货价格都出现了极为明显的上升，其中道指的升幅一度接近200点，见图分—1—5。

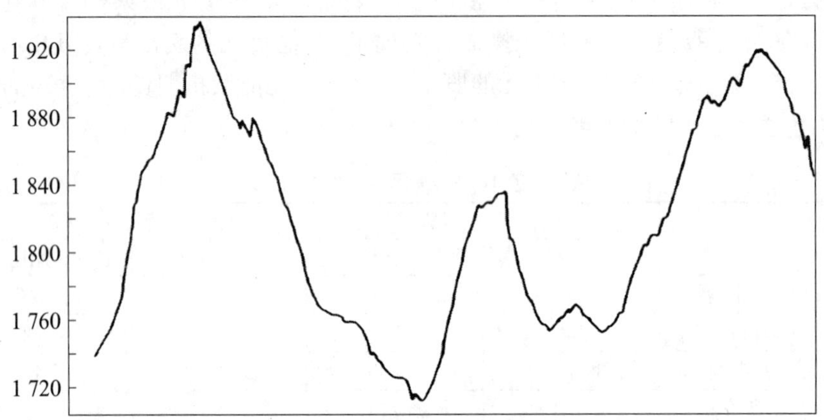

图分—1—5 1987年10月20日道琼斯指数走势变化（1分钟K线）

资料来源："The Report of President Task Force on Market Mechanism"，1988。

上午10:00，随着巨量卖单的涌入，市场回升态势结束。在10:00—12:15这个交易时段，股票现货和股指期货的价格进入了自由落体式的下降通道——巨量的空单使得道指快速下跌近300点，最低下探1 709点（在这个市场紧急状态下，很多专家实际上已退出了做市交易，而NYSE也被迫关闭了面向指数套利者的DOT系统），但S & P 500股指期货价格的跌幅更为惊人，最低水平跌至近181点（跌幅为44%，大致相当于道指下跌至1 443点），直接导致CBOE和CME分别暂停了指数期权和S & P 500股指期货的交易（CBOE的暂停开始于上午11:45，而CME的暂停通知宣布于12:15）。这实际上意味着在20日中午的这个时刻，美国证券市场进而整个金融体系处于濒临崩溃的边缘。

中午，股票市场出现了一些公司回购股票等相关的利好消息——先是4家小公司相继回购其流通在外的股票，从12:10开始，美林、福特、霍尼威尔等几家大公司也相继效仿，发布了类似消息。在这一利好的刺激下，当CME暂停股指期货交易之后，不仅道指出现了接近125点的反弹，回到了接近1 840点的水平，而且当时唯一还在交易的指数期货合约——CBOT的MMI期货价格在12:30之后的20分钟时间里出现了近90点的强劲回升。但是，当S & P 500股指期货在1:05左右重新开盘之后，纽约证券交易所和芝加哥期货交易所均出现了下跌。

下午 2:00 之后，美国的股票市场和股指期货市场均出现了明显反弹——在下午 2:00—3:30 这一交易时段里，道指回升了 170 点，股指期货的价格也有近 30 点的回升。尽管 3:30—4:00，两个市场均出现了一定幅度的价格回落，但当周二收盘时，较周一收盘，道指上涨了 102.27 点（涨幅为 5.88%），收于 1 841.01 点。

20 日，NYSE 全天的股票成交量达到了 6.081 亿股的历史最高水平。值得一提的是，在 20 日的整个交易时段，除开盘之初的很短时间内 S & P 500 指数期货价格高于现货指数外，直到收盘，几乎都处于巨幅期货贴水的状态，最大的基差出现在 12:00 前后，达到了近 40 点（接近当日指数的 18%），下午 4:00 收盘时，基差仍处于接近 20 点的水平。这意味着当天两个市场之间的关联基本处于脱节状态。

借助表分—1—6 可知，20 日股票现货的净买入指令主要来自部分养老基金和其他金融机构，股指期货的净买入指令则是来自交易型投资者，而就净卖出订单而言，现货来自其他交易所会员和交易型投资者，股指期货则来自投资组合保险者。

表分—1—6　　1987 年 10 月 20 日交易行为汇总　　单位：百万美元

	股票交易（NYSE）		股指期货交易（CME）	
	买入	卖出	买入	卖出
投资组合保险者	863	698	505	2 818
指数套利者	32	128	119	31
交易所做市商	3 240	3 517	2 689	2 718
其他交易所会员	1 710	2 002	—	—
期权做市商	—	—	544	635
交易型投资者	1 495	1 740	4 004	2 765
部分养老基金	920	334	1 070	514
其他金融机构	2 154	1 579	517	303
对冲基金	1 858	1 726	51	40
外国投资者	—	—	418	329
公司回购	667	—	—	—
总计	18 500	18 500	13 641	13 641

资料来源："Corporate Repurchases，SEC Report"，table 6—2；"Exchange Market-makers and Other Exchange Members，Task Force Report"，table VI—B—1；"All Other Categories，Task Force Report"，figure III—13 and figure III—14；"Task Force Report"，figure III—15 and figure III—16。

2.3 崩溃后的美国股票市场：平稳过渡之后重现牛市

经历了"黑色一周"之后，在 10 月剩余的 8 个交易日中，美国证券期货市场的表现并不平静：首先，这 8 个交易日中道指的波动超过了 50 点（以收盘价的波动来测度）的交易日就有 6 天。其中，10 月 21 日出现了 181 点的上涨（涨幅为 10.1%），而 10 月 26 日则见证了道指历史上第二大幅度的跌幅（下跌了 187 点）。其次，尽管这 6 个交易日的交易时间都明显缩短（下午 2:00 就收盘），但日交易量基本都超过了 2.4 亿股（21 日和 22 日的交易量达到了 4.49 亿股和 3.92 亿股）。最后，20 日出现的股指期货与现货之间价格扭曲（基差持续呈现正值）的现象得以持续，直到 29 日才发生逆转，基差转为负值。

进入 11 月后，美国证券和期货的市场价格波动及成交量基本回到了相对平稳的正常状态，见图分—1—6。事实上，美国政府危机处理小组的成员在 11 月初就各自归建了［格林斯潘（2007）］。

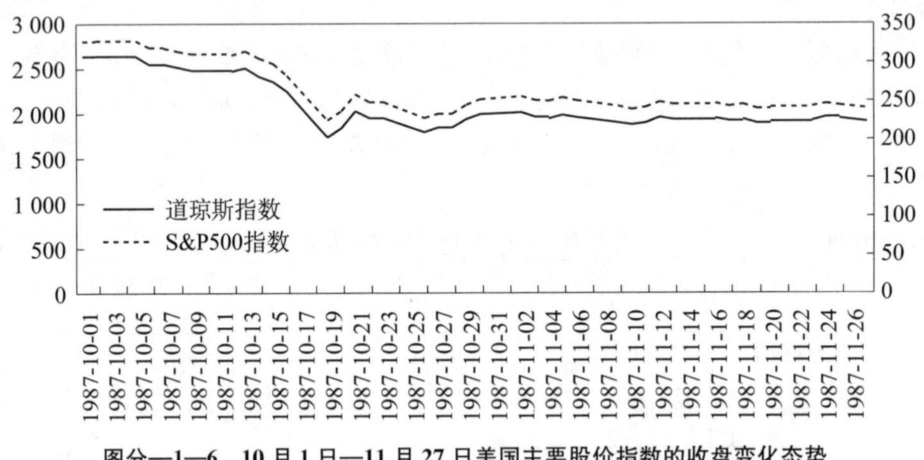

图分—1—6　10 月 1 日—11 月 27 日美国主要股价指数的收盘变化态势

资料来源：Bloomberg。

在经历了 10 月的“华尔街大屠杀”之后，美国股票市场的发展却令人感到意外——尽管 1987 年 10 月股市崩溃后出现了与 1929 年股市崩溃时期类似的一些现象（表现在银行倒闭数量的急剧增加上，包括美国在内的主要债务国越来越多地出现了偿债困难、贸易保护主义的抬头以及阻碍国际分工措施的出台等现象，同时投资者对市场的热情受到了较大的打击，投机活动明显萎缩，股票和债券的一级市场融资规模明显下降，并且市场并购，尤其是涉及垃圾融资的相关业务出现了惊人的下降），但就宏观层面而言，人们一度广泛担忧的股市崩溃后将造成严重经济后果的预言并未成为现实；相反，“和每个人的恐惧相反，经济还很强固。事实上，1988 年第一季度的年增长率为 2%，而第二季度又加速到 5%。1988 年初，道指稳定在 2 000 点附近，回到了 1987 年初的水平，而且股市呈现出微幅且持续上涨的态势。经济进入了第五年的连续增长”［格林斯潘

(2007)]。如果把时间拉得更长一些，那么我们可以看到在1987年股市崩溃的两年之内，道指就回到了原先的高位，并在1991年4月17日攀升到3 000点。1999年，有学者甚至认为“距1987年崩溃短短的12年后，我们就几乎把它遗忘了”[戈登（1999)]。

3. 1987年10月美国股市崩溃的经济成因

可能正如米勒（2000）所提及的那样——在股市崩盘这样的事件中，找不到相应的原因并不令人感到奇怪。市场体系远比飞行器更为复杂，因为市场是由成千上万具有思维的人所组成的，而不是由一些为人们所了解的固定的部件所组成的。因此，尽管1987年10月股灾发生之后，美国政府、实务界和学术界对1987年10月的股市运行进行了极为详尽的研究，但让人感到尴尬（或者说引人深思）的是，关于市场崩溃具体成因的分析不但远未达成共识，反倒是整个事件好像转变为一部类似于《罗生门》的电影——研究者基于不同的角度和立场得出了关于股灾成因颇有差异的判断。本分论在简单勾勒1987年10月美国股灾宏观背景的基础上，尝试对此次危机的形成和发展给出多视角的阐述。

3.1 1987年10月股市崩溃的宏观经济金融背景

从历史来看，之所以学术界会对1987年10月美国股市崩溃的成因众说纷纭，主要是因为此次事件不但发生在宏观经济“大缓和”时期的开启阶段，很难找到经济基本面恶化的明显证据，而且当时美国金融体系的创新风起云涌，在引发金融结构性变化的同时，也使金融市场的运行表现出与以往不同的复杂态势。

3.1.1 宏观经济“大缓和”时期的开启

历史地看，20世纪80年代和20世纪30年代类似，它们实际上成了决定美国经济结构和政府作用的分水岭（尽管这两个时期的重点截然相反）。众所周知，20世纪30年代之后，以凯恩斯革命为核心，包括美国在内的很多国家民众都认为政府不仅有权而且有责任采取广泛措施，以保证市场的有效运行，进而实现宏观经济的稳定。这意味着从这个时点开始，不加管制和自由竞争的市场不能始终取得预期的经济成就已成为美国社会的共识。容易理解，此后50年间，美国政府对经济的管制、监管和广泛参与得到了明显发展。但是，进入20世纪80年代后，人们对政府是否有能力通过实施管制、监督和稳定政策实现运转自如的市场经济并保持市场稳定表示了广泛的怀疑。1980年罗纳德·里根在总统大选中以压倒性优势大胜吉米·卡特则被认为是美国选民授权改变“大萧条”以来政府在经济中所起作用的信号——1981年3月里根提出的新经济复兴计划（其核心是解除政府对美国经济一些主要部门的管制，以促进竞争来增加物资供应、降低物价并刺激生产率）从根本上改变了对政府在经济中应起什么作用的原有观念。

20世纪80年代里根经济学的提出对美国宏观经济的走势无疑产生了极为深刻的影响。在经历了变革之初（由沃尔克采取强力紧缩货币措施以减缓通货膨胀所引致）的经济衰退之后，美国经济在此后一个较长的时期内似乎走上了繁荣之路，而且更令人意外的是，相对于20世纪70年代的“大滞胀”或30年代的“大萧条”，1986年后的美国宏观经济运行进入了一个“高经济增长、低通货膨胀”且“经济增长和通货膨胀更趋于稳定”的“大缓和”状态——从1950—2007年的美国实际GDP增长和通货膨胀率的变化来看，1950—1985年的美国经济发展不仅具有很强的波动性（在这一时期的大多数时候，美国经济甚至是在衰退，其中最严重的情况发生在1973年和1981年），而且通货膨胀率也在很长一个时期处于高峰。但是，1986—2007年美国不仅实际GDP指标的季度波动很小，经济一直保持稳定的态势，而且通货膨胀率的波动也显著下降［伯南克(2014)］。

3.1.2 金融市场的结构性变化

在经济政策取向发生重大转折的背景下，20世纪80年代的美国金融市场也经历了重大的结构变化，其最核心的特征应该是金融市场运行的去个人化，也就是机构投资者以及与机构投资者相关的产品、策略和市场对美国金融市场运行及价格决定的影响逐渐显现：首先，机构投资者不仅成为了现货市场的主要参与者，而且成为了重要的衍生市场参与者——一方面，当机构需要迅速转移大的资产组合时，它们倾向于首先在衍生品市场调整头寸，然后再逐渐在基础现货市场建立头寸；另一方面，机构需要利用衍生品来管理头寸的风险，因而它们也是动态保值和投资组合保险的主要使用者。其次，机构投资者成为金融全球化的主要推动力量，他们进行国际分散化投资组合的努力是跨境资本流动的重要来源，从而加强了全球金融市场的关联。最后，机构投资者对美国经济的一些方面还有显著的影响，如公司治理、经济重组和资金的有效利用。

（1）金融市场参与者的结构性变化：机构化。历史地看，自20世纪30年代以来，美国金融市场的参与者结构发生了极富戏剧性的变化。1930年，不仅大约14%的美国家庭拥有股票，而且当时90%公开交易的股票是由个人拥有的［Hawley and Williams（2000）］。但1929年的股灾之后，美国家庭持有股票的比例出现了快速下降——到1950年，股票持有者数量只有500万人，仅占人口的5%。值得注意的是，1950年超过90%的公开交易股票仍由家庭或个人直接持有，见图分—1—7。但是，随着储蓄机构化的加速，这种持股状况在此后发生了戏剧性的变化——从美国当时的情况看，由机构投资者产生的证券需求是一方面，一开始是保险公司和养老金计划中累积的储蓄成为了证券需求的重要来源，

而20世纪60年代末开始的共同基金业的爆炸式增长成为了刺激机构投资者广泛参与证券市场发展［并不局限于股票和公司债券，而且对于当时的货币市场而言，显得更为重要，它直接刺激了可转让定期存单（CDs）、商业票据以及国债市场的成长］的重要推动力。

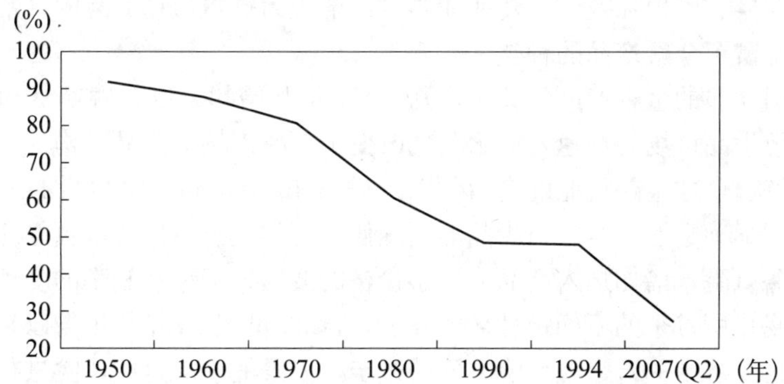

图分—1—7　家庭直接持有的股票市值占美国股票总市值的比例变化

资料来源：Zingales（2008）。

在这一背景下，美国证券市场的投资者参与结构发生了结构性改变——从1950年到20世纪80年代末，个人直接持有的股票份额从超过90%下降到接近60%的水平（在1987年10月股灾之前，个人持股总市值约为2.25万亿美元），而共同基金、养老基金、保险基金等机构投资者的份额则从不到10%上升到近40%，见图分—1—8。

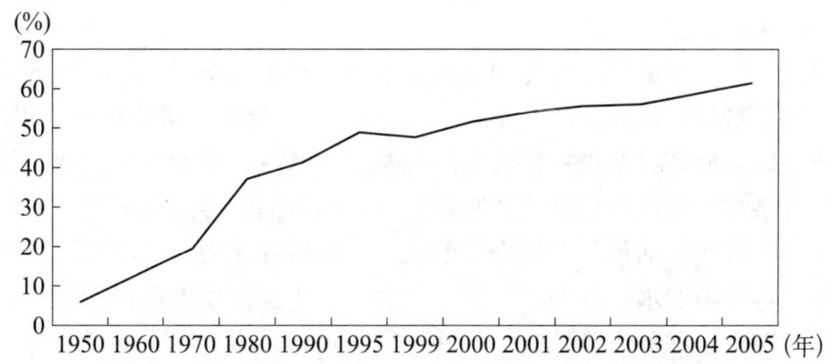

图分—1—8　机构持有股票的总市值占美国股票总市值的比例变化

资料来源：Zingales（2008）。

（2）金融产品的结构性变化：金融衍生品的出现和发展。在金融机构试图规避利率等金融管制的动机以及以“May Day”（1975年）、《存款机构放松管制和货币控制法》（1980 年）、《存款机构法》（1982 年）等为代表的金融管制放松或金融自由化的驱动下，自 20 世纪 70 年代以来，美国涌现出了众多的金融创新产品，诸如可转让定期存单、欧洲美元账户、浮动利率债券、本息分离债券、期权、金融期货、期货期权、指数期权、货币市场基金、现金管理账户、认股权证、货币互换、底顶互换、可转换债券等逐渐成为资本市场交易的日常工具，从而极大地丰富了金融产品的种类。

在美国众多的金融产品创新中，从 1972 年开始的、以金融期货和期权为代表的金融衍生品市场的快速发展永久地改变了金融市场的产品结构。布雷顿森林体系的瓦解、全球金融行业的自由化以及过去 40 余年间经济生活的迅速国际化带来了新的不确定性。金融衍生品的出现使得各类经济主体可以更好地应对日益扩大的财务风险，诸如加入商品或股票价格的波动、汇率和利率的变动以及市场流动性的变化所带来的不确定性。实际上，自 20 世纪 70 年代中期以来，在识别和分离现代经济中关键金融风险方面的进步，以及能够对这些风险进行有效地商品化、交易和定价的金融机构及市场的发展，是现代市场经济发展所取得的重要成就——从根本上说，这些金融创新的出现和发展使得那些愿意降低经济不确定性的人可通过市场定价来降低这种不确定性，而那些愿意承担某类风险的人所拥有的机会也大大增加了。

或许正是由于这一原因，世界上有组织的交易所内交易的金融期货和期权合约的品种从 20 世纪 70 年代时的少数几个扩展到很多种类，而且交易量出现了几何级数的增长。与此同时，场外交易市场（以下简称“OTC 市场”）的衍生品也出现了爆炸式增长（如 1987 年未平仓 OTC 利率互换的名义价值为 6 830 亿美元，货币互换也类似）。

历史地看，金融衍生品市场的出现及发展使得美国金融体系分离关键金融风险的能力日益增长，与此伴随的金融工程（资产证券化、指数套利、程序交易、债券废止、债券换新以及投资组合保险等投资策略或证券业务）以及寻找这些风险的市场价格完成了市场经济的体制性转变：一方面，美国金融模式对商品和服务的价格以及资产评估价值发生变动的风险具有对冲能力，可以使得投资者的收入平稳化，避免消费水平的降低；另一方面，鉴于经济发展在很大程度上取决于企业家应对和管理财务风险的能力，并且经济增长是由企业家的冒险欲望（创造性破坏）所推动的，因而美国的金融模式不仅使企业家能够对技术和需求的变化以及影响公司盈利能力的其他变化进行调节，同时还保证了资本可以分配到从安全的蓝筹公司到创业公司的各种业务中，进而成为了支撑美国经济创新与转型的关键支撑体系之一。

（3）金融市场的结构性变化：面向机构的私人权益市场的兴起。面向机构投资者的私人权益市场，或者说包括风险投资的私人权益基金以及对冲基金的兴起可能是20世纪80年代以来美国金融市场结构性变化中不可忽视的重要表现之一。历史地看，美国私募证券的发行及场外市场的出现源于1953年最高法院针对SEC诉Ralston Purina公司的一个判例——在该判例中，最高法院认为面向那些有能力自我保护的投资者的证券发行可以纳入“注册豁免”的范畴。而SEC以501(a)规则中明确的“合格投资者”（accredited investor）概念为基础，在1982年制定了D条例（regulation D），同时规定了三种规则（rules）来规避证券注册要求。其中，506规则为私募权益基金等机构发行证券建立了“安全港”——该规则明确表明，如果其证券发行仅限于合格投资者和不超过35个非合格投资者，则可以豁免证券发行注册程序。

监管规则的变化对美国金融市场的后续发展产生了极为深远的影响，在无意中拉开了面向机构的私人证券市场的序幕。在20世纪40年代就已出现的风险投资首当其冲——历史地看，60年代仙童半导体公司的成功使得风险投资逐渐成为美国金融体系不可或缺的组成部分。作为驱动美国经济创新和增长的重要动力之一，风险投资的出现无疑为机构投资者提供了一种极具吸引力的金融创新，但除了极个别的例外，个人投资者一直被排除在风险投资之外。

随后出现的另一项重要的金融创新——私人权益基金从20世纪70年代诞生伊始也仅面向机构投资者，个人投资者无法参与。1974年，美国国会通过了旨在保护退休雇员利益的《雇员退休收入安全法案》（ERISA）。该法案强制性要求企业年金的全部资产应以信托的形式持有，并规定受托人在投资时必须秉持“必要的细心、技能、谨慎和勤勉”。这条“谨慎人规则”（prudent man rule）被基金经理解读为禁止投资于诸如PE之类的高风险资本，养老金纷纷撤出私人权益基金行业，PE融资随即陷入低谷。1979年，美国劳工部对“谨慎人规则”进行了重新澄清：在风险分散良好的投资组合战略中，高风险投资是合法的。历史地看，劳工部的这个决定不仅让美国大型退休金和人寿保险基金开始投资于一些高风险的中介机构，如风险投资基金、收购基金、“秃鹫”基金等，还造就了一个新的快速成长的市场（即私人权益市场）。1980年，美国的私人权益市场不仅筹资50亿元，而且使得美国人对投资风险的理解更加深入，进而引发了垃圾债券等市场创新，出现了新的投资渠道——1977—1986年垃圾债券在美国的发行量从10亿美元增加到300亿美元，成为美国债券市场的重要构成之一。

3.2 1987年10月股市崩溃的经济原因：三个不同视角的理论解释

宏观经济“大缓和”时期的来临以及金融市场结构性变化引发的运行机制复杂化极大地增加了1987年10月股市崩溃成因分析的难度。总体而言，尽管股市崩溃发生之后关于其成因的分析数量众多，但就其立论基础而言，大致还是从有效市场、流动性和行为金融这三个不同的视角展开的。

3.2.1 基于"有效市场"视角的1987年10月股市崩溃

众所周知，如果有效市场理论成立，则普通股市场中大多数股票的价值都代表着将来的现金流量，这种流量是不确定的，而且是进行风险调整后的贴现值。因此，站在有效市场理论的角度，引发1987年10月股指巨幅下降的核心因素应该是宏观经济运行态势发生了转向以及由此所导致的市场参与者对股价基本面（预期的未来现金流和股票投资风险及贴现率）的判断发生了变化——事实上，关于股灾成因的这一判断在"布雷迪报告"、"SEC的市场崩溃报告"以及"CFTC的报告"中均得到了反复强调。

直观地看，在没有爆发核战争的情况下，很难想象有哪一种"基本因素"的出现会造成股市下跌超过20%，但客观地说，考虑到计算股票内在价值的相关公式都是非线性的，进而在有些时候，经过风险调整后的贴现率或将来现金流增长率的微小变化都可能造成股票价格的巨大变化，因此这种以基本面恶化为基础的、依托有效市场理论的股价波动解释仍有一定的道理。

为了理解这一点，我们首先从历史的角度做一个对比——如果以通货膨胀调整后的主要股票市场指数看，1972年的美国股票价格达到了一个历史性的高位，到1982年则下跌了一半，随后开始上升，并于1987年10月达到了1972年的水平。但是，1987年的长期利率水平远高于1972年的水平，而且1987年政府债券的利率与股票（股息）收益率之间的差异显著扩大（利率在上升，股息收益率则因价格上升而下降）。10月初，30年期美国政府债券的收益率自1985年以来首次突破10%，见表分—1—7。因此，1987年10月后美国股票市场的调整看来不可避免，并且随着利率的上升，只能通过股价的大幅下跌来实现。这意味着基本面的变化可通过改变参与者的预期来引发股价的波动。

表分—1—7　1987年6—10月美国股票和长期国债预期收益率的变化（%）

时间	股票	长期国债	收益差
1987-06-30	9.87	8.89	0.98
1987-07-03	9.86	8.83	1.03
1987-07-10	9.83	8.86	0.97
1987-07-17	9.78	8.85	0.93
1987-07-24	9.82	9.14	0.68
1987-07-31	9.74	9.21	0.53
1987-08-07	9.71	9.18	0.53
1987-08-14	9.61	9.00	0.61
1987-08-21	9.60	9.21	0.39

续前表

时间	股票	长期国债	收益差
1987-08-28	9.67	9.48	0.19
1987-09-04	9.76	9.72	0.04
1987-09-11	9.71	9.72	−0.01
1987-09-18	9.78	9.80	−0.02
1987-09-25	9.73	9.90	−0.17
1987-10-02	9.66	9.90	−0.24
1987-10-16	9.81	10.16	−0.35
1987-10-19	10.09	10.46	−0.37
1987-10-23	10.52	9.34	1.18

问题在于，如果说1987年8月的股价已明显高估，一旦市场预期发生变化，美国的股价究竟会下跌多少？借助不变增长的股利贴现模型，有些学者曾利用当时美国股市的相关统计数据做过一些简单的测算，其结论颇有些意思——借助表分—1—8给出的数值示例，我们可以发现：如果假设S & P 500指数的成分股平均每股收益为19.21美元，股利为8.75美元，股利增长率为7%，那么市场在基本面恶化的条件下，即便没有出现影响现行股票收益的坏消息且预期股利增长率不变，只要股市风险的增加使得贴现率从10%上升到11%，股票的价格将从现行收益的15.15倍下降到11.39倍——比原来降低了近25%！

表分—1—8　S & P 500的价值数值测算

价值（美元）	贴现率（%）	贴现率与增长率之差（%）	市盈率（P/E）	股利收益率（%）
109.37	15	8	5.69	8
125.00	14	7	6.51	7
145.83	13	6	7.59	6
175.00	12	5	9.10	5
218.75	11	4	11.39	4
291.66	10	3	15.15	3
437.50	9	2	22.77	2
875.00	8	1	45.55	1

3.2.2　基于“流动性”视角的1987年10月股市崩溃

流动性或者市场在不利的环境下产生连续价格的能力是确保金融市场有效运作的基本要求，或者说金融市场的流动性是评价一种金融工具成功与否的关键要求之一。对于衍生品市场而言，这一点尤为重要——从理论上说，鉴于衍生品只有在基础工具市场产生连续价格的情况下才能定价，因此交易所衍生品的数量增长在很大程度上依赖于市场参与者产生日内“优良资金”（在结算银行中的储蓄和国债）的能力，能否满足潜在的由于价格剧烈波动而产生的大量日内追加保证金需求。正如凯恩斯（1936）曾指出的那样，金融市场的流动性是一个典型的合成谬误——对部分来说是正确的东西，对全体来说却不一定是正确的；或者说在股票市场中，尽管个人可以自由转移资本，但作为一个整体，社会是不可能收回其资本的。这意味着股票市场与银行业存在一些极为相似的特点，即对于任何一笔活期存款而言，其流动性是很强的，但对银行的大多数贷款和其他资产来说却不存在流动性。个人存款账户之所以能保持流动性，是因为在大多数情况下，每天存入银行的资金与取出的资金大致是相当的。如果由于某种原因导致储户对银行的支付能力产生怀疑，每个人都会在许可的情况下抢先提款，这将导致银行发生挤兑，从而使银行倒闭，最终是任何人都无法取款了。从某种程度上讲，正是由于人们对存款流动性的不信任才导致了存款流动性的缺乏。在股票及期货市场上，情况也是如此——当每一个人都采取相同行动时，人们想通过平仓迅速撤离股市的可能性就不存在了。基于对市场流动性的这一分析，我们可以把 1987 年 10 月的股市崩溃划分为两个阶段，即股市崩溃之前“流动性幻觉”导致的价格大幅上扬时期和股市崩溃过程中“流动性黑洞”引发的价格快速下跌时期。

（1）“流动性幻觉”下的价格泡沫形成。在很多人看来，1982—1987 年属于牛市后期，也就是股市崩溃之前的市场能量积聚并不是由基本因素所导致的，而是由系统性的错误观念造成的——这种错误观念认为，股票的流动性可能会比实际表现出来的结果更强，因此投资风险更低。这种关于市场流动性的错误认知就是所谓的“流动性幻觉”。

在 20 世纪 80 年代，美国股市的交易额持续上升——尽管按现在的规模，当时的交易额还称不上规模庞大，但 NYSE 约 2 亿股的日平均交易规模相对于 1950 年的 220 万股、1960 年的 300 万股、1970 年的约 1 200 万股和 1980 年的约 4 800 万股，不但绝对量极为庞大，而且日换手率已接近 20 世纪 20 年代以来的最高水平了。这种情况的确使人感到美国的股市变得更具流动性了（至少对小额交易来讲是如此）。交易额的上升主要是因为机构投资者（尤其是养老基金）交易能力的持续增加。这些投资者远比中小投资者更为活跃，因为与中小投资者相比，他们的交易成本要低许多——尤其是在 1975 年固定佣金制度取消之后，这一点更为明显。1982 年股指期货市场的推出，使机构投资者的股票交易成本进一步降低。容易理解，伴随着市场交易量的爆炸式增长，很多对股票市场复杂性了解较少的投资者——其中，不仅包括众所周知的比利时牙医，而且还有对收益颇为渴望的境外资金（如日本）——在“流动性幻觉”的驱使下开始进入市场，追求较高的投资回报。

此外，鉴于当时美国股票交易市场的结构变化，有些研究认为：期货交易的高度流动性，特别是它作为证券管理策略在证券组合保险交易中的作用，是造成流动性幻觉，进而引发市场价格上升的重要原因——“一些衍生金融工具能够将价格风险转移给那些愿意并能容忍风险的人，因此它们能增加对股票现货投资者的吸引力，并鼓励他们长期持有更大的股票头寸”[格林斯潘（1988）]。

（2）“流动性黑洞”引致的价格泡沫破灭。市场陷入失灵状态后，当价格下跌时，通过市场机制，卖方会越来越多，但由于没有竞价的买方，因而初始价格将远远超过最终的实际成交价格，此时可以认为市场出现了“流动性黑洞”——价格降低会导致更多的卖出，从而导致进一步的价格降低以及更进一步的卖出，最终造成一种极端的且不连续的价格变动。换句话说，此时的流动性变化并不是由差价或波动引起，而是由价格本身引致的。

根据“流动性黑洞”理论，当投资组合、交易主体、风险管理目标出现过度的集中和趋同，极易导致交易行为的趋同，一旦市场环境或参与主体的预期发生变化，就可能引致金融市场一边倒的现象，进而引发市场流动性从充足到短缺的大逆转，使市场陷入“流动性黑洞”，并出现价格的断崖式下跌。关于流动性变化的这一解释，我们很容易在1987年10月前后的市场运行中找到证据——对当时美国众多的机构投资者而言，其初始设定的投资组合保险、指数套利、程序交易等策略高度雷同，直接导致其在交易行为时点和方向上的选择高度一致，因此在资产价格泡沫日益凸现的背景下，当市场出现恐慌迹象时，初步的价格调整成为触发“流动性黑洞”的导火索，进而在市场结构存在缺陷且信息混乱的环境中，将通过金融市场特有的非线性机制产生重复影响（初始的市场波动引发了第二次甚至第三次波动的冲击）；此时，做市商以存货的形式来吸收指令的能力会迅速耗尽，致使在某一时刻，市场实际上已不存在做市商（此时，交易指令无法被执行或确认，有些场内交易商甚至都不知道他们还拥有什么或欠别人什么了）；在场内出现混乱情况的消息传出后，众多惊恐的投资者希望在事态恶化之前完成交易的幻觉致使新的出售交易指令迅速增加，而市场却找不到买方，因此整个市场陷入了一场“流动性灾难”（换句话说，在市场最需要流动性的时候，此前源源不断的市场流动性瞬间无处可求），最终导致市场价格出现了极为快速的下跌。

3.2.3 基于“行为金融”视角的1987年10月股市崩溃

自希勒（1988）针对1987年10月股市崩溃的投资者问卷调查公开之后，鉴于其在问卷中明确指出了投资者的心理因素是导致此次危机的重要原因，因此，关于此次股市崩溃的行为金融解释就成为相关研究的一个重要领域——在行为金融理论学者看来，基于理性投资者和预期效用最大化（进而有效市场）

的经典金融理论通常无法解释金融泡沫和金融危机，而在实际生活中，除了宏观经济和企业经营的基本面因素，金融市场的运行往往还受到贪婪、恐惧、过度乐观或过度悲观、“羊群效应”等投资者情感与心理的影响，导致资产价格偏离基本面，市场过分波动甚至投机泡沫。因此，以认知心理学和不完全套利为基础的行为金融理论为人们认识现实金融市场的运行提供了一个极为重要的研究视角。

从总体上看，行为金融视角下的1987年10月股市崩溃是一个不完全理性导致的事件。关于这一点，我们可借助曼德伯鲁特（1966）的“气候持续模型”来提出一个关于1987年10月股市崩溃的解释——在经历了几周外部事件的影响后（这些事件本身是一些小事，但累积起来将使人们认为当时对美国及其他国家股市有利的政治、经济条件可能要发生变化）。根据所获得的信息，许多投资者同时认为股票这种风险资产在他们手中所占的比重太大，而政府债券之类的相对安全资产所占的比重太小。正如希勒弗所说的，当市场崩溃、股价的剧烈波动得到证实时，人们逐渐认识到，相对于债券而言，股票投资的风险比他们迄今为止所想象的要大得多。由于在短时期内每一种证券的总供给大致是固定的，因此他们调整证券结构的愿望只能通过股票和债券两个市场上的价格变化来满足。但是，在证券市场这样的集中性交易场所中，由于交易的连续报价，因而交易额通常会在确定新的价格水平方面起到显著的作用，而这意味着即便许多场外交易者都已了解了市场情况的变化，但那些负有稳定市场价格任务的做市商的存在仍会使交易者错误地认为，他们可以在新的均衡价格形成之前按较好的价格完成自己的交易——在这种认识下，由于人们都认为自己将是交易的获胜者，所以市场上出现了交易额的疯狂上升，进而出现了“合理恐慌”现象，最终导致价格在市场扭曲中出现了快速下降［米勒（2000）］。

3.3 1987年10月加剧股价波动的具体因素分析

如果说就当时的美国股市而言，价格崩溃是一件“总要发生的事情”的话，那么19日和20日几乎断崖式的巨幅价格下跌出乎了此前任何市场相关人士的想象。现实地看，巨量保证金追缴通知导致的市场流动性缺失、基于投资组合保险和指数套利的程序交易策略、难以获得可靠信息引致的市场透明度恶化以及市场管理政策缺陷的意外凸现等可能是加剧股市波动不可忽略的因素。

3.3.1 保证金追缴通知

在期货交易中，保证金起着履约担保的作用——为了在一定程度上保证未来付款承诺的可靠性，期货合约的买方和卖方都必须以现金（或国债等认可证券）的形式向其经纪人支付一笔担保费用，并且在持有合约的过程中，期货买卖双方的保证金必须维持在可接受的保证金水平之上。同样，经纪人在进行交易时必须将这笔保证金存入清算所。由于期货价格随机波动的特点，一般清算所会采取"逐日盯市"的监控规则，即根据每个交易日市场价格变化的情况动态调整交易者账户中的保证金水平——如果某一天价格变化有利的话，就会出现保证金的剩余，超过保证金的部分应贷记交易者账户；相反，一旦市价朝着不利方向变化并造成保证金存款低于特定的维持保证金水平时，交易者就可能收到清算所的保证金追缴通知，他必须追加保证金。通常的保证金追缴通知可分为两类：一是日内保证金追缴，交易者必须在收到通知后 1 小时内补交短缺的资金；二是交易日结束之后的保证金追缴，要求交易者在下一交易日开盘之前补交额外的保证金存款。当时，对于清算所而言，只有在其收到合约浮亏方补交的额外保证金之后，它才会贷记浮盈方的账户。

从 10 月 19 日的情况看，由于 CME 开盘之初股指期货的价格就出现了大幅跳水，原来处于多头的股指期货交易者在交易伊始就收到了来自清算所的巨额保证金追缴通知（日内保证金追缴水平大致达到了此前平均数的 10 倍）。鉴于此前持有空头的期货交易者只有在损失方补交保证金后才能在账户中体现出盈利，因此在开盘后的交易时间内，巨额保证金追缴通知在实际上限制了一些市场主体开设新合约的能力，同时也使很多金融机构在提供贷款满足保证金追缴时变得更为谨慎——一方面，为了满足交易所的保证金追缴，很多 CME 清算所会员公司所需的资金已超过了此前与芝加哥 4 家提供清算服务的商业银行所约定信贷额度的上限；另一方面，市场价格的巨幅波动使这些银行意识到向证券公司发放信贷的风险急剧上升。

此外，许多 CME 清算所会员公司是华尔街投资银行的子公司，而这些投资银行与纽约的大商业银行之间关系密切，进而会员公司偿付芝加哥清算银行贷款的资金主要是来自纽约银行的贷款。因此，在 10 月 20 日上午 10:00—12:30（中部标准时间），由于计算机问题导致纽约和芝加哥之间的 Fedwire 交易出现了中断，故纽约银行向芝加哥银行的资金转移出现了延迟，鉴于为 CBOE 提供清算服务的 OCC 的很多会员也面临来自交易所的巨额日内保证金追缴通知，因而纽约银行无法及时确认 OCC 账单的支付，直到计算机故障被解除之前，向 OCC 提供的银行支付交易只允许清算会员通过透支账户来完成［Bernanke (1990)］。20 日上午，OCC 交易支付结算的完成要比通常晚了近两个到两个半小时。

历史地看，尽管银行体系在 14—21 日大幅增加了向投资银行的贷款，进而在一定程度上缓和了市场资金及流动性紧张的状况，但客观地看，20 日前市场快速下跌引发的频繁保证金追缴通知是促使流动性消失和市场卖空压力上升（进而价格快速下跌）的重要诱因之一。

3.3.2 指数套利、投资组合保险及其程序交易策略

从理论上说，股票指数套利能保证“一价定律”的存在，使得股指期货和股价之间的偏离合理，进而避免错误的价格信息所造成的资源浪费。投资组合保险是通过证券复制创造一种恰当的指数看跌期权或指数期货，实现投资者转移市价全面下跌的系统性风险，进而实现动态套期保值的目的。显然，这两种投资策略以及以这两种投资策略为基础的计算机化程序交易策略对于市场有效性的实现均有积极作用。但 1987 年 10 月股市崩溃之后，关于这些策略的上述认识在政府和学术界中引起了颇大的争议，最重要的原因是有些报告发现：尽管纽约市场的大规模抛售开始仅限于一些大的机构投资者，但随后当基于指数套利和投资组合保险的计算机化程序交易系统被价格的大幅下挫而激活（其目的是对股票组合头寸进行对冲，方法是在现货市场股票价格下跌的时候抛出股票指数期货）之后，这些基于证券组合保险和指数套利所引致的大量抛盘行为在时间上的选择扩大了其对股市的影响（核心是流动性危机，进而导致了价格的不连续，并进一步降低了流动性）。

为了理解这一点，我们可以借助表分—1—9 的数据做一个说明。从当时的市场主体交易状况看，可以发现在 10 月 15—20 日，投资组合保险者是在现货和期货市场同时持续大规模做空的主体之一——根据交易所的统计，该时期内投资组合保险者在 CME 和 NYSE 的总头寸累计减少了 110 亿美元。其中，15 日和 16 日卖出的股指期货合约的名义价值分别为 9.68 亿美元和 21.23 亿美元，19 日卖出的股指期货合约的名义价值达到了 40.37 亿美元，超过当天全市场股指期货卖空量的 20%；如果考虑两个市场的总体状况，19 日投资组合保险者的空单总数达到 60 亿美元，20 日也超过了 30 亿美元。鉴于当时投资组合保险者抛出的股指期货合约明显超过了套利者买入的合约数量，因此从逻辑上说，投资组合保险者在已呈下跌态势的市场中起到了放大器的作用——SEC（1988）的报告就指出，在市场出现巨大空单的背景下，非投资组合保险者无法准确地判断空单中由投资组合保险策略引发的数量和由市场价值下降引发的数量的相对构成，而这种市场噪音的增加在抑制市场购买兴趣的同时，也使空单的集中度和提交速度上升，最终导致价格的扭曲和 NYSE 中资本头寸状况的恶化（由投资组合保险引发的现货市场卖空引致）。表分—1—9 列示了市场中投资组合保险者的头寸变化。我们可以发现，16 日和 19 日其未平仓空头合约分别达到了 11 590 份和 18 220 份，而 10 月 12 日仅有 2 343 份。可以预期，在短短几日内来自单一类别主体的巨大空单与其他主体的空单一起，对股指期货价格产生了巨大的压力，而随之而来的正基差扩大则引发了现货市场的压力急剧上升，致使市场流动性进一步枯竭，进而使一个“市场调整”最终演变为严重的“市场崩溃”。

表分—1—9　　1987年10月美国市场大规模交易者未平仓头寸变化表　　单位：份

日期	空头头寸变化		多头头寸变化	
	经纪商	组合保险投资者	经纪商	组合保险投资者
10月12日	528	2 343	418	−1 319
10月13日	230	1 195	−33	−778
10月14日	−600	3 139	2 861	579
10月15日	683	3 677	2 001	−248
10月16日	184	11 590	1 470	762
10月19日	−26	18 220	5 569	4 861
10月20日	−250	17 357	8 211	7 507
10月21日	−30	−3 153	−2 001	5 113
10月22日	41	−3 951	1 095	−109
10月23日	57	−3 712	2 916	365
10月26日	−25	1 015	−2 787	−398
总计	792	47 720	19 720	16 335

资料来源："CFTC Interim Report"，table 17、table 29、table 40 and table 51。

与投资组合保险者不同，在当时股指期货和股价之间出现明显正基差的情况下，从理论上说，市场中的指数套利者可通过在股指期货市场上买入廉价期货，同时在股票市场上抛售现货来获得一笔可靠的无风险收益。从表分—1—9来看，指数套利者确实采取了较大规模的类似操作——他们不仅是股票现货的最大净卖出者，而且在股指期货市场上大举买入：16日，净买入13.13亿美元股指期货，净卖出11.98亿美元的股票；19日，股指期货的净买入量达到了14.53亿美元，股票现货的净卖出量达到16.64亿美元。由于指数套利活动密切了股票现货、股指期货和股指期权这几个市场的关联，NYSE的专家在股市崩溃过程中感受到了巨大的压力——面对程序交易者或其他期货和期权保值者指令的突然剧烈变化，NYSE的专家试图使价格波动维持在较小范围内的行为都将直接导致其资本能力的丧失；更为严重的是，专家们不可能从场内其他人那里获得援助，因为程序交易会突然冲击整个交易所。从这个意义上说，19日和20日指数套利者的交易行为的确对股票现货市场造成了巨大的冲击，成为引发价格加速下行不可忽视的因素之一。

当NYSE在20日关闭了指数套利的DOT交易系统，进而使股指期货和股票现货两个市场之间的套利机制被迫中断的时候，此前拥有头寸的交易者无法利用股指期货和股票现货价格的基差开展交易，这样就使两个市场的相对价格扭曲达到了最大的程度，也使市场陷入了整个股市崩溃中最混乱的一个阶段［布雷迪报告（1988）］。

3.3.3 市场信息混乱，进而透明度下降

从本质上看，1987年10月19日股票的抛盘风潮对NYSE和CME的影响类似于所有的用户同时打开空调对电力系统造成的影响。当整个股票系统处于明显超负荷运转的背景下，对于参与者而言，价格、交易指令确认和执行、成交量等至为关键的市场信息出现了明显的失真和混乱——从当时的情况看，美国交易所在处理大笔成交时因个股和指数显示不准确而经历的困难，导致了价格的不确定性，并减少了市场的流动性。容易理解，在一片市场恐慌中，当某一时刻的投资者根本不清楚还拥有什么和欠别人什么的情况下，再加上通过电视实况看到一大群惊恐的交易者同时抛盘的情景时，其最合乎理性的行为就应该是在价格进一步下降之前把自己拥有的股票全部抛出——正如银行挤兑，在股票市场上，即使那些认为别人是在盲目抛售的人也会跟着行事，因为他们有理由怀疑能否在价格下降到新的均衡水平之前抛出手中的股票。尽管NYSE已推出了电子下单系统（superdot），为投资者的市价委托提供了高效的传递和确认体系，却无法处理限价委托（直到1987年10月19日，只有大约20%的限价委托是自动处理的）。因此，对于很多股票而言，当时输入和撤销限价委托的过程极为缓慢，进而极易陷入交易等候状态，而在处理完这些排队等候的委托之前，价格信号不再灵敏，因而交易所报出的价格指数在很长一个时期内是过去的价格和现价的移动平均数，或者说市场信号失真成为19日的常态。

此外，当10月19日交易量剧增且价格出现大幅波动时，市场中出现的一些期货清算公司可能违约以及20日中午在SEC主席讲话中透露出的NYSE可能关闭等传言无疑加大了市场参与者的恐慌情绪。

3.3.4 市场管理规则缺陷的意外凸现

在市场出现快速下跌时，美国一些由来已久的管理规则意外地起到了破坏市场结构及弱化市场功能的作用，限制了市场流动性，成为引发下跌加速的不可忽视因素［米勒（2000）］。

（1）NYSE的专家制度。NYSE专家的主要职责是维持股票交易的有序，即为其专营的股票交易提供流动性，并保证价格的连续和稳定——按照NYSE的规则，当市场缺乏价格连续性、缺乏深度、供需不平衡存在或合理的预期将存在时，专家有义务以自己的账户、自有资金逆市买进或卖出。在通常情况下，当买方和卖方入市时间上的不一致并不严重时，专家的确能按连续的价格提供交易，但问题是，当市场陷入19日、20日这样严重的买卖指令失衡时，专家逆风行事的挽救措施（延缓价格下降的努力）实际上强化了抛盘者头脑中的一种意识：希望自己能够成为那些尽早抛出股票的幸运者。在由于交易限额所形成的价格过时的情况下，参与者的这种错误观点得到了强化，吸引了更多的抛盘，进而成为引

发市场进一步恶化的催化剂。

（2）“提价交易”法则。提价交易规则是指若想在交易所卖空某只股票时，其卖空价格必须高于当前的市场价格。这样，在10月19日和20日股价大幅下跌时，现货市场实际上根本就不可能出现卖空行为，而这个意想不到的后果使得卖空的压力不能有效地在指数期货市场和股票市场之间转移——指数套利者无法在股指期货价格出现明显下跌的背景下，通过买进股指期货、卖出股票现货来套利。这意味着通过防止现货的卖空，提价交易法则将指数套利的参与者范围限定得极为有限——这些主体必须恰好在现货市场处于多头状态。而在交易者的缺乏导致期货市场价格下跌加剧的同时，那些原本有期货出售意图的交易者会被迫直接出售股票，而那些希望购买股票的人将被迫购买期货，进而造成了市场扭曲的加剧以及交易者实际成本的上升，最终导致价格更大幅度的波动。

（3）“30%”法则（“超卖空”法则）。当时，美国的《国内税收法典》中有一个法规，规定在每一个财政年度，共同基金等受管制的投资公司出售持有期限没有达到三个月的证券所得收益不能高于全年总收入的30%，而期货或期权交易的收益，甚至包括那些仅仅从成功的期货或期权保值平仓交易中所获得的收益，都适用于这一法则。从当时来看，这一法规有效地阻止了共同基金甚至保险公司从事期货和期权交易。而这些机构投资者在期货和期权市场中的缺位，使得10月19日期货和现货价格出现大幅的正基差时，出于“提高收益”目的的期货合约潜在买方并不能实际介入，这样就导致了市场流动性的缺失，同时进一步加大了价格的波动。

（4）股指期权交易的“头寸限制”。从理论上说，投资组合保险的实质是利用基础资产和无风险资产，通过动态交易策略复制一个看跌期权，进而在保留基础资产价格上涨所能带来潜在收益的同时，规避价格下跌所引发的不利冲击。尽管这两者在风险管理效应上存在一致性，但正如格罗斯曼（1988）所指出的那样，在引入期权之后，经济信息整合的程度应可以达到交易者自由运用动态对冲策略的水平（由于交易成本的存在，在引入期权之前，这一策略要么是非现实的，要么就仅限于一些机构）。这意味着期权的引入可以提供较投资组合保险等动态对冲策略更优的市场信息——当一个投资者购买了一个期权之后，他不仅向市场显示了其转移风险的意图，而且更为重要的是，他所支付的期权费提供了转移这一风险的市场需求价格。显然，在动态对冲策略中，风险转移的市场价格信息是缺失的。因此，从理论上说，如果允许投资者更多地利用期权而不是类似止损指令或投资组合保险之类的策略，市场信息的完备性可能会改善，未预期的市场行为可能会被抑制，市场的混乱、价格的扭曲和快速恶化出现的概率也会降低。但在当时，鉴于SEC认可的交易所规则有明确的头寸限制，客观上使得一些大的机构投资者实际上被禁止依赖期权市场来有效对冲风险，进而迫使他们利用股指期货，而这不仅对股指期货等的市场价格产生了下行压力，而且混淆的市场信息加大了市场的混乱状况。

3.4 金融体系的结构性变化与金融风险：关于1987年10月股灾成因的进一步思考

尽管泡沫的破灭可能是关于1987年10月的美国股市以及全球股票市场崩溃最直接的解释，但泡沫背后的现实驱动因素更令人深思——如果说人性是永恒不变的（无论是理性，抑或贪婪与恐惧），并且市场对流动性的依赖也是固有的，那么为什么美国股票市场会在经历了1950年以来近40年的相对稳定时期后，在宏观经济并未出现恶化（反倒渐趋平稳）的背景下，于1987年10月出现幅度巨大的价格调整呢？在我们看来，1987年10月股市崩溃更深层次的原因可能是与储蓄机构化相关的美国金融结构性变革相伴生的消极效应的累积。

我们做出如此的判断，主要是因为以下三点因素：

首先，储蓄机构化，或者说机构投资者的崛起在触发了金融制度创新以及产品、机构和市场创新，并紧密关联了不同市场（尤其是全球市场）的同时，无意中营造并强化了市场参与主体的“收益幻觉”和“流动性幻觉”，吸引了越来越多的人加入金融市场。

无论是从理论还是从实践来看，机构投资者的发展对资本市场的微观结构具有普遍而深入的影响，其核心是通过市场流动性的改善和提升，有助于金融资产的准确定价。值得一提的是，除市场结构之外，流动性也与机构的活动有关联——它们自身的套利、交易和投资分散化有助于进一步增强流动性。此外，随着机构投资者的出现，先进的通信和信息系统、可靠的清算和结算体系以及有效的交易系统作为资产市场必要的补充，不仅有助于在证券与分散化领域之间实现有效的套利，而且成为交易所在提升市场效率方面努力的方向，进而提升了交易所的交易能力以及相应的市场质量（含流动性）。

容易理解，当越来越多欠缺投资经验的中小投资者出于对日益改善的市场流动性的信任，进而在市场化收益的驱使下投身金融市场时，市场对流动性的需求也同时上升——对于这些由收益驱动的中小投资者而言，一旦市场出现风吹草动，最符合他们利益取向的就是抛售证券，同时寻求高质量的金融资产（现金为王）。问题是，市场内生的流动性悖论意味着在某些时刻，尽管市场能为部分投资者提供足够的流动性，但它不可能为所有的投资者提供流动性。因此，一旦市场中的机构投资者表现出了恐慌的情绪，那么来自众多中小投资者的抛盘将不可避免，并成为引致市场恶化的重要机制。

其次，伴随着基金经理等投资管理者的形成和发展，他们所面临的不对称激励约束机制使其倾向于接受风险、放大风险，而不是回避风险。

与此前只给商业银行家固定的薪酬不同，投资者为了激励投资管理者，其薪酬一般与其创造的总收益相关。但是，考虑到投资管理者有可能通过承担更多的风险来实现收益，因此投资者必须确保管理人不采取类似的博弈策略。实践中，最常见的一种组合投资绩效评价方法是詹森指数（α），或者说管理者实现的超额收益（实际组合收益与无风险收益和组合承担风险溢价之差）。为了更有效地利用这一业绩评价指数，投资管理者要么被要求在特定资产类型或策略中进行组合投资，要么与一个拥有类似组合风险的基准组合进行比较评估。这意味着市场中最常见的一种投资管理者激励机制是将其业绩与投资策略类似的竞争性组合管理者进行比较。使激励问题变得更复杂的是：一方面，由于规模经济的缘故（至少在达到某一资产管理规模之前）；另一方面，现实中存在的一种市场投资者幻觉——过去绩效优异的组合管理者在未来更有可能实现较高的回报，而过去绩效较差的投资者更有可能在未来也会重复历史——使得组合管理规模变化与相对业绩之间存在一定的正相关现象（相对绩效更好的基金往往能吸引更多的投资者，而相对绩效较差的基金则面临被投资者赎回的命运），进而强化了投资管理者的回报与绝对和相对业绩之间的关系。

容易理解，给定这种与绝对和相对绩效正相关的激励机制，投资管理者在承担发生概率较低的尾端风险（因为这种风险被视为非系统性风险，所以没有在通常的风险溢价中体现）的同时，还有着极为明显的“羊群效应”——即使有管理者怀疑市场中的股票已被高估，同时他们也知道，如果价格在此后下跌将导致他们的业绩不理想，但作为基准的指数同样会下跌，那么自己的表现就显得情有可原。这样一来，即使他们知道正确的方向应该是逆市而动，但他们依然会采取从众的做法。在机构投资者日益主导市场的背景下，其投资策略与行为的驱动在一定程度上减少了愿意从事套利活动的资金规模，而这种状况极容易助长价格的偏离，进而为类似 1987 年 10 月的市场巨幅调整埋下了伏笔。

最后，滞后于实践发展的机构导向的金融分业监管（而非功能监管）框架无法适应快速发展的金融市场实践。

众所周知，美国是一个金融监管机构极为多元化的国家。就证券和期货市场的监管而言，随着 1972 年货币期货和股票期权等金融衍生品的问世及迅猛发展，一场旷日持久的 CFTC 和 SEC 之间衍生品监管主导机构之争就此拉开了序幕。之所以会出现这样的状况，是因为《1933 年证券法》和《1934 年证券交易法》赋予了 SEC 对美国证券市场的监管权限，进而期货合约，尤其是金融衍生品合约是不是证券就成为 SEC 能否介入衍生品市场的前提。SEC 和 CFTC 针对衍生品的管辖权之争持续至今——诸如 1975 年关于政府国民抵押协会（GNMA）凭证是证券还是商品之争，1978 年关于基于证券的期货合约和基于证券的期权合约在功能上是否可以分离以及1981年SEC允许CBOE交易基于GNMA凭证期权引发的CBOT起诉SEC等。频繁发生的监管主导权之争最终导致了1981年《夏德-约翰逊协议》的出台以及1982年国会立法，SEC获得了对所有基于证券的期权合约的监管权，同时国会也认可SEC在CFTC批复股指期货合约中的正式权利。尽管如此，CFTC和SEC的争论仍在持续——当1987年CFTC试图突破《夏德-约翰逊协议》，进而获得对"所有混合产品"（hybrid products）的实际监管权限时，包括SEC在内的很多监管机构都认为CFTC"手伸得太长了"，结果促使国会在1992年通过了《期货交易实践法》，赋予了CFTC豁免包括混合产品、互换等在内的衍生品监管的权利。

从实践来看，美国两大监管机构之间的长期竞争不仅导致了诸多法律不确定性，影响了市场的创新和效率，而且更为严重的后果是造成两大机构关注重心的偏离，进而忽视了对衍生品监管的实际效应，直接成为（针对OTC衍生品长达30年）监管失效的重要原因之一［Markham（1987）］。

4. 1987年美国股市崩溃中的政府救助

尽管从美国政府各部门的权责划分看，一旦其金融体系出现系统性问题，承担救助责任的机构主要是财政部和美联储两家，但由于19日的暴跌事发极为突然，时任美国财政部长的吉姆·贝克正在欧洲出席会议，因此救助的主要责任就落在了美国联邦储备委员会，尤其是刚刚就任美联储主席不久的格林斯潘身上。

4.1 股市崩溃之前的政府政策取向：关注但放任市场自我"修正"

1987年8月，当格林斯潘获得里根总统任命、接替沃尔克担任美联储主席之时，美国正处于里根时代的扩张期，宏观经济形势看上去非常繁荣，而且年初道琼斯指数就突破了2 000点大关，到8月中下旬则站在2 700点的高位（较年初上涨了40%），但也明显露出了不稳定的迹象，美国的很多宏观经济指标的预期并不乐观：首先，财政赤字不断增加，几乎增加了3倍（从其就任之初的7 000多亿美元增加到了1988年会计年度终了时的2万亿美元以上）；其次，美元开始贬值，民众担忧美国会失去在全球范围内的竞争优势——当时的美国媒体充斥着日益升高的"日本威胁"观点；最后，消费者物价指数重回高位——尽管1986年的消费者物价指数仅上升了1.6%，但格林斯潘就任时，这一指标已上升了近1.3倍（3.6%）。

在这个大的宏观经济背景下，格林斯潘领导的美联储在1987年8—9月的主要任务是判断是否需要通过提高利率来抑制经济过热，控制通货膨胀。充分的沟通之后，在1987年9月4日召开的美联储理事会上，18名美联储理事会委员达成了共识，通过了提高利率的议案，决定把美联储再贴现利率从 5.5%上调至 6%。此次提高利率之后，股市下挫，商业银行配合美联储的行动调高了主要放款利率，而金融界，正如美联储所预期的那样，认为美联储开始采取行动来压制通货膨胀。

对于以格林斯潘为代表的政府官员而言，他们清晰地意识到单靠一次利率提高绝不可能带领美国走出危机。在他们看来，由于经济增长放缓加上美元走弱肯定会让华尔街陷入困境——因为投资人和投资机构开始面对数十亿美元的投机资金有可能无法获利。现实地看，这种判断完全正确——进入 10 月之后，恐惧已转变为恐慌，第一周股市就急跌了 6%，第二周又跌了 12%；最严重的 10 月 16 日，单日跌幅就达到了 108 点。自 9 月底以来，将近 5 000 亿美元的纸上财富已从股市蒸发——更无须提及外汇和其他市场的损失。但是，鉴于 1987 年秋天的美国股市就像一只充气过头的气球一样，注定是会自动爆炸的，因此在格林斯潘看来：一方面，“事件迟早是会发生的”；另一方面，从历史的角度看，此次股市价格“修正”也不是最严重的（1970 年的股市暴跌是这次的两倍，而大萧条时，股价下跌了超过 80%），因此美联储无须采取措施，也谈不上什么救助——历史地看，直到 10 月 19 日早上股市开盘之前，白宫、美联储等均未陷入恐慌之中，也没有救助市场的想法。

4.2 股市波动的第二阶段：政府（尤其是美联储）强力介入救市

10 月 19 日，道琼斯指数 508 点（或者说 22.6%）的暴跌完全改变了美联储（包括格林斯潘）、财政部和美国政府对于此次股市波动的认识：当时，市场状况的紧急和恶化是非常明显的（即使市场不再恶化，系统也要混乱好几周），而如果股市继续下跌，那么整个美国金融体系就可能出现系统性崩溃，陷入金融瘫痪——在格林斯潘（2007）看来，这是一种混乱状态，企业和银行停止支付相互间的债务，经济陷入僵局。19 日收盘之后，以格林斯潘为代表的美国联邦储备委员会已决定采取措施来救助市场，使其回复到正常运行的轨道上来。与此同时，白宫也意识到了市场的异常波动，开始尝试稳定市场——19 日晚上，白宫发表声明说：“国家经济运行状态良好，就业率处于最高水平，生产也不断增加，贸易收支也在不断改善。联邦储备委员会主席最近发表讲话说，没有迹象表明通货膨胀会进一步发生。”

在格林斯潘（2007）看来，避免当时市场恶化的关键在于两个方面：一是金融机构，尤其是大型证券交易商及投资银行的持续运作，而实现这一点需要商业银行的介入；二是直接向市场注入流动性，以期避免资产价格的流动性冲击，恢复市场的合理定价能力。事后来看，美国政府的市场救助主要是围绕这两个方面展开的。

第一，在10月开始的连续暴跌（尤其是19日）之后，鉴于华尔街的很多大型证券交易商和投资银行损失惨重，如何在维系市场对这些机构信任的同时说服这些机构持续经营，避免出现大范围的金融机构破产就成为摆在美联储面前亟须解决的工作重点——当时，追加保证金是由芝加哥的四家结算银行征收的，但由于超出寻常的保证金支付规模使得结算银行不愿意证实会员公司向结算所的支付，只有借助纽约这些大结算公司维持其主要的银行业务和信贷关系的银行收到了资金；同时，纽约银行早就担心有关它们客户负债方面的传闻，而且没有时间来了解其证券公司业务在这些业务上的头寸。为了实现这一目标，美联储在10月20日开盘前公开发布了一份简短的声明："联邦储备系统作为国家的中央银行，为不负此重大责任，今特保证充当流动性的来源，以支持经济和金融体系。"在稳定投资者信心的同时，更为重要的一个考虑是这个声明向市场（尤其是商业银行）暗示了美联储会提供安全保护网给银行，进而希望银行能协助其他的金融机构持续运营。此后，由纽约联储主席吉瑞克·瑞恩出面，与华尔街的众多银行家进行沟通（而不是命令），表明美联储希望这些银行家本着公司长远利益的考虑继续向客户（证券经纪人和自营商，尤其是清算会员）发放贷款，通过提供连续的信贷供应来确保市场的持续运营——在1994年格林斯潘向参议院银行委员会所做的听证会上就明确指出了这一点。

第二，美联储在声明发布之后，一反此前的紧缩资金意图，通过位于纽约的金融公开市场委员会（FOMC）的持续公开市场操作，小心翼翼地对金融系统提供流动性——事后来看，FOMC下令纽约联储的交易员从公开市场买进了数十亿美元的国债。美联储公开市场操作的后果是联邦基金利率从周一的7.5%下降到周二的约7%。在金融市场突变之后，流动性的注入有效地缓解了市场的混乱和紧张。其他短期利率也紧随联邦基金利率出现了下降，从而减少了贷款人的成本。

美联储的公开市场操作在此后数周得以持续。值得指出的是，危机后美联储的公开市场操作非常高调，而且这些交易频繁发生在正常市场状态下计划于预时期之前的1个多小时［Winkler（1987）］。在早早进场之后，纽约联储的交易员在前一天下午就会通知自营商。

第三，美联储放宽了针对政府债券的交易限制。在美国，国债经常被充当回购和其他许多金融合约的抵押品，也可以作为满足保证金追缴通知的合格来源。因此，国债的交易和借贷一直以来就是市场流动性的重要来源之一。但问题是，在市场危机爆发之后，许多国债持有者出于交易对手风险过高的考虑，不再愿意像先前一样轻易地出借国债，而这一行为导致了市场中可流通国债的短缺和国债交割失败事件的增加［格林斯潘（1988）］。从当时的情况看，国债市场的流动性下降问题已蔓延到其他市场，成为威胁市场稳定的重要因素之一。在这一背景下，美联储为了逆转国债市场交投清谈的状况以及增强国债的流动性，通过取消单笔交易和单个做市商的贷款限额以及发放的贷款不能有助于空头交易等限制，临时放开了国债交易。

第四，为了确保金融体系的稳健性，当时美联储还在主要银行类金融机构配置了检察员，密切监控事态的发展。这一行动不但有助于识别潜在的挤兑，而且可以评估银行业通过贷款、贷款承诺和信用证等途径向证券业提供的信贷规模敞口。此后，美联储的监控不再局限于银行业，而是逐步涵盖了政府债券市场和主要做市商与同业经纪商健康状况的日常监控。实际上，除美联储外，SEC、NASD、NYSE 和财政部等多个机构的官员也与主要做市商和同业经纪商保持着密切的联系。

第五，为了使清算银行顺利地完成其与经纪人和自营商之间的证券支付与清算，美联储在一些交易日延长了 Fedwire 结算系统的开放时间［格林斯潘(1988)］。

4.3　政府市场救助措施的经济效应

随着 20 日以美联储为主导的诸多市场救助政策的推出，在商业银行的证券贷款规模明显放大的同时，联邦基金利率等市场基准利率出现了明显的下降，市场信心以及流动性逐步恢复，股票现货和股指期货价格均出现了较为明显的回调，隐含波动性和现实波动性均出现了显著下降，见图分—1—6、图分—1—9和图分—1—10。这意味着政府针对股市崩溃的强力干预颇为有效，基本实现了平稳市场以及避免金融瘫痪的初衷。

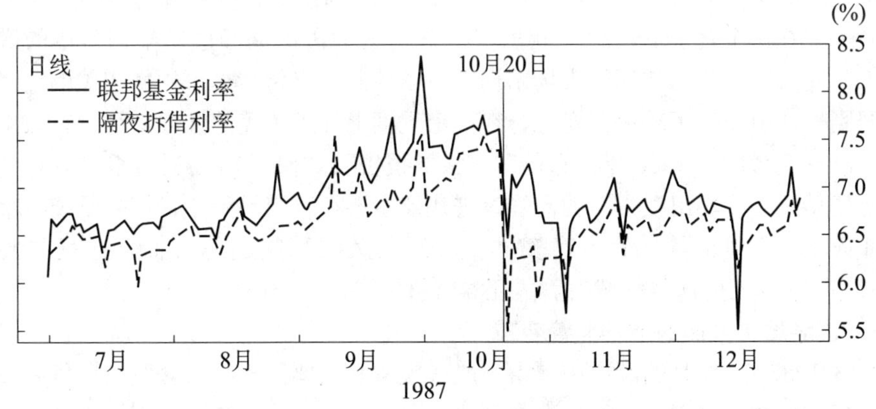

图分—1—9　1987 年 7—12 月美国市场利率

资料来源：美联储。

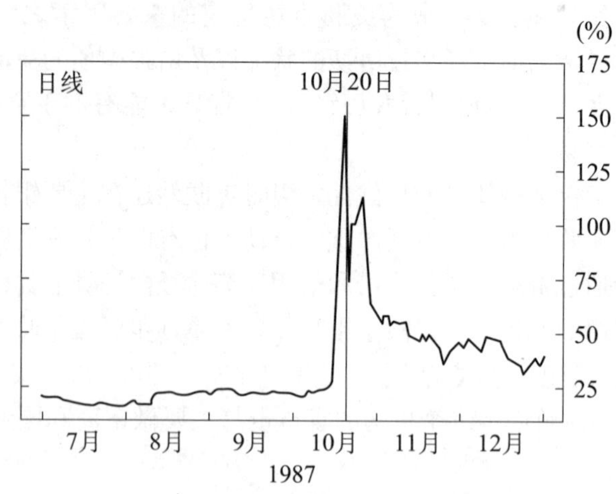

图分—1—10　1987 年 7—12 月美国 S & P 500 期货隐含波动性

资料来源：美联储。

5. 1987 年 10 月的股市崩溃与美国证券监管的发展

在经过了众多关于 1987 年 10 月股市崩溃的回顾、讨论和分析之后，当时美国的很多金融学术人士或实务人士（尤其是财政部、SEC 和 CFTC 的官员）基本形成了一个共识，那就是崩溃事件的出现意味着美国金融体系的某些方面肯定存在缺陷，正是这些缺陷的相互交织导致了在并无重大利空冲击下市场短期内的急速失控。基于这样一种认识，1987 年 10 月崩溃之后，改善、加强股票和金融期货交易的金融监管成为美国国会以及 SEC 和 CFTC 等监管机构最为关注的话题之一。在这个背景下，1987 年股灾实际上成为美国证券监管架构变革的触发剂——此后十余年，与证券市场结构、市场控制、支付清算等领域相关的诸多监管规则较此前发生了较大的变化，在一定程度上促进了美国证券市场运行效率的明显改善。考虑到 1988 年发布的“布雷迪报告”、“SEC 市场崩溃报告”和“金融市场总统工作小组报告”的监管改进建议主要涉及交易停止、信息系统、市场专业人士、支付清算、做市商资本、协调以及国际问题等方面，这里主要对 1987 年 10 月之后这些领域的美国证券监管发展做一个简要分析。

5.1　市场结构方面的证券监管变革

在 1987 年 10 月的股灾中，由于股票现货和股票衍生品（含股指期货和股指期权）市场的同时存在以及指数套利、投资组合保险等横跨两个市场交易策略的广泛流行，SEC 和 CFTC 原有仅针对单一市场的监管框架的有效性受到了巨大冲击，但两大机构并未意识到问题的严重性，也没有提出和采取改进措施，这就成为恐慌背景下引发市场混乱的重要因素之一。因此，在市场结构重构的过程中，跨市场和跨机构监管协调机制的构建以及跨市场交易停止制度和市场指令规则等市场控制措施的引入就成为1988年后美国证券监管最引人关注的变革。

5.1.1　市场协调机制的改进

在美国“分业监管”的大背景下，市场协调的关键之一是对于美联储、SEC和CFTC等多个金融监管机构而言，确保彼此之间重要信息的传递保持顺畅，同时避免（或及时发现并调整）针对日益一体化的多个金融市场的监管规则冲突，实现市场的整体平稳运行。为了实现这一目的，1988年3月18日美国创建了“金融市场工作小组”（其主要成员由财政部长，美联储、SEC和CFTC主席，国家经济委员会主席，经济建议委员会主席，货币监理署署长和纽约联储主席等构成），金融市场工作小组通过定期（每隔几个月）召开会议的机制对金融体系运行中出现的复杂问题或紧急状况处理（包括问题重要性的考量、处理方案的制订、立法修改的建议和具体行动的实施等）进行协调和沟通，因而有助于联邦层面不同机构金融监管政策的一致性。

在权益衍生品，尤其是芝加哥股指期货（CME）和股指期权（CBOE）交易规模日益增长的情况下，证券交易所和期货期权交易所之间的跨市场协调机制自然成为市场运行的另一个关键。股灾发生后不久，由美国证券交易所、期权交易所以及几家主要期货交易所构成的市场同业通信团体——期货、期权和股票信息网络（INFOE）宣告成立，他们利用专用通信线路，在SEC、CFTC和证券期货领域的主要自律监管组织（交易所）之间构建了一个信息网络。一旦市场陷入危机状态，这一系统就可用于向这些交易所发布最新的市场敏感信息（比如“熔断”机制的实施和取消、NYSE指令不平衡状态、延迟开盘的证券名称等），以便各个交易所做出准确的市况判断。1994年，美国建立了一个类似的连接SEC主席和全国证券交易所、清算所领导的电话会议系统，旨在更好地实现监管机构和市场之间的信息沟通。

5.1.2　市场控制体系的构建

市场控制体系的核心是避免市场价格异常波动（主要是大幅快速下跌）以及由此引致的参与者对于市场可能无计划地人为闭市的担忧或恐慌——这种担忧或恐慌是引发市场状况恶化的重要原因之一。自1987年10月股灾以来，伴随着“熔断”机制、指令执行规则等市场交易制度的引入，美国构建了一个较为完善的市场控制体系。

(1)“熔断”机制。在市场控制方面，1987年股灾之后最引人关注的证券监管变化就是“熔断”机制的制定和实施——这一机制的核心思想是当市场下跌超过预设的一定幅度时，中断（暂停）整个市场的交易，其特点是不止涨、仅止跌。在SEC看来，这一交易制度的引入有三个方面的好处：一是有助于价格发现，因为在交易暂停时期，交易所（或专家）可以公开指令的不平衡，进而吸引价值交易者；二是限制信用风险（在市场陷入混乱时，提供一个简短的交易延期）；三是充当市场运动冲击的缓冲，避免市场基础设施受损。

从现实来看，美国金融市场的“熔断”机制颇为复杂：一方面，不仅有涉及单个市场价格波动的“熔断”安排，而且对于指数套利引发的跨市场价格波动也进行了约束；另一方面，很多具体的规定随着时间的推移不断修正，呈现出较为明显的阶段性。

1988年10月在美国开始实施的“熔断”机制大致包括以下几个方面的规定：

第一，80A规则——指数套利“熔断”机制。该规则规定，当道指的变化在50点以上时，就应该对S&P 500指数成分股的指数套利订单进行测试：①如果道指下跌50点以上时，卖出指令只能以等于目前价格或高于目前价格1个最小报价单位成交；②如果道指上涨50点以上时，买入指令只能在低于或等于目前股票价格的水平上被执行。从1990年10月18日起，在周五到期的针对到期衍生产品而旨在清空以前持有的股票仓位的收盘价订单不受80A规则的限制。1999年2月16日，SEC批准了80A规则的修正案，把原先规定的适用该规则的涨跌点数（50点）修改为前一季度最后一个月道指平均收盘点数的2%（取整10点）。当道指又回到前一季度最后一个月指数平均收盘点数的1%（取整10点）以内时，该规则不再适用。

第二，80A规则“靠边条款”（sidecar provisions）。该条款规定，当S&P 500期货合约较前日收盘下跌12点（约相当于道指100点）时，所有输入Super-Dot系统的对S&P 500指数成分股的程序交易订单被转入一个独立的空白文件5分钟。5分钟以后，买卖指令被分成可以执行的一对一形式。如果某个股票的有序交易不能恢复，该股票的交易就被停止，并发布交易不平衡的信息。除了那些个人投资者买卖少于2 099股的订单外，当天所有股票不再允许出现新的止损订单或限价止损订单。1999年2月16日，SEC废止了该条款。

第三，80B规则，即因市场价格异常波动而暂停交易的规定。当时规定，当道指较上一个交易日收盘指数下跌250点时闭市1小时，如继续下降150点则闭市2小时。1997年1月31日，SEC对该规则进行了修订，放宽了在交易所进行交易的股票价格发生异常波动的范围，即在下跌350点时，闭市30分钟；继续下跌200点时，闭市1小时。1998年2月2日，80B规则的修正案得到SEC的批准，但两个月之后的4月10日，SEC再次修订了该规则，不再按照具体点位来启动“熔断”，而调整为道指下降10%、20%和30%时按照发生的时点和下跌程度分情况确定停止交易的时间长短，其目的是为了保证“熔断”机制只在具有“历史性的日下跌幅度”时才被启动。

(2) 危机状况下的紧急授权。为了更好地控制市场，1990 年通过的《市场改革法》授予 SEC 在紧急状况下制定规则的额外权力，用以迅速且有效地开展行动应对市场危机——例如，在极端市场状况出现时，SEC 有权命令取消整个市场的交易（前提是总统不反对这样的决定）。

此外，为了平抑市场的过度波动，在 1987 年股灾之后，交易所也一度出台或修改了很多交易规定，如 NYSE 曾对大幅市场波动时的程序交易进行限制，而 CME 曾把股指期货的日限价从之前的 30 点降到了 15 点（约 7%的价格波动），同时把开盘时的限价进一步调低为 5 点（约 2.5%的价格波动）。

5.1.3 指令执行规则

1996 年 8 月通过的《指令执行规则》进一步强化了市场的透明度，显著提升了对市场运行总体状况的控制。总的来说，该规则要求做市商和专家公开披露来自客户的限价指令，借此在改进场外市场做市商和专家报价的基础上，增加与这些报价相关的交易规模。此外，该规则还要求负责任何一个上市公司 1%以上交易的场外做市商和专家公开他们对这一股票的报价。这些主体被禁止在其公开报出一个价格的同时，却以另一个不同的价格在电子交易网络中私下成交。

历史地看，这一规则的实施不仅通过提升市场透明度（进而提升了所有市场参与者判断证券供给和需求水平的能力，减少了其在市场紧急状况下面临的不确定性）而显著降低了系统性风险，而且在显著降低了做市商的买卖价差（降低了近 30%）和市场波动性的同时，单个股票做市商的报价平均规模出现了上升。

5.2 自动化程度提升方面的证券监管发展

随着投资者机构化程度的不断提高，美国证券市场的交易量从 20 世纪 60 年代开始就进入了一个爆炸式增长——以 NYSE 为例，60 年代的交易量平均为 300 万股，70 年代这一数据几乎达到了此前的 4 倍，1980 年再增长 4 倍，1980 年以后的交易量增速再次加快，90 年代的日平均规模为 1.61 亿股，1996 年达到了 4.12 亿股。因此，如何适应交易规模的迅猛扩张一直是摆在交易所及 SEC 面前的重大任务。历史地看，在 1967—1970 年的“后台危机”之后，交易体系的电脑化或自动化——利用依托计算机的自动交易系统来替代传统的人工指令录入和执行系统——就成为交易所以及证券经纪商迎接这一市场挑战的唯一解决途径：1972 年，NYSE 和 AMEX 成立了证券业自动化公司，用于提供自动化操作平台和数据处理服务；1976 年，NYSE 推出了电子自动对盘系统（DOT，该系统可以为场内指令提供计算机传递，在场内专家不提出更好的市场报价时，可以提供自动成交）；1978 年，跨市场交易系统（IFS）成为第一个能够整合市场并且促进交易所竞争的电子交易系统。这些自动化交易系统的推出极大地提升了美国证券市场的交易能力和效率。但问题是，当市场对自动化交易系统的依赖程度不断提升时，自动化交易系统的稳定性和效率就成为制约市场的关键之一。客观地说，1987 年 10 月的股市崩溃暴露了当时自动化交易系统存在的很多问题——当时，市场交易服务的需求超过了系统按正常成本提供服务的能力，出现了极大的买卖价差、两次交易之间巨大的价差、设备超载、市场越线、指令遗失、无回应的电话以及程序交易被禁止等多种形式的交易混乱，如何确保交易系统不再发生类似问题就成为 SEC 监管调整关注的重点之一。

正是为了确保各个交易所自动化交易系统的高效运作，SEC 从 1989 年开始发布了两份自动评估政策报告（ARP）。

在 1989 年 11 月发布的 ARPⅠ中，SEC 要求交易所等自律监管组织在自愿基础上构建全面的规划和评估项目体系，用于确定系统的交易能力和潜在不稳定性。SEC 强调交易所的这些项目必须实现三个目的：一是每个交易所都应该建立当前和未来交易能力的估计；二是每个交易所应定期实施交易能力的压力测试；三是每个交易所都应获得一份年度独立评价。在 1991 年 5 月发布的 ARP Ⅱ中，SEC 提供了独立评估的详细指引，并制定了向委员会工作人员介绍新交易体系发展和中断的标准化方法。

此外，为了配合实施上述两份报告，SEC 还实施了自己的 ARP 项目，规定委员会工作人员定期与自律监管组织进行会晤，评估它们计算机运行的各个方面，同时要求通过对主要经纪商/自营商的现场检查来评估交易系统能力。

5.3 支付清算方面的证券监管发展

落后的证券支付清算体系被很多研究者认为是引发 1987 年 10 月股灾的重要因素之一，甚至后来的财政部长布雷迪认为支付清算体系是美国金融体系中最薄弱的一环。当时的美联储主席格林斯潘也有类似的看法。在这种背景下，1987 年 10 月之后美国的证券支付清算体系进行了极大的变革。

第一，证券交易交割制度从原先的“T＋5”交割转变为当前的“T＋3”交割。为了降低证券市场的风险、提高安全系数，1987 年 10 月股灾之后，在时任 SEC 主席的授意下，30 国集团组建了一个特别工作小组（Bachmann 小组）对证券支付清算体系改革的必要性及建议改革措施进行了深入的研究。在 1992 年 5 月公布的研究报告中，特别工作小组得到的核心结论是在证券交易支付清算中“时间等同于风险”，进而其最主要的建议就是缩短证券支付结算周期，从当时的“T＋5”缩短至“T＋3”——报告指出，这一制度变化可以使国家证券清算公司的风险下降 58%。在经过了广泛意见征集和评估之后，SEC 于 1993 年 10 月 6 日批准了“T＋3”制度，并在 1995 年 6 月 7 日正式实施。

“T+3”制度实施后，现金账户中的投资者资金必须在3个交易日内交割。这意味着投资者当天买入股票，如未交割资金，三日后才可以卖出变现（但若资金已交割，可以进行“T+0”，即卖出股票）。

证券交割周期的缩短通过清算敞口的下降显著增强了支付清算体系的安全性和稳健性，进而被认为是1987年股灾以来最为成功的监管变革之一［SEC(2004)］。

第二，资金清算从隔日资金清算体系转变为当日资金清算体系。1996年2月22日前，依据交易证券的不同，美国的证券交易货币清算可以在当日与隔日两个资金清算体系中自行选择。当选择隔日资金清算体系时，证券出售方在交易日后的第三天（“T+3”制度下）只能获得一张支票，而支票的付款日却在一天后——这意味着证券出售方想通过出售证券获得现金必须经过4天。此后，SEC要求货币清算全部转变为当日资金清算体系，在资金交割的当日就可以直接提取货币资金。

该制度变化不仅统一了股票、公司债券、市政债券与衍生品和国债之间的货币资金交易规定，而且消除了货币资金结算中的隔夜信用风险，进一步降低了支付清算体系的风险。

第三，制定并推行跨市场保证金和担保协议。1988年9月23日，CME和期权清算公司（Option Clearing Corporation，OCC）公开了一份旨在推动股指期货和期权的跨市场保证金协调的声明之后，10月3日SEC批准了一项由OCC和市场同业清算公司（Intermarket Clearing Corporation，ICC）签署的跨市场保证金协议。该协议的核心思想是对于证券期权和期货头寸的组合投资者而言，交易日结束时其必要保证金水平的计算和收取采取单一账户形式，综合考虑期权和期货头寸价值对冲带来的盈亏。之所以要出台这种跨市场协议，是因为在1987年10月股灾发生之前，证券期权和期货市场的保证金不仅分别计算，而且这两个市场的支付清算制度并不一致，使得即便某个主体以对冲为目的在两个市场上进行了反向交易（这意味着一个市场头寸的损失可以由另一个市场头寸的盈利来对冲），而且盈利头寸的市值变化并不体现在损失头寸保证金水平的调整过程中，进而投资者仍需追加保证金。考虑到股灾过程中，CME在价格波动性增加的基础上一度大幅提高股指期货初始保证金水平——套期保值者从3%增加到10%，而投机者则从8%增加到15%，很多实际上并未发生损失的参与者由于无法满足保证金追缴的需求而被迫平仓，成为诱发市场进一步恶化的重要因素。此后，OCC和CME、交易清算公司董事会、Comex清算公司等机构签署了跨市场保证金协议。

通过增进不同市场部门之间的协调来增强清算机构满足由交易主体破产引发

的债务支付能力是监管当局关注的另一个重要问题。跨市场担保协议的签订就是各个清算所为了实现这一目的而开展的重要举措。1987 年后的十余年间，NSCC 与存托公司（DTC）、OCC、MBS 清算公司（MBSCC）、国债清算公司（GSCC）和国际证券清算公司（ISCC）等很多清算机构签订了类似协议。

第四，提高了对清算机构流动性水平的要求。自 1987 年以来，为了确保支付清算体系的稳定、高效运行，各个清算机构在显著上调各自总清算资金的同时，提高了对会员的初始净资本要求。这些措施显著提高了清算机构应对紧急状况的流动性水平。

第五，改进了清算机构的风险控制。自 1987 年以来，清算交易所采取了多种措施来强化风险控制，诸如基于风险的保证金系统（较为典型的是 CME 开发的风险标准组合系统和 OCC 开发的理论市场间保证金系统）、日内频繁的交易配对和保证金缺口管理系统、实时总头寸结算制度等，用以降低支付清算风险、提高清算机构的稳健性。

需要指出的是，1995 年 NSCC 开发了抵押管理系统（collateral management system，CMS），该系统允许 NSCC 收集和发布关于参与者清算资金、保证金以及参与清算实体对参与者和其他清算实体的存款等信息。这一系统增强了清算机构和参与者监控清算资金、保证金和其他存款的能力，有助于清算机构防范在客户违约时遭受的损失。在 SEC 的批准下，美国主要的清算机构都参与了 CMS 的服务。

第六，构建统一的证券、期货和期权清算框架。这方面的监管变化主要体现在 1989 年由美国证券清算机构组建的证券清算集团以及 1995 年由证券清算集团和期货清算组织联合成立的统一清算集团。

5.4 资本充足率方面的证券监管发展

1987 年股灾之后的一个时期，出于防范风险、增加流动性的考虑，美国很多投资银行的资本金规模有了显著的提升——1988—1997 年的 10 年间，15 家美国最大投资银行的总权益增加了 24%，加总的净资本增加了 64%。与此同时，投资银行资产中的权益类资产比例从 1987 年的 5%下降到 2%。在投资银行自发增加资本、降低权益头寸比例的同时，以 NYSE 为代表的证券交易所也从流动性角度对危机给出了应对措施，将专家所需的最低资本要求提高到 100 美元或必要交易头寸 25%两个指标中的高者，同时专家的必要交易头寸规模也提高到此前的 3 倍。

在 SEC 看来，由于交易所等自律组织和投资银行已在危机冲击下提高了流动性水平，所以在股灾后的很长一个时期，SEC 并没有改变针对投资银行净资本水平的监管规则，而是把重心放在了监控的强化上。之所以会这样，是因为投资银行与受到严格监管的银行控股公司不同。在这一时期，美国对于投资银行通过附属机构开展的金融活动几乎没有任何审慎或其他方面的限制。危机之后，尤其是20世纪80年代末在垃圾债券市场中出现的德雷克斯公司等投资银行破产事件，使SEC强烈地意识到，对于这些投资银行附属机构的债权人而言，一旦债务出现问题，那么出于在必要时母公司肯定会向附属机构提供资本的预期，其在初期就完全依赖母公司的信誉。在这个背景下，为了更好地了解控股公司的整体风险敞口，国会授权SEC可以要求投资银行提交与其具有"实质关联机构"（material associated persons）经营活动的相关信息。依据这一授权，1992年9月30日SEC开始实施"风险评估项目"，实质上开启了此后并表监管的序幕。

在资本重组率监管方面的另一个改变则涉及消费者保护的强化，核心是证券投资保护基金规模的迅猛增加——1987年，美国证券投资保护基金大约是3.79亿美元，而1997年2月，这一数字上升到11亿美元（增幅近190%）。此外，证券投资保护基金在从银行获得数十亿美元信用额度的同时，从美国财政部还获得了数十亿美元借款的法定授权。

5.5 国际协调方面的证券监管发展

1987年股灾之后，SEC意识到在金融全球化的大背景下，不同国家金融市场之间的相互依赖性不断增强，而且这种市场间的国际紧密关联在特定状态下可能导致灾难性后果——正如罗尔从国际市场角度对这次暴跌的研究所揭示的那样，东亚市场在1987年10月19日最先开市，而后一路直线下跌，这股卖空浪潮从那里扩散到英国，再从英国扩散到美国，进而国际证券监管机构之间的跨国协调就显得尤为重要。

为了实现证券监管的国际协调，一方面，SEC积极参与美俄资本市场论坛、30国集团、国际证券委员会组织（IOSCO）、美洲证券监管者委员会（COSRA）等国际团体，增进各国证券监管部门之间的共识与合作；另一方面，在与很多外国证券监管者构建了正式和非正式关系以促进监管合作的同时，还与欧盟、泛美开发银行、联合国拉美和加勒比经济委员会以及法国、德国、日本、英国、中国香港等国家或地区和国际组织建立了信息收集及分享机制，借以制止逃避审查和起诉的跨境金融活动。

此外，SEC与很多国家的刑事法律机构建立了正式和非正式的信息分享机制，如美国共同法律协助条款（MLATs）。

6. 1987年美国股市崩溃的经验、教训与启示

作为现代金融革命发生以来、以美国为代表的发达国家爆发的第一次大规模金融市场危机，1987年10月的美国股市崩溃引发了后续极为广泛、深入的研究

和思考，进而为后续金融市场的发展提供了众多经验与启示。

6.1 构建与机构投资者相适应的证券市场结构

作为一种制度安排，不仅金融市场具有内在的局限性（如市场流动性悖论和交易系统的能力上限），一旦交易超过这种极限，市场必然出现人为的停摆，而且更为重要的是，不同的投资者结构以及由投资者需求所诱发的产品创新、策略创新以及机构创新会对市场结构产生不同的需求。在这一背景下，交易所（尤其是证券交易所）的市场结构能否适应这种需求并发生相应的改变就成为整体市场有效运转的一个不容忽视的环节。

从 1987 年 10 月股市崩溃前后交易所（特别是 NYSE）的市场结构变化来看，整体的趋势是适应投资者的机构化，在交易暂停、产品设计（一篮子股票组合及后续的 ETFs）以及跨市场微观结构协调等方面做了较大的努力，为后续市场的稳健发展提供了制度保障。

6.2 增强支付清算体系的服务能力

尽管 1967—1970 年由于证券交易量激增引发的后台危机已对依赖手工后台操作的 NYSE 会员带来了巨大压力与动力，让交易所认识到了电脑化交易的优点，并随后推出了多个自动化操作和数据处理服务平台（如 1972 年 NYSE 和 AMEX 成立的证券业自动化公司、1976 年 NASDAQ 推出的 DOT、1978 年推出的 ITS 等），但 1987 年 10 月的事件不仅暴露了交易所支付清算体系的效率改进明显滞后于市场的发展，而且还清晰地表明，如果交易所对其各部分的内在结构按不同速度升级（类似 NYSE 当时的人工下单交易系统和电子下单系统并存）可能引发的麻烦——由于交易指令无法有效确认，部分证券交易实质上陷入交易停牌状态以及由此导致的价格和价格指数的失真等。

1987 年 10 月股市崩溃之后，SEC 和 CFTC 在要求各类交易所引进自动化交易系统大幅提升交易能力的同时，通过缩短证券支付清算周期、允许构建跨市场保证金与担保架构、强化支付清算机构及会员的流动性水平以及改进清算机构的风险控制等措施有效地提升了交易所支付清算体系的服务能力，避免了后台危机的再次发生。

6.3 中小投资者保护

在投资者日益机构化的大背景下，如何在《1933 年证券法》所确定的卖方责任以及强制性信息披露的基础上，有效地保护中小投资者在市场陷入混乱状态时的利益成为美国证券监管部门高度关注的一个问题——在 1987 年 10 月的股市崩溃中，相对机构投资者而言，由于资金规模和投资经验有限且信息源狭窄的中小投资者一方面很少涉足股指期货和期权市场，另一方面他们也无法有效地利用现货市场的电子下单系统，因而在急速下跌的市场中处于一种极为被动的状态，成为诱发市场恐慌升级与蔓延的重要因素之一。

股灾之后，SEC曾要求交易所修改委托处理规则，给予中小投资者一定的保护，避免使其处于不利的交易地位（与机构相比）。显然，从维护市场公平性的角度看，与此相关的一系列措施对于市场的长远发展至关重要。

6.4 信息的集合与处理

信息的混乱或失真是引发1987年10月股灾以及股灾在短期内迅速恶化的一个非常重要的原因，因此，如何在构建跨监管机构、跨市场信息联动机制的基础上强化信息披露，确保市场参与主体能及时了解准确、完全、全面的信息就成为稳定市场的关键所在。在1987年10月的股灾中，价格信息失真、市场关于交易所关闭和清算所及其会员陷入破产状态的传言显然对市场有着不可忽视的重大影响。此外，负面信息的传播一旦引发初始的抛售浪潮，那么由此导致的价格下跌将自动引发价格向下的自我强化螺旋，即便此后进行了所谓的信息澄清，也很难在短期内平复市场的恐慌。因此，监管机构能够及时在掌握相关信息的基础上做出合理的市场预判，对于市场的重新恢复至关重要。应该说，以格林斯潘为代表的美国金融监管当局在1987年10月对市场形势做出了正确的判断，而且应对措施得当，为后续的政府救助提供了一个范例。

6.5 证券监管

证券监管的有效性和前瞻性是保证市场平稳运行的关键之一。历史地看，一方面，SEC积极利用法律工具，要求证券发行人强制披露重要信息以及有组织的市场用即时的方式报告最新交易，提供了保持市场竞争性和信息有效性的法律环境，并借此创造了一个由大量分散的参与者、交易规则和工具组成的市场，使内幕人士操纵市场的程度减轻到证券市场可以接受的合理程度——从某种意义上说，SEC保证了证券化金融市场的完整性，证券市场不再是“职业内幕人士”的领地，而成为零售投资者和小公司的投资场所，金融变得更为民主化了。另一方面，SEC的监管也存在一定的问题，尤其在前瞻性上表现得尤为突出。例如，即便1967—1970年的后台危机曾被视为“SEC历史上证券业自律监管的最大失败”，但在20年后的1987年，面对市场交易量从平均2亿股到6亿股的迅猛上升，SEC显然估计不足；又如，针对始于20世纪70年代的机构投资者发展，SEC一开始并没有意识到其发展引发的投资者结构改变对市场结构、交易产品以及市场投资策略的深远影响，进而采取监管措施，直到1987年10月之后才认识到这一点并提高了监管水平等。

客观地说，在1987年10月股灾之后，尽管SEC提出了很多监管主张并在实践中落实了一些，但美国的证券监管框架在总体上并没有发生较大的变化，处于一种“打补丁”或“补丁升级”的状态，而这为2007年次贷危机中全面暴露的证券监管框架缺陷埋下了伏笔。

6.6 国际协调

在金融市场日益全球化的大背景下，考虑到全球金融监管架构客观上存在的不一致性以及资本的自由流动，监管套利无法避免——一旦某个国家（如美国）针对某些金融产品业务或交易采取了较为严格的监管措施，那么最可能出现的情况就是交易发生地的转移，比如转移到那些监管相对宽松的国家或地区，而这不仅导致了监管的失效，而且可能危及该国的金融创新和竞争力。在这种情况下，证券监管的国际协调至关重要，可能直接关系到市场的平稳、有序运行。

参考文献

[1] 默顿·米勒．金融创新与市场的波动性．北京：首都经济贸易大学出版社，2002

[2] 默顿·米勒．默顿·米勒论金融衍生品．北京：清华大学出版社，1999

[3] 施泰因赫尔．金融野兽：金融衍生品的发展与监管．上海：上海远东出版社，2003

[4] 刘逖．证券市场微观结构理论与实践．上海：复旦大学出版社，2002

[5] 金德尔伯格．经济过热、经济恐慌及经济崩溃．北京：北京大学出版社，2000

[6] Avinash Persaud. 流动性黑洞：理解、量化与管理金融流动性风险．北京：中国金融出版社，2007

[7] Mark Carlson，“A Brief History of the 1987 Stock Market Crash”，Federal Reserve Working Paper，2006

[8] R. R. Lindsey，“A Pecora Ten Years After：Regulatory Developments in the Securities Markets Since 1987 Market Break”，*Journal of Financial Services Research*，13（3）：283-314，1998

[9] Brady，“Commission：Report of the Presidential Task Force on Market Mechanisms”，Jan. 1988

[10] SEC Staff Report，“The October 1987 Market Break”，Feb. 1988

[11] CFTC，“Interim Report of the Working Group on Financial Markets”，May 1988

[12] CFTC，“Final Report on Stock Index Futures and Cash Market Activity During October 1987”，Jan. 1988

[13] GAO，“Financial Markets：Preliminary Observations on the October 1987 Crash”，Jan. 1988

[14] Rajan, Raghuram G., "Has Finance Made the World Riskier?" *European Financial Management*, Vol. 12, No. 4, pp. 499-533, 2006

[15] Ryan McKeon, Jeffry Netter, "What Caused the 1987 Stock Market Crash and Lessons for the 2008 Crash", *Review of Accounting and Finance*, Vol. 8, No. 2, pp. 123-137, 2009

[16] Richard Roll, "The International Crash of October 1987", *Financial Analysis Journal*, Vol. 44, No. 5, pp. 19-35

分论二　日本泡沫经济与金融危机[①]

摘　要

本分论描述了日本20世纪80年代后期一次系统性泡沫经济产生、发展和崩溃的具体过程，认为“广场协议”虽然引发了泡沫，但更重要的宏观政策失误，即为了应对短暂的经济衰退，采用了过于宽松的货币政策，导致信贷扩张、资产价格上升，两者循环反馈，使得整体经济出现泡沫化。另外，面对泡沫经济，政策当局既没有及早察觉，也没有采取任何抑制措施。在泡沫崩溃后，日本应对慢性金融危机采取了传统凯恩斯主义的扩张政策，使得危机损失不断后延、经济长期停滞。

① 针对日本泡沫经济的研究资料非常丰富。野口悠纪雄（1993）在泡沫崩溃初期有一些经典描述；宫崎义一（1992）从企业融资模式转换及企业“财务技巧”角度分析了泡沫的形成机理；铃木淑夫（1994）从当事人的角度讨论了日本当时的内外局势和宏观经济政策困境；小川一夫和北坂真一（1998）是一篇杰出的实证研究文章；翁邦雄、白川方明和白冢重典（2000）及翁邦雄和白冢重典（2002）是从货币政策角度进行的分析；村松歧夫和奥野正宽（2002）是从更广泛的经济、政治与社会制度等方面进行综合分析的代表文章。本案例综合使用了上述资料。

Abstract

This part describe the origin, evolution and crash process of Japanese bubble in the late of 1980s. Its basic conclusion is that a series of macro policy mistakes contributed much more than "Plaza Accord" to the assets bubble. To deal with the temporary recession induced by currency appreciation, Japan's government loosed monetary policy, expanded credit rapidly, which in the end drove a big asset bubble mainly in stocks and real estate. Especially, when the asset bubble and credit expansion enforced mutually, the whole economy felled into bubble situation, which the government neither realized earlier nor taken effective action later. To make things worse, the traditional pro-active Keynesian policies after the crash of bubble, prolonged the recession, and dragged Japanese economy into long-term depression.

1. 引　言

1990年10月18日，美国《新闻周刊》以“东京崩溃”（“The Tokyo Crash”）为题，对日本股票价格的暴跌进行了专题报道，文章的开头是这样描述的：

> 10月1日（星期一）下午，日兴证券一位交易员开始怀疑自己的眼睛，显示屏上的数字一跌再跌，直至最低点。对他来说，日经指数跌到2万点，简直是个荒唐的时代错误。因为自1987年以来，日经指数从未跌破这个关口。在持续不断的卖单声中，他嘀咕道：“这简直太荒唐了，怎么可能呢？”
>
> 此时，大藏省同样也在议论。对于这一突如其来的恐慌气氛，谁都想不出是什么原因造成的。不管从经济增长率、通货膨胀率、消费、设备投资等哪一个指标来看，日本经济都是世界上最强的。可是，在过去9个多月的时间中，东京股票市场的总市值减少了270万亿日元。1989年12月29日高达38 915点的日经指数，现在居然跌到19 781点，跌幅高达49%。几乎所有的股票都在下跌，索尼、日产、松下等优质股票也在下跌，具有世界最大规模的银行股的跌幅更大。

日本经济在20世纪80年代后期经历了一次典型的泡沫经济，突出表现为：随着实际经济的扩张、日元汇率的波动和扩张性货币政策的实施，货币供应和信用膨胀，股票和地价急剧上升；随后是泡沫崩溃，银行体系出现了大量不良资产，企业资产负债表恶化，经济陷入长期衰退和停滞。这种现象不仅对日本的经济与社会产生了影响，也为其他国家提供了宝贵的警示，成为有关资产价格泡沫、系统性金融风险、货币政策如何应对资产价格泡沫等诸多专题研究的一个重要参考案例。

虽然人们希望从理论上找出泡沫发生的最终原因，但与其他大型泡沫经济案例一样，它是经济、社会、政策乃至心理等多种因素综合作用的结果。用一个比喻来说，泡沫的形成与发展不是一个单向的物理过程，而是一个化学反应过程。理解这一次泡沫的形成，需要重新回到当时日本复杂的国内和国际经济环境中，从经济增长与转型、财政与货币政策、国际经济政策协调、金融自由化等诸多因素的相互作用中进行综合分析。图分—2—1概要地反映了日本泡沫时期以及泡沫前后股价的变化和相关的重要影响事件。

2. 泡沫经济的形成、发展与崩溃

一般来说，引发20世纪80年代后期日本泡沫经济形成的主要事件是1985年秋天的“广场协议”，因为由此开始，日元汇率在短期内急剧升值，致使出口受挫，随后日本政府采用了扩张性货币政策来刺激经济，从而大幅降低了利率，

图分—2—1　日经股价走势及相关事件

放松了货币与信贷；1987年10月，在美国"黑色星期一"以后，美、德已开始收缩货币信贷，但日本政府仍然维持宽松政策，导致已经过热的资产市场继续发展，最终以断崖式的暴跌收场。在货币信贷扩张的过程中，企业将从资本市场获取的资金大量投资于股票、房地产、艺术品等资产，而后将升值的资产进行抵押融资，从而形成了信贷与资产价格不断循环、相互推动的模式，这是泡沫经济形成与发展的内在机理，见图分—2—2。

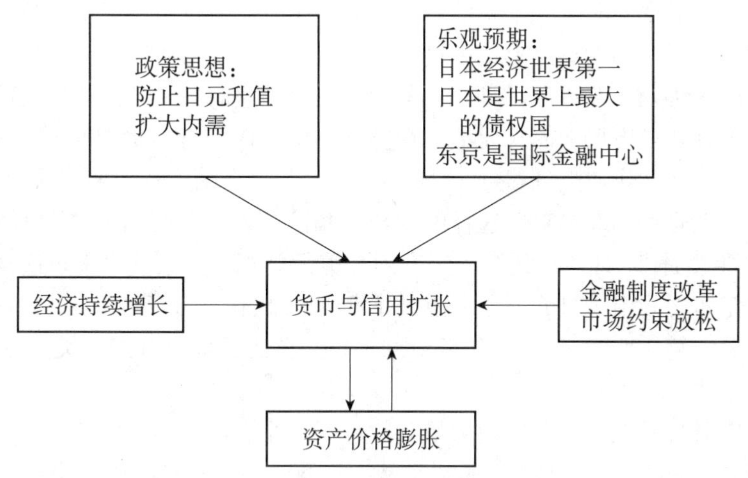

图分—2—2　日本泡沫经济的形成机制

2.1 泡沫经济的形成：1983—1987年

在“广场协议”后，日元汇率的升值和货币宽松：虽说“广场协议”引发了日本经济泡沫，但这个协议本身也是有背景的。从基础面来看，在第二次世界大战后，随着日本经济的恢复和高速增长，日元兑美元的汇率从最初的1美元兑360日元开始缓慢升值，但该汇率显然未能充分反映日本经济与贸易的实际状况，客观存在人为压低日元汇率的因素，并逐渐形成了日、美之间的贸易摩擦。到了20世纪80年代初期，美国政府为了抑制高通货膨胀所采取的严厉的紧缩政策，导致了美元的利率与汇率双双上升、财政赤字和经常账户赤字双双扩大的后果。为了减轻国内压力，1983年11月美国里根总统访问日本，强烈要求日本开放金融市场和资本市场，特别是放开资本账户管制，实现“金融自由化”。这次访问是日本金融制度演变中一个具有历史意义的转折点。1984年2—4月美、日先后三次召开“日元—美元委员会”会议，5月底发表了《日美日元美元委员会报告书》和《关于金融自由化、日元国际化的现状和展望》，最终在6月份废除了日元可兑换的限制。此后，日本的对外证券投资迅速增长，但美国所期望的美元汇率与美元长期利率下降的结果并没有出现。1985年9月22日（星期日），美国财政部长贝克在纽约广场饭店二楼的“白色和金色大厅”（White and Gold Room）紧急召开G5财政会议（美、日、德、英、法），通过了著名的“广场协议”，旨在通过国际协调迫使日元升值，缓解主要经济体之间的国际收支不平衡。“广场协议”的要点是：

（1）汇率必须反映一个国家经济的基本条件。

（2）通过调整汇率解决贸易不平衡是可行的，也是有效的。

（3）调整汇率并非美元汇率的总体下调，而应当通过主要货币（特别是日元和马克）兑美元汇率的有序上调来进行。

在“广场协议”签订后，日元和美元的汇率迅速向日元升值、美元贬值的方向发展。东京外汇市场上的日元汇率在协议前夕（1985年9月20日）是1美元兑242日元，随后快速上升。到1986年2月中旬，金融市场上普遍认为存在“1美元=180日元=2.35马克”这样的“金三角防线”，但这道防线很快就被突破了。1987年2月21日，日元汇率上升到1美元兑155日元的水平；换言之，在短短的1年多时间中，日元兑美元上升了55%（此后，1987年12月，日元汇率上升到1美元兑130日元；1988年1月4日，日元汇率上升到1美元兑121.65日元）。

为了应对日元汇率在短期内大幅升值对国内经济，特别是出口的冲击，日本中央银行在1986年11月将贴现利率从5%下调到4.5%，并以此为开端，到1987年2月，连续五次下调利率，直至2.5%的历史超低水平，最终形成了一个巨大的资产价格泡沫。

1986 年 3 月 18 日，当日元汇率突破 1 美元兑 180 日元大关，而且市场普遍预期会进一步升值时，日本银行在市场上开始了“抛售日元、购买美元”的外汇干预，致使日元资金大量进入国内金融市场。虽然日本央行也采取了出售短期国债回收日元的“对冲”操作，但数量有限，因而流动性过剩的局面已明显出现，并开始不断涌入股票与土地投机市场。① 根据日本银行在 1987 年 3 月 31 日公布的“1986 年度资金供应实况”看，1986 年为干预外汇市场，日本央行大约购买了 258 亿美元，按平均 1 美元兑 168 日元的汇率计算，大约释放了 4.3 万亿日元，这是推动货币供应量增长的重要因素，见图分—2—3。

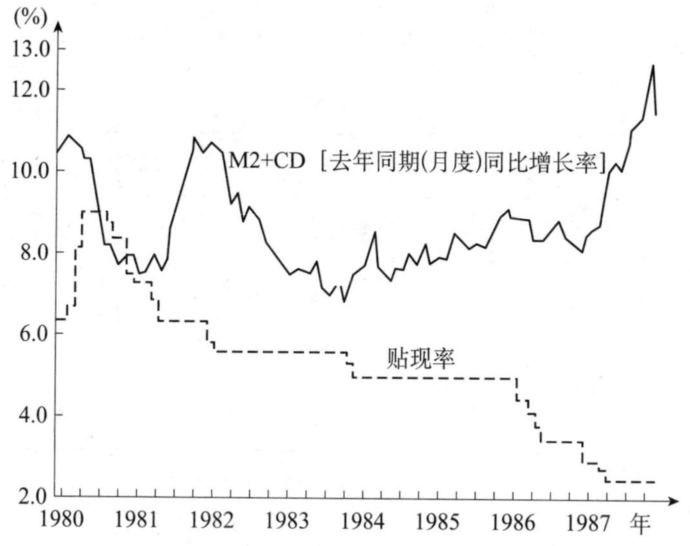

图分—2—3　泡沫形成时期货币供应量与利率的变化

资料来源：引自宫崎（2000）。

从政策的初衷看，宽松的货币政策是为了促进企业的实际投资，但当时日本的企业设备投资率持续数年处于高水平，过剩的资金并没有完全进入生产领域，而是推动了股票、房地产等资产价格的上涨，见表分—2—1。20 世纪 80 年代初期开始的金融自由化措施也为金融部门的投机行为提供了便利，而资产价格在乐

---

① 实际上，类似的政策后果在日本是有先例的。早在 1971 年 8 月 15 日，美国尼克松总统宣布停止美元兑换黄金（日本称之为“尼克松冲击”），欧洲外汇市场暂停交易，日本外汇市场独自在 8 月 16—27 日继续开盘，而且仍以 1 美元兑 360 日元的汇率购买美元，致使大量外币流入日本，因此日本银行海外资产膨胀、货币供应量剧增，产生了将近 3 万亿日元的过剩流动性，在当时“列岛改造计划”的背景下，出现了一次股票、土地的投机热潮和剧烈的通货膨胀。

观的预期心理作用下有一种“自我实现的机制”（self-fulfilling mechanism），结果是“泡沫”越吹越大，大企业、金融机构乃至普通民众纷纷卷入其中。在短短数年之间，股票、房地产等资产价格上涨了三倍多。①

表分—2—1　　日本泡沫经济前后的主要宏观经济指标

	1981	1984	1985	1986	1987	1988	1989	1990	1991	1992
实际经济增长率（%）	3.3	5.1	4.5	2.7	4.9	6.0	4.5	5.1	3.4	0.8
内需贡献度（%）	2.1	3.9	3.7	4.1	5.8	7.1	5.2	5.0	2.1	−0.1
实际民间最终支出（%）	2.0	2.6	2.8	3.4	4.1	5.5	3.7	3.6	2.6	1.0
实际民间设备投资（%）	4.2	11.5	13.2	4.3	8.6	16.8	14.3	11.2	2.7	−5.7
实际民间住宅投资（%）	−2.0	0.5	2.8	11.0	26.3	4.9	1.0	4.8	−12.2	−2.4
实际公共资本形成（%）	0.8	−2.9	−6.3	7.0	9.3	0.4	−0.1	4.3	6.7	13.3
出口（%）	8.5	13.6	3.7	−0.7	1.1	5.9	2.6	6.3	2.1	0.0
进口（%）	−0.7	6.9	1.2	10.7	12.8	13.8	5.8	6.7	1.2	0.5
经常收支（亿美元）	59.3	370.0	550.2	941.4	1 169	772.7	533.9	337.2	902.2	1 259
日元汇率（兑美元）	227.4	244.2	221.1	159.8	138.3	128.3	142.8	141.3	133.2	124.8
长期国债收益（%）	8.23	7.20	6.25	5.19	4.88	5.14	6.66	6.65	5.51	4.43
批发价格指数（%）	1.3	−0.3	−1.8	−5.2	−1.7	−0.6	2.7	1.2	0.4	−1.0
消费者物价指数（%）	4.0	2.2	1.9	0.0	0.5	0.8	2.9	3.3	2.8	1.6
货币供应量增长率（%）（M2+CD）	9.7	7.8	8.7	8.6	11.2	10.8	10.3	10.2	2.6	0.1

资料来源：日本经济企画厅：《经济白皮书》各期。

客观地说，扩张性的货币政策本身并不能单独促进和维持较长时期的资产价格泡沫，它还要有现实的经济环境，尤其是乐观情绪的支撑。

从宏观经济面来看，根据日本经济企画厅的判断，经济景气从1986年11月的谷底开始，到1991年2月，经历了长达51个月的持续扩张，为日本历史上第

① 日经225指数从1985年9月“广场协议”签订时的12 598点上升到1989年12月的38 915点，上涨了2.1倍；此后急剧下跌，到1992年8月下跌到14 309点，跌幅超过60%；城市地价指数从1985年9月到1990年9月上涨了4倍，而1999年比1985年低20%。

二大持续增长期；在这一时期，实际 GDP、工矿业生产年均增长率分别达到5.5%和7.2%的高水平；景气扩张最重要的拉动力量是设备投资，它与 GDP 的比率比高速经济增长时期还要高出 20%左右。与此同时，住宅投资和耐用消费品的支出也比较多。

从心理层面看，随着经济实力的增长，日本整个社会都对未来充满了信心，具有一种“新时代”的情绪。例如，日本股市成功地摆脱了美国 1987 年 10 月“黑色星期一”的阴影，宏观经济和股票价格持续上涨，从而极大地增强了投资者的信心；由于长期的贸易盈余，使日本成为了世界第一大债权国，故日本金融机构大举进军国际金融市场。1989 年第一季度，在国际银行业的贷款中，日本占有 41%的市场份额；日本企业在全世界从事巨额并购扩张；日本的经营模式受到业界和学术界的充分肯定，东京成为了国际金融中心，“日本第一”的声音不断出现等。①

虽然“乐观预期”难以定量分析，但我们可以用一个代理变量——股票的收益差（yield spread）（=长期利率－股票收益率②）来间接刻画，见图分—2—4。

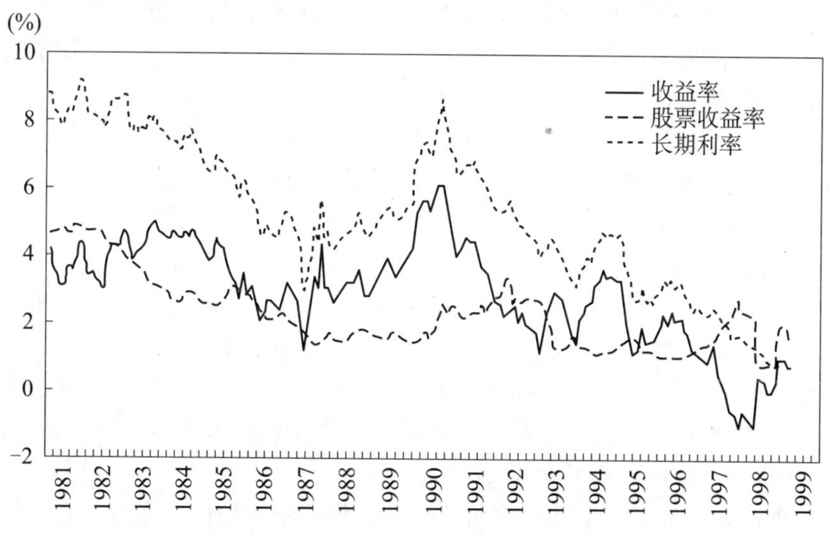

图分—2—4　泡沫时期股票的收益差

资料来源：翁邦雄等（2000）。

从金融体系的角度看，日本的金融自由化从 1983 年就已经开始了，随着渐

① 1985 年日本国土厅预测：到 2000 年，东京需要建设 250 栋超高层大楼才能满足商业办公的需要。这一预测对后来地价的上涨预期可能有很大的影响。

② 股票收益率=企业预期收益/股价。

进式自由化的进展，大额存款逐步取消，企业可以自由发债，大企业的资金筹措迅速脱离银行；由于存款利率逐步放开，利差作为银行的主要利润来源不断缩小，而且银行只能缓慢地介入资本市场业务，因此它们受到了较大的竞争压力，并且收益率不断下滑。为此，银行积极从事了风险很高的不动产相关贷款和以不动产为担保的中小企业贷款。① 金融制度的改革与投机行为之间存在一系列的互动关系：

第一，金融环境宽松，资金筹措成本下降；投资者和投机者更容易获得资金。因为规模较大的投资者在金融资产的买卖之间有时间间隔，需要有超过自有资金的资金头寸，而宽松的金融环境为这种资金头寸的形成提供了必要的条件。②

第二，在宽松的金融环境下，股价上升，资本成本下降，企业按照市场价格增资扩股、发行可转换公司债等更加容易。

第三，随着地价、股价的上升，企业用于担保的资产价格上升，因而通过借款、发债等形式筹集资金的能力上升。

随着资产价格的不断上升，无论是企业、金融机构、个人投资者还是政府，都积极参与市场，但是自我约束机制比较缺乏。从企业的公司治理角度来看，日本在第二次世界大战后的经济发展过程中，主银行制度对企业的监管发挥了重要作用；但是，随着金融自由化的进展，以大企业为首，各类企业均增加了从资本市场融资的比重，因而主银行的监督功能逐渐下降；与此同时，除会计制度、信息披露、主银行以外的针对股东、债权人的监管功能未能充分发挥。

在上述一系列因素的作用下，日本的货币供应和信用规模出现了显著的增加。货币供应量（M2＋CD）的年增长率从 1986 年开始一直处在 10％以上，显著高于泡沫前后的水平；更重要的是，由于企业和家庭可以借助资本市场筹措资金，导致信用规模大幅增长。银行贷款占 GDP 的比率从 70％左右上升到超过 100％。此外，贷款的结构也发生了巨大变化，向制造业的贷款比重从 20 世纪 70 年代的 25％左右下降到 80 年代后期的 15％以下，大部分新增贷款直接或间接（通过一些专业的机构）地流向了房地产部门和金融市场。货币、信用与资产价格互相推动，最终导致了大规模的泡沫经济。

20 世纪 80 年代后，日本资产价格的上升与信用量的扩张之间具有高度的相关性，见图分—2—5。

① 由于第二次世界大战后日本的房地产价格一直处于持续上升的状态，而地价的平均涨幅大于一般借贷利率，因此出现了所谓的“土地神话”，即银行在审批贷款时的一个共同感觉：“只要用房地产做担保，即使出现不良资产，基本上也能收回贷款。”

② 需要注意的是，金融环境宽松只是泡沫产生的必要条件，而非充分条件，因为历史上金融宽松的环境经常出现，并不总是导致泡沫；此外，20 世纪 80 年代后期，大多数发达国家的资产价格都出现了显著上升的现象，但不是各国的金融环境都比较宽松。

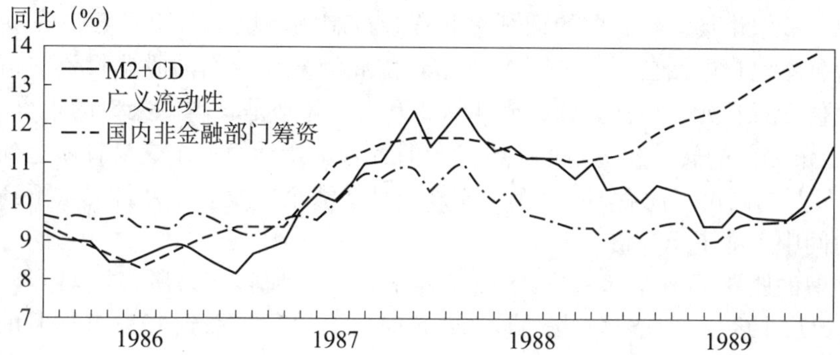

资料来源：Bank of Japan，*Financial and Economic Statistics Monthly*。

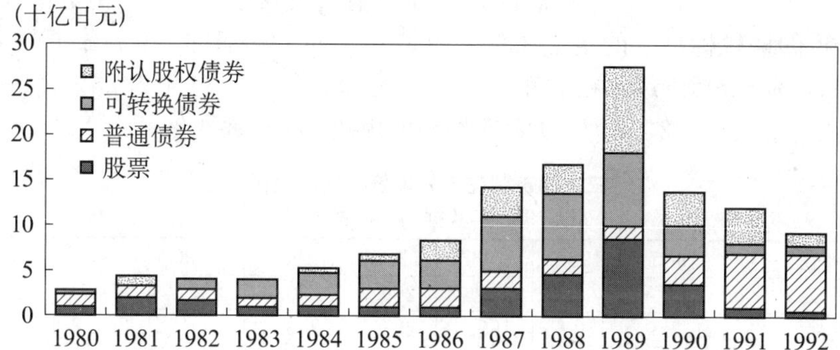

说明：本图反映了东京证券交易所中上市公司的发债情况。

资料来源：东京证券交易所。

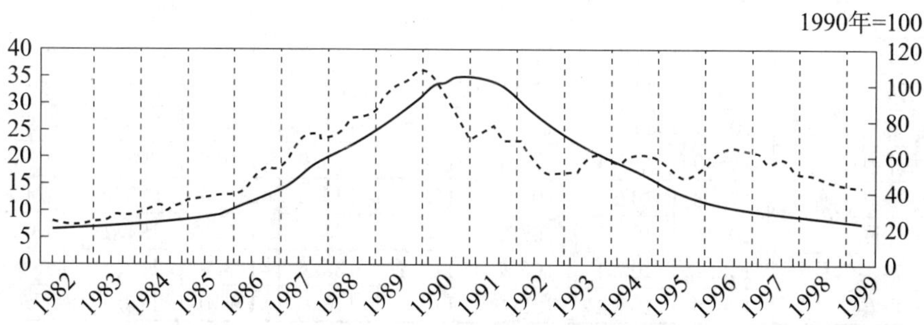

图分—2—5　日本泡沫时期的资产价格指数与信用扩张

说明：实线为实际综合资产价格指数（左）；虚线为对民间部门融资与 GDP 之比（右）。

资料来源：引自翁邦雄等（2000）。

2.2　泡沫经济的发展：过剩流动性的机理与后果

前文从宏观角度分析了货币政策引起的货币信贷扩张，下面侧重从企业行为进一步解释信用扩张的微观机理及其后果。

（1）股票市场。在空前的低利率和资金过剩的环境下，1987 年 2 月 9 日巨型企业日本电报电话公司（NTT）上市，由此激发了人们的股票投资热情。该股票面值 5 万日元，申购人数达到 1 058 万人，几乎是日本总人口的十分之一，NTT 上市之前的转让价为每股 119.7 万日元，上市后第一个交易日就达到每股 160 万日元的高价，而后不断攀升，3 月 4 日暴涨至每股 301 万日元，不到一个月的时间中上涨了 1.5 倍。

类似的股票还有很多，进入 1987 年后，东京证券交易所气氛热烈，日经 225 指数从 1985 年秋季“广场协议”签订时的 12 000 点涨到 1987 年 4 月的接近 24 000 点，在约一年半的时间内上涨了将近一倍，此时股市的泡沫已经出现了。

（2）土地。日本国税厅发布的 47 个都道府县所在地的最高临街地价（遗产与赠予税的课税标准）的年上涨率，1986 年为 9.1%，1987 年上涨了一倍多，达到 19.6%（此后继续大幅上涨，1988 年为 23.7%，1989 年为 28%，1990 年为 28.7%）。表分—2—2 为三大都市圈住宅用地价格指数变化。

表分—2—2　　三大都市圈住宅用地价格指数变化

（以 1983 年数据为 100 的指数）

年份	1985	1986	1987	1988	1989	1990	1991	1992
东京圈	103.9	107.1	130.1	219.3	220.2	234.7	250.2	227.4
东京都	105.9	112.7	169.6	283.2	265.3	264.5	264.8	237.5
城区	107.2	117.9	208.5	300.5	284.9	286.0	286.9	248.7
神奈川县	103.6	106.0	118.8	220.7	203.9	205.3	211.3	201.4
崎玉县	102.0	102.3	104.7	167.3	181.5	202.0	226.4	209.9
千叶县	102.6	103.4	109.8	179.3	210.3	261.6	312.6	263.5
大阪圈	106.7	109.5	113.2	134.3	178.2	278.1	296.2	228.4
大阪府	106.9	110.4	115.2	138.9	188.2	298.5	304.8	230.1
京都府	107.1	110.5	114.3	124.5	164.1	274.2	315.1	228.4
兵库县	106.0	107.1	109.7	140.1	182.6	269.3	292.2	232.0
奈良县	105.8	107.7	109.5	112.7	143.0	214.8	235.2	200.9
名古屋圈	104.0	105.5	107.2	115.0	133.9	160.9	191.1	181.2
爱知县	103.7	105.1	106.7	115.1	135.6	163.9	192.7	181.0
三重县	106.0	108.1	109.9	112.2	118.0	136.0	173.8	176.6

说明：根据各年度年初数据计算。例如，1987 年的地价上涨是指从 1987 年至 1988 年的指数上升。

资料来源：日本国土厅。

2.2.1　公司的“财技”是信用扩张和股价上升的纽带

20 世纪 70 年代后期，随着日本经济高速增长的结束，企业设备投资的增长率急转直下，企业开始增加对金融资产的运用，特别是在 1985 年以后，随着资产价格的迅速上涨，企业更积极地投资于金融资产并不断获利，称为“财务技巧”（以下简称“财技”）。

"财技"应该分两部分来讨论，即公司的"融资"和"投资"活动。

在1986年以后，由于利率的不断下降推动了股价的不断上升，日本企业逐渐改变了以往主要依赖银行借款的方式，更多地采用了"权益融资"（equity finance），主要是IPO、增发以及可转换债券（convertible bond，CB）、附认股权债券（warrant bond，WB）等。在股价上升的预期下，后两种方式可以以很低的利率融到资金。从图分—2—6和图分—2—7可以看出，在1985年后，权益融资的数量急剧增长。需要注意的是，1987年11月日本又引入了商业票据（commercial paper，CP），用以方便企业从资本市场上短期融资，仅1988年的商业票据发行额就高达7.6万亿日元。

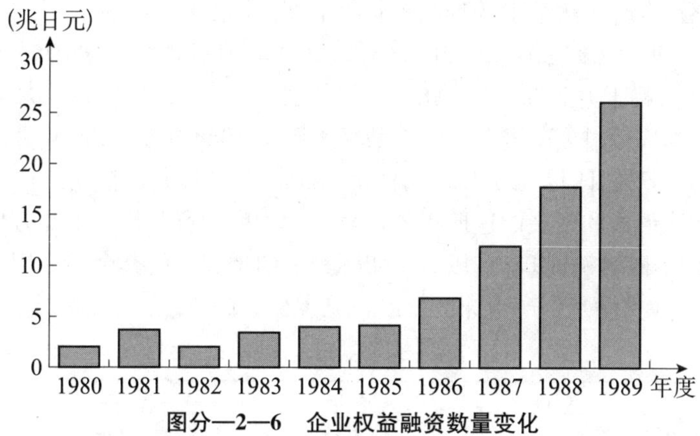

图分—2—6　企业权益融资数量变化

资料来源：引自宫崎（2000）。

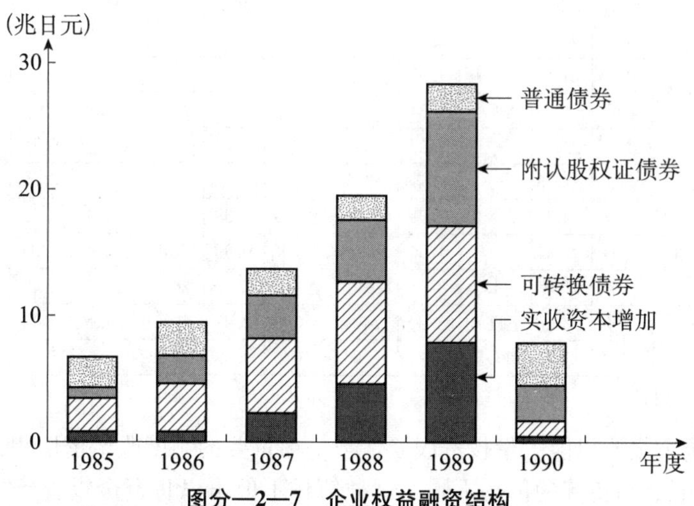

图分—2—7　企业权益融资结构

资料来源：引自宫崎（2000）。

在1986年以前的10年中，日本企业的融资主要依赖传统的银行贷款，即间接融资，大约占80%，特别是短期贷款占了50%左右。从1986年开始的四年中，银行贷款占比下降到64.3%，短期贷款更是下降到17.6%，取代它的是资本市场的“直接融资”或“权益融资”。其原因在于，只要预期股票价格会持续上升，那么预期资本收益就会增加，而企业通过资本市场进行“权益融资”的成本就远低于银行贷款。以可转换债券（10年期）为例，直到1990年2月，其利率远低于银行贷款的长期优惠利率，甚至低于官方贴现率。

为了测算企业的“过度融资”，我们可以将企业“正常交易”（包括实物交易和金融交易）所需的融资额与企业的销售额进行比较，并且以泡沫开始形成的1986年为分界点，然后比较此前十年和此后三年。在泡沫出现的前十年（1975—1985年），该比例平均为2.6%，这个数值可视为历史趋势水平，但从1986年开始大幅上升到3.3%，此后三年分别为4.0%、4.5%和6.2%。如果将这一比例换算成“过度融资”的绝对数额，则从1986年到1989年分别是7.4万亿日元、15.6万亿日元、24.2万亿日元、47.1万亿日元，呈现出加速度上升的态势。在泡沫形成和发展的这四年中，累计“过度融资”将近100万亿日元，其中只有1/3用于实物投资，借以维持实际经济的增长，而其余2/3用于金融投资或“财技”，并推动了资产泡沫的发展，见表分—2—3。

表分—2—3　　法人企业的资金运用　　单位：兆日元

	1987年			1988年			1989年			1990年		
		构成比率	与上一年比		构成比率	与上一年比		构成比率	与上一年比		构成比率	与上一年比
资金运用	34.75	100.0	4.1	40.05	100.0	15.3	39.55	100.0	Δ1.3	22.06	100.0	Δ44.2
现金存款CD共计	16.51	47.5	3.4	23.22	58.0	40.6	17.30	43.7	Δ25.5	1.67	7.6	Δ90.4
信托	10.78	31.0	60.9	4.95	12.4	Δ54.1	7.49	18.9	51.4	1.45	6.6	Δ80.7
投资信托	0.57	1.6	Δ77.1	0.81	2.0	42.1	0.05	0.1	Δ93.4	Δ0.71	Δ3.2	—
有价证券	Δ1.27	Δ3.7	—	1.37	3.4	—	3.35	8.5	2.4倍	6.16	27.9	84.1
（债券）	Δ5.33	Δ15.3	—	Δ1.54	Δ3.8	—	Δ0.03	Δ0.1	—	3.05	13.8	—
（股票）	4.04	11.6	13.8倍	2.91	7.3	Δ28.0	3.38	8.5	16.0	3.12	14.1	Δ7.7
CP	0.09	0.2	—	1.69	4.2	18.1倍	0.98	2.5	Δ42.0	2.33	10.6	2.4倍
对外信贷	8.08	23.3	Δ4.3	8.01	20.0	Δ0.8	10.38	26.2	29.5	11.16	50.6	7.6
（证券投资）	5.08	14.6	Δ11.9	3.20	8.0	Δ36.9	3.97	10.0	24.1	4.14	18.7	4.1
（直接投资）	1.80	5.1	17.5	3.22	8.0	79.4	4.69	11.9	45.6	5.66	25.7	20.7

资料来源：引自宫崎（2000）。

企业资金之所以能大量投资股票，与一项重要的制度改革密切相关，即“特定货币信托”。与传统的信托不同，这种信托不但可以将资金投资于委托人事先指定的股票、可转换债券等金融资产，而且可以将所持金融资产的账面价值和市场价值分账处理。这种做法既便于企业进行股票投资，也有利于基金在短期内快速获利。因此，特定货币信托的投资在 1987 年以后迅速增长，并对股指的持续上升起到了重要的推动作用。

当企业融资脱离了银行后，银行为了维持自身的利益，开始加大对风险资产的贷款，特别是土地抵押贷款和股票抵押贷款，见图分—2—8。在全国银行贷款余额中，1984 年的不动产贷款占比为 17%，此后逐年上升，并超过了 20%；股票抵押贷款也是如此，见图分—2—9。与几乎所有的资产价格泡沫形成案例一样，在资产价格和信贷扩张之间存在着正向反馈机制，即资产价格上升—抵押品价值增加—信贷扩张并再次投资于资产—资产价格再度上升。

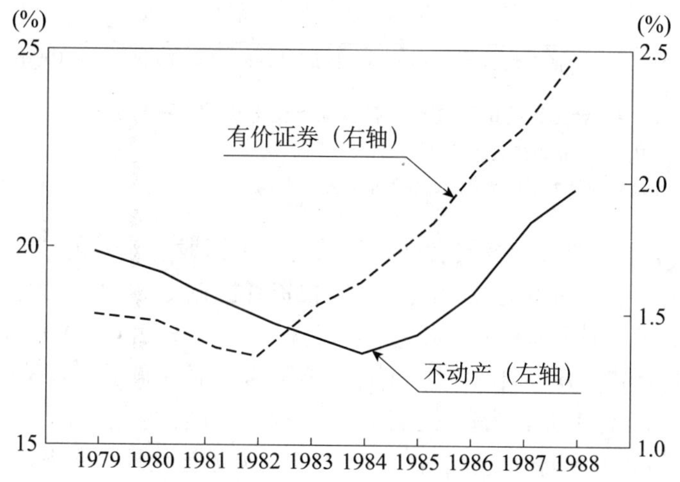

图分—2—8　不动产及有价证券抵押贷款的比例变化

说明：在全国银行的全部抵押贷款余额中所占的比例。

资料来源：日本银行：《平成元年（1989 年）的资金流转》。

2.2.2　美国“黑色星期一”：日本错失了政策调整机会

1987 年 10 月 19 日，美国股市暴跌，道指下跌了 508 点，跌幅为 22.6%，创历史之最，史称“黑色星期一”。受此影响，10 月 20 日（星期二），日本股指下跌了 3 836 点，跌幅为 14.9%，日经指数回到了 1987 年 3 月的水平。从事后的角度看，如果市场本身能维持这种自我调整的态势，或者宏观政策能借此机会开始调整，那么日本的金融与经济或许是另一种景象。

关于美国这次股市暴跌的分析很多，有代表性的可参见美国证券交易委员会（SEC）的研究报告“The October 1987 Market Break：A Report by the Division of Market Regulation”以及时任财长布雷迪牵头的总统咨询机构报告“Report of Presidential Task Force on Market Mechanisms”。1988 年 4 月 21 日，美国财

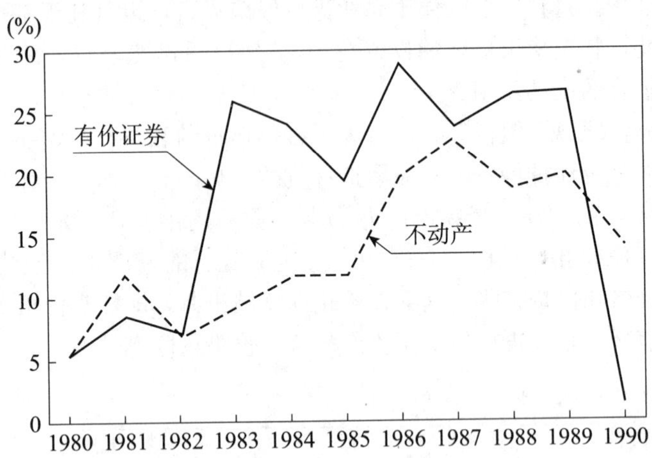

图分—2—9 全国银行的不动产及有价证券抵押贷款余额与上一年相比的变化

说明：(1) 第二地方银行协会成员银行除外。

(2) 1990 年度末为日本银行调查统计局的推算值。

长布雷迪在华盛顿的机构投资者会议上认为，美国股价暴跌的“真正诱因”是“日本人对美元汇率的担忧”，因为“日本投资者担心美元贬值，抛售巨额美国国债，导致 30 年期的国债利率上升到 10%左右，大多数美国人认为债券的收益率比股票高出 4 倍”。1987 年 10 月 14 日，美国商务部发布了 8 月份的贸易赤字，该值高达 156.8 亿美元，为历史第四高水平，从而强化了美元贬值的预期。此外，联邦德国为了控制通货膨胀，从 10 月 7 日开始连续提高利率，当 15 日再次升息时，美国财长表示：“如果联邦德国进一步采取金融紧缩政策，美国不得不重新考虑《卢浮宫协议》。”该协议是 G7 为稳定汇率而达成的，暗示美国不惜采取美元贬值的方法来应对德国的紧缩政策。美国、日本在 1985 年 9 月签订“广场协议”后，由于日本政府人为干预出现的日元升值、美元贬值，致使日本机构投资者出现了巨额外汇损失。为了避险，机构投资者迅速抛售了大约 100 亿美元的美国国债，导致 30 年期的美国国债利率上涨到 10%，相比之下，当时 S & P 500 指数的平均收益率只有 2.5%；在套利机制的作用下，机构投资者开始抛售股票。当然，从技术角度看，美国大的机构投资者为止损而设计的“程序交易”也引发了连锁和共振效应。

1987 年下半年，由于日本对汇率风险的担心，以寿险公司为主的金融机构和法人企业的对外投资急剧下降了 4 万亿日元，这些外部资金换回日元并进入日本国内，成为再次推动资产价格上升的动力。日本政府在美国的要求下，为了“国际政策协调”，继续维持宽松的货币政策，一直到 1988 年，日本实行的都是

"史无前例的" 2.5%的低利率政策，错过了早期抑制泡沫发展的良好时机。

日本的财政年度是每年的 3 月初至下一年的 2 月底。当 1988 年 1 月 4 日日元兑美元汇率升至 121.65 的高位时，企业和机构投资者出现了很大的外汇损失，这种情况在 1985 年秋季"广场协议"后也遇到过，但当时日本国内的股价不断上升，企业可以通过减持部分股票来弥补损失。1987 年 10 月，由于日本股价刚刚经历了大幅调整，于是市场上出现了一种悲观预期，即如果企业与机构卖出股票，将导致股价进一步下跌。大藏省为了避免企业因应对财务考核而抛售股票的局面，紧急采取了人为的托市政策，在 1 月 5 日（即美元大跌的第二天）宣布 3 月底的会计标准可以灵活处理，要点是企业对于金融资产的估值可在历史成本和市场价值之间灵活选择。在这一政策公布的第二天（即 1 月 6 日），股票市场立即大幅上涨 1 215 点，创历史第二新高，并且在此后继续上升，直到 1989 年 12 月。

2.3 "泡沫"的崩溃与金融危机

到 1989 年中期，日本货币当局为了防止一般物价水平的上涨，开始意识到资产价格膨胀的严重性，于 5 月 31 日将官方贴现率提高到 3.25%，又于年末进一步提高到 4.25%，同时大藏省也采取了多项措施限制土地投机。1990 年 8 月，以"海湾危机"为契机，为了防止石油价格上涨导致的通货膨胀，日本央行采取了"预防性紧缩政策"，将官方贴现率提高到 6.0%，早已敏感的资产价格开始暴跌，致使"泡沫"崩溃、金融体系受到重创，并影响到实体经济，成为日本经济在 20 世纪 90 年代持续衰退的一个重要直接原因。

日本经济在资产泡沫崩溃初期出现了剧烈的下滑，到 1993 年底，日本政府与银行预期经济已进入谷底，即将复苏，但经济复苏的步伐极其缓慢，事实上陷入了长期萧条状态。资产收缩现象给企业和金融部门均带来了严重的影响。具体地说，在资产价格急剧上升时期，靠借款购入资产的企业和家庭以及为此而融资的金融机构，在资产"泡沫"崩溃以后，各自的资产负债状况都趋于恶化，从而抑制了经济总体的支出水平，这就是所谓的"资产负债表问题"。

根据日本经济企画厅的定义，资产负债表问题是指"在资产价格上升的预期下，依靠外部借债和自有资金新增的资产（主要是股票和土地），随着泡沫的崩溃、资产价格下跌或者质量下降，结果按市值计算的资产总额小于负债总额，各经济主体抵御风险的能力下降"。在此，重点不仅是资产价格下降所引起的"负资产效应"，而是在资产价格上升时期所形成的过度负债问题。理解这个问题的关键在于，资产价格上升时的"资产效应"与资产价格下降时的"负资产效应"不一定对称。由于负债一般是按固定利率计算的，一旦资产价格下降，而负债的价值没有变化，由此便会出现资产负债恶化的情况。由于企业的债务负担增加、偿债压力加大，因而风险承受能力降低、支出能力受到抑制。在这种情况下，对于金融机构来说，一方面，它们对融资企业的不良资产增加，因而自身的风险承受能力也下降；另一方面，它们对新的融资活动趋于谨慎，并努力催收贷款，从而抑制了货币的供给。以上的分析正是资产负债问题的本质，也就是资产价格的变化不仅立即对经济产生影响，在资产价格停止下跌以后，它还会有持续的影响。

3. 日本与泡沫经济相关的政策

到 1992 年中期，由于担心经济持续衰退，日本货币当局重新转向扩张性金融政策，通过连续降低利率来增加货币供应，但收效甚微。在这种背景下，传统的凯恩斯扩张性财政政策被频繁使用而且被寄予厚望。

一般认为，20 世纪 80 年代后期日本经济“泡沫”的产生与当时过于宽松的货币政策有关，尤其是创纪录的低利率导致经济体系内出现了过剩的流动性，推动了资产价格的膨胀。但是，这种宽松的货币政策并不能简单地归结为货币当局的操作失误，因为当时日本货币政策的实施既受到对外经济政策协调（如美、日经济摩擦，日元升值等因素）的制约，又受到国内均衡财政政策的制约，自身的回旋余地很小。从这个意义上说，产生“泡沫”的原因是日本政府对整个宏观经济政策判断与协调的失误。

（1）货币政策的外部制约。日本作为一个资源匮乏、内需有限的岛国，其经济天然具有依靠国际市场的特点，进出口在日本的 GNP 中一直占有重要位置。因此，影响进出口的日元汇率始终是日本政府宏观经济政策关注的重点。但是，根据经济学原理，在浮动汇率制度下，货币政策稳定汇率的对外目标与反周期的对内经济目标具有内在矛盾。因为货币当局为因应国内经济景气变动而调节国内利率时，必然会导致资本的流动，进而引起汇率的波动；相反，如果货币当局过于看重汇率稳定，那么利用货币政策调节国内经济就会受到限制，这一点就是货币政策的外部制约。从 20 世纪 80 年代初期开始，在美国，由于里根经济学引起了财政赤字大增、利率居高不下，因而美元汇价明显偏高，美国对日本、西欧出现了大幅贸易赤字，致使贸易摩擦加剧。为此，1985 年 9 月美、日、德等五国财长与央行行长签订“广场协议”，旨在联手干预汇价，施压日元、马克等货币升值。该协议对市场产生了强烈的“政策宣示效应”。此外，美、日两国的长期利差也从 5%（1985 年 9 月）下降到 4%（1985 年底），进而下降到 2%（1986 年夏）。与此相对应，日元兑美元的汇率急剧上升，导致日本从 1986 年下半年出现了经济衰退。为了避免日元兑美元过度升值，1987 年 2 月西方七国在巴黎签订《卢浮宫协议》，日本央行的官方贴现率降到创纪录的 2.5%的低水平。但事实上，1986年的“日元升值衰退”是短暂的，当年底日本经济就已开始恢复并进入所谓的“平成景气”。此时，日本货币政策的内外矛盾深刻地暴露了出来。一方面，根据《卢浮宫协议》，日本需要使利率下调；另一方面，既然景气已经回升，那么维持2.5%超低水平的官方贴现率是很危险的。有鉴于此，日本央行开始寻找机会诱导利率上升，但恰恰在这一时期，准确地说是在1987年10月19日，爆发了“黑色星期一”。为了防止世界经济重蹈1929年的覆辙，美、日联手提供大量资金干预股市、汇市，使世界经济在极短的时间内躲过了一次大劫难，但对于日本来说，真正的灾难刚刚开始。因为在“黑色星期一”之后，人们原先对世界经济的悲观预期迅速转化为乐观预期，各国经济出现了强劲增长。例如，与1987年相比，1988年日本经济从4.3%增长到6.2%，联邦德国从1.5%增长到3.7%，美国从3.1%增长到3.9%。在这种情况下，各国纷纷寻找机会提高利率（比如联邦德国在较短的时间内将官方贴现率从2.5%逐步恢复到4.5%），但只有日本仍然维持2.5%的超低水平。其原因有两个：一是害怕提高利率后将使日元进一步升值；二是当时日本的经常项目黑字与对外净资产均居世界首位，如果日本提高利率，资金不能向海外流动，将会引起世界金融动荡。正是由于持续的2.5%的超低利率，使得资金本已非常富裕的日本经济体系内到处充斥着廉价的资金，并引发了资产价格的恶性膨胀［铃木（1993）］。

由以上的分析不难看出，在20世纪80年代后期，日本的货币政策为了照顾国际目标，过度牺牲了国内目标，教训不可谓不深刻。如果我们再从国内政策协调的角度看，低利率的初衷是为了防止日元升值和经济衰退，那么财政政策为什么不可以配合使用呢？这就是下面要分析的货币政策的内部制约。

（2）货币政策的内部制约。

首先，从理论上看，20世纪80年代受货币主义和新古典经济学的影响，财政政策的有效性常常受到怀疑。例如，根据蒙代尔-弗莱明模型，在浮动汇率制度下，金融政策有效，而财政政策是无效的。因为宽松的金融政策可以通过国内利率的下降，促进资本流出，使本币贬值，同时刺激出口；相反，扩张性的财政政策会产生挤出效应，提高国内利率，促进资本流入，使本币升值，同时抑制出口。①

其次，对于财政政策更为现实的制约是，20世纪80年代日本为了解决以前积累的庞大财政赤字，提出了“重建财政”的口号，财政当局一直坚守紧缩的财

① 但是，星川（1997）指出，当美国存在财政赤字以及储蓄缺口的情况下，即使日本提高利率，资金也很难流入日本，因而扩张性财政政策对汇率的影响是有限的。

政政策。国债余额与 GDP 之比，1986 年达到最高纪录（42.7%），随后持续下降，1990 年底为 38.1%。其结果是金融机构的投资对象减少了，因而资金运用的竞争更加激烈、风险更大。

野口（1993）对此做了一个很有意思的“思想实验”：假设 1986 年后日本国债余额相对 GDP 的规模保持不变，那么到 1990 年末，日本的国债余额将比实际值多 20 兆日元，这一数字正好相当于日本全国性银行在 20 世纪 80 年代后期对不动产的新增贷款额。这一现象并不是单纯的巧合。如果国债的发行保持原有的规模，同时削减银行业的一些不正常贷款，则资产的投机炒作很有可能被避免。再假设，如果实行扩张性的财政政策，同时增加国债发行，则有可能增加国内利率上升的压力，引起日元升值，减少经常项目收入，进而减少对外投资的实际值。但是，这一缺口完全可以通过增加国内公共投资来补充。此外，这一时期的财政政策可以利用日元升值带来的好处，增加社会资本，改善生活环境，提高国民的整体福利水平。相反，如果单纯着眼于日元升值给出口部门造成的损失，则从整体国民的角度看，这是不全面的。

遗憾的是，针对“广场协议”以后的日元升值，日本在宏观政策选择中企图单纯依靠金融政策进行调节，财政当局拘泥于均衡财政政策，使得货币政策的实施几乎没有任何回旋的余地。

如果我们再从 20 世纪 80 年代日本宏观经济中各主要部门在资金分布中的格局来看，在这一时期，民间部门已出现了大量的储蓄过剩，此时应当运用财政政策予以适当吸收，而采用扩张性货币政策本身就是危险的。因此，对于 80 年代后期的日元升值，如果能够将财政政策与金融政策的角色互换，或许可以避免出现大规模的资产价格膨胀。

（3）货币政策与资产价格。需要注意的是，尽管这一时期日本的货币政策存在种种失误，我们也不能简单地得出下述结论，即认为日本的中央银行是有意采取扩张性货币政策的。如果说 1985 年“广场协议”签订之初，宽松的货币政策主要受制于对外经济协调，那么在 1987 年和 1988 年资产价格已大幅上涨时，这一政策的维持则与中央银行对货币政策的目标有关。根据传统经济理论，央行的最终目标主要是维持币值稳定、防止通货膨胀，无论是在理论还是在实践中，都没有将资产价格的变动纳入央行监测的视野。因此，从 1986 年至 1988 年，虽然资产价格不断上涨，但消费者物价指数却稳定在 1%的水平之下，只有当通货膨胀开始出现时，中央银行才开始采取紧缩政策（如 1989 年 5 月开始提高贴现率），但这对于抑制资产价格来说为时太晚了。由此可见，日本央行的这一失误具有非常重要的意义：在金融资产存量日益增加的现代社会中，货币政策如何权衡一般物价水平（作为流量的商品与劳务价格）与资产价格水平，如何看待资产价格与实体经济的关系，值得深入研究。①

4. 扩张性财政政策与20世纪90年代的长期萧条

4.1 扩张性财政政策实施的背景

尽管自1990年下半年开始，日本的股票、土地等资产价格持续暴跌，而中央银行也许是对此前的"泡沫"心有余悸，一直到1992年中，它实行的都是紧缩的货币政策。但是，随着日本经济增长的减缓和停滞，紧缩的货币政策再次成为人们批评的对象，人们要求中央银行降低利率、增加货币供应。事实上，1991—1995年官方贴现率下调了9次，到1995年8月已降到创纪录的0.5%的低水平。但是，由于大企业生产能力过剩、销售困难，它们在任何情况下均不愿借款，因此货币供应量增长缓慢。也就是说，低利率起不到促进投资的作用［Ito（1997）］。

在这种背景下，自1992年开始，日本政府频繁实施扩张性的财政政策，以期通过增加公共投资来扩大内需、刺激经济发展。

4.2 扩张性财政政策的过程与效应

进入20世纪90年代后，为了扩大需求，日本政府以扩大公共投资为核心，总共进行了八次综合经济景气对策，其规模空前绝后，堪称凯恩斯主义财政政策的典型，见表分—2—4。

表分—2—4　　20世纪90年代日本的综合经济对策　　单位：日元

	名称	事业规模（占GDP比）	公共投资的扩大	公债发行额
1	综合经济对策（1992年8月）	10.7兆（2.31%）	8.6兆	2.26兆
2	综合经济对策（1992年8月）	13.2兆（2.83%）	10.62兆	2.25兆
3	紧急经济对策（1993年9月）	6兆（1.28%）	5.15兆	3.62兆
4	综合经济对策（1994年2月）	15.25兆（3.21%）	7.2兆	2.18兆
5	紧急日元升值经济对策（1995年4月）	7兆（1.41%）	—	2.83兆

① 1993年5月，日本央行行长三重野曾谈到：当批发物价为负时，尽管有人提出运用金融政策对付资产价格的高涨，但无论是政府还是民间都认为这是一个奇怪的论点。因此，从"泡沫经济"中获得的"最大的教训是，金融政策不仅要关心消费物价和批发物价，而且要充分注意资产价格。这不仅是日本央行的教训，也是日本全国的教训"［翁邦雄（1993）］。

续前表

	名称	事业规模（占 GDP 比）	公共投资的扩大	公债发行额
6	经济对策（1995 年 9 月）	14.22 兆（2.89%）	12.81 兆	4.7 兆
7	综合经济对策（1998 年 4 月）	16.65 兆	12 兆	—
8	紧急经济对策（1998 年 11 月）	23.9 兆	17.9 兆	—

说明：1～6 项引自石弘光（1997）；7～8 项系笔者根据有关资料补充。

从表分—2—4 可以看出，1992—1998 年日本用于大规模经济景气对策的支出总计已超过 100 兆日元。

下面通过图分—2—10 从理论上说明作为景气对策的公共投资的波及路径。

首先，在短期内，公共投资增加会引起等额的 GNP（需求）增加（见图中①）。因为公共投资会转化为从事相关项目的人员所得以及提供各种生产资料的供应商收入，而且这一过程会持续下去，并引起乘数效应。

其次，收入增加将引起出于交易动机的货币需求和对外国债券需求的增加（见图中②）。对外国债券需求（如美元债券）的增加，将导致美元升值，并给日元造成贬值压力（见图中④）。

此外，由于增加公共投资刺激了国民需求，将导致国内利率的上升（见图中③）。这会从两个方面对 GNP 造成不利影响：一方面，利率上升，使得国内设备投资降低；另一方面，利率上升增加了对国内债券的需求，减少了对外国债券的需求（见图中⑦）。对外国债券需求的减少，将造成外币贬值，对日元形成升值压力，从而导致出口减少、进口增加，最终降低 GNP 的水平。

从图分—2—10 可以看出，公共投资对经济的影响错综复杂，前文只是简单的理论分析，具体的分析需要依赖更可靠的实证研究。

事实表明，20 世纪 90 年代日本扩张性财政政策的效果显然不甚理想。经济增长率从低增长到零增长甚至负增长，其主要原因恐怕是“泡沫经济”崩溃以来日本经济一直处于资产价格收缩的状态，作为对“泡沫”时期大量设备投资的反应，经济体系需要对资本存量进行调整。但是，就财政政策本身来说，仍有值得仔细分析的地方。

衡量财政政策效果的最重要指标就是政策乘数。从日本政府和民间的一些实证分析结果来看，虽然此结论稍有出入，但基本趋势相同，即公共投资的乘数随着时间推移是逐步递减的。例如，比较权威的经济企画厅计算，1951—1971 年公共投资乘数为 2.27，1966—1982 年为 1.47，1983—1992 年为 1.32。据 1996

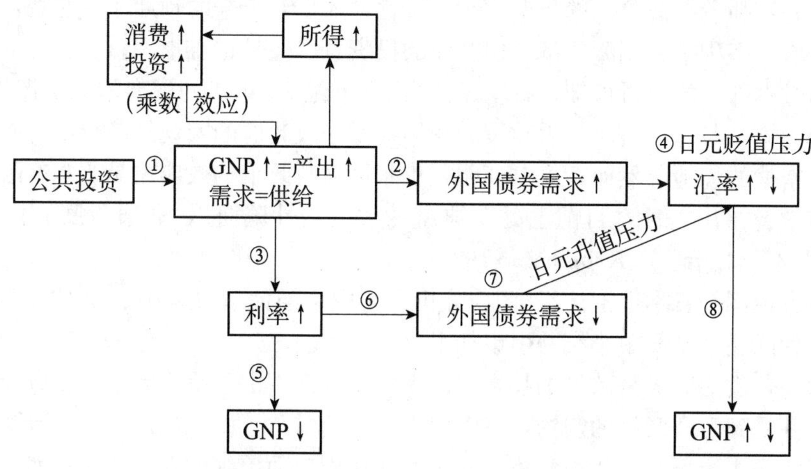

图分—2—10　公共投资的波及路径

年日本《经济白皮书》的分析，1993—1994 年公共投资大约拉动经济增长一个百分点。但是，由于公共投资约占 GDP 的 8%，而且比上一年度增长 15%，因此 1%的经济增长主要来自公共投资本身（8%×15%＝1.2%），它对民间需求的波及效果很不明显。究其原因，大概有以下几种：

第一，从产业结构变化的角度看，随着经济的发展，第三产业的比重超过第一产业、第二产业，经济结构呈现出服务化、软性化的特征，同时产业之间的关联度减弱。例如，从产业关联表看，自 20 世纪 80 年代以来，中间产品的投入比率不断下降，因此公共投资引起的最终需求变化对于经济的波及效应自然会被削弱。

第二，由于日本经济国际化程度很高，其国内的产品及金融市场与国际市场联系紧密，因此国际市场对日本国内财政政策的效果有所抵消。具体地说，政府支出的增加会导致国债发行的增加，从而引起国内债券价格下跌和长期利率上升，同时刺激国际资本的流入，导致本币升值，进而刺激进口、抑制出口，因此不利于经济增长。这一过程就是所谓的“蒙代尔-弗莱明效应”（Mundel-Fleming effect）。

第三，近年来，宏观经济理论的发展也对通过发行公债来刺激经济景气的政策提出了怀疑。例如，根据 R. 巴罗的“国债中立定理”，人们对于未来具有理性预期的能力，如果政府现在通过发行国债、减税等方式进行扩张性的财政政策，人们就会预期政府将来会增加税收，出于维持将来的生活水平或遗产等动机，人们将增加储蓄、减少当前消费，而边际消费倾向的减小显然会影响公共投资的乘数效应。

此外，随着经济萧条的长期化和严重化，人们对未来的预期非常悲观，尽管政府采取了多种措施刺激经济，但企业的投资意愿还是很难提高。①

通过本部分的分析可知，日本经济自20世纪90年代初资产泡沫崩溃以来，长期处于萧条状态，由于货币政策的作用甚微，故政府的宏观经济政策再次陷入了孤军奋战的境地。然而，事实证明，扩张性财政政策的效应也是非常有限。因此，有学者提出，日本目前已处于典型的“流动性陷阱”，非通货膨胀之类的“猛药”不能救治［P. Krugman（1998）］。

本分论围绕日本“泡沫经济”，分析了其发生与治理过程中宏观经济政策协调的种种问题，现简单小结并引申如下：

第一，就宏观经济政策的技术层面看，一方面，由于货币政策过于顾及对外目标，并受到财政政策的制约，终于引发了“泡沫”；另一方面，当“泡沫”崩溃、经济陷入萧条时，货币政策又几乎不起作用，而单纯的财政政策自然效果有限。从这个角度看，自20世纪80年代中期以来，对于日本经济出现的种种问题，宏观经济政策运用与协调的失误似乎难脱干系。

第二，本分论认为，与政策的一些操作失误相比，宏观经济政策基本取向的失误更为严重。自凯恩斯理论流行以来，人们几乎形成了一种思维定式，凡经济衰退，必宏观扩张。但是，从事实上说，如果我们再简单地考察一下经济学的基本原理就会发现，所谓的衰退就是存在GDP缺口。这一缺口从表面上看是总需求的不足，但本质上应是总供给出了问题，说明产品结构和产业结构需要调整。因此，凯恩斯政策实际上是用总量扩张的办法来解决结构失衡的问题，存在着内在矛盾。当然，如果在经济严重衰退、市场依靠自身力量难以调节时，适当的总量扩张有助于经济的短期稳定、为结构调整赢得时间，因而有其作用，但过度依赖扩张性的宏观政策，有可能掩盖、拖延结构矛盾，给未来的经济运行造成更大的不稳定。

循着这样的思路，我们再来看自20世纪80年代以来日本的经济问题。事实上，自70年代中期以后，日本经济随着赶超任务的完成，“后发优势”利用殆尽，增长率已趋缓，因而经济结构升级的问题非常突出。80年代中期的日元升值，从汇率的长期决定理论（即购买力平价理论）来看，有其必然性。汇率的上升固然会在短期内影响经济增长，但是，如果政府能利用这一机会改善国民生

① 最后，有两点需要指出并加以注意：第一，本分论只是从日本财政一般预算的角度考察景气对策，而日本特有的规模庞大的财政投融资体系（也称“第二预算”）对于景气调节也有很大影响。限于篇幅，此处不再展开，有兴趣的读者可参阅瞿强（2000）。第二，本分论着重从需求方面分析财政政策的景气调节功能及其局限，但并不能由此得出完全否定公共投资的结论。因为公共投资形成了社会资本，从供给的角度看，它提高了经济整体的生产力水平，而且有助于消除地区经济发展的不平衡。

活、加强基础科学研究等，此后的日本经济可能会是另一番景象。

自20世纪80年代以来，一方面，日本经济结构中类似在高速增长时期带动整个经济发展和技术进步的主导产业较为缺乏。目前，世界各国尤其是发达国家都面临着产业结构的调整与升级。在美国，与信息技术相关的产业比重在制造业中已超过30%，有力地促进了整个经济的持续增长，而日本的这一比重只有10%左右。另一方面，从制度上看，在第二次世界大战后，日本经济的高速增长主要依靠的是一种官民协调的体制，因而政府可以较多地干预市场经济活动。这种做法在经济发展初期实行“赶超战略”时能够发挥一定作用，但当经济发展到一定程度以后，政府对某些产业过多的行政保护限制了市场机制，导致整个经济的成本很高、竞争能力削弱，经济结构、金融体系、经济制度弊端丛生，积重难返。所有这些都是长期供给方面的问题，但它与短期的需求不足现象混在一起并被后者所掩盖，因此政府执着于传统的扩张性宏观经济政策，其效果自然有限，而且为将来的经济运行留下了沉重的负担。

参考文献

[1] 宫崎义一．泡沫经济的经济对策——复合萧条论．北京：中国人民大学出版社，2000

[2] 铃木淑夫．日本的金融政策．东京：岩波书店，1993

[3] 翁邦雄，白川方明，白塚重典．資産価格バブルと金融政策：1980年代後半の日本の経験とその教訓．金融研究．2000，19（4）：261～322

[4] 野口悠紀雄．バブルの経済学．东京：日本経済新聞社，1992

[5] 清水啓典．マクル経済学の進歩と金融政策——合理的期待の政策意味．东京：有斐閣，1997

[6] 小川一夫，北坂真一．資産市場と景気変動——現代日本経済の実証分析．东京：日本経済新聞社，1998

[7] 翁邦雄．金融政策——中央银行的视点与选择．东京：东洋经济新报社，1993

[8] 岩田规久男．金融政策的经济学．东京：日本经济新闻社，1993

[9] 石弘光．国家的借款．东京：讲谈社，1997

[10] 日本经济企画厅．经济白皮书，1996

[11] Ito，Takatoshi，*The Bubble Economy and Its Collapse*，*The Political Economy of Japanese Monetary Policy*，MIT Press，1997

分论三　亚洲金融危机与外部干预

摘　要

亚洲金融危机是1997年6月爆发的，历时超过一年，波及泰国、马来西亚、菲律宾、新加坡、印度尼西亚、韩国、中国台湾、中国香港等多个国家或地区的金融危机。

首先，本分论对亚洲金融危机本身进行了描述，包括危机的三个阶段以及危机过程中南亚五国、韩国、中国香港，中国台湾各国或地区股市和汇市的波动。

其次，本分论对亚洲金融危机的产生原因以及金融危机的传导过程进行了分析。本分论在对各国特有金融危机的产生原因进行分析的基础上，指出经常项目的持续逆差和固定汇率制度、过早放开金融市场和实现货币的完全可兑换、大量外资的流入和外资结构的不合理、金融监管不力和资金投向的不合理、经济结构不合理和经济泡沫的存在、投资过度和经济过热是各国金融危机发生的普遍原因，同时对以货币危机、债务危机、银行危机与股市危机这四种状态为前提的金融危机传导过程进行了描述，发现在亚洲金融危机中，危机的传导过程以及演变顺序并不是截然分开的，而是相互作用、相互交叉、相互感染的连锁反应，最终形成较为复杂的传导和扩散机制。

最后，本分论对亚洲各国针对金融危机的干预以及干预的效果进行了分析，同时对亚洲金融危机后产生的新理论、新制度、新规则进行了总结，指出在亚洲金融危机后，各国对金融监管思路、金融监管框架进行了变革，对金融机构进行了重组，对金融法条进行了修订，对存款保险制度进行了改革。

Abstract

The Asian financial crisis broke out in June 1997, lasted more than a year, spread to Thailand, Malaysia, the Philippines, Singapore, Indonesia, South Korea, Taiwan (China) and Hong Kong (China).

The chapter first describes the crisis itself, including the three stages of the crisis, the stock market fluctuations and the currency variations in the middle-south Asia, South Korea, Hong Kong (China) and Taiwan (China).

Also, the chapter analyzes the causes and the contagion process of the financial crisis. Based on the analysis of the characteristics of the financial crises occurred in different countries, we point out the common causes of the financial crises: sustained current account deficit and the fixed exchange rates system, premature opening of the financial markets and the fully convertible currency, excessive foreign capital inflows and unreasonable foreign investment structure, inadequate financial supervision and inappropriate capital investment, improper economic structure and the existence of economic bubble, excessive investment and overheated economy. We then describe the contagion process among the currency crisis, debt crisis, banking crisis and stock market crisis. In summary, we find that in the Asian financial crisis, the contagion and the evolution of the crisis are not separated, but synchronous, interacted and inter-infectious. Actually, they form a reaction chain with complex conduction and diffusion mechanism.

Last but not the least, the chapter analyzes the intervention of the financial crises and the corresponding effects, and summarizes new theories, new systems and new rules appeared after the Asian financial crisis. Meanwhile, this chapter includes the reforms of the financial supervision, the restructuring of the financial institutions, the amendments of the financial laws, and the transformation of the deposit insurance system.

1997 年 6 月，亚洲金融危机爆发，历时超过一年，波及泰国、马来西亚、菲律宾、新加坡、印度尼西亚、韩国、中国台湾、中国香港在内的众多国家或地区。这些国家或地区的股市、汇市大幅波动，金融体系乃至经济体系遭受巨大冲击，经济安全受到严重威胁。

1. 历史的真相

亚洲金融危机大致可以分为三个阶段：第一阶段为 1997 年 7—12 月，1997 年 7 月 2 日泰国宣布放弃固定汇率制度，实行浮动汇率制度，标志东南亚金融危机的爆发。就在泰国宣布当天，泰铢大幅贬值，幅度达到 17%。8 月，马来西亚、菲律宾、新加坡、印度尼西亚等国相继成为国际炒家的攻击目标，马来西亚林吉特、菲律宾比索、新加坡元、印度尼西亚盾大幅贬值。10 月下旬，香港成为国际炒家的攻击目标，香港政府宣称不会改变现行汇率制度；同月，台湾当局宣布放弃新台币的固定汇率制度，宣布当天，新台币就贬值了 3.46%。11 月，金融危机波及韩国，韩元大幅贬值，21 日韩国向国际货币基金组织求援，从而暂时控制了危机。12 月，韩元汇率继续下跌。随后，危机波及日本，东南亚危机演变成亚洲金融危机。第二阶段为 1998 年 1—7 月，因国际货币基金组织为印度尼西亚制定的对策未能取得预期效果，1998 年 2 月印度尼西亚政府宣布实行印度尼西亚盾与美元保持固定汇率的联系汇率制度。此举遭到国际货币基金组织、美国及西欧的一致反对，致使印度尼西亚盾与美元的比价跌破 10 000∶1，新加坡元、马来西亚林吉特、泰铢、菲律宾比索等受到波及，东南亚汇市继续波动。4 月，印度尼西亚与国际货币基金组织重新就一份经济改革方案达成一致，东南亚汇市的波动幅度有所下降。日本的金融危机开始进一步加剧，导致日元大幅贬值，亚洲金融危机继续深化。第三阶段为 1998 年 8—12 月，国际炒家再次进攻香港汇市，恒生指数一度跌至 6 600 多点，香港政府在中国内地的帮助下，将汇率稳定在了 7.75 港币兑 1 美元，而国际炒家损失惨重。

2. 市场波动的轨迹

2.1 东南亚五国的汇率和股指

从图分—3—1 和图分—3—2 可以看出，从 1997 年 7 月到 1998 年 7 月，泰国、马来西亚、菲律宾、新加坡、印度尼西亚的货币大幅贬值，1997 年 7—12 月泰国和马来西亚的货币贬值幅度更大，印度尼西亚盾从 10 月底开始大幅贬值。从 1998 年 1 月开始，印度尼西亚的汇率波动幅度大幅增加，泰国、马来西亚、菲律宾的汇率波动幅度放缓；到 1998 年年中，印度尼西亚盾与美元的比价跌破 15 000∶1。在五国中，新加坡的汇率波动幅度始终较小。到 1998 年底，各国的汇率波动趋于平缓，标志亚洲金融危机结束。

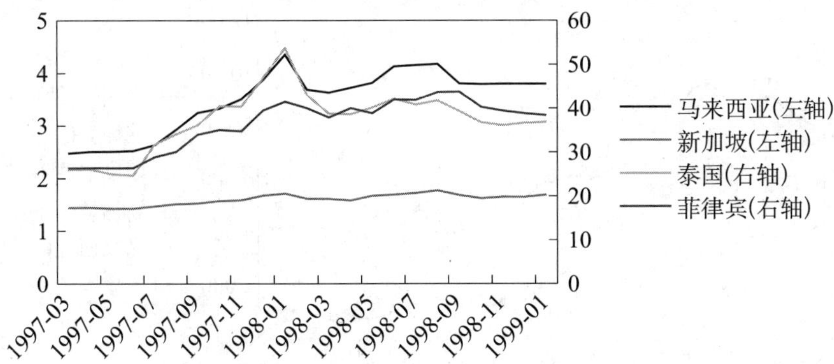

图分—3—1　新、马、泰、菲四国货币兑美元即期汇率的波动

资料来源：Bloomberg。

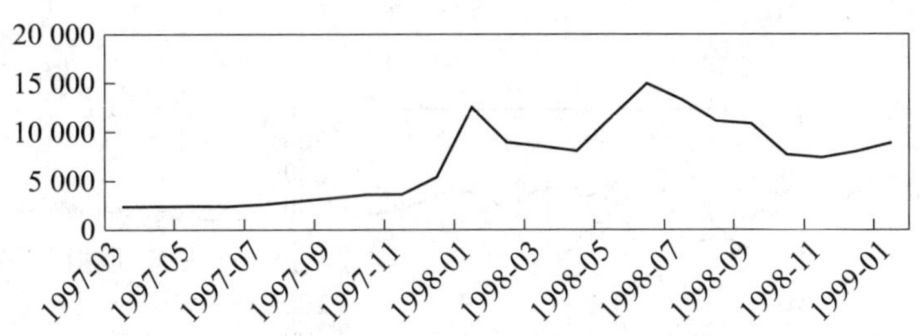

图分—3—2　印度尼西亚货币兑美元即期汇率的波动

资料来源：Bloomberg。

从图分—3—3 来看，在金融危机中，五国股市均大幅下跌，基本在 1998 年 9 月跌到了历史性低点。跌幅最大的泰国股市从 1996 年的 1 000 多点跌至 200 多点，跌幅达到 80%；马来西亚股市从 1997 年初的 8 000 点跌至 1998 年 8 月底的 2 100 多点，跌幅高达 75%；菲律宾股市从 1996 年的近 3 000 点跌至 1998 年 9 月的 1 200 点左右，下跌 60%；印度尼西亚股市从 1996 年的 600 点，跌至 1998 年 9 月的 270 点，下跌 50%多；即使是相对稳定的新加坡股市，跌幅也超过 20%。五国的金融市场在金融危机期间的波动幅度均较大。

2.2　韩国的汇市和股市

从图分—3—4 可以发现，自 1997 年 11 月开始，韩元大幅贬值；同期，韩国股指开始大幅下跌。1998 年 2 月，韩元即期汇率到达最低，而后韩元即期汇率开始升值；到 1998 年底，韩元即期汇率趋于稳定，但韩元即期汇率仍低于 1997 年 11 月之前的数值。韩国的股市在 1997 年底有过一次反弹，但从 1998 年

2 月底开始再次下跌，直至 1998 年 9 月才有所恢复。

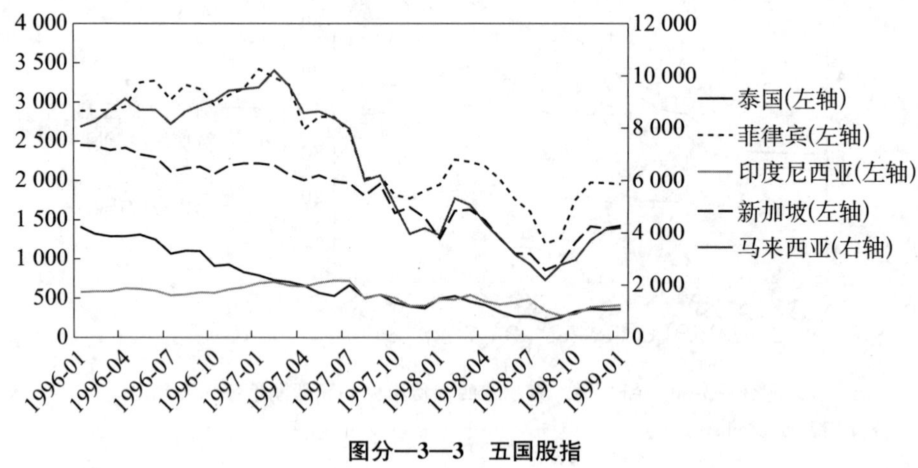

图分—3—3　五国股指

资料来源：Bloomberg。

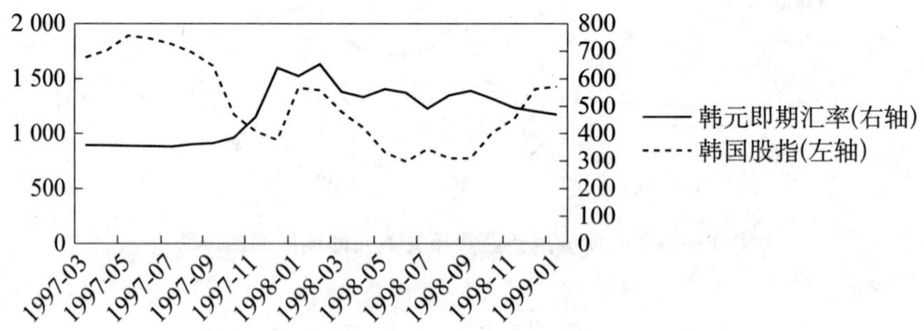

图分—3—4　韩国货币兑美元即期汇率、股指的波动

资料来源：Bloomberg。

2.3　中国香港、中国台湾的汇市和股市

从图分—3—5 可以看出，港币兑美元的即期汇率始终为 7.73～7.75，其波动幅度较小，但香港恒生指数在 1997 年 9 月底从 15 000 点左右跌到 1998 年 1 月底的 10 000 点，并从 1998 年 5 月底开始继续下跌，在 1998 年 6 月跌破 10 000 点，一直跌到近 6 600 点。

从图分—3—6 可以看出，台币的即期汇率自 1997 年 3 月开始大幅下降，1998 年 8 月底台币即期汇率达到最低值，而后台币即期汇率开始回升。台湾股指在 1997 年 6 月达到最高值，而后的总体趋势是向下的（虽然中间有两次反弹）。

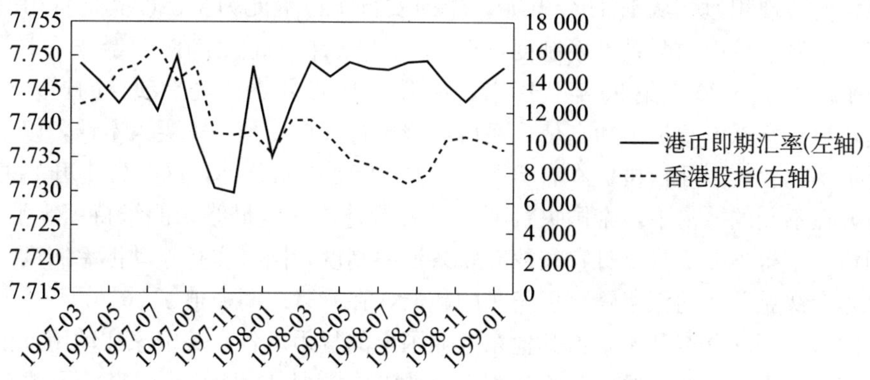

图分—3—5　香港货币兑美元即期汇率、股指的波动

资料来源：Bloomberg。

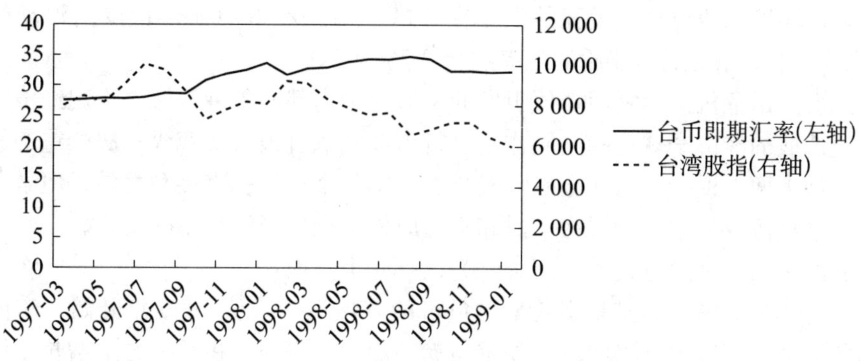

图分—3—6　台湾货币兑美元即期汇率、股指的波动

资料来源：Bloomberg。

3. 亚洲金融危机的原因

这次亚洲金融危机以东南亚货币危机为主要表现，泰国是这次危机的发源地，也是受危机影响最严重的国家。由泰铢大幅贬值引发的亚洲金融危机，迅速席卷了东南亚的大部分国家，并波及中国香港、中国台湾、韩国等经济比较发达的国家或地区，同时震动了整个世界经济。国际投机资本的人为冲击是这次亚洲金融危机的直接诱因和导火索，但其根本原因是这些亚洲国家或地区自身经济结构的不平衡、国际收支的不平衡以及金融政策的不匹配，亚洲金融危机实质上是货币危机、债务危机和经济发展模式的危机。

3.1　东南亚四国金融危机的原因

泰国、印度尼西亚、马来西亚和菲律宾四个国家的经济高度一体化，在此次危机中的表现相似。从 1984 年开始，泰国实行了以美元为主、以其他货币为辅的钉住一篮子货币的联系汇率制度，近 14 年来泰铢一直稳定在 25 泰铢兑 1 美元的水平。由于自 20 世纪 90 年代以来，特别是 1996 年泰国经常项目的逆差迅速扩大，导致泰铢汇率被人为高估，而后泰国央行入市干预——买入泰铢，以维持固定汇率，致使国际投机资本有机可乘。从 1997 年初开始，国际资本开始冲击泰铢，在不断的冲击下，泰国央行消耗了大量外汇，但最终未能维持固定汇率，泰国当局不得不在 7 月 2 日宣布放弃联系汇率制度，同时实行浮动汇率制度。其结果是泰铢兑美元的汇率跌至创纪录的新低，在一日之间贬值了 20%。

此后，国际资本开始狙击其他东南亚国家的货币。各有关国家在动用外汇储备入市干预无效之后，纷纷放弃联系汇率制度。7 月 11 日，菲律宾宣布放弃固定汇率制度，7 月 14 日比索汇率下跌 7%；8 月 8 日，马来西亚宣布放弃固定汇率制度，截至 8 月 11 日，林吉特兑美元跌至 2.75∶1；8 月 13 日，印度尼西亚宣布取消印度尼西亚盾兑美元的汇率在 2 378∶1～2 682∶1 的范围内浮动的政策，8 月 14 日印度尼西亚盾的汇率跌至 2 765∶1。

此次货币危机是由货币贬值引发的，但由于内部的各种深层次宏观经济问题和迅速发展的经济全球化的共同作用，货币金融危机很快演变成一次严重的经济危机。从表面上说，东南亚金融危机是由于国际金融投机直接触发的，但暴露了这些国家经济发展中的深层次矛盾和不适应外部全球经济环境的变化。

此次东南亚金融危机的原因可分为以下几个方面：

(1) 经济政策失误是东南亚金融危机的直接诱因。从 1996 年开始，东南亚各国的经济已暴露出许多问题，如贸易赤字加大、房地产积压、经济增长率锐减等。泰国政府并没有重视其巨大的贸易赤字、外资过量流入和银行业风险等问题，从而失去了及时调整经济、避免出现危机的机会。

在这种宏观基本面下，东南亚四国长期坚持与美元挂钩的联系汇率制度。这种汇率制度实际上就是固定汇率制度。随着美元的不断升值，东南亚各国的货币也相应趋升，引起东南亚各国出口产品的竞争力大幅下降，给已出现较大贸易赤字的东南亚各国经济火上浇油。各国为了维护固定汇率制度，必须投入大量外汇，从而使各国的外汇储备大幅减少。此举不仅阻碍了各国的出口增长，还为随后的国际资本狙击货币留下了隐患，即在央行无力继续维持固定汇率制度时，突然实行浮动汇率制度而给经济体系带来了巨大震荡。

另外，各国在继续实行联系汇率制度的同时，还过早地开放了资本账户。

自 1977 年以来，泰国的经常项目一直存在赤字，但政府当局采取的对策不是使货币贬值以刺激出口，而是通过扩大资本项目的盈余来加以弥补。1992 年，泰国政府取消了资本市场的限制，向外资全面开放。为了维持联系汇率制度，泰国长期实行高利率政策，致使国际资本通过开放的资本账户不断涌入。一方面，长期的高利率不利于国内投资；另一方面，庞大的短期逐利资本潜伏着巨大的金融风险。

此外，东南亚各国的信贷结构普遍失衡。东南亚各国的金融监管政策严重失误，导致金融机构的信贷投向出现重大偏差，资金过多地集中到了房地产领域，使经济泡沫化严重。据统计，泰国、新加坡、马来西亚、印度尼西亚的银行对房地产业的贷款占其贷款总额的比重分别是30%、33%、30%和20%。

(2) 国际资本的冲击是东南亚货币危机的导火索。由于东南亚各国的联系汇率制度以及经济决策的失误，最终在国际投机资本的全面冲击下，隐藏在泰国经济结构内部的严重矛盾，终于以金融危机的形式爆发出来，并迅速波及整个东南亚。

(3) 经济结构失衡是东南亚金融危机的根本原因。

首先，投资结构失衡，经济泡沫严重。东南亚各国的外资和银行信用过度投入房地产市场和证券市场，造成了房地产市场和证券市场的虚假繁荣，并产生了泡沫。房地产贷款来源于银行贷款，从而绑架了银行业，使金融体系潜藏了巨大的风险。

其次，出口增长受阻，巨额的经常项目赤字。东南亚各国的经济基本上属于出口导向型，近年的经济高速增长就是建立在出口迅速增长的基础上。1991—1995年泰国出口平均增长18.7%，经济平均增长9%。但是，由于泰国劳动力成本的上升、与周边国家的竞争以及出口竞争力的不断下降，导致其出口受阻、贸易赤字激增，见表分—3—1。据统计，1996年泰国的出口增长率由1995年的22.5%下降到3%，致使经常项目逆差高达162亿美元，这就为国际投机资本冲击泰铢创造了条件。

表分—3—1　　东南亚五国经常项目差额占国内生产总值的比例（%）

年份	印度尼西亚	马来西亚	菲律宾	泰国	新加坡
1991	−3.5	−9.2	−2.2	−7.8	11.2
1992	−2.1	−3.9	−1.8	−5.8	11.1
1993	−1.4	−4.6	−5.5	−5.2	7.2
1994	−1.6	−6.0	−4.5	−5.8	5.9
1995	−3.6	−9.0	−3.3	−8.3	17.6
1996	−4.1	−6.3	−4.1	−8.1	15.3

资料来源：亚洲开发银行：Asian Economic Outlook，1997，1998。

最后，外债规模过度，债务结构不合理。巨额的贸易逆差和过热的经济发展，使泰国经济不得不过分依赖于引进外资，故政府、银行和企业大规模举借外债，见表分—3—2。泰国的外债结构也非常不合理：一是高利的商业性外债占比大，而低利的官方及国际金融机构外债少；二是流动性过强的短期外债太多；三是外资的投向不合理，大部分集中在房地产业和证券市场。因此，在泰国受到外部冲击后，外资撤出，进而危及整个金融体系。

表分—3—2　　东南亚四国的外债总额与偿债率　　单位：亿美元

年份	印度尼西亚	马来西亚	菲律宾	泰国
1991	795 (34.3%)	178 (7.7%)	300 (19.6%)	333 (10.1%)
1992	880 (32.6%)	200 (6.5%)	309 (17.0%)	374 (10.6%)
1993	891 (33.6%)	233 (7.8%)	343 (17.1%)	468 (10.7%)
1994	965 (30.7%)	225 (4.9%)	371 (17.4%)	550 (11.3%)
1995	1 078 (30.9%)	274 (6.2%)	378 (16.0%)	681 (11.0%)
1996	1 202 (33.7%)	287 (5.9%)	383 (12.5%)	785 (11.1%)

3.2　韩国金融危机的原因

1997年的韩国金融危机起源于大型企业的破产。大型企业破产增加了外国投资者对韩国偿债能力的担忧，致使韩国在国际资本市场上的信用评级不断下降，而国际金融机构纷纷回收资金，引发了流动性危机和股市暴跌。11月17日，韩国中央银行放弃了维持韩元汇率的努力，并在几天后向IMF申请紧急金融救援。韩元兑美元汇率从1997年初的861∶1跌至12月23日的2 000∶1，首尔综合股价指数由年初的643点下滑至12月23日的354点。这次危机演变成了由债务危机波及股市和汇市的金融大动荡。①

1997年韩国的金融危机从表现形式上看是一个外债偿付危机，韩国企业的大规模投资和盲目扩张造成其外债高筑，而高负债经营和不利的外部环境使许多企业破产或濒临破产边缘，银行呆坏账累积，国家外汇储备不断减少，最终导致韩国企业无力偿还外债。与此同时，韩国股市不断下跌，韩元持续贬值，致使韩国金融危机从债务危机衍变为波及股市和汇市的全面金融动荡。

韩国金融危机的内在成因为：第一，以财阀、大企业为主的强力政府主导型经济发展体制是造成这次危机的一个内在原因。随着20世纪七八十年代韩国经济的发展和规模的扩大，政府对经济干预的范围和力度越来越大，它以扶植大企业和财阀为经济发展重点，从而影响了银行的信贷业务和资金流向。凭借特殊的政企关系，大企业可以获得政府优惠政策保护和贷款资金的优先供给，从而引发了企业的大规模重复投资和盲目扩张。韩国政府抓大放小的失误及滞后的金融改革使得经济结构矛盾日益突出，从而严重阻碍了企业竞争力的提高，致使企业难

① 参见陶士贵：《韩国金融危机的成因、影响及启示》，载《财贸经济》，1998（3）：22-26。

以抵挡金融风险的侵袭。第二，韩国大企业的内部机制僵化、管理失控。韩国企业以家族经营为中心构筑，庞大的集团和僵化的管理体制使得企业内部结构调整十分困难，其内部相互担保贷款和依存的关系使得一家企业破产往往连带数家企业陷入困境。第三，企业高负债经营，企业的投融资体制存在问题。依靠贷款扩大经营和向多元领域扩张是韩国大企业发展的一大突出特点，大企业向银行借债，银行再向国内外借债，这种投融资体制会导致企业财务结构和银行资本结构的恶化。当经济不景气、资金周转不畅、市场环境恶化时，企业不得不进一步增加借贷，导致财务负担进一步加重，而企业承担的风险也更大。第四，韩国资本市场在条件尚未成熟时过早地对外开放也是引发金融危机的原因之一。在金融制度不够完善、金融监管不够充分的情况下，韩国实行的资本自由化加速了海外资本的流入，特别是短期国际热钱的大量流入，这成为金融危机发生的直接原因。①

3.3 新加坡金融危机的原因

1997 年 7 月东南亚金融危机爆发后，尽管新加坡是东盟五国中经济最好的国家，但由于东南亚经济的高度一体化，因而新加坡的经济不可避免地会受到一些冲击，但其受金融危机的影响较小。经过调整经济失衡问题，新加坡政府的财政预算和国际收支经常账户长期保持盈余，公共部门基本无外债，私营部门外债也很少，同时新加坡的外汇储备充裕、银行财务稳妥、金融业监管严格。此外，新加坡严格控制新元外流，打击货币投机活动，这些都对新加坡抵御金融风暴的冲击起到了决定性作用。② 东南亚五国中其他国家受金融危机影响较大的原因，正好反映了新加坡受金融危机影响较小的原因，值得当前资本市场正处在转型和深化改革中的中国借鉴。

第一，从基本面上看，新加坡通过产业结构升级，凭借先进制造技术，保持了经济稳步发展。自 20 世纪 70 年代以来，东南亚各国试图复制日本在第二次世界大战后的经济复苏模式，充分利用本地资源优势和劳动力优势，发展出口导向型经济。新加坡认识到这样的出口导向型经济会对国际市场产生高度依赖，因而致力于进行产业结构调整和技术升级。新加坡根据国际经济技术发展新趋势进行了多次产业调整，并集中发展高附加值的资本密集型产业和技术密集型产业。1997 年，在整个东南亚经济遭受重挫时，新加坡经济强劲增长了 7.8%。

第二，在金融体系方面，新加坡的汇率制度十分灵活，同时监管机制健全、基本因素良好。在金融体系与制度方面，新加坡与东南亚其他国家不同。东盟新

---

① 参见周立群、禹在基：《韩国金融危机的内在原因及其对中国的启示》，载《南开学报》，1998 (5)：33-41。

② 参见骆莉：《东南亚金融危机后的新加坡经济》，载《亚太经济》，1998 (Z1)：30-33。

兴工业国存在金融市场对外开放过早、过多和国内金融体系改革严重滞后的双重矛盾，一方面过早向发达国家开放，另一方面国内的金融市场发育落后。在20世纪70年代中期，新加坡就进行了金融改革，由行政干预与限制较多向自由化、国际化转变。首先，取消了固定汇率制度，采用了灵活的汇率政策。1978年，新加坡解除了汇率控制，使名义汇率与实际汇率趋于一致；同时，还采取了灵活的调整汇率政策，当局的控制对象为货币指标，采用贸易比重大的一篮子货币为汇率指标，主要控制新加坡元与美元的汇率，以保持汇率稳定。其次，新加坡并没有过度的开放。为了保持金融体系稳定，新加坡在外汇管理机制上还采取了一系列有效的管理办法，如新加坡元不国际化，不允许银行境外分行进行新加坡元存款业务，在当地经营的银行必须每日呈报涉及新加坡元的外汇交易。新加坡元不实行国际化政策的严格执行，有效地防止了新加坡元的外流，使货币投机者无机可乘。最后，新加坡在信贷管理机制方面也有一系列有效的管理办法，这些办法有效地防止了资金过度流入房地产市场和非生产性领域。

第三，新加坡法治监管严格，法规条律相对透明，政府廉洁高效，金融体系建立在严格的监管机制之上。① 为保持经济的持续稳定增长，新加坡始终遵循谨慎行事的原则。这些都是新加坡能够抵御金融风暴冲击的重要原因。

3.4 香港金融危机的原因

1997年10月，国际投机者首次冲击香港金融市场，造成同业拆借利息高企，恒生指数和期货指数大幅下滑。此后，国际投机者又多次小规模狙击港币，利用股市、期市和汇市之间的传导规律进行投机。

香港金融市场受到国际投资者冲击的原因，在经济和金融层面有以下几点：第一，香港联系汇率制度自身存在的弱点。香港联系汇率制度本质上是一种类似于货币局制度的固定汇率制度，港币与美元之间保持固定的兑换比率。这种汇率制度决定了香港金融管理局在港币受到冲击时必须采取相关措施，利用外汇储备干预或通过加息等手段救市，这也为投机者跨市场联动套利提供了条件。第二，香港金融市场高度开放且市场容量巨大，证券、外汇及各种金融衍生工具种类齐全、成交活跃、交易手段灵活多样。这使得国际投机者可以利用现汇、期汇、股票及股指期货等多个市场联合发动进攻，并利用杠杆效应放大收益。第三，香港金融市场秉承的自由市场精神会阻碍政府运用行政手段干预现行金融机制，如取消卖空、限制换汇等，从而降低了国际游资投机的非市场风险。第四，香港的自由新闻制度对消息敏感，便于通过舆论制造投机气氛。第五，一些实力雄厚的美国投资机构和基金具有丰富娴熟的操纵市场经验，并且常驻香港金

① 参见韦红：《新加坡安度金融危机及其原因》，载《东南亚研究》，1999（1）：50-54。

融市场。[①] 国际投机资本试图在香港也引爆像东南亚那样的货币危机，最终在中国内地强有力的支持下，香港渡过了此次金融危机。

3.5 台湾金融危机的原因

1997 年，虽然台湾受到了波及，但东南亚金融危机并没有给台湾造成很大的负面影响。当年，台湾股市的波动幅度有限，年末股指比年初上升了 1 254 点，涨幅达 18.1%；台币全年贬值 15.8%，贬值幅度相对较小；1997 年，台湾几乎没有发生大企业倒闭事件和金融机构的挤兑风潮；1997 年，台湾的经济增长率达到 6.8%，对外贸易增长 8.3%，通货膨胀率只有 0.9%，呈现出“高经济增长、低通货膨胀”的理想状态。[②] 虽然 1998 年后，东南亚金融危机对台湾经济的负面影响有所显现，但总体而言，与亚洲乃至世界其他国家或地区相比，台湾地区的经济表现较好。台湾地区之所以能幸免的原因，值得我们借鉴。

台湾经济能够挺过 1997 年东南亚金融风暴冲击的原因如下：第一，在基本面上，台湾经济总体健康，经济实力较强。台湾没有巨额外债，不会引发外债偿付危机；金融制度较为完善，银行体系的不良债务比率低，资本充足率高；外汇储备量庞大，有利于稳定币值；基本民生物资供应充足，有助于维持物价稳定；储蓄率高于投资率，自有资金充足，对外资依赖性小。第二，在经济结构上，台湾的产业结构和企业结构合理，大企业与中小型企业有机配合，资源配置较为均衡。自 20 世纪 80 年代中期以来，台湾加快了产业结构调整的步伐，逐渐淘汰、转移了传统劳动密集型产业，大力发展新兴科技产业。此外，台湾积极发展基础设施建设，扩大岛内投资，内需成为带动台湾经济增长的重要因素。由于企业负债率较低，中小企业可与大企业有机配合，为台湾的经济增长增添了活力。第三，台湾的宏观经济政策与金融体系较为稳健，管理机制较为健全。一方面，台湾长期采取“稳定中求发展”的经济策略，始终将稳定放在经济发展的第一位。另一方面，台湾的金融自由化进展稳健，主要表现为：台湾的金融自由化有充足的准备时间；严格强调自由化顺序，采取渐进策略，台湾采取了岛内金融自由化先于资本账户开放、吸引外商直接投资先于金融性投资的策略。台湾金融开放的选择防止了金融危机的冲击。[③] 第四，外部环境和机遇也是使台湾免遭金融风暴较大冲击的原因。在东南亚金融危机期间，国际原油价格长期偏低，避免了物价大幅上涨；1995 年 7 月开始的台湾海峡危机使得台湾股市重挫，台币兑美元贬

① 参见唐勇：《香港金融保卫战研究》，载《证券市场导报》，1998（10）：8-21。

② 参见王建民：《台湾经济何以挺过东南亚金融风暴的冲击？》，载《台湾研究》，1998（3）：56-64。

③ 参见朱磊：《台湾金融自由化进程分析——兼论亚洲金融危机对台湾金融自由化的影响》，载《台湾研究集刊》，1999（2）。

值，同时金融舞弊案和挤兑风潮频发，当局加大了金融体制改革力度，使金融体系中存在的许多问题得到解决；台湾的泡沫经济时代已经过去，房地产市场保持平稳；中国大陆的经济发展给台湾带来的巨额贸易顺差以及欧美出口市场良好的经济状况等都是有利于台湾挺过此次金融风暴冲击的外部因素。

3.6 亚洲金融危机的普遍原因

纵观1997年亚洲金融危机，它是由泰国汇率制度改革引发的以货币贬值为导火线的金融危机，并迅速蔓延到东南亚地区，而后向中国香港、中国台湾延伸，进而冲击韩国，再回头重挫印度尼西亚，即使是经济大国日本也没能幸免。这场对东南亚、整个东亚甚至全球经济产生深远影响的金融危机，引起人们对“东亚模式”和“亚洲奇迹”的怀疑与重新思考。在这场危机中，以泰国为代表的东南亚四国以及韩国受影响较大，同时新加坡、中国台湾则受影响较小或者经过调整快速渡过了此次危机。这两种情况都印证了以下引发金融危机的普遍原因：

（1）经常项目的持续逆差和固定汇率制度。经常项目的逆差对维持固定汇率制度造成了潜在压力，一旦投机活动加剧，诸如抛售当地货币、抢购美元，这种固定汇率制度就会受到冲击，进而发生货币危机。

（2）过早开放金融市场和实现货币的完全可自由兑换。在外汇储备不是很充足的情况下，如果大量投机性资金撤离，要想维持固定汇率制度下的货币自由兑换不仅是困难的，还有可能耗尽外汇储备。

（3）大量外资的流入和外资结构的不合理。由于短期资金的流动性强，其逐利性极易引起金融市场的动荡。

（4）金融监管不力和资金投向的不合理。由于大量金融机构的贷款投向了房地产业和证券市场，而非实体经济部门，因而随着地产热的降温，增加了不良债权，使银行的金融风险增大，难以抵御外部冲击。

（5）经济结构不合理和经济泡沫的存在。房地产供给过剩造成的虚假繁荣一旦遇到冲击，泡沫就会破灭。

（6）投资过度和经济过热。由于投资过度，但投资对生产力的提高未见改善，一方面大量资金被无效利用，另一方面造成了外资增加和贷款、不良金融资产的上升，并由此产生了潜在的金融风险。这些普遍存在的问题导致危机发生时产生“多米诺骨牌效应”，引发亚洲金融危机。①

与此同时，我们还能看到，发生危机的国家或地区主要是具有后发优势的经济赶超型国家或地区，这些国家或地区在利用后发优势时，都面临一个重要的问题，即制度夹生，也就是后发国家或地区在模仿发达国家的市场组织形式、机制

① 参见李念斋：《亚洲金融危机成因及启示》，载《武汉金融》，1998（4）。

和工具时，都有不同程度的不成熟性、不适应性和不完善性。这些因素的相互摩擦构成了后发优势的障碍和风险，在金融制度上具体表现为：一是金融监管体制薄弱、银行体系脆弱、资本市场不成熟，使得企业过度依赖间接融资，导致银行的信贷风险升高。二是不合理的货币汇率制度。泰国长期实行钉住特定通货篮子的汇率制度，80%与美元挂钩；印度尼西亚、马来西亚、菲律宾名义上实行浮动汇率制度，实际上央行高度干预且钉住美元，这种制度难以通过汇率制度调节贸易收支，而且各国央行采取的“对冲”操作，导致国内外利率差距扩大，致使大量套汇、套利资本不断流入。三是操之过急的货币自由兑换制度。在20世纪90年代初，马来西亚、印度尼西亚、泰国等国连续实行放松外汇管制、迅速实现资本项目的可自由兑换、开放国内资金市场等措施，在汇率严重偏离市场均衡、外汇储备并不宽裕的情况下，大量游资进入市场，致使出现泡沫经济现象，进而加剧了金融风险。简言之，制度的学习是一个长期的过程，完整意义上的制度是由正式规则和非正式规则构成的，前者可以迅速移植，后者无法在短期内改变，而且两者是相互联系的，一方的缺失必然导致制度的不成熟，而这种后发优势陷阱产生的制度缺陷成为了东亚金融危机发生的一个重要原因。①

4. 金融危机四种状态的传导过程及演变

4.1 金融危机四种状态的逻辑关系

为了更清晰地理解和思考亚洲金融危机中货币危机、债务危机、银行危机与股市危机的传导及演变过程，我们需要从以下两个方面进行具体论述：首先，了解金融理论中金融危机传导机制的原理及形式；其次，明确金融危机四种状态传导过程中的内在逻辑关系。通过将以上两方面的阐述作为理论依据，我们可以发现并分析这四种状态的传导及演变过程，进而为更加理性地判断和分析亚洲金融危机中四者之间的关系提供有力的支持和参考。

（1）金融危机传导机制的原理及形式。简单地说，金融危机的传导过程是在金融领域中风险形成、积累、转化和扩散的过程。这个过程是动态变化的，是由均衡到失衡，再到均衡，然后继续扩散的过程。通常说来，金融危机的传导渠道包括以下几种：①国际贸易渠道，即贸易溢出效应（trade spillovers effect）；②国际资本流动渠道，即金融溢出效应（financial spillovers effect）；③经济全球化，即季风效应（monsoonal effect）；④自我实现的多重均衡，即净传染效应（pure contagion effect）。以上过程又可分为接触性传导和非接触性传导。接触性传导是指一国的实体经济或金融方面有直接或间接的相互联系，当金融危机发生

① 参见郑亚莉：《论后发优势陷阱——东亚金融危机的深层透视》，载《浙江社会科学》，1999（5）。

后将促使冲击扩散。非接触性传导来自贸易与金融关系并不密切衔接的其他方面的影响，此类传导具备现代金融危机传导的特征。

在日趋全球化的背景下，国家通过国际贸易从经济往来中获得利益，但同时其经济波动会受到国际贸易的影响，致使金融危机的关联传导成为可能。由于高度相关的贸易关系或竞争同一市场的关系，使得贸易溢出效应从一国的货币危机影响到另一个或多个与其有贸易关联国家的经济。由于科技在金融领域的快速发展和应用以及金融自由化，国际资本的自由流动变得更加迅速，同时供求关系和价格的不确定性也显著增强，尤其是短期的具有投机性的国际资本的大规模流动给一国经济带来了明显的影响。一国货币危机导致内部市场的流动性不足，同时在其他市场进行资产清算过程中引发了关联国家市场的流动性不足，进而导致国外游资迅速抽逃的结果被称为金融溢出效应。全球化程度越高，经济波动和金融波动的同步性越强，因此各国无论是政策的调整还是经济状况的波动均会对相关国家产生不同程度的影响。Calvo and Reinhart（1996）发现，1992 年欧洲货币危机与德国利率密切相关，1995 年美元货币的强势影响了东亚出口量，而美国利率的波动引发了拉美国家的资本流动。Masson（1998）认为，共同冲击产生的传导就是季风效应，货币危机与资本流动是由国家经济政策和商品价格变化等原因引起的。当国家的经济危机具备资本抽逃、货币贬值、资产价格下跌等特点时，投资者的恐慌情绪会加剧，从而引发净传染。净传染的破坏性极大，与“多米诺骨牌效应”有类似之处，一旦产生净传染效应，其传染扩散范围极为广泛。如果大部分投资者对一部分国家或区域内国家的看法高度一致，就成为净传染效应形成的关键。净传染效应对本分论讨论的亚洲金融危机具有很强的解释性。

（2）金融危机四种状态的简述及传导过程的内在逻辑关系。金融危机分为四种状态：货币危机、债务危机、银行危机与股市危机。下面通过对以上四种状态为前提的金融危机传导过程的描述，揭示这四种状态错综复杂的关系，见图分—3—7。

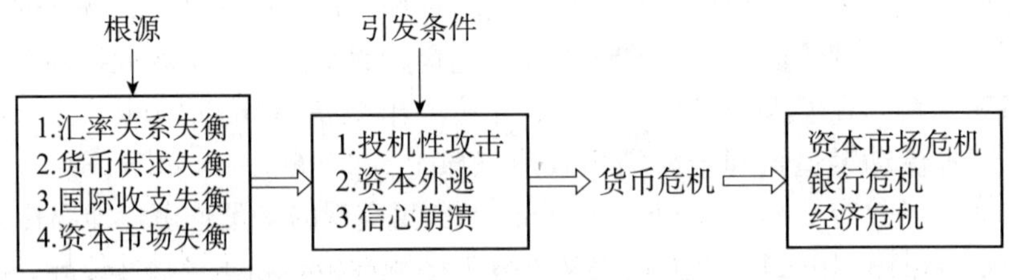

图分—3—7　以货币危机为起始的金融危机

由于本国货币汇率扭曲，这种汇率严重高估源于货币供求、国际收支、资金信贷、资本市场失衡，而后国际投机性攻击、投资者信心崩溃及资本抽逃恶化了本国的国际收支，致使汇率继续下跌，继而货币危机发生，而投资者信心的崩溃通过净传染效应逐步蔓延至股市和银行业，导致金融危机全面爆发，见图分—3—8。

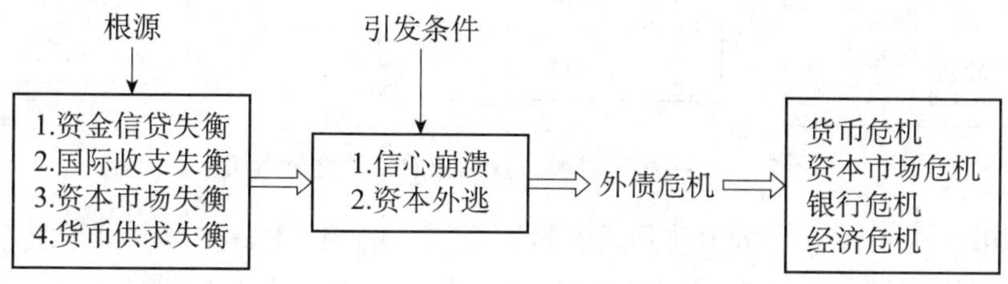

图分—3—8　以债务危机为起始的金融危机

由于一国的经济政策和金融开放，导致本国经济过度依赖外资，尤其是短期逐利的流动资本，当汇率发生波动时，将造成国际收支和支付能力不足。通货膨胀、资本市场和国际收支失衡也有可能是造成过度利用外资的诱因。当一国不能按照约定支付的情况发生时，投资者也对其失去了信心和耐心，并抽离资金以减少损失，从而导致货币危机、股市危机以及银行危机，见图分—3—9。

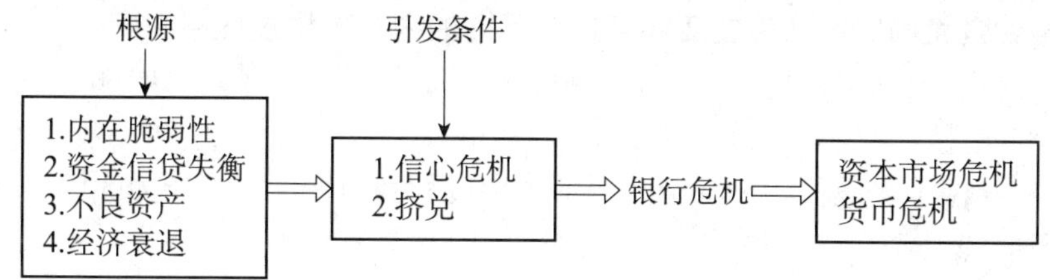

图分—3—9　以银行危机为起始的金融危机

金融机构的特性决定了其内在的脆弱性，金融机构通过存贷的方式融通资金、赚取利润差价，当利润两端的发展趋势背离了金融机构的盈利模式时，风险便由此产生。例如，过度的信贷带来了不良资产，当经济下滑或资金借贷失衡时容易引发挤兑和信任危机。银行在挤兑破产后将无法归还存款人的资金，导致更多的企业和个人破产，引发连锁反应，随之而来的便是股市危机和货币危机，见图分—3—10。

股市投资者的敏感性非常强，各方面的负面因素都有可能影响投资者的决策，比如实体经济和经济结构的失衡、经济增速放缓、货币政策的变化等，当投资者收集到经济衰退、资产价格下跌等负面信息后，将逐步对股市丧失信心，投资者会产生行为一致的群体效应，如抛售手中持有的有价证券以及其他各类资产，而股市危机导致企业和个人损失惨重后，又会在资金借贷和货币需求方面引发新的失衡，致使银行危机和货币危机随之而来。

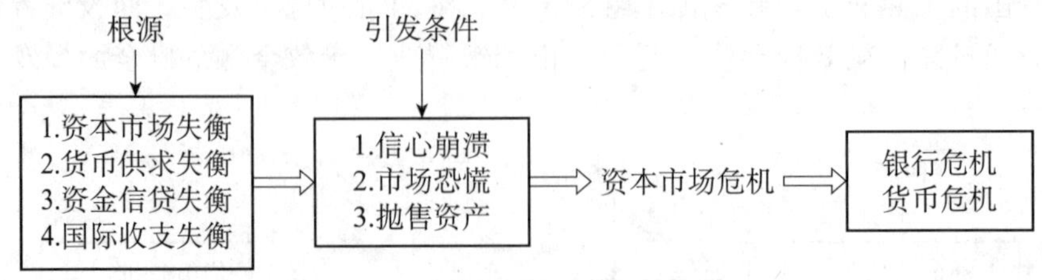

图分—3—10 以股市危机为起始的金融危机

货币危机和债务危机主要是通过投资者信心的相互作用和资本流动来实现其传导过程的，如果资本市场相对独立，那么股市危机主要是由投资者对股市缺乏信心而导致的。通常说来，银行危机在国内的传导性比较高，货币危机和债务危机的跨国传导性最高。跨国传导性需要对一国对外开放程度、金融体系的稳定性、外汇储备水平、国际收支等情况进行客观分析和判断后进行评估。

通过前文对金融危机四种状态传导过程的描述与简析，可以发现这四种状态在不同条件下复杂而交错的内在逻辑关系，因而需要进行特定的分析后才能发现金融危机发生的真正原因。

4.2 金融危机的四种状态在亚洲各地区不同的内部传导过程和演变

本节按照亚洲金融危机发生的时间顺序对危机在亚洲各国的内部传导过程进行分析和阐述：

（1）泰国金融危机四种状态的内部传导过程和演变。泰国作为亚洲金融危机的起源国，其金融危机四种状态的内部传导过程具有代表性。首先，我们从一组数据来看，1975—1984 年泰国 GDP 的增长率为 6.6%，1985—1995 年上升至 9.8%，而泰国经济增长的动力不是来自内部，而是来自外资，1992—1996 年外商投资占泰国 GDP 的比重是 40.7%，而且一直居高不下，其增长速度在 10 倍左右。泰国金融危机爆发前，外资流入在 20 亿美元以上。大量资本的涌入导致经济发展中产生了泡沫，使泰国的经济结构严重失衡。由于外债的不断增加及贸易不平衡，导致泰国的财政赤字与日俱增，1997 年泰国的私人外债总额高达 922.63 亿美元，短期债务占总债务的比重过高（为 46%），而短期债务占储蓄的比重为 107%。此外，泰国此前一直实行钉住汇率制度，但在 1997 年 7 月 2 日宣布放弃固定汇率制度。自此，以泰铢汇率全面下跌为标志的货币危机开始，同时揭开了亚洲金融危机的序幕。泰国金融危机的内部传导过程符合以货币危机为开始的传导过程，紧接着引发了债务危机、银行危机和股市危机。

（2）马来西亚、菲律宾、印度尼西亚金融危机四种状态的内部传导过程和演变。自泰国金融危机爆发之后，菲律宾比索、印度尼西亚盾、马来西亚林吉特相继成为国际流动资本的攻击目标。这三个国家的共同点为发生亚洲金融危机前都实行钉住汇率制度。发生亚洲金融危机后，菲律宾和印度尼西亚宣布采取独立的浮动汇率制度。以上四国都属于小国开放型经济，它们的经济结构极为相似，均以出口导向型为战略，而且所生产产品的品种、档次、国际销售市场基本相同，它们的产品在国际市场上也是竞争对手。所以，这三个国家受到了贸易溢出效应的影响，并导致了金融危机的传导。这三个国家均是以汇率下跌的货币危机开始，随后引发了该国的债务危机、银行危机和股市危机。

（3）香港、台湾金融危机四种状态的内部传导过程和演变。在亚洲金融危机中，香港和台湾受到的影响相比其他国家或地区要小。就台湾和香港而言，香港受到的冲击更大一些。由于香港进出口产品的市场具有多样性，因而对冲击的消化能力比较强；香港的经济状况良好、汇率稳定，具有合理的经济结构来保证金融市场的稳定性；香港的外汇储备规模大，拥有较为完善的金融监管体系，并且与中国市场有密切关系。所以，在外部强大冲击的情况下，尽管在初期港币的汇率受到打压，但相关金融机构也做出了有利的政策调整，避免了金融危机带来的更大冲击。由于台湾的经济结构相对合理，企业组织结构以中小企业为主导（占企业总数的98%），产值占GNP的50%～60%，就业人数占总人数的70%。此外，台湾的直接干预相对较少，金融体制相对完善。虽然香港和台湾因外资冲击汇率引发了货币危机，但由于香港和台湾及时调整了政策和策略，而且有坚实的经济后盾和基础，所以没有造成更严重的危机。

（4）韩国金融危机四种状态的内部传导过程和演变。1990年，韩国开始实行金融自由化，1991年取消了外汇管制，1992年开始提高外国投资者的投资限额（从10%一直提高到1997年的55%）。1997年，韩国外债占GDP的33%，短期外债占总外债的50%以上。1996年，韩国的外汇储备为332亿美元，而短期外债是其2倍多，高达930亿美元。1997年9月韩宝和起亚公司宣布破产，由此引发了韩国的金融危机。危机发生后，韩国放弃了固定汇率制度，韩元兑美元的汇率下跌了75%，股市下挫了70%以上。韩国金融危机是以债务危机为起始的，而后引发了货币危机和银行危机。

综上所述，以上七个在亚洲金融危机中受到冲击的国家或地区都具有相似性，但内部传导过程不完全相同，泰国为亚洲金融危机的发源国，波及马来西亚、印度尼西亚、菲律宾、韩国、中国香港、中国台湾等国家或地区，尤其是印度尼西亚受到的影响最久、冲击程度最大，香港地区受到重创，但及时调整后并没有带来更大的影响。

4.3 金融危机四种状态在亚洲各地区之间的传导过程和演变

金融危机不仅在一国内会通过不同的四种状态进行传导，而且会在国与国之间进行蔓延和传导。亚洲金融危机其实是多种效应综合作用的结果。据统计，1990—1996年东亚区域内的出口占总出口额的比重由31.7%上升到了41%，表明区域内的直接贸易明显增强。

举例说明，东亚五国对美国、日本的出口份额均占较大比重，同时“亚洲四小龙”之间和东盟之间具有比较优势。亚洲各国（或地区）内存在产业结构相互依赖、相互竞争的特点，也是国际分工和产业结构发展的结果。亚洲很多国家的产品结构相似、出口市场相同并有一定竞争性，因而竞争性贬值是危机扩散的重要渠道。下面从不同的角度展示几组数据：

（1）从价格机制看，东亚国家在出口结构上基本相似，存在第三方市场的竞争。从表分—3—3可以看出，机械产品出口在泰国、菲律宾、马来西亚和韩国的各自出口总额中所占份额较大，为了保持贸易出口份额的优势，通过采取竞争性贬值来避免由于贸易竞争国货币贬值带来的负面影响是符合逻辑的。

表分—3—3　　1997年东亚五国出口商品的结构（%）

商业项目	泰国	菲律宾	马来西亚	印度尼西亚	韩国
农业产品	18.50	8.24	8.60	11.34	2.11
原材料和燃料	4.51	1.86	4.57	8.16	1.31
矿物燃料	2.17	1.21	8.33	24.62	3.93
化学产品	3.70	1.52	3.55	3.51	7.83
机械产品	38.24	29.36	55.98	8.65	50.02
其他产品	28.77	14.07	17.72	31.15	30.21
未分类的再出口产品	4.10	43.25	1.24	12.57	4.59

资料来源：“Recent Trends and Prospects of Major Asian Economics”, *East Asian Economic Perspective*, Vol.10，ICSEAD，1999。

（2）“资产负债表”效应也呈现了相关问题。从表分—3—4可以看出，部分国家的外债占总债务的比重很高，尤其是泰国、印度尼西亚、菲律宾和韩国存在严重的货币错配情况。印度尼西亚修正后的AECM高达−30.92，表明通过相对价格变动、出口竞争力提高引起的本币贬值已产生了扩张效应，它会通过外债的增加、资产负债表恶化导致更严重的紧缩效应，从而使得对金融危机的救助异常困难，同时金融危机的破坏性更加严重。

表分—3—4　　东亚国家实际货币错配总额（AECM）

国家	泰国		马来西亚		印度尼西亚		菲律宾		韩国	
年份	1997	1998	1997	1998	1997	1998	1997	1998	1997	1998
外币债务比重（%）	35.2	23.3	19.8	17.7	46.7	42.9	25.3	26.1	31.5	19.3
原始AECM	−16.24	−6.29	−0.96	2.34	−21.57	−16.80	−7.68	−6.95	−11.09	−2.93
修正AECM	−20.31	−8.95	−0.98	2.39	−30.92	−7.68	−7.68	−6.95	−12.36	−3.50

说明：外币债务比重为外币债务占总债务的比重；原始AECM为假设国内债务中外币债务比重为零时的估计数；修正AECM为假设国内债务中外币债务比重不为零时的估计数。对于AECM的计算方式，详见资料来源。

资料来源：戈登斯塔和特纳（2005）。

(3) 从证券投资看，1997 年外国对亚洲国家的证券投资大幅减少，其中对印度尼西亚的证券投资减少幅度高达 153%。这表明证券投资的负债流动性非常强，金融危机的蔓延恶化了亚洲金融环境，引发了资本的进一步外逃，见图分—3—11。

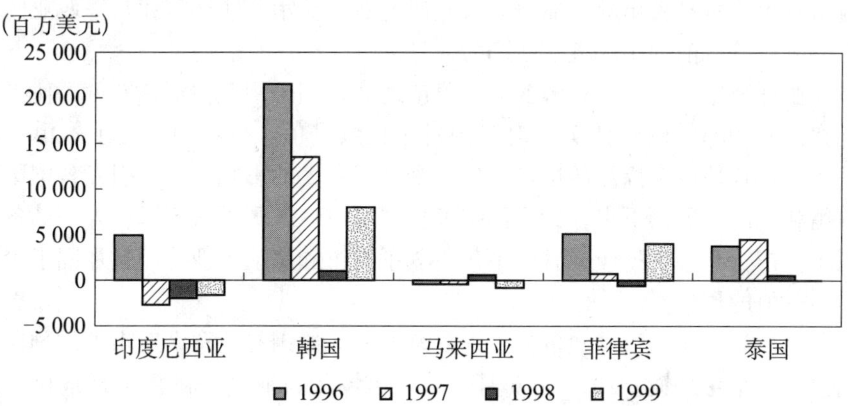

图分—3—11　亚洲金融危机中五国证券投资的负债变化

资料来源：BOP 数据库，www.imf.org。

(4) 从国际银行信贷看，泰国和韩国经历了短期银行信贷的降低，进而推动了亚洲金融危机的爆发。1998 年，泰国、马来西亚、印度尼西亚、菲律宾在短期国际贷款方面的下降明显：韩国下降了 49.5%；泰国短期国际贷款的年度增长率为－40.8%，1996—1999 年底泰国短期国际贷款减少了近 315 亿美元，是短期银行信贷量的 69%，见图分—3—12。

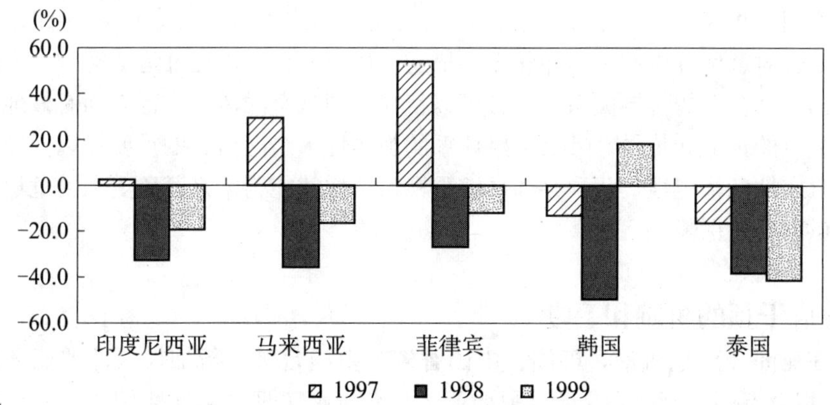

图分—3—12　亚洲金融危机中五国短期国际贷款的年度增长率

资料来源：BIS 银行统计数据库中的"一年以内国际贷款存量数据"，www.bis.org。

Baig（1997）对名义汇率变化的相关系数、股指变化的相关系数、利率变化的相关系数和主要外债利差的相关系数进行了测算，发现亚洲金融危机的金融溢出效应明显，泰国金融危机通过相关性较高且不稳定的资本市场扩散到了亚洲其他国家。秦朵（2000）通过误差修正模型解释了韩国的传导机制，其结果表明金融溢出效应比贸易溢出效应显著。有关研究数据显示，菲律宾和马来西亚的金融溢出效应从危机前的16%上升到59%。

在亚洲金融危机前，很多亚洲国家或地区长期采用钉住汇率制度，使得汇率缺乏弹性。1995—1997年美元对各国货币持续升值，故各国承受了本币不断升值的压力，致使各自商品的出口竞争力受到了极大的影响，因而引发各国国际收支失衡和经济发展的下滑。为了维持高估的本币，各国不得不抛售外汇储备以稳定汇率。银行利率的持续上升，不仅重创了股市和房地产业，而且加固了投资者对本币贬值的预期。

萨克斯等人认为，导致危机迅速蔓延的根本原因是投资者对市场的预期和信心崩溃，即金融恐慌。1997年6月，由于市场传言亚洲经济将出现危机，因此投资者几乎是步调一致地抽出资金。同年，资本外流比例高达流出国GDP的11%。1996—1997年东南亚地区吸引外资的数量从750亿美元锐减到120亿美元，即投资者的集体行动引发了金融恐慌的自我实现。

通过对亚洲金融危机前各国的发展模式、经济发展形势、产业结构、贸易渠道、金融体制、经济结构等进行的分析，揭示了亚洲各地区之间危机传导过程中的四种状态并存，并且它们相互作用、相互影响。

4.4 结论

综上所述，亚洲金融危机的传导过程以及演变顺序并不是截然分开的，而是相互作用、相互交叉、相互感染的连锁反应，形成了较为复杂的传导和扩散机制。通过对金融危机四种传导状态的描述分析，不仅可以更好地了解国家内部和国与国之间存在的传导关系，而且可以帮助我国从金融风险防范方面有效地抑制金融危机的扩散和传导。针对金融体系的脆弱性、金融监管的重要性以及经济发展的真实性和稳定性，我国必须足够重视，这样才能为未来避免更大的危机与风险提供有力的保障。

5. 政府干预的机制和手段

在亚洲金融危机前，韩国、中国香港、中国台湾、新加坡（即“亚洲四小龙”）以及泰国、菲律宾、印度尼西亚、马来西亚（即“亚洲四小虎”）在政府出口导向型经济战略的引导和干预之下，实现了国内经济的高速增长；与此同时，各自的股票市场和房地产市场也大多出现了资产价格泡沫。由于亚洲深受儒家文化的影响，政府一般倾向于对国内实体经济和金融业进行深度的干预，比如针对金融业，政府直接或间接调配社会资金来达到其促进经济发展的目的。①

然而，这种政府导向型经济体也暴露出了一定的弊端，如国内经济金融结构面临一定的缺陷、经济和金融体系呈现出明显的脆弱性。例如，危机前国内经常性账户赤字占GDP的比例普遍很高（泰国高达8%），金融自由化过度，资本账户的普遍开放，对外汇管制的逐步取消和减弱，对银行的部分私有化等。② 与此同时，亚洲金融危机中各国普遍存在严重的“资产和货币错配”。这种错配表现在两个方面：一是期限错配，将短期存款和借贷资金用于长期投资；二是货币错配，如借入美元等外债，而资产以本币计值。这种错配造成了金融体系的不稳定性，期限错配易产生流动性短缺，货币错配使得本币相对美元贬值时面临巨大的损失。

在危机接连发生后，各国政府纷纷采取了大量的政策机制和手段来阻止危机的蔓延，它们所采取的手段既有针对宏观经济的，也有直接针对外汇市场和股票市场的。各国的政策手段既有一定的相似之处，也有各自的特点。干预基本对国内经济金融的稳定发挥了重要的作用，使得各国较快地走出了危机的状态。然而，从长远来看，政府的部分干预手段也存在一定的问题，给本国经济的长远发展留下了隐患，值得我国借鉴其经验和教训。

5.1 各国采取的相似干预机制和措施

亚洲各国政府在应对危机的过程中所采取的政策手段，呈现出了一定的相似特征：既有针对宏观经济结构调整的货币、财政政策手段和产业政策手段，也有针对国内外金融市场的金融制度变革和金融业政策调整，以及针对本国资本市场的政策应对手段，同时还包括与国际机构的协调、配合等方面。

（1）针对宏观经济的干预机制和措施。

第一，货币政策和财政政策。亚洲金融危机后，各国普遍实行先紧后松的利率政策，通过提高短期利率来抑制货币的贬值和通货膨胀的上升。但是，高利率政策对国内经济的恢复有一定的损害，并且维持固定汇率需要耗费大量的外汇储备。因此，在国内通货膨胀压力得到控制后，各国迅速降低利率，实行宽松的货币政策，以促进经济的恢复。亚洲金融危机后，各国的货币政策目标纷纷转向了“通货膨胀目标制”。③

---

① 参见张丽娜：《亚洲金融危机与政府对金融的干预作用》，载《上海房地》，1998（12）。

② 参见沈联涛：《十年轮回——从亚洲到全球的金融危机》，上海，上海远东出版社，2009。

③ 参见何东：《金融危机后的货币政策操作——东亚国家的经验及启示》，载《金融研究》，2007（5）。

根据IMF的要求，各国纷纷采取了紧缩性财政政策。例如，泰国政府决定在两年内将预算赤字从8%降到7.2%，菲律宾强迫各政府部门将1998年财政预算减少25%，印度尼西亚决定将赤字控制在3%左右，马来西亚将1998年财政预算减少了18%。①

在紧缩国内财政支出的同时，亚洲各国纷纷采取各种措施重新增强本国贸易产品的出口竞争力。例如，1997年泰国投资委员会提出，通过政策让出口创汇行业享有更多的国内优惠待遇。印度尼西亚在危机时提出，将会削减约100项工业品的关税，使国内工业品平均出口关税从13%降至12%，以刺激进出口。②

第二，汇率等金融制度变革。在亚洲金融危机后，除了马来西亚，其他各国纷纷放弃了原来钉住美元的僵化汇率制度，开始实行浮动汇率制度，这有利于各国在危机之后通过汇率的贬值促进经济的逐步恢复。研究表明，采用浮动汇率制度的大多数危机国家，国内汇率大多恢复了稳定，如韩国用了4个月的时间稳定了名义汇率，泰国和印度尼西亚大约用了7个月左右的时间。③

亚洲金融危机既是货币危机，也是银行危机。发生危机各国的金融体制大多是以政府主导的银行为主体的，政府直接控制了银行的经营，使银行偏离了市场化经营和风险控制的原则。在亚洲金融危机过程中，各国的银行体系大多出现了较高的不良资产比率，据估计呆账高达1万亿美元，致使银行体系的稳健性受到了巨大的考验。因此，在亚洲金融危机后，各国对银行业进行了深刻的调整。例如，泰国政府在1997年底关闭了56家金融机构；马来西亚政府力主国内较小的商业银行与大银行进行重组合并，并明确要求各商业银行严格控制为非生产性领域提供贷款；印度尼西亚政府关闭了16家经营不善的私人商业银行，同时央行强化了监管，计算和处理了银行体系的总体呆坏账。各国中央银行大多对商业银行的行业贷款集中度进行了约束，比如马来西亚央行将地产业贷款投放比例从亚洲金融危机前的29%下调到20%。部分国家还增加了金融机构的贷款损失准备金。④ 同时，部分国家对金融结构进行了调整，加大了资本市场的发展力度，增加了直接融资占比，并加强了信息披露。⑤

第三，IMF等国际机构的援助情况。在亚洲金融危机爆发后，IMF联合世界银行、亚洲开发银行以及亚洲其他国家向泰国、印度尼西亚和韩国提供了数额

① 参见王宁楠：《马来西亚的金融危机与政府的因应措施》，载《南阳问题研究》，1998（2）。

② 参见何东：《金融危机后的货币政策操作——东亚国家的经验及启示》，载《金融研究》，2007（5）。

③④ 参见韩玉玲，王治珂：《东南亚金融危机的原因及政府对策》，载《山东教育学院学报》，1998（5）。

⑤ 参见赵瑛：《亚洲金融危机前后的韩国金融改革》，载《生产力研究》，2010（3）。

巨大的援助性贷款，助其稳定汇率和国际资本流动。据估计，1997 年由 IMF 联合其他机构提供的贷款超过了 1 000 亿美元，其中泰国 170 亿美元、印度尼西亚 420 亿美元、韩国 580 亿美元。①

然而，IMF 根据其一贯主张的经济市场化和国内市场开放原则，对接受援助的各国提出了苛刻的条件，基本包括：实施从紧的财政货币政策，减少国内财政赤字，提高国内利率；减少政府对市场的干预，推行企业市场化和私有化；整顿问题金融机构，进一步开放金融市场，允许汇率自由浮动等。②

（2）直接针对股市的干预机制和措施。这场源自外汇市场的货币投机很快波及了股票市场，并给各国的股票市场造成了不同程度的危机，大部分政府都针对股市进行了直接的干预。

第一，政府主动提供流动性进行托市。政府通过各种政府性基金入市购买大盘蓝筹股票，用以稳定股市预期，比如台湾通过政府性基金在公开市场释放大量资金稳定股市。从香港的情况来看，以索罗斯为代表的国际投机机构针对汇市、股市、期市同时展开了攻击，恒生指数从 1998 年 4 月的 12 000 点一直下跌到了 8 月的 6 500 点，跌幅高达 45%，这使得香港股市面临崩盘的危险。在这种情况下，当恒指跌到 6 500 点后，特区政府毅然开始采取措施进行应对。针对投机机构大量做空 8 月到期的股指期货合约以及从境外大量借入汇丰银行和香港电讯两只大盘蓝筹股进行抛售，企图打压恒指的做空行为，从 1998 年 8 月 14 日起的两周内，香港政府根据《外汇基金条例》，动用外汇基金买入蓝筹股托市。针对股指期货市场，香港金管局大量买入 8 月期指、卖出 9 月期指，用以提高投机机构的保证金成本，总计动用了 1 000 多亿港币入市干预股市和期货市场，获利达 16 亿港币。

第二，政府通过舆论引导及鼓励企业回购股票。在亚洲金融危机时，马来西亚总理马哈蒂尔公开谴责乔治·索罗斯的量子基金是对东南亚货币发起攻击的责任人。香港金管局通过媒体等渠道提出了稳定和改革金融体系的相关计划，在政府的积极号召下，香港 24 家蓝筹股和红筹股上市公司入市回购股票。从 2000 年开始，台湾实施了“库藏股”制度，允许上市公司从股市回购自己公司 10%以内的股票。③

---

① 参见陈俊：《试论世界货币基金组织在 1997 年东南亚金融危机中的作用与地位》，http：//www.hllawyers.com/publications/cn/publications-2.html。

② 参见赵志耘、郭庆旺：《对 IMF 救助亚洲金融危机的宏观经济政策建议的分析》，载《财经问题研究》，1999（2）。

③ 参见杨泰兴：《台湾护盘启示录：从二十多年前的台湾股灾中摸清大陆救市手段》，载《南方人物周刊》，2015（22）。

第三，政府对股市投机者做空行为的限制。在亚洲金融危机期间，政府通过限制跌幅、降低做空比例和交易量、提高保证金比例等措施来稳定股市。在1998年危机过程中，台湾当局为了避免股市的持续下挫，在维持7%涨幅上限的同时，将跌幅限额由7%降到了3.5%，此后也曾实行过这种制度。此外，还有政府通过降低股市的杠杆比例进行救市，这主要是指调整融资比例、提高融券保证金比例和融资担保品维持率。例如，香港政府为了避免到期日效应的影响，将股票和期货交割的期限从14天缩短到了2天①；为了降低杠杆，将单张期货面额从5万港币/1万点抬高至12万港币/1万点，同时将持仓申报限额由500单位降为250单位；股市采取了限价放空的制度，规定期指空方不能主动出售，只能被动地等待买盘。② 1997年8月，马来西亚吉隆坡证交所禁止对吉隆坡成分指数的股票进行卖空交易。

5.2 各国或地区具有特色的重大干预机制和措施

（1）香港运用大量外汇储备维持了汇率的稳定，加强了对股市和期货市场的联动监管。

香港从1983年开始实行货币发行局制度，维持1美元兑换7.8港币的固定汇率制度。1997年底，香港的外汇储备将近1 000亿美元，仅次于日本和中国内地，位列第三位。在应对国际投机机构对港币的做空中，香港政府共计动用了约150亿美元（将近15%的外汇储备），坚定地维护了港币的稳定，是各国或地区中唯一没有被动放开固定汇率制度、进行货币贬值的地区。

1998年9月7日，香港政府又推出了30项整顿市场的措施，用以加强对股市和期货市场的监管。从1999年开始，香港政府对股票市场和期货市场合并结算，成立了单一的公司，加强了对两者的监管。③

（2）韩国通过存款保险制度化解了银行不良资产处置风险。韩国的不良资产处置政策是其成功应对亚洲金融危机的重要保障，韩国的存款保险制度对其应对亚洲金融危机具有一定的意义。韩国于1995年底通过了《存款人保护法》，并于1996年6月成立了韩国存款保险公司KDIC，而后在1998年将各种政策性存款保险基金合并到KDIC之下。KDIC对银行、证券、保险等六类金融机构承担担保责任。在亚洲金融危机中，KDIC利用公共基金对部分金融机构注资，以提高它们的资本充足率；同时，KDIC对其他破产金融机构的退出和重整提供了安全

① 参见国泰君安宏观研究报告：《历次股灾：原因、救市、效果和启示》，2015-07-03。

② 参见《人性就是这样，历史还在重复：盘点史上著名八大股灾及救市》，http：//futures.hexun.com/2015-07-16/177591691.html。

③ 参见孔莉：《亚洲金融危机与香港金融体系的改革》，载《西南民族学院学报（哲学社会科学版）》，1999（4）。

保障和资金协助。①

(3) 马来西亚实施了有选择的资本管制，并采取优惠措施刺激房地产需求。1998年9月，马来西亚实施了有选择的资本管制政策，外汇管制使马来西亚政府重新获得了对货币的控制权，为下一步降息刺激经济做好了准备。

与此同时，为了刺激马来西亚国内对高端公寓的需求，政府降低了对非公民的购买限制，比如撤销了非公民购买25万马来西亚林吉特以上房屋需缴纳10万林吉特税金的要求，对于非公民购买房屋5年后再出售的，政府的利得税由30%降低到了5%。②

(4) 印度尼西亚扶持中小企业，促进经济恢复。自亚洲金融危机以来，印度尼西亚政府为本国的中小企业提供了有利的扶持政策，将本国财政结余的1%～5%投入中小企业，同时要求国有商业银行把贷款的20%分配给中小企业。另外，印度尼西亚政府还在设备和技术专利方面为中小企业提供了优惠政策。

6. 政府干预效果

6.1 各国或地区政府干预的普遍效果

(1) 宏观经济干预政策的效果。在亚洲金融危机发生后，各国所采取的财政和货币干预政策，使得经济增长率水平得到了恢复，通货膨胀水平得到了控制。通过实施先紧后松的货币政策以及紧缩的财政政策，使本国货币贬值和通货膨胀率上涨的趋势得到了控制，国内债务率有所下降。此后，各国宽松的货币政策对于刺激国内产出率上升及经济发展具有重要作用。

各国的金融政策有所调整，金融结构得到了优化，金融监管政策有所完善，金融风险管理水平有所加强。在亚洲金融危机后，各国纷纷放松了钉住美元的汇率制度，通过适度的汇率贬值改善了本国经常账户赤字。在亚洲金融危机后，各国政府减少了对银行体系的行政干预，通过并购重组、私有化等方式加强了银行体系的治理水平，并通过存款保险、提高贷款损失准备金等制度对银行业风险进行了控制。同时，各国政府开始逐步发展资本市场，降低对银行体系的依赖，以更好地分散风险、提高直接融资的比例。另外，各国政府加强了对银行贷款集中度等方面的政策监管措施，促进了银行的稳健经营。

IMF的救援对受援国产生了一定作用，稳定了公众预期和通货膨胀预期，使汇率贬值和资本外流趋势得到了遏制，逐渐稳定了汇率，增加了外汇储备水

① 参见王国松：《韩国治理金融危机的成功经验与启示》，载《当代经济管理》，2006 (2)。

② 参见王宁楠：《马来西亚的金融危机与政府的因应措施》，载《南阳问题研究》，1998 (2)。

平，并使金融秩序逐步稳定。[①]

（2）股市干预政策的效果。政府主动出资入市购买蓝筹股，也就是为市场提供了隐性的担保和背书，这有利于迅速稳定和增强市场信心，打破负反馈机制的不利影响，使市场重新进入正循环轨道。政府主动向股市注入流动性大大提振了股市投资者的信心，使股市产生了恢复性上涨。台湾当局主动护盘的举动对稳定股市起到了较好的作用，使股市自 1997 年底逐渐回升，在 1998 年进一步回暖。[②] 香港政府入市当天，恒生指数就从 6 500 点上涨到 7 500 点。最后，国际投机机构黯然离场，香港政府取得了股市阻击战的胜利。[③]

政府通过舆论的正向引导以及鼓励企业自行回购股票，进一步带动社会力量形成正向预期和正反馈环，有利于企业为其经营负责，并增加其他投资者对市场的信心。

政府对做空机制的限制，可以减少恶意做空对市场的冲击。与此同时，对跌幅的限制有利于在短期内抑制投资者的恐慌情绪，限制投资者的抛压对市场的打击。

从图分—3—13、图分—3—14、图分—3—15、图分—3—16 可以看出，政府在危机中针对股市的干预产生了明显的效果，使股市的下跌趋势得到了遏制。泰国、印度尼西亚、马来西亚以及韩国的股市在危机前后都走出了一轮 V 形反转的趋势，其中，后三个国家的股市经历了较快的反弹和回升，而泰国的股市则呈现了缓慢回升的态势。[④]

6.2 各国或地区具有特色的效果

香港政府在非常之时采取非常之策取得了成功，通过动用外汇储备干预外汇市场和股票市场，战胜了国际炒家，维护了本地区的经济和金融稳定。香港政府对股市和期货市场的联合监管等措施，完善了香港资本市场的制度建设，促进了资本市场的健康有序发展。

韩国在亚洲金融危机中受到了严重的影响，其银行等金融机构产生了大量的不良资产。通过实施存款保险制度，韩国的银行体系和其他金融机构能够有效处置不良资产，避免了发生系统性风险，而且该制度为韩国金融业的长期稳健发展提供了制度保障。该制度值得其他国家借鉴。目前，存款保险制度已成为大部分国家重要的金融稳定政策。

---

① 参见王旭祥：《从亚洲金融危机透视国际货币基金组织的反危机功能》，载《上海金融高等专科学校学报》，1999（3）。

② 参见朱磊：《亚洲金融危机中的台湾金融》，载《两岸关系》，1998（5）。

③ 参见姚怡昕：《香港抵御亚洲金融危机是“一国两制”方针的成功实践》，载《兰州大学学报》，1999（1）。

④ 参见光大证券专题策略报告：《东南亚金融危机股市反转的催化剂》，2008-11-25。

图分—3—13　1997 年前后泰国主要股指的表现

说明：箭头所示为金融危机后第一次大反弹。

资料来源：Bloomberg，光大证券。

图分—3—14　1997 年前后印度尼西亚主要股指的表现

说明：箭头所示为金融危机后第一次大反弹。

资料来源：Bloomberg，光大证券。

马来西亚政府在亚洲金融危机中有选择地进行资本管制，该政策是符合国情的务实政策，因而取得了不错的效果。该政策实施不到一周，国内银行间市场利

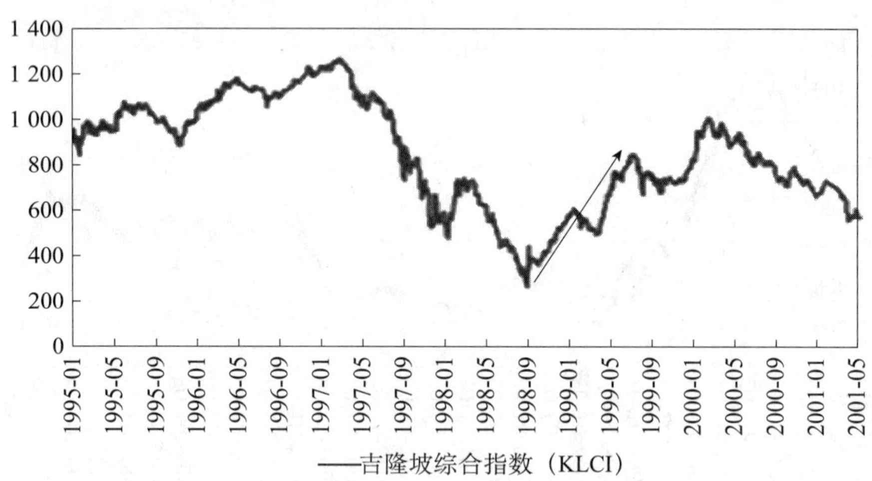

图分—3—15　1997 年前后马来西亚主要股指的表现

说明：箭头所示为金融危机后第一次大反弹。

资料来源：Bloomberg，光大证券。

图分—3—16　1997 年前后韩国主要股指的表现

说明：箭头所示为金融危机后第一次大反弹。

资料来源：Bloomberg，光大证券。

率就降到了 5.5%的正常水平，股指在一周时间内将近翻了一倍。① 另外，其对

① 参见沈联涛：《十年轮回——从亚洲到全球的金融危机》，上海，上海远东出版社，2009。

高端住宅市场的优惠和刺激政策，有利于住房市场需求的逐步恢复，从而带动了宏观经济的改善。

印度尼西亚政府扶持小微企业的政策有利于带动小微企业的生产和投资，对于提高本国就业率等具有重要作用。该政策取得了良好的成效，对于促进印度尼西亚经济走向复苏发挥了重要作用。①

7. 经验与教训

7.1 各国政府干预的普遍教训和反思

亚洲国家的政府大多倾向于主导和干预经济的运行，在本次亚洲金融危机中，各国针对宏观经济和股票市场进行的主动干预对国家的长远发展也有一些负面影响，值得反思。

（1）针对宏观经济的干预教训和反思。

第一，对经济发展模式及政治体制的反思。本次亚洲金融危机产生的一个重要原因就是亚洲模式或“东亚奇迹”存在一定的内在经济和政治结构的缺陷。发生危机各国普遍实施出口导向型经济，在危机中，政府通过放弃钉住美元的固定汇率制度，使得本国货币兑美元、日本适度贬值，从而重新恢复了出口品的竞争力，进而延续了这种发展模式。这种外贸依存度很高的经济发展模式本身存在脆弱性，即它严重依赖于外部经济体的情况，如果国际经济环境发生了不利变化，或者出口目的国采取了制裁或替代战略，则该国或地区容易重新出现经常账户赤字率过高、经济停滞的问题。

与此同时，发生危机各国的负债率普遍过高，特别是严重依赖外债，同时本国的外汇储备不足。截至 1997 年 6 月底，泰国、马来西亚、印度尼西亚和菲律宾的外汇储备分别只有 330 亿美元、280 亿美元、184 亿美元和 97 亿美元，而同期各国的外债分别高达 890 亿美元、270 亿美元、900 亿美元和 390 亿美元。外汇储备的相对不足使得央行干预能力有限，为国际机构做空提供了机会。② 在危机过程中，部分国家仍然通过向 IMF、世界银行以及其他国家借债来维护经济的运转，即这种借外债发展的思路并没有真正改变。在资本自由流动的情况下，一旦本国货币有明显的贬值迹象时，短期游资就会迅速从国内撤出，在外汇储备不足的情况下，容易形成主权债务危机。

这次亚洲金融危机也暴露了亚洲各国政治体制的弊端，它导致泰国总理差瓦

① 参见罗雨：《浅谈后经济危机时代中国应如何规避金融风险——以印尼为例》，载《金融视线》，2014 (2)。

② 参见庞中英：《东南亚金融危机的成因、教训与影响》，载《国际问题研究》，1998 (1)。

立下台、执政32年的印度尼西亚总统苏哈托下台以及其他国家的很多金融主管领导辞职。亚洲部分危机国家在政治上存在明显的专制主义倾向——国内政商勾结、裙带资本主义盛行。政府往往对金融机构和大企业进行实质上的把控，由其根据自身利益需要进行资金配置。这种不按照市场规律办事的专制主义从长期来看就埋下了隐患，银行对低效率的国有企业大量放贷容易产生较高的不良资产比率，而政府主导的出口导向战略和负债经营易产生外部风险。因此，政府对经济的干预必须接受市场规律的制约，要避免政治过度干预和妨碍经济的自由发展，要减少国内官商勾结的非市场行为。

第二，金融制度建设的反思。汇率制度的僵化和不恰当是引发本次危机一个重要的原因。危机前，各国普遍实行单一钉住美元的固定汇率制度，而当美元升值时，维持这种钉住就使得发生危机各国的出口优势减弱，经常账户出现赤字，因而容易遭受国际机构的做空并引发危机。在危机过程中，大部分国家接受了IMF的建议，将汇率政策由钉住直接转为自由浮动。由于发生危机的各国大多为发展中小国，它们的金融市场不健全、应对汇率波动的能力较弱，因此采取浮动汇率制度后，国内经济波动性会加大，受到冲击时的损失会加大。因此，在危机中各国的汇率政策是值得反思的。事实上，各国应该增强汇率政策的兼容性和弹性，采用折中的有管理的浮动汇率制度或许更为有利，这有利于各国将汇率维持在一定的区间内，便于根据形势进行调控和管理。同时，在危机中，部分国家对资本账户进行了有选择的管制，但在危机后又逐步取消了管制。或许各国应一直保持对资本账户的部分开放和部分管制，以更好地应对短期资本流动可能带来的冲击。①

在危机中，各国纷纷对金融机构进行了一定的改革，加强了对银行业的监管，然而各国改革的力度仍然有限。危机后，各国的金融体系仍是以银行为主导的，也就是债务融资的比例仍然很高，而股票市场等股权投资渠道没有得到充分发展，因而金融体系的风险未得到充分分散。

余永定认为，健康的金融体系是经济持续增长的关键，汇率应该既具有灵活性又保持稳定性，应该以稳健、有序的方式实施资本的自由化。② 因此，发生危机各国的干预和改革还需要进一步完善。

第三，国际机构援助的反思。从IMF在本次危机中发挥的作用来看，它产生了一定的负面效果，因而发生危机的国家应如何对待国际机构的援助值得反思，即发生危机的各国不可过于依赖IMF等国际机构或者其他国家。美国等西

---

① 参见郭景平：《亚洲金融危机治理研究》，吉林大学东北研究院博士学位论文，2006-11。

② 参见余永定：《亚洲金融危机的经验教训与中国宏观经济管理》，载《国际经济评论》，2007（3）。

方发达国家在 IMF 占据了很大的份额，具有较大的主导权，因此 IMF 向亚洲发生危机国家提供贷款的附加条件在很大程度上反映了西方发达国家的经济利益和政治诉求。IMF 对亚洲国家的具体情况了解有限，它采取应对墨西哥金融危机的政策来解决亚洲金融危机的作用有限。同时，国际货币基金组织的援助往往具有滞后性，受援国接受附加条件后，将会产生较大的负面影响。IMF 要求各国进一步提高市场自由度以及采取紧缩性财政政策、货币政策等并不符合危机中各国的真实情况。例如，在危机结束后的 1999 年，各国经济出现了负增长，失业率高企，企业破产倒闭问题严重，部分国家的经济直到现在还处于相对低迷的状态。例如，印度尼西亚在获得 IMF 的援助时实行了紧急的经济改革措施，这使得其国内政策变得更加被动了。[①] 泰国采取 IMF 的建议后，1998 年的经济萎缩了 10.5%，IMF 在 2003 年时承认其早期的政策建议加剧了泰国的痛苦。

（2）直接针对股市干预的反思。在亚洲金融危机中，各国政府纷纷动用大量资金入市干预（如直接购买大盘股）以及在舆论上鼓励企业回购等政策从长远来看对股市有一定的不利影响。股票市场的发展应遵循市场规律，由市场主导股指的涨跌，而政府在危机时的托市行为相当于给股市提供了一种隐形的担保，使得投资者产生一种认识，那就是一旦股市发生重大危机时，政府一定会出手救市，避免股灾的发生。这样一来，投资者的风险防范意识就减弱了，并倾向于冒险投资。这种预期一旦形成，就使得股市的投机氛围变得更加浓厚，进而为下一轮资产价格泡沫奠定了基础。这会将政府置于尴尬的境地，如果政府大力干预，那么政府可能会产生较大的损失且受到外界的指责；如果政府不进行干预，危机可能会更加严重，形成较大的股灾，并引起社会的动荡。同时，对于政府入市购买的大量股票，政府应制定良好的退出机制。因此，对于这一方面也值得反思，很多国家并未做好这项安排。与此相对应，香港在退出机制方面值得借鉴，1999 年 11 月香港成立了盈富基金，通过其对政府救市时购买的股权进行温和的退出，从而达到对市场的干扰最小，同时有利于资产的保值和增值。

在亚洲金融危机中，政府对做空机制进行了一定的限制，这也有一定弊端。股市的稳定有赖于投资者预期的分化，为了避免单一做多带来的股市泡沫，市场需要一定的做空工具和机制。股指期货等具有良好的套期保值功能，政府对股指做空机制的打压使得做空机制的功能进一步弱化，市场又退化到单边市场的行情，容易诱发股市泡沫。同时，政府对于融资融券等杠杆比例的调低，虽能降低投机性，但不利于市场的活跃。总之，政府的行政限制不利于股市的市场化发展。

---

① 参见庞中英：《东南亚金融危机的成因、教训与影响》，载《国际问题研究》，1998（1）。

7.2 各国具有特色的干预教训和反思

在亚洲金融危机过程中，马来西亚对资本账户进行了有选择的管制，然而危机后，其又逐渐放开了对资本账户的管制，没有形成一套完善的资本账户管理政策。这种放任的手段容易使本国遭受国际游资的冲击。同时，马来西亚对高端住宅的优惠和刺激容易诱发房地产市场新一轮的资产价格泡沫。

印度尼西亚是亚洲金融危机中受损最严重的国家之一，其由银行业危机演变为政治危机，并最终导致执政32年的总统苏哈托于1998年下台。当年，印度尼西亚的国内通货膨胀率飙升至58%，为发生危机各国中最高的，人均GDP下降了14.4%，很多城市发生了学生示威、工人罢工、各种集会和骚乱。同时，印度尼西亚的经济是各国中恢复最慢的，危机的影响非常长远。[①] 其关键教训在于要维护好国家政治体制的稳定性，同时要避免裙带主义对国家利益的侵蚀。

8. 亚洲金融危机带来的新变化与思考

8.1 新变化

（1）金融监管思路的变革。在金融危机后，亚洲国家的金融监管思路发生了一些变化，各国提出：要将监管看作动态的过程，要不断适应金融业的新变化；要在确立审慎监管原则的同时，保持监管的灵活性、适应性；分别监管要向一体化监管方向发展。

（2）金融监管框架的变革，金融监管向一元化方向发展。在亚洲金融危机中，新加坡的表现是比较稳健的，而这与其金融监管局的制度是密切相关的。新加坡金融监管局统一对银行、证券、保险等金融行业进行监督，下设银行署、证券署、保险署、期货署等六大部门，各部门负责对本行业进行监管；若涉及混业的问题，则由相应部门联合处理。金融监管局改变了各部门各自为政、难以协调的问题，使得各部门的合作变得密切，从而极大地加快了金融问题的处理速度以及独立性。

鉴于新加坡的成功范例，在亚洲金融危机后，很多国家也开始建立统一的金融监管机构。1998年，韩国成立了金融监督委员会，开始实行一元化监管。韩国金融监督委员会下设证券期货委员会（SFC）等多个机构，承担了原先包括韩国银行、财政部、银行监督院、保险监督院、证券监督院各类监管机构的职责，是韩国国务院的直属机构。

（3）进行金融重组，修订金融法条，改革存款保险制度。在亚洲金融危机后，各国对金融体系进行了重建。韩国为金融体系的重建投入了165.5兆韩元，

---

① 参见沈联涛：《十年轮回——从亚洲到全球的金融危机》，上海，上海远东出版社，2009。

韩国各大银行进行了裁员并缩减了分支机构。到 2004 年，韩国由 1997 年的 33 家银行变为 2004 年的 19 家，分支机构缩减了约 9%，从业人员缩减了约 40%。新加坡简化了牌照体系，开始出现兼容性牌照。1997 年，泰国关闭了 56 家经营不善的金融公司，政府接管了 6 家濒临破产的本国银行，对金融机构的存款人和债权人提供全额担保，增加了对金融机构的注资，放宽了外国机构对本国银行投资的持股比例限制。2001 年，泰国成立了两家资产管理公司，用于处理不良贷款问题。印度尼西亚成立了银行重组机构（BPPN），对银行进行整改，关闭了 60 家经营不善的银行，并对 12 家银行实行了国有化改革。

在亚洲金融危机后，各国对金融法条进行了修正。泰国对各项金融法规进行了全面的修改和补充，包括《银行法》、《金融公司法》和《专业金融机构法》等，对金融机构设立及执照申请、业务范围、风险管理及稳健性、金融体系管理、维护顾客利益及稽查等部分做出了新规定，建立了与国际先进监管标准相一致的金融法律体系。

在亚洲金融危机后，各国对存款保险制度进行了改革。1997 年，韩国改革了原有的存款保险制度，将过去分散的存款保险业务集中起来，由存款保险公司统一办理。泰国也重新考虑了建立存款保险机构，2008 年《存款保护法》正式实施。2002 年，新加坡金融管理局提出了建立存款保险制度的设想，并于 2006 年 4 月开始正式实施。

8.2　对变化的一些评论

在亚洲金融危机后，各国的金融改革取得了良好的效果，对现在的金融改革仍有一定的借鉴意义。

（1）金融监管理念的转变是有重大意义的，比如动态的监管机制、审慎监管的原则、一元化的监管体系都是符合市场发展趋势的，可以统一监管的尺度，加速风险的识别，快速解决跨领域、跨行业的金融问题，提升整个金融体系对危机的防御，抵御金融风险，稳定金融体系。

（2）在亚洲金融危机后，国家对金融企业进行了救援，并对金融机构进行了重组，这样既有利于稳定投资者的信心、缩短经济重建的时间，同时也有利于金融机构管理机制的改革，为金融机构日后的发展打下良好的基础。同时，政府在救助的过程中需要注意所分担的成本，若成本过高、程序过于繁杂，就应有所取舍；否则，不仅会导致金融机构重组耗时过长，延误经济复苏过程，推高金融危机成本，还会对国家财政造成巨大的压力。

（3）在亚洲金融危机后，各国纷纷改革或是引入存款保险制度。该制度在一定程度上可以保护存款人的利益，提高公众的信心，促进银行的适度竞争和金融体系的稳定性，有助于社会的安定。与此同时，我们也必须注意由此诱发的道德风险问题。

参考文献

[1] 安辉．现代金融危机国际传导机制及实证分析——以亚洲金融危机为例. 财经问题研究，2004（8）

[2] 陈华，赵俊燕．美国金融危机传导过程、机制与路径研究．经济与管理研究，2009（2）

[3] 杜涛，齐欢．试论亚洲金融危机中印尼政府的对策及其经济发展前景．云南财贸学院学报，2001（5）

[4] 韩秀云，王辉，吴栋．东南亚金融危机与香港．清华大学学报（哲学社会科学版），1997（4）

[5] 贺水金．泰国与马来西亚汇率制度的比较研究．上海经济研究，2005（12）

[6] 刘刚．亚洲金融危机十周年回顾与展望．世界经济与政治论坛，2007（5）

[7] 权丽平，张彦伟．亚洲金融危机——行为金融学的剖析．金融研究，2005（8），总第 302 期

[8] 沈红芳．亚洲金融危机：东亚模式转变的催化剂——对泰国与菲律宾的案例研究．世界经济，2001（10）

[9] 史远香．台湾、韩国在亚洲金融危机中不同表现的对比研究．金融科学—中国金融学院学报，1999（2），总第 44 期

[10] 卫兴华，桑百川．亚洲金融危机的成因、影响和对我国的启示．学术月刊，1999（1）

[11] 余永定．亚洲金融危机的经验教训与中国宏观经济管理．国际经济评论，2007（5）

[12] 赵瑛．亚洲金融危机前后的韩国金融改革．生产力研究，2010（3）

[13] 朱媛．金融危机的国际传导机制及发展趋势新思考．当代经济，2009（10）

分论四　俄罗斯金融危机与政府干预

摘　要

20世纪90年代初，东欧剧变、苏联解体，俄罗斯联邦以崭新的姿态走上了世界历史舞台。新生的俄罗斯面临政治重塑与经济秩序恢复的艰巨任务。然而，俄罗斯联邦政府不顾本国实情，以激进的方式推行“休克疗法”，导致社会秩序混乱、物价飞涨、经济衰退，俄罗斯经济元气大伤。“休克疗法”的失败并未动摇自由主义思潮的统治地位，经济、金融自由化依然是政策主旋律。随着俄罗斯金融市场的不断开放，国际流动资本日益增加，资金的迅速流入促成俄罗斯金融市场“欣欣向荣”的景象，同时也为日后市场的剧烈波动埋下了伏笔。

伴随着1997年亚洲金融危机的爆发，俄罗斯金融危机接踵而至。本分论详细描述了俄罗斯金融危机的产生背景、演进历程和政府干预措施，并从政治、经济、金融和国际影响四个角度考察了金融危机造成的后果。在此基础上，本分论重点从俄罗斯政局动荡不安、经济长期衰退、税收不足与债台高筑、金融市场盲目开放以及东南亚金融危机波及等视角全面剖析了危机产生的国内外因素。当前，我国经济社会转型、金融市场化改革进入关键期，如何避免经济转型中的问题，如何掌控金融市场开放与国际化的路径及速度，俄罗斯经济转轨与金融危机无疑为我们提供了有价值的借鉴。本分论尝试从历史中寻找规律，从危机中收获启迪。

Abstract

In the early 1990s, with the drastic changes in Eastern European and the dissolution of the Soviet Union, the Russian Federation step onto the world history stage with brand new appearance. Actually, Russia faced with the difficulties of political reconstruction and economic order restoration. However, the Russian Federation neglected the national reality and implemented the "shock treatment" in a radical way, which resulted inchaotic social order, soaring prices and economic recession. The failure of the "shock treatment" had not shaken the dominance of liberalization. With the openness of the Russian financial market, international capital flowed rapidly, which resulted in the fake "thriving" of the Russian financial market. Meanwhile, the liberalization of the financial market became the main cause of the drastic fluctuations in the future.

With the occurrence of the Asian financial crisis in 1997, the Russian financial crisis broke out. In this chapter, we describe the background, evolution and government intervention of the Russian financial crisis. We review the impact of the financial crisis from political, economic, financial and international aspects. Then we focus on the causes of the financial crisis, such as the turbulent political situation in Russia, long-term economic recession, insufficient tax revenue and high debt burden, inappropriate openness of the financial market, as well as the influence of the Asian financial crisis. Nowadays, China's economic and financial market reforms enter into a critical period, how to avoid the problem of economic transformation, how to control the pace of the financial market openness and internationalization are important questions, Russia's economic transition and the financial crisis provide valuable reference for us. We try to find principles and strategies from the history.

1. 历史背景

1.1 苏联解体

1991年12月25日，当西方国家正沉浸在圣诞节欢乐的氛围中时，一个东方大国正在经历一场深刻的政治变革。苏联第八位领导人戈尔巴乔夫宣布辞去总统职务，并将苏联国家权力移交给俄罗斯联邦总统叶利钦，成立89年的苏联宣告解体。苏联解体是20世纪90年代全球最重要的政治事件，各加盟共和国的独立不仅带来政治生态的重塑，对于各国社会、经济也造成了巨大冲击。俄罗斯联邦作为苏联最主要的部分，承袭了苏联主要的综合国力以及国际社会地位。衰退的苏联倒下，新生的俄罗斯以独立姿态走上世界舞台，人们迫切希望步入一个自由、繁荣的社会，虽然对于俄罗斯今后的发展道路存在迷茫、不确定，但人们满怀希望，憧憬着俄罗斯的美好未来。

1.2 “休克疗法”

“休克疗法”这一术语是20世纪80年代由美国经济学家杰弗里·萨克斯引入经济领域的。“休克疗法”的核心内容是经济自由化、私有化和稳定化，一般用于经济大幅衰退、国内经济秩序严重紊乱、物价飞涨、债务负担沉重的国家。

在苏联解体之后，俄罗斯领导人叶利钦渴望找到一条通向资本主义强国的快速通道，他对于继续实施苏联时期的渐进改革已失去耐心。1992年，年仅35岁的盖达尔在萨克斯的指导下，为俄罗斯绘制了一份激进的改革路线图，这个新的设想让总统叶利钦眼前一亮，随即任命盖达尔为政府总理，着手实施名为“休克疗法”的改革方案。改革伊始，盖达尔就宣布放开物价，任由价格波动，同时实行紧缩的财政政策与货币政策。在政策实施初期，经济、社会的问题似乎的确得到了好转，但随着新政策覆盖范围与推行时间的延伸，改革方案存在的问题凸现，经济、生活秩序严重紊乱——商品价格飞涨、生产急剧下滑、失业率增加、企业缺乏流动性、三角债不断增加。此外，“休克疗法”中的私有化改革更是让大批财富落入权贵阶层手中。在“休克疗法”实施不到1年的时间里，俄罗斯国内生产总值大幅下降、经济秩序一片混乱，“休克疗法”并未带来神奇的效果；相反，它给俄罗斯经济、社会的稳定与发展带来了巨大损害。1992年12月，盖达尔被解雇，“休克疗法”改革方案宣告失败。

1.3 经济的总体情况

自1991年独立以来，俄罗斯政治、经济、社会面临重新梳理的局面，俄罗斯领导人期盼通过彻底的改革迅速赶超西方发达国家。但如前所述，以盖达尔为首的政府推行的“休克疗法”并未奏效，反而让俄罗斯经济陷入了持续衰退当中。在自由主义居于主导地位的俄罗斯政府中，虽然盖达尔政府被解散，但货币政策依旧倾向于紧缩。不可否认的是，从货币层面看，俄罗斯的经济、社会正在趋于稳定。经过几年的改革，俄罗斯的通货膨胀率和汇率变动大幅缩小、币值趋于稳定、经济增长的货币环境逐步好转，见表分—4—1 和表分—4—2。同时，俄罗斯经济的下滑幅度逐年降低。1997 年，俄罗斯经济首次出现正增长，达到 1.4%；其中，工业增长率达到 0.9%，农业增长率达到 2.5%，见图分—4—1。在投资者眼中，俄罗斯经济即将走出低谷、走向繁荣。

表分—4—1　　1992—1997 年俄罗斯的消费者物价指数

年份	1992	1993	1994	1995	1996	1997
消费者物价指数（1995=100）	0.85	8.25	33.62	100	147.73	169.51
消费价格指数变化率（%）	—	874.62	307.63	197.47	47.74	14.77

资料来源：王凤京：《俄罗斯的金融自由化与金融危机：剖析与借鉴》，北京，经济科学出版社，2008。

表分—4—2　　1992—1997 年俄罗斯汇率的变化

日期	1992-07-01	1993-07-02	1994-07-01	1995-07-05	1996-07-02	1997-07-01
美元：卢布	1：125.26	1：1 059.00	1：1 989.00	1：4 553.00	1：5 119.00	1：5 782.00
汇率降幅（%）	—	745.44	87.82	128.91	12.43	12.95

资料来源：徐向梅：《俄罗斯银行制度转轨研究》，北京，中国金融出版社，2005。

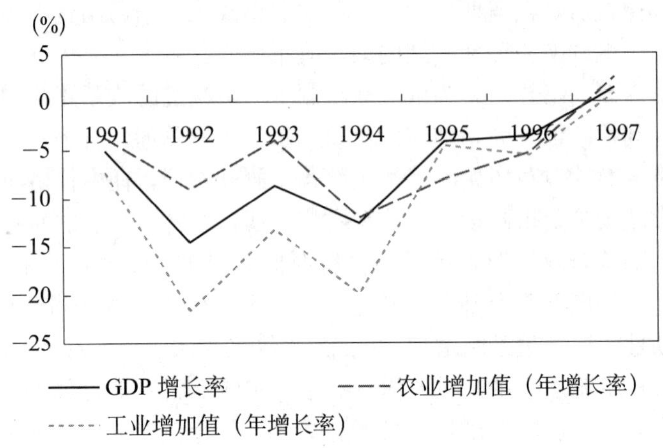

图分—4—1　1991—1997 年俄罗斯的经济状况

资料来源：世界银行。

1.4　金融市场状况

为摆脱旧时苏联的中央计划经济体制，俄罗斯政府以经济、金融自由化作为施政方向与重点。虽然盖达尔政府推行的“休克疗法”改革失败，但是俄罗斯迈向自由化的脚步并未停止，金融市场的建立与金融自由化也成为政府迫切追求的目标。俄罗斯金融市场成立后不久就实行对外开放政策：允许外资在俄罗斯兴办银行；允许外资投资于俄罗斯有价证券市场；放松对资本跨境流动的管制。俄罗斯迅速、全面开放金融市场的同时，其资本市场上市公司的股价相对较低，债券市场收益率较高，国债回报率超过 20%，而且以流动性最好的短期国债为主。国际资本嗅到俄罗斯经济复苏与金融市场高额回报散发的诱人魅力，争相进入俄罗斯市场以分享其经济转轨与开放带来的红利。自 1991 年至 1997 年，俄罗斯共计吸收外资 237.5 亿美元，其中 1996 年吸收外资 65 亿美元，1997 年吸收外资高达 122 亿美元，两年合计占吸收外资总量的 70%以上。随着资金的大幅流入，俄罗斯金融市场迅速走强，截至 1997 年 8 月 8 日，RTS 指数（1995 年 9 月 1 日开始统计，初始值为 100）收于 569.23 点，两年内的上涨幅度达到 469.23%，俄罗斯股票市场也成为全球表现最好的市场之一。在实体经济疲软、复苏曙光初现的背景下，俄罗斯股票市场迅猛发展，同时短期国债利率逐步走低，汇率波动幅度逐步减小，俄罗斯金融市场展现出蓬勃发展的势头。

1.5 国际经济形势

"亚洲四小龙"的经济腾飞为东南亚各国选择经济发展道路提供了极具现实意义的参考。随着东南亚各国实行出口导向型政策，国家经济快速发展，并且在较长时间内保持高增长。但是，由于过度依赖外资、劳动生产率不高等原因，其经济增长隐患长期存在。1997 年 7 月，以泰国为开端的金融危机在短时间内席卷东南亚各国，印度尼西亚、马来西亚、菲律宾、韩国等相继受到侵袭，股市、债市、汇市暴跌，银行倒闭，社会经济的正常运转遭到严重破坏，国家经济实力、居民生活水平大幅下降。突如其来的东南亚金融危机给全球经济发展、金融市场稳定带来了负面预期。图分—4—2 列示了部分东南亚国家的股票市场走势。

在东南亚各国受困于金融危机之时，地处东欧的俄罗斯似乎并未受到影响。俄罗斯的主要贸易伙伴来自西方发达国家以及欧洲、中亚地区发展中国家，三者在俄罗斯商品出口中所占的比重接近 90%，而东南亚地区的占比不足 7%，见图分—4—3。从贸易的角度看，俄罗斯与东南亚的经贸关系并不紧密，1997 年 7 月发生的东南亚金融危机似乎并不会牵涉俄罗斯。从外资流动的角度看，1997 年 8—9 月依然有大量外资涌入俄罗斯来追逐高收益。

2. 危机的演变历程

从俄罗斯经济而言，苏联解体与"休克疗法"使得俄罗斯经济大伤元气，国内经济、金融结构不尽合理，但我们可以看到，在危机之前，俄罗斯的通货膨胀率逐步走低，卢布兑美元的汇率趋于稳定，工、农业生产止跌回升，国内生产总值出现了自 1992 年以来的第一次增长。俄罗斯金融市场一片欣欣向荣，俄罗斯 RTS 指数持续上涨，由 1996 年 3 月 18 日的 66.69 点上涨到 1997 年 8 月 8 日的 569.23 点，上涨幅度达到 753.55%（见图分—4—4）；汇市趋于稳定，市场信心

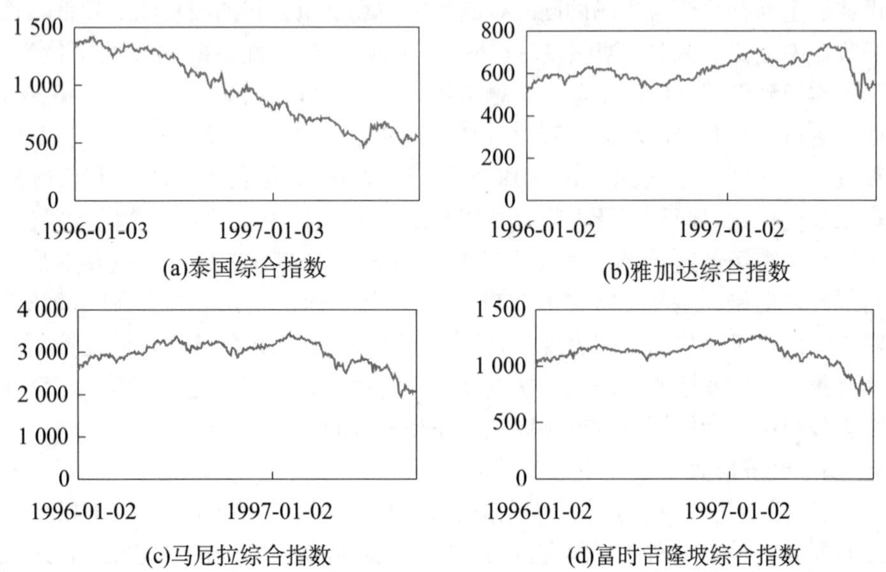

图分—4—2 1996 年 1 月—1997 年 12 月部分东南亚国家股票价格指数的走势图

资料来源：Wind 资讯。

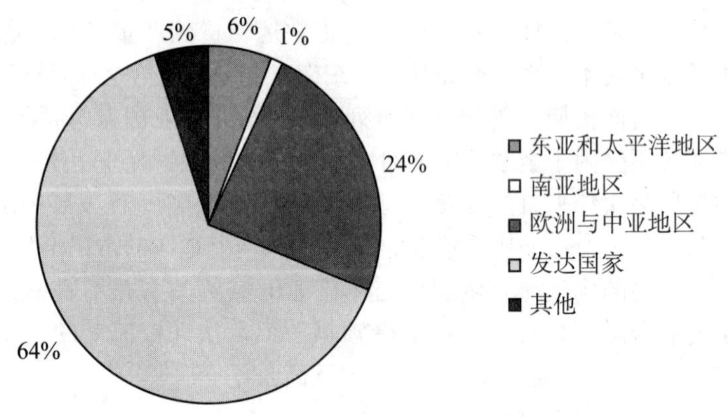

图分—4—3 1997 年俄罗斯商品出口结构

说明：除发达国家外，其余均为发展中国家。

资料来源：世界银行。

逐步增强（见图分—4—5）。然而，突如其来的危机打破了俄罗斯金融市场繁荣的景象，摧毁了投资者的心理防线，股市、债市、汇市暴跌（见图分—4—6），投资者恐慌地撤出俄罗斯金融市场，随后俄罗斯金融危机全面爆发。俄罗斯金融危机大致经历了三个阶段。

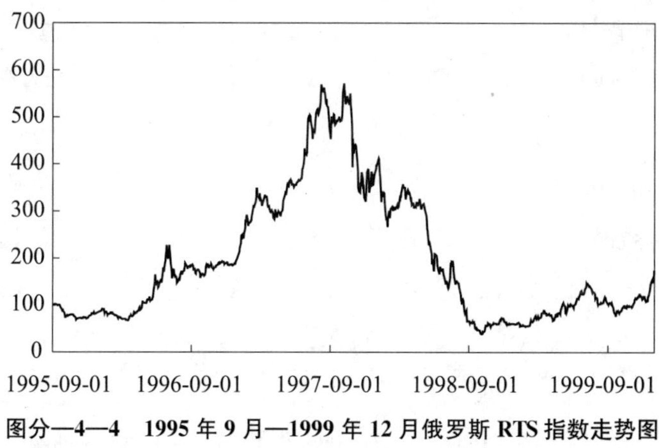

图分—4—4　1995 年 9 月—1999 年 12 月俄罗斯 RTS 指数走势图

资料来源：Wind 资讯。

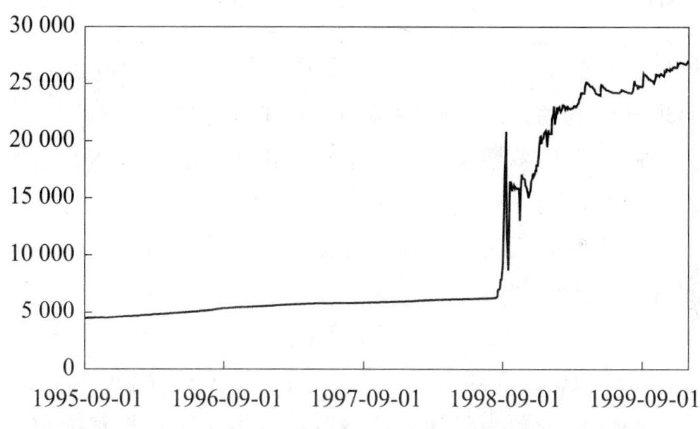

图分—4—5　1995 年 9 月—1999 年 12 月卢布兑美元走势图

说明：以 1998 年 1 月 1 日前的卢布币值计算。

资料来源：Wind 资讯。

2.1　第一阶段（1997 年 10 月底—11 月中旬）

1997 年 7 月爆发的东南亚金融危机起初并未对俄罗斯实体经济与金融市场造成大的影响，国际资本仍在不断涌入俄罗斯金融市场，俄罗斯 RTS 指数处于上升通道，并于 1997 年 10 月 6 日达到创纪录的 571.66 点。但是，随着亚洲金融危机的深化，越来越多的国家受到波及。金融危机对全球经济、金融形势的影响日渐加重，俄罗斯也未能逃脱。

伴随着东南亚金融危机在全球范围内的扩散，以及俄罗斯与新兴经济体在经济发展水平、结构上的相似性，越来越多的投资者开始对俄罗斯经济与金融市场

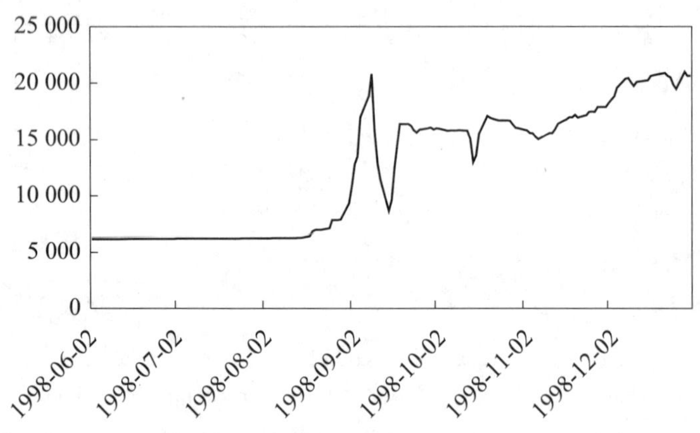

图分—4—6 1998 年 6 月—1998 年 12 月卢布兑美元走势图

说明：以 1998 年 1 月 1 日前的卢布币值计算。

资料来源：Wind 资讯。

的前景感到担忧。1997 年 9 月，日本、韩国受东南亚金融危机波及，各自的金融市场开始出现剧烈波动。日、韩两国为维护本国经济与金融安全，开始从俄罗斯撤资回国，由此引发俄罗斯金融市场动荡。由于日、韩两国在俄罗斯金融市场上占有较大比重，因而两国撤资引发市场抛压骤增，在经济形势暗淡、东南亚金融危机不断扩散、投资者行为趋于保守谨慎的背景下，日、韩两国的撤资引发大量外国投资者相继兑现离场，在巨大的抛压之下，俄罗斯金融市场快速下跌。1997 年 10 月 23—27 日俄罗斯 RTS 指数下跌 11.86%；28 日，RTS 指数由前一交易日的收盘价 485.16 点急剧下降，收于 392.86 点，下跌 19.02%，下跌幅度之大令人恐惧。在此后的两周时间内，俄罗斯金融市场危机愈演愈烈，股价指数连续下跌。到 1997 年 11 月 14 日，RTS 指数收于 342.07 点，较 10 月 27 日下跌了 29.49%，投资者不断抛售股票、债券，并在外汇市场兑进美元以规避风险。随着股市、债市的下跌，投资者信心受到严重打击。面对债券与外汇市场承受的巨大压力，俄罗斯中央银行调用 35 亿美元拯救市场。随着俄罗斯央行的强势介入，俄罗斯金融市场动荡趋缓、市场逐步稳定，但由于世界经济形势以及人们规避风险的意愿增强，仍有约 100 亿美元流出俄罗斯市场。

2.2 第二阶段（1998 年 5—6 月）

1997 年 10 月底到 11 月中旬第一阶段的金融危机结束之后，俄罗斯金融市场基本恢复稳定，RTS 指数除个别时间出现一定幅度的涨跌之外，总体维持在 300～400 点。但是，进入 1998 年 3 月之后，随着俄罗斯政治局势的动荡加剧，悲观预期再次笼罩俄罗斯金融市场。

进入1998年，俄罗斯总统叶利钦的身体状况逐渐好转，他认为自己有能力角逐于2000年举行的第三次总统大选。为了扫除竞争对手、铺平竞选道路，1998年3月23日叶利钦突然宣布解散现政府，并解除切尔诺·梅尔金的总理职务，同时提名年仅35岁的基里延科为新总理候选人。突如其来的政治变故引发轩然大波，解除行事稳健的切尔诺·梅尔金的总理职务，提名缺乏执政经验、缺乏政党和财团支持的基里延科，这一举动招致国家杜马的强烈不满，以致前两次新政府总理提名均未获得杜马通过；直到第三次提名表决，国家杜马才勉强通过关于基里延科的任命，但总统、政府和国家杜马长达月余的拉锯战充分暴露出三方之间尖锐的矛盾，而领导层内部的权利斗争势必导致俄罗斯政治局势的动荡加剧。年轻的基里延科走马上任，试图挽救处于萧条之中的俄罗斯经济。然而，考虑到动荡不安的政治局势以及对新任总理执政能力的质疑，投资者对于俄罗斯政府的信任逐步瓦解、恐慌不断增强，金融市场稍有风吹草动便会引发剧烈反应。

1998年5月13日，俄罗斯财政部的新债发行在当年首度失利，这无疑给市场发出了明确的警示信号。两天后，国家杜马通过《俄罗斯统一电力系统公司股票处置法》，规定公司股票出售给外国投资者的比重不得超过25%，而彼时外国投资者的持股已达到28%。此举一出，立即引发外国投资者对俄罗斯政府的不信任，投资者纷纷抛售股票、债券，大批资金撤离俄罗斯金融市场。俄罗斯统一电力系统公司的股价在两周内下跌超过40%，RTS指数从5月15日收盘时的258.1点下跌到5月26日收盘时的209.33点，下跌幅度达到18.9%。

1998年5月27日，俄罗斯金融市场出现了“黑色星期三”。卢布兑美元汇率一举突破央行划定的“外汇走廊”上限6.188 0∶1，达到6.201 0∶1～6.203 0∶1。股票指数暴跌了10.6%，RTS指数下跌到187.23点；同时，由于6月和7月有大量债务到期，致使俄罗斯国家短期债券的收益率居高不下，个别债券的年收益率甚至超过200%。为了应对金融市场危机，俄罗斯央行决定将再贴现率由50%提高到150%，幅度之大前所未有，而一天期的银行间拆借利率已达100%～200%，跨银行贷款系统几乎瘫痪。面对如此剧烈动荡的金融市场，俄罗斯政府与IMF紧急磋商并达成协议，由IMF提供226亿美元贷款用于稳定金融市场。IMF对俄罗斯的援助很快收到效果，俄罗斯股票、债券、外汇的下跌幅度收窄，市场逐步恢复稳定。但是，在政府动荡、经济下行、债务庞大的背景下，IMF的援助似乎只能治标而无力治本，俄罗斯金融体系依然潜藏着巨大的风险。

2.3 第三阶段（1998年8月）

在第二波金融市场动荡结束之后，基里延科政府出台稳定金融的经济纲领，期望通过增收节支的政策稳定经济及金融市场。但是，在经济长期衰退、金融市场很不成熟的阶段，这样的纲领并不能产生立竿见影的效果，其对于投资者预期的影响也较为微弱。截至8月10日，苏联发行的旧债券及俄罗斯新发行的欧洲债券价值仅及面值的36%和50%。次日，俄罗斯短期国债收益率飙升至100%，俄罗斯交易系统与莫斯科证券交易所双双开启跌停板制度。8月12日，俄罗斯政府调用48亿美元IMF贷款中的10亿美元用于支付到期债务，试图通过这样的做法挽回市场人气与投资者信心，但令俄罗斯政府始料未及的是，大部分投资者将收到的款项兑换为美元以规避风险，因而市场人气并未回升，焦虑、不安与悲观笼罩着市场的每一个角落。截至1998年8月12日，俄罗斯RTS指数收于108.19点，大约相当于年初的26.28%，短期国债收益率飙升到150%以上；与此同时，股市、债市的大幅波动使得避险资金争相逃离俄罗斯金融市场，而且在外汇市场上出现了抛售卢布、抢购美元的现象，致使卢布贬值的压力持续增加。在卢布贬值的预期之下，贷款给俄罗斯商业银行的国外银行纷纷要求提前还贷，国际两大评级公司标普和穆迪宣布调低对俄罗斯外债和俄罗斯主要银行及工业集团的信用评级，种种不利消息让本已举步维艰的俄罗斯金融市场走向绝望。在经济下滑、税收不足、赤字累积、巨额债务即将到期、外汇储备严重不足的复杂局面下，俄罗斯政府始终没有找到合适的方案拯救危局，最终放弃抵抗。8月17日，俄罗斯政府出台了三项强硬措施，以主权违约为代价以突破困局，寻求市场机制调节下新的平衡。俄罗斯政府宣布：卢布兑美元汇率走廊由6.2∶1调整为6∶1～9.5∶1；暂停90天外债支付；将1999年12月31日到期的短期国债重组为3～5年期的国债以调整政府债务结构。强制性的金融困局破除法引发市场强烈反应，国内外投资者对俄罗斯政府丧失了最后一丝信任，并疯狂撤离俄罗斯，致使俄罗斯的股市、债市、汇市全面崩盘。截至8月31日，俄罗斯RTS指数跌至65.62点，8月份的累计跌幅达到54.94%；债市停摆；卢布兑美元汇率由8月初的6.24∶1跌至9月1日的9.3∶1；商业银行处境艰难，亏损和停止营业的银行数量激增；民众挤提卢布、兑进美元，抢购消费品。一时间物价飞涨、怨声载道，社会不满情绪高涨。面对不断恶化的经济、社会局面，俄罗斯国家杜马要求总统叶利钦为此负责并引咎辞职。为了平息事端、保全地位，叶利钦被迫解散基里延科政府，任命前总理切尔诺·梅尔金为临时总理，让其再度上任应对危局。9月4日，切尔诺·梅尔金宣布俄罗斯实施自由浮动汇率制度，俄罗斯央行彻底放弃对汇率走廊的调控，卢布兑美元汇率猛跌至16.9∶1，峰值曾达到27∶1。

由此可以看到，俄罗斯转轨时期经济复苏的迹象吸引国内外投资者参与本国金融市场，但市场繁荣的经济基础并不牢固，在很大程度上是建立在投资者信心与预期基础之上的。随着东南亚金融危机蔓延以及俄罗斯政府动荡、经济下滑、债务剧增，投资者的信心逐步崩溃，引发股市、债市、汇市的全面暴跌，同时俄罗斯银行体系由于持有大量证券而损失巨大，大量银行停业，致使俄罗斯经济、金融市场走入低谷。

3. 政府的干预措施及效果

俄罗斯政府在金融危机的三个阶段采取了不同的应对手段进行市场干预，但从效果来看不尽如人意，市场依然按照自身规律运行和发展。直到金融危机后，普里马科夫政府根据俄罗斯的实际情况推出了一系列政策措施，才使俄罗斯经济、金融市场开始稳定和恢复。

3.1 金融危机第一阶段

1997 年 11 月，长期处于上升通道的俄罗斯金融市场第一次遭遇危机，股市、债市迅速下跌，投资者开始将资金撤出俄罗斯金融市场以规避风险。受此影响，俄罗斯外汇市场出现大量抛售卢布、抢购美元的现象。为了稳定卢布汇率、维护市场信心，俄罗斯央行调用 35 亿美元外汇储备参与汇率调控。随着央行的介入，俄罗斯外汇市场趋于稳定，市场逐步恢复平静，第一次金融波动渐渐淡去。但是，这次金融波动已把投资者对于亚洲金融危机是否会影响俄罗斯金融市场的疑虑变为现实，使投资者信心受到一定程度的打击，总计约 100 亿美元外资撤离俄罗斯金融市场。

3.2 金融危机第二阶段

在第一阶段金融危机结束约半年后，俄罗斯金融市场再次出现剧烈振荡。面对再一次的危机，俄罗斯政府采取了调整货币政策、调用外汇储备、增加外债发行、求助国际金融组织等多种手段进行干预，试图恢复市场信心、稳定市场态势。首先，俄罗斯政府通过提高利率以保卫卢布。俄罗斯中央银行贴现率由 5 月 19 日的 30%上调至 27 日的 150%，上升幅度达 400%，同时央行调用 50 亿美元外汇储备干预汇市，占年初外汇储备总额的 25%。其次，俄罗斯政府大幅增加外债发行额度，1998 年拟再发行 60 亿美元欧洲债券，以缓解资金紧张局面。俄罗斯政府与国际货币基金组织经过一系列谈判，最终在 1998 年 7 月 13 日达成协议，由国际货币基金组织向俄罗斯提供 226 亿美元贷款以稳定经济、金融市场。另外，俄罗斯政府计划通过借长期新债还短期旧债的方法，调整短期债券占比过高的债务期限结构，以分散债务到期时间、延迟偿债高峰、平稳化解债务“堰塞湖”。在俄罗斯政府的不懈努力和以国际货币基金组织为代表的西方国家支持下，俄罗斯金融市场逐渐恢复稳定。但是，由于俄罗斯的政治动荡此起彼伏、债务危机仍未排解，因而苟延残喘中的俄罗斯金融市场并没有重新获得投资者的认可。从长期来看，俄罗斯金融体系仍然潜伏着巨大的危机。

3.3 金融危机第三阶段

在经历了1997年10月底到11月与1998年5—6月两次金融危机之后，俄罗斯政府已处于内外交困的局面当中，无力应对任何新的市场动荡。然而，金融市场没有给俄罗斯政府喘息的机会，第三次金融危机接踵而至。面对即将到期的巨额债务以及濒临崩溃的金融市场，俄罗斯政府于8月17日出台了三项强硬的应对措施，与金融危机放手一搏。俄罗斯政府出台的措施为：首先，调整汇率走廊，将卢布兑美元的汇率由此前的6.2：1调整为6：1～9.5：1。在外资大量流出、卢布币值走弱的背景下，这一举措相当于宣布卢布贬值近50%。其次，俄罗斯宣布延期90天外债支付。受此影响，约有150亿美元外债不能按时偿还，此举向国际社会公开确认俄罗斯主权债务违约，因而俄罗斯的国际信誉受到极大损害。另外，俄罗斯政府宣布转换内债偿债期限，将1999年12月31日前到期的债务转换为3年期、4年期、5年期的中期国债，以改变政府债务期限结构，保证债务长期可偿还。同时，俄罗斯政府宣布在债券转换结束之前，国债市场暂停交易。在内外交困的局面下，俄罗斯政府不得不出台极端的铁腕政策，以渡过短期难关，试图在长期范围内实现市场稳定。但是，此举在短期内对俄罗斯政府的信用以及投资者信心的打击力度空前，金融市场呈现全面崩溃的状态，股市、债市、汇市和商业银行等相关金融市场与机构正在经历俄罗斯金融市场自创立以来最严峻的时刻。

3.4 金融危机后普里马科夫执政时期

面对国家经济长期低迷、金融市场全面崩溃的局面，普里马科夫临危受命，出任政府总理。为了恢复市场的正常经济秩序、提振投资者信心，普里马科夫多方并举，取得了显著成效。普里马科夫上台伊始就表示，新政府将摒弃货币主义政策，以促进经济增长为首要目标，优先发展生产，加强国家宏观调控力度；在财政收支方面，新政府将采取扩税基、降税率、提高完税率的方法增加财政收入，同时严格管控各项支出，尽力促进预算平衡；在国家内外债务方面，普里马科夫承诺政府将偿还所有内外债务，尽快发放政府拖欠的工资和养老金；在经济与金融市场开放方面，新政府将坚持对外开放的政策，但同时强调要提高外资直接投资的占比，以弥补国内资金不足对经济发展形成的枷锁，降低短期投机性资本的比重，减小其对本国金融市场稳定的影响。普里马科夫出台的各项政策贴合俄罗斯实际情况，而且重点突出、针对性强、在推行过程中态度坚决，因而俄罗斯经济、金融市场开始逐步稳定、恢复，市场信心触底反弹。1999年，随着国际油价回升以及卢布贬值导致的进口受挫，俄罗斯实现贸易顺差约300亿美元。与1998年同期相比，1999年上半年俄罗斯经济实现0.7%的增长，工业产值增长3.1%，经济增长超出此前预期，社会经济回暖趋势明显。

4. 危机的后果

俄罗斯金融危机的爆发给俄罗斯的政治、经济、社会带来了严重的后果，使政府陷入信任危机，经济进入全面衰退，金融市场混乱，大量银行停业，人民生活陷入困苦。与此同时，俄罗斯金融危机还对其他国家特别是独联体内的国家产生了较大影响。

4.1 政府陷入信任危机

俄罗斯独立伊始，人民对于新俄罗斯充满期待，他们盼望告别苏联式社会，迎来一个开放、自由、繁荣的新时代。但是，随着政治、经济改革的推进，俄罗斯人民饱受经济下滑、物价飞涨、失业激增之苦，对政府失望的情绪逐渐蔓延开来，甚至出现民众自发游行渴望回到苏联模式的现象。自1998年3月以来，总统叶利钦三次更换政府总理，从切尔诺·梅尔金下台到基里延科执政，从切尔诺·梅尔金再度出山到普里马科夫出任总理，政府更迭导致的政策变化以及更迭期间出现的无政府状态使得危机之中的俄罗斯愈发风雨飘摇。同时，俄罗斯政府更迭过程中总统、国家杜马、政府之间的矛盾显现，总统和国家杜马在总理候选人问题上的斗争使得矛盾彻底激化，不仅建设“和睦政府”的希望化为泡影，而且严重影响了俄罗斯正常的生产、生活秩序，越来越多的投资者以及民众对政府表示不满，对政府掌控政治、经济、社会的能力感到深切担忧，政府信任危机达到空前的地步。

截至1998年6月底，俄罗斯国内外债务总额已逾2 000亿美元，然而在经济不景气、税收制度存在缺陷、完税率低、外汇收入减少的背景下，按时偿付债息成为俄罗斯政府的沉重负担。面对偿债高峰的到来，俄罗斯政府决定采取主权违约的方式应对。1998年8月17日，俄罗斯政府宣布推迟90天外债偿付，并提出债务重组计划以改变短期债务占比过高的局面。这一政策被国际社会普遍解读为俄罗斯收不抵支，事实上已处于国家破产状态。国际著名评级机构标普、穆迪纷纷下调对俄罗斯的主权信用评级。至此，俄罗斯在国际金融市场的信用水平降至历史低点，使其举债成本上升、举债难度进一步增大。深陷危机的俄罗斯政府不得不向国际货币基金组织求援，以期取得贷款渡过难关。为获得IMF支持，俄罗斯承诺继续执行严厉的货币、财政政策，实施压缩政府预算、打破国内垄断等经济政策。然而，这些经济政策的实施无一不是国际金融组织对俄罗斯经济主权干预的结果。俄罗斯鉴于国内危机而同意与IMF签署贷款协议，在某种程度上丧失了部分国家经济主权，见表分—4—3。

表分—4—3　　俄罗斯在转轨中利用国际货币基金组织、世界银行贷款和国际开发协会的信贷额

单位：万美元

年份	1991	1992	1993	1994	1995	1996	1997	1998
国际货币基金组织信贷额	0	98 860	246 870	419 790	961 730	1 250 760	1 323 060	1 933 510
世界银行贷款和国际开发协会的信贷额	0	0	36 690	68 430	152 390	250 900	505 310	633 670

资料来源：王凤京：《俄罗斯的金融自由化与金融危机：剖析与借鉴》，北京，经济科学出版社，2008。

4.2　经济进入全面衰退

从1994年起，俄罗斯经济逐步企稳，衰退幅度逐年减小，1997年首次出现正增长，外界普遍预期1998年俄罗斯经济将保持增长态势，真正实现止跌回暖。但是，突如其来的金融危机不仅造成俄罗斯金融市场的紊乱与低迷，对整个社会经济也造成了很大的负面影响，实体经济再度陷入全面衰退当中。在经历了1997年的经济增长之后，1998年俄罗斯国内生产总值再度下降，降幅达4.6%。其中，工业产值下降5%，农业产值下降12.3%，固定资产投资下降7%。与此同时，俄罗斯国家外债进一步上升，达到1 439亿美元，占GDP的55%。金融危机之后，不仅1997年俄罗斯经济复苏的势头被遏制，工业、农业、外贸全面下滑，而且国家债务进一步上升，见表分—4—4。金融危机使得刚刚迎来暖春的俄罗斯经济再一次步入寒冬。

表分—4—4　　俄罗斯金融危机对实体经济造成的损害

	危机前1997年	危机后1998年	备注
国内生产总值（占上年的比重，%）	100.8	95.4	
工业产值（占上年的比重，%）	102	95	
农业产值（占上年的比重，%）	101.3	87.7	
固定资产投资（占上年的比重，%）	95	93	
与独联体外国家贸易额（占上年的比重，%）	103	83	
与独联体国家贸易额（占上年的比重，%）	96	79	
统一预算赤字（占GDP的比重，%）	5.0	3.6	临界值为5
外债总额（亿美元）	1 225	1 439	
外债占GDP的比重（%）	29.8	55.0	

资料来源：王凤京：《俄罗斯的金融自由化与金融危机：剖析与借鉴》，北京，经济科学出版社，2008。

从宏观层面看，俄罗斯金融危机给国家经济发展、生产秩序维护、贸易往来带来了巨大损害；从居民生活的角度看，俄罗斯金融危机也让饱受苏联解体、经济转轨之苦的普通民众再一次陷入痛苦的深渊。伴随着社会通货膨胀率的急剧升

高，社会失业率有所增加，居民实际收入大幅下降，生活水平随之降低，生活在贫困线以下的人口比率上升，见表分—4—5。经济形势的恶化、居民收入的骤降、失业率的攀升引发社会强烈不满，社会动荡进一步加剧并呈愈演愈烈之势。

表分—4—5　　俄罗斯金融危机对社会造成的损害

	危机前 1997 年	危机后 1998 年	备注
通货膨胀率（%）	11.0	84.0	临界值为 20
失业率（%）	10.8	11.9	临界值为 7
居民实际货币收入（占上年的比重,%）	103.4	81.5	
月均实际工资（占上年的比重,%）	105.0	87.0	
贫困线以下人口（%）	20.8	23.8	

资料来源：王凤京：《俄罗斯的金融自由化与金融危机：剖析与借鉴》，北京，经济科学出版社，2008。

4.3　金融市场混乱

在经济长期衰退、金融市场初建、对市场规律的认知和市场制度极不完善的背景下，俄罗斯贸然开放金融市场，过早、过快地取消金融管制，导致金融市场剧烈动荡，股市经历了从猛烈上升到骤然下降的极端过程。在金融市场开放初期，国外投资者纷纷涌入俄罗斯，试图分享俄罗斯经济转轨与市场化改革的成果。在股票市场表现为上市公司数量大幅增加，证券交易量迅速放大，市场情绪走向亢奋。随着亚洲金融危机的爆发、俄罗斯政局动荡不安以及债务问题的凸现，市场信心受到了严重打击直至崩溃，大批投资者开始撤离俄罗斯金融市场。俄罗斯股市从 1997 年 10 月最高的 571.66 点下降到 1998 年 10 月最低时的 38.53 点，跌幅高达 93.26%，俄罗斯主要证券交易所的交易量剧烈下跌，市场冷清，股市进入萧条状态，见表分—4—6。同时，投资者疯狂抛售俄罗斯债券，导致债券价格暴跌。随后，从股市、债市撤离的资金进入外汇市场，人们抛售卢布、恐慌性抢购美元，俄罗斯央行在调用大量外汇储备干预无效后，最终放弃对汇率走廊的维系，转而实行浮动汇率制度。因此，卢布兑美元汇率暴跌，由 1998 年初的 5.96：1 跌至最低 27：1，贬值幅度超过 300%。随着股市暴跌、债市停摆、卢布贬值，俄罗斯金融市场进入全面萧条状态。

表分—4—6　　1995—1999 年俄罗斯主要证券交易所股票交易量　　单位：亿美元

年份	1995	1996	1997	1998	1999
莫斯科银行间货币交易所	—	—	9.8	15	30
俄罗斯交易系统	2	35	156.6	93	24
莫斯科证券交易所	—	—	—	9	5
合计	2	35	166.4	117	59

资料来源：王凤京：《俄罗斯的金融自由化与金融危机：剖析与借鉴》，北京，经济科学出版社，2008。

在金融自由化的改革框架下，俄罗斯放松了对于商业银行设立的管制，银行数量随之大幅增加；到 1996 年底，俄罗斯注册商业银行的数量达到 2 578 家。然而，政府对商业银行的监管并没有跟上银行注册自由化的步伐。在本轮金融危机中，大量商业银行卷入俄罗斯国债炒作，甚至有部分银行通过从国外商业银行贷款的方式筹集资金进入俄罗斯债券市场牟取暴利。当政府强制性重组债券市场时，债券市场收益率大幅降低、期限大幅延长、卢布贬值，俄罗斯商业银行损失惨重。截至 1999 年 1 月，在所有商业银行中，财务状况正常的商业银行仅占 54.2%，有严重财务问题的商业银行占 19.8%，处于危机当中的商业银行占 25.7%。由于俄罗斯商业银行的破产制度并不完善，因而金融危机中倒闭银行的数量不多，大部分受损银行选择停业来应对危机。从表分—4—7 可以看到，1997—2000 年正常经营的商业银行数量急剧下滑，停业银行的占比由 1996 年的 11.8%猛增到 1999 年的 40.9%，即金融危机给俄罗斯银行业带来了致命打击。

表分—4—7　　1996—2000 年 1 月的俄罗斯商业银行数量

年份	1996	1997	1998	1999	2000
注册的商业银行数	2 578	2 576	2 526	2 451	2 342
正常经营的银行	2 273	2 007	1 675	1 447	1 315
停业的银行	305	569	851	1 004	1 027
停业银行的比例	11.80%	22.10%	33.60%	40.90%	43.80%

资料来源：朱显平、邹向阳：《转轨时期的俄罗斯金融市场研究——区域经济干预理论的实践》，长春，吉林人民出版社，2006。

4.4　波及其他国家

1997 年爆发的金融危机以泰国为源头，逐步蔓延到菲律宾、马来西亚、印度尼西亚等国，而后韩国、日本也受到波及。然而，在南亚、东亚相继产生金融危机之后，金融危机的脚步并没有停下，作为东欧大国的俄罗斯也难逃厄运。一系列金融危机的产生使得投资者对新兴市场的信心受到严重打击，具有相似经济结构的其他新兴国家在此背景之下也相继出现股市、汇市波动与投资者撤离现象。继 8 月俄罗斯金融市场崩溃之后，9 月南美市场也遭受波及——外资在两周内从巴西撤走了 140 亿美元，而巴西的外汇储备也从 700 亿美元下降到 500 亿美元。持续发酵的危机使得新兴市场投资者纷纷选择撤资观望。

本轮金融危机主要波及了新兴经济体，而发达国家受到的影响相对较小，但在经济、金融全球化的时代，一国市场的动荡势必会对其他国家产生影响，如俄罗斯金融危机通过金融渠道波及发达国家。多只对冲基金参与了俄罗斯金融市场，但在股市崩盘、债市停摆、汇市一落千丈时能够全身而退的对冲基金少之又少。据统计，俄罗斯金融风暴使得外国投资者总计亏损了 300 多亿美元，其中损失最惨重的美国长期资本管理公司亏损了25亿美元，量子基金亏损了20亿美元。对冲基金的巨额亏损直接影响到为其提供贷款的银行，并在整个金融体系产生了连锁反应。另外，俄罗斯金融危机使其债权国面临无法收回本息的风险。以德国为代表的欧洲国家持有大量俄罗斯债权，其中德国持有的俄罗斯债权就达到440亿美元以上。随着俄罗斯政府债务的不断增加，其已深陷支付危机当中；此时，不论是国家债务抑或是政府担保的银行贷款，都面临很大的坏账风险，而债务违约势必严重影响债权人的利益。俄罗斯金融危机发生后，法兰克福DAX指数曾一度下跌3%，巴黎CAC 40指数下跌1.76%。东南亚及俄罗斯金融危机为发达国家金融市场的发展蒙上一层阴影。

苏联解体后，俄罗斯与独联体国家依然保持着密切的经贸往来。本轮俄罗斯金融危机带来的股市、债市、汇市暴跌以及经济下滑、进出口贸易减少，势必会对独联体国家产生很大影响。在俄罗斯金融危机的影响下：乌克兰货币格里夫纳不断贬值，俄、乌两国贸易明显减少；白俄罗斯居民担心货币贬值，大量购入商品，使食品、家用电器的销售量大幅增加；亚美尼亚货币德拉姆兑美元的汇率一度下跌3.2%，而且由于俄罗斯占其出口额的25%，故卢布的贬值直接影响了两国贸易；哈萨克斯坦出现美元抢购潮，政府从9月8日起停止出售美元；吉尔吉斯斯坦在俄罗斯金融危机的影响下，植物油、鱼罐头、糖果的价格上涨了三成。除独联体国家外，与俄罗斯相邻的东欧地区国家也受到不同程度的冲击。匈牙利经济机构预测，1998年其对俄罗斯的出口可能减少了30%；俄罗斯是波兰的第二大贸易伙伴，波兰专家担心，如果俄罗斯进口需求持续低迷，则波兰食品与农业部门将面临产品大量过剩的问题。

5. 危机成因分析

俄罗斯金融危机从本质上看是货币危机、债务危机、股市危机、银行危机的混合体，同时也是1997年亚洲金融危机的延伸。引发这场金融危机的主要原因有以下几点。

5.1 政治动荡，政策不稳定

在苏联解体后，俄罗斯联邦作为一个独立国家走上历史舞台，但东欧剧变、苏联解体所导致的政治生态重塑并未随之终结。在俄罗斯国内，总统、政府以及国家杜马之间的斗争持续不断，并有愈演愈烈之势。国家最高领导层之间的不睦导致俄罗斯政治局势长期处在动荡之中，这不仅影响经济、社会秩序的正常运行，也使得投资者对于长期、大额投资持有相当谨慎的态度。

1997年，俄罗斯经济在经历6年严重衰退之后，首度出现1.4%的增长，同时工业、农业及第三产业均出现稳定复苏的迹象，投资者普遍预期俄罗斯经济将走出泥潭、恢复生机。然而，俄罗斯政局的动荡为这一预期的实现打上了问号。1998年3月23日，俄罗斯总统叶利钦宣布解散政府，解除总理切尔诺·梅尔金的职务，并提名年仅35岁的基里延科出任政府总理。叶利钦此举虽有对切尔诺·梅尔金改革进展迟滞不满的原因，亦有减少2000年总统大选竞争对手的考量，然而，此举一出立即引发俄罗斯国家杜马的强烈反对。在总统、国家杜马长期不睦，基里延科缺乏从政经验与党团支持的背景下，其总理提名直到第三次表决才勉强通过。在此过程中，总统与国家杜马之间的矛盾更加激化，致使俄罗斯构建"和睦政府"的希望幻灭。

1998年5—8月俄罗斯经历了两次大的金融动荡，在此期间，由于政府政策失误以及缺乏执行力，金融危机的影响不断放大，加剧了经济下滑与金融市场崩溃。8月21日，俄罗斯国家杜马以245票和246票通过决议，表示对政府工作的不满并要求总统叶利钦引咎辞职。虽然叶利钦强硬拒绝辞职，但迫于各方压力还是解散了政府，并解除了基里延科的总理职务，再度任命切尔诺·梅尔金为代总理。但是，在新任总理候选人问题上，俄罗斯总统与国家杜马再度对立。国家杜马分别于8月31日和9月7日两度否决切尔诺·梅尔金的总理提名，甚至提出以叶利钦辞职为条件来换取总理提名通过。作为回应，叶利钦威胁将解散国家杜马。然而，国家杜马毫不示弱，表示将考虑在被解散之前提议弹劾总统，总统与国家杜马之间的对抗进入白热化状态。在双方毫不示弱的情况下，最终叶利钦改为提名可被杜马接受的普里马科夫为新任总理。至此，长期的政局动荡、权力阶层的内部斗争才告一段落。但是在此期间，政局动荡对社会秩序造成了巨大破坏，给经济增长和生产发展带来了严重负面影响，直接引发投资者的恐慌以及大规模撤资，加剧了金融市场崩溃与实体经济衰退。

自1998年3月起，俄罗斯在短期内更换三任总理，从切尔诺·梅尔金到基里延科，从切尔诺·梅尔金再度代理总理到普里马科夫走马上任，在总统与国家杜马关系僵持、矛盾尖锐的时期，政府首脑的不停更迭导致俄罗斯国家经济、金融政策常常处在变动之中，使得政策持续性和政府公信力降至历史低点，国家政局的动荡本已使得投资者信心风雨飘摇，政策的更迭更让这种状况雪上加霜。另外，匆匆组建的政府不仅无法全面了解国家面临的状况，而且无法展开施政理念，政府首脑的缺失更是使得整个社会的经济秩序处于混乱与自由放任的状态，这也进一步放大了经济、金融危机带来的危害。

5.2 经济长期衰退，税收严重不足，债务急剧上升

自苏联解体以后，俄罗斯经济长期处于衰退之中。1992—1996年俄罗斯国内生产总值的下降超过20%（见图分—4—7），对外贸易额占GDP的比重由110%下降到50%。伴随经济、外贸的持续衰退，俄罗斯人均收入大幅下降，社

会经济处于低迷状态。1997 年，虽然俄罗斯经济出现短暂增长，但从 1998 年前 7 个月来看，投资者期盼中的增长化为泡影：俄罗斯经济较 1997 年同期下降了 1.1%，其中 7 月份的降幅就达到 4.5%，并且呈扩大趋势；国际贸易额降低 7.5%，出口下滑 13%，国际贸易顺差大幅缩减，贸易颓势明显，见图分—4—8。另外，俄罗斯资金严重短缺、产品技术结构偏重于中低端、工业设备利用率处于历史低谷，经济增长的内生动力不足不仅造成了俄罗斯经济短期低迷，而且从长期来看，其经济增长缺乏稳固基础。

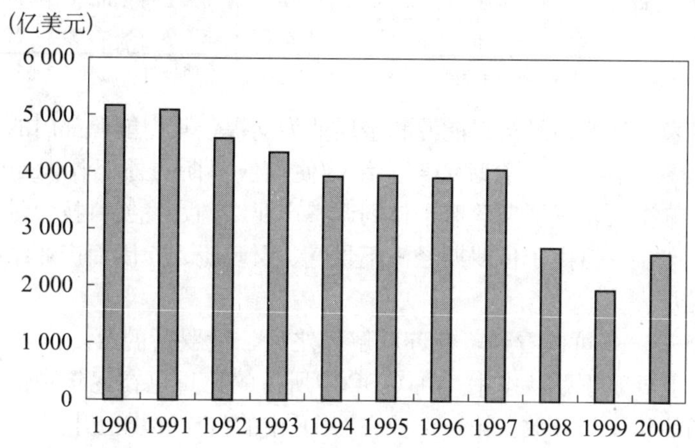

图分—4—7　1990—2000 年俄罗斯国内生产总值

资料来源：世界银行。

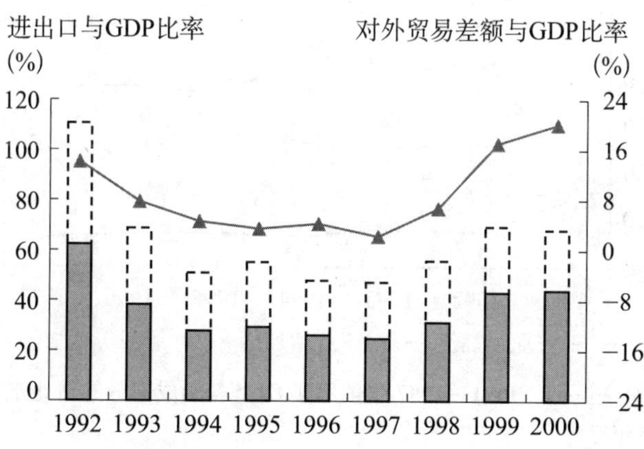

图分—4—8　1992—2000 年俄罗斯进出口及贸易顺差占 GDP 的比重

资料来源：世界银行。

从生产性投资的角度看，自1990年以来，俄罗斯生产性投资降幅超过10％，非生产性投资的占比快速增加——截至1996年底，非生产性投资的占比已超过40％，见表分—4—8。不断降低的生产性投资不仅使得社会发展缺乏动力，同时也显示出投资者对于俄罗斯未来经济发展的悲观预期。

表分—4—8　1989—1996年生产性投资与非生产性投资的比重（％）

年份	1989	1990	1991	1992	1993	1994	1995	1996
全部基本建设投资	100	100	100	100	100	100	100	100
其中：生产性投资	71.7	70.9	68.6	65.5	60.1	56.0	59.3	59.5
非生产性投资	28.3	29.1	31.4	34.5	39.9	44.0	40.7	40.5

资料来源：关雪凌：《俄罗斯社会转型期的经济危机》，北京，中国经济出版社，2002。

长期以来，俄罗斯经济以能源和金属业为支撑，其中能源部门的收入占到国家预算的45％。然而，不合理的产业结构使得俄罗斯的外汇收入受国际能源市场价格的影响很大，俄罗斯政府也计划调整产业结构，发展科技含量高、具有国际竞争力的产业，但由于俄罗斯经济不景气、财政匮乏，因而产业结构调整计划一直无法展开。

从图分—4—9可以看到，在苏联解体之后，俄罗斯的第一产业、第二产业不仅在总量上处于下跌状态中，在GDP中所占的比重也在逐年降低，然而，随着金融市场的建立与开放，第三产业在GDP中的占比逐步上升。

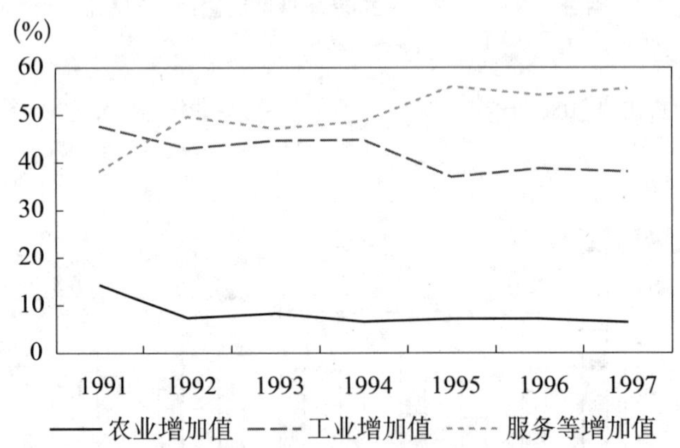

图分—4—9　1991—1997年俄罗斯GDP各组成部分的占比走势

资料来源：世界银行。

从表分—4—9可以看到，就工业生产结构而言，俄罗斯的重工业占比过高，轻工业占比过低，而且这种不合理的结构在苏联解体之后有恶化的趋势——俄罗斯联邦政府更加倚重重工业，轻工业占比从1990年的8.4％下降到1995年的

3.1%，而采掘工业占比从1990年的15.5%增长到20.8%，燃料工业、黑色冶金、有色冶金累计占比从1990年的33.4%增加到42.3%，即轻、重工业的不平衡现象加剧，而过度倚重燃料、金属材料的工业生产结构在国际原材料价格下跌时受到的影响可能是致命的。

表分—4—9　　1990—1995年的工业生产结构［占工业总产值的比重（%），按1992年价格计算］

部门	1990	1991	1992	1993	1994	1995
工业总计	100	100	100	100	100	100
其中：采掘工业	15.5	15.8	17.0	17.8	20.4	20.8
加工工业	84.5	84.2	83.0	82.2	79.6	79.2
其中：电力工业	5.0	5.5	6.4	7.1	8.2	8.4
燃料工业	16.0	16.3	18.5	19.1	21.7	22.4
黑色冶金	7.9	7.9	8.2	7.9	8.3	9.4
有色冶金	9.5	9.4	8.6	8.6	9.9	10.5
机器制造和金属加工	20.1	19.7	20.5	20.1	17.6	16.5
化学和石油化学工业	8.5	8.7	8.3	7.6	7.3	8.1
森林、木材加工和织染造纸	4.6	4.5	4.8	4.5	4.0	4.1
建材工业	3.1	3.3	3.3	3.2	2.9	2.8
轻工业	8.4	8.3	7.1	6.4	4.3	3.1
食品工业	10.2	10.0	10.3	10.9	11.4	10.8
其他工业生产	6.7	6.4	4.0	4.6	4.4	4.1

资料来源：关雪凌：《俄罗斯社会转型期的经济危机》，北京，中国经济出版社，2002。

从图分—4—10可以看到，在俄罗斯的出口构成中，燃料、矿石和金属等原材料占比维持在50%以上，其中燃料（石油、天然气）占比约40%，可以说俄罗斯的出口收入主要依赖于原材料，其中尤以石油、天然气为重。结构单一、技术含量低、过度依赖原材料的出口模式将导致俄罗斯在国际原材料价格下跌时外汇收入大幅减少，进而其国际收支平衡将会受到很大影响。从1997年开始的国际油价大幅下滑导致俄罗斯的外汇收入一再减少，最终达到难以支撑国家外债偿付的地步；同样，这也是俄罗斯在亚洲金融危机之后面对巨额到期外债束手无策的重要原因。

长期以来，俄罗斯一直沿用苏联时的税收制度，其税制苛刻复杂，税种多且税率高，每年的实际税收收入相对较少。旧的税收制度不仅不利于生产者，对生产积极性和经济发展也有负面影响，而且没有将新出现的行业纳入征税的范围，因而经济社会中偷税、漏税、抗税的现象普遍存在。据俄罗斯中央银行统计，企业之间的结算有10%以卢布结算，有20%以美元结算，剩余的70%以大约30

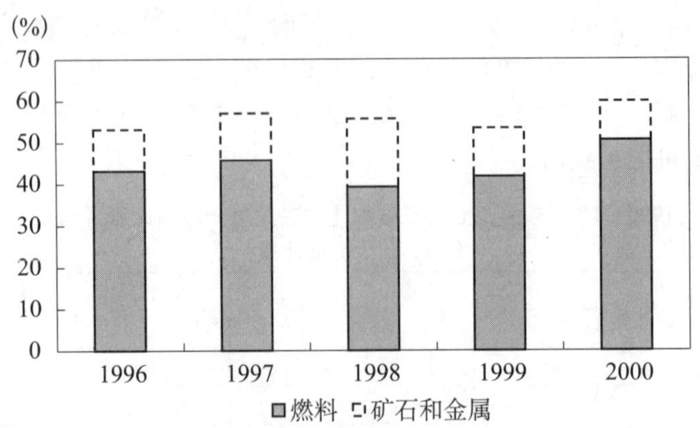

图分—4—10 1996—2000 年俄罗斯的出口构成

资料来源：世界银行。

种极不规范的方式进行，大部分为以货易货的低级形式交易。很多企业主发现，如果按时按量缴纳税款，自己的企业将无法生存，也就是不合理的税收制度已丧失了其生存的基本土壤。虽然新的《税法典》正在酝酿之中，但由于各方利益不均，新的《税法典》长期处于争论的状态而不能推出，这使得俄罗斯长期采用不合理的税收制度，完税率不足 65%，因而政府的税收收入严重不足。

从俄罗斯联邦预算的角度看，俄罗斯的预算赤字除 1994 年较高外（见表分—4—10），其余时间都在 5%以下，并没有显示出过高的赤字状况，但我们应该注意到，俄罗斯政府长期以来实施所谓软赤字方案，其真实赤字水平占 GDP 的 8%～10%。在 1994 年以前，俄罗斯政府主要依靠向中央银行借贷来平衡预算赤字，但 1994 年 10 月卢布危机爆发之后，俄罗斯政府弥补财政赤字的方法由此前的向中央银行贷款改为发行国债。俄罗斯政府认为，在市场通货膨胀率较高的背景下，短期国债较之长期国债更易发行，因而政府债务规模急剧扩大。1998 年初，俄罗斯内债已达到 700 亿美元，外债达到 1 300 亿美元。1998 年内到期的债务高达 300 多亿美元，而预算中偿还旧债和弥补财政赤字在国家开支中的占比达 58%。面对巨额到期债务，俄罗斯政府陷入支付困境，债务危机一触即发。表分—4—11 是 1994—1998 年俄罗斯内债及其债息情况。表分—4—12 是俄罗斯外债及其债息情况。

表分—4—10 1992—1998 年俄罗斯联邦预算赤字

	1992	1993	1994	1995	1996	1997	1998
统一预算赤字（万亿卢布）	0.642	7.994	65.494	49.105	94.188	118.44	159.93
占 GDP 的比重（%）	3.4	4.6	10.7	3.0	4.2	4.4	3.2

资料来源：王凤京：《俄罗斯的金融自由化与金融危机：剖析与借鉴》，北京，经济科学出版社，2008。

表分—4—11　　1994—1998年俄罗斯内债及其债息情况（占国内生产总值的比例，%）

指标	1994-01-01	1995-01-01	1996-01-01	1997-01-01	1998-01-01	1998-07-01
国家内债	21.7	14.0	11.9	16.6	19.4	25.6
其中：有价证券债务	0.2	3.0	5.4	11.3	17.4	22.9
欠中央银行债务	18.0	9.3	3.8	2.7	0	0
内债利息	0.6	2.6	2.4	4.8	3.7	3.9

资料来源：根据俄罗斯联邦财政部和中央银行资料编制，转引自［俄］A.B.乌留卡耶夫：《期待危机：俄罗斯经济改革的进程与矛盾》，北京，经济科学出版社，2000。

表分—4—12　　1992—1998年俄罗斯外债及其债息情况

年份	苏联债务（10亿美元）	俄罗斯联邦债务（10亿美元）	债息（占GDP的比例，%）
1992	104.9	2.8	0.7
1993	103.7	9.0	0.3
1994	108.6	11.3	0.5
1995	103.0	17.4	0.9
1996	100.8	24.2	0.9
1997	97.8	33.0	0.7
1998	95.0	55.0	1.2

资料来源：根据俄罗斯联邦财政部和中央银行资料编制，转引自［俄］A.B.乌留卡耶夫：《期待危机：俄罗斯经济改革的进程与矛盾》，北京，经济科学出版社，2000。

在债务规模不断增加、债券可利用额与生产性价值下降的背景下，俄罗斯国债发行还存在债券期限结构极不合理的问题，见表分—4—13。如前所述，俄罗斯政府认为短期债券更容易被投资者接受，因而大量发行短期债券，但它们忽视了债务期限结构的问题。在俄罗斯已发行的短期债务中，又以3个月期和6个月期的债券为主，政府长期处于借新债还旧债的过程中。由于短期债券无法投入长期生产，因而经济建设和国家发展并不能从短期债券的发行中得到收益，同时短期债券的大量发行加剧了债券市场的投机性。

表分—4—13　　俄罗斯国债期限结构

国债期限	90天以下	90～180天	180天～1年	1～2年	2～5年	5年以上
1998-01-01	12.0	20.7	39.5	16.4	6.6	4.8
1998-07-01	0.9	6.7	62.4	13.5	12.4	4.1

资料来源：《财政政策与产业政策》课题考察团：《俄罗斯金融危机及其教训》，载《财政研究》，1999（1）。

5.3　资本流动缺乏管制，金融市场贸然全面开放

俄罗斯政府在没有充分考虑本国经济基础、金融市场发育状况以及制度、法规等方面缺陷的情况下，既没有对国内外资本流动进行相应管制，又贸然、迅速

地全面开放金融市场，导致大量投机资金涌入俄罗斯的金融市场，同时也使大量国内资本流向海外，最终导致了俄罗斯股市、债市以及汇市的剧烈波动。

自 1991 年以来，俄罗斯累计流入外资约 237.5 亿美元，1996 年外资流入 65 亿美元，1997 年流入 122 亿美元。但是，在外资流入大幅增加的同时，直接投资占比却在逐年递减。从表分—4—14 可以看出，在俄罗斯独立初期，外资流入中直接投资的占比接近 80%，而在 7 年之后的 1998 年，该比率下降到不足 30%，即更多的资金进入俄罗斯寻求短期投机收益，这些短期流动资本来得快去得也快，对于金融市场稳定和安全构成了很大挑战。另外，俄罗斯债券市场中短期国债的占比超过了 75%，其高收益率以及快速兑现的特性受到了国际资金热捧，进一步加剧了资金流动的短期投机性。

表分—4—14　　1991—1998 年外国对俄罗斯的投资构成

年份	投资总额（亿美元）	直接投资（亿美元）	直接投资占外资总投资比例（%）
1991—1993	9.00	7.00	77.78
1994	10.53	5.49	52.14
1995	27.87	18.77	67.53
1996	65.06	20.90	32.12
1997	122.95	53.33	43.38
1998	117.73	33.61	28.55

资料来源：王凤京：《俄罗斯的金融自由化与金融危机：剖析与借鉴》，北京，经济科学出版社，2008。

与外资汹涌进入俄罗斯市场的形势不同，其国内资金迅速外流。据俄罗斯著名经济学家阿巴尔金的统计，截至 1997 年 10 月，俄罗斯资本非法外流约 1 333 亿美元，而同期俄罗斯国内总投资仅为 1 761 亿美元。从表分—4—15 可以看到，在俄罗斯实行紧缩性财政金融政策、流入资本大量涌向金融市场的背景下，俄罗斯国内资本的大量外逃使得本已承受资金匮乏枷锁的俄罗斯经济雪上加霜。

表分—4—15　　1992—1997 年俄罗斯资本非法外流情况　　单位：亿美元

年份	国内总投资	外流资本
1992	540	400
1993	799	655
1994	984	745
1995	1 127	874
1996	1 484	1 145
1997 年 1—10 月	1 761	1 333

资料来源：王凤京：《俄罗斯的金融自由化与金融危机：剖析与借鉴》，北京，经济科学出版社，2008。

1995 年第四季度，当时的俄罗斯央行负责人巴赫莫诺娃宣布短期内将发行欧洲债券，并且允许外国投资者获得国内发行债券10%的份额。此后，俄罗斯对外资购买本国证券比重的监管日益放松。随着俄罗斯加入国际货币基金组织，其证券市场的开放程度逐渐扩大。自1998年1月1日起，俄罗斯在不具备相应的经济实力与政策监管条件的情况下，全方位开放本国资本市场，为国际游资涌入打开了方便之门。随着俄罗斯金融市场的开放，其市场规模和交易量不断膨胀。以股票交易为例，俄罗斯股票交易量由1994年占GDP的0.07%，一跃增加到1997年的4.01%，见表分—4—16。虽然从规模角度看，俄罗斯股票市场的规模并不大，但从增长率来看，其发展速度是非常快的。

表分—4—16　　俄罗斯金融危机前的股票交易规模

年份	1991	1992	1993	1994	1995	1996	1997	1998
股票交易总额占GDP的比例（%）	—	—	—	0.07	0.12	0.76	4.01	3.87
国内上市公司总数（个）	13	26	51	72	170	73	208	237

资料来源：王凤京：《俄罗斯的金融自由化与金融危机：剖析与借鉴》，北京，经济科学出版社，2008。

与此同时，随着俄罗斯金融市场的开放，外国投资者拥有证券的比重快速增加。据俄罗斯央行资料显示，1998年8月，俄罗斯所发行短期国债的33%（约200亿美元）掌握在外国投资者手上，同时股票市场交易额的20%（约100亿美元）掌握在外资手中。至此，外资在俄罗斯金融市场上的一举一动将极大地影响俄罗斯金融市场的稳定。

当亚洲金融危机波及俄罗斯时，外资在恐慌情绪的影响下大量抛售有价证券，随后引发金融市场的剧烈振荡。在1997年10月底到11月中旬市场第一次下跌的过程中，随着外资大量撤离，俄罗斯RTS指数从485.16点下降到339.39点，下跌幅度达到30.01%；在1998年5—6月的股市波动中，外资撤离导致俄罗斯股票市场从5月5日的315.2点下跌到6月30日的151.35点，下跌幅度达到51.98%；经过8月第三波股市危机之后，俄罗斯RTS指数已下降到最低点38.53点，相比年初的411.61点，累计下跌幅度达到90.64%。除此之外，短期国债市场收益率的暴涨、外汇市场上卢布的急剧贬值和金融市场的剧烈动荡表明，在一国经济结构不合理、制度不完善、市场培育尚在初始阶段时，应该谨慎、有序地开放金融市场，切不可急于求成，金融对经济建设可以发挥巨大的建设作用，同时其破坏力也是惊人的。

5.4　东南亚金融危机波及

1997年7月，一场金融危机席卷东南亚各国，泰国、马来西亚、印度尼西亚、菲律宾等国先后遭到重创，各国的金融市场剧烈波动，股票、债券、汇率市场快速下跌，金融秩序和经济社会发展受到了严重影响。虽然在亚洲金融危机的初期，俄罗斯并没有受到太多影响，仍有大量外资涌入俄罗斯，但随着亚洲金融危机愈演愈烈，俄罗斯从多个方面受到了影响。

首先，东南亚金融危机导致的投资者信心不足与投资结构调整给俄罗斯金融市场带来了很大影响。当亚洲金融危机爆发后，投资者对于全球经济发展的预期出现重大调整，对自身投资倾向也做出重大转变，越来越多的投资者不愿承受东南亚新兴经济体出现的风险。与此同时，经历东欧剧变、苏联解体之后的俄罗斯百废待兴，其经济发展态势、经济结构与东南亚国家有着某种相似性。在这样的背景下，投资者对于俄罗斯经济的担忧逐渐增加，他们关注着俄罗斯金融市场以及可能影响俄罗斯金融市场状况的事件，只要出现风吹草动，就会迅速抛售股票、债券，从俄罗斯撤资。由于俄罗斯股票、债券市场不完善，开放速度过快，并且市场中的大部分证券掌握在外资手中，故外资撤离潮对于俄罗斯金融市场稳定的打击是毁灭性的。

受东南亚金融危机的影响，日本、韩国金融市场出现了较大波动：日经 225 指数由 1997 年 8 月 1 日开盘的 20 344 点下降到 10 月 21 日的 17 210 点，累计下跌幅度达到 15.41%；韩国综合指数在此期间下跌了 22.33%，见图分—4—11。为了稳定本国经济与市场，日本、韩国纷纷从俄罗斯撤资来驰援自己的国家，由于这两国在俄罗斯市场的外资中占比较高，它们的撤资行为对市场信心构成严重打击，外资撤离潮由此引发，随之而来的是俄罗斯股市、债市下跌以及汇市上卢布抛压的加重，市场危机开始显现。

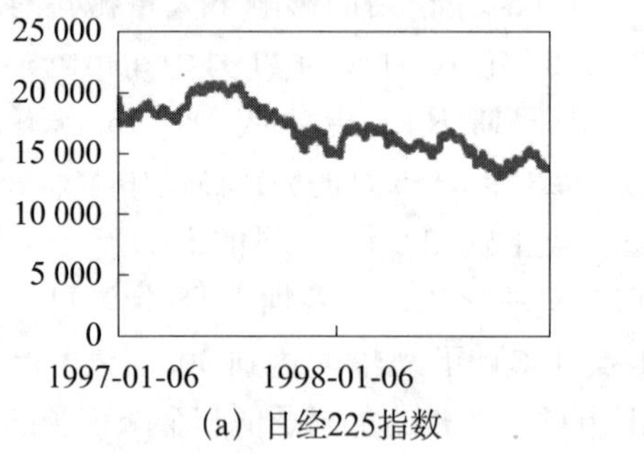

(a) 日经225指数

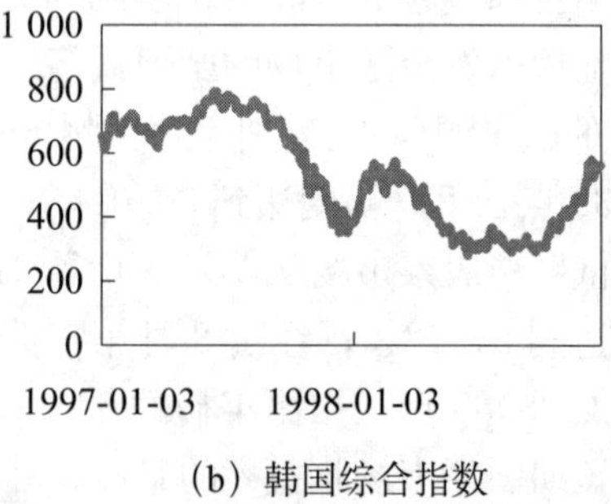

(b) 韩国综合指数

图分—4—11　1997 年 1 月—1998 年 12 月底日经 225 指数与韩国综合指数的走势

资料来源：Wind 资讯。

此外，东南亚金融危机首先影响了俄罗斯的外贸收入，进而影响了其经济发展水平。东南亚金融危机除对金融市场产生了影响外，也影响了发生危机各国的经济发展，并由此带来了全球能源和金属材料需求下滑，致使能源和金属材料价格大跌。然而，在俄罗斯畸形的经济结构中，能源和原材料是其外汇收入的主要组成部分，但它们的价格下跌导致俄罗斯的外汇收入大幅下降，并影响到俄罗斯内外债务的支付以及政府预算的实施。由于石油、天然气和金属原材料工业在俄罗斯经济社会中的重要影响以及在股票市场上的主导地位，行业不景气使俄罗斯经济下滑，并影响了包括股票市场在内的金融市场。

6. 经验与启示

俄罗斯金融危机的产生背景、演进历程、政府干预措施和成因为中国的经济社会转型、金融市场的改革和市场化进程提供了现实的借鉴。

6.1 政治稳定是前提

1991年苏联解体，俄罗斯作为一个独立国家开始运行，但俄罗斯总统、政府、国家杜马之间的权力斗争让这个刚刚独立的国家面临重大的政治不稳定，解散政府与解职总理频频出现、总统威胁解散国家杜马以及国家杜马强硬回击弹劾总统的政治交锋凸显俄罗斯国内政治局势的复杂性及政治斗争的激烈性。一次次的政治斗争不仅使国家政权处于风雨飘摇之中，而且对于国家经济发展、社会秩序稳定以及在此基础之上的金融市场繁荣产生了严重的负面影响。“稳中求进”是一个国家政治、经济、社会发展的总体基调，而政治稳定是一切经济、社会活动的前提，只有政局稳定、政府和睦，才能集中精力解决经济、社会问题，才能为经济发展和金融市场繁荣创造条件、奠定基础。

6.2 经济持续健康发展是基础

一国经济的持续健康发展是避免金融危机爆发的基础条件。自苏联解体以来，俄罗斯农业、工业持续衰退，服务业由于金融市场膨胀的原因有所增长。但是，俄罗斯过度倚重重工业，其轻工业占比过低，而重工业中又以能源和金属材料为主。从外贸的角度看，俄罗斯的对外贸易主要依靠燃料和金属材料等原材料出口，出口贸易结构单一，很容易受到国际原材料价格波动的影响。在亚洲金融危机期间，国际原材料价格的下跌导致俄罗斯外汇收入骤降。对于我国而言，在构成国内生产总值的投资、消费、出口三驾马车中，长期依赖投资和出口，消费在经济发展中的贡献不高；未来，我们应当坚持扩大内需的方针，提高本国消费在经济发展中的作用，降低对投资和出口的依赖性，进而降低对国际经济环境的敏感度，提高经济发展内生动力的贡献。与此同时，随着我国消费结构的调整，现有生产结构不能很好地满足消费需求，必须推进供给侧改革，努力构建一个供需均衡的国内市场。在外贸方面，我国依靠较低的劳动力成本优势，长期以低技术含量的制造业为主；然而，随着劳动力成本的上升，我国的低成本优势正在逐渐消失。面对这样的情况，我们只有坚持产业升级，走技术含量高、产品质量好的出口路线，才能保持我国外贸的长期竞争力。

在分析俄罗斯金融危机时，我们可以清晰地看到，导致俄罗斯金融危机爆发的一个重要因素就是俄罗斯内外债务过高，而且债务期限结构极端不平衡，其短期债务占比过高，当遭遇亚洲金融危机冲击、国际油价低迷以及国内政治动荡时，收入不足以覆盖偿债需求，导致俄罗斯对内对外债务违约，国家信誉坍塌。对于一个国家而言，信誉坍塌意味着经济生命线受到重创，其后果不言而喻，如经济主权沦丧、经济衰退、金融市场崩溃。在俄罗斯金融危机的历程和原因分析中，我们可以看到限制债务规模、保持债务可偿还对于一国经济、金融秩序的重要意义。对于我国而言，“地方债”似乎正在成为一个亟待解决的问题。据有关学者测算，我国地方政府债务累积已达到 20 万亿元人民币。地方政府债务一旦违约，势必会对国内经济、金融秩序产生严重影响。虽然我国资本项目并未开放，而且在中央政府的强力调控下，地方债务问题不会诱发根本性的危机。但是，若处理不好地方债务问题对于经济秩序的扰动，其对于中央政府财力的耗费、我国经济建设的长期影响都是不可估量的。因此，我们必须站在长期角度考虑，以找到一条合理消化、解决地方债务问题的道路。

6.3 平衡“看不见”与“看得见”两只手的关系

苏联解体之后，如何实现由计划经济向市场经济的快速转变，如何实现经济与金融全面自由化、市场化以踏上追赶西方发达国家的道路，这些都是俄罗斯政府决策层最关心的问题。在自由主义思想的引领下，以“休克疗法”为开端，俄罗斯经济步入了自由化改革时期。随着经济市场化、私有化以及金融市场的迅速建立并开放，俄罗斯减少甚至取消了政府对于经济的宏观调控，将经济发展的“指挥棒”全权交给了市场，天真地认为市场这只“看不见”的手能够协调所有的经济关系，只要维持对于市场的足够尊重，就可以赢得经济健康、有序发展的繁荣局面。但是，6 年的自由化改革非但没有带来繁荣的俄罗斯，反而给国民经济、社会发展、人民生活带来灾难性后果。对于一个长期实行计划经济、经济结构极不合理的大国而言，完全放弃国家干预，妄图在一夜之间实现市场化和自由化并引导经济有序发展是不切实际的，急于求成的改革必然是无序的，而极端自由化的转轨必然会走向失控。

作为俄罗斯金融自由化的推动者，西方发达国家难辞其咎。1998 年 9 月 5 日至 6 日，在欧盟外长峰会上，西方国家针对为俄罗斯改革提出的方案及可行性做出“某种程度的反思”。它们认为，尽管国际金融组织为俄罗斯自由化提供了详细的改革方案与大量资金援助，但俄罗斯自由化改革的效果并不理想。不仅俄罗斯迅速实现市场化的目标落空，而且给世界，特别是欧洲经济带来了冲击，严重影响了各国利益。“极端自由化”思想脱离俄罗斯的实际情况，并没有达成预定目标。

俄罗斯经济转轨与金融危机的历程对于我国经济转型升级有重大借鉴意义。十八届三中全会明确提出要让市场在资源配置中发挥决定性作用，这是我国对于市场作用认知的重大转变，发挥市场在资源配置中的基础性、决定性作用，实现资源与风险的优化配置，充分利用“看不见”的手引领经济资源和生产要素流向最适当的地方，这对于优化经济发展、释放增长潜能具有重要意义。但是，在市场化改革的同时，我们不能忘记政府宏观调控的作用，要用好“看得见”的手，规范、引导市场沿着正确的轨迹发展，调整经济发展中的不合理因素并在市场失灵时发挥主动调控的功能。市场化并非完全自由化，尊重价值规律并非放任不管，尤其是在市场建设与发展并不完善的情况下，市场的自发调节具有一定的局限性，国家干预必不可缺。充分认识“看不见”与“看得见”两只手的功能，实现优势互补、和谐共生，对于未来我国经济健康、持续、稳定发展具有重要意义。

6.4 有序开放市场是关键

在经济全球化与金融一体化的现在，开放、发达的金融市场已成为一个大国必须具备的核心元素之一，它有利于促进资源与风险在全球范围内的有效配置，是金融市场发展的趋势。但是，金融市场的开放是相对的开放，是有条件的开放，应该循序渐进、有条不紊，这对于处在经济转轨、市场发育不成熟的国家尤为重要。

金融制度的改革、金融市场的开放应该视本国具体发展水平与经济状况而定。俄罗斯长期处于高度集权的计划经济体制，在短期内过渡到市场经济体制是非常困难的，也应该更加谨慎。自俄罗斯独立以来，其经济水平不断下滑，国内外债务快速上升，财政赤字占比很高，外汇、黄金储备不足，可以说俄罗斯从政治、经济到社会，各个方面都需要时间重新梳理，以恢复社会正常的生产、生活状态。但是，以总统叶利钦为首的俄罗斯领导层已厌倦了苏联时期零敲碎打的改革方式，倾向于实施激进的改革方案，因此在金融市场开放与自由化的历程中，也沿袭了较为激进的改革模式。

在经济实力较强、经济结构合理、金融市场基础设施完备、相关法律规则健全的市场中，扩大对外开放、引导国际资本进入本国并参与本国的货币化过程，对于经济增长有巨大的助推作用，尤其是在解决国内投资不足时有重要的作用。但是，对于经济实力薄弱、债务负担沉重、金融市场建设刚刚起步的市场来说，迅速开放市场并没有太多好处，因为大量游资会趁机进入该国金融市场，而国际资本具有的庞大体量及快速流动的特点，对于一国金融市场（股市、债市）的稳定无疑会产生巨大的冲击，再加上国际资本在出入境时对本外币的需求，也会给币值稳定带来压力。因此，对于这样的经济体而言，快速开放并不是好事。然而，俄罗斯就犯了这样的错误。截至 1998 年 8 月，外资在俄罗斯债券市场上的占比约 30%，在股票市场上的占比约 20%。这样巨大的体量在市场遭遇负面信息及投资者对俄罗斯经济前景丧失信心时，股市、债市必然会出现大量卖单，导致金融市场剧烈振荡。1997 年，俄罗斯金融市场脱离基本面的快速上涨以及 1997 年 11 月和 1998 年 5—8 月危机时的快速下跌都印证了这一点。

对于我国而言，应逐渐解决经济发展中存在的问题，在保持经济健康、稳定增长和构建制度完备、规则完善的金融市场基础上，以本国国情为基准，谨慎地推进金融市场的全面开放应是这次俄罗斯金融危机给我们的最有价值启示。

6.5 金融市场发展必须提升为国家战略

在经济与金融全球化的今天，国与国之间通过贸易和金融两座桥梁相互联系、相互影响，它们在共享经济发展成果的同时，共担危机带来的损害。然而，国与国之间的贸易是存在时间和空间限制的，而且是建立在实体经济的基础之上；与此相比，金融则有很大的不同。国际资本来无影、去无踪，行走于国际市场之间，寻觅着每一个分食利润的机会，它脱离了实体经济的束缚，游离于时间、空间的限制之外，可以在转瞬间到达世界的每一个角落。国际资本在促进资源、资金再分配的同时，也传递着市场风险。在市场中，商品与证券的价格源于买卖力量，而与买卖力量相伴随的是资金流动。资本的国际流动势必造成一国资金的充裕与短缺，形成一国商品与证券价格的上涨与下跌，影响资源与资金的配置。因此，基于对资本流动的跨时、跨域特性以及它对市场可能造成巨大影响的角度，加之我国金融市场走向开放与国际化的必然趋势，我们认为金融问题必须提升到国家战略的高度加以分析、解决与准备。这不仅是对国际资本流动的前瞻性准备工作，而且对于理顺国内经济秩序、发挥金融市场的调节功能也有至关重要的作用。

俄罗斯作为转轨国家，在转轨之初并没有金融市场，其金融市场是在 1991 年独立之后创建的。俄罗斯金融市场创建时间短、规则制度不完善、对金融市场及金融机构的理解不深刻固然是危机发生的主要原因，但从决策层来讲，没有将金融纳入国家战略的高度予以重视也是危机发生以及处置不当的重要原因。2015 年 6 月中旬，我国发生的市场危机无疑具有类似的现象。长期以来，我们把资本市场作为企业融资的工具，只是将其看作有别于银行的直接融资渠道而已，并没有给予资本市场更高层次的认识，以致出现了“国家牛”、“改革牛”以及违背市场客观规律的行为，而在泡沫出现、破灭的过程中，政府的重视程度不够、视野相对局限都是导致泡沫造成巨大经济、社会冲击的重要因素。资本市场是直接融资的渠道，也是投资者财富增值和风险配置的渠道，作为金融体系中的重要环节和我国经济发展的关键推手，随着中国经济的不断发展和开放，政治、经济的全球化势必要求我国资本市场走向开放与国际化，同时要求中国有一个功能完备、具有极强生命力和创造力的资本市场。这个趋势是明确的，问题是突出的，解决道路也是可探索的。当前，我国最需要做的就是把资本市场乃至金融市场构建、发展提升到国家战略的高度，顺应其在经济、金融体系中的地位、作用，从战略的高度、长远的角度、科学的维度构建真正意义上功能完备、能够实现资源和风险优化配置、加速推进经济增长和经济结构调整的现代资本市场、金融市场。

6.6 探索符合中国国情的市场化道路

东欧剧变、苏联解体，新生的俄罗斯在政治、经济、社会等各个方面都面临前所未有的挑战，以叶利钦为首的领导层急于探索一条通往西方富裕国家的快速路。"休克疗法"、"货币主义政策"、"金融自由化"等政策的出台不但没有实现俄罗斯人民国富民强的梦想，反而把俄罗斯推向衰退的深渊。新生的俄罗斯要从苏联时期的社会主义转变为资本主义，要从中央计划经济转向市场经济，但不顾本国国情而急于求成，照搬西方国家的政策与道路是行不通的。

作为世界上最大的社会主义国家以及同样是由计划经济转向市场经济的转轨国家，我们不能重蹈俄罗斯的覆辙，应在全面、深入了解本国国情，系统、科学地掌握经济发展基本规律，寻找、确定经济发展目标的基础之上，遵照国情、依据规律、循序渐进地开展经济和社会建设，并根据新的国际形势和国内状况，探索符合我国实际情况的发展道路和理论路线。尊重科学又不机械模仿，脚踏实地又不盲目蛮干，以实践为基础，以理论为指导，不断探索我国经济建设的新理论，切实促进我国经济健康、稳步发展，这是我们为实现中华民族伟大复兴的"中国梦"而奋斗的深刻写照。

参考文献

[1] 朱显平，邹向阳．转轨时期的俄罗斯金融市场研究——区域经济干预理论的实践．长春：吉林人民出版社，2006

[2] 范敬春．迈向自由化道路的俄罗斯金融改革．北京：经济科学出版社，2004

[3] 王凤京．俄罗斯的金融自由化与金融危机：剖析与借鉴．北京：经济科学出版社，2008

[4] 关雪凌．俄罗斯社会转型期的经济危机．北京：中国经济出版社，2002

[5] 高晓慧，陈柳钦．俄罗斯金融制度研究．北京：社会科学文献出版社，2005

[6] 徐向梅．俄罗斯银行制度转轨研究．北京：中国金融出版社，2005

［7］王建丰．俄罗斯转型时期资本市场发展研究．北京：经济科学出版社，2010

［8］米军．俄罗斯金融改革回顾与展望．北京：中国社会科学出版社，2012

［9］张康琴．俄罗斯金融危机．东欧中亚研究，1999（1）

［10］夏德才．试析俄罗斯金融危机的成因及启示．今日东欧中亚，1999（1）

［11］《财政政策与产业政策》课题考察团．俄罗斯金融危机及其教训．财政研究，1999（1）

［12］丁佩华．危机与反危机——俄罗斯金融危机探源·克服途径·教训．今日东欧中亚，1998（5）

［13］司新春，杜清智．俄罗斯金融危机的根源及启示．国际金融，1998（9）

［14］陶士贵．俄罗斯金融危机的表现、成因及其启示．新金融，1998（8）

［15］刘华芹，王晨燕．风暴过后解谜团——析俄罗斯金融危机及其影响．国际贸易，1999（9）

［16］姜振军．对俄罗斯金融危机的思考．西伯利亚研究，1998（5）

分论五　互联网泡沫与纳斯达克市场危机

摘　要

1995—2001 年在欧美多国的股市（如 NASDAQ）中，与科技及新兴互联网相关企业的股价快速上升，投资者的热情高涨，呈现出一派“非理性繁荣”的景象，待利好出尽、预期破灭之后，纳斯达克指数的最大跌幅达 70%；15 年后的今天，纳斯达克指数才勉强攀上当年创下的 5 048 点高位。本分论主要讨论互联网泡沫时期市场波动的轨迹和特点，分析网络股暴涨及互联网泡沫破裂的原因，梳理总结美国政府在互联网泡沫时期采取的一系列干预措施，总结互联网泡沫对我国上市公司和证券监管的启示。

Abstract

From 1995 to 2001, in most of the stock markets of western countries, like the NASDAQ market, an "irrational exuberance" phenomenon with the soaring stock prices of high technology enterprises and the enthusiastic investors was presented. However, after the expectation completely turned to a failure, the NASDAQ index suffered its biggest drop of 70%. Until fifteen years later, the NASDAQ index climbed hard back to its history record of 5 048. In this chapter, we will mainly discuss the trajectory and characteristics of market volatility during the Internet bubble period, analyze the reasons of the soared stock prices and the bubble burst, summarize a series of interventions taken by the government of the United States during the Internet bubble, and put forward some suggestions for China's listed high technology companies and securities supervisions.

1. 市场波动的轨迹

我们所说的互联网泡沫专指互联网股价泡沫，更具体地说，是美国纳斯达克股票市场的互联网股价泡沫。互联网泡沫表现出的特征与美国著名经济学家金德尔伯格所描述的一般市场泡沫特征是一致的：一种或一系列资产在一个连续过程中陡然涨价，一开始的价格上升会使人们产生价格还要上涨的预期，因此又吸引了新的买主——这些人一般只是想通过买卖谋取利润，而对这些资产本身的使用和盈利能力是不感兴趣的，但价格暴涨后常常紧随着预期的逆转，接着就是价格暴跌，最终以金融危机告终。

本部分主要讨论互联网泡沫的具体表现：纳斯达克泡沫开始于 1998 年，2000 年 3 月 10 日纳斯达克指数触及 5 049 点，达到顶峰，其市值超过 25 万亿美元，占美国股票市场总市值的 36%；2000—2002 年为泡沫破灭阶段，纳斯达克指数下跌近 80%，无数互联网企业破产；2000 年 3 月到 2002 年 10 月蒸发了 IT 业界约 5 万亿美元的市值。

1.1 股票上涨阶段的特点

在这次互联网泡沫中，纳斯达克股票指数的上涨阶段有三个重要特点：

(1) 纳斯达克指数和标准普尔 500 指数都上涨，但两者的差距越来越大。从 1995 年开始，纳斯达克指数和标准普尔 500 指数都逐渐走高，纳斯达克指数从 1995 年 1 月初的 744 点上升到 2000 年 3 月 10 日的 5 049 点，标准普尔 500 指数从 459 点上升到 1 395 点，见图分—5—1。纳斯达克指数累积上升了 4 305 点，标准普尔 500 指数累积上升了 936 点。

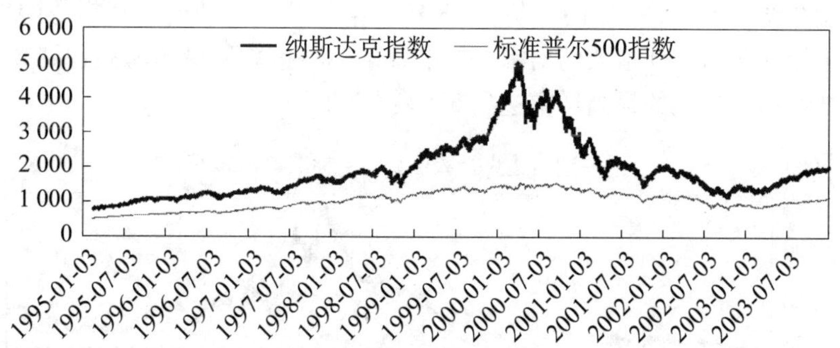

图分—5—1　1995—2003 年纳斯达克指数和标准普尔 500 指数变化对比图

资料来源：Wind 资讯。

纳斯达克指数领先标准普尔 500 指数的区间越来越大，在 1995 年时只是领先 300 点左右，但到了 2000 年已领先 3 500 点左右。表分—5—1 给出了 1995—2003 年纳斯达克指数与标准普尔 500 指数差距最大的 10 个交易日。可见，这些交易日集中在纳斯达克指数达到最高点的 2000 年 3 月。

表分—5—1　1995—2003 年纳斯达克指数与标准普尔 500 指数差距最大的 10 个交易日

交易日期	纳斯达克指数	标准普尔 500 指数	两者之差
2000-03-10	5 048.62	1 395.07	3 653.55
2000-03-09	5 046.86	1 401.69	3 645.17
2000-03-08	4 897.17	1 366.70	3 530.47
2000-03-13	4 907.24	1 383.62	3 523.62
2000-03-06	4 904.85	1 391.28	3 513.57
2000-03-03	4 914.79	1 409.17	3 505.62
2000-03-07	4 847.84	1 355.62	3 492.22
2000-03-24	4 963.03	1 527.46	3 435.57
2000-03-27	4 958.56	1 523.86	3 434.70
2000-03-23	4 940.61	1 527.35	3 413.26

资料来源：Wind 资讯。

纳斯达克指数在上涨阶段表现为加速上扬，即越接近最高点的等幅上涨耗时越短。从 1 000 点开始，纳斯达克指数上涨 1 000 点的耗时分别为 3 年（2 000 点）、1 年 4 个月（3 000 点）、2 个月（4 000 点）、2 个月（5 000 点），尤其是从 3 000 点到 5 000 点，仅仅 4 个月，股指就上涨了 67%，这种情况非常罕见。

（2）两大股指在 1998 年以前的增速一致，网络股是标准普尔 500 指数上涨的重要推动力。从图分—5—2 可知，1995—1998 年纳斯达克指数和标准普尔 500 指数的增幅是高度一致的；从 1998 年下半年开始，纳斯达克指数的增幅才明显快于标准普尔 500 指数的增幅。标准普尔 500 指数的最高增幅达到 230%左右，而纳斯达克指数的最高增幅达到 570%左右。

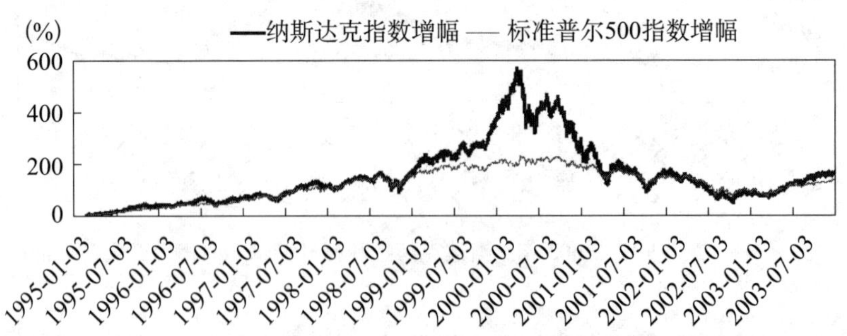

图分—5—2　1995—2003 年纳斯达克指数与标准普尔 500 指数的增幅对比图

资料来源：Wind 资讯。

为了进一步分析标准普尔500指数上涨的主力是哪些，我们考察了按行业分项指数增长的情况。从表分—5—2可以看出，从1994年1月—2000年3月信息技术指数增加最多，达463，电信服务指数增加了141，两者合计超过600。另外，金融指数、保健指数、消费指数合计600左右，其他的分项指数增加较少。由此可见，网络股是标准普尔500指数上涨的重要推动力。

表分—5—2　　　　标准普尔500指数分行业、分区间上涨情况

标准普尔500指数	1994年1月1日—1997年12月31日	1998年1月1日—2000年3月31日	2000年4月1日—2001年9月30日
信息技术指数	203	260	−71
金融指数	169	14	1
保健指数	187	26	17
电信服务指数	69	72	−41
核心消费品指数	134	−22	25
非核心消费品指数	56	66	−29
工业指数	99	29	−15
能源指数	86	16	−6
原材料指数	46	−1	−15
公用事业指数	23	2	0

资料来源：Bloomberg。

(3)“.com”概念大行其道，“非理性繁荣”甚嚣尘上，整个市场上的投资者疯狂追捧名字中带“.com”的公司。有研究表明，在1998年和1999年更改名称并加入网络导向的公司在名称变更之前5天（当更名的消息开始泄露）与宣布名称变更之后5天的股价涨幅远超同业公司，无论这些公司的实质业务与互联网是否有相关性。例如，1999年初新成立的网络玩具公司eToys的市值远高于老牌玩具零售商Toys“R”Us公司。其实，eToys公司的年销售额仅有1亿美元，亏损1.23亿美元，但Toys“R”Us公司的年销售额高达110亿美元，净利润4亿美元。eToys公司的市值高是因为投资者均假设eToys公司将通过互联网冲击Toys“R”Us公司，但eToys公司最终于2001年倒闭。

1.2　股票下降阶段的特点

(1) 股票指数呈“断崖式”下跌。2000年3月13日（星期一）开盘时的大规模批量卖单引发了抛售连锁反应——投资者、基金和机构纷纷开始清盘，卖出的结果导致纳斯达克3月13日一开盘就从5 038点跌到4 879点，整整下跌了3

个百分点，也是全年盘前抛售最大的百分比；仅仅 6 天时间，NASDAQ 就损失了将近 9 个点，从 3 月 10 日的 5 049 点跌到了 3 月 15 日的 4 580 点；半年后跌至 1 088 点，创下 3 年新低，较历史高峰下跌近 80%；IT 上市公司的市值缩水 5 万亿美元。NASDAQ 从 5 000 点跌到 1 000 点仅用了 2 年半时间，大大快于从 1 000 点涨到 5 000 点的 4 年 8 个月。

（2）互联网公司大范围倒闭。全球有超过 2 000 家互联网公司倒闭，仅美国就有 210 家互联网公司破产。互联网泡沫破灭，让很多公司惨淡收局。据 2010 年《华尔街日报》的报道："收录在 2000 年 3 月道琼斯互联网指数中的 40 家公司里只有 10 家挺到了现在。Exodus Communications、Excite@Home、Lycos、MP3. com 和 eToys 等公司都成了永远的过去时。"Exodus Communications 曾是 IBM 的竞争对手，它是一家专门通过网络替企业管理网站的公司，也曾是全球最大、技术最先进的网站运营商之一，世界最优秀的网站中有 40%是由它来提供技术支持的。2000 年 3 月，Exodus Communications 的股价曾达到 89. 81 美元，但 2001 年 9 月被纳斯达克停牌前，仅以 17 美分/股收盘。Excite@home 曾是著名的宽带服务和内容提供商，其市值曾高达 67 亿美元，而在 2001 年 11 月被网络软件和搜索技术公司 Infospace 购并时，它的市值只剩下了 1 000 万美元。多家通信公司因扩张计划造成了高额负债，需要变卖资产甚至宣布清盘，当中最大规模的 WorldCom 被发现以会计方式夸大了利润 10 亿美元左右；事发后，其股价大跌，数日后申请破产清盘，成为美国历史上最大的清盘案。

（3）存活下来的互联网公司大多经历了暴跌。当时，市值最大的互联网公司——雅虎的市值从 937 亿美元跌至 97 亿美元；2000 年 3 月，雅虎的股价最高为 97 美元，一年后的 2001 年 3 月，其股价低于 10 美元；十几年来几经波折，如今雅虎的股价为 30 美元左右，市值 300 多亿美元。另一家大公司 eBay 在过去十几年一直如过山车般大涨大跌，经拆股调整后，eBay 的股价在 2004 年年底时涨至接近 60 美元，创下纪录高点；目前，eBay 的股价为 28 美元，略高于十几年前的 30 美元。2000 年 3 月 23 日以 5 792 亿美元取代微软成为当时市值最大的公司思科，当年市值便跌了一半，目前市值 1 330 多亿美元。

2. 网络股暴涨的原因

导致互联网泡沫的因素比较多，主要有四个方面：一是美国经济金融环境的变化；二是持有网络股的个人投资者占比较高；三是理性投资者做空受到限制；四是 Metcalfe 估值模式与"羊群效应"。

2.1 美国经济金融环境的变化

（1）国家发展战略的转型升级。进入 20 世纪 90 年代，美国在经济结构方面发生了巨大变化，以信息技术为中心的高科技产业在经济中占了主导地位。美国推崇“新经济”，摒弃“旧经济”，国家战略重视鼓励高科技产业发展，1993年克林顿政府推出了“国家信息基础设施”（National Information Infrastructure）计划；在1996年公布了“因特网—II”以及“下一代互联网”计划，见图分—5—3。在经济运行方式上，经济持续增长的时间拉长，从1991年4月至2001年4月，美国经济实现了长达120个月的增长，并且出现了低通胀、低失业率、低赤字、高增长率的“三低一高”的局面，人们称之为“新经济”。人们对这种新经济充满了憧憬，并对信息技术和网络这些新经济产业部门的发展前景颇为看好，一些代表新经济的公司股票市值大幅上升，这些过于乐观的观念一旦在市场中流行并被多数投资者所接受，就容易产生泡沫。

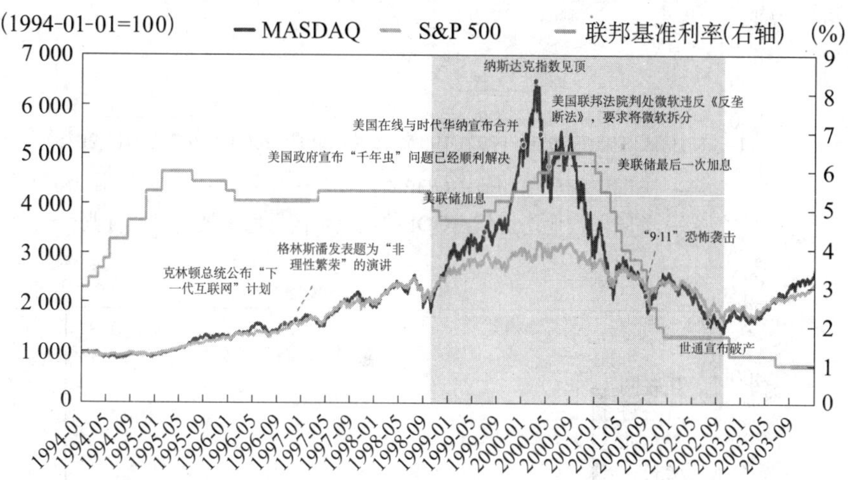

图分—5—3　1995—2003年美国宏观金融政策与纳斯达克指数的变化

资料来源：Wind资讯、中金公司。

（2）流动性较为宽松。从1998年10月至2000年3月，美联储为了应对亚洲金融危机和长期资本管理公司的破产，自1998年9—11月连续三次降息：由于增加了货币供给，因而M2的增速迅速提高，期间M2的增速平均为7.2%。1996年12月，虽然美联储主席格林斯潘称股票市场已处于“非理性繁荣”，但美联储并没有采取实质性的措施，美国股市也在短暂调整后重新进入上升通道。在有利的政治和经济背景下，20世纪90年代国际资本持续流入美国，亚洲金融危机后的1998年至2000年，外国除美国国债外的证券资产由1 563亿美元提高到4 598亿美元。另外，美国居民储蓄存款在90年代停止增长，1998—2000年甚至出现大幅下降，由4 053亿美元下降到2 979亿美元，居民储蓄主要是转投了其他资产，如通过共同基金等大量流入资本市场。

（3）对互联网和通信业的投资大幅增长。1996 年美国颁布了《电信法》，放松了对电信行业的管制。自此，美国信息行业占 GDP 的比重大幅上升，从 3.2%上升至 6.2%，接近成倍增长；风险投资资金向互联网领域倾斜，1996—2000 年的复合增长率超过 200%，1999 年的同业增长率接近 400%。在 1999 年第四季度和 2000 年第一季度，将近 75%的风险投资都流向了“.com”公司，见图分—5—4。

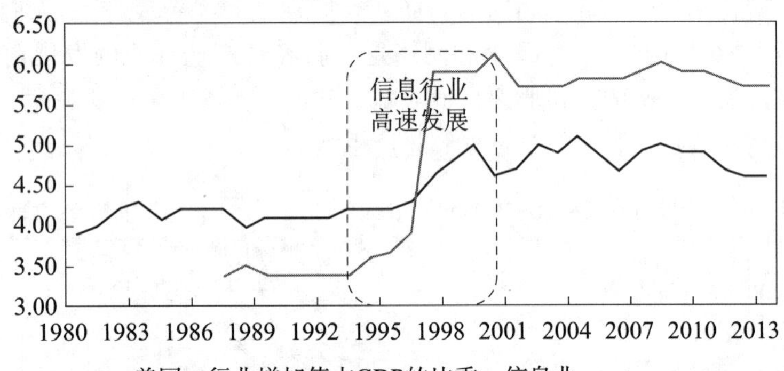

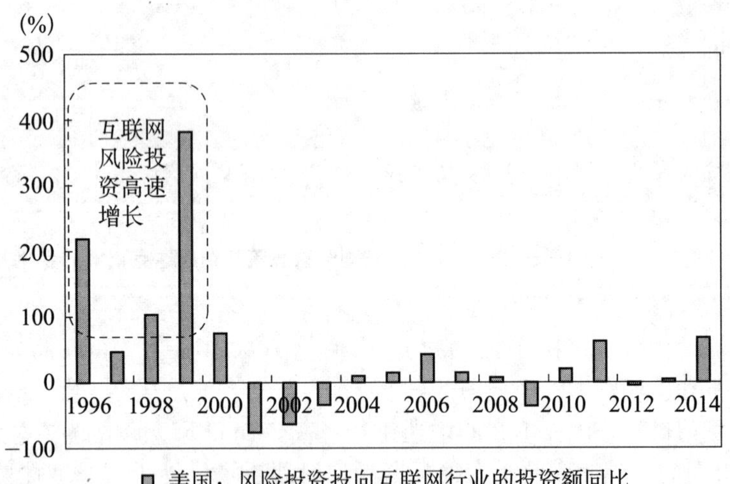

图分—5—4 网络泡沫时期美国信息行业发展与相关风险投资的增长情况

资料来源：Bloomberg、申万宏源证券

2.2 持有网络股的个人投资者占比较高

通常说来，机构相对于个人在股市中的表现更理性一些，1998—2000 年网络泡沫的产生，其中的一个原因就是机构持有网络股的比例相对较少（见表分—

5—3)，而个人投资者占比较高。对待网络经济这种新题材股票，个人投资者的感情色彩更浓厚一些，导致网络股的价格波动更大。

表分—5—3　　2000 年 3 月机构投资者持有流通股中网络股的占比情况（%）

	样本	均值	中位数	标准差	最小值	最大值
机构持有非网络股的比例	股价>10 美元	40.6	40.2	25.7	0.0	99.9
机构持有网络股的比例	股价>10 美元	31.3	25.9	21.4	0.1	98.5
机构持有非网络股的比例	IPO	35.4	31.5	23.8	0.2	98.6
机构持有网络股的比例	IPO	29.5	24.1	20.2	0.1	98.5

资料来源：Bloomberg。

从表分—5—3 可以发现，在持有网络股的投资者中，个人投资者的占比更高一些；在持有非网络股的投资者中，机构投资者的占比更高一些。例如，抽取股价大于 10 美元的样本股票，2000 年 3 月，在持有网络股的投资者中，机构投资者占 25.9%；在持有非网络股的投资者中，机构投资者占 40.2%。有研究表明，如果市场上的个人投资者较多，那么市场行为更容易出现过于乐观的情况。这可以从 IPO 当日的交易和 IPO 静默期的交易来判断。

从 IPO 当天的情况看，这里涉及金融市场中的一个典型现象是 IPO 抑价，比如美国市场从 1990 年至 1998 年的 IPO 当日收益是 14%，其他国家的股票市场中也有类似的情况，在中国也是，以至于打新股成为一种重要的投资方式。关于 IPO 抑价的解释有好几种，最出名且被实验反复验证的是“赢者诅咒”解释，其具体的含义是：新股的市场价值具有不确定性，发行公司须设定发行价格并按发行价格销售新股，投资者依发行价格认购，但潜在投资者之间存在信息不对称，可分为有信息群组（informed investors）和无信息群组（uninformed investors)。有信息群组的投资者对新股有充分的信息，他们认购预期市场价值大于发行价格的新股；无信息群组的投资者容易遭受所谓“赢者诅咒”式的损失，他们只认购定价相对较低的新股，而且很多人没有积极性参与新股认购。如果发行公司不降低发行价格，那么信息较少的投资者（less-informed investors）就不进入新股市场，许多新股发行就会失败。总之，为了吸引广大的无信息群组的投资者参加新股认购，新股的发行价格就必须低于正常价格。IPO 抑价形成的收益率越高，说明信息较少的投资者认为股票更有价值，在多数情况下是指个人投资者认为股票更有价值，见表分—5—4。

表分—5—4　　1998 年 1 月—2000 年 4 月 IPO 当日回报率的情况

	年份	观察值	均值（%）	标准差	中位数（%）
网络股	1998—2000	305	95	1.02	63
	1998	23	86	1.02	71
	1999	206	93	0.98	64
	2000	76	104	1.13	61
非网络股	1998—2000	746	34	0.66	11
	1998	303	14	0.26	06
	1999	287	46	0.82	19
	2000	156	49	0.75	19

资料来源：Bloomberg。

表分—5—4 是 1998 年初到 2000 年 4 月美国股票市场上网络股和非网络股的 IPO 抑价情况。从网络股来看，IPO 当日的平均收益高达 95%，分年来看也是如此，1998 年、1999 年、2000 年分别是 86%、93%、104%；从非网络股来看，IPO 当日的平均收益是 34%，只是网络股平均收益的三分之一。这说明新的投资者对网络股的态度更为乐观，而且是以个人投资者为主的。

从 IPO 静默期来看，为了防止新股发行炒作，美国证券交易委员会规定：IPO 后的 25 天（含假期）是上市静默期，在此期间，上市公司及承销商必须保持沉默，比如公司不能向市场做财务预期说明、承销商不能发布相关研究报告，都要保持“低调”。静默期之后，承销商通常都会发布关于上市公司非常正面的研究报告，这与他们的承销行为是高度一致的。观察上述样本静默期中网络股的逐日收益和累积超额回报（单股回报减去网络股指的回报）可知，静默期后十天每天的回报都是正的，累积回报率是 13%；同期，非网络股的累积回报率是 3.5%，约为网络股的四分之一。这说明相对于非网络股，网络股的个人投资者占比更高，考虑到个人投资者更加乐观、更倾向在静默期交易，这可以解释 9.5%的累积回报率差别。

2.3　理性投资者做空受到限制

一般来讲，当股市有泡沫时，理性的投资者会做空股票，股票价格会向价值回归。在纳斯达克市场，为什么理性投资者没有形成有效的泡沫冲销力量呢？要做空必须要先借到股票，如前所述，可交易的网络股是受到限制的，必须有人愿意借出股票，但个人投资者相比机构投资者更不愿意借出股票，同时网络股的投资者主要是个人投资者，所以可做空的股票供给更少一些。

从做空股票的折扣率可以进行更严格的分析。当投资者做空时，他要存一定额度的现金，与做空股票的收益相当。这些现金的利息被称为折扣率，反映了股票借入方对股票出借方的补偿。当有大量可供做空的股票时，折扣率和现行利率比较接近，但当供给紧张时，折扣率会比较低。也就是说，当做空不难时，折扣率高，对股票出借方的补偿少；当做空较难时，折扣率低，对股票出借方的补偿多。表分—5—5说明，2000年2月网络股的平均折扣率是4.33%，其他股票的折扣率是5.41%，网络股比其他股票低1.08%，说明做空网络股更加困难。

表分—5—5　　2000年2月网络股与非网络股的做空折扣率情况

	样本	均值（%）	中位数（%）	标准差
非网络股的折扣率	股价>10美元	5.41	5.66	1.04
网络股的折扣率	股价>10美元	4.33	5.21	1.95
网络股的折扣率	锁定期前	3.93	4.99	2.29
网络股的折扣率	锁定期后	4.54	5.25	1.72

资料来源：Bloomberg。

2.4 Metcalfe估值模式与“羊群效应”

一般来讲，对互联网相关企业进行估值是比较困难的。因为在当年的纳斯达克市场中，这些企业普遍存在发展周期短、可比标的少、当期盈利差、变化幅度大等问题，再加上企业产生的现金流数量和持续时间都很难预测，导致传统的DCF和相对估值法都很难应用在互联网企业上。

1973年，以太网的发明者3COM公司的创始人梅特卡夫（Metcalfe）提出，互联网的价值在于将节点连接起来，节点越多，潜在存在的连接数越多。如果节点数是N，其中存在的连接数可能是$N\times(N-1)$，即网络的价值与联网设备数量的平方成正比。2014年，梅特卡夫教授利用Facebook的数据对梅特卡夫定律做验证，发现Facebook的收入和其用户数的平方成正比。此后，有研究采用相同的方法验证了腾讯的收入和其用户数的平方成正比。从这两个典型的互联网企业来看，梅特卡夫定律得到了非常好的验证，见图分—5—5。

当时，在美国所谓“新经济”时期的市场中，人们对互联网企业的商业模式寄予非常高的期待，所以对网络股出现过度乐观的情绪。实际上，当时很多企业的盈利模式都很难达到梅特卡夫定律所描绘的状态，所以投资者预期的理论价格偏高，资产价格高于其实际价值，导致股市泡沫不断膨胀。

在纳斯达克市场上，那些没有形成自己的预期或没有得到第一手信息的投资者将根据其他投资者的行为来改变自己的行为，也就是很多投资者的决策会受到其他投资者的影响，即投资者之间会相互模仿。当时，对于“新经济”的鼓吹，甚至使人们相信不会再有传统的经济周期。由于信息的不对称，越来越多的投资者像滚雪球一样地累积对经济发展良好势头的预期，特别是人们相信网络股带来的新经济将会使经济增长跳出过去受经济波动周期约束的旧范畴，并进入一个可以持续上升且没有通货膨胀威胁的新经济范畴。这种“羊群效应”的积聚，使得市场上明明价格很高的股票依然有人接手，最终形成了资产价格泡沫。

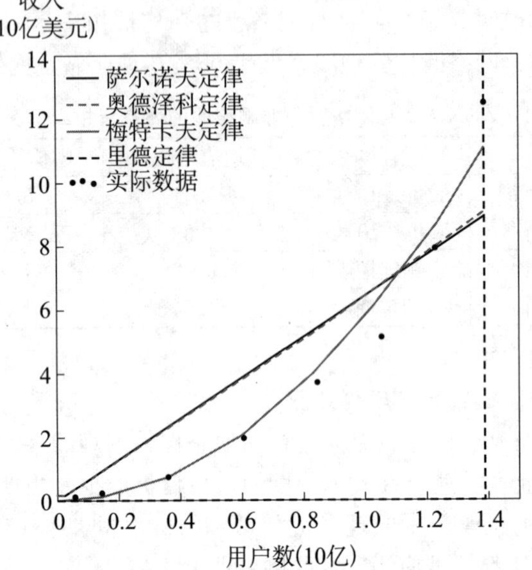

(a)用Facebook的数据证明梅特卡夫定律

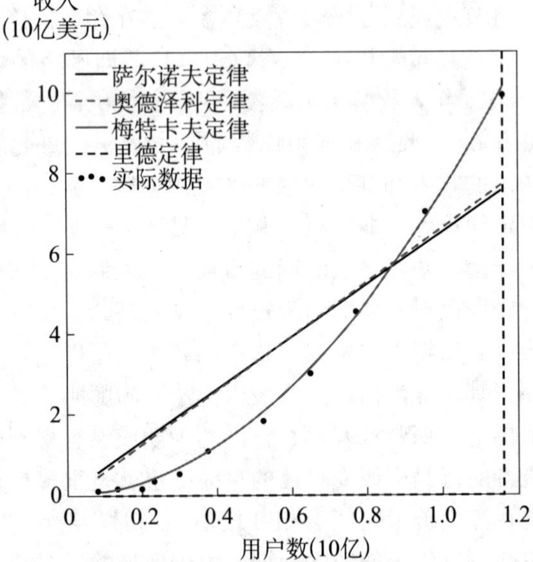

(b)用腾讯的数据证明梅特卡夫定律

图分—5—5　用 Facebook 和腾讯的数据证明梅特卡夫定律

资料来源：*Journal of Computer Science and Technology*。

3. 互联网泡沫破裂的原因

互联网泡沫破裂主要有五个方面的原因：一是实行了紧缩的货币政策；二是纳斯达克市场上股票的大量供给；三是互联网企业的发展模式还不成熟；四是互联网公司的业绩远未达到市场预期；五是微软垄断案影响了市场情绪。

3.1 实行了紧缩的货币政策

美联储自1999年中开始加息，其货币政策转向紧缩。2000年2月，美国CPI超出市场预期上升到3.2%，3月份CPI进一步上升到3.8%，CPI持续超预期表明经济已经过热。为了避免物价持续上涨，美联储在2000年2月2日和3月21日连续两次加息0.25%，导致市场流动性收紧。但是，我们认为货币政策不是互联网泡沫破裂的主要原因，因为与纳斯达克综合指数相比，道琼斯工业平均指数更能反映投资者对美国宏观经济和货币政策的认知及预期，在纳斯达克股市泡沫的破灭过程中，道琼斯工业平均指数基本处于平台整理状态。

3.2 纳斯达克市场上股票的大量供给

在IPO和增发方面，1999年4月至2000年4月纳斯达克市场上IPO和增发合计募集资金536亿美元。在2000年2月，IPO和增发合计募集资金额创历史新高，达97亿美元。在解禁方面，1999年12月至2000年3月纳斯达克市场上的解禁市值超过2 000亿美元。其中，2000年1月的解禁市值达到历史峰值700亿美元。

3.3 互联网企业的发展模式还不成熟

2000年，虽然美国的互联网发展遥遥领先，但当时的网络基础设施、技术水平仍停留在较低水平，它们对互联网的发展形成了较大限制。所以，无论是AOL的付费上网、雅虎的门户网站，用户体验都比较差，它们的收入增长没有人们想象的那么快。与此同时，“.com”模型具有天生的缺陷，就是大量公司在相同的领域均有相同的商业计划，都想通过网络效应来垄断，但每一板块的胜出者只会有一个，因此大部分有着相同商业计划的公司都将失败，许多板块甚至连支持一家公司的市场空间都没有。

3.4 互联网公司的业绩远未达到市场预期

从收入看，当时的互联网普及率及商业基础设施仍然不成熟，许多互联网企业缺乏成熟的、已被验证的商业模式和可持续的竞争优势，美国信息科技的硬件和软件需求在20世纪90年代末解决“千年虫”问题时集中释放，因而需求下降，并影响了企业收入。从支出看，很多互联网公司为了提高自己在网络用户和传媒中的知名度，投入了大量资金用于宣传。例如，2000年1月17日举行的第34届超级杯吸引了17家网络公司的赞助，每家公司为30秒钟广告支付了200多万美元；与此形成鲜明对比的是，2001年1月第35届超级杯举行期间，仅有

3家网络公司购买了广告。这种“烧钱”不但没有带来公司收入和利润的快速增长，反而使公司陷入困境，导致大量的互联网公司倒闭。1999年圣诞期间互联网零售商的不佳业绩，更是证明大部分企业的互联网战略是错误的，这是一个明确和公开的证据。

3.5 微软垄断案影响了市场情绪

2000年4月，美国联邦法院杰克逊法官判定微软违反了《反垄断法》，要求将微软拆分。此后，虽然微软成功推翻了上述判决，逃过了被拆分的命运，但在2000年4月微软将被拆分的消息对市场情绪造成了明显打击。一方面，微软是当时纳斯达克市场上市值最大的公司（5 200亿美元），占纳斯达克综合指数总市值的10%；另一方面，微软一直是高科技股的旗帜，对投资者产生了很强的心理暗示效应。

4. 政府干预的机制和手段及市场效应

在互联网泡沫发生后，政府针对纳斯达克市场的干预不算太多，主要体现在加强信息披露监管和违规处罚以及进一步完善竞争性做市商制度两个方面。

4.1 加强信息披露监管和违规处罚

2002年7月25日，美国国会通过了《萨班斯-奥克斯利法案》，该法案针对证券监管制度中的不足做了一系列的改革，主要包括：建立公众公司会计监督委员会（PCAOB）专门对会计审计质量进行监督；加强会计审计独立性，将审计委员会明确为法定的公司财务监督机构；要求公司高管对财务报告的准确性和完整性负个人责任（302条款）；强化财务披露，如要求对表外交易也进行披露；要求分析师避免利益冲突并充分披露；建立管理层对内部控制评价体系（404条款），以提高公司内审内控水平；加强对相关犯罪的处罚力度。这些措施都在不同程度上提高了美国上市公司财务报表信息的准确度和完整度，从而有助于提高投资者信心、达到保护投资者的目的。2003年11月，SEC正式批准了纳斯达克市场提出的上市公司治理新规则，目的在于形成公司内控机制，扩大独立董事的权限。

不仅如此，监管和司法机构严厉处罚涉及违规的上市公司和高管以及金融机构和证券从业人员。例如，没收世通公司前CEO埃伯斯（Ebbers）的绝大部分个人财产以补偿投资者损失，同时判处埃伯斯25年的监禁。作为安然和世通公司的会计师事务所，安达信由于妨碍司法公正（销毁文件）被起诉并宣判有罪，这直接导致安达信停止了审计业务，并最终走向解体。

4.2 进一步完善竞争性做市商制度

竞争性做市商制度被认为是纳斯达克成功的关键所在。1997年以前的纳斯达克由于没有完全引入竞价系统，单一的做市商制度暴露出低效率、高成本的缺陷。1994年，研究发现，即使在竞争性做市商的环境中，多名做市商之间仍有可能进行“友好竞争”，以维持较大的价差。因此，SEC和司法部展开了广泛的调查，并重罚了有关做市商。最后迫于SEC的压力，纳斯达克于1997年实行新的委托处理规则（OHR），并将电子交易网络（ECNS）引入纳斯达克的报价和交易系统中。OHR规则的实行使纳斯达克实际上同时显示了做市商的报价以及客户的买卖指令，使纳斯达克市场的交易制度真正具备了做市商报价驱动与委托指令驱动的双重特征，成为真正意义上的混合模式交易制度。

虽然OHR规则在一定程度上改善了纳斯达克市场的做市商报价违规现象，但做市商违规问题仍没有根本解决。为此，从2000年开始，纳斯达克市场推行了自动执行系统改革，排除了做市商对报价、委托处理和成交报告等环节的干扰，增强了报价的竞争性和市场透明度。在原有的小额委托自动执行成交系统的基础上，纳斯达克构建了NNMS系统。2002年10月，纳斯达克启动“超级蒙太奇”系统，使交易制度更加具备了竞价驱动型交易制度的特征。2005年12月，纳斯达克通过收购ECN获得了其交易系统，并于2007年用此系统取代超级蒙太奇系统。此外，纳斯达克于2008年与OMX合并，获得了OMX在交易系统领域世界领先的技术能力。

纳斯达克对做市商制度的监管，由必要的事前资格审查、明确的事中义务要求和严格的事后行为监管组成。资格审查旨在使候选者具有相应的实力和良好的诚信经营记录来承担市场义务；义务要求使做市商在相同且明确的规则下充分承担和发挥做市商的功能；事后行为监管可及时纠正做市商的错误，也是对做市商资格的再审核——对违反义务要求的做市商取消其做市商资格，或对整改后重新达到做市商资格要求的恢复其做市商资格等。纳斯达克充分利用信息系统强化了对做市商的监管，采用线上系统监控与线下现场检查的方式进行，通过线上方式监控做市商的报价、交易行为，通过线下方式检查、规范其操作和运营。

5. 对我国上市公司及证券监管的启示

对我国上市公司及证券监管的启示主要有四点：一是要允许（股市）泡沫在一定范围内存在；二是商业模式落地才能体现互联网的价值；三是加大信息披露监管的力度；四是不断完善新三板的做市商制度。

5.1 要允许（股市）泡沫在一定范围内存在

证券市场出现阶段性的非理性是常态，关键是非理性的幅度是否对宏观经济产生了严重的负面影响。回顾历史上几次与实体经济紧密结合的泡沫，我们发现泡沫并非全是负面的。例如，美国历史上大约经历了5次比较完整的泡沫过程。

总体而言，与实体经济结合紧密的泡沫破灭后，都对美国经济的长期发展产生了深远影响，其中电报、铁路、互联网泡沫等对美国经济的影响是持久而深远的，它们促进了美国生产力的巨大发展，见表分—5—6。

表分—5—6　　美国历次泡沫事件及影响程

名称	年份	发展情况	留下的遗产	发展壮大的公司
电报	1846—1852	电报网络增长10倍	把世界商业中心连接起来；促进了国内和国际金融市场形成	美联社、西联汇款公司、邓白氏公司
铁路	1870—1893	铁路产业资本从25亿美元增长到100亿美元	建立了全美国的铁路系统，为全国性商品和服务市场形成提供了一个商业平台	美国钢铁、电报电话、GE、西尔斯
金融	1921—1929	金融市场狂热，道琼斯指数从1921年的64点上涨至1929年的380点	金融体系的大发展，金融监管措施的完善	美林、富达投资
互联网	1995—2000	大量网络公司出现，投资者大量投资该产业，纳斯达克指数从1995年的不到800点上升至接近4 700点	信息技术快速发展，互联网极大地改善了生产和生活形态	谷歌、亚马逊、Facebook、推特等
地产	2001—2007	每年新建住房从800万套左右上升至接近1 300万套，房价持续上升，抵押贷款大幅增加	尚待观察	尚待观察
新能源	2005年至今	大量新能源出现	尚待观察	尚待观察

资料来源：中信证券。

就目前中国资本市场的情况看，新三板也许会有一些泡沫，但这些泡沫的产生可能有助于中国经济新增长点的出现，并有利于推动中国经济转型。从融资总量看，近期新三板的融资功能明显增强。自2014年开始，新三板的融资额快速增加，目前已有4 000多家企业挂牌，有力支持了资金进入实体经济。从融资的行业结构看，传统领域较少，主要集中在信息技术等领域，有利于提高全社会的技术水平和劳动生产率，推动经济转型升级。从资金丰裕度来看，相对于中小企业大量的资金需求，新三板提供的资金数额并不过剩，在一定程度上缓解了中小企业“融资难、融资贵”的情况。

5.2 商业模式落地才能体现互联网的价值

“股灾”在一定程度上阻碍了上市公司再融资、未上市公司 IPO 的进程，但互联网的逻辑并未破坏，互联网的价值仍然存在，能够把握好互联网发展的节奏，实现商业模式落地的互联网企业真正体现了梅特卡夫定律的网络效应，比如 Amazon（亚马逊）公司；反之，可能随泡沫破裂，如 AOL（美国在线）。

Amazon 于 1997 年上市，历经美国互联网泡沫的洗礼，其商业模式逐步落地，最终成为市值高达 2 500 亿美元的国际电商巨头。对于 Amazon 的成功，其商业模式落地是最关键的要素。在早期，Amazon 就确定了“低价打造极致用户体验，以用户流量增长进一步降低成本”的循环型商业模式，并在后续发展过程中坚决执行、逐步落地，见图分—5—6。

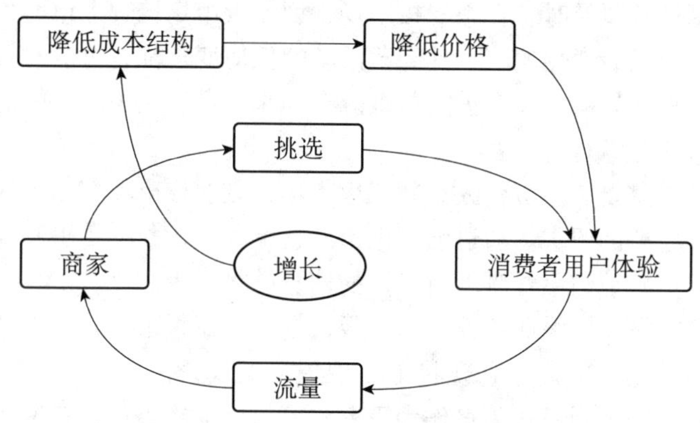

图分—5—6 Amazon 经营模式简图

资料来源：长江证券。

为了优化消费者的用户体验，Amazon 有序地进行经营品类的扩张：1998 年，增加了音乐、录像带产品；1999 年，扩展至玩具、电子产品；2000 年，加入家居园艺产品。除了产品范围的扩张，Amazon 稳步实施经营地域的扩张：1998 年进军英国、德国市场，2000 年进入法国、日本市场，2002 年进入加拿大市场，2004 年进入中国市场。Amazon 还积极进行业务创新，2000 年引入第三方卖家，而后陆续推出 Prime（会员增值服务以增强黏性）、AWS（云计算 IAAS）、FBA（亚马逊物流服务）、Kindle（电子书阅读器）、KDP（自出版服务）等产品和服务。通过这些措施，Amazon 极大地增强了用户黏性。

5.3 加大信息披露监管的力度

“股灾”有个非常核心的来源就是信息不对称，因此，为了促进股票市场的健康发展，一项重要工作就是解决信息不对称问题。结合政府监管的最新趋势，我们认为主要是以强化信息披露的制度改进为主，再引进一些新的交易机制，用以优化市场微观交易结构。本小节主要讨论信息披露制度，在下一小节讨论新的交易机制的问题。

无论是主板市场、创业板市场还是新三板市场，都要求上市公司在披露信息时应当遵循完整性、真实性、准确性和及时性的原则。但是，与主板市场相比，新三板市场、创业板市场有着更大的投资风险，因此新三板市场、创业板市场的信息披露与主板市场相比，要着重强调以下四个方面：

（1）信息披露要充分。新三板市场、创业板市场对其挂牌上市企业采取了“宽进严管”的方式。为了控制风险、实现对投资者的保护，必然要求上市公司财务信息的披露更加详细、频繁，确保信息的真实、完整、及时，以保证市场的高度透明。

（2）信息披露要及时。在新三板市场、创业板市场挂牌上市的公司多数处于快速成长阶段，发展变化较快，其经营活动的任何变化都有可能对投资者决策和股票价格产生重要影响，及时披露信息既有助于投资者决策，又能避免因信息不对称而诱发市场操纵行为。

（3）信息披露要关注责任人。新三板市场、创业板市场在当事人责任方面应比主板市场有更严的要求，通过强化做市商、保荐人、独立董事和高级管理人员的责任，可以更好地约束挂牌上市公司的信息披露行为。

（4）信息披露要关注成长性。新三板市场、创业板市场挂牌上市公司与主板市场上市公司相比，通常盈利现状不太理想，但成长潜力较大，同时风险也较大。将企业的核心盈利模式信息作为重要内容对外披露，可为投资者提供更丰富的资料，帮助其做出正确决策；还可以在改变只注意财务指标的考核方面发挥作用，为监管部门提供更为详细的监管依据。

5.4 不断完善新三板的做市商制度

纳斯达克不同层次市场的交易制度不同，其中全球精选市场采用完全竞价模式，全国市场与资本市场采用混合做市商交易模式。混合做市商交易模式通过引入竞价模式提升了市场竞争水平，实现了筛选功能。

当前，新三板采用协议转让与做市转让共存的交易制度，新三板的做市商模式处于起步阶段，与纳斯达克传统做市商交易模式阶段相似，存在流动性不足、垄断性交易以及定价不合理等问题。2015 年 11 月 24 日，全国股转系统发布了《全国股转系统挂牌公司分层方案征求意见稿》，拟分为基础层和创新层两个层次。与此相对应，我们认为新三板的做市商制度也应该随着分层制度的推进，加快由传统做市商制度向混合做市商制度转型，逐步加强对新三板的做市商监管，这也与纳斯达克做市商监管趋于严格的趋势一致。在这个过程中，重点是做好以下三项工作：

（1）明确做市商制度改革的路径。我们认为，应当先放开非券商机构做市，增加做市服务的供给，对于较高的市场层次，则可以进一步建立混合交易制度。

（2）建立和完善做市商激励约束机制。引导和鼓励券商构建“推荐挂牌—做市—转板/IPO”的一条龙服务模式。做市商获取库存股的方式应当优化，成本价格偏离市场价格的幅度应受到限制；同时，为提升做市商的积极性，应着力降低做市商的交易成本。制定指标对做市商的做市成果进行评价，评价指标可以包括合规性、报价价差、报价量、成交量等。对于评选出来的优秀做市商提供优惠政策，提高其做市积极性，减少操纵市场或侵犯投资者利益的行为。

（3）采取线上、线下相结合的监管方式。采用线上监管的方式，开发和应用电子化监管系统，监控做市商的交易及披露情况，可以增加监管的时效性以及减少人为监管的不准确性。同时，重视线下监管，采用现场定期检查与不定期抽查的方式，实现对做市商业务运营行为的监管。

参考文献

[1] 查尔斯·P·金德尔伯格，罗伯特·Z·阿利伯．金融危机史．6版．北京：中国金融出版社，2014

[2] 段迎晟．拨开迷雾：新三板做市商制度梳理．方正证券研究报告，2015-09-08

[3] 马先文．寻求泡沫之后的真成长．长江证券研究报告，2015-11-05

[4] 王汉锋．创业板繁荣与纳斯达克互联网泡沫的比较．中金公司研究报告，2015-03-30

[5] 吴晓求．金融危机启示录．北京：中国人民大学出版社，2009

[6] 吴晓求．大国金融中的中国资本市场．金融论坛，2015（5）

[7] Abreu，Dilip，and Markus Brunnermeier，“Bubbles and Crashes”，*Econometrica*，2003（71）

[8] Cochrane，John H.，“Stocks as Money：Convenience Yield and the Tech-stock Bubble”，NBER Working Paper 8987，2002

[9] Ofek，Eli，and Matthew Richardson，“DotCom Mania：The Rise and Fall of Internet Stock Prices”，*Journal of Finance*，2003（58）

分论六　2008 年美国次贷危机与全球股市海啸

摘　要

由 2008 年美国次贷危机引发的全球股市海啸是距现在最近的金融危机，无论是金融市场环境，还是金融产品创新程度，抑或是金融的全球化程度，相比其他危机而言，都与 2015 年中国股票市场发生的股市危机联系得更为密切，因而更具借鉴意义。本分论回顾了美国次贷危机的发生及演进过程，分析了引发美国金融危机的主要原因：次贷危机是金融危机的源头；次贷危机通过资产证券化产品在金融机构之间进行传导；信用评级机构难以合理地评估风险；金融机构通过高杠杆放大了风险；多头金融监管机制的弊端；美联储货币政策调整机制和节奏的失误。金融危机后，美国致力于金融监管制度和规制的完善：包括场外交易在内的全面监管体系的构建；完善信息披露和信用评级机制；加强薪酬和公司治理改革；完善高杠杆产品和对冲交易机制；规范复杂衍生品的风险定价机制等。美国金融危机的爆发及其后的危机处理措施带给我们如下启示：危机的爆发是制度的自我革新；金融业存在着高杠杆以及去杠杆化趋势；金融创新与金融监管应协调与匹配；政府在政策调整中应该考虑市场的消化和承受能力。

Abstract

The global stock market crash caused by the U. S. subprime crisis in 2008 is the most recent one that shares much in common with what China's stock market has undergone in 2015, in the case of financial market environment, financial innovation and financial globalization, which can be taken as an important reference. In this chapter, we review the occurrence and evolution of the subprime crisis. After that we get the following conclusions. It is the subprime crisis that caused the subsequent severe financial crisis. The subprime crisis fallout transferred among financial institutions through asset securitization products, which made it incredibly hard for credit rating agencies to assess and estimate risks. The high leverage of financial institutions, the malpractice of separate supervision mechanism and the failing of the Federal Reserve's monetary police adjustments overall contributed to this "perfect storm". During post-crisis period the U. S. government was dedicated to improve the financial regulatory system. They spared no efforts to rebuild comprehensive regulatory system, strengthen information disclosure and credit rating mechanism, emphasize remuneration and corporate governance reforms, amend highly leveraged and hedging products' trading mechanisms, and regulate complex derivatives' risk pricing mechanisms. The way how U. S. government has dealt with the financial crisis can teach us a lot. First of all, the outbreak of the crisis is also the self-revolution of the outmoded system. In addition, there is a trend for enterprises to deleverage. Moreover, the financial innovation should process in harmony with financial supervision. Last but not least, the flexibility and tolerance of the market should be taken into consideration when the government is trying to adjust polices.

由2008年美国次贷危机引发的全球股市海啸是距现在最近的金融危机，无论是金融市场环境，还是金融产品创新程度，抑或是金融的全球化程度，相比其他危机而言，都与2015年中国股票市场发生的股市危机联系得更为密切，因而更具借鉴意义。

1. 历史的真相：美国次贷危机的发生及演进

1.1 美国次贷危机的发生

美国次贷危机的起源，与次级抵押贷款的“繁荣”息息相关。次级抵押贷款是指一些贷款机构向信用程度较差和收入不高的借款人提供的贷款。由于美国住房市场持续的繁荣、较低的利率水平以及金融创新促成的资产证券化的兴起，在次贷危机爆发前，美国的次级抵押贷款市场保持着迅速的发展。

（1）危机的浮现。截至2006年6月，美联储在两年内的17次加息，使得美国房地产市场逐渐出现降温，房价持续上涨的趋势不复存在。与此同时，由于利率的升高，导致较低信用或者较低收入次级抵押贷款借款人的违约现象大幅增加。大量次级抵押贷款借款人无法按期偿还贷款，使得市场上众多的金融机构受到影响，随之引发了次贷危机。

因为所经营次级债坏账问题的恶化，2007年4月美国第二大次级房贷公司新世纪金融公司（New Century Financial Corporation）被迫申请破产保护。自此，美国次贷危机浮出水面。

实际上，在此之前，美国次级房贷市场的预警就已出现。2007年1月，汇丰控股首次为美国次级房屋信贷业务增加了准备金；截至3月，准备金的金额已高达70亿美元。[①] 此外，2007年3月已有20多家涉及次级房贷的大机构停止发放新贷款。美国最大的次级房贷公司Countrywide Financial Corp也已减少了贷款的发放。

（2）危机的持续蔓延。2007年7月10日，标准普尔公司宣布可能会下调612种次级抵押贷款债券的评级，总价值高达120亿美元。同日，美国穆迪公司直接宣布降低399种此类债券的信用评级，总价值约52亿美元。两家权威评级机构的“降级”声明，彻底戳穿了美国次级房贷市场的泡沫。

泡沫的破灭给多家金融机构旗下参与其中的基金造成了巨大的损失。2007年8月1日，美国第五大投行贝尔斯登宣布旗下投资于次级抵押贷款支持的复合证券的两只对冲基金HGF和HGELF倒闭，总共损失逾15亿美元。同日，澳大利亚麦格理集团声明旗下两只高收益基金的投资者因美国次贷危机可能会面临25%的损失。8月2日，德国工业银行旗下价值127亿欧元的莱茵兰基金因参与

① 参见李凤云：《金融危机深度解读》，北京，人民邮电出版社，2009。

美国次贷业务而宣布盈利预警。8 月 9 日，法国巴黎银行旗下的三只对冲基金也因为巨大的亏损而宣布冻结。

2007 年 8 月 6 日，美国第十大抵押贷款机构——美国住房抵押贷款投资公司正式向法院申请了破产保护。8 月 31 日，曾是美国最大次级房贷公司的 Ameriquest Mortgage 将批发和服务业务出售给了花旗集团，停止了贷款营业。

1.2 次贷危机向金融市场的蔓延

随着危机的持续扩张，各国政府都采取了一定的措施来阻止危机的进一步恶化。例如，2007 年 8 月 11 日，世界各地央行在 48 小时内注资超过 3 262 亿美元救市。美联储甚至一天三次向银行注资 380 亿美元以稳定股市。8 月 17 日，美联储降低了窗口贴现利率 50 个基点至 5.75%，一个月后，美联储又降低联邦基金利率 50 个基点至 4.75%。然而，各国政府所采取的向市场注入资金和降息的措施，并未有效地阻止危机的加深，而股市的重挫也接踵而至，见图分—6—1 至图分—6—3。

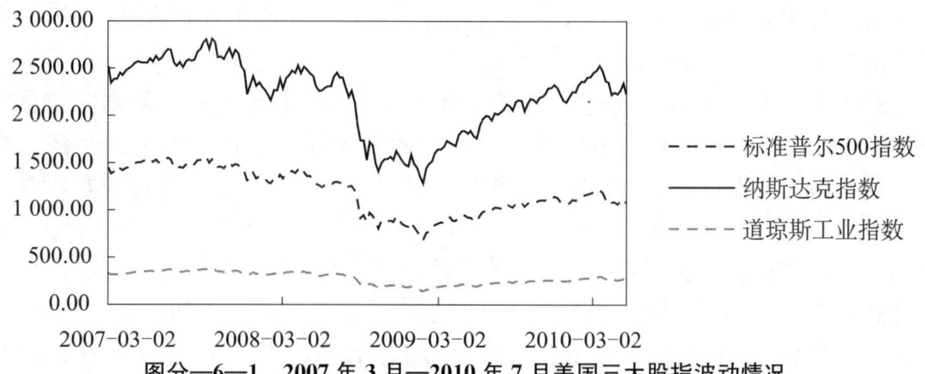

图分—6—1 2007 年 3 月—2010 年 7 月美国三大股指波动情况

资料来源：Wind 资讯。

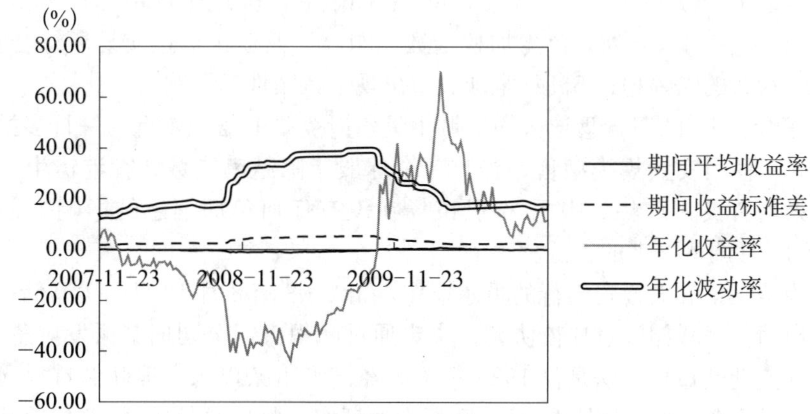

图分—6—2 2007 年 11 月—2010 年 11 月标准普尔 500 指数波动情况

资料来源：Wind 资讯。

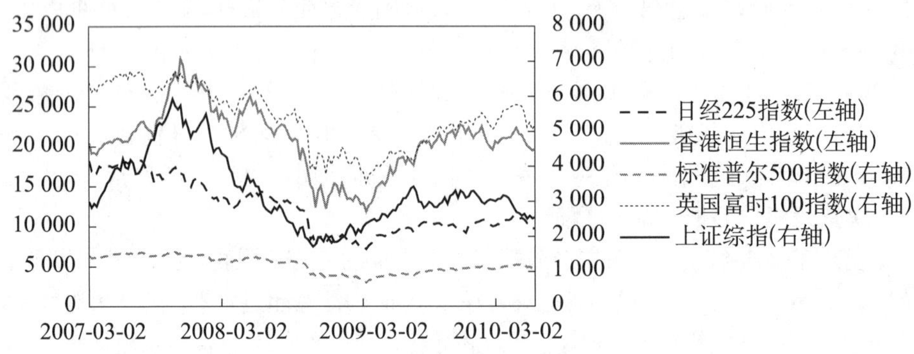

图分—6—3　2007 年 3 月—2010 年 6 月全球主要股票指数波动情况

资料来源：Wind 资讯。

截至 2007 年 11 月 27 日，美国股市已自当年高峰回落逾 10%，标准普尔 500 指数 11 月以来跌幅增加，十大类股全面下挫，金融股更跌至自 2005 年 4 月以来的谷底。

2008 年 1 月 18 日，美国政府推出了刺激经济的一揽子方案，计划实施总规模约在 1 450 亿美元的财政刺激措施，以挽救游走在衰退边缘的美国经济。然而，这一措施并不被投资者看好，美国股市持续下跌，并引发了全球投资者对经济前景的担忧，最终引起了全球股市的雪崩。2008 年 1 月 21 日，在欧洲方面，德国 DAX 40 指数、法国 CAC 30 指数的跌幅在 7%左右，英国富时 100 指数的下跌超过 5%；在亚洲方面，印度 BSE 30 指数、印度尼西亚雅加达交易所指数、香港恒生指数、日经 225 指数等主要指数的跌幅普遍达到 5%及以上；在美洲方面，巴西圣保罗交易所指数的跌幅超过 5%。1 月 22 日，亚洲区股市继续大幅下跌，香港恒生指数下跌了 2 065 点，跌幅 8.65%；恒生国企指数下跌了 1 619 点，跌幅 11.97%。此外，台湾加权指数、印度尼西亚雅加达交易所综合指数、日经 225 指数的跌幅超过 5%。全球股市出现了持续性的下跌。

2008 年 3 月 11 日，穆迪公司下调了贝尔斯登旗下信托发行的一百多批证券的评级，从而引发大规模抛售。当日，全球股市除越南指数、香港恒生指数微涨，其余均有极大跌幅。中国 A 股市场在没有任何负面消息的影响下创出自 2007 年 10 月调整以来的新低。

作为美国第五大投资银行的贝尔斯登，于 2008 年 3 月 13 日向美联储提出破产保护申请。美联储经过连夜协调，决定通过摩根大通公司向其派发应急贷款，以缓解其流动性短缺。这是自 1929 年美国经济大萧条以来，美联储首次向非商业银行提供应急资金。3 月 16 日，摩根大通证实，将以总价约 2.36 亿美元（每股 2 美元）的对价，通过换股的形式收购贝尔斯登，但此举引起了贝尔斯登股东和员工们的强烈反对。在此期间，高盛、美林以及 50 多家对冲基金都受到了关于控制贝尔斯登、雷曼股价的指控，并开始接受审查，此时的美国股市达到阶段性的低点。5 月，摩根大通以总价约 22 亿美元收购贝尔斯登的方案获股东批准。

在贝尔斯登倒下之后，美联储和美国财政部采取了一系列措施来稳定市场，主要手段依然是注入流动性，并且在短期内使市场恢复了乐观情绪。2008 年 5 月初，美联储主席保尔森表示：自 3 月以来，陷入动荡的信贷市场的前景持续改善。华尔街也认为，大型金融机构的破产倒闭正是金融动荡接近尾声的重要标志，次贷危机的最坏时期已经过去。市场的乐观情绪反映在了股票市场上：从 2008 年 3 月下旬到 5 月下旬，美国股票市场大体稳步上升，标准普尔 500 指数由 3 月下旬的最低点 1 273.37 点涨至 5 月下旬的最高点 1 426.63 点，涨幅达 12.04%，见图分—6—4。

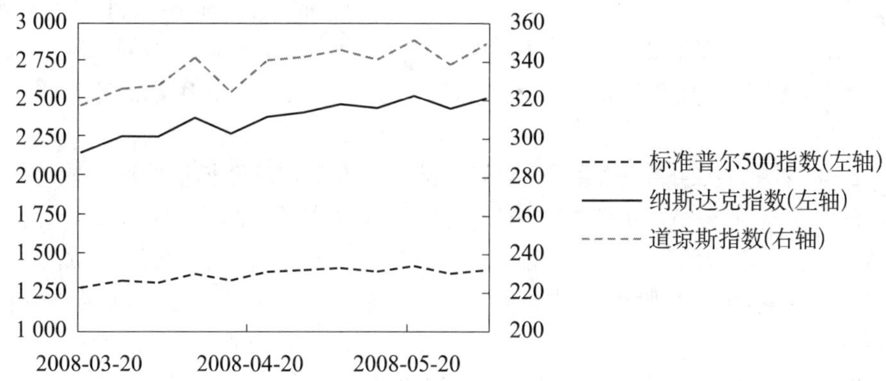

图分—6—4　2008 年 3 月—2008 年 5 月标准普尔 500 指数开盘点位

资料来源：Wind 资讯。

然而，到 2008 年 5 月中下旬，全球股市又开始普遍下跌。美国三大股指的跌幅均逾 3%，欧洲主要股指亦反转了前一周微弱的升势。在亚太股市中，日本的跌幅相对较小。“金砖四国”的主要股指全线下挫，中国与印度的走势尤为低迷。上证指数 5 月最后一周累计下挫 4.17%，深成指下滑 8.25%；恒生指数最后一周累计下跌 3.53%，美国道琼斯指数创 2008 年 1 月中旬以来最大的周跌幅。

6 月初，不明朗因素增加，全球股市普遍走软。美股市场暴跌，道指周跌 4.2%，6 月累计暴跌 10.2%，屡创新低。标准普尔 500 指数下跌 3%，月跌幅为 8.7%。纳斯达克指数下跌 3.8%，月跌幅为 8.2%。在欧洲股市方面，泛欧道琼斯指数下挫 2.6%，英国金融日报指数下跌 1.6%，法国 CAC 40 指数下跌 2.5%，德国 DAX 30 指数下跌 2.4%；日经 225 指数也下跌了 2.9%，其中能源和医疗板块的跌幅居前。与此同时，对经济和就业的担心导致美国6月的消费者预期创下历史新低，6月的消费者信心指数跌至50.4点，创下自1992年以来的新低。

此外，卷入危机中的金融机构的规模和知名度开始越来越大，损失也愈发严重，次贷危机开始蔓延。

2008年7月，房利美（联邦国民住房贷款协会）和房地美（联邦住房抵押贷款公司）身陷700亿美元亏损困境，股价双双大跌50%以上。自1990年起，房利美就一直是美国最大的抵押贷款担保证券机构发行者，而房地美是仅次于房利美的规模第二大的政府赞助企业。房利美和房地美是美国抵押信贷二级市场的最主要做市商，因而次贷危机对它的影响相当严重。9月7日，美国政府宣布，从即日起接管陷入困境的房地美和房利美。受此消息提振，当日道琼斯指数收盘涨289.78点，至11 510.74点，涨幅2.58%；标准普尔500指数涨25.48点，至1 267.79点，涨幅2.05%。两指数均创下1个月最大涨幅；纳斯达克综合指数上涨13.88点，至2 269.76点，涨幅0.62%。在此期间，美国股市获得了短暂的稳定。

2008年9月12日，受雷曼兄弟可能破产引发的市场恐慌情绪所影响，美林证券的股价暴跌35%，市值缩水约150亿美元。相比2007年1月97.53美元/股的高价而言，已暴跌80%。2008年9月14日，美林证券与美国银行达成了收购协议，该交易将以换股的方式进行（每股29美元，是美林证券股价峰值时的30%）。

2008年9月15日，作为全球最具实力的股票和债券承销交易商之一的雷曼兄弟申请破产保护，引发了巨大的华尔街振荡，也使美国的金融市场都陷入了危机中，导致次贷危机进一步深化。

因为参与了大量的信用违约互换（CDS）交易，美国保险巨头——美国国际集团（AIG）也受到了波及。9月16日，美国联邦储备委员会授权联邦储备银行向濒临破产的AIG提供了850亿美元的紧急贷款。作为提供贷款的条件，美国政府将持有其79.9%的股份，并有权否决普通股和优先股股东的派息收益。

9月21日，美国联邦储备委员会批准摩根士丹利和高盛集团从投行转为传统的银行控股公司，并接受中央银行的监管。9月25日，华盛顿互惠银行倒闭，成为美国历史上倒闭的最大规模的银行。与此同时，9月中旬，全球股市依然大幅下跌。在“金砖四国”中，除巴西股市小幅收高以外，其余股市均不同程度走低。中国沪、深两市连续第七周出现下跌。上证指数单周累计下跌5.57%，深成指下跌4.53%。香港股市继续走软，恒生指数单周累计下挫2.91%。

1.3 危机的全球蔓延

随着金融危机的逐步加深，实体经济也不可避免地受到影响。2008年第三季度，美国经济增长速度按年率下降了0.3%。截至2008年10月，美国的非农就业率已连续第10个月下降，年内新增就业累计减少达120万人。与此同时，10月美国的失业率升至6.5%，成为自1994年3月以来的最高水平。同月，消费者物价指数、生产价格指数、除去食品和能源的核心消费者物价指数都出现了下降。此外，零售额也连续第四个月出现下滑。

美国汽车业的巨头通用汽车宣布第三季度亏损25亿元，面临现金储备不足的危险。福特与克莱斯勒同样面临现金流告急。次贷危机已严重阻碍了美国实体经济的发展。

次贷危机对于实体经济的损害并不仅仅出现在美国。11月15日，据欧盟统计局的数据，第三季度欧元区15个国家的GDP总和与第二季度一样，均下降了0.2%，欧元区的经济陷入了15年来的首次衰退。欧盟执委会也表示，2009年度其经济增长将停滞。德国政府承认，其经济遭遇了12年来最为严重的衰退。11月17日，日本内阁府公布的第三季度实际GDP同比下跌了0.4%，是实际GDP连续第二个季度出现下降。美国供应管理协会在12月1日发布的公告表示美国11月份制造业指数下跌到自1982年以来的最低水平，而中国、英国、欧元区和俄罗斯的同类指数也跌至历史低点。美国次贷危机的爆发使得经济衰退的“乌云”笼罩在各国之上。

除了实体经济外，各国股市仍然笼罩在次贷危机的“乌云”之下。

2008年10月上旬，全球股市的集体崩盘引发7国联手降息救市，但未能阻止股市的下跌步伐；10月中旬，救市效应显现，全球行情稍有稳定；然而10月下旬，对于经济衰退的担忧拖累全球股市重挫。继第二季度经济增长陷入停滞之后，英国第三季度GDP环比下降0.5%，这是英国自1992年第二季度以来首次出现环比负增长。

12月初，全球股市普遍走强：美国三大股指转跌为升，标准普尔500指数创34年来最大单周涨幅；欧洲三大股指的涨幅均逾13%；亚太股市与“金砖四国”中唯中国A股市场下跌，俄罗斯与巴西的主要股指涨幅均在13%以上，而后全球股市在平稳中小幅下行。

2009年2月，美国股市开始大幅下跌，其中金融股再度成为跌幅最大的板块。27日，由于美国政府扩大了对花旗集团的救助力度及通用电气削减了派息，致使这两大公司的股价及大盘进一步下跌。道琼斯指数收盘跌1.66%，创下自1997年4月以来的最低点。道琼斯指数以累计跌幅12%结束了自1933年以来表现最糟糕的2月。标准普尔500指数触及自1996年12月18日以来的最低收盘水平，跌幅达 10.99%。与此同时，欧洲股市和亚太股市仍处于持续下跌中。

2009 年 3 月初，市值曾排名全球银行业第一的花旗集团股价首次跌破 1 美元/股。从 2008 年 5 月 19 日至 2009 年 3 月 9 日，美国标准普尔 500 指数的日收盘价从 1 426.63 点狂跌至 676.53 点，跌幅达 52.58%，即在过去的 10 个月中，平均每月的单月跌幅达 6.2%，见图分—6—5。

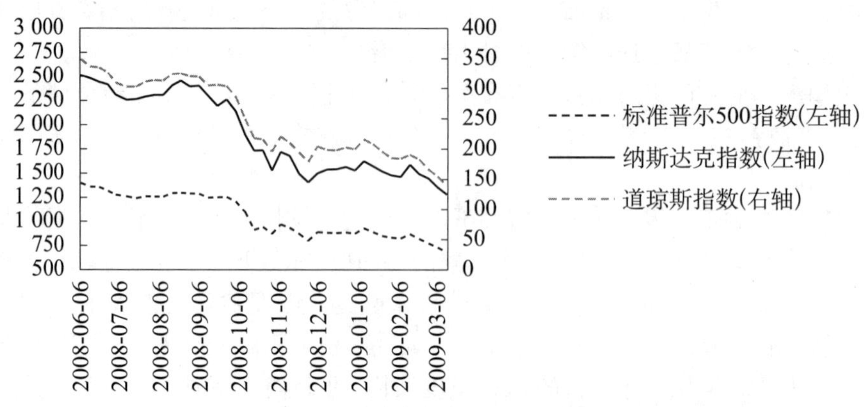

图分—6—5　2008 年 5 月—2009 年 3 月美国三大股指的波动情况

资料来源：Wind 资讯。

2009 年 3 月 13 日，美国联邦储备委员会宣布买进 1 兆美元的债券，旨在降低消费融资成本，并遏制经济衰退；同时，宣布买入 3 000 亿美元的长期国债以降低消费信贷成本。当日，标准普尔 500 指数大涨 2.1%。3 月下旬，美国财政部宣布了应对银行业资产负债表上有毒资产的细节后，3 月 24 日美股大涨，三大股指的涨幅均超过 6%。3 月 28 日，在第二轮国债收购活动中，美联储收购了 75.4 亿美元的国债。这是继美联储在 3 月中旬公布最多将收购 3 000 亿国债以来的第二次国债收购行为。受此影响，美国股市连续三周收高。同时，美国 1 月的房价相比 2008 年 12 月上涨，这是近一年以来房价首次出现上涨；耐用品订单金额上涨 3.4%，达 1.655 亿美元，结束了连续 6 个月的下滑。在这些利好消息的推动下，美国股市乃至全球股市度过了金融危机以来的最低谷，开始了缓慢的振荡上行趋势，见图分—6—6。

通过梳理美国次贷危机发生与演进的过程以及对股票市场的影响，我们可以看出，2007 年发端于美国的次贷危机，其产生和演进的逻辑是非常清晰的。从次贷危机→次债危机→金融机构和投资机构（其中大多数是上市公司）的财务状况恶化，以致出现巨大的投资浮亏，直至实际亏损的发生→股票市场资产价格的大幅下跌，进而引发市场危机→金融体系的不稳定，拆借市场资金流量大幅收缩，拆借成本迅速上升→财务状况不断恶化的金融机构和投资机构的破产、合

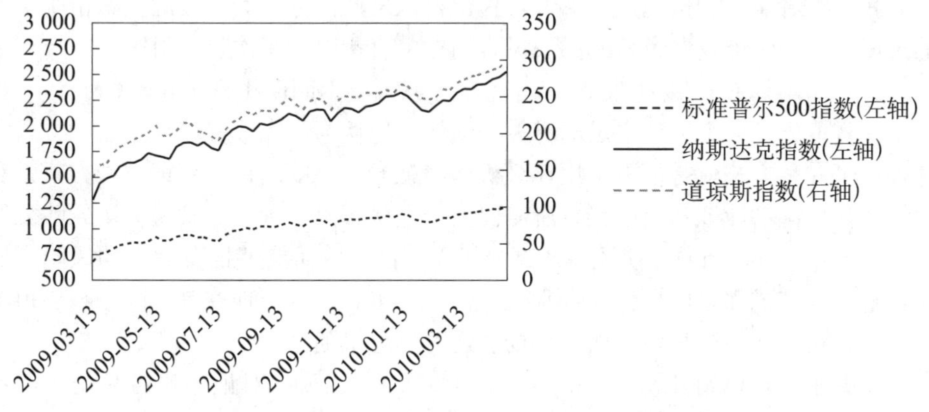

图分—6—6　2009 年 3 月—2010 年 4 月美国三大股指波动情况

资料来源：Wind 资讯。

并、重组及转型→为了防范流动性风险，信贷市场急剧萎缩→实体经济衰退的来临，以致出现经济危机→进一步加剧了资本市场的动荡。①

2. 2008 年金融危机的形成原因与传导机制

2.1　对美国次贷危机的形成原因：文献综述

2007 年美国爆发的次贷危机从房贷机构扩散至整个金融市场，进而影响到实体经济。这次危机不仅影响到美国经济的发展，更席卷全球，在世界范围内产生了巨大的影响。次贷危机的爆发是由多方因素共同作用的结果，既有金融衍生产品等微观主体的原因，又有市场结构、经济政策等宏观因素；既与美国近期经济市场有关，也涉及一些历史性、周期性因素。对其爆发原因的研究有一系列结论，具体可总结为如下五大类：

（1）金融产品过度创新。罗伯特·默顿［Robert Merton（2007）］认为，次贷危机的真正原因是贷款的结构。次级房贷并不是一种福利政策，而是房贷机构为了赚取更多利润的一种商业策略。房贷机构贷款给偿还能力不足的贷款申请人，使得整个系统对房价下跌过于敏感。

法耶泽尔·乔杜里［Fayezul Choudhury（2008）］认为，次贷危机的原因是众多银行的治理机制效率缺失以及企业风险控制有所欠缺。银行已意识到次级贷款的风险，却因为高额利润而不断扩大业务范围，使得风险堆积，进而形成次贷危机。

① 参见吴晓求：《金融危机启示录》，北京，中国人民大学出版社，2009。

我国学者孟辉和伍旭川（2007）提出，以资产证券化为代表的金融衍生工具的过度创新导致市场约束机制的失灵，而这些直接引发了次贷危机。

（2）信用评级机构的失责。理查德·赫林［Richard Herring（2008）］提出，次贷危机是多个泡沫之后的另一个泡沫。他认为，完成资产证券化的方式有三种：第一种方式就是依靠信用评级机构对证券安全度的评判；第二种方式是利用统计学模型估计证券得以偿付所需要的资金量；第三种方式就是信用风险分级（credit risk tranching），使风险通过分级而分散，从而能够抵御一定的风险。然而，这三种方式都难以评估证券真正的价值，也难以真正地控制风险——当市场繁荣时，资产往往被高估；而当市场衰退时，危机随之产生。

马歇尔·布卢姆［Marshall Blume（2008）］认为，对证券化产品的估值不当是次贷危机爆发的主要原因。次贷市场中的诸多因素，如金融衍生工具的过度创新、贸易顺差国的储蓄过剩、美国政府政策和当时的国际形势，导致一些按揭贷款已超过了房屋的估计价值，而这导致了次贷危机的爆发。

（3）政府监管不到位。利奥·梅拉米德［Leo Melamed（2007）］提出，次贷危机的爆发有两个根本原因：一是住房抵押债券在发行过程中信息不够透明；二是政府监管的缺失。信息不透明使投资者不能充分了解和准确估计他们所投资的衍生产品所要冒的风险，而政府把对金融衍生品的信用评估和责任监督完全抛给私人债券评级机构的行为也非常不负责任。

安杰尔·古里亚［Angel Gurria（2008）］认为，美国次贷危机产生的原因在于金融系统的监管不到位，美国需要大规模金融监管体制的改革，而金融系统也确实需要更好的监管。

（4）经济政策引致的流动性过剩。约瑟夫·斯蒂格利茨［Joseph Stiglitz（2007）］指出，次贷危机的原因是格林斯潘在任时推行的经济政策。自 2001 年以来，美国试图通过不断降低利率来促进经济增长以及提高就业率，但结果却是更多的人贷款买房和提前消费，使得房地产市场过度繁荣，从而埋下了危机的隐患。

陈志武（2007）提出了资本化容量的想法，他认为现有的市场制度和结构所能提供的资本化容量远远不能达到市场的需求，导致危机的产生。

李石凯（2007）认为，次贷危机的根本原因在于美国一直以来高消费、低储蓄的经济形态，而低储蓄率的结果就是美国对楼价下行非常敏感，抗风险能力极弱。

雷鸣（2008）通过将次贷危机与日本房地产泡沫破灭所引发的危机进行对比，认为次贷危机产生的原因是政府的宏观经济政策，具体来说就是流动性过剩。

(5) 全球经济长周期性的调整结果。埃德蒙·S·费尔普斯 [Edmund S. Phelps (2007)] 提出，房地产市场在此前的一段时期经历了不正常的过度繁荣，因而此后的回落调整是不可避免的。这次由次贷危机引发的席卷全球的金融风暴可以看作房地产市场的一次回落调整。

弗兰克林·艾伦 [Franklin Allen (2008)] 通过类比日本的经济危机，提出引发次贷危机的原因是房地产的价格过高。房地产泡沫会给银行带来大量的问题，进而影响到整个金融体系。

吴晓求 (2009) 认为，此次金融危机是全球经济长周期的一种反映，是自20世纪30年代大危机以来全球经济结构、贸易结构、金融结构大调整在金融体系上的一种必然反映，是对国际经济金融体系中实体经济与虚拟经济（现代金融或资本市场）在不同经济体之间结构严重失衡的一次重大调整，以实现资本市场、金融资产在规模和结构上与其赖以存在的实体经济相匹配。

(6) 金融危机形成的多因素解释。很多学者认为，次贷危机的爆发完全是多方面因素共同作用的结果，不能简单地认为次贷危机的原因只是某一种因素引起的。

易宪容 (2007) 提出的观点是，次贷危机的原因有二：一是次级贷款的信息不对称；二是信用评级机构在利益驱使下的不作为。

何帆和张明 (2007) 认为，次贷危机的深层原因是过于宽松的贷款要求、创新的衍生工具品种和不够客观的信用评级，直接原因则是基准利率的上升和房价的下跌。

吴渝璋 (2008) 认为，引起次贷危机爆发的多方面原因包括美联储的低利率政策，房贷机构和投资者追逐利益、忽视风险，以及信用评级机构的失职。

范俏燕 (2008) 将次贷危机的原因总结为五点：持续加息、房地产价格下跌、居民储蓄率低、一些新型金融衍生产品的流动性不足、信用评级机构未充分发挥作用。

2.2 次贷危机：金融危机的源头

克林顿与小布什在任期内，为了刺激经济增长，均有推动房地产市场的计划。由于中产以上阶层早已有房屋，因而美国政府将目光瞄准低收入，乃至收入不固定人群。为促使这部分人购房，政府鼓励金融机构向上述人群发放房地产抵押贷款。在次贷危机前30年中，金融机构向低收入家庭发放贷款的增长超过了80%。同时，美国政府甚至为首付极低的第一次买房者提供政府担保抵押贷款。此外，美国实施了宽松的货币政策，联邦基准利率从2000年的6.5%下降到2003年的1%。这极大地促进了房地产业的发展，将房价推到高位，同时产生了一大批还款极不稳定的次级贷款。

自1996年第四季度至2006年第二季度，标准普尔房价指数上涨了145%。过度的刺激导致美国经济出现高通货膨胀，2004年6月至2006年底，联邦基金利率从1%上调至5.25%，使得还贷压力激增，部分家庭无力负担房贷并选择违约。2006年后，美国房地产价格开始下降，2008年底的房价比2006年最高房价下跌了25%左右。房地产价格下降，而房贷压力却上升了，致使低收入家庭一方面无力承担房贷，另一方面不愿为将要贬值的资产承担房贷，因此出现了大量的违约。2006年第四季度，住宅抵押贷款的拖欠率高达13.3%，2008年最高达到19%。即便是优质级住房抵押贷款的表现也在下滑，不良贷款率有所上升。

房产抵押贷款违约一旦爆发，首当其冲的是信贷机构。为了减少损失，信贷机构开始提高贷款门槛，限制住房抵押贷款发放，进一步给房地产市场降温。房地产投资者抛售手中房产，使得房价继续下降，进而更多的借款人加入到违约大军中。自此，次贷危机由房地产市场传导到信贷市场中。

2.3 资产证券化：金融危机的传导

住房抵押贷款市场分为一级市场和二级市场。一级市场参与者就是发放贷款的机构；在二级市场中，房贷机构将手中的贷款直接出售，或经过资产证券化后出售给其他参与者。

资产证券化的产品最早是住房抵押贷款证券（MBS），但MBS由于基础资产的信用风险大而很难获得足够高的信用评级。为了解决这个问题，西方金融市场进一步创新出所谓的结构性金融（structure finance）技术，即在证券化的过程中将资产池现金流进行优先和次级的偿付结构安排，从而构建出各种偿付顺序不同因而风险也不同的优先/次级债券，以满足更多投资者的不同风险需求。

最具代表性的结构性金融产品是债务抵押证券（collateralized debt obligation，CDO）。CDO是将基于次贷的MBS再打包发行的证券化产品，这一过程又称二次证券化。在这次证券化的过程中，资产池中MBS所产生的现金流进行了偿付顺序的优先/次级结构安排，因而相应发行的CDO债券也具有了优先/次级的偿付性质，所以基础资产池中的信用风险不同程度地转移给不同档次的CDO投资者。CDO通常分为四档：风险最大的是股权档，因为这一档如同公司股权一样在偿付顺序上居于最后，因而将首先承担整个资产池所发生的任何一笔损失。在CDO实践中，这一档次的风险暴露通常由发起者（通常为对冲基金和投资银行）持有。当损失超过股权档所覆盖的额度时，超额部分开始由中间档（mezzanine）投资者来承担。同理，高级档因为偿还优先程度高，只有在资产池发生损失的严重程度超过股权档和中间档之和后才开始承担损失。超高级档（super senior）由于受到其他档次的保护，信用风险最低，这种基于次贷的CDO

债券甚至可以获得 AAA 信用评级。

此外，CDO 不仅可以以 MBS 为担保，还可以以其他的 CDO 为担保，意思是投行可以互相购买 CDO，并以此为担保发行新的 CDO，由此出现了 CDO^2、CDO^3，甚至 CDO^n，因而次级贷款衍生产品的链条又向前延伸了一节。优先级的 CDO 一般都能获得评级公司 AAA 级别的评级，银行和基金在美国相关法规的规定下只能购买投资级别（BBB 级以上证券的保险机构为这一级别 CDO 的主要购买者）。更低层级的 CDO 由于风险较大，相应预期收益较高，投资者多为对冲基金和其他风险承受能力更高的机构，或者由发行 CDO 的投资银行自身持有。

通过多次的证券化和结构性金融安排，次贷的原始风险可以被高度集中和浓缩，这本质上相当于提高了投资于次贷风险的杠杆性，即通过少量地投资于中间档或股权档 CDO 就可以承担大量次贷业务所带来的风险，这显然迎合了资本市场上以对冲基金为代表的激进投资者的风险需求。

在次贷危机前，次贷的违约率较低，CDO 的收益非常丰厚，投资银行纷纷设立对冲基金加入 CDO 交易，以期成为自己新的盈利增长点，并不断增加对冲基金业务投入。从 2005 年第三季度开始，CDO 的发行额进入快速上升阶段，2006 年的发行额达到 5 517 亿美元，2007 年次贷危机的爆发给 CDO 市场带来了强烈的负面影响，使其发行额骤减，但从总体上看，2007 年 CDO 的发行额也达到了 4 857 亿美元，见图分—6—7。

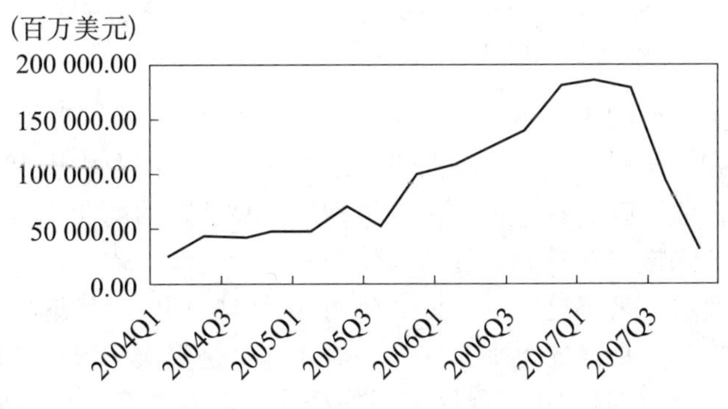

图分—6—7　CDO 的发行额

资料来源：SIFMA，美国证券业协会。

为了进一步适应不同风险承受能力的投资者的需求，证券市场又发展出信用违约互换（CDS）产品。在次贷危机之前，由于房价和 CDO 持续上涨，次级贷款的违约率很低，造成了承担次级贷款风险稳赚不赔的假象。这促使追求高收益的机构出售 CDS 产品，造成 CDS 市场空前繁荣，CDS 成为全球交易最广泛的场外信用衍生品。对冲基金作为CDS市场上最活跃的出售者，取得了诱人的业绩，吸引了许多较为保守的机构参与CDS市场交易。其中，由于CDS业务与保险业务较为相似，许多保险公司也加入了CDS交易，卖出了大量的CDS。

根据英国银行家协会（British Banker's Association，BBA）、国际互换与衍生品协会（International Swaps and Derivatives Association，ISDA）的统计数据，从1996年底到2006年上半年不到10年的时间里，全球信用衍生品市场的规模膨胀了144倍。截至2007年底，CDS的市场规模达到了62万亿美元，相当于当年美国GDP的4.5倍。随后，在次贷危机的冲击下，CDS的市场规模稍有回落，到2008年6月仍有约54.6万亿美元，见图分—6—8。

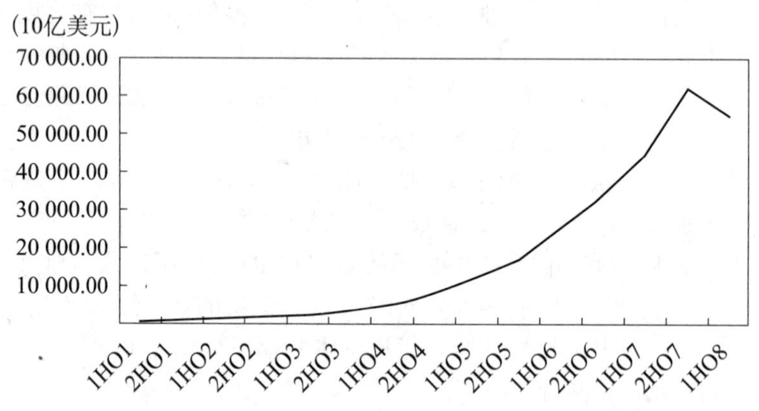

图分—6—8　2001—2008年（上半年）CDS市场规模

资料来源：ISDA，国际互换与衍生品协会。

从国际清算银行的统计数据可以初步看出，CDS市场的交易者主要为报告交易商和其他金融机构。报告交易商主要是指在交易商同业市场上交易或者与大型客户（如大企业、政府和非报告金融机构）交易活跃的商业银行、投资银行和证券投资机构。除报告交易商以外的其他金融机构全部归入非报告金融机构的范围，其中的主要参与者仍是银行和证券公司，只是它们的市场地位、交易活跃程度还没有达到报告交易商的水平。此外，对冲基金是仅次于银行和证券公司的市场参与者，保险公司则是CDS合约主要的净卖方，养老基金、共同基金等均参与了CDS市场，见图分—6—9和图分—6—10。

CDS交易的危险来自于三个方面：第一，CDS具有较高的杠杆性。信用保护的买方只需要支付少量保费，最多可以获得等于名义金额的赔偿（当标的债券发行人违约时），因此一旦标的物信用等级出现微小变化，CDS的保费价格就会剧烈波动。第二，放大风险。由于信用保护的买方并不需要真正持有作为参考的信用工具，因此特定信用工具可能同时在多起交易中被当作CDS的参考，有可

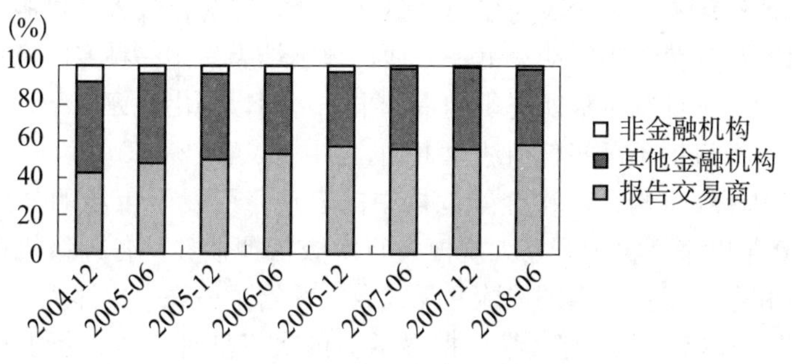

图分—6—9　CDS 市场份额

资料来源：BIS，国际清算银行。

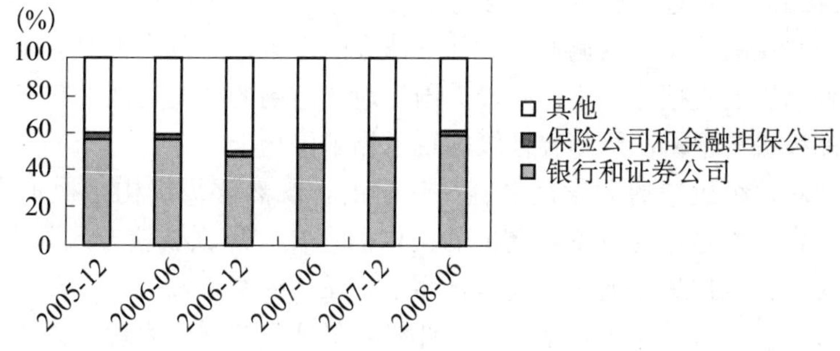

图分—6—10　CDS 市场份额

资料来源：BIS，国际清算银行。

能过度放大风险敞口总额。在发生危机时，市场往往恐慌性地高估涉险金额。对于大量持有 CDS 的对冲基金来说，破坏市场投资者的信心，从而促使标的债券违约，进而获得大额利润正是它们的投资策略。第三，缺乏信息披露。由于场外市场缺乏充分的信息披露和监管，交易者并不清楚自己的交易对手卷入了多少此类交易，因此在危机期间，每起信用事件的发生都会引起市场参与者的相互猜疑，担心自己的交易对手因此倒下，进而使自己的敞口头寸失去着落。

2.4　信用评级难以合理评估风险

信用评级的目的在于揭示受评对象违约风险的大小，即经济主体按合同约定如期履行债务或其他义务的能力和意愿。以穆迪投资者服务公司（Moody's Investors Service）、标准普尔（Standard & Poor's）和惠誉国际（Fitch Ratings）为代表的三大资信评级公司，一直扮演着保护投资者利益的角色。

信用评级是独立的第三方利用自身的技术优势和专业经验，就各经济主体和金融工具的信用风险大小所发表的一种专家意见，它不能代替资本市场投资者本身做出投资选择。这就是说，一方面信用评级是基于资本市场中债务人的违约风险做出的，评价债务人能否及时偿付利息和本金，是为债权人提供服务，并不能为股权人对股价走势做出说明；另一方面，评级结果只是一种专家意见，并不具有法律效力。与会计师事务所提供的审计报告不同，当出现评级结果与事实不符的情况时，评级机构不承担任何法律责任。

三大信用评级机构在本次金融危机中的表现，引发了市场的强烈批评和谴责：自 2000 年以来，美国开始大规模发行次级抵押债券，各评级机构就一直认定该类债券和普通抵押债券的风险并无二致，并给予最高信用评级。实际上，自 2006 年下半年开始，已经有大量证据显示美国次级抵押贷款市场上借款人的违约率大幅上升，但直到 2007 年春季，各评级机构才开始将新发行次级债的评级调低，7 月份后又大范围地调低了几乎全部次级债券的评级。仅在 7 月 10 日一天，穆迪就调低了超过 400 种此类债券的评级，标准普尔在同一天将 612 种债券列为观望，并在随后两天内调低了大部分债券的评级，这也成为次级债危机造成全球投资者恐慌的直接导火索。随着美国房地产市场的持续走低，在接下来的几个月，各评级机构下调次级债券评级的现象仍未停止。

投资者对评级机构的诟病是很容易理解的，既然评级机构是揭示风险的机构，并且一直声称是作为投资者保护的机构而存在，那么就应在风险初露苗头，至少是在其转化成损失之前予以提示，而不是在违约率大幅提升、投资者损失出现后才来告诉投资者信用风险增加了，评级要降低。这样的表现只会让投资者认为评级机构无所作为，甚至加速了市场的恶化，为击垮投资者信心起到了推波助澜的作用，也就是评级机构根本没有能够提示风险，从而为保护投资者利益起到积极作用。

虽然对信用评级机构的质疑来自很多方面，如评级业的客观性、独立性、公正性以及专业性等，但信用评级难以合理评估的原因也源于 CDS、CDO 等产品本身复杂性的观点获得了很多人的认同。

评级业的产生源于企业债券的发展，评级机构的传统主业也是针对企业债券的评级，而针对华尔街各种新生的复杂金融产品（如 CDO、CDS）的评级，是从 20 世纪 70 年代末 80 年代初才开始的，即评级业对这些产品的历史数据最多也只有 20 多年。事实上，在这段期间，美国的房地产市场一直维持了较为稳定的增长势头，而且 90 年代以来美国奉行的低利率政策，使得借贷成本非常低廉。在这种情况下，以次级贷款为标的资产的 CDO 产品的历史表现稳定且优秀。正是这些历史数据，使数学模型在房地产市场开始转向下行时反应迟钝，无法及时揭示 CDO 及一系列金融产品的信用风险，致使投资者损失惨重。

2008 年 10 月，格林斯潘在评论这次金融危机时曾指出，金融服务机构的决定基于数学家和金融专家的缜密分析，并得到了计算机和通信技术的支持。但是，整座金碧辉煌的金融大厦2007年夏季坍塌了，原因是输入风险管理系统的数据都是过去20年的数据。众所周知，过去20年金融服务业务一直在高速发展，从没有遭遇大的危机。

2.5 高杠杆——风险的加速器

金融杠杆对2008年金融危机的形成起了非常重要的作用。金融产品的高杠杆与金融机构的高杠杆相伴，放大了市场风险和流动性风险。

2.5.1 高杠杆的成因

高杠杆的形成既有美国长期以来实施宽松的货币政策所带来的低利率这一宏观方面的原因，也有企业金融机构为谋求高收益而使用高杠杆等微观方面的原因。

(1) 长期宽松的货币政策带来的低资本成本。美国政府对于本国的经济一直实行宽松的货币政策，鼓励投资者和个人进行投资及消费。2001年美国互联网泡沫破灭后，美国联邦储备委员会作为货币政策的制定者与执行者，为了防止经济下滑，开始大幅降息以刺激经济的增长。联邦基金利率从2000年的6.53%下降至1.75%，在2003年12月达到0.98%的最低水平，这个低利率政策一直持续到2004年中期。①

这种宽松的货币政策使得投资者和个人的储蓄需求降低、投资消费欲望高涨，他们纷纷通过借贷来满足自身的投资及消费欲望。因此，在这段期间，美国房地产市场在低利率政策的鼓励之下蓬勃发展，房价步步高升。美国房贷机构为了满足低收入家庭买房的欲望，推出了次级贷款业务，降低了贷款的准入门槛，因而风险开始显现。

(2) 金融产品高杠杆的形成。金融产品创新过度是形成高杠杆的一个重要因素。在金融危机的生成过程中，金融衍生产品的高收益极大地刺激了市场参与者，促使金融衍生产品的发行量和产品种类不断增加。金融衍生产品经过多层叠加和包装后，渗透到资本市场的各个环节，致使金融衍生产品的杠杆率不断提高，见表分—6—1。

在美国次贷危机爆发前，各类信用衍生产品的杠杆倍数已上升到一个非常高的水平。从整体上看，不同衍生产品的杠杆率总体保持在1～99倍，平均水平达到35.6倍；从CDO的同类产品来看，市场流动性较高的债务担保凭证类产品的杠杆率平均保持在30倍以上，如AAA级ABS CDOs及AAA级RMBS，其他较低级别产品的杠杆率平均保持在10倍；此外，承担避险功能的CDS类产品的杠杆率高达99倍。

① 1990—2013年美国联邦基准利率变化表，http：//intl.ce.cn/specials/zxxx/201308/21/t20130821_24680300.shtml。

表分—6—1　　2007 年 1—5 月不同衍生产品的杠杆倍数

	保证金	杠杆倍数
ABS CDOs		
AAA	2～4	24～49
AA	4～7	13～24
A	8～15	6～12
BBB	10～20	4～9
股权	50	1
AAA CLO	4	24
AAA RMBS	2～4	24～49
中间级 MBS	3～5	19～32
投资级 CDS	1	99
合成超优先	1	99

资料来源：IMF：《全球金融稳定报告》，2008－04。

美国次贷危机爆发前，金融衍生产品在美国得到了空前的发展，无论是产品还是数量都呈指数级增长，看似风险被转移与规避，但从整个金融系统来看，风险并没有消失，只是暂时被隐藏。由于高杠杆的存在，一旦基础资产发生违约，信用衍生产品的风险将完全暴露。据美国房贷公司 Impac 的测算，次级抵押贷款的违约率每上升 1%，将引发抵押贷款支持证券（MBS）的市场价值下降 12%，而对于经过多次衍生的信用衍生品，其价值的下降幅度显然更大。

（3）金融机构高杠杆的形成。与金融衍生产品的高收益和高杠杆率发展相伴，美国金融机构也提高了自身的杠杆率。商业银行通过业务创新不断地分散风险、提高资金的使用效率，同时也提高了金融杠杆。由于投资银行没有储蓄职能，在金融竞争日益激烈的时代，它们不得不通过金融创新来获取更大的发展空间。另外，对资金需求较低的传统金融业务已接近饱和，而新的业务需要更多的资金支持，因此投资银行只有提高金融杠杆，才能顺利地开展新的金融业务。

以投资银行为例，其行业的杠杆率从 2001 年的 24.72 倍急剧增加到 2007 年的 37.98 倍，见图分—6—11。

借贷的低利率和业务的高利润使得投资银行在 2006 年和 2007 年获得了巨额的净利润，同时迅速膨胀的杠杆率也极大地增加了行业的风险水平。

2007 年，五大投资银行中的美林、贝尔斯登、摩根士丹利、雷曼兄弟的杆杆水平都超过了30倍，最低的高盛也达到了20多倍，见图分—6—12。

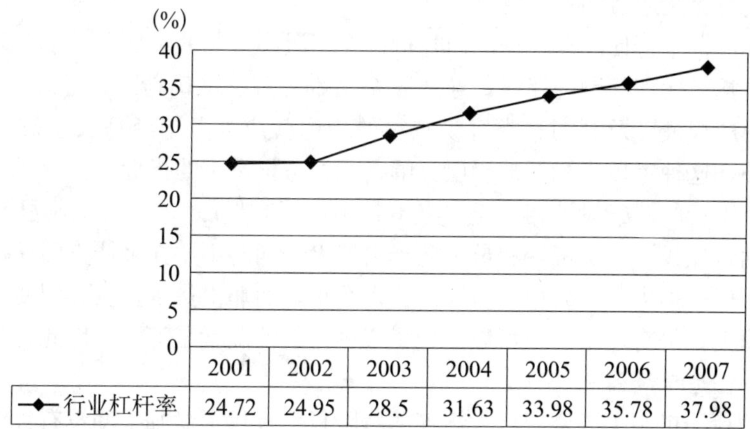

	2001	2002	2003	2004	2005	2006	2007
—◆—行业杠杆率	24.72	24.95	28.5	31.63	33.98	35.78	37.98

图分—6—11　证券行业的资产负债率

资料来源：SIFMA。

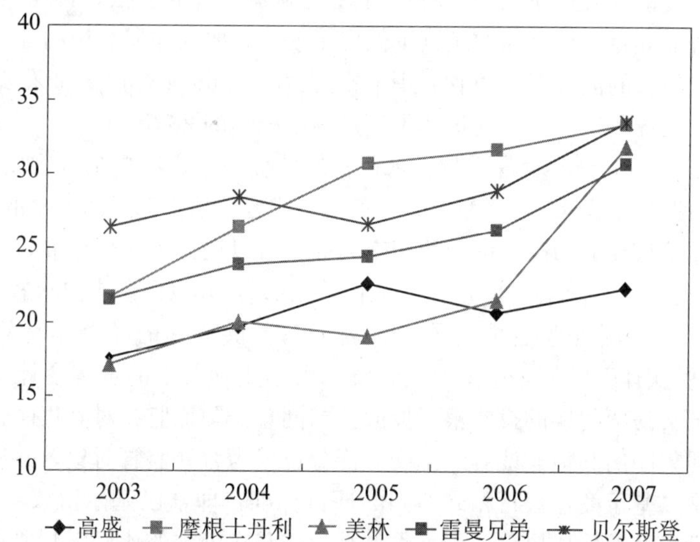

图分—6—12　美国前五大投资银行的杠杆比例

资料来源：上市公司年报。

过高的杠杆比率使得投行的经营风险不断上升，一旦投资出现问题，将使其亏损程度远远超出资本金。当雷曼兄弟宣布进入破产保护时，其负债高达6 130亿美元，负债权益比是6 130∶260。另外，投资银行缺少像商业银行一样稳定的资金来源，高杠杆使得这些投资银行不得不过度依赖短期融资市场。投资银行一般通过货币市场融资来填补交易的资金缺口，一旦自身财务状况恶化，就可能造成投资银行无法通过融资维持流动性。

导致投资银行使用高杠杆的内在机制在于激励机制的错配。由于经理人与股东之间委托—代理问题的存在，导致股东很难客观、准确地评价经理人的表现，于是“资产规模”及利润这类容易观察的指标就成为考量经理人绩效的主要手段。此外，这种考核指标还被层层分解，成为考核员工的指标。

投资银行的薪酬设计相当于“上不封顶，下有保底”，这种机制显然提供了一种激励，让投资的决策者和员工敢于去冒险，同时不用在金钱方面承担全部责任。因为任何损失都由公司，最终由股东承担，而非由员工负责。即使员工出现失误或损失，仍有基本工资可以拿到手，最差的情况就是辞职。因此，员工有很强的激励去追求高盈利。

这种薪酬机制为投资银行大规模的冒险行为提供了激励，却没有针对过度承担风险的惩罚措施。这就助长了决策者和员工的冒险心理，导致金融机构的杠杆不断提高。

导致投资银行大量使用高杠杆的外在机制是监管的放松。1934 年的《证券交易法》对证券经纪交易商的净资本做出了规定，要求注册登记的证券经纪交易商必须保留足够的流动资产以保证其偿付能力。1965 年，美国证券交易委员会第一次要求证券经纪交易商的负债不超过其净资本的 20 倍。

1975 年，美国证券交易委员会采取新的“统一净资本规则”，要求证券经纪交易商必须保持不少于 25 万美元的净资本，或者负债不超过净资本的 15 倍，并以两者中要求较高的为准。证券经纪交易商也可以选择另一个标准，即净资本不少于 25 万美元或不低于应收资产借方余额的 2%，并以两者中要求较高的为准。

2004 年，美国证监会推出了一种新的、可供选择的净资本计算规则——“合并被监管实体”计划，用来取代“统一资本规则”下的资本金计量方法。只要证券经纪交易商附属的投资银行控股公司同意美国证监会对其集团公司进行整体监管，即集团内其他非证券经纪交易部分也成为合并监管对象，并通过其内部的数学模型（基于商业银行相同的国际通行标准，即《巴塞尔协议Ⅰ》）来计算其市场和衍生品的信用风险，则无须遵循负债与净资本的比例限制要求。

SEC 实施合并监管实体计划的初衷并不是去监管化，而是防止那些未受监管的持股公司或者子公司可能给美国其他受到监管的经纪交易商以及其他被监管的实体带来风险。但是，SEC 并没有指导大多数合并监管实体的投资银行的能力，也没有强制性地要求大证券公司的投资银行交付资本的法律权利。SEC 只有 7 个人去检查控制 4 万亿美元资产的投资银行控股公司。2005 年，SEC 取消了风险管理办公室，在这些主要投资银行倒闭之前，SEC 无法完成对主要投资银行的单个检查。

贝尔斯登、高盛、美林、雷曼兄弟和摩根士丹利这5家最大的美国投行均选择了新规则。2004年净资本规则修改后，五大投资银行大量借债购买风险资产，但它们的风险资本并未增加，仅表现为杠杆率的逐步上升。2003—2007年五大投资银行的平均杠杆率（债务/股权）分别为21.3、23.0、24.3、25.4和30.2，远远突破了常规净资本规则12∶1的预警要求。

2.6 金融监管：多头监管

2.6.1 美国对场外衍生品交易的监管

（1）监管机构和监管内容。自1999年美国实施《金融服务现代化法案》后，其对包括衍生品在内的金融监管主要可以分为机构监管和功能监管两个层次。机构监管的监管对象是从事衍生品交易的各类参与者；功能监管的监管对象是衍生品工具和衍生品市场。

机构监管是根据被监管者的不同来确定监管机构。在美国，商业银行受货币监理署（也称财政部金融局，以下简称“OCC”）、联邦存款保险公司等监管机构的直接监管；商业银行控股公司则受美国联邦储备委员会（以下简称“FED”）监管，证券经纪交易商受美国证券交易委员会（以下简称“SEC”）的监管，商品和期货行业则受美国商品期货交易委员会（以下简称“CFTC”）的监管，但对于投资银行控股公司，目前美国法律还没有规定其直接监管者。

在功能监管方面，美国衍生品市场的监管机构主要是SEC和CFTC，功能监管的对象主要集中在金融工具上。SEC监管所有在证券交易所交易的证券以及一些符合《证券法》中“证券”定义的在交易所交易的衍生品，比如货币期权、股票期权和证券指数期权。SEC主要通过规范透明度和价格报告、反操纵规则、仓位限制、审计记录以及保证金要求等来规范衍生品交易。CFTC负责对《商品交易法》中规定的所有在交易所交易的衍生品进行监管。但是，对于合格参与者之间的场外衍生品交易，只要产品是该法管辖范围之外或者豁免的工具，比如利率、汇率、货币、证券指数、信用风险以及没有现货市场，或者价格、价值无法由交易方控制的商品指数和通货膨胀率等，CFTC就不得进行监管。《商品交易法》实施后，美国场外衍生品市场的发展更为迅速。这是因为该法所确定的合格交易者制度，使得越来越多的合格交易者为规避监管而从衍生品的场内市场转移到场外市场。

（2）美国对场外衍生品市场的监管问题。2008年次贷危机发生后，美国朝野上下对场外衍生品市场的监管提出诸多质疑，要求美国有关机关对监管效率、监管成本、监管机构之间的合作和分工等诸多内容进行重新审视等。总体而言，美国对场外衍生品市场的监管存在以下问题：

第一，缺乏对场外衍生品的直接法律规范。金融工具复杂化的趋势使得任何传统的监管模式都面临很大的挑战。法律在面对复杂金融衍生品时所采取的态度应是“迎难而上”，不应是“知难而退”。美国国会参议院农业委员会主席宣称，《商品期货现代化法案》豁免对场外衍生品市场的监管是个灾难性的错误决定。由于缺乏法律的授权，监管机构也有心无力，无论是FED、SEC还是CFTC，都无法完全了解场外衍生品市场的整体情况。不仅如此，场外衍生品市场的参与者也不清楚该市场的整体风险和发展状况，无法做好相应的风险管理和防范工作。

第二，功能监管缺乏、机构监管存有漏洞。在不存在对场外衍生品的功能监管情况下，美国对场外衍生品市场的机构监管也存在不足。虽然美联储对商业银行从事场外衍生品交易提出了资本准备金的要求，但SEC并没有对证券经纪商和交易商提出类似的要求，各州的保险业监管者也没有对保险公司有类似规定。

第三，市场自律的作用有限。在缺乏监管的条件下，场外衍生品市场借助自律机构来完善其市场规则。但是，单靠诸如国际互换和衍生交易协会（ISDA）及国际交易对手风险防范小组（CRMPG）等在内的自律性组织来管理和控制场外衍生品市场的系统性风险，不仅存在很大的道德风险，而且其提出的有关风险防控措施也不具备强制执行力。在次贷危机发生前，CRMPG与巴塞尔银行监管委员会（BCBS）、国际证监会组织（IOSCO）和国际保险监督协会（IAIS）之间的联合论坛都曾指出了场外信用衍生品定价的模型风险以及场外信用衍生品的系统性风险问题，信用衍生品行业内也有人意识到必须避免因未知或未计算有关风险而导致单一主体出现的信用风险引发更大范围的系统性风险。但是，由于自律组织的监管作用有限，其建议很难被迅速转化为强有力的监管措施。

2.6.2 美国对投资银行的监管

（1）监管体制。美国对投资银行的监管实施了集中型监管模式，即政府通过制定专门的管理法律，并设立全国性的监管机构来实现对投资银行的监管。美国投资银行业最主要的监管机构是证券交易委员会（SEC）。SEC根据国会立法制定投资银行业监管方面的法规，并依法对投资银行及其业务活动进行监管。SEC所依据的法律有《1933年证券法》、《1940年投资公司法》、《1940年投资顾问法》、《1970年证券投资保护法》、《萨班斯-奥克斯利法案》等7部专门性法律。美国证券监管的初衷是保护投资者利益，因此对于投资银行的监管更多的是从制度上防止其侵害投资者利益，集中体现在对信息披露、禁止欺诈、禁止价格操纵、公司治理、内控机制等方面的监管。

（2）监管内容。

第一，关于对投资银行注册的监管。根据《1934年证券交易法》，所有经营全国性证券业务的投资银行必须向SEC注册，符合要求的，SEC予以注册批准，并收取规定的注册费。经过SEC批准后，投资银行还需要向证券交易所申请会员注册，也可以向全国证券商协会申请会员注册。

第二，关于对经营范围的监管。投资银行主要从事与证券交易有关的金融服务，如代理证券发行、证券承销与上市、代理证券买卖、自营交易、咨询服务及国际证券业务等。

第三，关于对经营活动的监管。主要包括：经营报告制度，即投资银行必须按要求将其经营情况向SEC报告；净资本比例限制，SEC规定了投资银行的净资本与其负债的比例，以确保投资银行维持足够的流动性资产，防止投资银行进行过度的风险投机；经营收费限制，SEC对投资银行的各种业务收费都有最高限额标准；客户保护规则，防止投资银行运用客户资金进行不正当交易等。

（3）监管弊端。投资银行业务在发展的过程中，卖方业务不断下降，而高风险的买方业务不断提高。首先，收入占比最大的两项是利息和股利收入以及交易性损益，这就决定了投资银行的收入随其持有证券价值的变化而剧烈波动；其次，使用大量的借贷来维持业务运营的资金需求，具有很高的杠杆率；最后，持有大量与次级贷款相关的高风险金融衍生产品，如债务担保工具（CDO）和信用违约互换（CDS）等。

面对大型投资银行的高风险经营行为，对美国投资银行的监管却显得无能为力，这实际上正是美国投资银行监管制度缺陷的反映。

首先，资本充足性监管不足。美国对投资银行的监管虽然也有资本充足性方面的要求，但相关的具体要求几经变化，缺少一贯性和强制性。

在美国，SEC通过净资本比率（即负债与净资本的比率）对投资银行的资本充足性实施监管。《1934年证券交易法》首次对投资银行的资本充足性做出了规定。1975年，SEC推出了一个替代方案供投资银行选择。2004年，SEC又增加了一种新的净资本计算规则（或称集团监管规则），该方法是自愿选择的，而非强制性的，只要投资银行的资金雄厚、风控得当，就可以选择第二种净资本计算方法，也就无须再遵守负债与净资本的比例限制要求。自2004年以后，针对大型投资银行的净资本比率限制实际上已不存在，而正是这一比率限制的取消进一步助长了投资银行的杠杆经营倾向，各大投资银行纷纷大举借债经营，直到2008年危机全面爆发。

其次，资产风险集中度监管缺失。商业银行为了追求最大限度的利润，总是尽可能地把吸收的资金集中投向能取得最大利润的方面。但是，获利越多，资产风险越大，于是大多数国家的中央银行及监管部门都会尽力限制银行资产风险的集中。而美国对投资银行资产的集中度却缺少类似的限制，投资银行可以无限地持有相同品质、具有同样风险的资产，所以才出现前文提到的投资银行大量持有相同品质的高风险金融产品CDO、CDS等的情况。

最后，紧急救助制度的缺失。紧急救助是指金融监管当局对发生清偿能力困难的银行提供紧急援助的行为，也被视为银行监管的最后一道防线。具体的救助方法包括中央银行提供低息贷款、存款保险机构援助和政府援助（包括向问题银行投入资本金或大量存款、将问题银行收归政府经营、承担银行债务等方式）。但是，与对商业银行的监管不同，美国一直以来都没有针对投资银行的救助机构，因此投资银行一旦出现了流动性风险，只有申请破产或被兼并。贝尔斯登算是比较幸运的一个，它在美联储的积极帮助下由摩根大通公司收购，但雷曼兄弟则没有那么幸运。

2.6.3 美国对信用评级机构的监管

（1）监管体制。美国信用评级行业在20世纪成立初期并未得到监管部门的特别关注，直至30年代经济大萧条后评级机构声望渐起，监管机构才开始予以重视。1930年货币监理署在监管规则中首次引用信用评级来限定投资范围，以发挥其对于投资者的参考作用。1975年，美国证券交易委员会（以下简称“SEC”）首次在其制定的《1934年证券交易法》的证券公司净资本规则中使用了“NRSRO”一词，并通过向特定评级机构发送无异议函（no-action letters），以该评级机构发布的评级结果是被国内大部分重要使用者认可的方式来授予该评级机构具有全国统计信用评级机构（NRSRO）的资质。首批获得NRSRO资质的评级机构经过发展成为现在的三家国际性评级机构——穆迪、标普、惠誉。

此后，联邦和州立法开始广泛引用NRSRO，以借助外部评级结果来监管银行等金融机构，但相应的监管制度几乎是空白的，SEC甚至制定了规则Rule 436（g）将评级机构明确排除在《1933年证券法》规定的专家责任之外。

2001年安然公司破产事件敲响了警钟，人们突然发现扮演着重要角色的评级机构游离在监管之外，于是开始研究对评级机构的监管。2002年，美国国会在《萨班斯-奥克斯利法案》的Sec 702（b）中要求SEC就评级机构在证券市场中的角色和作用进行研究。此后，美国开始一步步搭建对信用评级机构进行监管的法律框架，基本遵循“调查研究—国会出台基本法律—监管部门根据授权制定具体实施规则—根据实践进一步修改立法”的思路。

2006年9月，美国国会通过了《信用评级机构改革法案》（Credit Rating Agency Reform Act，以下简称《2006年改革法案》）。该法案初步搭建了以SEC作为NRSRO唯一监管机构的制度框架。

2007年6月，SEC根据《2006年改革法案》的授权，在《1934年证券交易法》下制定了六条细则，从而细化了《2006年改革法案》提出的监管框架。

2008年，SEC公布了对三家国际评级机构——穆迪、标普、惠誉的检查报告。在此基础上，SEC又于2009年2月和12月对这些规则做了修订，强化了评级方法的透明度、评级结果的披露等方面内容。

（2）监管弊端。美国的相关法律中缺乏关于信用评级机构法律责任的条款。《1933年证券法》第11章规定，律师、会计师、评估师、承销商等必须对其在发行登记文件中的重大不实陈述承担法律责任，但信用评级机构不在此列；依据该法第11章的相关规定，即使信用评级机构的某些行为触犯了《1933年证券法》，也是可以被免予起诉的。2002年7月，美国出台了《萨班斯-奥克斯利法案》，对公司的CEO、CFO、审计委员会、会计师的责任进行了重大革新，但没有对信用评级机构的责任做出实质性完善。2006年9月29日，美国前总统布什签署了《信用评级机构改革法案》(The Credit Rating Agency Reform Act)。虽然该法案及其实施细则在很大程度上弥补了美国信用评级行业监管制度的不足，但在一些重要问题的立法上却没有涉及，其中就包括未明确评级机构在其评级结果与事实明显不符时的责任承担。

市场准入制度缺陷导致信用评级市场寡头垄断、竞争不足。在信用评级市场上，一方面因为信用评级行业本身存在固有的进入障碍，信用评级行业需要高素质的分析师、复杂的评级技术以及作为信用评级行业最核心资产的“信誉”，而“信誉”的积累需要时间，原有的评级机构具有的优势将在以后的评级活动中不断被强化，从而抑制新的竞争者。另一方面，美国证券交易委员会（SEC）于2007年6月根据《信用评级机构改革法案》授权制定的实施细则中确立的NRSRO制度所设置的“监管特许”，也为新评级机构的市场准入制造了障碍。这两方面因素的叠加效应导致美国信用评级市场处于绝对的寡头垄断，使市场主体的竞争力和创造力严重不足。

“发行人付费模式”导致信用评级机构难保“独立性”。在发行人付费的模式下，一方面，信用评级机构很容易出于扩大市场份额、获取高额佣金的考虑，放松对发行主体的评级标准，弱化对负面信息的考虑和披露；另一方面，受评对象很容易要求评级机构给予较高的评级，否则就以不用这家评级机构相威胁。这使得评级机构为了承揽更多业务，倾向于保护发行人和自己的利益，忽视投资者的利益，进而产生“道德风险”。

2.7　货币政策：调整机制

世界上没有两次完全相同的危机，尽管历次危机的具体成因各不相同，然而几乎每次危机都伴随着一次市场流动性的急剧扩张—流动性逆转—流动性短缺的过程。

在经历了2001年的衰退之后，美联储长期实行低利率政策，直接导致了资产价格泡沫和信贷膨胀，成为引致次贷危机的关键政策。

2.7.1 流动性过剩的形成

2000年互联网泡沫破灭后，美国的经济发展明显放缓。为了防止经济进一步恶化，美联储在一年之内连续降息11次，联邦基金利率从6.5%降到1.75%。"9·11"恐怖袭击事件之后，美联储使用多种手段向市场注入流动性。2002年，美联储面临的主要问题就是通货紧缩和经济增长缓慢，美联储将联邦基金利率继续下调至1.25%。到2003年中期，联邦基金利率进一步下降到低于1%的水平，见图分—6—13。

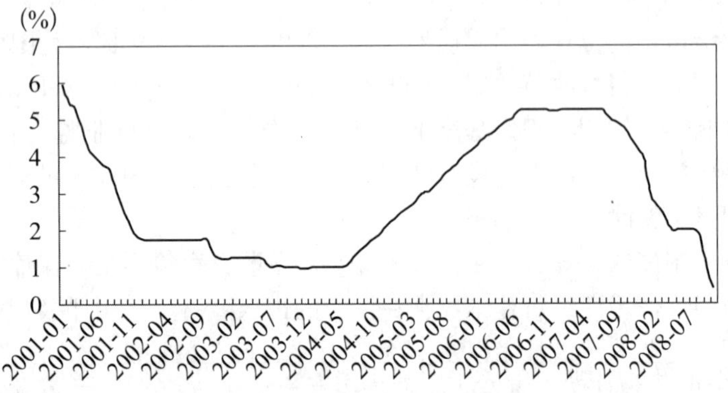

图分—6—13 联邦基金利率走势图

资料来源：美联储，http：//www.federalreserve.gov/。

美联储在降低向商业银行拆借利率的同时，允许金融机构无限量地向其借款，最终导致了美国货币供应量的异常增长。美国存款金融机构向美联储拆借的资金从2001年的9.6万亿美元增加到2007年的17万亿美元，年均增长达到10%，是同期美国GDP增长的3.86倍。美联储作为最终借款人给银行拆借，其本质就是发行货币，拆借出去的资金是实实在在的基础货币，这些基础货币通过商业银行的乘数效应创造出更多的货币。

除了美联储直接增发的货币外，市场的流动性还以另一种方式急剧膨胀。在美联储宽松的货币政策下，次贷衍生产品非常活跃，它们实际上也在提供流动性。流动性是指资产能够以一个合理的价格顺利变现的能力。在次贷市场繁荣的时候，类似次贷衍生产品的短期证券极易变现，这部分资产也能成为实实在在的货币购买力。此后，扩张的流动性反过来又带动次贷市场，致使整个流动性体系进入了一个自我强化的过程。这样，最后的结果就是我们看到的美元流动性泛滥。

过度的流动性创造了房地产市场巨大的需求与供给：一方面，消费者有强烈的购买欲望；另一方面，房地产开发商也在积极开发。低利率政策加上不断放松的住房贷款条件，使得2003—2006年美国许多低收入者能在银行的优惠政策下购买房屋，同时承担次贷8%～20%的高利率。与此同时，房地产价格也在上升，见图分—6—14。

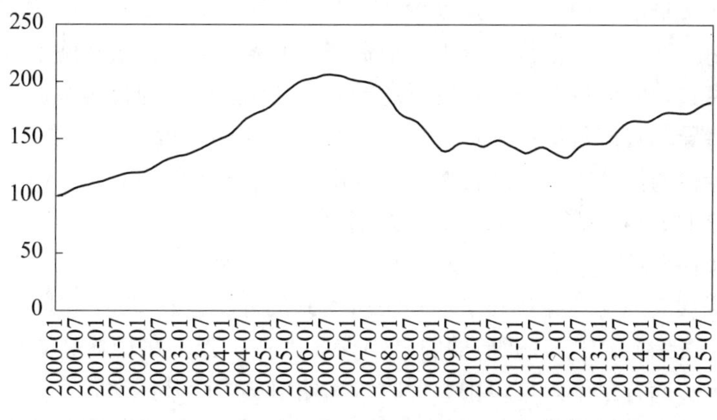

图分—6—14　S&P/Case-Shiller 20市住房价格指数

2.7.2　利率政策调整的方式及幅度难以让市场消化

到了2004年，在通货膨胀率明显上升、房地产市场泡沫膨胀引起人们对经济过热的忧虑及超低利率负面影响增大等因素的影响下，美联储开始采用紧缩的货币政策，挤压市场中过多的流动性。2004年6月30日，美联储决定将联邦基金利率上调0.25个百分点至1.25%，由此开始了美联储30多年来最为猛烈的升息过程。从2004年6月30日到2006年5月29日，美联储以相同幅度连续17次上调联邦基金利率至5.25%，升息总幅度达425个基点，持续时间长达24个月，使联邦基金利率达到2001年5月15日以来的最高水平。

美联储在急于降低通货膨胀压力的心态下，频繁调整利率政策，从实践的角度看，它根本没有给金融机构以及市场调整与回旋的余地，由此给金融机构带来了巨大的冲击。

(1) 投资银行在利率调整中所受到的冲击。投资银行的经营有着三个显著的特点：①过度依赖短期货币市场进行融资；②财务杠杆比率内生化；③实施市值定价的会计记账方法。

为了扩大利润，在金融危机前数年，投资银行转向短期货币市场进行融资，导致投资银行的资产负债结构出现了严重的期限错配。与此同时，短期货币市场对联邦基金利率具有极高的敏感性。投资银行普遍实施了基于在险价值（value at risk，VAR）的资产负债管理模式，而这种模式将财务杠杆的变动内生化，并有顺周期性的特点。此外，投资银行还全面实施了市值定价（mark to market）的会计制度。市值定价意味着投资银行将定期根据公允价值（市场价值）重新核定账面资产价值，并确认相应的盈利与亏损。

这三种因素交互作用，在美联储大幅调整利率政策的大环境下，某类资产价格下跌（在次贷危机中，最先是以次贷为基础的 MBS 与 CDO 的价格下跌），在市值定价制度下，投资银行不得不减记资产、披露亏损。由于实施了基于在险价值的管理模式，因而投资银行不得不启动去杠杆化进程，通过抛售资产来偿还负债，而这将导致资产价值进一步下跌，引发新一轮的减记资产与去杠杆。但是，金融资产价格的持续大幅下跌自然会影响短期货币市场的信心，加剧投资银行进行短期融资的成本与难度。为了偿还到期负债，投资银行不得不出售风险资产，由此形成恶性循环。

（2）房利美与房地美在利率调整中所受到的冲击。在 2007 年前的低利率时代，“两房”借着美国联邦政府的隐含担保而大肆扩张。在贷款利率持续下降和房价不断上涨的背景下，许多中、低收入者期望从房产升值中获取利益，因而不计后果地申请次级抵押贷款。此外，“两房”为了谋取利益也是大量放贷。截至 2007 年底，“两房”的核心资本合计 832 亿美元，而这些资本支持着 5.2 万亿美元的债务与担保，杠杆比率高达 62.5。“两房”的财务杠杆率甚至是华尔街投资银行平均水平的两倍左右。62.5 的杠杆比率意味着，即使“两房”的账面资产仅缩水 2%，在减记资产后，“两房”的资本金就已变为负值。

随着联邦基金利率的不断提高，贷款者的还款压力逐渐增大，同时紧缩的货币政策也使房地产市场逐渐降温、房价下行。这两方面的压力同时作用，使原本就不富裕的次级贷款抵押者更加雪上加霜，随着房屋贷款违约率的逐渐攀升，贷款机构期待着销售房产以减少损失。然而，在房产市场不景气的时候，房产根本无人愿意接手。因此，抵押贷款证券迅速贬值，房地产泡沫随之破灭。此后，“两房”持有的住房抵押贷款的公允价值不断缩水，“两房”股票价格节节下挫。截至 2008 年，“两房”的损失在 500 亿美元以上。

（3）保险公司在利率调整中所受到的冲击。保险公司在次贷危机中陷入如此困境，主要原因是保险公司在很大程度上参与了 CDS 的投机活动。一方面，保险公司出售了很多以华尔街投资银行以及“两房”为参照实体的 CDS，担保这些机构在未来一段时间内不会违约，但随着投资银行以及“两房”的破产倒闭，保险公司面临巨大的赔付压力；另一方面，保险公司出售的 CDS 成为很多基于次级抵押贷款的合成型 CDO（synthetic CDO）得以构造的基础［张明（2008b）］。随着这些 CDO 的市场价值大幅下降，保险公司也面临着来自优先级或超优先级债券持有者要求赔付的压力。在这两方面的赔付压力下，保险公司的资本金迅速缩水，最终不得不向政府求援。

（4）商业银行在利率调整中所受到的冲击。在次贷危机前的十余年时间里，在营利动机的驱使下，商业银行通过两种渠道来规避《巴塞尔协议》的管制：第一，建立资产负债表外的投资实体；第二，通过购买 CDS 来将风险资产转化为无风险资产。

为了规避《巴塞尔协议》对表内资产的监管，商业银行设立了大量的结构性投资载体（structural investment vehicle，SIV）来进行高风险金融产品投资。在金融市场稳定时期，SIV 可以独立于商业银行之外成功运作，但当次贷危机爆发之后，SIV 亏损累累，商业银行就不得不向旗下的 SIV 提供信贷援助，并最终承担 SIV 的巨额亏损。

除了设立表外投资实体以外，商业银行也可以通过购买 CDS 来规避自有资本充足率要求。CDS 的“擦边球”效用，使得商业银行持有的风险资产被伪装成了无风险资产。在次贷危机爆发后，由于保险公司出现问题，CDS 不能获得赔付，在《巴塞尔协议》的约束下，商业银行突然出现了资本金不足的问题。为了遵守《巴塞尔协议》，商业银行或者需要向投资者或政府募集资本金，或者需要通过出售风险资产来降低风险资产在总资产中所占的比重。当所有商业银行均在市场上出售风险资产时，风险资产的市场价值必然会大幅压低。

3. 政府对金融危机的干预机制和手段

3.1 政府对金融危机的干预政策

3.1.1 对政府救市的争议

当 2007 年 4 月新世纪金融公司宣布破产、危机初显端倪时，人们关于是否应该救市这一问题就开始争论不休。实际上，这也是新自由主义与凯恩斯主义之间的论战。

在危机的早期，虽然美国政府采取了一些措施，但主要是试图依靠市场的力量来阻止危机。在危机不断深化、开始威胁到对于金融体系稳定性影响重大的机构时，政府才开始逐步采取更加直接、果断的干预手段。然而，即使在危机不断恶化的时候，人们对于政府是否应该救市仍然争议不断。2008 年 9 月 29 号，美国众议院以 228 票对 205 票的结果否决了第一版的 7 000 亿美元救市计划。然而，在危机不断恶化的事实下，人们对于金融系统稳定和实体经济发展的担忧越来越严重，救市的思想逐渐占据了上风。10 月 3 号，修改后的 7 000 亿美元救市计划（即《2008 年紧急经济稳定法案》）顺利通过了众议院的表决。2010 年，美国政府还颁布了《多德-弗兰克华尔街改革与消费者保护法案》，用以改善危机中暴露出来的金融监管体系的缺陷。《巴塞尔协议Ⅲ》的推出，也反映了国际上对于采取措施改善金融危机暴露出来的风险漏洞的态度。

值得讨论的是，在政府对这些“身陷泥沼”的大型机构采取救助时两种截然不同的态度：孤立无援的雷曼兄弟与虎口逃生的“两房”、美国国际集团（AIG）等。

2008年5月，在美联储的担保下，摩根大通最终收购了贝尔斯登。2008年9月7号，美国政府接管了房地美和房利美。然而，美国政府没有对雷曼兄弟伸出援手，9月15日雷曼兄弟宣布破产。仅仅一天之后（9月16日），美国政府以拥有其79.9%的股份为条件，向美国国际集团提供850亿美元紧急贷款。美国政府对于雷曼兄弟与其他机构之间迥然不同的态度引起了人们的议论。雷曼兄弟的孤立无援，可能是由于以下几方面原因综合导致的：

第一，美国政府负担沉重。在对“两房”伸出援手之后，如果美国政府选择救助雷曼兄弟，可以会促使道德风险的滋生。众多的大型金融机构可能会觉得自己始终拥有政府这个坚强的后盾，从而疏于风险的控制，甚至更有动力去选择高风险、高收益的投资。这些行为可能会使政府在接下来不得不“接手”更多处于困境的机构。

第二，雷曼兄弟缺少贷款的抵押品。根据当时美联储主席伯南克在2010年接受采访时的表述，美联储并非不想向雷曼兄弟提供贷款，而是当时雷曼兄弟缺少足够的抵押品为贷款进行担保。在雷曼兄弟倒闭一天后被救济的美国国际集团则不同，虽然其面临着一定的困境，但仍有足够的优质担保物。

第三，雷曼兄弟自身也存在一定的问题。早在2008年第二季度，伯南克和时任美国财政部部长的保尔森就在促使雷曼兄弟寻找合适的外界帮助。自2008年3月底起，雷曼兄弟分别与巴菲特、韩国产业银行和金融财团Hana、美国银行、巴克莱银行等进行了接洽。然而，最终都因为雷曼兄弟过高的条件和不尽如人意的现状而失败。没有得到合适的外部救助，也是导致雷曼兄弟破产的一大原因。

第四，雷曼兄弟作为一个私人金融机构，其对于金融系统和实体经济的影响显然并不如美国国际集团。雷曼兄弟的业务大多是与投资机构进行的，而AIG作为保险公司，不仅与机构合作，也与个人存在密切的合作关系。如果AIG倒下，可能将波及更大的范围，因此在同时面对雷曼兄弟和美国国际集团的危机时，美国政府自然会权衡利弊。此外，在雷曼兄弟宣布破产之后，它对于整个金融体系造成的动荡之大也是美国政府始料不及的。因此，如果AIG随后也宣布破产的话，有可能产生“1+1>2”的影响，使整个金融体系乃至实体经济受到巨大的冲击。这可能也是美国政府随后选择了救助美国国际集团的原因之一。

雷曼兄弟的破产使次贷危机进一步深化，同时也使美国政府意识到危机的严重性，以及采取相应措施阻止危机发展的必要性和重要性。

3.1.2　政府的救市政策

在救市的过程中，美国政府主要采取了向市场注入流动性的手段，包括：在危机早期流动性的注入；随着危机的不断恶化，针对处于困境的金融机构提供的贷款；《2008 年紧急经济稳定法案》中的 7 000 亿美元救援方案等。除此之外，在危机的后期，针对在金融危机中所暴露出来的对于监管的漏洞，美国政府还出台了《多德-弗兰克华尔街改革与消费者保护法案》，而巴塞尔银行监管委员会也提出了《巴塞尔协议Ⅲ》。

(1) 早期的流动性投入和降息。美国“及时行乐”的消费文化使得贷款消费在美国司空见惯，而房地产价格的持续上升更是大大地刺激了住房贷款的市场。随着房地产价格的下跌和次级抵押贷款的大幅降级，使得美国次级房贷市场的繁荣摇摇欲坠，参与其中的金融机构的经营危机开始逐渐显露，投资者们对于市场的信心也走向下坡路。为了挽回投资者的信心以及改善大型金融机构的经营业绩，美国政府及时采取了举措——向市场注入流动性和降息。在雷曼兄弟破产倒闭后，美国证监会也发出了禁令，不允许对 799 只金融股进行卖空，以维护市场的稳定。然而，这些措施并没有阻止危机的扩散。随着次级抵押贷款市场的大幅缩水，越来越多的大型金融机构陷入了泥潭。

(2)《2008 年紧急经济稳定法案》的出台（7 000 亿美元救援方案）。为了阻止金融危机的恶化，以财政部部长保尔森为首的美国财政部提出了一份救市方案：动用 7 000 亿美元，购入“不流动”按揭证券，并将国债法定上限提升至 11.3 万亿美元。然而，这份经济大萧条以来美国最大的救市方案受到了来自民众和众多经济学家的质疑。该方案在得到了美国参议院的通过之后，以微弱的劣势被众议院否决。

为了使持反对意见的议员改变意见，美国财政部对原方案做出了改动，在保持核心内容不变的情况下，增加了关于减税以及保护纳税人利益的条款、将联邦保险公司给予每个账户的保额上限由 10 万美元增加到 25 万美元等，以对原方案的“不公平”进行修改。改进后的版本于 2008 年 10 月 1 日获得参议院的批准，并于 10 月 3 日顺利通过了众议院的表决，被正式命名为《2008 年紧急经济稳定法案》。该法案包括了三个部分：不良资产救助计划（troubled asset relief program，TARP）、预算条款和税务条款。其中，不良资产救助计划是最核心的部分。该法案的主要措施有以下三点：

第一，根据该法案，在财政部内部专门成立了金融稳定办公室来管理 TARP，其有权使用纳税人税款中的 2 500 亿美元来收购金融机构里以抵押贷款和住房抵押贷款证券形式存在的坏账。经过总统批准，可以再获得额外的 1 000

亿美元，剩下的 2 500 亿美元需要经过国会的审批。

对于那些向政府出售 3 亿美元及以上不良资产的机构，该法案还提出了更多的限制，包括“金色降落伞”（因公司被并购或收购而离职的高级管理人员将获得丰厚的补偿费）的禁止等。

第二，成立了金融稳定监管委员会、不良资产救助计划特别总调查员、国会监管专家组等监管方式。金融稳定监管委员会的主要职责就是监督财政部执行法案的计划、提出建议等。不良资产救助计划特别总调查员负责执行、监管并协调有关的调查和审计活动，并且按季度向国会提交报告。国会监管专家组需要审查金融市场、金融监管体系的状况以及不良资产救助计划授权的运用情况，并且按月向国会报告。

第三，提高了存款保险的存款额度，从原来每个账户 10 万美元增加到 25 万美元。

2008 年 11 月 12 日，美国财政部部长保尔森表示：2 500 亿美元将不会用于购买不良资产，而是转为直接入股金融机构，另有 400 亿美元用以救援美国国际集团 AIG。此外，救援将向包括教育、住房等非银行的消费金融领域倾斜，包括信用卡、汽车和助学贷款市场，帮助中小企业主获得急需的贷款，减少房主丧失房屋赎回权的情况发生。

该法案开始实施后，社会对于这个法案的争议仍然很大。该法案的颁布固然挽救了花旗、通用、克莱斯勒这样的巨头，在一定程度上维护了金融系统和经济的稳定，然而众多受到救助的机构对于资金的具体使用却没有进行相应的跟踪披露，很多人对此提出了质疑。与此同时，在短期内，该法案并没有阻止金融危机的扩散。2010 年 1 月 31 日，作为 TARP 特别总调查员的尼尔·巴罗夫斯基在递交季度审查报告时就提到：“确实有明显迹象显示，与 2008 年金融危机最严峻时相比，金融系统多个领域稳定了许多。不过，‘不良资产救助计划’的不少关键目标……眼下都没有实现。”可见，为了应对次贷危机的扩散所紧急提出的《2008 年紧急经济稳定法案》对于金融的稳定确实起到了积极作用，但至少在随后的两年中，它没有从根本上解决问题。

2010 年提出的《多德-弗兰克华尔街改革与消费者保护法案》对《2008 年紧急经济稳定法案》做出了修正，TARP 计划最后的资金权限由 7 000 亿美元降为 4 750 亿美元①，而且自 2010 年底起，金融稳定办公室就开始逐步减少投资、终止 TARP 计划。根据美国财政部的数据，截至 2015 年 9 月 30 日，TARP 计划的总支出为 4 301 亿美元，若加上财政部手中美国国际集团的 175 亿美元的股

① 参见美国财政部网站。

份，其总投入已达到了4 424亿美元。

(3)《多德-弗兰克华尔街改革与消费者保护法案》的出台。2010年7月21日，美国总统奥巴马正式签署了《多德-弗兰克华尔街改革与消费者保护法案》(以下简称《多德-弗兰克法案》)。在此之前，2009年12月11日与2010年5月20日，美国众议院和参议院就在金融危机中所暴露出来的金融监管漏洞，分别提出了《2009年华尔街改革与消费者保护法案》和《2010年重塑美国金融稳定法案》。针对这两个法案之间的差异，两院成立了联席委员会并修改形成了统一的《多德-弗兰克法案》。

《多德-弗兰克法案》被认为是自20世纪30年代以来美国改革力度最大、影响最深远的金融监管改革，其2 000多页的篇幅也是史无前例的。根据该法案开头所述，其主要目的可概括为两点："提升美国金融体系的稳定性，终止金融机构'大而不能倒'的状况"以及"保护消费者"。该法案的主要措施包括：

第一，设立金融稳定监管委员会（FSOC）——维护金融稳定。金融稳定监管委员会由财政部部长出任主席，还包括九个联邦金融监管机构成员、一个具有保险知识的独立成员以及五个没有投票权的成员。[①] 这一机构的设立主要是针对系统性风险问题，负责识别、监测可能对金融系统稳定性造成威胁的金融机构、金融产品和金融行为，以及被认定具有系统重要性的非银行金融机构（如保险控股公司等)。此外，该法案还要求成立金融研究办公室，为FSOC收集、分析数据，协助FSOC进行系统性风险的监测以及评估。

第二，设立消费者金融保护局（CFPB）——保护消费者。保护消费者是《多德-弗兰克法案》的主要目的之一。在金融危机中，一系列金融衍生产品（如CDS）的兴起和消费者对其认识的缺乏，在一定程度上是导致消费者蒙受损失的原因。因此，该法案规定：在联邦储备委员会下设立消费者金融保护局（CF-PB)。CFPB的职责是对所有的消费者金融新产品进行监管，它具有较大的自由处置权。CFPB能够独立制定监管条例并监督实施，同时加强了信息披露，以保证消费者在选择住房按揭、信用卡等金融产品时，能够对其产生全面和准确的认知。

第三，建立新的有序清算机制——针对"大而不能倒"。"大而不能倒"的现象使得大型金融机构有内在的动力通过增加风险来获得经营收益。与此同时，政府对这些机构的救助也损害了纳税人的利益。为了防止这种现象的出现，政府针对总资产规模在500亿美元及以上的银行控股公司以及具有系统重要性的非银行

① Barth, J. R., Caprio, G., Levine, R., *Guardians of Finance: Making Regulators Work for Us*, MIT Press, 2012.

金融机构设立了一个新的破产清算机制，以降低金融机构的道德风险，避免纳税人为失败的金融机构买单。

该法案将破产清算权限授予联邦存款保险公司（FDIC），当大型金融机构进入破产清算程序时，FDIC 有权接管该机构并负责清算期间该机构的运营，同时对其采取安全有序的破产程序。该法案设立了"有序清算基金"，用以向失去流动性或偿付能力的机构提供流动性。该基金的来源主要包括：向财政部发行债券；通过有序清算获得了高于《破产法》清算中应获得金额的债权人；总资产在 500 亿美元以上的银行控股公司和具有系统重要性的非银行金融机构。该法案要求只能出借不低于清算资产能偿还数额的贷款金额，若所有资金来源不足以偿付时，则 FDIC 有权代表公司交易证券或并购。同时，有序清算基金在资产分配中享有优先权。此外，该法案还限制了美联储的应急借款权，不允许美联储向私人公司发放紧急贷款。

第四，推行"沃尔克规则"——针对银行业。为了提高对银行的监管，《多德-弗兰克法案》引入了"沃尔克规则"。"沃尔克规则"是由美联储前主席保罗·沃尔克提出的。该规则的内容主要包括三点：一是限制商业银行的规模，单一金融机构在储蓄存款市场中所占的份额不得超过 10%；二是要求银行用自身资本进行自营交易；三是禁止银行拥有、投资或发起私募基金和对冲基金。《多德-弗兰克法案》弱化了这一条件，只要求银行投资不能超过一只基金总资本的 3%，银行投入的规模不能超过银行一级资本的 3%。虽然非银行金融机构不受该限制，但"沃尔克规则"要求联邦储备委员会制定措施，对同样的自营交易和基金、投资活动提出附加资本要求及其他限制。

此外，为了加强对银行业的监管，该法案还对银行业实行了新的、更高的资本金规定，主要包括：禁止拥有子公司的大型银行将信托优先债券作为一级资本；提高目前适用于已投保的存款机构以及由外资银行控制的美国银行控股公司的资本杠杆率和风险资本金标准等。

第五，"华尔街透明度与问责制法案"——针对金融衍生品。针对原有监管体系对于场外交易金融衍生品的监管漏洞，《多德-弗兰克法案》的"华尔街透明度与问责制法案"针对金融衍生品问题，提出设立一个全新的场外交易衍生品市场监管框架。其主要措施是将大部分的场外金融衍生品工具转移到集中的交易所进行交易，并且通过清算中心进行结算。此外，《多德-弗兰克法案》还令银行将信用违约互换等高风险的衍生品按要求进行剥离；对于从事衍生品交易的市场参与者，对其提出了特定的资本金和保证金要求、持仓限额、交易记录等要求。

第六，在财政部内部创立了联邦保险办公室（Federal Insurance Office，FIO）——针对保险业。《多德-弗兰克法案》在财政部内部设立了联邦保险办公室，以更好地对保险业进行监管，同时把关于保险业的监管问题在各机构之间进行更好地协调。此外，FIO也是金融稳定监管委员会不具有表决权的会员之一。

第七，填补了针对对冲基金、私募基金、信用评级公司等的监管空白。该法案规定，对冲基金、公募基金以及其他投资顾问机构必须在证券交易委员会登记。此外，若资产管理规模超过一定门槛，则这些基金的顾问需要进行注册，接受相应的管理。同时，针对信用评级机构，该法案对于信用评级机构的责任进行了明确和加强，比如要求它们进行更加全面、严格的信息披露。

除了以上七条主要措施之外，《多德-弗兰克法案》还提出了很多其他的措施，包括修正高管薪酬、提高存款保险上限至25万美元等。

毫无疑问，《多德-弗兰克法案》在广度和力度上都存在重大的突破，具有里程碑的意义，被认为是美国金融监管的又一块基石。该法案的积极意义是值得肯定的：①该法案体现了监管理念和监管模式的变革。政府"看得见的手"的作用经过该法案得到了强化；除了微观审慎，政府也开始关注宏观审慎问题，系统性风险成为监管的重点；政府开始注重监管部门之间的协作互助等。②由于美国在国际金融市场中具有深远的影响力，因此该法案的推出与实施也使得国际金融市场监管的标准、范围等得到了相应加强，从而在一定程度上促进了国际金融市场的发展。

但是，该法案仍然存在许多缺陷。首先，《多德-弗兰克法案》的篇幅很长，使其囊括了金融监管的众多方面，而实施中会面临的各种不确定性还需要通过制定大量的细则来解释说明以及规范法案的相关要求。其次，由于不同利益集团之间的倾轧，使得该法案在推行以及内容方面实际上都做出了一定的妥协，如"沃尔克规则"的弱化。最后，针对次贷危机中暴露出的监管漏洞，该法案设立了很多新的监管机构。然而，这些监管机构实际上并不需要为它们的监管效果承担相应的责任，而这一问题很有可能会导致道德风险。因此，这些监管机构实际上并不能实现它们的设立目的。

(4)《巴塞尔协议》的修改——《巴塞尔协议Ⅲ》。继1988年推出《巴塞尔协议》后，2004年6月推出的《巴塞尔协议Ⅱ》(《新巴塞尔协议》)中"三大支柱"的规定使得监管范围更加全面、监管力度也得到了加强。《新巴塞尔协议》在美国得以实施是在2008年4月，而次贷危机的爆发和经济衰退的现状实际上使得美国政府无暇推行协议。与此同时，金融的发展是日新月异的，经过次贷危机的检验，证实了《新巴塞尔协议》虽然已相对有所改善，但亟待进一步加强完善。在次贷危机中暴露得最明显的就是针对系统性风险管理的缺失。除此之外，在次贷危机中对经济周期性效应的忽视、对于流动性的监管标准过低、对于新兴金融工具的监管空白、对于杠杆率监管的漏洞等都充分显露了出来。针对这些漏洞，2010年9月12日巴塞尔银行监管委员会提出了《巴塞尔协议Ⅲ》，并于2010年11月的G20峰会上得到表决通过。

《巴塞尔协议Ⅲ》的要求主要针对资本、流动性、风险资产与杠杆率三个方面。在资本定义、分类及最低要求相关规定方面，它的主要内容包括：

第一，将资本分类为一级核心资本、其他一级资本和二级资本，取消了原有的三级资本的设定，并且对每一类资本都做出了具体的定义和规范，严格扣除不合格的资本工具，如少数股东权益、商誉、递延税资产等。

第二，对于最低资本要求，《巴塞尔协议Ⅲ》做了相应的提高。例如，一级资本充足率的最低要求从2%提高到4.5%，并且对于最终的最低资本要求提出了分阶段的实现目标。

第三，设立了资本留存缓冲比例。由于次贷危机的教训，《巴塞尔协议Ⅲ》新设了2.5%的资本留存缓冲比例，使银行保有的充足资本金能够承担较为重大的项目损失。若商业银行留存缓冲比例达不到要求时，监管机构有权限制银行拍卖、回购股份和分发红利。与最低资本要求一样，这一目标也是分阶段逐年完成的。

第四，针对《巴塞尔协议Ⅱ》的顺周期性在推出后遭到的批评，《巴塞尔协议Ⅲ》对此提出了逆周期缓冲资本的概念。逆周期缓冲资本就是在经济上升期时，针对最低充足率增加其超额资本充足率，借以吸收经济下行时的损失。同时，逆周期缓冲资本实际上也在经济上行期时减缓了过度的信用扩张，从而降低了风险。

第五，针对系统重要性银行，《巴塞尔协议Ⅲ》对其资本提出了更高程度的要求，即要求其增加1%的附加性资本。

在有关流动性的规定方面，针对次贷危机中多家金融机构因流动性不足陷入困境，《巴塞尔协议Ⅲ》设定了两个流动性监管指标：流动性覆盖率（LCR）及净稳定资金比例（NSFR），分别从短期和长期考察银行的流动性。除了这两个指标之外，《巴塞尔协议Ⅲ》还提出了若干辅助性的工具，如合同到期期限错配评估、可用的未抵押资产、资金集中度等。

在杠杆率和风险资产要求方面，针对引致次贷危机爆发的高杠杆化因素，《巴塞尔协议Ⅲ》在风险资本框架外，增加了杠杆率作为清偿力的辅助监管指标——3%的权益资产比重，以此来限制过高的杠杆化。对于风险资产的管理，《巴塞尔协议Ⅲ》提出了更全面的要求，即提高资产证券化交易风险暴露的风险权重，同时对于“再证券分风险暴露”采用更高的风险权重，对交易对手风险提出更高的资本要求等。

3.2 政府参与的去杠杆过程

3.2.1 金融机构去杠杆的动因

次贷危机发生后，金融机构面临着去杠杆化的内在动力和外在压力。

（1）去杠杆化的内在动力来自金融机构风险偏好的逐渐减弱。各大商业银行和投资银行在目睹贝尔斯登和雷曼兄弟的破产、股市跳水、美国经济不断衰退后，逐步意识到凭借高杠杆赚取成倍收益的时代已经一去不复返了。因此，金融机构纷纷积极地缩小企业杠杆，从而增强其抗风险能力，以期从危机中得以喘息。

（2）去杠杆的外在压力来自各种规定的约束。以商业银行为例，当金融危机爆发后，结构化金融产品的风险逐渐暴露，市场上对于这些产品的需求大大下降，评级机构也开始对这些资产做降级处理。评级的下降触发了商业银行最低资本要求的规定，商业银行不得不去杠杆以符合金融监管的要求。

除了商业银行，美国五大投资银行之外的其他投资银行对杠杆率也有要求，即最高不得超过 15 倍。另外，关于合格担保品的规定，如合格担保品由于评级等因素下调而需要处理等。这些监管政策使得各大金融机构在金融危机来临时不得不去杠杆。

3.2.2 政府在去杠杆过程中发挥的作用

去杠杆过程包括一系列措施，银行资产负债表的负债和所有者权益方需要筹集新的资本，以及保证多元化、期限较长和持久的融资来源，同时减少负债；而银行资产负债表的资产方需要避免流动性资产或风险资产的集中风险暴露、处理非核心资产和采取准确反映风险暴露的策略。去杠杆化过程的结果是缩小了资产负债表的规模。

然而，去杠杆的过程并不简单，因为在这个过程中可能引发新的问题。2007 年下半年到 2008 年 9 月，银行主要通过筹集资本来减少杠杆。在这一期间，全球银行机构共减计约 58 800 亿美元，而同期共筹集了 4 300 亿美元的资本。[①] 筹集资本的形式主要是混合证券，其中优先股占比较大，大部分是由政府提供的。在银行为“问题资产”分配更多的资本以满足监管资本比率要求的过程中，由于市场流动性紧缩，所以通过公开市场融资非常困难，很可能会拉抬融资成本，从而影响实体经济的发展。

银行去杠杆化的另一条途径是对资产负债表的资产方进行大规模的重组调整。金融机构将“问题资产”从资产负债表中清除，可能会面临与自己有相同情况的其他银行同样在清理资产，这将导致资产价格的下降，致使风险变成了实实

---

① 参见 IMF：《全球金融稳定报告》，2008－10。

在在的损失。更为严重的是，在盯市制的会计政策下，一旦这些风险资产以低廉的价格卖出，其他持有类似资产的金融机构就不得不减计资本，造成危机中的金融传染。

在去杠杆过程面临极大困难的情况下，美国政府在这个过程中发挥了积极的作用，主要通过以下 4 种方式帮助银行去杠杆，同时保证了金融市场的相对稳定。

（1）杠杆转移。当美国政府意识到金融机构去杠杆的困难后，主动通过增加政府的高杠杆率来支持金融系统的杠杆收缩，即通过增加政府的负债来帮助金融市场完成杠杆收缩。在美国金融危机的过程中，由于金融资产价格下跌的势头在短期内难以得到完全改观，于是美国政府成了最后的花钱人，而美联储成了最后的贷款人。美国政府在帮助金融系统进行杠杆收缩的同时，美联储的资产负债表却在不断扩张，致使美国政府的杠杆率不断上升。

2008 年 10 月，美国政府发布《2008 年紧急经济稳定法案》，通过了高达 7 000 亿美元的不良资产救助方案，用于购买金融机构的问题资产和向金融机构进行注资，以便为金融机构提供更多的流动性。2009 年 2 月 17 日，美国总统奥巴马签署了总额为 7 870 亿美元的经济刺激一揽子方案。2009 年 3 月，美联储宣布购买 3 000 亿美元长期国债，对 MBS 的购买由 5 000 亿美元增加到 1.25 万亿美元，以及购买 2 000 亿美元的机构债券。2008 年 11 月底，美国国债余额已达 10.7 万亿美元，2009 年 11 月超过了 11.3 万亿美元。①

（2）增强市场的流动性。随着去杠杆化过程、金融部门的合并、杠杆投资者和做市商数量的减少，导致市场流动性减少。

为了给市场注入更多的流动性，美联储还推出了多种货币政策工具创新。其中，包括为商业银行和投资银行等提供流动性的期限拍卖贷款（term auction facility，TAF）、重要交易商信用贷款（the primary dealer credit facility，PDCF），也包括向货币市场和资产证券化提供支持的商业票据融资贷款、期限资产支持证券贷款（term asset-backed securities loan facility，TALF）等。

通过创新性的金融工具来应对由于去杠杆可能导致的持续性信贷紧缩问题，可以增强金融市场稳定性，进而又为金融机构去杠杆提供了有力的市场条件。

（3）政府的接管担保。2008 年危机后，美国首先出资 2 000 亿美元接管房利美和房地美；随后，美国政府注资 800 亿美元接管面临流动性困难的第一大保险巨头 AIG。为了扫除法律障碍，2009 年美国国会向美国政府授权，使之有权决

① Paul Atkinson，“Origins of the Financial Crisis and Requirements for Reform”，*Journal of Asian Economics*，2009（20）：538.

定托管或接管陷入困境的金融机构，然后对它进行有效和有序的重组。联邦机构可以作为保护者或接管者，出售或转移出现问题的金融机构的资产或债务；就金融机构的合同进行重新谈判或拒绝接受原合同，其中包括与员工的合同；处理金融衍生产品投资，从而减少金融机构资产负债状况进一步恶化的可能性。通过政府接管问题金融机构和问题资产，美国金融部门的业务发生了重大结构性调整，去杠杆化取得进展。

（4）推动金融机构的并购重组。2007 年次贷危机爆发后，有大批中小银行倒闭。在五大投资银行中，两大投资银行高盛和摩根士丹利转为银行控股公司，雷曼兄弟宣布破产，美林和贝尔斯登分别被美国银行和摩根大通银行收购。美国政府积极推动陷入困境的金融机构开展重组，推动地方性银行并购计划。通过重组，美国金融机构的资本金得以增加，负债也得以削减。

在美国金融市场投资者的信心恢复之前，美国政府积极帮助信用和融资能力急剧下降的金融机构融资，通过挽救金融机构来盘活整个信贷链条，避免实体经济因流动性困难造成经济危机，并防止金融和经济危机的恶性循环，从而为金融机构去杠杆提供了良好的市场环境。

3.2.3 去杠杆的结果分析

美国政府在对美国金融和经济进行救助时采用的扩张性财政政策导致了美国财政赤字的增加。2009 年美国财政赤字突破了 1 万亿美元大关，达到了 1.42 万亿美元，占美国国内生产总值的 10%，创自第二次世界大战结束以来的最高纪录。

从 2009 年 3 月到 2013 年，美国先后推出的 3 轮大规模资产购买计划，使得资产负债表规模从危机前的 8 500 亿美元膨胀至目前的 4 万亿美元，扩大了 470%。①

然而，值得欣喜的是，美国金融机构的去杠杆化效果显著。2009—2012 年美国借贷市场金融部门未清偿债务由 15.7 万亿美元下降到 13.9 万亿美元。其中，约 1 万亿美元的债务削减归功于雷曼兄弟破产和摩根士丹利购买贝尔斯登以及美国银行收购美林证券。与此同时，金融部门的资产负债比率由 42%下降到 35%，金融资产规模由 GDP 的 2.6 倍下降到 2.4 倍，见图分—6—15。

美国去杠杆产生了以下重要的影响：首先，去杠杆化使得美国金融业务的模式更趋稳健，一些机构禁止了自营业务，并出售衍生品和大宗商品业务部门。其次，美国金融机构的垄断程度有所提高。在美国政府的支持下，美国银行业重

---

① 参见《研究报告：2013 年国际经济金融形势评论与 2014 年展望》，http：//www.v2gg.com/hulianwang/dianzishangwu/20140111/54733.html。

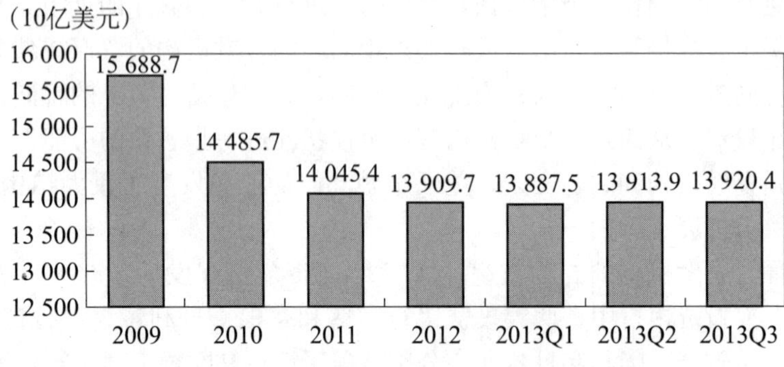

图分—6—15 2009—2013 年美国金融部门未清偿债务

资料来源：美联储。

组，形成了由美国银行、摩根大通、花旗集团、富国银行、高盛集团和摩根士丹利六大主流银行主导的行业竞争新格局。银行业市场份额越来越集中，行业垄断性正在加剧。其中，超大型银行在各方面的份额都在上升，而中小型银行尤其是小型银行的份额则逐年被压缩。截至 2012 年，超大型银行资产占全行业资产的比重已超过 80％，而中小型银行的收缩较为明显，占比仅为 8.99％和 0.9％。① 2012 年 9 月 30 日，FDIC 公布的美国银行业机构的数量为 7 181 家，比 2011 年底减少 176 家，比 2008 年底减少了 1 124 家。美国资产规模最大的四家银行（摩根大通、美国银行、花旗集团和富国银行）的资产总和占 GDP 的比例已从 2006 年的约 40％升至 2012 年的 50％。②

此外，去杠杆的过程也为金融监管改革创造了良好的条件。一方面，美国独立投资银行模式的终结，使得金融机构更趋集中，更有利于加强机构监管。另一方面，经过金融去杠杆化之后，美国金融市场衍生工具的交易规模已大幅减少，衍生工具的监管难度也在下降。

4. 新理论、新制度、新规则的产生及其评估

4.1 次贷危机后美国金融监管的改革进程

次贷危机的发生促使美国政府重新审视了金融监管的机制与体系，认识到其监管模式存在的弊端，并相应进行了一系列的调整与改革。

第一，2008 年 3 月 31 日，美国财政部部长保尔森宣布了《现代金融监管构架改革蓝图》。该蓝图分别从短期、中期、长期三个时间长度进行建议：在短期，

① 参见《金融危机后的美国银行业》，http：//www.dooland.com/magazine/article_266742.html。

② 参见 FDIC 网站，https：//www.fdic.gov。

主要以授权和加强协调为目的；在中期，要以监管机构的部分整合为主要目的，以避免监管重叠和监管缺失，从而有效地提高金融监管的效率；在长期，则以建立目标性监管模式为主要目的，理想的目标性监管模式应该包括市场稳定监管者、审慎金融监管者、商业银行监管者三个组成部分。

第二，2009 年 6 月 17 日，奥巴马政府公布了自 1929 年大萧条以来最彻底、最全面的一项金融改革方案，即《金融监管改革新基础——重建金融监管》，也就是美国“金融监管体系改革白皮书”。这一改革方案涉及金融行业的各个领域，从金融机构、金融市场、金融产品等一直到投资者与消费者的保护方面，都做出了说明与规定，同时把那些游离于监管之外的金融产品和金融机构，也一并纳入了全面的金融监管体系之下。

第三，2009 年 12 月，美国众议院通过了全面的金融监管改革法案——《金融稳定改进法》；2010 年 5 月，美国参议院又通过了多德提交的《金融监管改革法案》。参、众议院的法案旨在提高政府应对系统性金融危机的监控能力、风险防范能力、危机化解能力，维护金融体系的稳定运行。

第四，2010 年 7 月 21 日，《多德-弗兰克华尔街改革与消费者保护法案》最终签署。该法案的签署实施，不仅是美国金融监管体系的改革与完善，更是美国对于此次危机的深刻反思与总结，它为世界金融监管体系提供了新标准、新思路。

表分—6—2 总结了自次贷危机发生以来美国金融监管制度改革的主要进程和重大事件。

表分—6—2　　次贷危机以来美国金融监管制度改革的主要进程和重大事件

时间	监管改革举措	主要内容
2007 - 07	《外国投资与国家安全法案》	改革外国投资委员会，加强对外资并购的审查
2007 - 12	修改《诚实借贷法》	限制部分交易手段，要求信息披露在早期就开始展开
2008 - 03	《现代金融监管构架改革蓝图》	短期目标：授权和加强协调 中期目标：监管机构的部分整合 长期目标：建立目标性监管模式
2008 - 10	国会授权美联储对存款准备金支付利息	鼓励商业银行在美联储存放超额准备金
2008 - 10	问题资产救助计划（TARP）	提供援助贷款
2009 - 02	《金融稳定计划》	要求压力测试；建立金融稳定信托基金；全面的房地产计划等

续前表

时间	监管改革举措	主要内容
2009-02	《资本援助计划》（CAP）	以优先股的形式注入银行
2009-06	《金融监管改革新基础——重建金融监管》	强化对金融机构的监管；加强对金融市场的全方位监管；消费者和投资者保护；赋予政府必要的政策工具
2009-12	美国众议院通过了《金融稳定改进法案》	扩大美联储的权力，将银行、证券、保险、基金等各业均纳入其监管范围
2010-05	美国参议院通过了《金融监管改革法案》	限制金融机构从事高风险的金融业务
2010-06	美国众议院与参议院协商《金融监管改革法案》内容	参、众两院就《金融监管改革法案》的最终定稿进行讨论
2010-07	《多德-弗兰克华尔街改革与消费者保护法案》	针对系统性风险，成立金融稳定监管委员会；新的破产清算机制；消费者保护，消费者金融保护局；扩大美联储权力；沃尔克规则；加强对衍生品和对冲基金的监管；加强对信贷评级机构的监管；公司治理改革；银行部分承担全国性的保险监管机构

4.2 次贷危机后美国金融监管制度和规则的完善

4.2.1 包括场外交易在内的全面监管体系的构建

次贷危机的爆发暴露了美国金融监管方面存在的诸多问题，其中很重要的一个问题就是场外交易市场缺乏监管，尤其是对于以银行间市场方式存在的金融衍生品基本没有有效的监管。

2009年，奥巴马政府公布了《金融监管改革新基础——重建金融监管》。这一改革方案涉及金融行业的各个领域，从金融机构、金融市场、金融产品等一直到投资者与消费者的保护方面，都做出了说明与规定，同时把那些游离于监管之外的金融产品和金融机构，也一并纳入全面的金融监管体系之下。更为重要的是，最终签署实施的《多德-弗兰克法案》在原有的基础上，加强了对衍生品和对冲基金的监管。

（1）强化对金融机构的监管。《金融监管改革新基础——重建金融监管》提出成立金融服务监管委员会，《多德-弗兰克法案》最终成立了金融稳定监管委员会，由财政部部长牵头领导，负责监控、监测、预防、处理威胁整个国家金融稳定的系统性风险和冲击；强化了美联储的权力，赋予其更大的监管职责和更广泛的监管范围，银行、证券、保险、基金等各业均被纳入其监管范围，使美联储对大型金融公司具有持续的、强有力的监管能力。

（2）加强对金融市场的全方位监管。这种全方位的监管体现在对证券化市场的一系列监管上，涉及信用评级机构的管理、市场透明度的提高、有关信贷证券化产品中的风险认责等内容。《多德-弗兰克法案》对资产支持证券化进行了重新确认与定义，强调证券化资产所拥有的自我清算功能，要求证券化的产品发行者必须披露更多的相关信息，并分析打包资产的质量，从而杜绝或者最大限度减少垃圾资产的出售与发行。

（3）将场外衍生品市场纳入监管视野。该法案对此前缺乏监管的金融衍生品市场的场外交易进行了全面监管，要求大部分衍生品必须在交易所内通过第三方清算（中央清算和票据交易中心）进行交易，以提高市场透明度，避免金融市场监管的灰色地带与监管缺失；同时，《多德-弗兰克法案》适当提高了大型互换头寸的资本要求，从而限制了一部分交易，以便吸纳风险。

4.2.2 完善信息披露和信用评级机制

次贷危机还揭示了在金融创新监管方面的另一个重要问题——信息披露机制不完善，信用评级制度缺乏独立性和透明度。

在2008年的《现代金融监管构架改革蓝图》中，美国财长保尔森在短期建议中就提出，要求美联储可以向所有申请借入应急流动援助资金的金融机构和金融体系参与者索要更多的信息；在长期建议中，也提到了加强对消费者、投资者的保护。最终，《多德-弗兰克法案》也对此做出了相应的规定，对信息披露和市场透明度提出了更高的要求，对信用评级机构也提出了更严格的管理。

（1）加强对金融消费者的保护。在美国联邦储备委员会下设立新的消费者金融保护局，它具有独立的人事权，可对提供信用卡、抵押贷款和其他贷款等消费者金融产品及服务的金融机构实施监管，处罚不负责任的贷款。CFPB明确了问责制度和监管范围，确保了消费者个人信贷的公正性、公开性、非歧视性等基本原则，对消费者高额的抵押贷款提供了保护。

（2）加强对投资者的保护。在证券交易委员会下设立新的信贷评级机构办公室，强化对相关信用评级机构的监管力度。该办公室拥有对各机构进行处罚的权利，还对相应的利益冲突问题进行了一系列的规定甚至是禁止措施，从而增强了评级的有效性、独立性、可靠性，加强了美国证监会的监管职能。

4.2.3 薪酬和公司治理改革

美联储将对企业高管薪酬进行监督，确保高管薪酬制度不会导致对风险的过度追求。美联储将提供纲领性指导而非制定具体规则，一旦发现薪酬制度导致企业过度追求高风险业务，美联储有权加以干预和阻止。美联储要求企业建立独立的薪酬委员会，如果相关高管人员的薪酬不是根据财务报表获得，而是根据不符合财会标准的虚假财务报表获得，则要求上市公司制定相应的政策，并收回高管人员的薪酬。

美联储设立了新的破产清算机制，由联邦储蓄保险公司负责，责令大型金融机构提前做出自己的风险拨备，以防止金融机构倒闭再度拖累纳税人救助。《多德-弗兰克法案》赋予政府在紧急情况下的特殊权力，即可以接管即将倒闭的大型金融机构，并且有权拆分、出售其资产。该法案规定了这样一种破产清算程序，从而保证其安全有序——破产清算由联邦存款保险公司和美联储总负责，而证券交易委员会或美联储负责经济交易商的破产清算，保险公司的破产清算则由联邦保险办公室或美联储负责。

4.2.4 完善高杠杆产品和对冲交易机制

次贷危机的爆发反映出金融交易工具过于结构化、复杂化，对于具有对赌内容的衍生产品以及对实体经济和社会经济秩序意义不大的结构性衍生产品缺乏必要的限制。

对此，《多德-弗兰克法案》保留了沃尔克规则，虽然对原有的规则内容做了很大的修改和松动，但依然限制了银行自营交易及高风险的衍生品交易。在自营交易方面，该法案允许银行投资对冲基金和私募股权，但资金规模不得高于自身一级资本的3%。在衍生品交易方面，该法案要求金融机构将农产品互换、能源互换、多数金属互换等风险最大的衍生品交易业务拆分到附属公司，但自身可保留利率互换、外汇互换以及金银互换等业务。

在规范对冲基金以及提高其监管标准方面，要求对冲基金和私募股权顾问在SEC注册为“投资顾问”，从而弥补对于“影子”金融体系的监管缺失；同时，要求对冲基金和私募股权顾问提供相关的交易和资产组合信息，这些信息必须有助于评估系统性风险，从而完善对冲交易机制、保护市场和投资者的完整性。

4.2.5 规范复杂衍生品的风险定价机制

金融创新产品应当符合法律和社会公共利益原则；不仅如此，规范的复杂衍生品，特别是结构化金融衍生品的风险定价应该符合收益和风险相匹配的原则，这就要求投资机构对于金融衍生品应当具有一个科学的、专业的、明确的定价原理。

《多德-弗兰克法案》要求银行在出售类似抵押贷款证券化产品的时候，需要自己承担5%的信贷风险，并将其留在资产负债表内；对于其他类型复杂衍生品或者在特殊情况下，银行可以承担低于5%的风险或者予以监管豁免。这样的举措可以促使相关机构对于复杂衍生品的风险和定价具有一个较为科学、专业、理性的判断。

4.3 次贷危机及政府干预对我国的启示

4.3.1 次贷危机的爆发是制度的自我革新

2008年次贷危机的爆发是美国乃至全球经济长周期的一种反映，是自20世纪 30 年代大危机以来全球经济结构、贸易结构、金融结构大调整在金融体系上的一种必然反映，是对国际经济金融体系中实体经济与虚拟经济（现代金融或资本市场）在不同经济体之间严重的结构性失衡的一次重大调整，可以实现资本市场、金融资产在规模和结构上与其赖以存在的实体经济相匹配。

金融危机的爆发，在一定的程度上，其实可以看作实体经济与现代金融之间的不匹配，也可以看作由现代金融的运行与现行制度、体制之间的不匹配所造成的。因此，次贷危机的爆发就必然对新理论、新制度、新规则的产生提出呼吁与要求，甚至可以看成现行制度、现行体制自我革新的内在需求。美国政府顺应了这种需求，及时而又不失考虑地推进了一系列监管制度的改革，通过及时总结、及时反思，弥补了制度漏洞，完善了机制、体制，这样的做法甚至可看成次贷危机带来的重大进步。

4.3.2 金融高杠杆以及去杠杆化趋势

在次贷危机爆发前后，纵观各国金融杠杆的发展状况可以发现，不论是商业银行，还是投资银行，金融杠杆都有逐渐提高的趋势，同时金融产品的杠杆率也逐渐提高。

高杠杆是金融业的基本特征，是保证金融市场有效运行的必要制度安排。通过高杠杆运作可以增强市场流动性，提高金融系统运作的效率。

（1）金融机构利用高杠杆扩张信用，可为金融系统提供充足的流动性，保障金融体系的正常运行，并促进金融市场的发展。

（2）杠杆化在向市场提供充足流动性的同时，从微观上为金融市场的价格发现机制奠定了基础。

（3）金融创新是现代金融体系的生命力，而金融杠杆是推动金融创新的强大力量和必要条件，也是金融创新的必然结果。特别是我国现在正处于经济转型、深化改革的背景之下，金融以及市场的发展还不是特别成熟与完善，有必要依赖适当的杠杆率来推动我国的金融创新，包括制度创新、理念创新、产品创新等，从而奠定良好的大国金融基础。

（4）金融机构的杠杆化提高了货币政策效率。为了维护金融市场的稳定，防止金融市场出现非理性波动，货币政策小幅度的调整可以通过金融机构的高杠杆起到以小搏大的效果。

但是，过高的金融杠杆会造成金融体系的系统性风险。在次贷危机后，美国最终通过的《多德-弗兰克法案》针对这一问题采取了相应举措，完善了高杠杆产品和对冲交易机制，对金融衍生品市场的场外交易进行了全面监管，包括提高资本要求、限制部分交易、银行承担证券化产品的部分风险等相关措施，推进了一系列去杠杆化的进程。

4.3.3 金融创新与金融监管的协调和匹配

对于美国金融危机的成因，其中的一个重要因素就在于金融产品创新与市场监管匹配不当。毋庸置疑的是，创新是金融市场生命力与竞争力的体现，我们不能因为美国金融危机的爆发而全盘否定金融产品的创新，更不能因噎废食地认为我国资本市场的发展可以摒弃金融产品的创新。但是，美国金融危机的破坏力也警示我们：缺乏有效监管而过度超前发展的金融产品创新在丰富市场供给、深化风险转移功能的同时，也通过其杠杆性层层放大了潜在的市场风险，一旦风险链条中的一环由于信用危机而断裂，则会引发整个市场的系统性危机。另外，在混业经营、分业监管的框架下，金融机构很容易利用不同监管主体的监管漏洞频繁进行监管套利。

我们可以看到，美国政府在次贷危机后对于制度、规则上的漏洞进行了及时的反思与修补。美国政府通过一系列的改革法案，推进了金融监管体系与制度的改革进程，最终形成了《多德-弗兰克法案》，在包括场外交易的全面监管体系、完善信息披露和信用评级机制、薪酬和公司治理改革、完善高杠杆产品和对冲交易机制、规范复杂衍生品（特别是结构化金融衍生品）的风险定价机制等诸多方面进行了相应的调整和规范，提出了更高、更严格的监管标准，努力实现金融创新与金融监管的匹配，为全球金融监管体系、制度与模式树立了新标杆，提供了新思路。

4.3.4 政府在政策调整中应该考虑市场的消化和承受能力

回顾次贷危机的发生及演变过程，美国经济政策的调整和实施同样值得反思与借鉴。2000年互联网泡沫破灭后，为了抑制经济增长放缓，美联储采用了连续降息以及其他释放流动性的措施。在面对通货膨胀的明显上升和房地产市场的泡沫膨胀时，美联储采用了紧缩的货币政策，用于挤压市场中过多的流动性，但政策的调整显得频率过快，没有给金融机构以及市场进行调整与回旋的余地，由此给金融机构和市场带来了巨大的冲击。

一项经济政策的调整要考虑机构和市场的反应，给机构一定的时间来调整自身的决策和行为以执行经济政策，给市场一定的时间来消化和反馈经济政策。操之过急的政策调整可能会打乱机构和市场的节奏，引起市场的混乱，从而使政策的实施难以达到预想的结果。

参考文献

[1] 安士莲，默顿．次债危机远没有结束．经济观察报，2007-12-22

[2] 昌忠泽．流动性冲击、货币政策失误与金融危机——对美国金融危机的反思．金融研究，2010（7）

[3] 多德-弗兰克华尔街改革与消费者保护法案．北京：中国金融出版

社，2010

［4］雷鸣．美国“次货危机”与日本“泡沫危机”的比较分折．现代日本经济．2008（1）

［5］李凤云．金融危机深度解读．北京：人民邮电出版社，2009

［6］李若愚．斯蒂格利茨：美国次贷危机与格林斯潘有关．北京晨报，2007-08-24

［7］李石凯．低储蓄率是美国次贷危机的根源．中国金融，2007（21）

［8］李文泓．关于宏观审慎监管框架下逆周期政策的探讨．金融研究，2009（7）

［9］李妍．宏观审慎监管与金融稳定．金融研究，2009（8）

［10］李扬，全先银．危机背景下的全球金融监管改革：分析评价及对中国的启示．中国金融，2009（17）

［11］马红霞．关于金融危机与货币政策关系的学术争论．经济学动态，2010（8）

［12］孟辉，伍旭川．美国次贷危机与金融稳定．中国金融，2007（18）

［13］彭兴庭．公平、稳定与自由的权衡与协调——《多德-弗兰克法案》述评．证券市场导报，2010（10）

［14］宋丽智，胡宏兵．美国《多德-弗兰克法案》解读——兼论对我国金融监管的借鉴与启示．宏观经济研究，2011（1）

［15］吴晓求等．金融危机启示录．北京：中国人民大学出版社，2009

［16］谢平，邹传伟．金融危机后有关金融监管改革的理论综述．金融研究，2010（2）

［17］易纲．关于国际金融危机的反思与启示．求是，2010（20）

［18］张博，赵业．去杠杆化、负财富效应与信贷市场萎缩——金融危机后美国经济向何处去．投资研究，2009（12）

［19］周小川．金融政策对金融危机的响应——宏观审慎框架的形成背景、内在逻辑和主要内容．金融研究，2011（1）

［20］Adam，K.，Billi，R. M.，“Discretionary Monetary Policy and the Zero Lower Bound on Nominal Interest Rates”，*Journal of Monetary Economics*，2007，54（3）：728-752

［21］Basel Committee on Banking Supervision，“Group of Governors and Heads of Supervision Announces Higher Global Minimum Capital Standards”，2010

［22］Barrell，“The Evolution of the Financial Crisis”，*National Institute Economic Review*，2008（1）：13-14

［23］Barth，J. R.，Caprio，G.，Levine，R.，*Guardians of Finance: Making Regulators Work for Us*，MIT Press，2012

［24］Coudert，Virginie，and Mathieu Gex，“Credit Default Swap and Bond Markets：Which Leads the Other?”，Banque de France Working Paper，2010

［25］Franklin Allen，“Credit Crisis Interview：Franklin Allen on Past Crises”，2008

［26］IMF，“Global Financial Stability Report：Responding to the Financial Crisis and Measuring Systemic Risks”，2009

［27］Intercontinental Exchange，“Global Credit Derivatives Markets Overview：Evolution，Standardization and Clearing”，2010

［28］Hyun Song Shin，“Discussion of ‘The Leverage Cycle’ by John Geanakoplos”，NBER Working Papers，2009

［29］Joshua Aizenman，“Selective Swap Arrangements and the Global Financial Crisis：Analysis and Interpretation”，*International Review of Economics and Finance*，2009（8）：5

［30］Lehman Brothers，“Explaining the Basis：Cash versus Default Swaps”，2001

［31］Markit，“The CDS Big Bang：Understanding the Changes to the Global Contract and North American Conventions”，2009

［32］Marshall Blume，“Credit Crisis Interview：Marshall Blume on the Evolving Marketplace”，2008

［33］Senior Supervisors Group，“Observations on Management of Recent Credit Default Swap Credit Events”，2009

［34］Paul Atkinson，“Origins of the Financial Crisis and Requirements for Reform”，*Journal of Asian Economics*，2009（20）：538

［35］Richard Herring，“Credit Crisis Interview：Richard Herring on Mortgage-backed Securities”，2008

［36］SEC，“SEC Charges Goldman Sachs With Fraud in Structuring and Marketing of CDO Tied to Subprime Mortgages”，2010

［37］Smithson，Charles W.，*Credit Portfolio Management*，John Wiley & Sons，Inc.，2003

［38］Presentation to the Treasury Borrowing Advisory Committee，“US Treasury Office of Debt Management”，2010

分论七　多因素下的中国股市危机

摘　要

2015 年 6 月中旬至 8 月下旬，中国股票市场出现了自 1990 年建立以来第一次真正意义上的市场危机。与历史上重大金融危机的一般发生机制相比，本轮中国股市危机既符合一般的股市危机发生规律，又有其自身的特殊发生机制。

本分论的主要研究结论是：

第一，对场内融资盘的实证分析结论。在上涨阶段，融资业务的大规模增长加速了杠杆资金入市，推升股市上涨；在下跌阶段，股价暴跌使得融资盘迅速逼近平仓线，引发恐慌性抛售及强制平仓，使融资规模大幅下降。

第二，对场外配资分析的结论。在上涨阶段、监管缺失的情况下，融资主体为追求股票投机收益最大化，不断提高杠杆率，推动股市快速上涨，使风险大幅增加。危机发生后，场外配资因高杠杆率最先受到冲击，从而加深了跌幅，引发其他低杠杆资金的平仓抛售，而恐慌下跌诱发“多米诺骨牌”效应并造成踩踏事件，引发流动性危机。

第三，对分级基金分析的结论。份额折算机制中向下折算会引发母基金抛盘，对股市形成抛压，并对分级基金跟踪板块形成助跌作用。对于折溢价套利机制，在股市下跌期间，A、B 股合计的母基金价格低于母基金净值，母基金的赎回形成卖盘，打压分级基金跟踪板块走势。

第四，对股指期货实证分析的结论。股指期货的大幅贴水未对现货市场造成较大影响，但股灾期间的融券余额不增反降，投资者难以通过融券套利来平抑基差。在这种情形下，投资者选择抛空期货，使得期货出现更大的贴水，影响了套保效率，导致恶性循环。与此同时，股指期货“T+0”的灵活交易制度和股票市场上“T+1”的滞后效应获利也被认为对股指期货交易有利。

此外，尽管杠杆融资机制是导致2015年中国股市危机发生的直接影响机制，但众多投资者之所以敢于通过种种渠道进行高杠杆融资，固然在很大程度上是由于投资者自身的预期失误和政策误读等非理性预期所致，但也在一定程度上受到媒体舆论误导和监管缺陷所致；反馈交易、市场操纵和套期保值与指数套利等交易行为也对2015年的中国股灾起到推波助澜的作用。

本分论侧重于定量分析的视角，运用市场数据对杠杆机制在推动泡沫形成及急剧下跌中的作用进行实证分析；同时，从理论模型的视角阐释媒体舆论与投资者情绪的作用以及中国股市的交易机制缺陷。

第一，我们对2015年中国股市危机提供了一个理论分析框架，与历史上重大金融危机的一般发生机制相比，本轮中国股市危机既符合一般的股市危机发生规律，又有其自身的特殊发生机制。

第二，我们对2015年中国股市危机进行了描述性统计分析。

第三，我们重点研究了杠杆融资在股市上涨和下跌中的直接推动机制，无论是对中国经济改革和增长模式转型的短期预期过高，还是功利化地认为发展资本市场就是推高股价，以及媒体舆论的推波助澜，都体现在杠杆融资的过度运用上，而监管不当也主要体现在对杠杆融资的监管由早期的过度宽松到后期的突击性严查严控的政策上。此外，从实证研究的数据可获得性来看，通过股市配资的杠杆率数据与股价的格兰杰因果检验是目前较为可靠的分析工具。

第四，在实证分析的基础上，我们对造成2015年中国股市危机的非理性预期、媒体舆论及投资者情绪等高杠杆背后的深层次原因进行了理论分析。

第五，我们对反馈交易、市场操纵和套期保值与指数套利等交易行为及监管失灵的助推机制进行了分析。

Abstract

From the mid June to the late August in 2015, the Chinese stock market crisis broke out. It is actually the first crisis since the establishment of the Shanghai and Shenzhen Stock Exchanges in 1990. Compared with the mechanism of the major financial crises in history, the Chinese stock market crisis is consistent with the general rules of the stock market crisis, but it also has its own special mechanism.

The main conclusions in this chapter are:

First, the empirical analysis of the margin trading. In the increasing phase, the large-scale growth of margin trading accelerated the entering of the leveraged funds and pushed up the share prices. In the decreasing phase, the drastic declining of the share prices made the margin trading approach to the closing line, which triggered panic selling and led to substantial reduce of the margin trading scale.

Second, the analysis of the OTC financing. In the increasing phase, the OTC financing leverage ratio was continuously enhanced because of the supervision absence. The stock prices rose sharply and the risks accumulated rapidly. The OTC financing would be impacted firstly due to the high leverage ratio once the crisis broke out. The declining of the share prices accelerated the selling behavior and brought about the "Domino" effect, which might trigger the liquidity crisis.

Third, the analysis of the structured funds. When the stock market was in the decreasing stage, the downward conversion mechanism caused the selling of the FOF and depressed the tracked stock prices. And when the price of the FOF combined with part A&B was lower than the net asset value, the redemption of FOF also depressed the tracked stock prices.

Fourth, the empirical analysis of the stock index futures. The discount of the stock index futures did not have great impact on the spot market, but the short selling was decreased during the crisis. Investors can't stabilize basis through short selling arbitrage. In this situation, investors shorted futures, which caused the discount of the futures further and negatively affected the hedging efficiency. Thus, the vicious circle was created. Meanwhile, it was considered unfair that investors could arbitrage by taking advantage of the "T+0" mechanism in the stock index futures.

Though the margin trading mechanism was the direct cause of the Chinese stock market crisis in 2015, the main reason why investors were willing to finance high leverage funds through a variety of channels was their own irrational expectation and misunderstanding of the policy. Also, the misleading of the media, regulation defects, feedback trading, market manipulation, hedging arbitrage and index arbitrage exacerbated the crisis.

This chapter emphasizes on quantitative analysis, using market data to make an empirical analysis on the role of the leverage mechanism in the bubble formation and the sharp decline. From the perspective of the theoretical model, the roles of public media and investor sentiment, as well as the defects of China's stock market trading mechanism are discussed.

At the beginning, we provide a theoretical analysis framework for the Chinese stock market crisis in 2015, which would be compared with the mechanisms of major financial crises in history. The Chinese stock market crisis consists with the general rules of the stock market crisis, but it also has its own characteristics.

We make a descriptive statistical analysis on the Chinese stock market crisis in section 1. 2.

Section 1. 3 focuses on the direct pushing mechanism of the leveraged finance in the stock market. The high expectation for the transformation of China's economic reform and growth pattern, the utilitarian opinion that the development of the capital market is to push up the stock prices and the misleading of the public media were all reflected on the excessive use of the leveraged finance. Improper supervision was mainly demonstrated on the leverage financing regulatory rules from the early loose to the late strict. Considering both the reliability and availability of data, Granger causality test between leverage data and share price is a reliable analytical tool.

On the basis of empirical analysis, we further analyze the underlying reason including irrational expectations in section 1.4, public media opinion and investor sentiment in the Chinese stock market crisis in 2015.

In section 1.5, we analyze the roles of feedback trading, market manipulation, hedging arbitrage, index arbitrage and the failure of the supervision in this crisis.

1. 2015 年中国股市危机的理论分析框架

2015 年 6 月中旬至 8 月下旬，中国股票市场出现了自 1990 年建立以来第一次真正意义上的市场危机。“以上证指数为例，有两个时间段在 10 个交易日（2015 年 6 月 15—29 日和 2015 年 8 月 18—26 日）连续下跌超过 20%，即分别从 5 170 点附近跌至 4 000 点左右和从 4 000 点左右跌至 2 800 点。”引发这场股市危机的原因主要有预期失衡、政策误读、高杠杆配资、交易机制缺陷、监管滞后和媒体助推等诸多因素。

2015 年的中国股市危机既符合一般的股市危机发生规律，又有其自身的特殊发生机制。我们以图分—7—1 简要描述 2015 年中国股市危机的发生过程，图中以实线部分表示一般的股市危机发生规律，以虚线部分表示其自身的特殊作用机制。

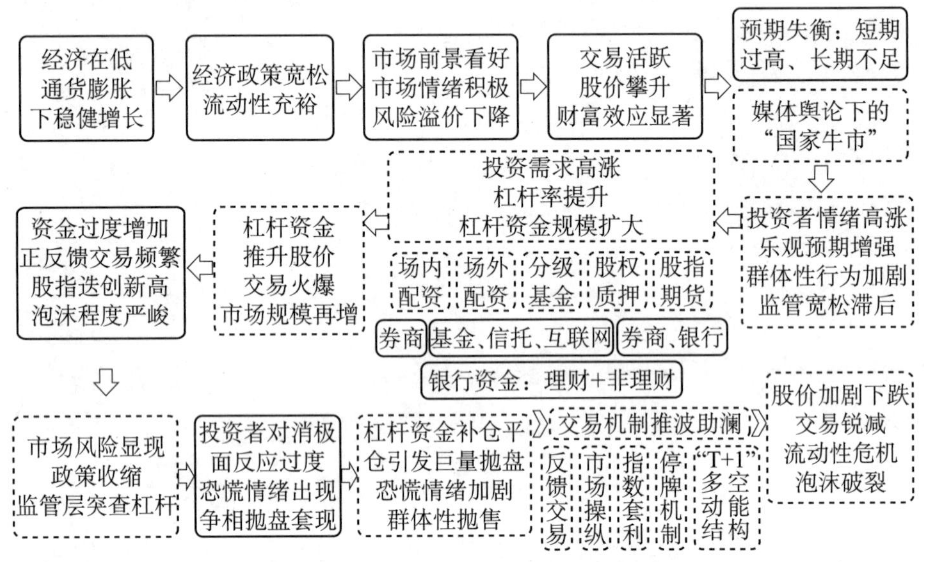

图分—7—1 2015 年中国股灾分析框架

说明：实线框为股市危机的一般规律；虚线框为本次危机的特殊机制。

1.1 2015 年中国股市危机符合一般的股市危机发生规律

正如 Brunnermeier（2009）在新帕尔格雷夫经济学大辞典中对泡沫所做的描述性定义，泡沫通常是指价格大幅上升，远远超出基本面所能支撑的价值，并且通常伴随突然的价格崩溃。尽管在理论研究模型中存在理性泡沫和非理性泡沫，但非理性泡沫显然对 2015 年中国股市危机有更强的解释力。Gennaioli，Shleifer and Vishny（2015）尝试建立的一般性行为金融危机模型显示，投资者由于表征性心理特征会对近期的利好消息给予更高权重并忽视风险，从而造成股价泡沫。

Brunnermeier and Schnabel（2015）通过对历史上有代表性的金融危机的研究表明，金融危机发生前通常伴随扩张性的货币政策、金融创新以及监管放松，而信贷扩张和投资高杠杆的运用将极大地加剧危机程度。就上述文献所描述的金融危机一般发生规律而言，2015 年的中国股市危机也符合一般性的股市危机发生机制。

第一，泡沫成因表现出典型的系统性非理性投资者的情绪偏误。正如本研究报告总论所述，“市场对中国经济改革和增长模式转型的短期预期过高，长期预期不足”，尽管“一带一路”战略、“互联网＋”模式、新兴产业的崛起、经济发展新多极圈的形成等，形成了对中国未来经济的新预期，而且这种预期在一定限度上具有内在估值因素支撑，因而是合理的。然而，一旦突破某一限度，市场对“改革红利”和“新因素”的作用做了过度解读，夸大并突出了短期效应、忽视了长期的战略价值，把经济转型的一些长期因素偷换成短期的炒作概念，致使具有长期成长基础的市场被快速透支，同时投资者表征性心理特征发挥作用，使投资者情绪产生系统偏误，最终促使股价快步泡沫化。

第二，危机发生前一般均伴随有较长时期的货币扩张、一定程度的金融创新和监管放松。

在本次股灾前，货币流动性宽松伴随着信贷扩张和投资高杠杆的运用，使得资本市场相较于实体经济来说，资金进出更为自由和方便，从而为泡沫资产的形成营造了宽松环境。我们选择 M2/GDP 的比例衡量相对于经济增长的货币供应量变化情况，可以看出 20 世纪 90 年代以来该比值不断提升，反映出经济金融的深度不断提高。2008 年，这一比例基本维持在 1.5 左右；2008 年后，我国经济增速逐渐下行，与之相对的是货币政策偏向宽松，M2/GDP 在 2009—2011 年提升至 1.7 左右；2012 年后，该比例继续提升；截至 2014 年底，M2/GDP 的比例达到 1.93，见图分—7—2。

传统金融机构与互联网企业相结合，可以利用互联网平台实现资金融通、支付、投资等新型金融业务模式，因而互联网金融成为我国金融创新的重要部分。与传统金融模式相比，互联网金融极大地降低了交易成本与市场信息的不对称程度，弥补了传统金融服务的不足。股灾爆发前，互联网的 P2P 平台等渠道形成了场外配资，配资人缴纳一部分保证金并以同等市值的股票作为抵押物后，就可以 1～5 倍的杠杆给予其杠杆配资。

金融创新的发展要求监管创新的跟进，而高杠杆配资的大规模应用是本轮股市的重要特征。股市上涨伴随着杠杆率提升，杠杆资金的流入推动股市快速上涨，加速了市场价格泡沫化，而监管层前期对互联网金融及场外配资的默许态度成为高杠杆配资大幅涌入的原因之一，但杠杆配资的发展改变了交易结构，使传统的监管视野难以覆盖杠杆资金的变化，即监管的敏感度滞后于风险变化的速度，由此导致监管层对于去杠杆给市场造成的冲击并未充分预估。

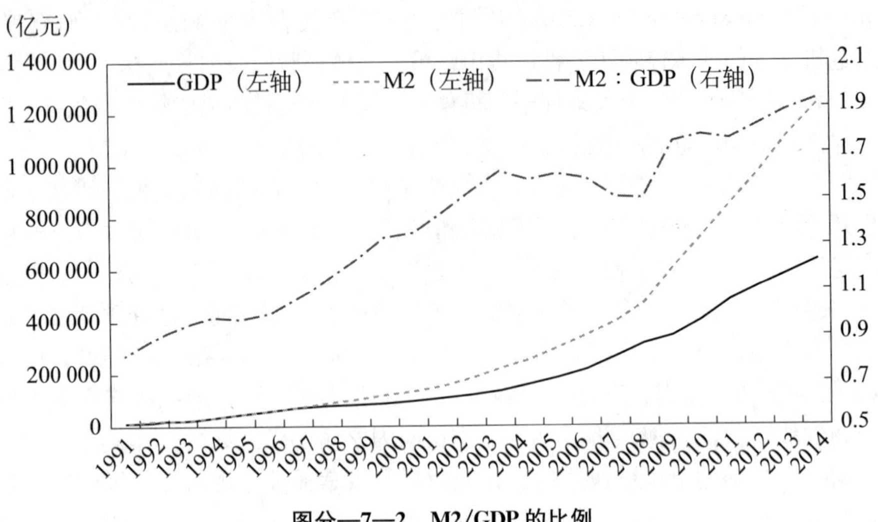

图分—7—2 M2/GDP 的比例

资料来源：Wind 资讯。

第三，危机的严重程度主要受到投资杠杆高低的影响。

Brunnermeier and Schnabel（2015）的研究表明，股市危机的严重程度通常受到投资杠杆高低的影响。在股灾期间，高杠杆工具的前期助涨作用转为杀跌，从而加速了股价下挫。如图分—7—3 所示，初始的损失引发了补仓、平仓问题，投资者可以通过抛售其他股票头寸补足资金或直接爆仓，抛售股票将使股价进一步下挫并偏离基本面，致使投资者持有的头寸继续缩水，而杠杆资金融资方为了防范风险将要求提高保证金，进而引发又一轮补仓、平仓压力，最终形成连锁反应并加深危机程度。

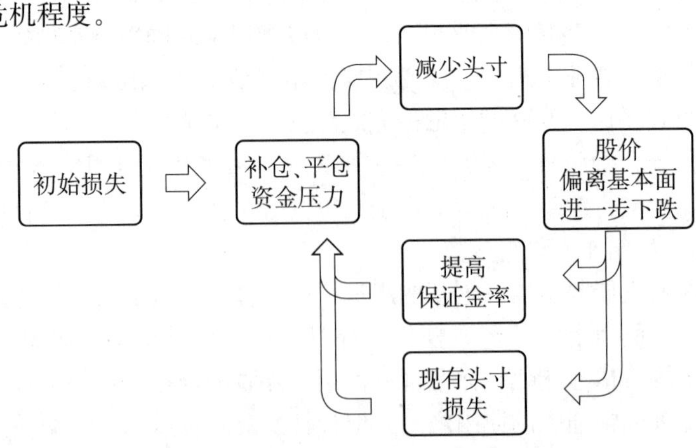

图分—7—3 杠杆机制影响危机严重程度的机制

资料来源：Brunnermeier（2009）。

1.2 中国股市危机的特殊机制探讨

1.2.1 场外配资以及早期的监管宽松形成了较为特殊的高杠杆机制

尽管杠杆运用存在于以往历次金融危机中，但场外配资造成的高杠杆却较为特殊，并成为推动本次股市泡沫形成的直接原因。伴随着股市的上涨，各类杠杆工具的规模不断扩大，而随着杠杆率的提升，杠杆资金的流入推动着股市快速上涨，使市场价格泡沫化。在剧烈的去杠杆过程中，杠杆资金前期的助涨作用此时转为杀跌，场外配资等高杠杆资金最先受到补仓、强平的压力，而跌幅的加深引发其他低杠杆资金的平仓抛售，由此诱发“多米诺骨牌”效应并造成踩踏事件，进而引发流动性危机。

杠杆资金失控的部分原因在于早期监管宽松，主要体现为早期对杠杆融资的监管过于宽松，而杠杆工具的大规模使用改变了交易结构，使传统的监管视野难以覆盖杠杆资金的变化，即监管的敏感度滞后于风险变化的速度，由此导致监管层对去杠杆给市场造成的冲击并未充分预估。虽然我们不能把这次股市危机的主要责任归咎于监管低效，但监管的滞后、对风险的低敏感度及监管独立性的削弱，无疑是一个不可忽视的因素

1.2.2 主流媒体舆论的参与造成特殊的投资者信念偏误

在此次股市上涨的过程中，“国家牛市”的概念一再被提及，虽然主要官方媒体并没有直接宣传“国家牛市”的概念，但对于“国家牛市”这一概念传播的默许也使得投资者倾向于认为政府的各项稳增长或者资本市场制度改革的措施是为牛市“托底”，这很容易被投资者理解为是国家在为股市背书。媒体对于“国家牛市”概念的反复强化进一步加深了投资者的这种信念，而监管者对于一些可能给市场带来重大潜在风险的工具创新和违法违规行为的监管缺失共同导致了投资者相信股市中国家意志的存在。

1.2.3 监管政策对于场外配资态度的突然转向，形成了本次股灾独特的导火索

本次股灾起始于监管层严查场外配资，上涨阶段监管的滞后及风险敏感度低，使得监管层未充分预估去杠杆可能对市场造成的影响。当意识到 5 000 点附近大幅回调的风险正在上升时，监管部门的政策突然转为严查场外配资，意图降低市场风险，但一刀切断场外配资接口等重磅措施，导致了大量抛盘，由此打开了“潘多拉魔盒”，成为本次股市危机的导火索。

1.2.4 部分交易机制缺陷推波助澜

从这次股市危机看，由于“T＋1”的交易制度不能进行日内回转交易，因而在市场突然变向时，投资者难以控制风险。一些符合适当性规定的投资者可能会转向股指期货，通过卖空来锁定风险，因而会对股指期货产生一定的下行压力，并在更宏观的层面影响现货市场的趋势。涨跌停板制度在市场出现危机状态时，对价格发现和价格扭曲的矫正难有正向作用，还会加重投资者的恐慌情绪、恶化市场环境、加剧市场危机、延长市场恢复正常状态的时机。股票市场中多空

动能结构失衡，相比融资，融券不仅数量上有硬约束，而且存在更复杂的制度屏障，因此在成本上无优势。股指期货市场的投资者可以利用“T+0”的灵活交易制度、股票市场上“T+1”的滞后效应以及投资者适当性原则获得巨额的制度性盈利。这种由于制度差异而获取的利益显然有失公允。

1.2.5 救市政策的特点：过于看重救指数，而忽略了提供流动性的重要

在股灾中，现货市场的价格波动增大，导致现货市场的流动性不足。在现货市场价格剧烈波动的情况下，大量股票的集中抛售并没有足够的买单来承接，导致股价迅速下降；同时，股市存在的流动性不足问题切断了套期保值在两个市场之间的连接作用，使得期货、现货市场同时陷入了价格不停跌落的恶性循环。股灾的实质是市场信心丧失下的流动性危机，上有筹码竞相出逃造成的难以在相对稳定的价格下兑现的股票流动性危机，下有承接盘不足导致的资金流动性危机。而在救市初期，监管层未及时意识到流动性的重要性，试图通过拉升指数来缓解恐慌情绪，不仅没有起到稳定市场的作用，反而导致严重的道德风险和内幕交易。

2. 市场指数和基差视角的2015年中国股市危机过程描述

2.1 中国股市的基本走势描述

A股在经历6年沉寂后，2014年伴随着宽松的货币政策、无风险利率下降等因素，促使A股市场开始了新一轮上涨行情。上证指数从2014年7月的2 000点开始上升，年末收于3 234点，涨幅61.7%。2015年上半年，A股市场延续了上涨势头，期间吸引大批新股民入市，使A股市场一时成为造富之地，上证指数一度到达2015年6月12日的5 178点，但此后市场暴跌，引发监管层托市政策不断，牛市转熊，见图分—7—4。

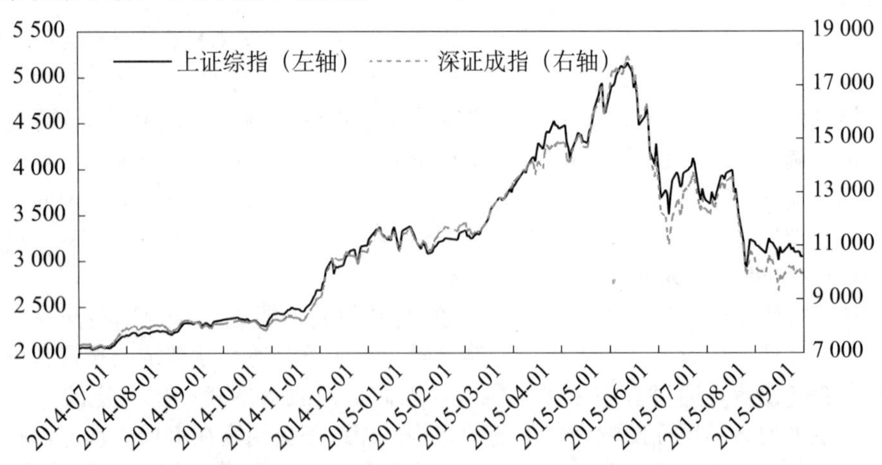

图分—7—4 2014年7月—2015年9月沪、深股市指数表现

资料来源：Wind资讯。

与全球历次市场危机一样，中国股市危机也经历了快速上涨、断崖式下跌、政府救市、市场趋稳四个阶段。

(1) 快速上涨。

第一，恢复性缓慢上涨阶段——2014 年 7 月中旬—2014 年 11 月中旬。

在此期间，市场处于恢复性缓慢上涨阶段：上证综指由 2014 年 7 月 15 日的 2 070 点上涨至 2015 年 11 月 19 日的 2 450 点，涨幅达 18.36%；成交金额与换手率分别上涨 81.41%和 55.38%；中小板指与创业板指分别上涨了 16.03%和 15.29%。这种恢复性上涨是合理的、符合预期的。

第二，第一波快速上涨——2014 年 11 月 19 日—2015 年 1 月 5 日。

从 2014 年 11 月 19 日市场开始第一波快速上涨到 2015 年 1 月 5 日的 31 个交易日，上证综指从 2 450 点上涨到 3 350 点，上涨幅度达到了 36.73%。这一波上涨以蓝筹股上涨为主，上证 50 指数的上涨幅度达到了 58.50%，中小板指上涨了 3.17%，创业板指下跌了 2.71%。在此期间，成交金额与换手率大幅上涨，分别为 157.18%和 139.60%。同期，融资融券余额也大幅上涨，由 11 月 3 日的 7 104 亿元上涨至 2015 年 1 月 16 日的 11 184 亿元，涨幅为 57.43%。股市的过快上涨引发监管层关注，证监会重拳打击融资融券，1 月 19 日上证综指暴跌 7.7%，两市近 2 000 只股票下跌；此后，市场开始了一个月的振荡行情。

第三，第二波快速上涨——2015 年 3 月 9 日—2015 年 4 月 27 日。

在诸多所谓“利多”因素的刺激下，从 2015 年 3 月 9 日开始，市场开始第二波快速上涨。到 4 月 27 日，上证综指由 3 302 点上涨到 4 527 点，上涨幅度达到了 37.09%，中小板和创业板则分别上涨了 32.63%和 37.76%。在此期间，市场交易量急剧放大，由此前的 6 452 亿元左右猛增到 1.6 万亿元左右，换手率从 1.62%快速上升到 3.19%。

第四，疯狂上涨阶段——2015 年 5 月 19 日—2015 年 6 月 12 日。

进入 2015 年 5 月后，市场波动增加，5 月初市场连续三天下跌，并且政策层面已开始提示风险，但在非理性预期和高杠杆的作用下，市场迅速进入第三波疯狂上涨。从 2015 年 5 月 19 日到 6 月 12 日的 18 个交易日中，上证综指从 4 417 点上涨到 5 166 点，期间曾达到 5 178 点的峰值，上涨幅度达到 16.96%。同期，中小板指和创业板指分别上涨了 17.66%和 17.36%，其中创业板指曾达到创纪录的 4 037.96 点。在此期间，市场的交易量几乎每天都在 2 万亿元左右，其中 5 月 28 日达到了令人难以置信的 2.42 万亿元的交易记录，换手率曾一度突破 4%。

如果从 2014 年 7 月 15 日算起，到 2015 年 6 月 12 日，上证综指从 2 070 点上涨到 5 166 点（峰值为 5 178 点），累计上涨达 149.57%，成交额和换手率分别上升了694.07%和265.88%。中小板指和创业板指在此期间的累计上涨幅度更大，分别达到了152.64%和190.75%，见表分—7—1。

表分—7—1　　2014年7月—2015年6月上涨阶段的指数表现

		上证综指	中小板指	创业板指	成交金额	换手率（%）
恢复性缓慢上涨	2014-07-15	2 070.36	4 748.45	1 341.27	2 470.67亿元	0.85
	2014-11-19	2 450.99	5 418.18	1 505.55	3 212.78亿元	1.01
	期间涨幅（%）	18.38	14.10	12.25	30.04	18.82
第一波快速上涨	2014-11-19	2 450.99	5 418.18	1 505.55	3 212.78亿元	1.01
	2015-01-05	3 350.52	5 589.78	1 464.77	8 262.76亿元	2.42
	期间涨幅（%）	36.70	3.17	−2.71	157.18	139.60
第二波快速上涨	2015-03-09	3 302.41	6 736.91	1 994.39	6 452.23亿元	1.62
	2015-04-27	4 527.40	8 935.34	2 747.50	15 911.97亿元	3.19
	期间涨幅（%）	37.09	32.63	37.76	146.61	96.91
疯狂上涨阶段	2015-05-19	4 417.55	10 196.28	3 322.77	13 894.78亿元	2.34
	2015-06-12	5 166.35	11 996.52	3 899.71	19 618.86亿元	3.11
	期间涨幅（%）	16.95	17.66	17.36	41.20	32.91
整个上涨阶段	2014-07-15	2 070.36	4 748.45	1 341.27	2 470.67亿元	0.85
	2015-06-12	5 166.35	11 996.52	3 899.71	19 618.86亿元	3.11
	期间涨幅（%）	149.54	152.64	190.75	694.07	265.88

从市场结构来看，银行、地产、石油石化、煤炭等传统大盘股的权重大，上涨幅度较小，而小市值、互联网和并购概念股的上涨幅度惊人，大多在4倍以上，少数达到了10倍以上。除去银行、石油石化等行业外的上市公司，平均市盈率超过了50倍，创业板的平均市盈率超过了150倍。无论是从上涨速度、上涨幅度，还是从交易量、换手率上看，抑或是从市盈率上看，显然市场出现了极其严重的泡沫，即危机已在眼前，崩盘随时出现。

（2）断崖式下跌。

第一，第一波下跌——2015年6月12日—2015年7月8日。

6月13日，证监会宣布严查场外配资，这一证券监管部门意图降低市场风险的重要举措，不仅未能挽救市场，反而像打开了“潘多拉魔盒”，其后的6月15日成为本轮股市的转折点。当天上证综指报收5 062.99点，跌幅2%。当周最后一个交易日（6月19日），上证综指下跌6.42%，收于4 478.36点，当周累计跌幅达13.32%；深成指下跌6.03%，收于15 725.47点，当周累计跌幅13.11%。

次周，A股市场在前两个交易日微弱反弹后，6月25日和26日上证综指分别下跌了3.46%、7.40%，收于4 192.87点；深成指分别下跌了3.80%、

8.24%，收于14 398.78点。自此，市场情绪大幅转向，同时拉开了救市的序幕。

6月26日，中国证监会首度对A股大跌做出回应称：这是市场前期过快上涨的自发调整，是市场自身运行规律的结果。6月28日，央行宣布即日起降息0.25个百分点，定向降准0.5个百分点。

但是，央行罕见的双降利好未能阻止股市的跌势，次周一（6月29日），市场再次深度下探，上证指数下跌3.34%，创业板指更是深跌7.9%。

7月1日，沪、深交易所宣布下调市场交易费用、证监会放松两融限制，但当天上证指数仍下跌5.23%，创业板指下跌3.47%，振幅超过9%，市场恐慌情绪再度蔓延。

按照国际标准，10个交易日内快速跌去20%已属于股灾，从6月15日到7月8日的17个交易日内，上证指数由5 062点下挫至3 507点，跌幅30.72%；中小板指下跌38.09%，创业板指下跌43.27%；市场成交额大幅萎缩，下降43.27%。股灾无可置疑，市场惊魂不定。

第二，第二波下跌——2015年8月17日—2015年8月26日。

在政府采取了一系列重要救市政策后，市场在短期内得到了稳定。由于过早讨论政府退市和基于内幕交易的大规模救市反向操作行为的影响，2015年8月17—26日市场出现了第二波大幅下跌。自8月17日起，市场再度持续下跌，8月25日上证指数击破3 000点，8月26日盘中一度跌至2 850.71点。2015年8月18—26日上证指数从4 000点狂跌到2 927点，跌幅26.83%，中小板指、创业板指同期下跌26.66%和29.11%。

从2015年6月15日算起，到2015年8月26日，上证综指从5 062点暴跌到2 927点，累计下跌42.18%，成交额和换手率大幅萎缩，分别下降54.42%和5.53%；成交额和换手率大幅萎缩，分别下降54.42%和21.53%，A股市场市值蒸发近半，见表分—7—2。

表分—7—2　　2015年6月—2015年8月下跌阶段指数表现

		上证综指	中小板指	创业板指	成交金额	换手率（%）
第一波下跌	2015-06-12	5 062.99	11 702.63	3 696.03	19 921.58亿元	3.24
	2015-07-08	3 507.19	7 427.09	2 364.05	11 130.57亿元	3.55
	期间跌幅（%）	−30.72	−36.53	−36.04	−44.13	9.57
第二波下跌	2015-08-17	3 993.67	9 103.32	2 666.29	11 853.42亿元	2.44
	2015-08-26	2 927.29	6 676.21	1 890.04	8 922.88亿元	2.44
	期间跌幅（%）	−26.70	−26.66	−29.11	−24.72	0.00

续前表

		上证综指	中小板指	创业板指	成交金额	换手率（%）
整个下跌阶段	2015-06-12	5 062.99	11 702.63	3 696.03	19 921.58 亿元	3.24
	2015-08-26	2 927.29	6 676.21	1 890.04	8 922.88 亿元	2.44
	期间跌幅（%）	−42.18	−42.95	−48.86	−55.21	−24.69

（3）政府救市。为了恢复投资者信心、稳定市场预期、保证金融体系的整体安全，在市场出现了第一波下跌后，政府就开始采取入市、续贷、鼓励回购、暂停IPO、限制做空等稳定市场的措施。在第二波下跌后，政府和监管部门开始严厉打击操纵市场和内幕交易等违规违法行为以及清理场外配资的行为，见表分—7—3。

表分—7—3　　救市政策一览

时间	政策出台机构	政策内容
6月27日	中国人民银行	下调存贷款基准利率0.25个百分点并定向降准
6月29日	国务院	养老金投资办法征求意见，投资股票比例不超30%
6月30日	证券业协会	证券业协会称场外配资7月底前完成核查
7月1日	证监会	允许证券公司开展融资融券收益权资产证券化业务，进一步拓宽证券公司融资渠道
7月1日	证监会	修改后的《证券公司融资融券业务管理办法》正式发布实施，两融允许展期，担保物违约可不强平
7月1日	交易所	沪、深交易所调降交易结算费用三成
7月2日	证监会	对涉嫌市场操纵行为进行专项核查
7月3日	证监会	证监会将相应减少IPO发行家数和筹资金额
7月3日	证金公司	中国证券金融公司将大幅增资扩股，注册资本由240亿元增至1 000亿元。
7月3日	证监会及相关部门	QFII额度将从800亿美元增加到1 500亿美元
7月4日	国务院	国务院会议决定暂停IPO，证监会执行
7月4日	券商	21家券商共同至少出资1 200亿元购蓝筹ETF
7月8日	中国人民银行	向证金公司提供无限流动性支持
7月8日	证监会	中国证券金融股份有限公司提供充裕资金用于申购公募基金，为基金公司提供流动性
7月8日	证金公司	中证金通过股票质押的方式，向21家证券公司提供了2 600亿元人民币的信用额度，用于证券公司自营增持股票。

续前表

时间	政策出台机构	政策内容
7月8日	证监会	证监会晚间公告称，从即日起六个月内，上市公司控股股东、持股5%以上股东（以下并称大股东）及董事、监事、高级管理人员不得通过二级市场减持本公司股份，如违反上述规定，证监会将严肃处理。
7月9日	银监会	银监会允许银行业金融机构对已到期的股票质押贷款与客户重新合理确定期限
7月9日	公安部会同证监会	排查恶意卖空股票与股指的线索
8月25日	中国人民银行	下调存贷款基准利率各0.25个百分点，并降低存款准备金率0.5个百分点。

（4）市场趋稳。随着政府救市效果的显现，资本市场9月以后逐步趋稳。截至12月1日，上证综指由3 166点上升至3 456点，上涨9.16%；中小板与创业板分别上涨18.99%和40.53%；市场成交金额上升15.98%，市场逐步恢复常态，见表分—7—4。

表分—7—4　　2015年9月后市场趋稳阶段

	上证综指	中小板指	创业板指	成交金额	换手率（%）
2015-09-01	3 166.62	6 860.53	1 889.49	7 246.88亿元	2.09
2015-12-01	3 456.31	8 163.05	2 655.35	8 405.02亿元	1.51
期间涨幅（%）	9.15	18.99	40.53	15.98	−27.75

2.2　基差表现

基差等于期货价格与现货价格的差值。由于期货价格代表市场对未来某一时刻现货价格的预期，因此基差在一定程度上反映了市场对现货价格未来涨跌的判断。基差为正代表市场以看多为主，基差为负代表市场以看空为主。但在实际中，基差的正负同样受过去市场的涨跌影响，也无法决定现货市场的走势。

以沪深300股指期货为例（见图分—7—5），在市场第一波加速上涨期（2014年12月—2015年1月），股指期货主力合约的基差迅速提升，而后随着两融监管趋严，现货市场趋稳，基差收窄；在第二波加速上涨期（2015年3—5月），股指的加速上涨并未出现基差的明显上涨，但表现为波动性加大。基差的峰值出现在2015年6月1日，当日沪深300股指期货的基差达172.82，随后大幅下跌。在股灾期间，股指期货的基差迅速下挫，在指数两次大幅下挫时都伴随着股指期货的大幅贴水，基差的负极值分别达到－211.96 和－400.03。此外，在股灾期间，基差很长时间维持低位，套利资金难以平抑基差。若对 2015 年 4 月开始上市交易的中证 500 股指期货（见图分—7—6）和上证 50 股指期货（见图分—7—7）进行研究，也能发现同样的变化趋势。

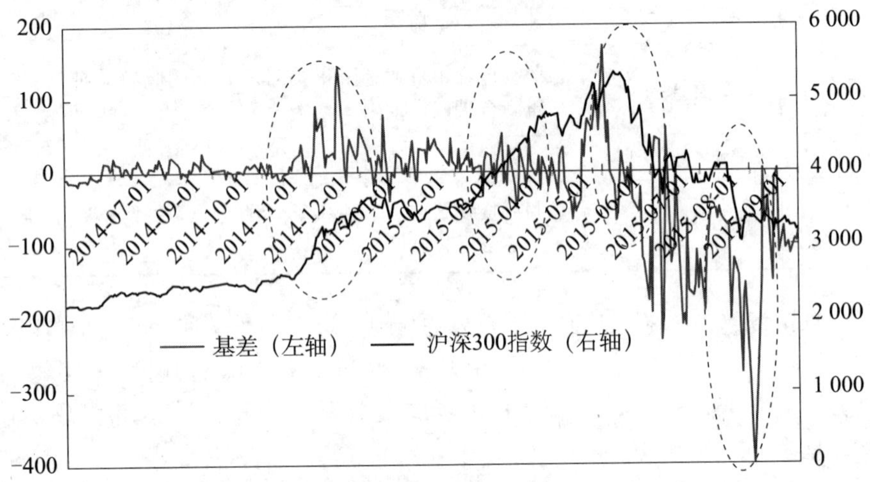

图分—7—5 沪深 300 股指期货的基差表现

资料来源：Wind 资讯。

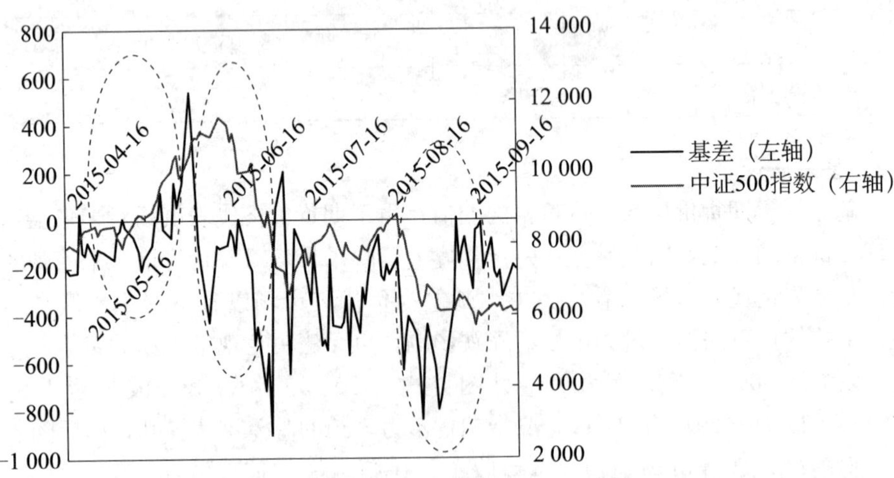

图分—7—6 中证 500 股指期货的基差表现

资料来源：Wind 资讯。

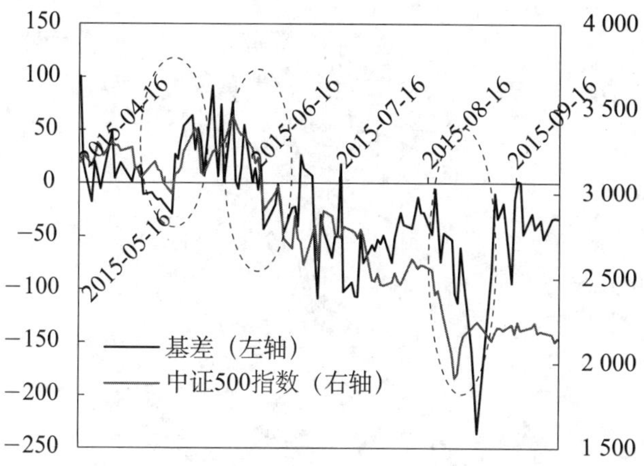

图分—7—7　上证 50 股指期货的基差表现

资料来源：Wind 资讯。

从成交量与持仓量来看，在第一波加速上涨阶段（2014 年 12 月—2015 年 1 月），随着指数的大涨，沪深 300 股指期货的成交量迅速提升；而在第二波加速上涨阶段（2015 年 3 月—2015 年 5 月），沪深 300 股指期货的成交量保持波动上涨，幅度较此前有限，见图分—7—8。在股灾来临后，沪深 300 股指期货的成交量大幅上涨，而且波动性增强。从持仓量来看，股市上涨阶段的持仓量基本保持稳定，股灾后的持仓量较牛市阶段下降较多。而对中证 500 股指期货（见图分—7—9）和上证 50 股指期货的研究发现（见图分—7—10），在指数的上涨和下跌阶段，股指期货的成交量增加；在股灾发生后，股指期货的成交量下降。

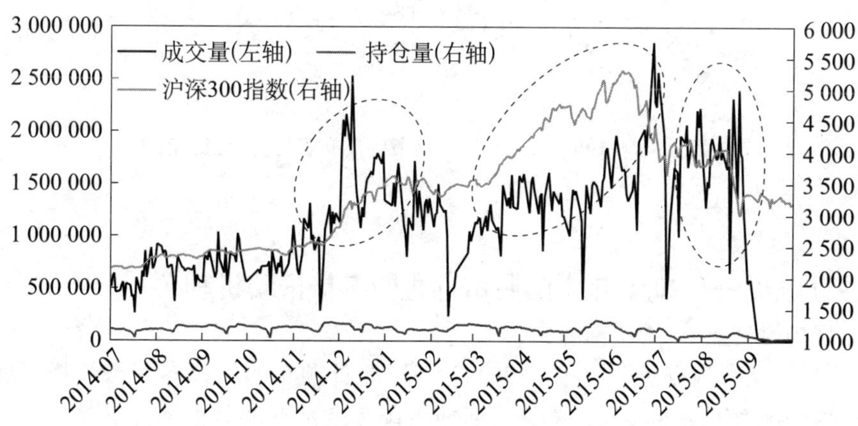

图分—7—8　沪深 300 股指期货的成交量与持仓量变动

资料来源：Wind 资讯。

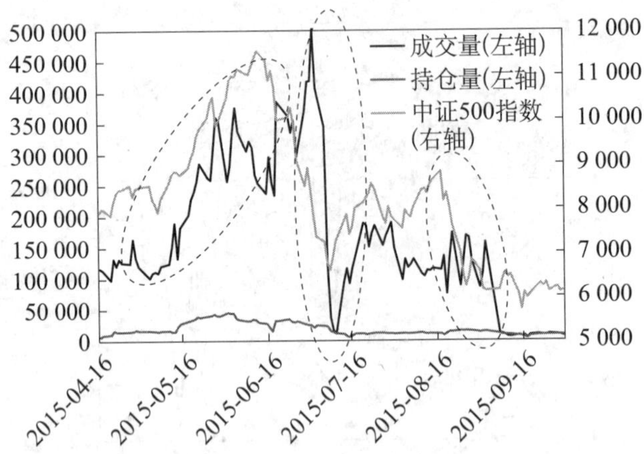

图分—7—9 中证 500 股指期货的成交量与持仓量变动

资料来源：Wind 资讯。

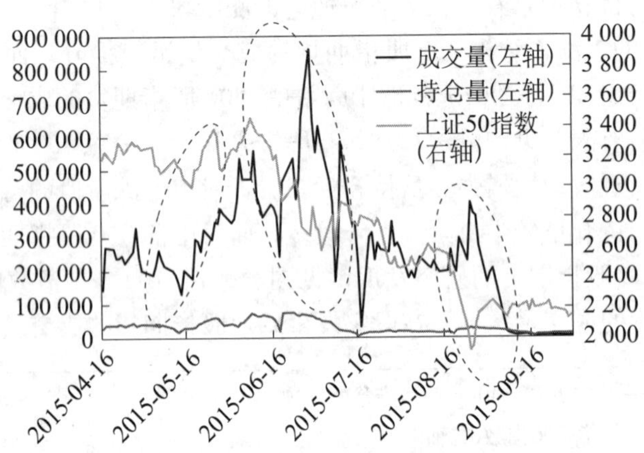

图分—7—10 上证 50 股指期货的成交量与持仓量变动

资料来源：Wind 资讯。

3. 杠杆融资——2015 年中国股市危机的直接推动机制

3.1 场内融资盘

（1）定义。根据国务院于 2008 年 4 月 23 日颁布的《证券公司监督管理条例》，融资融券业务是指在证券交易所或者国务院批准的其他证券交易场所进行的证券交易中，证券公司向客户出借资金供其买入证券，或者出借证券供其卖出，并由客户交存相应担保物的经营活动。

(2) 参与主体。从融入方看，融资业务以个人客户为主，占比达99%，机构客户的数量较少。从融出方看，融资业务的融出方均为证券公司，目前提供融资融券服务的券商数量为90家左右，占券商行业规模的72%。

(3) 融资成本。融资利率8.35%～9.60%，融券利率8.35%～11.60%。

券商的融资利率平均为8.49%，大部分融券的利率为8.35%或8.60%。其中，申万宏源证券、中信建投证券等47家券商的融券利率为8.60%；华泰证券、光大证券等42家券商的融资利率为8.35%；东莞证券的融资利率为9.60%。

(4) 杠杆率为1∶1左右。融资保证金的比例为50%～150%；融券的保证金比例为50%～140%。

(5) 股市危机中场内融资盘的作用机制分析

在本轮股市的上涨阶段，融资融券市场迅猛扩张。沪、深两市两融余额由2014年7月初的4 077.57亿元上涨到2015年6月的22 300.04亿元（见图分—7—11），涨幅高达446.90%；两融的账户数量由2014年7月初的364.20万户上涨到2015年6月的754.13万户（见图分—7—12），涨幅达107.06%。因此，两融的参与主体与资金量均大幅上升。

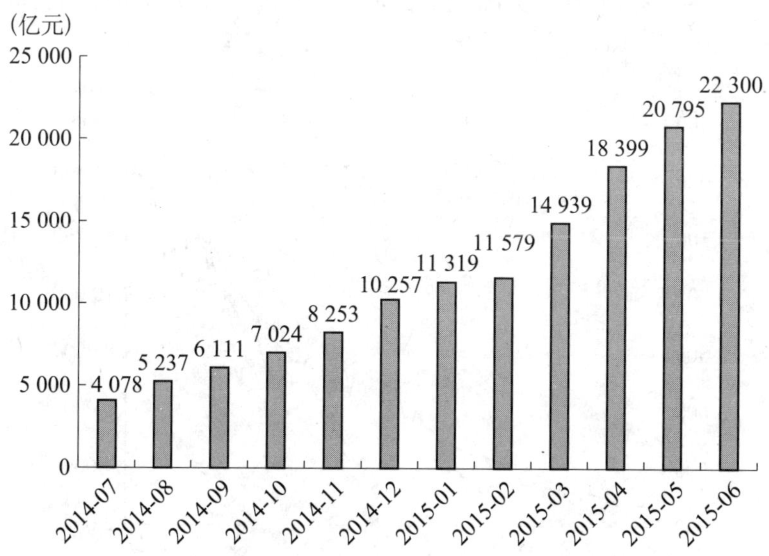

图分—7—11　沪、深两市两融余额

资料来源：Wind资讯。

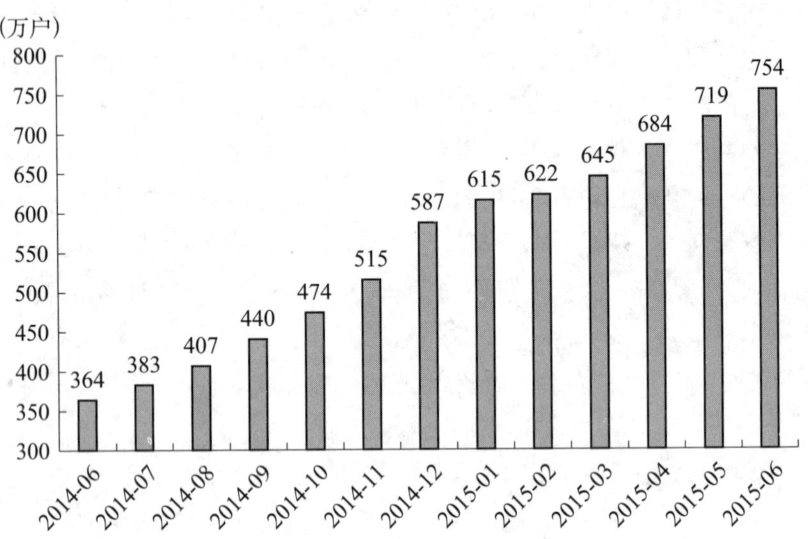

图分—7—12 融资融券账户数量

资料来源：Wind 资讯。

在股市上涨阶段，沪、深两市的指数上涨与两融余额增长呈正相关关系，上证综指和深证成指的第一波（2014 年 11 月中旬—2015 年 1 月）和第二波（2015 年 3 月—2015 年 5 月）加速上涨阶段也是两融资金的加快入市时间，两者关系密切，见图分—7—13 和图分—7—14。

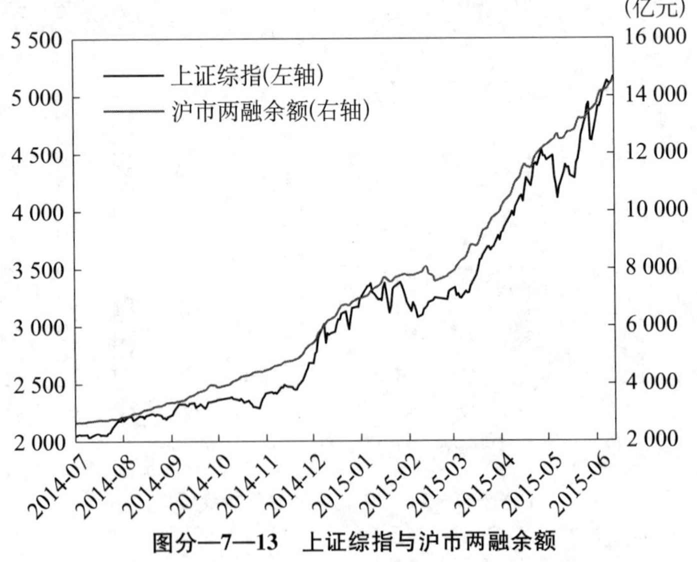

图分—7—13 上证综指与沪市两融余额

资料来源：Wind 资讯。

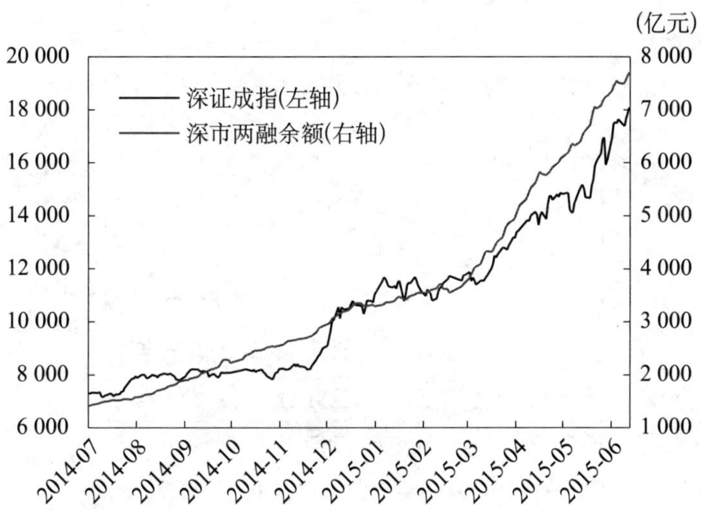

图分—7—14 深证成指与深市两融余额

资料来源：Wind 资讯。

在股市上涨阶段，融资余额占总市值的比重不断上升。其中，融资余额占 A 股总市值的比重约 2.5%，占自由流通市值的比重约 7.5%，见图分—7—15 和图分—7—16。值得注意的是，从 2015 年 5 月开始，融资余额的占比出现下降趋势。

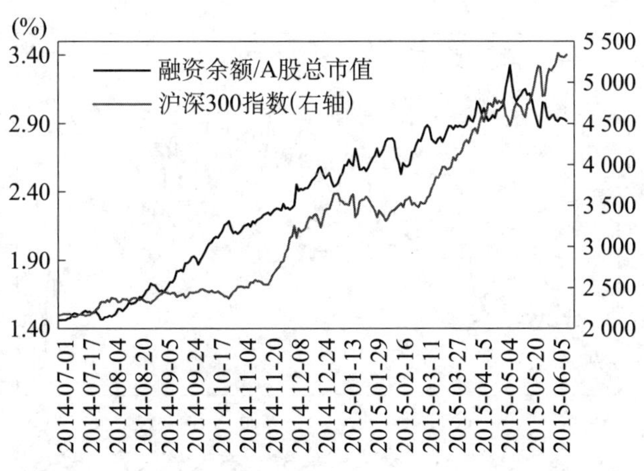

图分—7—15 融资余额占 A 股总市值的比重

资料来源：Wind 资讯。

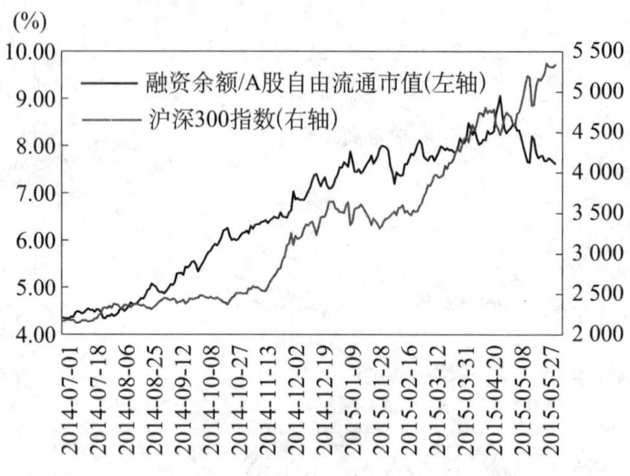

图分—7—16　融资余额占 A 股自由流通市值的比重

资料来源：Wind 资讯。

在股市上涨期间，融资成交额（融资买入额＋融资偿还额）占 A 股成交额的比例呈现前高后低的态势，在 2015 年 3 月到达最高值 37.59%后，该值逐渐下降，见图分—7—17。

融资换手率（融资成交额/余额）在股市上涨前期与 A 股换手率基本保持一致，在 2015 年 5 月后，融资换手率较 A 股的换手率走低，见图分—7—18。

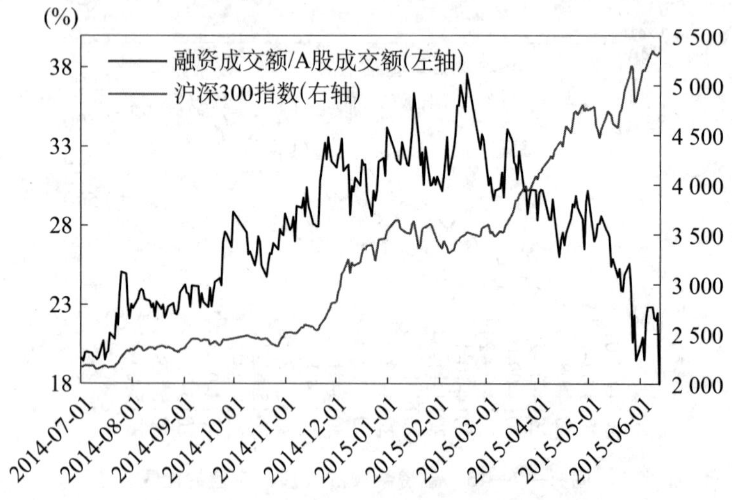

图分—7—17　融资成交额/A 股成交额

资料来源：Wind 资讯。

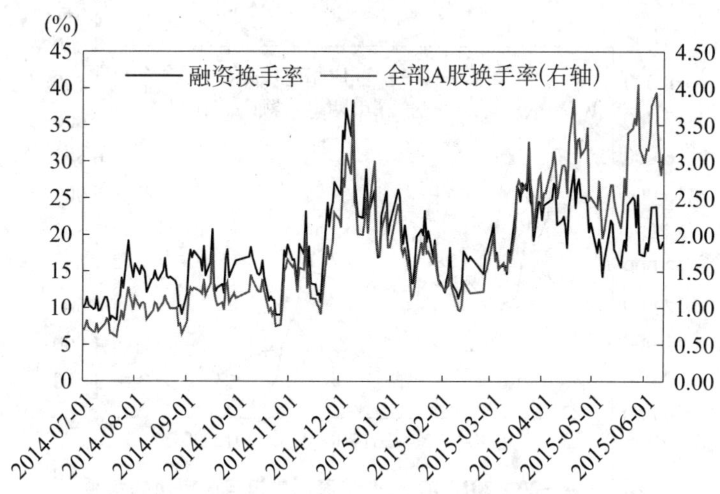

图分—7—18　融资换手率与 A 股换手率

资料来源：Wind 资讯。

在股市下跌阶段，沪、深两市指数与两融余额的变动呈正相关关系，从 6 月 15 日至 9 月 30 日，上证综指与深证成指分别下跌 40.91％和 44.81％，沪、深两市两融余额分别下跌 61.16％和 55.90％，两融规模降至 2014 年年底的水平，见图分—7—19 和图分—7—20。

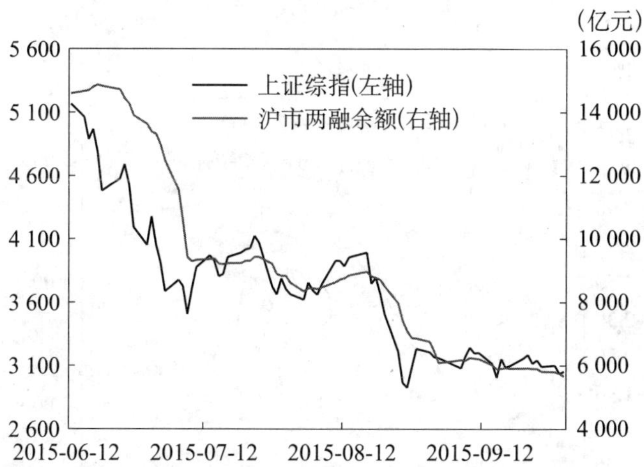

图分—7—19　2015 年 6—9 月上证综指与沪市两融余额

资料来源：Wind 资讯。

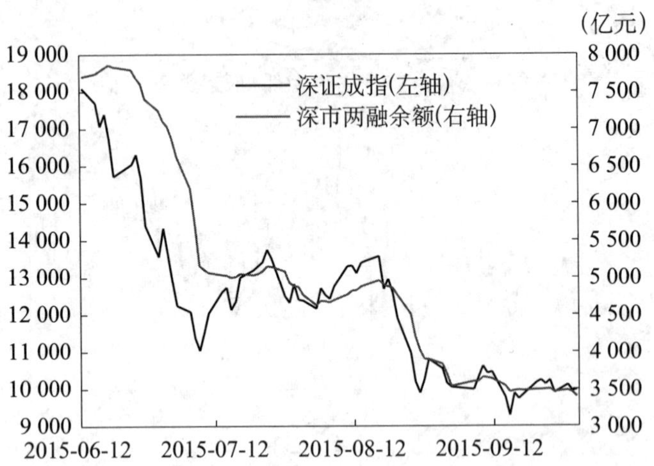

图分—7—20　2015 年 6—9 月深证成指与深市两融余额

资料来源：Wind 资讯。

在股市下跌期间，融资余额与 A 股总市值的比重呈下降趋势。其中，融资余额占 A 股总市值的比重约 2.0%，占自由流通市值的比重约 5.5%。在 6 月底和 8 月下旬的股市暴跌过程中，可能由于市值的急剧缩水，这一比例不降反升。从总体上看，融资余额占总市值的比重从大盘高点时的 3.4%降至 9 月底的 2.0%，占自由流通市值的比重由 7.6%降至 5.5%，见图分—7—21 和图分—7—22。

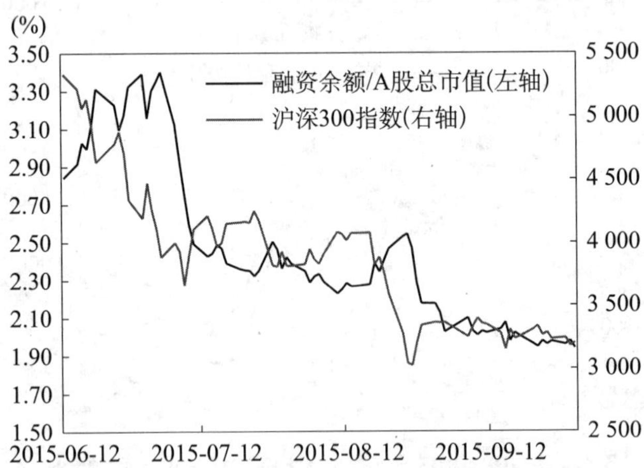

图分—7—21　2015 年 6—9 月融资余额占 A 股总市值的比重

资料来源：Wind 资讯。

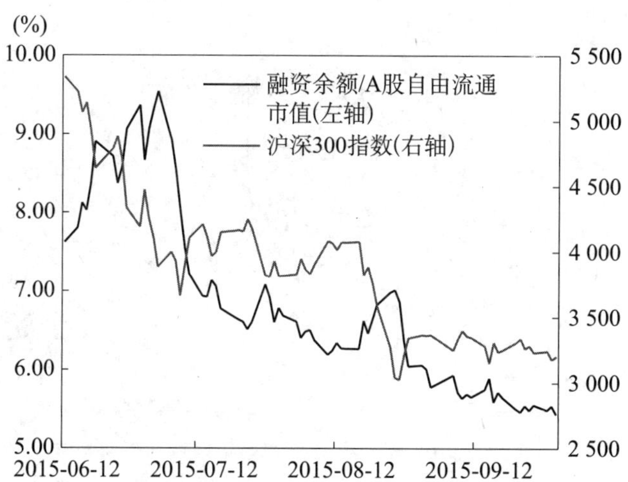

图分—7—22　2015 年 6—9 月融资余额占 A 股自由流通市值比重

资料来源：Wind 资讯。

在股市下跌期间，融资成交额（融资买入额＋融资偿还额）占 A 股成交额的比重约 25%，且该值与市场走势呈现出明显的反向特征。在市场急速下跌的过程中，由于场内融资强平，因而融资偿还额迅速增加。融资换手率（融资成交额/余额）高于 A 股换手率且波动性较强，约为 7%，见图分—7—23 和图分—7—24。

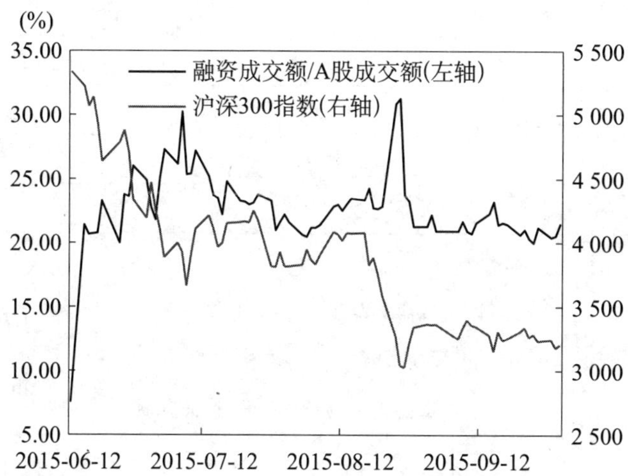

图分—7—23　2015 年 6—9 月融资成交额/A 股成交额

资料来源：Wind 资讯。

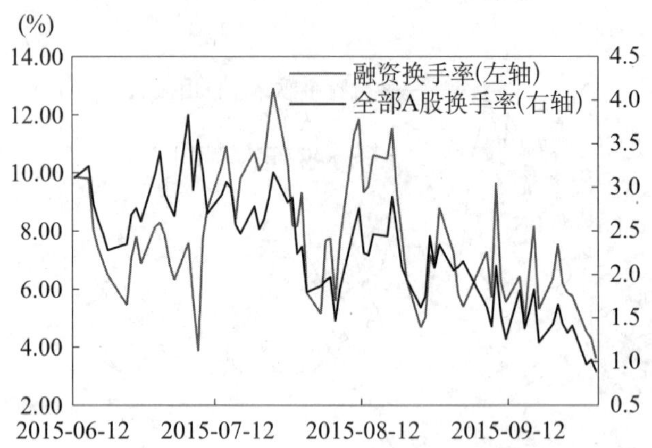

图分—7—24　2015 年 6—9 月融资换手率与 A 股换手率比较

资料来源：Wind 资讯。

（5）上涨、下跌阶段的市场走势与两融变动的格兰杰因果分析。以格兰杰因果检验上涨阶段中股市上涨与两融资金增加的相互关系，采用的要素及变量如表分—7—5 所示。

表分—7—5　格兰杰因果检验的变量选择

	选用数据
股市上涨衡量因素	沪深 300 指数收盘价（日）
两融资金衡量因素	融资融券余额（日）
指数是否一阶平稳	是***
两融余额是否一阶平稳	是***
指数与两融余额是否存在协整关系	是***

注：*** 表示在 1%的水平上显著。

在确认要素符合平稳性及协整关系后，对股市上涨、下跌与两融资金增加进行格兰杰因果检验，结果如表分—7—6 和表分—7—7 所示。

表分—7—6　格兰杰因果检验结果——上涨阶段

	结果
股市上涨是两融余额上升的格兰杰原因	未发现
两融余额上升是股市上涨的格兰杰原因	是**
两融余额上升与股市上涨互为格兰杰因果	未发现

表分—7—7 格兰杰因果检验结果——下跌阶段

	沪市
股市下跌是两融余额减少的格兰杰原因	是***
两融余额减少是股市下跌的格兰杰原因	未发现
两融余额减少与股市下跌互为格兰杰因果	未发现

注：** 表示在5%的水平上显著；*** 表示在1%的水平上显著。

对场内融资盘的实证分析结论是：在上涨阶段，融资业务的大规模增长加速了杠杆资金入市，推升股市上涨；在下跌阶段，股价暴跌使得融资盘迅速逼近平仓线，引发恐慌性抛售及强制平仓，致使融资规模大幅下降。

从节奏上看，两融余额的变动滞后于股市暴跌，在股市暴跌开始后5个交易日内，股价连续下挫，而两融余额在连续上升5日后才开始下跌，时间滞后于股价下跌。

从趋势上看，在股市下跌期间，两融余额呈阶梯状下降，其波动性相比股价较小。两融余额的下降趋势可分为急速下降区间（6月19日—7月10日）、缓冲区间（7月11日—8月21日）和二次探底区间（8月22日—9月30日），阶梯状明显。相比于期间股价出现的波动反弹，两融余额鲜有反弹迹象。

从逻辑上看，相比于场外配资的高杠杆工具，两融的杠杆率基本保持在1∶1左右。暴跌开始时，高杠杆资金最先受到补仓、强平的压力，其次再传递至两融资金，它的传导链条为：股价暴跌——场外配资补仓——场外配资爆仓——加速股价下跌——场内融资盘补仓——场内融资盘爆仓——加速股价下跌……因此，在时间上表现为两融的规模变动滞后于股价下跌及场外配资的规模变动。

在风险偏好与投资者情绪方面，两融资金相比股价受到的影响更为深远。市场价格暴跌，风险偏好与投资者情绪下挫，投资者对杠杆资金的敏感性加强。在短期内表现为投资者加速去杠杆，在未受到补仓、强平压力前主动降低杠杆以避免损失，而降低杠杆将引发股价加速下跌，形成恐慌性杀跌。在长期的表现为，在未来趋势不明朗的情况下，面对反弹机会不会轻易选择加杠杆。因此，在节奏上表现为两融余额的阶梯状下降，鲜有反弹。

3.2 场外配资

（1）定义。场外配资是指未纳入监管机构监管的配资。被监管的配资有两融、“伞形”信托和单一结构化产品（单一信托）。场外配资（未被监管的配资）有系统分仓模式（HOMS系统和非HOMS系统）、人工分仓模式（人工盯盘）、互联网平台模式（P2P和中介）及其他模式。其他模式包括私募基金模式和员工持股计划模式。

（2）模式。

第一，系统分仓模式。

目前，参与国内沪、深交易所证券交易的机构投资者，有很大一部分并不需要或者尚没有供自己单独使用的交易席位。系统分仓模式是针对没有自己单独席位、通过借用券商席位的方式来实现沪、深交易所投资交易的机构投资者使用的一种交易通信模式。以恒生 Homs 系统为例，它为整个结构提供了开户、分仓、交易、风控、平仓等全套信息流的管理功能。杠杆资金与系统分仓模式如图分—7—25 所示。

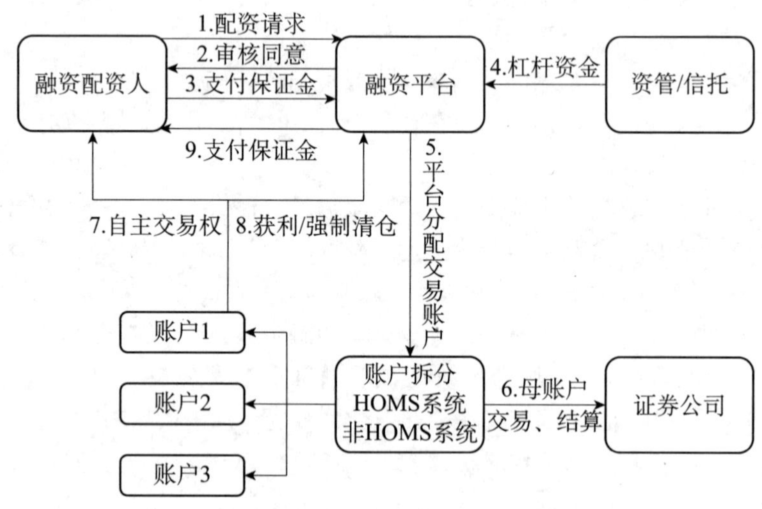

图分—7—25 场外配资——系统分仓模式

第二，互联网平台模式。六合资本、贷未来平台要求配资人缴纳一部分保证金并以同等市值的股票作为抵押物，然后以 1～5 倍的杠杆给其配资，供配资人炒股使用。为了控制风险，平台将资金打入平台的证券账户中，密码由平台控制，配资人只能操作账户，但不能提现，盈亏均由配资人负责，见图分—7—26。同时，平台从中收取管理费、手续费等，而投资人则按约定利率获得利息。当配资账户余额达到配资金额的 112%时，平台会提示预警，要求配资人追加保证金；当亏损到 110%时，平台会强制平仓，以保证投资人的本金安全。①

第三，私募基金配资模式。配资公司发起设立一只专门用于配资的私募产品，由配资客户认购劣后份额，其认购资金则作为配资交易的担保品，依托私募

① 参见国泰君安研究所：《杠杆上的股市：新特征与新影响》，2015－06－30。

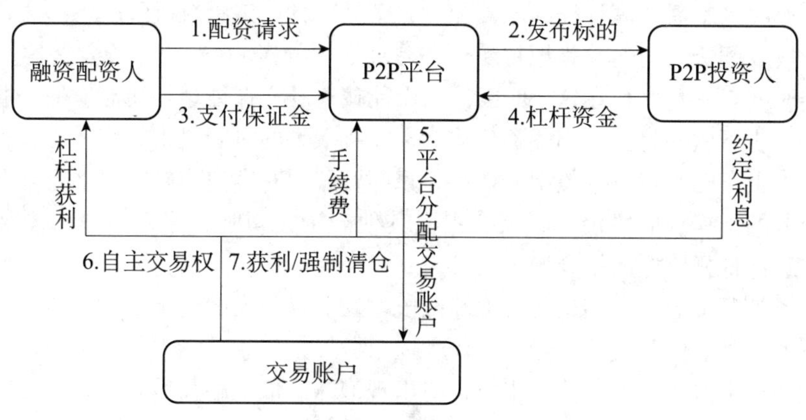

图分—7—26 场外配资——互联网平台模式

或第三方财富公司的渠道进行销售募集。

第四，员工持股计划模式。首先成立一个财富管理计划，然后按照一定的杠杆比例（通常为1～3倍杠杆）设立优先份额和次级份额，由员工出资认购次级份额，并向社会发行优先份额进行杠杆融资。

（3）利率为13%～18%。场外配资的融资成本为13%～18%。配资平台收取投资人的收益为年化10%～15%，平台再以服务费、开户费、管理费等名目收取3%的费用，配资申请人获得资金的总成本普遍在13%～18%。

（4）杠杆为1∶4～1∶10。配资公司配资业务的杠杆比例较高，一般为1∶4或1∶5，甚至可以达到1∶10。根据杠杆比例的不同，配资公司设有平仓警戒线和强制平仓线，杠杆越大，“红线”越紧，以保证其出借资金及利息的安全。杠杆在1∶10的配资公司一般从事短线操作。

（5）场外配资在股市上涨、下跌中的作用机制。因为场外配资并未纳入监管机构监管，因而自发性强、灵活多变，所以难以获得准确的数据来量化其对股市上涨产生的作用。根据证券业协会公布的数据，HOMOS、铭创及同花顺三大系统的客户资金规模约为5 000亿元。截至2015年6月底，国泰君安测算的场外配资规模约为10 000亿元，占境内上市公司流通股资金量的比重约为2%。申万宏源测算的场外配资规模为1.7万亿～2万亿元。从阶段看，场外配资于2015年年初加速发展，3—5月为加速入场时间，在此期间的增量约为1.2万亿元。场外配资的发展加速了杠杆资金入市，与融资、股权质押等业务相比，场外配资的杠杆更高、所受监管与约束更少、门槛更低。在股市加速上涨阶段，投资者风险偏好的提升使得高杠杆工具市场扩大、杠杆率提升，而资金入市进一步推动了股市上涨。

在股灾来临后，高杠杆的场外配资先于其他杠杆工具触碰红线，形成负反馈效应。场外配资公司通常是把每一个交易日下午的1:00～2:00规定为客户追加保证金时间，一旦客户在这个时间段内没能按时补充保证金，而对应的个股又出现了进一步下跌的趋势，则配资公司就会在接下来的时间段内做好随时强行平仓的准备。由于时间点过于集中，任何一家配资公司对客户实施强行平仓都会引发某只个股的下挫，而股价下跌又会引发其他配资公司强行平仓，进一步加深跌幅，引致低杠杆资金的平仓抛售。

对场外配资分析的结论是：上涨阶段，在监管缺失的情况下，证券公司和资金提供方在利益的驱使下，融资主体为追求股票投机收益最大化，不断提高杠杆率，从而推动股市快速上涨、市场价格出现泡沫。危机触发后，场外配资因高杠杆率最先受到冲击，从而加深跌幅，引致其他低杠杆资金的平仓抛售，而恐慌下跌诱发了“多米诺骨牌”效应并造成踩踏事件，引发流动性危机。

3.3 股权质押融资

(1) 定义。股权质押属于一种权利质押，是指出质人与质权人通过协议约定，出质人以其持有的股份作为质押物，当债务人到期不能履行债务时，债权人可以依照约定就股份折价受偿，或将该股份出售而就其所得价金优先受偿的一种担保方式。其中，债务人或者第三人为出质人，债权人为质权人，股权为质物。股权质押贷款是指借款人以其自身或第三人持有的依法可以转让和出质的某上市公司、非上市股份有限公司、有限责任公司的股权作为质押物，向银行等金融机构申请贷款。

(2) 主体。股权质押的出质人主体是公司股东。若以机构客户为主，统计2014年7月至2015年10月的数据，则是机构客户4 065家、占比54.53%，个人客户3 389家、占比45.47%。从融资规模来看，企业客户股权质押的市值规模达20 151亿元、占比62.70%，个人客户股权质押的市值规模达11 989亿元、占比37.30%。

股权质押的质权人主要包括证券公司、信托、银行和一般公司。2014年7月至2015年10月，在质权人参与股权质押的数量中，证券公司占比最高(64.64%)，而后依次为银行(21.20%)、一般公司(6.61%)、信托公司(6.38%)和个人(1.17%)。

关于标的的筛选标准，与两融业务相比，股权质押融资对质押标的的要求更为严格，对上市公司盈利情况、股价波幅、股票板块划分等予以规定，以控制质押物风险。

(3) 利率期限。股权质押的利率一般为8%～10%，股权质押的平均质押期限为1.5年。

（4）杠杆率为 1∶1 左右。

（5）股权质押融资在股市上涨、下跌阶段所起的作用。随着 2014 年股市的上涨，股权质押融资受到市场青睐。由于市场对大股东直接交易股票的诸多限制，致使股权质押成为其便捷的融资渠道。根据测算，2014 年 7 月至 2015 年 9 月，新增股权质押融资业务约 6 937 笔，涉及 1 328 家上市公司，质押总股数 1 827 亿股，见图分—7—27 和图分—7—28。

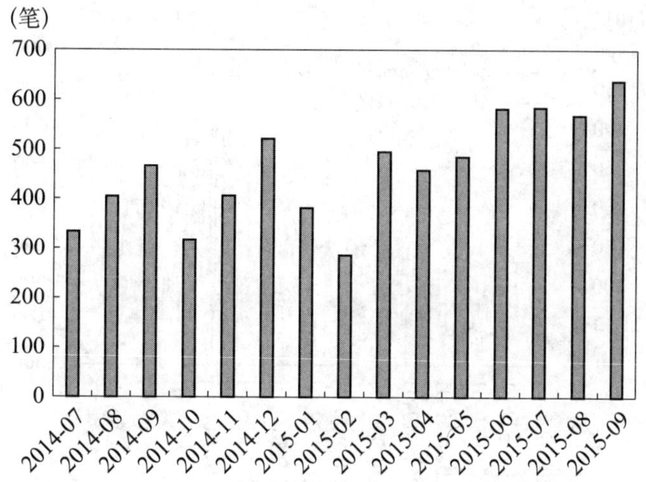

图分—7—27 新增质押业务数量

资料来源：Wind 资讯。

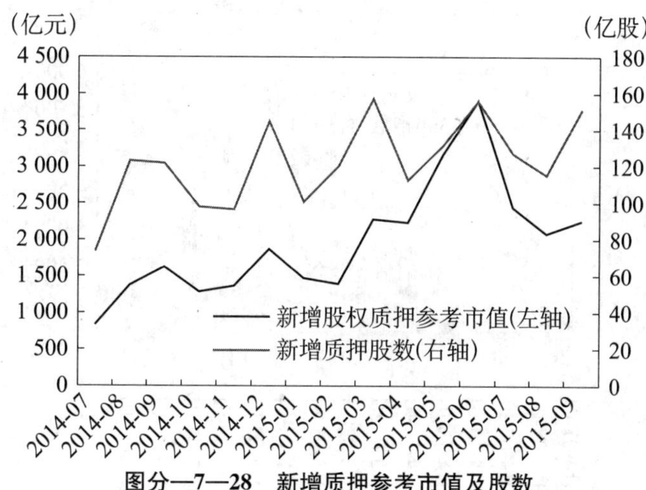

图分—7—28 新增质押参考市值及股数

资料来源：Wind 资讯。

从市值方面看，伴随着牛市，股权质押的参考市值呈现增长趋势，从 2014 年 7 月新增股权质押的参考市值 832 亿元，一路涨到 1 871 亿元（2014 年 12 月），进而 3 898 亿元（2015 年 6 月）。股灾来临后，新增股权质押的参考市值迅速下滑至 2 081 亿元（2015 年 8 月），见图分—7—29。据统计，截至 2015 年 8 月，股权质押融资的市值存量为 2.7 万亿元，约占 A 股自由流通市值的 16%，占总市值的 6%。图分—7—30 为新增股权质押的股数。

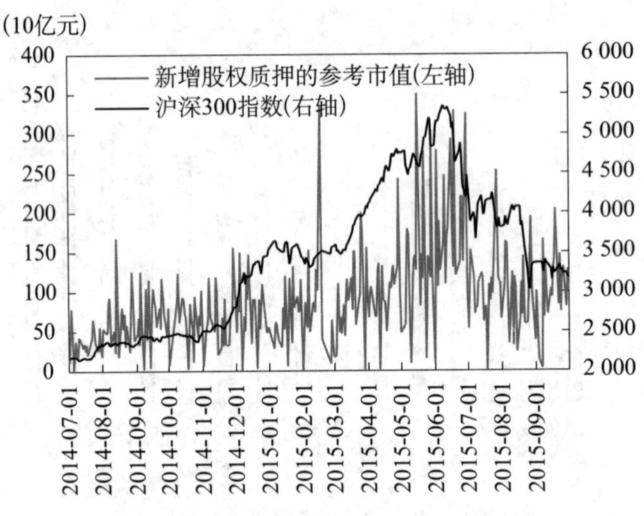

图分—7—29　新增股权质押的业务数量

资料来源：Wind 资讯。

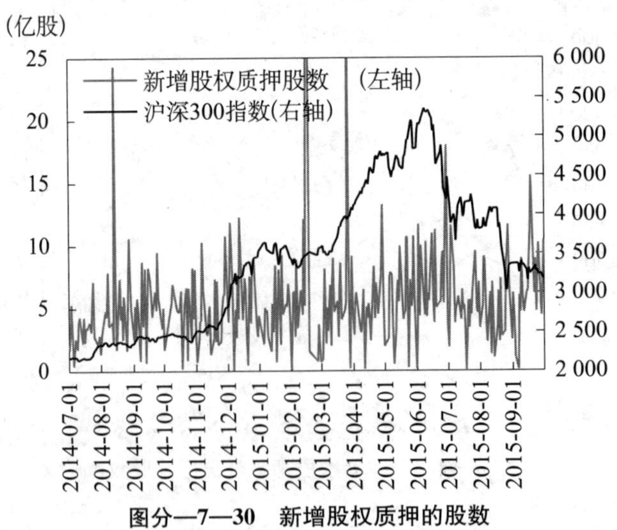

图分—7—30　新增股权质押的股数

资料来源：Wind 资讯。

如果股价持续上涨，股权质押基准价将随之上涨，在相同的折算率下，上市公司在股权质押中可以获得更多资金，从而激发了大股东股权质押的积极性。在此轮股市上涨过程中，我们可以看到股权质押融资业务也得到大规模发展。上市公司大股东在获得股权质押融资后，将部分资金用于股市再投资，起到了助涨股市的作用，由此形成了股市上涨与股权质押融资的双向助推机制。

在股市下跌的过程中，目前质押机构对于股权质押设定的预警线和平仓线分别为 160%～150%与 140%～130%。当股价下降使得股权质押仓位达到预警线时，质押方会提示质押人解押或者追加资金或股票；在仓位低至平仓线之前，客户仍未解押或补仓，质押方可选择卖出股票（限售股申请司法冻结）。质押方的平仓行为以及质押人通过减持其他股票筹资补仓的过程在短期内均对股价形成了下行压力。对于整体市场来说，若指数下挫，将不断有股票受到质押的影响，对股价形成抛压，进而反作用于指数，产生负向循环，见图分—7—31。

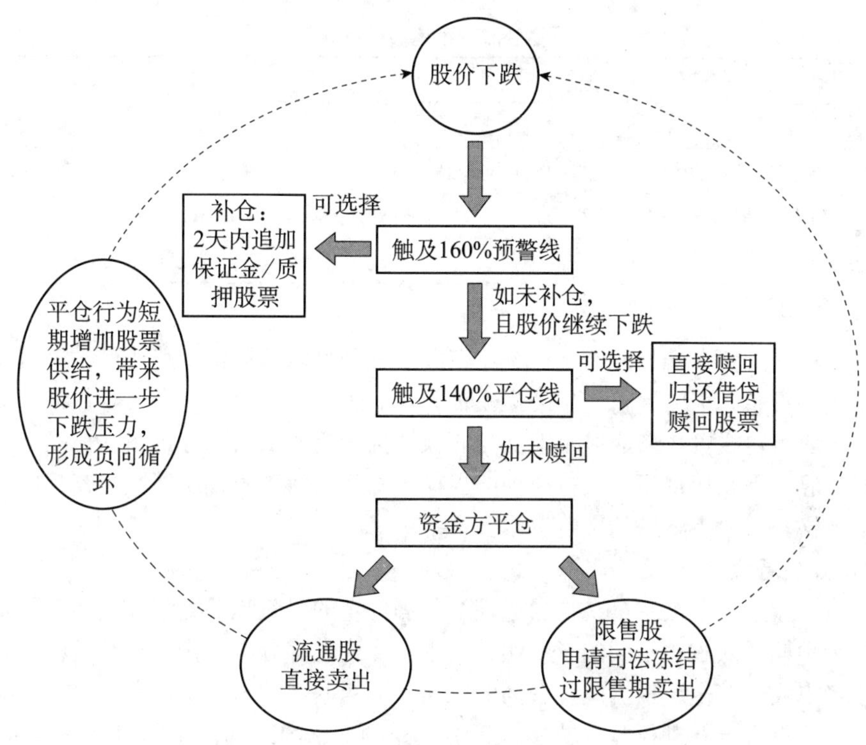

图分—7—31　股权质押平仓对整体市场引发的负反馈

资料来源：中金公司。

（6）在股市上涨、下跌阶段，市场走势与股权质押规模变动的格兰杰因果分析。以格兰杰因果检验方法来验证股市上涨、下跌阶段中市场走势与股权质押规模变动的相互关系，采用的要素及变量如表分—7—8所示。

表分—7—8　　格兰杰因果检验的变量选择

	A股市场
股市变动衡量因素	沪深300指数收盘价（日）
股权质押规模变动的衡量因素	新增股权质押市值（日）
指数是否一阶平稳	是***
新增股权质押市值是否一阶平稳	是***
指数与新增股权质押市值是否存在协整关系	是***

注：*** 表示在1%的水平上显著。

在确认要素符合平稳性及协整关系后，对股市下跌与两融资金减少进行格兰杰因果检验，结果如表分—7—9所示。

表分—7—9　　格兰杰因果检验的结果

	A股市场
股市上涨是股权质押规模扩大的格兰杰原因	是***
股权质押规模扩大是股市上涨的格兰杰原因	是***
股市下跌是股权质押规模缩小的格兰杰原因	未发现
股权质押规模缩小是股市下跌的格兰杰原因	未发现

注：*** 表示在1%的水平上显著。

对场外配资实证分析的结论是：在股市上涨阶段，股价上涨使得股权质押可获得更多资金，引致股权质押的规模扩大，股东获得股权质押融资，并将部分资金用于股市再投资，形成股市上涨与股权质押融资的双向助推机制。在股市下跌阶段，股市下跌使得新增股权质押的规模下降，但由于股权质押风控较其他杠杆工具严格，对股市下跌的影响有限。

3.4　分级基金

（1）概念。分级基金是指通过基金合同约定的风险收益分配方式，将基金份额分为预期风险收益不同的子份额，其中全部或者部分类别份额在交易所上市交易或者申赎的基金。根据基金合同的约定，分级基金的基础份额和子份额之间可以通过分拆、合并进行配对转换。其中，分级基金的基础份额称为母基金份额，预期风险、收益较低的子份额称为A类份额，预期风险、收益较高的子份额称为B类份额。其实质是由B类份额持有人向A类份额持有人融资以获得杠杆资金，而A类份额持有人获得相应的融资利息。

（2）主体。分级基金由基金管理公司发起并管理。在发行时，分级基金的母基金可以通过场外、场内两种方式募集。分级基金投资人的门槛低，包括机构投资者、个人投资人和合格境外投资人。

（3）融资成本为4.5%～8.5%。分级基金的实质是由B类份额持有人向A类份额持有人融资以获得杠杆资金，而A类份额持有人获得的利息收入就是B类份额持有人的杠杆资金成本。A类份额持有人的约定收益率一般为一年定存＋x%或固定收益率，其平均融资成本为4.5%～8.5%。

（4）杠杆率为1∶1左右。根据证监会的规定，股票分级基金的初始杠杆率不超过2倍，最高杠杆率不超过6倍。2015年6月22日，分级基金B份额的价格杠杆平均为1.90。

（5）分级基金在股市上涨、下跌阶段所起的作用。

第一，份额折算机制。分级基金的份额折算机制分为定期折算与不定期折算两类。定期折算每年折算一次，参与份额包括母基金份额和A份额。不定期折算B份额净值在0.25元以下或母基金份额净值在2元以上时进行到点折算，参与份额包括所有三类份额，净值全部折算为1元。

定期折算与向上折算对股市波动性的影响不大。定期折算前后基金份额的差异不大，对股市影响有限。向上折算后，分级基金A份额净值超过1的部分折算为母基金，但这一部分非常小；二是向上折算后分级基金离下拆更近，A份额的期权价值更高，所以对B份额的价值有负面的影响。向上折算后分级基金的净值、配比都回到初始状态，期权的价值也较小。最后，向上折算往往发生在股市上涨时期，B份额往往存在溢价，而向上折算会损害溢价，所以B份额在折算前遭受抛压，使溢价收窄，进而抑制母基金申购入场。

向下折算会引发母基金抛盘，对股市形成抛压。A份额持有者以风险偏好低的投资者为主，向下折算往往发生在股市下行的行情中。向下折算后，A份额获得了更多的母基金份额。为了防范风险，A份额持有者选择赎回母基金，而母基金赎回形成了卖盘，对分级基金跟踪板块产生了助跌作用。

第二，折溢价套利机制。由于分级基金有申购赎回机制与上市交易机制，并且申购赎回按照基金的净值计算，而上市交易按照市场价格计算，当母基金的市场价格与净值偏离较大时，便产生了套利机会。

一般在股市上涨时期，分级基金B份额产生溢价，致使A、B合计的母基金价格高于母基金净值，在溢价足够高的情况下形成套利空间：申购母基金→分拆为A、B端→卖出A、B端。在此情况下，母基金的申购形成买盘，推高分级基金跟踪板块走势。在股市下跌期间，A、B合计的母基金价格低于母基金净值，形成买入A、B端→合并为母基金→赎回母基金的套利空间。母基金的赎回形成卖盘，打压分级基金跟踪板块走势。

3.5 股指期货

（1）概念。股指期货就是以股市指数为标的物的期货。合约双方交易的是一定期限后的股市指数价格水平，通过现金结算差价来进行交割。

（2）主体。股指期货的投资者门槛较低，包括符合投资者适当性制度要求的自然人和一般法人及证券公司、基金公司、保险机构、信托公司、QFII 及 RQFII 等为代表的机构投资者。

（3）保证金为 8%。按中金所公布的数据，目前沪深 300 指数、中证 500 指数和上证 50 指数的股指期货最低交易保证金为合约价值的 8%。

（4）股指期货在上涨、下跌阶段所起的作用。从理论上讲，股票市场的大盘指数反映了市场当前的整体走向。股指期货上市后，由于其交易的是大盘指数的未来值，因而机构投资者和部分个人投资者就可以通过股指期货市场上的交易行为来表达对后市的预判。因此，股指期货的涨跌变化可认为是对股票市场未来走势的预判，但预判并不能决定行情走向。

股指期货属于金融衍生品中的一种，其最基本的功能是风险管理的工具，可满足投资者套期保值的需求：股市投资者按照市值匹配的原则，做空一定量的股指期货，对冲股市波动对持有股票的影响。当股市剧烈调整时，对于有做空头寸对冲的股票仓位，投资者不必急于清仓，从而减轻股市的抛压，可以改善股市的流动性。

另外，投资者利用股指期货套利交易也可以实现价格发现的作用。套利交易是基于交易基差，基差通常是指股指期货交易价格与对应股指价格的差。当基差大于零时，通过买入股指 ETF 或一揽子股票同时卖出等市值的股指期货，就可以赚取锁定的无风险的基差利润；而在基差小于零时，通过卖出股指 ETF 或一揽子股票同时买入等市值的股指期货，就可以赚取锁定的无风险的基差利润。套利交易的存在给股市和期货市场直接带来了流动性，可以促进价格发现，优化市场的交易和投资结构，引导价值回归。

以沪深 300 股指期货为研究样本，可以发现股指的加速上涨与下跌均伴随着股指期货成交量的放大。在股市上涨阶段，股指期货的成交量从 2014 年 7 月初的 517 229 上涨至 2015 年 6 月初的 1 476 757，涨幅达 186%，而股灾期间指数的大跌也伴随着股指期货成交量的放大，从 6 月 12 日股指期货的成交量 1 355 496 最高上涨至 6 月 29 日 2 882 235，涨幅达 113%，见图分—7—32。从基差表现看，股灾阶段出现股指期货的大幅贴水且持续了较长时间，见图分—7—33。鉴于股指期货变动与指数走势表现出的密切关系，拟采用格兰杰因果检验分析其相互关系。

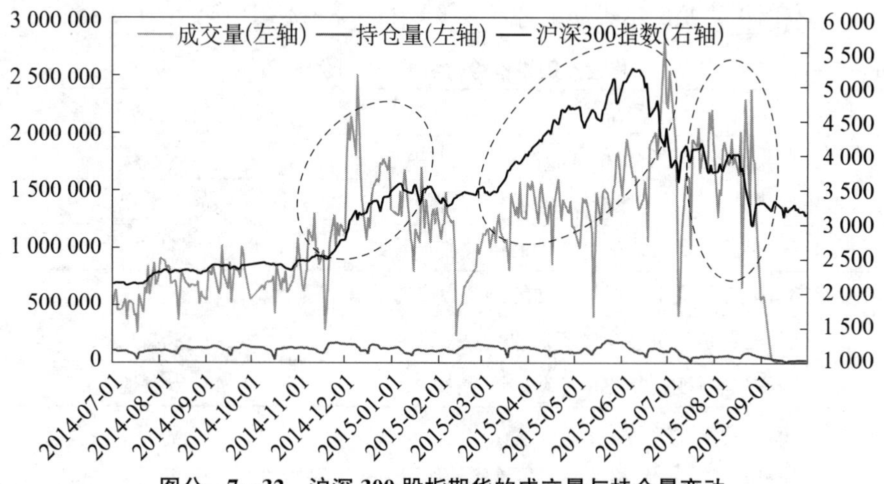

图分—7—32　沪深 300 股指期货的成交量与持仓量变动

资料来源：Wind 资讯。

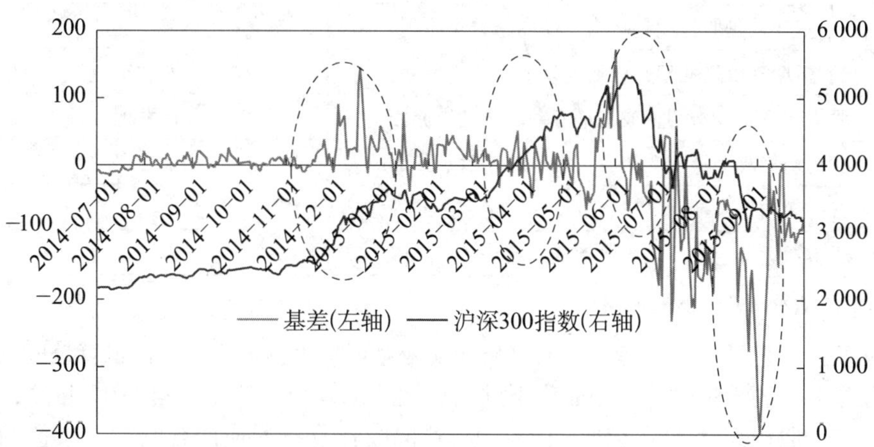

图分—7—33　沪深 300 股指期货的基差表现

资料来源：Wind 资讯。

以格兰杰因果检验分析上涨、下跌中股指变动与股指期货变动的相互关系，采用的要素如表分—7—10 所示。

表分—7—10　　格兰杰因果检验的变量选取

	沪市
股指变动衡量因素	沪深 300 指数收盘价（日）
股指期货价格变动衡量因素	股指期货收盘价（日）
股指期货成交量变动衡量因素	股指期货成交量（日）
股指期货持仓量变动衡量因素	股指期货持仓量（日）

格兰杰因果检验的结果如表分—7—11 和表分—7—12 所示。

表分—7—11　　格兰杰因果检验的结果——上涨阶段

上涨阶段	检验结果
股指变动是股指期货价格变动的格兰杰原因	未发现
股指期货价格变动是股指变动的格兰杰原因	未发现
股指变动是股指期货成交量变动的格兰杰原因	是**
股指期货成交量变动是股指变动的格兰杰原因	未发现
股指变动是股指期货持仓量变化的格兰杰原因	未发现
股指期货持仓量变化是股指变动的格兰杰原因	未发现

注：** 表示在 5%的水平下显著。

表分—7—12　　格兰杰因果检验的结果——下跌阶段

下跌阶段	检验结果
股指变动是股指期货价格变动的格兰杰原因	未发现
股指期货价格变动是股指变动的格兰杰原因	未发现
股指变动是股指期货成交量变动的格兰杰原因	未发现
股指期货成交量变动是股指变动的格兰杰原因	未发现
股指变动是股指期货持仓量变化的格兰杰原因	是**
股指期货持仓量变化是股指变动的格兰杰原因	未发现

注：** 表示在 5%的水平下显著。

实证分析发现，股指期货的价格变动未对现货市场造成影响，也就是股灾期间股指期货的大幅贴水不是股价下跌的原因。从规模占比看，自 2015 年 6 月以来，三个股指期货（IF、IH、IC）的日均隔夜持仓量对应的合约名义市值约为 3 900 亿元，按照 10%的保证金水平双向收取，共占用保证金约 780 亿元，而同期沪、深两市的流通市值约 47 万亿元。股指期货占用资金量仅为股票市场的 0.17%，不会对股票市场造成资金分流作用；股指期货的持仓金额也仅为股票市场的 0.83%，远远小于股票市值。① 研究者认为，股灾期间股指期货交易量的放大很可能是投资者的风险套保需求引起的，他们卖出股指期货用以对冲市场下行风险。而股指期货持续贴水的原因在于我国融券业务的不完善，一般在负基差情况下可以通过卖出股指 ETF 或一揽子股票同时买入等市值的股指期货进行套利（见图分—7—34），但我国融资融券业务的发展极不对称，融资余额与融券余额

① 引自《股指期货在近期股市大幅调整中的作用》，中国证券网，2015－07－15。

的比例从 2014 年 7 月初的 142 倍上涨至 2015 年 6 月底的 600 倍，虽然在股灾期间有所下降，但仍有 300 倍，见图分—7—35。在股灾中股指期货大幅贴水时期，融券余额不增反降（见图分—7—36），投资者难以通过融券套利来平抑基差。在这种情形下，投资者选择抛空期货，使得期货出现更大的贴水，并影响了套保效率，导致恶性循环。

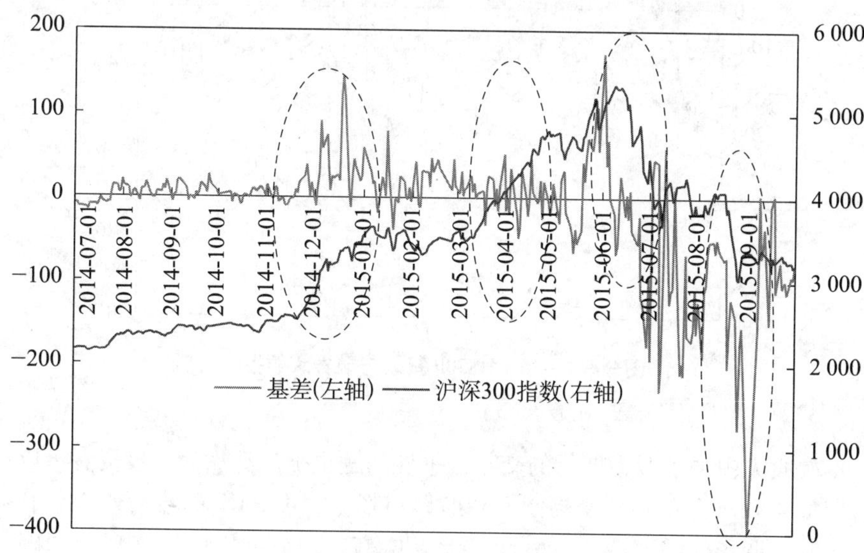

图分—7—34　沪深 300 指数与股指期货基差表现

资料来源：Wind 资讯。

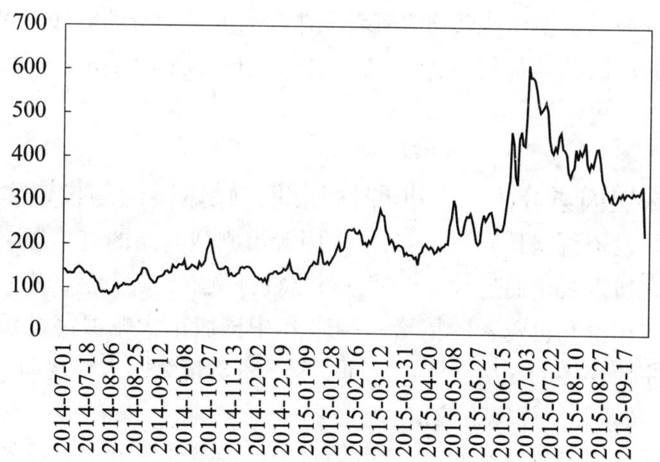

图分—7—35　融资余额/融券余额

资料来源：Wind 资讯。

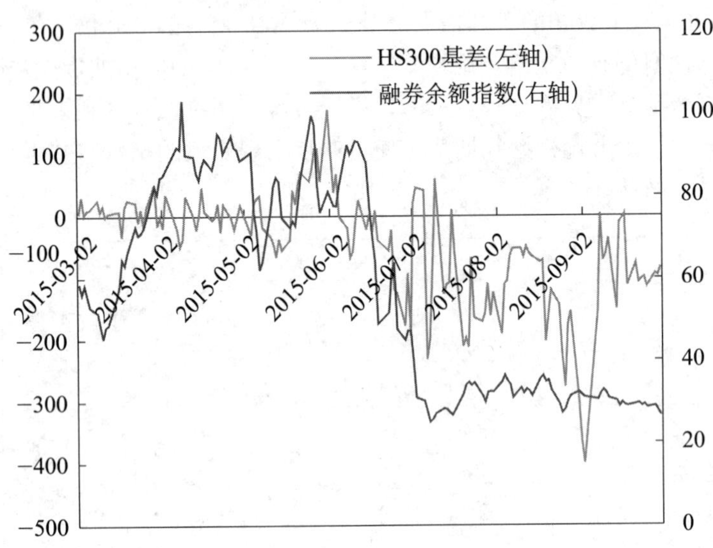

图分—7—36　HS300 基差与融券余额指数

资料来源：Wind 资讯。

本次股灾中关于股指期货的交易公平性问题也被广泛诟病，投资者可以利用股指期货“T＋0”的灵活交易制度和股票市场上“T＋1”的滞后效应获利，即先买入股指期货标的股票，一方面扩大套保额度，另一方面抛售现货“砸盘”，在股指期货上做空单，不断放大期指头寸，同时在市场上制造恐慌情绪，最终投资者在股市上的损失有可能通过在期指上的盈利来弥补，甚至可以盈利。另外，投资者适当性原则也使一些散户投资者无法参与股指期货的对冲套保。这种由于制度差异而获取的利益显然有失公允，这正是股指期货在中国恶名不断的重要原因。

4. 高杠杆深层因素分析——非理性预期、媒体舆论与投资者情绪

尽管杠杆融资机制是导致 2015 年中国股市剧烈振荡的直接影响机制，但是众多投资者之所以敢于通过种种渠道进行高杠杆融资，其背后的影响因素在很大程度上是媒体舆论和投资者的情绪。2015 年中国股市大幅振荡过程中的一个鲜明特征就是主流媒体的深度介入，从而引起投资者情绪的大幅波动。

4.1　非理性预期和媒体舆论偏误

正如本研究报告的总论所述，“市场对中国经济改革和增长模式转型的短期预期过高，长期预期不足”，“一带一路”战略、“互联网＋”模式、新兴产业的崛起、经济发展新多极圈的形成等形成了对中国经济的未来新预期。这种预期在

一定限度内具有内在估值因素支撑，因而它是合理的。然而，一旦突破一定限度，市场开始对改革红利和“新因素”的作用做了过度解读，夸大并突出了短期效应，忽视了长期的战略价值，把经济转型的一些长期因素偷换成短期的炒作概念，从而使缓慢上涨的市场迅速变成泡沫化的市场，导致具有长期成长基础的市场被快速透支。

另外，主流媒体舆论形成了某种程度上的集体偏误。在2014—2015年的大涨行情中，主流媒体的身影处处可见。根据和讯财经的统计，2014年7月25日《人民日报》刊登“外资机构齐声唱多A股市场”，当天上证指数上涨1.28%，筑底后开始抬升。2015年3月30日，《人民日报》刊登“A股已处牛市中　把握牛市‘红利’”，上证指数上涨2.59%。4月1日，《人民日报》刊登“股市震荡不改‘慢牛’趋势”，上证指数上涨1.66%。

此外，我国股市处于“新兴+转轨”的发展阶段，市场力量薄弱，市场制度规则、市场结构和市场功能等方面还不成熟［王煊（2005），贺显南（2009）］，在股票发行、上市与交易，并购与重组，市场增持（减持）与回购，股权激励与员工持股，上市公司再融资，信息披露，退市机制等方面的制度设计和规则体系上仍然存在较多问题［吴晓求（2013）］，这都会使中国股票市场与实体经济呈现出较长时间的背离，而股票市场的走势极易受到非理性预期和媒体舆论偏误的影响。刘锡良和曾欣（2003）认为，中国政府除了对银行提供隐性担保之外，也认为证券市场“太大而不能失败”。丁宏术（2011）认为，中国政府对证券市场的干预行为已使投资者产生了“隐性担保”的心理预期，弱化了市场机制在证券市场运行中的作用，导致了投资者对政府行为的过分依赖。在这种情况下，投资者不会把精力放在研究证券价值上，而是花大量时间去研究政府行为，去预估政府未来的政策措施，而普通投资者很难预知政府干预市场的准确时间以及干预力度，政策的有效性也有待检验，所以投资者难以做出理性的预期［王法宝（2014）］。

现有研究成果显示，我国股票市场中存在明显的投资者非理性行为。以金融异象中的“羊群效应”为例，宋军和吴冲锋（2001）采用CH模型发现了中国证券市场的“羊群效应”要高于美国证券市场。孙培源和施东晖（2002）的实证研究发现，在政策干预频繁和信息不对称严重的市场环境下，我国股市存在一定程度的“羊群行为”，并导致系统性风险在总风险中占有较大比例。阮青松和吕大永（2010）的研究发现了沪深300指数在上涨过程中存在明显的“羊群效应”。

正是由于主流媒体的舆论偏误以及投资者非理性行为及市场制度缺陷等原因，导致投资者倾向于关注与公司价值无关的其他市场信息，包括政策信息及其他的内部消息、小道消息等，导致市场的投机氛围浓厚。在我国证券市场中，投资者的投机心理远大于投资者的投资心理，这主要表现为我国证券市场的换手率居高不下。投资者的投机性使得投资者更容易受市场中的政策消息影响，形成乐观或者悲观的投资者情绪，进而表现出“羊群效应”等非理性行为，进一步加剧我国股市的暴涨暴跌。

4.2 我国股票市场中的投资者情绪

在股票市场中，除了基本面因素之外，投资者情绪是影响股票市场价格的重要因素。特别是自 20 世纪末行为金融学理论兴起后，投资者情绪在股票市场中的作用一直受到众多学者的关注［Delong et al.（1990）；Barberis et al.（1998）；Daniel et al.（1998）；Hong and Stein（1999）］。

经典理论认为，在投资者理性且市场没有摩擦的传统框架下，证券价格等于其“基本价值”。基本价值是未来预期现金流的折现，而这种对未来的预期是指投资者处理了所有可用信息之后形成的。在这种假说下，证券价格是由按照贝叶斯法则决策且理性的行为人决定的，因此任何投资策略的收益都不能高于风险调整后的市场平均收益。

但是行为金融学认为，诸如短期动量效应、长期反转、基于基本面的资产价格的高波动率等市场异象可以理解为对基本价值的偏离，这种偏离源于非完全理性交易者的存在。例如，Daniel et al.（1990）认为，在金融市场中，投资者和分析师通过调研上市公司、验证传言的真实性、分析金融政策等方式获取交易所需的信息；如果投资者对于自己搜集处理信息的能力过度自信，他就会低估自己的预测误差，从而对自己通过私人信息得到的投资信号过度自信。这种过度自信会导致反应过度，而这种反应过度的市场表现与长期反转这一市场异象一致。Delong et al.（1990）、Shefrin et al.（1994）、Barberis et al.（1998）、Hong and Stein（1999）等均构建了不同的行为金融模型对市场异象进行解释。

近年来，我国股票市场中的投资者情绪也得到了众多学者的关注。例如，张峥和刘力（2006）认为，换手率可以作为投资者异质性信念波动程度的代理变量，在市场的卖空约束和投资者异质性信念同时存在的条件下，由投机性泡沫产生的股价高估导致了换手率与横截面股票收益的负相关关系。唐静武和王聪（2009）对换手率、封闭式基金折价率、月度 IPO 数量、基金现金持有比例、月度 IPO 首日收益等指标进行了主成分分析，构建了投资者情绪指标，对我国股票市场的投资者情绪进行了研究。该研究发现，投资者情绪会产生情绪溢价并对股票收益波动产生冲击。张丹和廖士光（2009）的研究发现，在中国股票市场中，投资者情绪显著影响了市场收益和市场的波动性，投资者情绪变化是影响市场收益的系统性因素，投资者情绪对未来市场收益和市场收益的波动性均有较强的预测能力。池丽旭和庄新田（2011）的研究发现，投资者情绪对股票收益具有显著影响，其中乐观情绪的影响高于悲观情绪，极端情绪在股票市场上具有独特的预测能力。张宗新和王海亮（2013）通过构建数理模型，论证了投资者情绪、主观信念调整和市场波动之间的内在机理，并通过实证研究证实了投资者情绪对信念存在正面冲击，投资者情绪对市场收益率和波动率存在显著的正面冲击。

4.3 非理性预期、媒体舆论、投资者情绪与市场波动——基于DSSW模型的分析

本部分使用行为金融学的相关模型分析非理性预期、媒体舆论、投资者情绪与市场波动之间的关系。目前，行为金融学中与投资者情绪相关的主要模型包括：

第一，Delong et al.(1990) 提出了噪声交易理论（DSSW模型）。在DSSW理论中，市场上存在着噪声交易者和理性投资者两类交易者。理性投资者可以根据市场信息理性地在市场上进行投资及套利。噪声交易者错误地认为他们具有可以准确地对未来风险资产的价格进行定价的特殊信息，并根据这些信息做出了他们认为正确的投资决策。当理性投资者进行套利时，可能由于噪声交易者的情绪波动大而造成资产价格的波动性变大，进而使理性投资者的投资行为更具风险性。DSSW模型说明，在投资者情绪具有普遍变动的情况下，资产价格更具波动性，导致资产价格偏离了均衡价格。

第二，Shefrin et al.(1994) 提出了行为资产定价模型（behavioral asset pricing model，BAPM），该模型延承DSSW模型，将投资者分为理性投资者和噪声交易者。理性投资者的投资按照CAPM模型进行，而噪声交易者不按照CAPM模型思考问题。在行为资产定价模型中，证券的价格由行为β决定，行为β较CAPM中的β增加了噪声交易者的风险。

第三，Barberis et al.(1998) 提出了BSV模型。该模型认为人们在进行决策时存在选择性偏差和保守性偏差。选择性偏差是指人们在进行分析时更注重近期数据的变化模式，而对整体的重视不足。保守性偏差是指人们在应对新情况时更倾向于保持原有模式，对新情况的修正不足。该模型很好地解释了投资者决策使证券市场价格偏离效率市场的过程。

第四，Daniel et al.(1998) 提出了DHS模型。该模型强调在分析投资者对信息的反应过程中存在过度自信和有偏差的自我归因。在DHS模型中，投资者通常对自己的预测能力过度自信，对私人信息过度相信，低估自己的预测误差和公开信息的价值。DHS模型一个非常重要的特点是投资者会对不同的市场信号持有不同的信赖态度。DBS模型利用投资者的这种心理状态解释了股价的短期过度反应和长期反转效应。

第五，Hong and Stein（1999）提出了HS模型，即信息逐渐扩散模型。该模型重点研究了市场上不同投资者的作用机制。该理论认为市场上存在“动量交

易者”和“观察消息者”两类投资者。“动量交易者”完全依赖股票的历史价格对风险资产进行定价，而“观察消息者”则依赖与股票价值有关的私有信息对风险资产的价格进行预测。HS模型假设两类投资者都是有限理性的，而且私人信息会在观察消息者之中逐步扩散。起初，信息的逐渐扩散造成市场及股价反应不足，这种现象使得动量交易者在市场上进行交易以获得利益。随着信息的不断扩散，动量交易者不断进入市场，最初的市场反应不足会演变为市场股票价格的反应过度，并可能持续较长一段时间。

本部分主要研究非理性预期、媒体舆论、投资者情绪对股市波动的影响，因此下面使用DSSW模型对所要研究的问题进行分析。

DSSW模型考虑了噪音投资者对套利行为的限制。噪音投资者是指由于无法获得深层信息而只能根据可能给他们带来优势的噪音信号进行交易的投资者[Black（1986）]。DSSW模型认为，噪音投资者的存在使得套利者的套利意愿和行为受到限制，而且噪音投资者的预期可能导致资产价格长时间无法恢复到均值水平，甚至会导致极端走势。由于套利投资者无法有效地预期噪音投资者对未来的预期，因而资产价格会显著偏离其基本面价值。

DSSW模型包含两类投资者，即噪音交易者（noise trader）和理性投资者（sophisticated investor）。噪音交易者会错误地认为他们获得了关于未来价格的专属信息。在正常情况下，理性投资者会在噪音交易者压低价格时购买资产，在噪音交易者抬高价格时出售资产，使得资产价格趋向基本面价值。

DSSW模型为两期代理人模型。该模型假设经济体包含两类资产：①安全资产S，提供固定收益r。由于是无风险资产，其价格固定为1，无限供应。②风险资产U，同样也提供固定收益r，数量固定，在加入噪音投资者的情况下，U的价格不是固定的，定义为p_t。通常可以将S理解为短期无风险债券，而U为股票集合。

该模型包括两类代理人，即理性投资者i和噪音交易者n，其中，理性投资者的数量为$1-\mu$，噪音交易者的数量为μ。两类投资者在第一期按照效用最大化的原则，根据自己对U的收益分布预期选择资产组合。理性投资者能够准确地预期风险资产的收益分布，但噪音交易者会对风险资产的收益有一个估计偏差，也就是所谓的投资者情绪［贺显南（2009）］，即$p_t \sim N(\rho^*, \sigma_p^2)$。

每个代理人第二期的风险偏好函数为：

$$U=-\mathrm{e}^{-(2\gamma)\omega}$$

最大化上述函数等价于最大化$\bar{\omega}-\gamma\sigma_\omega^2$，理性投资者会选择$\lambda_t^i$数量的风险资产U，其期望效用为：

$$E(U)=c_0+\lambda_t^i[r+p_{t,t+1}-p_t(1+r)]-\gamma(\lambda_t^i)^2\sigma_{t,p_{t+1}}^2$$

噪音交易者持有 λ_t^n 数量的风险资产 U，其期望效用为：

$$E(U)=c_0+\lambda_t^i[r+p_{t,t+1}-p_t(1+r)]-\gamma(\lambda_t^i)^2\sigma_{t,p_{t+1}}^2+\lambda_t^n\rho_t$$

通过最大化两类投资者的期望效用，可以得到风险资产的价格为：

$$p_t=\frac{1}{1+r}\times(r+p_{t,t+1}-2\gamma\sigma_{t,p_{t+1}}^2+\mu\rho_t)$$

通过迭代可以得到：

$$p_t=1+\frac{\mu(p_t-\rho^*)}{1+r}+\frac{\mu\rho^*}{r}-\frac{2\gamma}{r}\times\sigma_{t,p_{t+1}}^2$$

因此，资产价格 p_t 的方差就只与噪音交易者的预期偏差有关，即

$$\sigma_{t,p_{t+1}}^2=\sigma_{p_{t+1}}^2=\frac{u^2\sigma_\rho^2}{(1+r)^2}$$

由上式不难看出，如果投资者受情绪的影响，对股票价格产生了预期偏差，就会造成股票价格的波动。

目前，我国股票市场中散户投资者的比例较高，见图分—7—37。

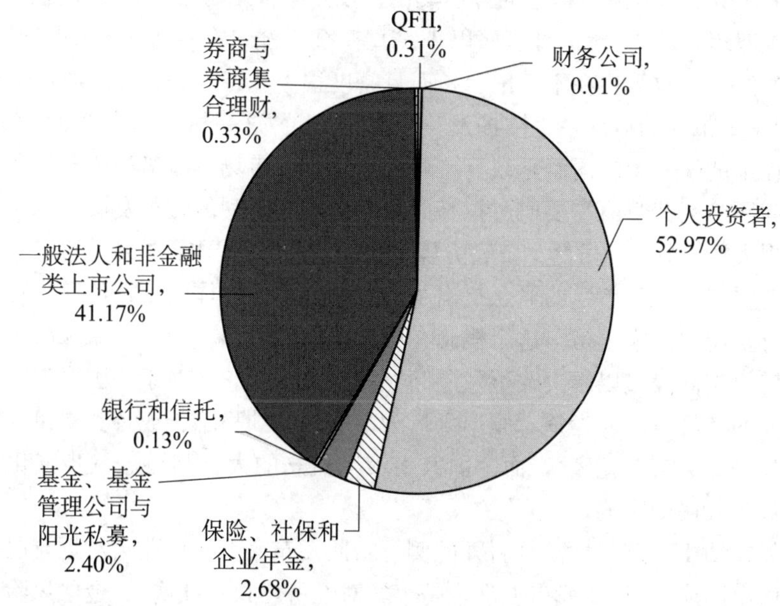

图分—7—37　2015 年第一季度各类投资者的持股比例

我国的个人投资者在整体的投资者结构中占据了大多数，而且明显高于各类基金、券商、保险等专业机构投资者的持股比例。相比于机构投资者，个人投资者缺乏投资经验，更容易存在非理性行为。夏明和李家和（2008）、徐浩峰和侯宇（2012）、唐雪松和林雁（2014）等的研究显示，大部分散户并不具备专业的

投资能力或知识，并且存在明显的过度自信现象，容易出现非理性偏差，如从众心理、情感依托、锚定心理等。因此，我国股票市场中个人投资者占比高、综合投资能力偏低等特征使得我国股票市场中的噪音投资者比例较高，由于噪音投资者存在股票价格预期偏差，因而会增加股票市场的波动。

Delong et al.（1990）认为，如果噪音投资者的投资偏差是临时的，那么股票价格最终会恢复到均值水平，但如果噪音投资者的投资偏差一直存在，则股票的波动将一直存在。Delong et al.（1990）用 AR(1) 过程描述噪音投资者的投资偏差一直存在的现象。在这种情况下，资产价格的波动为：

$$\sigma_p^2=\frac{u^2\sigma_p^2}{[r+(1+\phi)]^2}=\frac{u^2\sigma_\eta^2}{[r+(1-\phi)]^2(1-\phi^2)}$$

式中，ϕ 为自回归系数；η 为扰动。

因此，如果股票市场频繁出现与之相关的政策冲击，那么投资者情绪所造成的波动将会持续存在。

4.4　2015 年中国股灾过程中的媒体舆论、投资者情绪与股市波动及监管缺失

中国股市自 2014 年 7 月筑底以来一直持续上涨，在这个过程中，很多对股市有影响的国家政策也在不断出台，而且密度很大。特别是在此次股市上涨过程中，“国家牛市”的概念一直被提及。“国家牛市”这一概念是在 2015 年 3 月两会之后提出的，概念的内涵是政府有可能利用资本市场解决诸如国有企业市场化改制等问题，因此政府需要通过拉高股市来解决一系列的改革发展问题，不会让股市出现大幅下跌。① 虽然主要官方媒体并没有宣传“国家牛市”的概念，也有很多学者对“国家牛市”的概念提出了质疑，但官方媒体的不宣传和少数人的质疑并没有阻碍“国家牛市”这个概念在股市中大行其道。即使国家和政府并没有所谓的需要拉高股市以解决改革发展问题的想法，但它们对于“国家牛市”这一概念传播的默许也使得投资者倾向于认为政府的各项稳增长或者资本市场制度改革的措施是为牛市“托底”，而“国家牛市”概念的大行其道进一步强化了“政策市”对于股民的影响。

比如在 2015 年 3 月 20 日召开的例行新闻发布会上，证监会对近日股市的大幅上涨做出回应：“近期股市上涨，是市场对经济增长‘托底’、金融风险可控的认同，也是全面深化改革、市场流动性充裕、资金利率下行、中小企业上市公司盈利情况改善等多种因素的综合反映，有其必然性和合理性。”② “稳增长牵来改

---

① 参见清华大学国家金融研究院课题组：《完善制度设计、提升市场信心，建设长期健康稳定发展的资本市场》，2015-11-19

② 引自新华网，http：//news.xinhuanet.com/fortune/2015-03/21/c_127605173.htm。

革牛”、“改革牛踏上新征程”等说法也出现在《人民日报》、《证券日报》、《上海证券报》等官方媒体上。根据和讯财经的统计，在此轮上涨行情中，《人民日报》有多篇报道股市行情的文章，比如“外资机构齐声唱多A股市场”、“A股已处牛市中 把握牛市‘红利’”、“股市震荡不改‘慢牛’趋势”。这些文章的标题能明显地显示出《人民日报》看多市场的态度。证监会和官方媒体对于股市上涨的肯定在“国家牛市”概念大行其道的背景下，很容易被投资者理解为是国家在为股市背书，而媒体对于“国家牛市”概念的反复强化也进一步加深了投资者的这种信念，见表分—7—13和图分—7—38。

表分—7—13　　和讯财经关于“国家牛市”的报道

时间	标题	链接
2014年12月	日成交额首破万亿 国家牛市降临	http：//stock. hexun. com/2014-12-08/171206683. html
2015年3月	暖风频吹“国家牛市”起步	http：//stock. hexun. com/2015-03-23/174290833. html
2015年3月	易宪容：政府正在催生“国家牛市”救经济	http：//stock. hexun. com/2015-03-27/174442196. html
2015年6月	中央汇金副董事长李剑阁：“国家牛市”是危险概念	http：//stock. hexun. com/2015-06-02/176369103. html
2015年6月	“国家牛市”不过是市场炒作的一个烟幕弹	http：//stock. hexun. com/2015-06-05/176497235. html
2015年6月	沙甾农：本轮牛市就是国家牛市	http：//stock. hexun. com/2015-06-11/176649160. html
2015年6月	高善文：“国家牛市”只是一个神话	http：//stock. hexun. com/2015-06-29/177121179. html
2015年6月	全民信仰：“国家牛市”	http：//stock. hexun. com/2015-06-30/177170351. html

除了多方看好股市之外，政府的各项稳增长政策也被市场理解为政府在为“国家牛市”背书。比如在2015年2月重要经济数据持续回落的背景下，2015年3月各项积极政策密集出台。全国两会在3月3—15日召开，公布了2015年的政府工作重点，包括确保经济运行在合理区间，抓住国企等改革重点，推进“一带一路”、长江经济带和京津冀一体化等建设，实施水污染、大气污染防治计

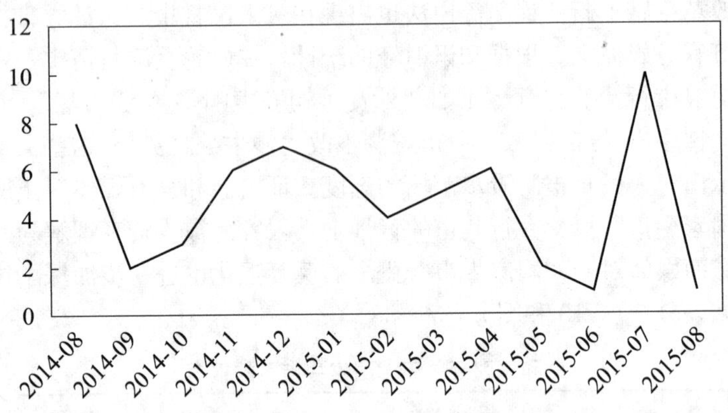

图分—7—38　《人民日报》2014年8月—2015年8月股市报道统计

资料来源：Wind资讯。

划，推广新能源汽车，实施股票发行注册制改革，促进房地产市场平稳健康发展等，这些工作重点均被股市投资者捕捉，相关的概念股票也被投资者关注。博鳌亚洲论坛在3月26—29日召开，很多投资者关注的经济政策问题在论坛中被提及。3月，国务院部署推进"中国制造2025"，发布了关于退税、创新投资、医疗卫生等重要文件，正式印发"新电改"方案，成立国企改革领导小组等。除此之外，央行在三月份降息0.25个百分点，并通过逆回购取消了14天期SLF，增加了MLF等措施调节货币环境。发改委正式发布了"一带一路"整体方案等。这些政策措施使得在2月重要经济数据持续回落的情况下，3月A股的涨幅达到了13%。

由于我国股票市场的"政策市"现象明显，投资者对政府行为存在过分依赖，因而政府的行为和未来的政策措施会被投资者关注［贺显南（2009），丁宏术（2011）］，但根据DSSW模型，股票市场中的噪音投资者并不能准确地判断政府政策对股票价值的影响，即在新政策的环境下难以对股票价值进行正确的评估。在这种情况下，新的政策出台会改变股票价格的预期分布，理性投资者能够对新环境下的股票价格形成理性预期，但噪音投资者却会产生对于股票价格的预期偏差，而且股票市场中的投资者情绪水平会发生变化，支持股市的政策出台会使投资者情绪上涨，而投资者情绪的上涨会增加股市的波动。

根据张峥和刘力（2006）、张丹和廖士光（2009）以及张宗新和王海亮（2013）的研究，我们选择市场换手率（市场整体交易量和流通市值之比，表示换手率越高，市场情绪水平越高）、投资者新增开户数（指标越高表示投资者入市动力越强，市场情绪越高）、平均市盈率（市场估值水平是投资者情绪变化的市场表现）作为投资者情绪水平的代理指标，并选择沪深300指数的收益率波动作为市场波动水平的代理指标。

由图分—7—39 不难看出，换手率走势和沪深 300 指数的收益率波动走势基本一致，在 2015 年 2 月经济数据持续回落的背景下，2015 年 3 月政策的密集出台大幅提高了投资者情绪。自 2014 年 7 月牛市启动以来，投资者情绪也呈现出明显的上升趋势。

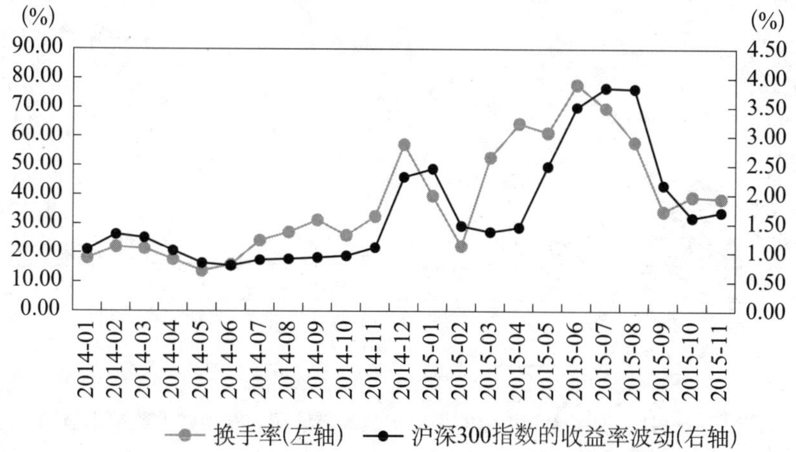

图分—7—39　A 股市场换手率水平与沪深 300 指数的收益率波动

资料来源：Wind 资讯。

由图分—7—40 不难看出，用新增个人投资者开户数衡量的个人投资者情绪从牛市启动到 2015 年 5 月呈现持续高涨趋势，特别是从 2015 年 3 月开始，个人投资者情绪明显高涨，这表明国家支持股市的政策能够显著提升投资者的情绪水平，从而也会增加市场波动水平。

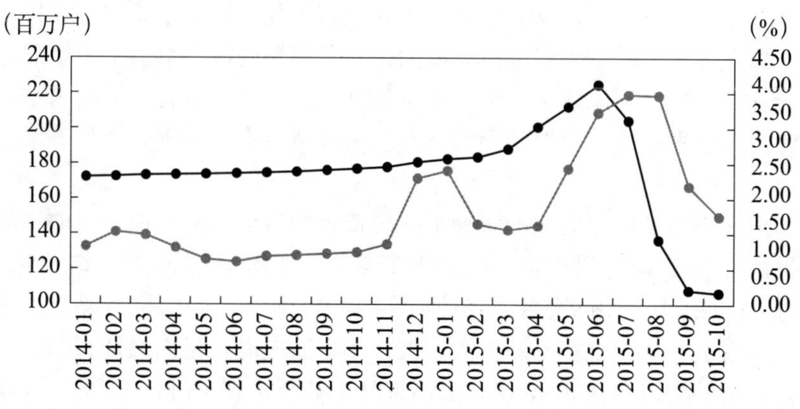

图分—7—40　A 股新增个人投资者开户数量与沪深 300 指数的收益率波动

资料来源：Wind 资讯。

由图分—7—41不难看出，市盈率走势和沪深300指数的收益率波动走势基本一致，特别是在2014年底和2015年3月均出现了加速上涨。

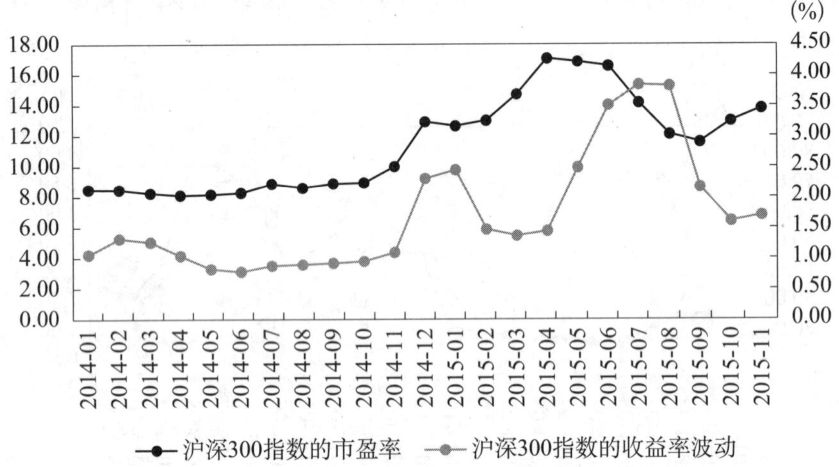

图分—7—41　沪深300指数的平均市盈率与沪深300指数的收益率波动

资料来源：Wind资讯。

因此，由图分—7—41的数据不难看出，市场中的投资者情绪水平与国家对股市的支持政策之间存在明显的相关性。根据行为金融学理论，金融投资包含对市场的认知过程、情绪过程和意志过程。这三个过程会受到认知偏差、情绪偏差或者两者的共同影响。个体的偏差会形成群体的偏差或者“羊群效应”，从而出现市场定价的偏差，而市场定价的偏差通过锚定效应又会影响投资者的投资判断，这一过程会通过正反馈反复强化。因此，如果我国股票市场中存在持续的政策冲击，那么投资者的偏差将会持续放大，股票市场的波动也会不断增加［张丹和廖士光（2009）］。国家政策的出台能够显著提升当月投资者的情绪水平，并会对投资者情绪水平产生持续性的影响，而投资者情绪水平的提升会显著增加市场的波动。

在非理性预期及媒体舆论的影响下，投资者的情绪高涨，他们对前景的过分乐观使得高杠杆工具受到青睐，因而融资融券、股票收益互换、结构化融资、“伞形”信托、基于互联网平台的多种形态的场外配资、衍生品与现货的跨期套利在本轮股市上涨中的规模不断扩大，杠杆率不断提高，场内融资有时会达到限值的2倍，场外配资多在3～5倍，最高杠杆率甚至达到10倍。市场配资规模的迅速膨胀和高杠杆推动着股市快速上涨，使风险大幅增加、市场价格产生泡沫。清华大学国家金融研究院根据渤海证券的相关数据测算，在2014年10月至2015年6月的股市上涨期间，峰值阶段进入股票市场的杠杆资金约在5.4万亿～6万亿元。其中，场外配资（两融以外的配资）规模在3万亿～3.8万亿元。

杠杆工具的大规模使用改变了交易结构，传统监管视野难以覆盖杠杆资金的变化，新的不确定性显著增加。市场创新的加快引致交易结构的调整，成为本轮股市上涨与以往股市上涨的重要区别，而市场监管理念没有及时跟进，故传统监管手段难以覆盖到新的风险源。监管的敏感度滞后于风险变化的速度，对市场创新的速度以及这种创新所带来的新风险缺乏深度理解，这样的监管一定是滞后的监管。虽然我们不能把这次股市危机的主要责任归咎于监管低效，但监管的滞后和对风险的低敏感度无疑是一个不可漠视的因素。

监管的滞后和低效既与监管者的市场化及专业化能力有关，更与监管者的监管独立性不够有密切的关系。在股市上涨的过程中，当市场出现严重的泡沫化趋势之前，监管部门对上涨的关心远超对风险的关注，有时甚至会误认为股票价格的上涨是监管者的重要目标，以至于对一些可能给市场带来重大潜在风险的工具创新和违法违规行为视而不见。在股市上涨期间，各种以提高股价为目的的可疑信息披露（以形形色色的并购重组为代表）也在市场弥漫。事后证明，这些可疑信息不少都是虚假信息。从基本常识和起码的专业能力看，对如此多的所谓“利好”信息是必须纳入监管视野的，但在当时，这些可疑信息被市场上涨的欢呼声淹没了，监管的独立性被严重削弱。

5. 中国股灾过程中推波助澜的交易行为与监管失灵分析

5.1 反馈交易

反馈是指在一个存在信息反馈的系统当中，系统的输出结果重新作为系统的输入参数，从而进一步强化系统输出的过程，分为正反馈和负反馈。正反馈是指一系统的输出影响到输入，使得输出变动后会影响到输入，造成输出变动持续加大的情形。负反馈是指一系统的输出影响到输入，使得输出变动后会影响到输入，造成输出变动持续减小的情形。

在金融市场上，反馈交易行为也具有这种方向性。如果以动态化、过程化和系统化的视角来分析，正反馈交易是指金融资产价格上涨引致对金融资产的买入，从而导致其价格上涨得以正向强化，引起进一步上涨；而价格下跌引起对金融资产的卖出，从而强化了其价格进一步下跌。“价格上涨→买入资产→价格再上涨”，如此循环往复，强化的结果是参数逐渐偏离其初值。可见，正反馈交易是一个逐渐偏离稳定状态的系统，系统在不断演进的过程中会变得愈发的不稳定。

2015年股市的剧烈波动与杠杆操作有很大的关系。杠杆交易在场内表现为券商融资，在场外主要是股票配资。杠杆对股市行情有推波助澜的作用：股票上涨→盈利放大→继续加仓→买入增加→股票续涨；股票下跌→损失放大→被迫斩仓→卖出压力增大→股票续跌。杠杆起到了“助涨助跌”的作用，就是所谓的正反馈。

杠杆在投资收益和股价涨跌之间建立了互相强化的正反馈机制。面对股价下跌，借出资金的一方为了保证本金的安全，要求投资者平仓，从而引发了股价继续下跌；而当股价处于跌停状态时，投资者只能抛售其他股票来变现，从而引发了市场的全面下挫。更重要的是，在救市之前，由于市场连续跌停、资金无法出逃，因而市场的杠杆率实际上是不降反升的。杠杆的正反馈机制不仅造成了投资损失和股价下跌两者的恶性循环，而且还实现了自我强化。

负反馈交易是指金融资产价格下跌时投资者对金融资产的买入，从而使其价格下跌被负向强化，即下跌幅度降低。此时，对金融资产的买入相应减少，整个过程持续至价格转为上升。金融资产价格上涨时投资者对其卖出，从而使价格上涨幅度减小，新一轮的卖出也相应减少。“价格下跌→买入资产→价格下跌幅度下降→买入资产减少”，如此不断发展，此过程最终会回复到一个均衡水平。可见，负反馈交易是一个逐渐回归动态均衡的系统，系统在不断演进中逐渐走向稳定。股市中的负反馈机制就是要在投资收益和股价涨跌之间建立起互相制衡、此消彼长的联系，防止市场被单边力量主导，避免出现暴涨暴跌。更一般地，股市中的负反馈是指能促进市场稳定运行的机制。

融资是通过股票上涨获利，与之相对，融券则是通过股票下跌获利。从券商那里借来股票，在股价高时卖掉换成钱，在股价低时再以更少的钱把股票买回来并还给券商，在扣掉一定的费用后，多出来的钱就是获利。一个完整的融券交易过程是：股价上涨→卖出股票→股价下跌→买入股票平仓→股价上涨。与正反馈机制相比，股价不会无限制上涨，更不会无限制下跌。融券交易是典型的负反馈，即使没有融资，它在合理的范围内也能促进市场的稳定，避免暴涨暴跌。

在我国实行的融资融券制度中，融资买入没有太多障碍，但融券卖出就存在各种障碍，比如只能通过中国证券金融公司转融通，其交易成本非常高，因此融券规模与融资规模极不匹配。特别是在本轮牛市的发展过程中，融资规模的扩张速度远超融券规模，两者的比例从年初的100多倍上升至股灾时期的600多倍（见图分—7—42），远高于美国股市3倍的比例。如果再考虑场外配资的庞大规模，可以说市场一直是被单边追涨的力量主宰的。当股市下跌时，原先的多头在融资的正反馈机制下，损失放大，被迫斩仓，导致股票续跌，进而产生一连串的暴跌。作为负反馈机制的融券制度在市场加杠杆的情形下，无法成为抑制市场非理性波动的有效力量。

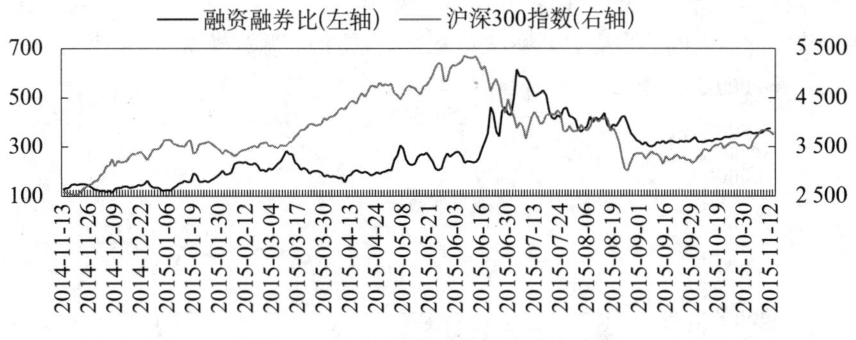

图分—7—42　融资融券比与大盘走势

资料来源：Wind 资讯。

5.2　市场操纵行为

操纵行为是引发市场波动的重要原因之一，做空的主体可从外资和国内机构两方面去考虑。外资做空中国股票的方式有：第一，外资通过 QFII 、RQFII、沪港通等渠道进入中国资本市场，通过做空上证 50、沪深 300 和中证 500 股指期货，进而带动指数成分股下跌。特别是通过做空中证 500 股指期货，带动中小成分股暴跌，可以赚取巨额利润，因为中证 500 成分股都是中小市值的公司，它们的融资规模和杠杆较大，容易操纵，股价波动也大，而且很容易受到股指期货的影响；而股价下跌形成的恐慌又影响到其他股票，诱发场外配资爆仓，进一步形成多米诺骨牌效应，而后引发股灾。第二，外资直接在新加坡、中国香港等国家或地区做空富时中国 A50 指数和中华交易服务中国 120 指数，指数的大幅下跌将引起恐慌，诱发 A 股下跌。第三，在美国等国家或地区做空或者赎回 ETF，造成恐慌，导致 A 股下跌。在此，ETF 的标的分为 A 股股指、中概股或红筹股等股指。例如，2004 年美国成立 FXI ETF，追踪富时中国 A25 指数。再如，2013 年德意志银行通过 QFII 渠道成立 ASHR ETF，追踪中国 A 股沪深 300 指数的表现。6 月 8—12 日撤出 2.58 亿美元的资金，创下自该基金 2013 年开创以来的最大赎回撤资记录。

境内机构可以通过上证 50、沪深 300 和中证 500 股指期货分别做空上证 50、沪深 300 和中证 500 三大指数成分股，而三大股指期货市场上的巨大卖盘，将使负基差持续扩大，带动股市恐慌性杀跌，引爆场外配资爆仓，从而加速股市下跌，导致股指期货进一步下跌，并形成恶性循环。特别是中证 500 股指期货，因中证 500 股指期货的市场规模最小，追踪的是中小市值公司，对它发力最容易。另外，通过指数联动效应，易于形成市场的恐慌效应，所以空方集中对中证 500 股指期货合约发力。

在股灾期间，三大期指多次触及跌停板，尤其是中证 500 股指期货，导致负基差持续扩大，带动股票市场杀跌，见图分—7—43～图分—7—45。例如 7 月 1 日，IC（即中证 500 股指期货）、IF（即沪深 300 股指期货）、IH（即上证 50 股指期货）合约分别较中证 500、沪深 300、上证 50 指数贴水 10.729%、4.562%、1.485%。中证 500 股指期货如此巨大的贴水历史罕见，被认为遭到机构的恶意操纵。

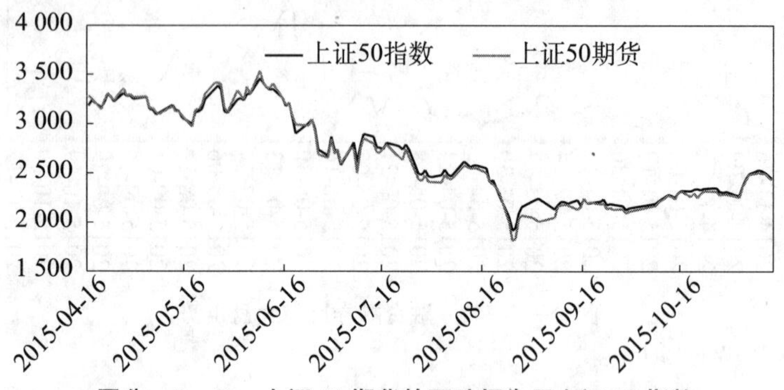

图分—7—43　上证 50 期货的下跌领先于上证 50 指数

资料来源：Wind 资讯。

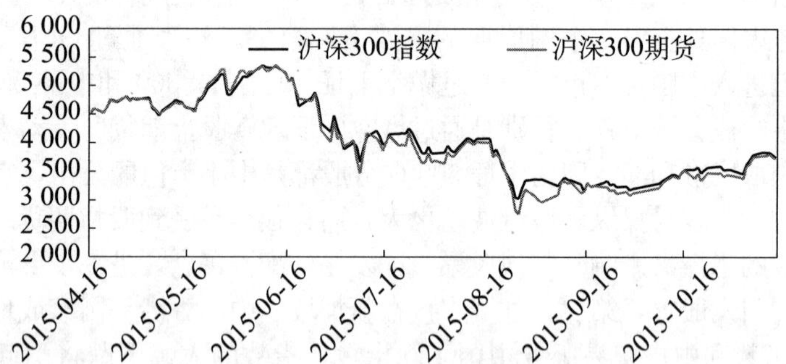

图分—7—44　沪深 300 期货的下跌领先于沪深 300 指数

资料来源：Wind 资讯。

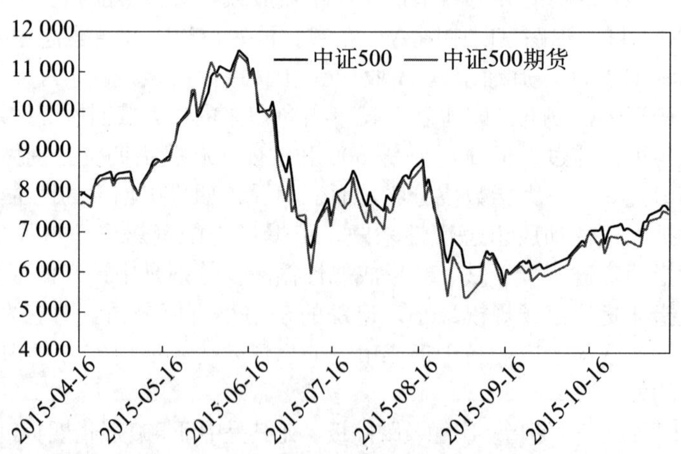

图分—7—45　中证 500 期货的下跌领先于中证 500 指数

资料来源：Wind 资讯。

5.3 套期保值与指数套利

套期保值是股指期货最重要的一个功能，也是股指期货市场存在和发展的基础。

套期保值是持有大量股票组合的投资者为防范股票市场下跌的风险，在股指期货市场上卖出股指期货合约的市场交易行为。在股市下跌时，为了对冲股票下跌的系统性风险，投资者执行卖出套期保值，在股指期货市场上建立空头头寸，这样在股票市场下跌时，投资者的股指期货合约可以获利，并借此弥补股票下跌的损失。在进行套期保值后，无论股票价格如何变动，投资者最终的收益基本保持不变，可以达到规避风险的目的。

当股灾发生时，对于股票市场下行的预期使期货市场出现大量空单，导致股指期货价格下跌。由于期货价格下跌，而期货价格明显低于现货价格，即两者的价格偏离了正常的比价关系。当现货价格与期货价格的基差偏离到一定程度时，将形成套利机会，指数套利者可以在买入期货的同时抛出股票来获利，此举将使股票现货价格下跌，见图分—7—46。股票价格下跌刺激了更多组合保险交易策略的执行，又引起新一轮股票指数期货抛盘，而卖盘压力在两个市场间相互传递，最终导致股市崩溃。

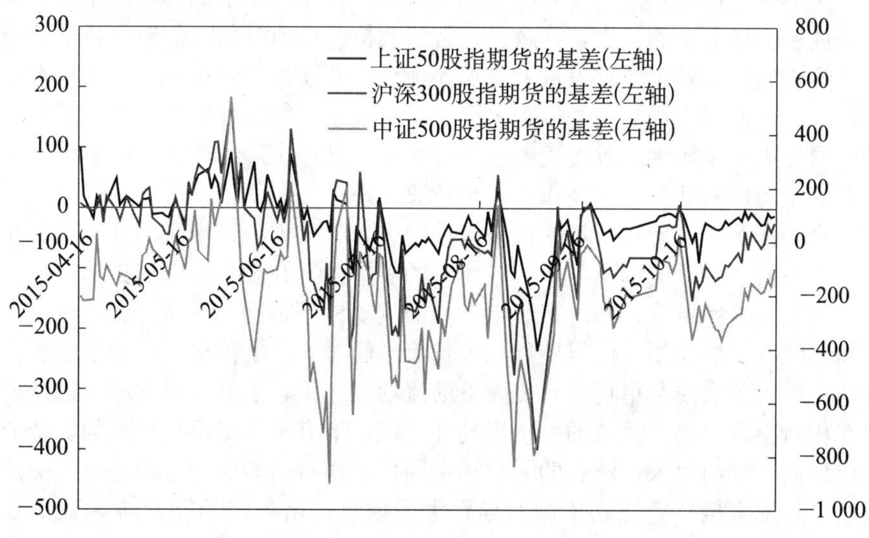

图分—7—46 三大股指期货与现货的基差走势

资料来源：Wind 资讯。

5.4 监管失灵

本次股灾反映出监管层事前、事中和事后监管存在的漏洞。股市危机源于监管层严查场外配资，但受限于监管权限及独立性等原因，监管层对已经改变的交易结构未有清晰把握。在事前监管中，对新的风险源没有及时覆盖监测，致使监管层对去杠杆给市场造成的影响未充分预估，对于风险的敏感度低。

当A股逼近5 000点时，监管部门意识到大幅回调的风险正在上升。然而，监管部门没有拿出一套渐进的、强有力的、有针对性的措施，而是选择严查场外配资，强调证券公司不得通过网上证券交易接口为任何机构和个人开展场外配资活动、非法证券业务提供便利，意图降低市场风险，但一刀切断场外配资接口等重磅措施，导致大量抛盘，并由此打开了“潘多拉魔盒”，成为本次股市危机的导火索。

事后监管暴露出监管层应急措施的不足。6月26日，市场暴跌7.4%，而中国证监会新闻发言人回应称：“这是市场前期过快上涨的自发调整，是市场自身运行规律的结果。”这使监管层错失了纠偏机遇。本次股灾和救市过程也显现出现有的监管框架在应对不同金融产品间的“跨界风险传染”时，防范危机的能力低下，金融监管架构没有跟随金融市场风险结构及来源构成的变化而及时演变。

5.5 交易行为与监管失灵共同推动的流动性危机

一般来说，股市流动性是指市场流动性，也就是市场中的投资者买卖证券可以变现的容易程度。随着我国融资融券市场的快速发展，流动性还包括融资流动性，也就是投资者以股票作为抵押，向银行或者证券公司融资的难易程度。

股灾的发生往往是市场流动性和融资流动性互相作用造成的恶性循环：投资者融资进场遭遇最初的损失，导致投资者股票持仓市值降低，而银行或证券公司出于风险管理的需要，要求投资者追加保证金，致使投资者被迫卖出了持有的股票；由于股灾期间市场流动性较差，因而卖出股票的行为导致股价大幅下跌、投资者的损失进一步放大，故投资者进一步卖出，其损失持续放大，由于市场流动性和融资流动性的互相正反馈作用，导致股灾进一步恶化。

在股灾情况下，现货市场的价格波动增大，导致现货市场流动性不足。在现货市场价格剧烈波动的情况下，大量集中的股票抛售并没有足够的买单来承接卖单，导致股价迅速下降；同时，股市存在的流动性不足问题切断了套期保值在两个市场之间的连接作用，使得期货、现货市场同时陷入了价格不停跌落的恶性循环。这次股灾的实质是市场信心丧失下的流动性危机，上有筹码竞相出逃造成的难以在相对稳定价格下兑现的股票流动性危机，下有承接盘不足导致的资金流动性危机。监管部门对入市资金的干预是主因，比如对两融展开专项检查、突然一刀切断场外配资接口等重磅措施，导致大量抛盘，市场因预期逆转导致信心崩盘，继而承接盘更小并导致暴跌。流动性危机致使大量股票连续跌停，出现千股跌停的现象，甚至大多数股票开盘就跌停，如6月26日有1 995只跌停股。从换手率来看，跌停股的平均换手率是4.18%，千股跌停日跌停股的平均换手率都不超过6%，而6月之前要让一只股票跌停平均需要10%以上的换手率，即使20%以上的换手率也不少见。

下面选取成交量、成交额、换手率指标来衡量股票市场的流动性，见图分—7—47和图分—7—48。成交量和成交额最能反映市场的总体资金面情况，是衡量市场整体流动性水平的最直观指标。9 月 30 日，A 股的总成交量和总成交额分别为 295.69 亿股和 3 706.48 亿元，为股灾发生后的最低值；对比 5 月 28 日 1 300.15 亿股和 23 562.34 亿元的 A 股日成交额之最，下降幅度分别达到 77%和 84%。由此可以看出，股票市场的流动性在此期间急剧下降。

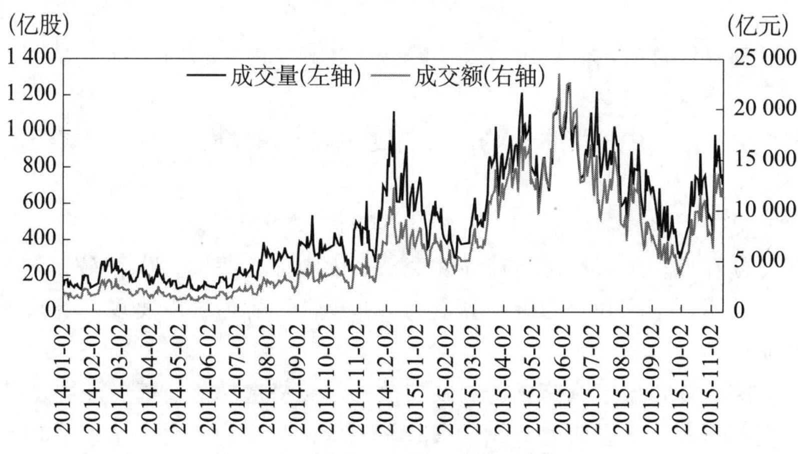

图分—7—47　成交量和成交额的变化

资料来源：Wind 资讯。

换手率是投资者交易活动的结果，反映了交易的活跃程度，交易越活跃意味着流动性越好，从而流动性风险也越小，因此换手率指标间接反映了流动性的强弱，我们可以将换手率作为流动性的代理变量。A 股的换手率从 2015 年 5 月 28 日的 9.35 下降到 9 月 30 日 2.23，四个月时间换手率的下降高达 76.15%。从换手率的急剧下降也可以看出，股票市场的流动性在此期间急剧下降。

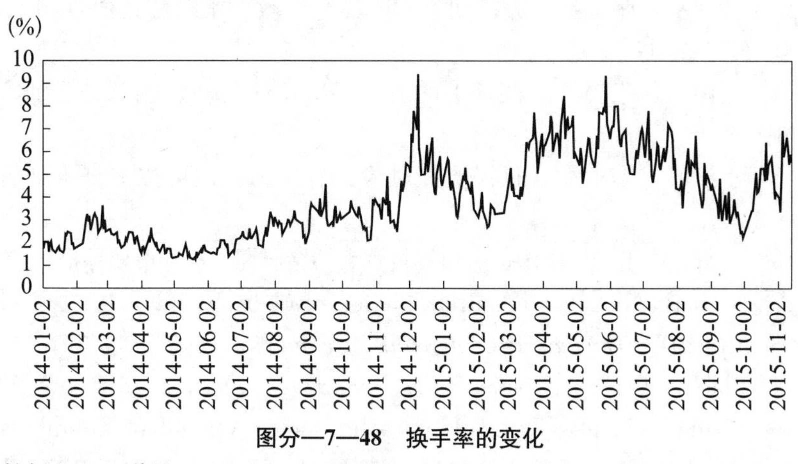

图分—7—48　换手率的变化

资料来源：Wind 资讯。

参考文献

［1］刘锡良，曾欣．中国金融体系的脆弱性和道德风险．财贸经济，2003（1）

［2］宋军，吴冲锋．证券市场中羊群行为的比较研究．统计研究，2001（11）

［3］孙培源，施东晖．基于CAPM的中国股市羊群行为研究．经济研究，2002（2）

［4］吴晓求．中国资本市场：从制度和规则角度的分析．财贸经济，2013（1）

［5］吴裕彬．股灾的真相．中国证券期货．2015（7）

［6］夏春．多维流动性与掠夺性交易．中国证券期货．2015（7）

［7］夏明，李家和．中国证券市场“非理性”行为分析及政策研究．管理世界，2008（6）

［8］徐浩峰，侯宇．信息透明度与散户的交易选择——基于深圳交易所上市公司的实证研究．金融研究，2012（3）

［9］张峥，刘力．换手率与股票收益：流动性溢价还是投机性泡沫？经济学（季刊），2006（4）

［10］张宗新，王海亮．投资者情绪、主观信念调整与市场波动．金融研究，2013（4）

［11］邹昊平，唐利民，袁国良．政策性因素对中国股市的影响：政府与股市投资者的博弈分析．世界经济，2000（11）

［12］林成栋．股市的负反馈机制．证券研究报告，2015-08-05

［13］任泽平，张庆昌．股指期货，阴谋论、救市策略和还原真相．证券研究报告，2015-08-17

［14］任泽平，张庆昌．杠杆上的股市：新特征与新影响．证券研究报告，2015-06-30

［15］王汉峰，李求索．股权质押风险：有压力，但可控．证券研究报告，2015-08-31

［16］张丹，廖士光．中国证券市场投资者情绪研究．证券市场导报，2009-10

［17］Barberis Nicholas，Andrei Shleifer，Robert Vishny，“A Model of Investor Sentiment”，*Journal of Financial Economics*，1998（3）：307-343

［18］Black，Fischer，“Noise”，*Journal of Finance*，1986（41）：529-543

［19］Daniel，Kent，David Hirshleifer，and Avanidhar Subrahmanyam，“Investor Psychology and Security Market Under-and Overreactions”，*Journal of Finance*，1998（53）：1839—1885

［20］Delong，J. B.，Shleifer，A.，Summers，L. H.，Waldmann，R. J.，"Noise Trader Risk in Financial Markets"，*Journal of Political Economy*，1990，98（4）：703-738

［21］Hong，H.，Stein，J. A，"Unified Theory of Underreaction，Momentum Trading and Overreaction in Asset Markets"，*Journal of Finance*，1999（54）：84-2143

［22］Shefrin，Hersh and Statman，M.，"Behavioral Capital Asset Pricing Theory"，*Journal of Financial and Quantitative Analysis*，Vol. 29，1994（3）：323－349

［23］Gennaioli，N.，A. Shleifer and R. Vishny，"Neglected Risks：The Psychology of Financial Crises"，*American Economic Review Papers and Proceedings*，2015，pp. 310-314

［24］Brunnermeier，M.，"Bubbles"，in L. Blume and S. Durlauf eds.，The New Palgrave Dictionary of Economic，Palgrave Macmillan，New York，2009

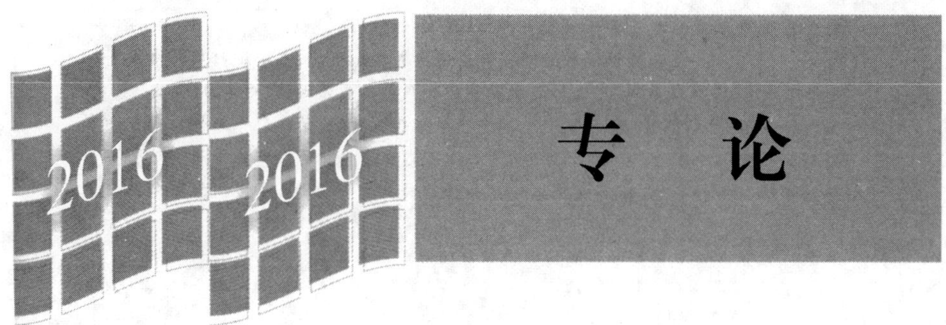

专　论

专论一　资产价格泡沫与信用扩张

摘　要

资产价格的急剧波动在经济史上反复出现，经常引发金融危机；从历史案例看，其典型特征是资产价格泡沫与信用的扩张具有高度的相关性；主流金融理论基于理性假设的传统套利均衡的“泡沫”模型存在内在缺陷。一个重要的方向是引入信用扩张，借以解释资产价格泡沫形成中的风险转嫁。在金融制度变革尤其是金融自由化的过程中，我们应该对资产价格波动和信用的循环扩张有充分的认识，并做出相应的制度安排。

Abstract

The drastic variation of asset prices repeated in economic history, which frequently induced financial crises. History cases show close relation between asset price bubble and credit expansion, while traditional finance theory based on rational expectation and arbitrage equilibrium failed in providing a reasonable answer. An important new research direction is to introduce credit expansion to the model to analyze the risk shifting issue in asset prices formation. For countries in the process of financial reforming, relevant institutional arrangement should be made in advance with the understanding of the relationship between bubble and credit expansion.

1. 引　言

资产价格泡沫是经济史上反复出现的问题，从1636年的“郁金香狂热”，到1720年的“密西西比泡沫”，到美国“沸腾的20年代”，到20世纪80年代后期日本、北欧诸国的泡沫经济，再到近期的互联网与电信泡沫，不胜枚举。大多数泡沫引发了严重的经济衰退，单此一点就足以引起学术界和政策部门的关注。但是，宏观政策因应泡沫的最大难点在于缺乏相应的理论基础，金融理论对于泡沫经济的形成机制乃至泡沫的定义迄今并没有令人满意的解释。

本部分首先分析主要的泡沫经济历史案例，重点关注泡沫形成的基本过程，强调在泡沫形成的过程中，信贷扩张和资产价格上升之间的互动关系。虽然各泡沫案例的形成年代、具体背景、经济后果不尽相同，但大量的证据显示，信贷扩张与泡沫之间存在高度的相关性，这是最重要的“典型事实”（stylized facts），好的理论必须对这样近乎常识的现象进行合理的解释。但是，基于传统资产定价理论的泡沫模型，在理性人套利均衡的假设下，无法解释“基础价值”，无法解释泡沫，其勉强给出的答案是有循环论证之嫌的理性泡沫概念。这种解释既不具备操作意义，也不能为政策提供有益的指导。艾伦与盖尔［Allen and Gale (2000)，以下简称AG模型］率先指出，由于投资者对金融中介存在风险转嫁的激励，因此，由借款投资所形成的资产价格上涨就是泡沫，并且严格证明了信用扩张与资产价格之间的关系。虽然两者之间的因果关系解释还需要深入探究，但这种思路无疑是向正确的方向做出了关键性的突破，而且能够引申出很多政策启示。

2. 资产价格泡沫的案例分析与典型事实

2.1　早期的泡沫：“郁金香狂热”与“密西西比泡沫”

荷兰的“郁金香狂热”（1634—1637年）通常被认为是有记载的最早的投机泡沫。鉴于郁金香在短时期内暴涨、暴跌的现象对实际经济影响不大，因此不能算作“泡沫经济”，而是一个资产价格泡沫的“个案”。由于当时投机行为主要是民间期货交易，金融服务业还不够发达，也就是郁金香价格暴涨时期没有银行信用的参与，所以市场价格的暴跌没有经由银行体系拖累实际经济。① 因此，郁金香泡沫为后面论述的AG模型提供了一个重要的反证。

如果说郁金香泡沫只是资产价格的泡沫或者“序幕”，那么由约翰·劳(John Law）一手制造的“密西西比泡沫”（Mississippi bubble）才是历史上第

① 加伯认为：“没有证据显示这次郁金香狂热造成了严重的经济困难，历史学家把这一时期看成荷兰经济发展中的黄金年代”［Garber (1990)］。

一次真正意义上的泡沫经济。

“密西西比泡沫”的起因可以说是制度（尤其是金融制度）的变革，劳在法国历史上第一次尝试了大规模的纸币发行和债转股实验。他于1716年6月设立了私营股份制的通用银行，向政府发行银行券，政府则利用这些银行券支付开支、减少债务。1717年8月，劳组建西方公司，劳为公司融资的基本思路是：首先，以减息优惠的条件替政府偿还债务，借以取得向政府发行银行券的权利；然后，用政府的债务作抵押发行股票；政府用银行券向公众还本付息，公众则用银行券购买劳的公司股票；这样就完成了第一轮循环。在王室的支持下，劳一方面大量发行纸币，另一方面大肆扩张公司业务，并且将巨额国债转变为公司的股权，同时允诺高额的股息。因此，信用与实际经济相互促进与扩张，劳的上述资金循环进入了第二轮，公司的股票急剧上升。

劳的泡沫堪称历史上最早的泡沫，它最典型、最直接地揭示出泡沫的本质特征：在乐观预期的刺激下，信用过度扩张和股票价格上涨相互刺激［瞿强(2004)］。

2.2 美国20年代的资产价格泡沫

第一次世界大战后，美国在整个20世纪20年代出现了稳定繁荣的局面，大型工商企业组织形式的出现能够充分利用不断发展的新技术，而且提出了新的融资需求，从而带动了金融制度的变化与金融创新。①

首先，无论是老企业还是新的企业，都通过大量发行股票来为新的工厂和设备融资。股票市场的快速发展对商业银行形成了很大的竞争压力。商业银行为了规避管制，设立了全资附属的证券公司，从事各种投资银行和证券经纪业务。1992年，这类机构为11家，到1931年增加到114家；到30年代末，它们占了纽约股票经纪业务收入的四分之一、债券发行的近一半［White（1990a)］。

其次，一种重要的金融组织创新——投资信托基金（investment trusts）大量出现。在1921年之前，美国的投资信托基金只有40家，1929年为750家［White（1990b)］。投资信托在18世纪80年代起源于英国，类似于目前的共同基金。当时，美国的投资信托发生了下述两个方面的变形：一是大胆采用了保证金交易；二是大量出售固定利率债券。这两者都增加了金融杠杆，同时也增加了风险。

最后，保证金交易盛行。很多经济史学家认为，20世纪20年代后期的信用

① 加尔布雷思将1929年10月的股市崩溃解释为下面两个原因不可避免的结果：金融创新和无管制金融市场运作方式的变化。有了这些便利的制度安排，企业和个人均可以很容易地接近股票市场，股票市场在20年代取得了长足的发展［Galbrith（1988)］。

扩张，尤其是经纪人贷款①（brokers's loan）的扩张对股市泡沫有很大的推动作用。在20世纪20年代没有管制的市场上，保证金通常只需要20%，而信誉好的投资者只需要10%②；用保证金购买股票是一种极大的投机诱惑。投资者只需要支付一部分资金，然后依靠借贷就能充分享受资本利得减去贷款利息的好处；甚至连费雪都相信，借款购买股票刺激了“不明智的投机”（股市繁荣与信用扩张的关系可以从图专—1—1上比较直观地看出来）。

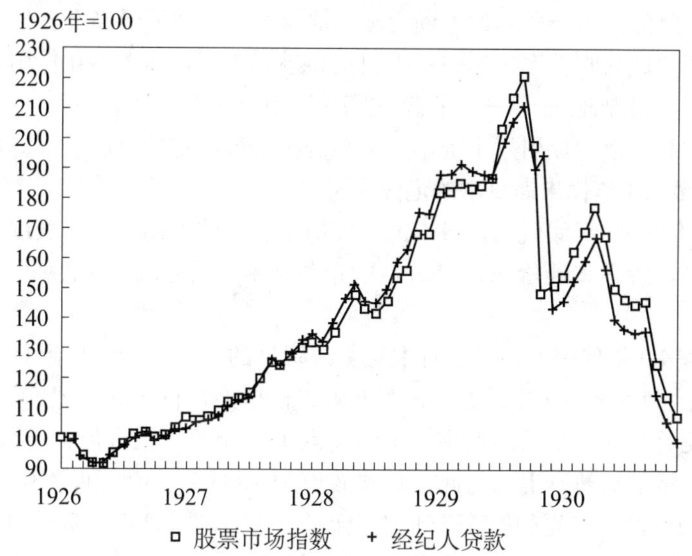

图专—1—1 美国20世纪20年代后期股票市场指数与经纪人贷款的关系

资料来源：“Board of Governors of the Fed and the NY Stock Exchange Year Book”，1931。转引自White（1990b）。

有研究质疑经纪人贷款对股价的刺激作用［White（1990a，1990b）］，其基本理由是：从总体上看，在整个繁荣时期，货币供应量是偏紧的，在20世纪20年代后期，美联储主要采取紧缩性的货币政策，股市信贷资金怎能轻易扩张？

实际上，由于股票价格的不断上涨，购买股票的信贷需求不断增加，使得新资金进入股市，从而导致信贷重新配置。例如，公司的财务总监发现，对于公司

① 经纪人贷款是指当投资者用保证金购买股票时，差额由经纪人支付，经纪人则用这些股票作担保从银行获得贷款；经纪人贷款大部分是短期、浮动利率的“通知贷款”（call loan），小部分是具有固定利率的定期贷款。

② 在当时，由于公司的盈利情况良好，保证金交易的风险并不太大。例如，1927年股票经纪人贷款的利率平均为4.35%，而公司的股息平均为4.77%；直到1929年，依靠保证金购买股票都是有利可图的。

的短期剩余资金来说，用于通知存款比存在银行账户上或购买短期债务合算得多。因此，给股票经纪人的非银行贷款从1924年的5.5亿美元（约占贷款总量的25%）增加到1928年的38.85亿美元（约占贷款总量的60%），大量的非银行贷款使得美联储限制股市投机的努力受挫；同时，由于美国股市繁荣，大量资金从欧洲、日本流向了美国。

因此，信用的扩张对20世纪20年代末期美国股市泡沫的形成起到了重要的支撑作用。此外，由于股市的不断上涨，股票的收益率明显高于其他领域，尤其是实际生产领域的收益率，进一步吸引资金进入股市，两者相互作用，最终导致股票价格不可遏制地处于一个危险的高位，并于1929年10月24日（所谓的“黑色星期四”）崩溃，引发了资本主义经济史上最严重的一次经济危机。

2.3 20世纪80年代末期日本的泡沫经济

在20世纪80年代后期，日本经济经历了急剧的振荡，突出表现为随着实体经济的扩张，股票和地价急剧上升，货币供应和信用膨胀，出现了典型的泡沫经济。

20世纪80年代中期，由于日本对美国贸易的大量盈余，导致日、美贸易摩擦日益激化。1985年9月，美、日等五国财长与央行行长签订“广场协议”，旨在降低美元兑日元等货币的汇率，由此引发了日元的急剧升值，导致了1986年秋季日本经济的短暂衰退。为此，日本政府于1986年11月和1987年2月两次调整法定利率，由原先的5%降到创纪录的2.5%，同时广义货币（M2+CDs）的增长率在1987年也由8%增长到12%。但是，当时日本的企业设备投资率已持续数年处于高水平，但过剩的资金并没有完全进入生产领域，而是推动了股票、房地产等资产价格的上涨［瞿强（2001）］。

与此同时，随着金融自由化的进展，大企业的资金筹措迅速脱离银行，而银行只能缓慢地进入资本市场业务，因此银行受到较大的竞争压力，其收益率不断下滑。为此，银行积极开拓风险很高的不动产相关贷款和以不动产为担保的中小企业贷款。一方面，由于金融环境宽松，导致资金筹措成本下降，故投资者和投机者更容易获得资金；另一方面，在宽松的金融环境下，股价上升，资本成本下降，企业按照市场价格增资扩股、发行可转换公司债等更加容易。此外，随着地价、股价的上升，企业用于担保的资产价格上升，因而通过借款、发债等形式筹集资金的能力上升。在泡沫时期，无论是企业、金融机构、个人投资者还是政府，都积极参与市场。其结果是短短数年之间，股票、房地产等资产价格上涨了三倍多，见图专—1—2。随着“泡沫”的崩溃，日本金融体系受到重创，进而影响到实体经济，并成为日本经济在20世纪90年代持续衰退的一个重要直接原因。

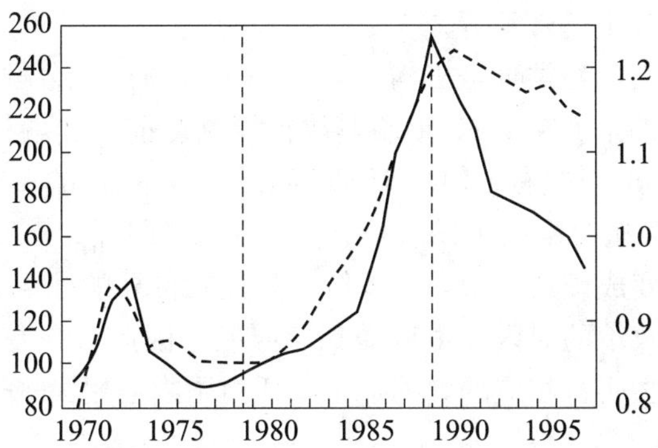

图专—1—2　20世纪80年代后期日本资产价格与民间融资的关系

说明：实线为实际综合资产价格指数（左轴，1980）；虚线为对民间部门融资与GDP之比（右轴）。

资料来源：翁邦雄等（2000）。

2.4　瑞典案例①

从20世纪80年代后期开始，瑞典经济经历了一次急剧的、不平常的变化，资产价格出现明显的泡沫。这个案例的显著特点在于，瑞典GDP的增长在泡沫时期与其他OECD国家相比并不显著，与瑞典在80年代前期的增长相比也不显著，因此瑞典的案例显然不是由“实际冲击”引起，是一种非常典型的“信贷驱动”的资产泡沫。

20世纪80年代后期瑞典的资产价格泡沫可以说完全是由信贷市场的变化引起的。这种变化可以从贷款人行为和借款人行为两个方面进行分析。从贷款人方面看，有两个相互关联的因素刺激了80年代后期信贷的扩张：第一，金融市场的放松管制改变了金融中介机构的行为，刺激了金融创新；第二，一系列因素导致了扩张性的财政政策与货币政策的实施。从借款人方面看，放松的借款管制、利率变化和繁荣时期的乐观经济环境和预期，刺激了信贷需求。

在第二次世界大战以后，瑞典的金融体系从总体上看仍处于传统的“金融压抑”状态，其金融政策选择的是低利率政策，银行和一些规模较小的金融机构（主要服务于住宅建设融资）是主要的金融中介。直到20世纪70年代末期，瑞典的整个信贷市场非常简单，股票市场大致处于“休眠”状态。与国内信贷管制相一致，其外汇市场和资本流动也受到控制，致使瑞典的金融市场与国际金融市场有较大的差异。从70年代后期开始，由于实施了高福利政策，瑞典的国债迅速增加并急需融资，而受到严格管制的国内金融市场无法满足这一需求，于是新的金融工具开始不断引进；此外，“灰色”的金融市场开始迅速发展，一些大企

① 本部分关于瑞典的案例主要根据Jonung and Stymne（1997）整理。

业开始利用国际金融市场筹集资金。

随着管制的放松，各类金融机构日益在一个市场化的金融体系中展开竞争，致使信贷总额急剧扩张。在1985年瑞典放松管制之前，金融机构的信贷总额与GDP的比例稳定在80%左右，但从1985年开始，在短短的4年时间中，该比例上升到130%左右。从货币政策来看，自80年代初期开始，瑞典政府和中央银行决定将瑞典克朗变成硬通货币，并维持一种比较可靠的固定汇率制度；在这种条件下，瑞典货币政策的对内自由度受到了限制。因此，在80年代后期国内经济过热时，瑞典无法实行相应的紧缩措施，任由国内信用大规模扩张和股票、房地产价格泡沫膨胀。

2.5 资产价格泡沫的“典型事实”

一般来说，正向冲击将改变经济预期，而这种冲击通常表现为金融制度的变革。如果这种冲击是正面的，而且规模和影响足够大，能够给经济中一个或多个部门带来利润，从而改变了经济的整体预期，那么经济从整体上就会走向繁荣。信用扩张和经济繁荣相互推动，通常表现为资产价格不断攀升。一方面，随着经济的扩张，预期利润增加，因而必然伴随信用的扩张；另一方面，在信用扩张的初期，对资金的需求转化为对实际资产和金融资产的有效需求，其结果是价格上涨，新的盈利机会出现，从而吸引了更多的厂商和投资者进入市场，最终推动经济进一步扩张。这样一来，经济和金融的扩张相互作用，推动经济超过某个“临界点”，出现了纯粹的投机活动，其判别标准是实物资产和金融资产的购买都是为了再出售。如果大多数这种行为能够获利时，将吸引更多的人加入，于是出现了经济泡沫。当市场达到一定高度时，潜在的不安情绪在增加，任何意外事件均可能导致恐慌性抛售，使市场趋于崩溃。

总之，纵观历史上各种泡沫，尽管它们的具体起因、背景各不相同，但有一个共同的特点非常显著，即所有的资产价格泡沫均伴随着信贷的大幅扩张。对于这种近似常识的历史现象，现代金融理论能提供什么样的解释呢？

3. 资产价格泡沫的理论模型

资产价格泡沫理论与所有的经济金融理论一样，其生命力在于对现实的解释能力。

3.1 传统的资产泡沫模型及其缺陷

现代资产定价理论基于如下假设：追求个人利益的理性人，总会充分利用既有的信息从事套利活动，因而资本市场是有效的，不存在超额收益；换言之，市场是套利均衡的。

考虑在下一时期收益与价值确定的安全资产和下一时期收益与价值不确定的

风险资产，两者的套利条件为：

$$1+r+\pi=\frac{E_t(p_{t+1}+d_{t+1})}{p_t} \qquad (专 1—1)$$

式中，r 为安全资产的收益率；π 为风险溢价；p_{t+1} 为 $t+1$ 期的资产价格；d_{t+1} 为 $t+1$ 期的资产收益；E_t 为基于 t 期信息所形成的条件期望。

由（专 1—1）式求 p_t。同理，反复迭代，可得：

$$p_t = E_t\left(\sum_{j=1}^{T} \frac{d_{t+j}}{1+r+\pi}\right)+E_t\left(\frac{p_{t+T}}{(1+r+\pi)^T}\right) \qquad (专 1—2)$$

因为

$$\lim_{t\to\infty} E_t\left[\frac{p_{t+T}}{(1+r+\pi)^T}\right]=0$$

所以

$$p_t = E_t\left[\sum_{j=1}^{\infty} \frac{d_{t+j}}{(1+r+\pi)^j}\right] \qquad (专 1—3)$$

由（专 1—3）式决定的资产价格被称为“基础价格”（fundamentals），设为 F_t。显然，它是由（专 1—1）式的套利均衡条件推导出来的，但（专 1—2）式右边为零的假设过于严格，单纯依靠 F_t 并不能满足（专 1—1）式的均衡条件，需要再定义一个附加项（b_t），即

$$b_t=E_t\left(\frac{b_{t+1}}{1+r+\pi}\right) \qquad (专 1—4)$$

而包含 b_t 的资产价格才能满足（专 1—1）式的套利均衡条件，即

$$F_t+b_t=E_t\left(\frac{d_{t+1}+F_{t+1}+b_{t+1}}{1+r+\pi}\right)$$

由于 b_t 的系数大于 1，因而 b_t 是发散的，或者可以将其理解为泡沫。下面讨论泡沫破灭的可能性。

假设在概率 p 下，有

$$b_{t+1}=\frac{1+r+\pi}{p}\times b_t$$

在概率（$1-p$）下，有

$$b_{t+1}=0$$

满足（专 1—4）式。

由此可见，泡沫破灭的概率越大，$\frac{1+r+\pi}{p}$ 越大，仅此就可以推动资产价格的大幅上升。按照这样的定义，资产价格中包含了“理性泡沫”，尽管它高于“基础价格”，但市场参与者预期资产价格可能进一步上升，而套利行为可使投资者获得与安全资产相同的收益率。因此，虽然市场参与者按照满足套利均衡的条

件行动，但资产价格仍可能持续偏离“基础价格”。显然，这里存在着难以解释的悖论。Flood and Garber（1980）将这样定义的 b_t 无奈地称作理性泡沫，迄今为止的研究者大多沿用这一方法［小川一夫和北坂真一（1998）；Campbell（2000）］。本报告认为，沿着这一传统，对资产价格泡沫的研究已经陷于绝境，在实践中没有操作意义。由于无法确定基础价值，因而基于这一模型的实证研究缺乏可信的结论，而且对于前述历史案例显然是没有解释能力的。①

从一定意义上说，理性预期是一个技术性的假定，但纵观历史上反复出现的金融危机便可发现，这种假定并不总是符合事实的。②

3.2 信贷扩张与资产价格泡沫

Allen and Gale（2000）提出了一个全新的、非凡的思路来解释资产价格泡沫，他们将资产价格泡沫定义为“借款购买资产，因为风险转移而导致的价格超过基础价格的部分”。

传统的资产定价模型有一个隐含的假设，即投资者是用自己的资金进行投资的。Allen and Gale（2000）将由此形成的价格称为“基础价格”，超过这一水平的价格则是“泡沫”，它是由借款购买风险资产所引起的。由于贷款者无法观察借款者的投资风险，因而存在代理问题和风险转移问题。下述模型的基本思想来自 Allen and Gale（2000，2002），他们重点说明了资产价格泡沫与金融危机的关系，本报告将重点关注资产价格泡沫与信用扩张的关系。

基本假设：

● 存在两个时期，时期 1 和时期 2；存在两种资产，即供给可变的安全资产和供给固定的风险资产（如房地产和股票）。

● 安全资产的收益率为 r，取决于生产函数 $f(x)$，即 $r=f'(x)$。

● 在时期 1 只有一个单位的风险资产，如果投资者在时期 1 购买 $x\geqslant 0$ 单位的风险资产，在时期 2 的收益为 R_x，R 为随机变量，它有一个分布在［0，R_{max}］上的正的连续密度函数，均值为 R；风险资产的成本为 $c(x)$。

● 投资者可以从金融中介借款并投资于安全或风险资产，金融中介拥有 $B>0$ 单位的消费品可供贷出。

① 当然，也有尝试突破理性泡沫思路的研究。例如，投资者信息不完全，导致资产价格暂时偏离基础价格；理性投资者与噪音交易者模型等［De Long et al.（1990）］，但这类模型仍不能解释泡沫历史中的基本特征。

② 金德尔伯格的批评非常中肯：“所有的经济学都坚持理性主义假设的最后一个原因，我想是经院主义的需要。布兰查德和沃森合写了一篇关于理性泡沫的论文。他们采用理性假设的理由是，因为这是标准的：用于分析理性泡沫的数学是困难的，而要分析非理性泡沫就更困难了。这使我产生技巧超过经济本质的感觉”［Kindleberger（1996）］。

● 金融中介和投资者签订简单的债务合约，双方商定利率后，投资者可以借到其所需的数额，因此在均衡条件下，贷款的利率等于安全资产的收益率。需要注意的是，由于金融中介只能利用简单的债务合约，因而不能识别和控制借款人的投资风险，这样就存在投资风险转嫁的问题。具体地说，如果投资者资产组合的价值高于贷款价值，他在还本付息之后得到全部的剩余收益；如果风险投资组合的总价值不足以偿还银行贷款时，他可以宣布破产以避免更大的损失，从而将风险转嫁给金融中介。

在上述假设条件下，投资者的问题是如何选择借款数量以及资金在风险资产和安全资产之间的分配，以便在时期 2 获得最大收益。设 X_s、X_R 分别代表投资者持有的安全资产与风险资产的数量，投资者的总借款是 X_s+PX_R，则投资者在时期 2 的净收益为：

$$rX_S+RX_R-r(X_S+PX_R)=RX_R-rPX_R$$

投资者的决策问题为：

$$\max_{X_R}\int_{R^*}^{R_{\max}}[RX_R-rPX_R]h(R)\mathrm{d}R-c(X_R) \tag{专 1—5}$$

式中，R^* 为投资者违约时风险资产的实际收益率，它独立于安全资产的持有量。

市场均衡条件为：

$$X_R=1 \tag{专 1—6}$$

$$X_S+P=B \tag{专 1—7}$$

$$r=f'(X_S) \tag{专 1—8}$$

（专 1—6）式是风险资产市场出清的条件，（专 1—7）式是由于安全资产的供给取决于投资者投资于资本品的决策，故贷款市场的出清条件就是预算约束；（专 1—8）式是资本品市场出清的条件。将（专 1—6）式代入（专 1—5）式，在一阶条件下，（专 1—5）式改写为：

$$\int_{R^*}^{R_{\max}}[R-rP]h(R)\mathrm{d}R=c'(1) \tag{专 1—9}$$

再代入预算约束（专 1—7）式，可得：

$$r=f'(B-P) \tag{专 1—10}$$

（专 1—9）式、（专 1—10）式中有两个变量 r 和 P，这样就决定了均衡价值。

这里将“基础价格”定义为投资者用自己的资金进行投资时的风险资产价格，即

$$\max\int_{0}^{R_{\max}}[rX_S+RX_R]h(R)\mathrm{d}R-c(X_R) \tag{专 1—11}$$

$$\text{s. t.}\quad X_S+PX_R=B$$

代入预算约束，并选择 X_R，使（专 1—11）式最大化：

$$\int_0^{R_{\max}} Rh(R)\mathrm{d}R - rP = c'(X_R) \tag{专 1—12}$$

在（专 1—12）式中设 $X_R=1$，可得：

$$\overline{P}=\frac{1}{r}\times[\overline{R}-c'(1)] \tag{专 1—13}$$

由（专 1—9）式可知：

$$P=\frac{1}{r}\left(\frac{\int_{R^*}^{R_{\max}} Rh(R)\mathrm{d}R - c'(1)}{Pr(R \geqslant R^*)}\right) \tag{专 1—14}$$

比较（专 1—13）式与（专 1—14）式，可以得出如下结论：如果有正的违约概率，则借贷融资均衡中存在资产价格泡沫；换言之，如果 $P_r(R<R^*)\leqslant 1$，则有 $P>P_F$。其原因在于风险转嫁，即投资者借款投资于风险资产，而风险资产的收益高于贷款利率的部分，完全归投资者所有；如果风险资产的收益低于贷款利率，则由借款者承担全部风险。因此，存在着风险与收益不对称的情形，或者说存在着风险转嫁。当风险转嫁引起对风险资产过度投资时，将诱发资产价格的泡沫，而且风险资产收益中的风险越大，信贷扩张程度越大，泡沫的规模也越大。

上述理论可以用一个简单的数字例证来说明，参见 Allen（2002）。

假设所有的投资者都有一个单位的财富，并且用自己的财富来投资；投资者是风险中性的，那么这两种资产的边际收益相等，见表专—1。

表专—1　安全资产与风险资产的收益

	时期 1	时期 2
安全资产	1	1.5
风险资产	1	6（概率 0.25）
		1（概率 0.75）
	P	预期收益＝2.25

在均衡状态下，风险资产的价格 $P_F=1.5$ 就是“基础价格”；如果风险资产的价格超过这一基础价格，就是所谓的泡沫，它来自贷款投资。

如果投资者自己没有财富，按 1/3 的利率借款，并且借款上限为 1，则还款总额为 1.33。

如果投资者借款 1 并投资于安全资产，则安全资产的边际收益为 0.17。

如果投资者借款 1 并投资于风险资产，则风险资产的边际收益为 0.67。

显然，风险资产更具吸引力，这里存在着风险转移问题，即风险资产的风险被转嫁到了金融中介手中。在这种情况下，风险资产的价格为 $P_1=3$[①]。显然，$P_1>P_F$，存在泡沫。依此类推，风险越大，风险资产的价格越高。

现在，再借用正式模型中的设定，B 为信用总量，贷款利率 $r=f'(x)$，因为存在一个单位的风险资产，且预算约束 $B=x+P\times 1$，即 $x=B-P$。设 $f(x)=3\times(B-P)^{0.5}$，则

$$r=f'(B-P)=1.5\times(B-P)^{-0.5}$$

价格方程为：

$$0.25\times(1/P\times 6-r)+0.75\times 0=0$$

代入 r，求解上述方程，可得：

$$P=8\times\sqrt{1+0.25B}$$

基础价格 $P_F=2.25/r$

图专—1—3 模拟了 P、P_F和信用之间的关系。我们可以看出，由于存在风险转嫁问题，随着信用总量的扩张，资产价格不断上升，泡沫不断加大。

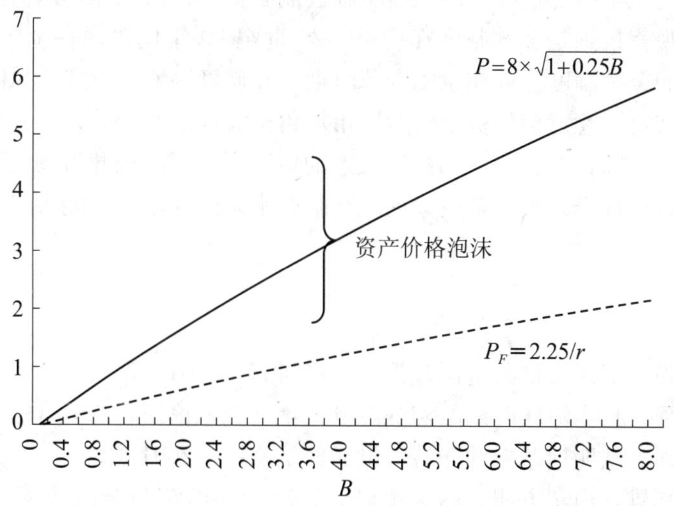

图专—1—3　P、P_F 与信用的关系

4. 结语

本部分以几个重要的泡沫经济历史案例为背景，比较了目前占主流的泡沫理论模型和近期的研究进展。

---

① 套利方程为：
$0.25\times(1/P_1\times 6-1.33)+0.75\times 0=1.5-1.33$

如果说将经济学分为宏观经济学与微观经济学是“20世纪的精神分裂症”（斯蒂格利茨语），我们同样有理由说，传统金融理论对资产价格泡沫形成机理的分析缺陷，从根本上看，在于资产定价理论脱离了信用货币的创造与扩张，在于“金融经济学”与“货币经济学”学科的分裂。AG模型应该说是朝正确道路前进的关键突破，是一次有益的尝试。但是，AG模型侧重于两者之间的风险转移问题，认为资产价格泡沫的变化在于对未来信用水平的预期；以历史案例验证，这种因果关系似乎颠倒了。在历史现实中，通常是资产价格的上涨带动了信用的被动扩张，而在此期间，中央银行通常无意干预或者无力干预。

因此，沿着AG模型的思路，还有很多值得深入研究的课题。例如，信用扩张对资产价格影响的现实途径；中央银行政策如何控制信用扩张，进而影响资产价格。如果将“基础价格”定义为“用自有资金投资风险资产形成的价格”，那么“泡沫”的边界似乎显得过于宽泛，在维持市场流动性和市场效率与防止资产价格泡沫风险之间仍面临着困难的权衡问题。

从理论上说，借贷过程中的风险转移会刺激资产价格上涨；从历史上看，信贷扩张的客观背景则是金融制度在变革，20世纪80年代体现在金融自由化上。目前，中国的金融制度正处在急剧变革时期，在制度因素引起严重风险不对称的前提下，尤其需要注意信贷资金与股票市场价格波动之间的关系，并且做出相应的制度安排。目前，在股票市场极度低迷的情况下，试图绕开市场的基本制度缺陷，单纯用各种资金入市来解决以前股市扩张带来的问题，可能为未来带来更大的风险。

参考文献

［1］瞿强．资产价格与货币政策．经济研究，2001（7）

［2］瞿强．日本泡沫时期的宏观经济政策．金融论坛，2001（9）

［3］瞿强．从明斯基看约翰劳．世界经济文汇，2001（2）

［4］翁邦雄，白川方明，白冢重典．资产价格泡沫与金融政策：1980年代后期日本的经验与教训．金融研究，2000（12）

［5］小川一夫，北坂真一．资产市场与景气变动，1998

［6］Allen，F.，and D. Gale，“Bubbles and Crises”，*The Economic Journal*，January，2000

［7］Allen，F.，“Understanding Financial Crises”，Course Note，NYU，2002

［8］Atack，J.，and P. Passell，*A New Economic View of American History*，2000

[9] Campbell, J., "Asset Pricing at the Millennium", *The Journal of Finance*, Vol. LV(4), 2000

[10] De Long, J., A. Shleifer, L. Summers, and M. Waldmann, "Noise Trader Risk in Financial Markets", *Journal of Political Economy*, 1990 (98)

[11] Galbraith, J., "The Great Crash: 1929", Houghton Mifflin Company, Boston, 1988

[12] Garber, P., "Tulipmania", *Journal of Political Economy*, 1989, 97 (3)

[13] Garber, P., "Famous First Bubbles", *Journal of Economic Perspectives*, 1990, 4 (2)

[14] Jonung, L. and J. Stymne, "The Great Regime Shift: Asset Markets and Economic Activity in Sweden, 1985—1993", in *Asset Prices and Real Economy*, ed., By Capio & Wood, Macmillan Press, 1997

[15] Kindleberg, C., *Manias, Panics and Crashes—A History of Financial Crises*, 3rd, Macmillan Ltd., 1996

[16] Minsky, H., "The Financial Instability Hypothesis", WP. 74, The Jerome Levy Economics Institute of Bard College, 1992

[17] Noreus, M., *The Swedish Banking Crisis: A Regulatory Perspective*, DEEP, 1999

[18] White, E., *Crashes and Panics: The Lessons From History*, Dow Jones-Irwin, 1990

[19] White, E., "The Stock Market Boom and Crash of 1929 Revisited", JEP, 1990, 4 (2)

专论二　金融不稳定性：原因、代价及对策

摘　要

金融市场不同于其他市场，具有内生的不稳定性。本部分认为金融不稳定性的内在逻辑是金融杠杆和信息不对称，而其外在表现是偏离均衡的价格会加速远离均衡、积累风险并最终以股市危机、银行危机、货币危机和债务危机等金融危机为代价释放风险。针对我国资本市场的发展现状，本部分从预防、预警、应急三方面分别提出了相应的对策。

Abstract

Being different from other markets, financial markets have their endogenous instability. In this chapter, we recognized that financial leverage and information asymmetry are the reason for financial instability. Market prices can largely deviate from the equilibrium and become more risky. Eventually the risks will be unleashed in the forms of stock crisis, bank crisis, currency crisis, and debt crisis. In analyzing Chinese capital markets, we proposed our corresponding strategies in order to preventing, alerting, and resolving the crisis.

1. 金融不稳定性的原因

金融不稳定性的核心表现是金融市场对于金融资产价格的变动具有正反馈效应。由于正反馈效应的存在，即便是朝着远离均衡的方向，金融资产价格的上涨仍会引起金融资产价格的进一步上涨，从而导致金融泡沫。从本质的层面分析，金融资产价格正反馈效应的原因（即金融不稳定性的内在原因）主要有两点：第一，金融杠杆放大了金融资产价格变动的作用；第二，信息不对称强化了金融资产价格的影响力。由于金融杠杆和信息不对称这两个内在原因，金融资产价格具有了自我推动的特征，从而导致了金融不稳定性。

1.1 金融杠杆

Minsky（1992）提出了金融不稳定性假说，强调了杠杆对金融系统的影响。根据金融杠杆程度的不同，他将金融市场参与者划分为三个类别：对冲性融资者、投机性融资者、庞氏骗局融资者。对冲性融资者可以凭借自身收入现金流按期偿还债务本金和利息。在一般情况下，金融参与者资本结构中权益融资的占比越大，该参与者越有可能是对冲性融资者。投机性融资者往往可以偿还利息，但本金是否可以按时偿还依赖于其损益情况，若他们的收入现金流无法偿还本金，他们就需要重新调整债务结构，如新增债务以偿还到期债务。庞氏骗局融资者往往无法偿还全部利息，他们只能通过不停地举借新债或者变卖资产来偿还债务利息。

Minsky（1992）认为，当金融市场的参与者由对冲性融资者主导时，经济可以形成一个均衡状态，发生金融危机的可能性很小；而当金融市场的参与者由投机性融资者和庞氏骗局融资者主导时，高杠杆增加了金融市场的不稳定性，该经济将有很大可能偏离均衡状态。

当经济保持一段较长时期的繁荣状态时，金融资产价格总体呈现出上涨的趋势，使得金融杠杆在这一时期的违约风险明显下降，金融市场环境变得相对宽松。当金融市场环境处于宽松状态时，市场参与者通过提高自身的杠杆水平往往可以获得金融资产价格上涨所带来的红利。因此，市场更倾向于由对冲性融资者主导转变为由投资性融资者和庞氏骗局融资者主导，从而增大了整个市场的杠杆水平。市场杠杆水平的提高会进一步推高金融资产的价格，形成金融资产价格上涨的正反馈，启动金融资产价格向上的自我推动。

在市场杠杆水平较高时，若一个微小的价格下跌冲击导致一部分投机性融资者因资产收入受损而无法按时偿还债务，那么这部分投机性融资者就变为了庞氏骗局融资者，必须以更高的代价举借新债来偿还旧债。此时，庞氏骗局融资者面临资产净值迅速缩水，借新债还旧债难以维持的困境，不得不通过变卖资产以弥补现金流的不足或者选择违约。这使得金融市场中资产的供给进一步增加，同时资产的质量不断恶化，此时市场中对资产的需求仍然不断减少，这将导致资产价格的进一步下跌。资产价格的进一步下跌会使更多的投机性融资者被迫成为庞氏骗局融资者，从而实现了金融市场价格下跌的自我推动过程。

当市场由对冲性融资者主导时，金融市场的杠杆较低并具有与普通商品市场一致的动力学特征。资产价格下降将会增加市场参与者对资产的需求，需求者必须提高价格以完成交易，从而推动资产价格回归均衡状态。类似地，资产价格上升将会减少市场参与者对资产的需求，供给者必须降低价格以完成交易，从而推动资产价格回归均衡状态。因此，杠杆是造成金融不稳定性的一个重要原因，而控制杠杆水平是控制金融不稳定性的有效手段。

1.2 信息不对称

Mishkin（1999）认为，信息不对称是导致金融不稳定的重要原因。信息不对称包含两个方面：逆选择和道德风险。逆选择发生在金融交易之前，即贷出资金之前，主要表现为贷款人较难充分了解借款人信息；道德风险则发生在交易之后，即获得贷款之后，主要表现为借款人存在将资金投向高风险项目、用作个人用途等提高自身利益而损害贷款人利益的动机。由于金融资产价格不同于其他价格，包含了对风险定价的成分，信息不对称导致金融资产价格风险定价功能的衰减。同时，贷款人由于无法准确判断风险情况，将减少资金的提供，这将影响金融系统作为实体经济资金提供渠道的基本功能，降低经济运行效率，引发金融的不稳定。

在阐述信息不对称导致金融不稳定的传导机制时，Mishkin（1999）提出：金融中介（尤其是银行部门）在信息收集、信息提供方面有较为显著的优势，而金融市场则处于劣势，一旦冲击致使金融中介部门的信息不对称状况加剧，就会导致较为严重的后果。

有四种渠道可能加剧信息不对称：一是金融部门（尤其是银行部门）资产负债表的恶化。在这种情况下，为了增加净资产，银行通常会选择收缩负债、减少贷款量，导致流向实体经济的资金减少。而银行资产负债表的恶化发展到一定程度，可能会引发挤兑，导致银行的破产，乃至银行体系的崩溃。二是利率的上升。这种情况会导致逆选择加剧，使得借款者质量下降；同时，由于银行“借短贷长”的资产负债结构，因而银行资产对利率变动更加敏感，故利率上升会带来银行净资产的缩水，从而引发银行等金融中介资产负债表的恶化。这两种机制均会加剧信息不对称。三是不确定性增加。由于大机构破产、经济衰退、未来政策走向不明确等导致的不确定性增加，也会导致人们无法准确评估风险，带来信息不对称的加剧。四是非金融部门资产负债表的恶化。非金融部门（即个人、企业部门）的财务状况变差，将同时增强逆选择和道德风险，加剧信息不对称。

以上四种渠道带来的信息不对称作用于金融体系，将使资金提供者由于无法准确把握风险状况而减少贷款数量，导致金融体系为实体经济提供资金的功能受阻，使实体经济效率降低，个人、企业部门财务状况恶化，进一步加剧信息不对称状况，从而导致金融不稳定。这种金融不稳定带来的风险不断累积，一旦集中释放，就可能造成金融危机。

2. 金融不稳定性的代价

金融不稳定性导致金融体系随着金融泡沫的产生而积聚风险，直到一个外生的扰动引发金融泡沫破裂并以金融危机的形式快速释放此前积累的风险。由于股票价格具有较高的波动性，因此金融泡沫最容易在股票市场形成，也最容易在股票市场破裂。金融泡沫在股票市场破裂时，因股票价格的快速下跌就形成了股市危机。股市危机的发展可能恶化银行的资产负债表，从而触发银行危机。此外，在开放经济中，股市危机和银行危机会推动资本外逃，从而触发货币危机。当政府试图干预以拯救经济时，由于政府的财政负担增加而信用下降，则可能触发主权债务危机。股市危机、银行危机、货币危机和债务危机这四种形式的金融危机都会破坏金融体系正常的资金融通功能，从而严重伤害实体经济。因此，以上四种危机是金融不稳定性的主要代价。

2.1 股市危机

股票市场是一个非常敏感的市场，许多因素都会导致股票市场中的资产价格发生波动，如经济发展状况、通货膨胀率等宏观外部因素以及市场结构、开放程度等内部机制因素，都会对股票市场中的资产价格产生重要影响。股票市场危机是风险不断积累，在形成泡沫后大规模集中释放所带来的后果。泡沫源于资产价格严重偏离了基础价值，而泡沫破灭则会导致资产价格在短时间内暴跌，使证券投资者蒙受巨大的损失，并对金融稳定、经济发展产生极大的危害。

Kindleberger（1978）对泡沫经济引发股市危机的历史进行了刻画，认为资产价格在连续的变动过程中突然上升，最初的价格上升会使人们产生还要涨价的预期，因此吸引了希望通过买卖谋取利润而对资产本身不感兴趣的人继续购买，导致资产价格过度上升并严重偏离基础价值，产生泡沫。一旦市场对未来的预期逆转，就会产生泡沫破裂、价格暴跌的后果，从而引发股市危机。

股市泡沫大致可以分为理性泡沫和非理性泡沫两类。由于理性泡沫一般建立在理性预期和理性行为之上，一般不会导致资产价格和基础价值之间的过度偏离，因此不断积累、最终破裂并导致股市危机的多为非理性泡沫。关于非理性泡沫的形成机理有诸多研究，主要包括信息不对称理论、噪音理论、反馈理论、选美博弈和从众心理四种类型。

信息不对称理论由 Akerlof（1970）提出的“柠檬市场”发展而来。在产品市场和要素市场中，由于交易双方的信息不对称，市场交易行为很难实现高效，甚至常常是无效的。信息不对称在股票市场中的一个重要表现是市场信息具有时效性，投资者获得信息有先后之分，因此多数市场参与者只能根据先获得信息的投资者的交易行为来进行交易，试图以此减少自己较晚获得信息所带来的劣势。但这样一来，市场就会出现过度预期，加大股价的波动幅度，从而形成泡沫。

噪音理论通常与市场有效性的研究相结合。Black（1986）提出部分交易者将自己获得的噪音作为精确信息来对待，并据此做出非理性决策的交易行为。这样的噪音交易者会将噪声不断累加到股票价格中，形成“噪声价格”，使股票价格逐渐偏离其基础价值。当市场上存在大量噪音交易者时，人们对市场价格的判断就会出现系统偏差，使市场失效，从而导致泡沫的不断累积直至破灭。

反馈理论认为，资产价格变动的恶性循环和自我实现源于市场上的“追涨杀跌”行为。Soros（2008）认为，金融资产价格应取决于该资产未来的盈利能力，但未来的盈利能力通常很难判断，所以人们通常会根据市场运行趋势和心理预期做出价格判断，由此导致资产交易行为和资产价格互相决定，最后形成“市场决定市场”的自我循环，带来市场上某种趋势不断强化的正反馈效应。在正反馈效应下，这种单方面的市场能量必须释放完毕，但此后又会开始反向的趋势运动。

选美博弈和从众行为主要从人们进行决策的心理来分析股市泡沫的形成。选美博弈来源于 Keynes（1936）的描述，即市场参与者所做的决策常常不是从自身的最优价值判断出发，而是推测其他参与者的判断，当每个参与者的决策都是这样做出的时候，市场最终呈现出的结果就会偏离最优的预期。与选美博弈的效果一样，当个人面临群体一致性的压力时，如果试图解决自身与群体的冲突，则会做出从众行为。这两种理论共同解释了股票市场中某些可能并不重要的外部信息造成资产价格剧烈波动的现象，也成为股市价格泡沫形成的重要原因。

无论成因如何，股市危机导致的股票价格普遍、急剧的下跌总会导致上市公司股票市值大幅缩水、市场对上市公司未来盈利的预期下降，从而导致企业部门融资困难，并使银行等金融中介部门的坏账增加、偿债能力下降，当情况十分严重时，可能引发银行危机。

2.2 银行危机

根据 Mishkin（1999）的研究，因股市危机而产生的波动性会最终传导至银行领域。从 2.1 节的内容不难看出，股市危机在微观上的表现主要是诸多上市公司在财务等领域的危机，鉴于企业是银行资产业务的客户主体，银行资产业务的违约率自然也不可避免地上升。违约率上升的直接结果就是银行资产受损、偿债能力下降，进而演变成以挤兑为标志的银行危机。根据国际货币基金组织的定义，银行危机一般分为两种情况：一是银行出现挤兑现象，最终造成银行倒闭或者被兼并收购等；二是银行未出现挤兑现象，但政府花费了大量资金进行救助，才使银行重新恢复正常经营。

传统银行危机理论认为，银行挤兑产生的根源之一在于银行的部分准备金制度，正是因为银行一般只持有存款的准备金部分，所以在应对大规模的取现需求时往往会出现危机。如果银行100%持有准备金，那么自然可以应付挤兑的冲击。此外，传统的银行危机理论还认为银行的兑付机制对产生大规模的挤兑现象具有信号作用，正是因为这样的信号作用直接推动了个体银行之间危机的传染，最终形成银行危机。

从内因来看，Horvitz（1965）认为，银行资金的不当使用会成为危机的重要推动力。Meyer and Pifer（1970）认为，除银行管理水平之外，导致银行危机的因素还有员工品质。员工职业道德和职业素养更高的银行出现挤兑的风险较低。王明华（2001）认为，商业银行资产配置战略的失误和资产配置效率的低下是银行危机发生的根本原因。商业银行资产与负债的期限错配往往是商业银行内部脆弱性的主要来源，在挤兑发生时，商业银行的负债急剧下降，而资产在当期所能支持的偿付额是有限的，所以银行极易陷入流动性危机。

从外因来看，Wheelock（1992）认为存款保险制度的存在提高了银行危机发生的可能性，主要是存款保险制度和最后贷款人制度加剧了银行的投机心理，诱使银行从事风险更大的投资活动等，使得银行资产受损的可能性增大。李克穆（1999）也认为宏观管制的放松使得银行业的竞争来越强，在传统业务利润受限的情况下，银行的风险偏好程度会越来越强，最终加剧银行的脆弱性，提高银行危机爆发的可能性。

2.3 货币危机

自20世纪70年代以来，货币危机逐渐成为金融危机最重要的组成部分之一，而货币表现也成为衡量金融危机深度的一个重要指标。根据历史经验，引起货币危机的最直接原因是外汇市场上的供求失衡。在银行危机的背景下，当银行遭遇挤兑危机时，借贷资本大量流出，同时伴随着大量资本外逃，外汇市场上对于外币的需求大于供给，本币在外汇市场被大量抛售，最终导致本币不断贬值，引发货币危机。

第一代货币危机模型由Krugman（1979）提出，他认为在固定汇率制度下，中央银行通过增发货币进行融资，但由于可选择的资产有限，因而增发的超出需求的货币实际上转化为对外汇储备的需求，最终外汇储备耗尽而国家不得不放弃固定汇率制度。在这一过程中，如果投资者预判该国必将放弃固定汇率制度，就可以在该国外汇储备耗尽前开展投机攻击，这将加速该国固定汇率制度的崩溃，最终引发货币危机。

基于第一代货币危机模型，Obstfeld（1995）提出了第二代货币危机模型。Obstfeld（1995）认为，一国是否采取固定汇率制度是由其预期收益和成本之间的权衡决定的——若预期收益小于维持固定汇率制度的成本，政府自然会放弃固定汇率制度而选择本币贬值。根据利率平价公式，对于本币的贬值预期越高，本币的利率水平就会越高，而利率上升带给本国经济增长和就业的压力就是维持固定汇率制度的成本。当压力积聚到某一水平，政府维持固定汇率制度的成本超出预期收益水平，此时政府就会选择本币贬值。因此，贬值预期的提高增加了维持固定汇率制度的成本，并增加了政府放弃固定汇率制度的意愿，进而加强了本币贬值预期。在这一过程中，如果投资者预判该国必将放弃固定汇率制度，就可以在该国放弃固定汇率制度前开展投机攻击，这将加速该国固定汇率制度的崩溃，最终引发货币危机。

随着1997年东南亚金融危机的爆发，关于货币危机的理论研究也增加了许多角度，金融恐慌模型和道德风险模型就是其中最具代表性的理论。金融恐慌模型的主要思想是Diamond and Dibvig（1983）中DD模型的推广，即从国内金融市场推广到国际金融市场。DD模型认为，在银行挤兑这种均衡状态发生时，所有的存款人都害怕存款损失而选择马上提款。这种群体性行为在国际金融市场中更为明显。当一国发生短期流动性危机时，大量国外投资者都认为不会有其他投资者愿意为该国提供贷款融资，因此资本大量外逃，该国外汇市场上出现严重的供求不平衡，进而外汇储备枯竭，最终引发货币危机。

此外，以Corsetti et al.(1999）为代表，学者们从道德风险角度对货币危机进行了分析。他们假定政府对经营水平不佳的企业和金融机构提供担保，国外债权人因此选择为这些企业进行融资。在这些企业出现偿付危机时，政府就被迫为这些企业的负债负责，从而可能引发政府的一系列扩张型改革措施。根据第一代货币危机模型，扩张性财政政策会诱发对本币的投机攻击，最终导致货币危机。

2.4 债务危机

本部分所说的债务危机是指主权债务危机。主权债务是指以主权政府的名义向外借来的债务。当主权债务积累到一定程度，主权信用就会下降，导致主权债价格下跌，主权政府外债融资成本上升。如果主权债价格快速下跌甚至出现违约，就形成了主权债务危机，简称债务危机。

近年来，全球经历的主权债务危机主要有阿根廷债务危机、拉美债务危机、希腊债务危机以及欧洲债务危机等。通过对比分析，我们不难发现，政府财政赤字、国际收支逆差、国际储备不足等是主权债务危机爆发的主要原因，在个别危机案例中还包括经济运行效率低下、国际游资冲击等其他原因。

目前，国际上主要通过对国际债务规模的衡量来防范债务危机。其中，国际上公认的外债规模警戒线为：①偿债率，即当年的还本付息额与当年出口创汇收入额之比，不超过20%；②负债率，即一国的外债余额与经济总规模（GNP或GDP）的比率，不超过25%；③债务率，即外债余额与出口收入的比率，不超过100%；④短期债务率，不超过20%；⑤外债—外汇储备量比率，不超过100%。根据世界银行的分类，将以3年平均值计算的债务偿还现值占GNP之比超过80%或债务偿还现值占出口之比超过220%以及负债率在50%以上或偿债率在30%以上的国家称为严重债务国；同时，将满足一定收入和负债标准、公共外债超过出口额150%（某些情况下为财政收入的250%）的国家列为重债穷国。

此外，测算一国债务风险还需要考虑经济增长速度、进出口情况、债务资金使用效率等因素。债务危机常与其他形式的金融危机呈现出内生的、复杂的关系。主权债务危机可能由其他危机导致。例如，当一国爆发银行危机时，政府将动用国家资产救助银行；当资产不足时，政府就需要举借外债，而大规模债务的积累将可能引发债务危机。

主权债务危机的发生也很可能成为其他形式危机的导火索。例如，一国主权信用违约将极大地改变投资者对该国经济、货币币值等的预期，同时引起资本市场、货币币值的短期剧烈波动，很可能引发该国股市危机、债市危机及货币危机。若债务危机国的债权人主要是银行时，该国的信用违约将增大银行的不良贷款比例，导致银行的资产大规模缩水以及银行流动性不足，最终可能引发银行危机。

主权债务危机主要通过债务重组、债务豁免、债务转移、国际救援等方式解决。优化一国的债务结构、提高该国的经济实力及出口创汇能力、调整政府收支结构等均可有效地减少债务危机的发生，但最近发生的希腊债务危机和欧洲债务危机案例，将启发我们更加关注财政政策和货币政策的协调使用以及在区域性合作乃至全球性合作过程中，如何解决一国经济利益与全球金融稳定目标之间的矛盾与统一。

3. 基于完善市场信息的预防对策

3.1 对策选择：披露持仓成本分布信息

信息不对称是金融不稳定性的本质原因之一，因此完善市场信息是削弱金融不稳定性的有效对策。从纯理论的角度分析，完善市场信息有两个途径：一是完善市场客体信息的披露；二是完善市场主体信息的披露。对于市场客体的信息，以股票市场为例，主要是股票所对应的上市公司的信息。从当前金融监管实践看，完善市场客体信息的披露是现行的完善市场信息的途径。然而，随着高频交易、算法交易以及互联网金融等新业态的出现，市场主体的行为正在发生巨大的变化，通过完善市场主体信息的披露来完善市场信息便具有了现实意义。因此，如何进行市场主体信息的披露也就成了亟待解决的全新课题。

市场主体信息的披露其实已经存在，但都是间接的披露，而且是不完全的披露。最典型的现有市场主体信息的披露就是作为股票市场主体和债券市场主体的公募基金对其所持股票和债券信息的披露。之所以公募基金需要进行市场主体信息的披露是因为公募基金同时也是基金市场的客体。尽管公墓基金持仓信息的披露并不完全，但市场对这样的信息是十分看重的，因此完善市场主体信息的披露可以从市场主体的持仓信息破题。

Kyle et al.(2001) 研究发现，长期投资者在危机时提供的流动性对于市场至关重要。如果能够识别并保护长期投资者，则他们所提供的流动性可以有效防止金融不稳定性风险的释放发展。长期投资者的特征就是长期持有投资标的，因此，完善市场主体信息的披露需要体现出持仓时限。

周月刚等人（2011）根据受处置效应影响的投资者的交易行为研究发现，参考价格分布决定着股票的未来表现。由于处置效应的存在，参考价格分布和持仓成本分布具有密切的联系。因此，完善市场主体信息的披露需要体现出持仓成本。

经济学最重要的理论基础是供给量和需求量都是价格的函数。在这个理论框架下，产生了供给曲线、需求曲线以及均衡的概念。以资本市场为代表的金融市场同样存在供给与需求。然而，以股票市场为例，在连续双边拍卖这样的市场微观结构下，供给曲线和需求曲线被截断在了买卖差价处。低于最优卖价的供给曲线以及高于最优买价的需求曲线对于市场而言都是不可见的。此外，参与竞价的交易者很可能只是潜在交易者中的很少一部分，至少所有以市价指令参与交易的交易者在交易前都是潜在交易者。因此，市场供求信息的披露是不完全的。

供求信息的不完全性在所有的市场都存在，但金融市场高度依赖于信息，而根据有效市场假说，价格信息是最具综合性的信息，如果市场是有效市场，则所有与市场相关的信息都可以影响价格并最终以价格的形式表现。因此，即便股票市场这样的二级市场以限价指令簿的形式提供了一半的供给曲线和一半的需求曲线。但是，相比市场潜在的参与者而言，其信息量是有限的，其信息的质量也是不稳定的，甚至是有偏的。因此，完善市场供求信息的披露是完善市场信息的重要一环。

金融市场不同于消费品市场，金融市场的供求可以相互转换。一个股票的需求者（即股票投资者）在其需求得到满足后就会立刻成为潜在的供给者，即等待出售股票的股票持有者，而决定其供给的重要因素就是持仓成本。当交易价格高于持仓成本一定程度后就会形成获利盘，处置效应或止盈行为就会将潜在供给者转换为实际供给者。因此，披露持仓成本可以完善市场供求信息。

根据以上分析，适合当前引入并发展的、基于完善市场信息的、抵御金融不稳定性的预防性对策就是对市场主体的持仓成本分布进行信息披露。持仓成本分布就是全市场内可交易标的关于历史成交价格和持有期限的分布。

3.2 核心技术：持仓成本分布的计算

持仓成本分布根据可以获得的原始数据的详尽程度，需要使用不同的计算方法，并有可能获得不同可信程度的结果。具有代表性的原始数据的详尽程度有三个层级：时段级、交易级、标的级。时段级的原始数据可以计算出低可信度的持仓成本分布，交易级的原始数据可以计算出高可信度的持仓成本分布，只有标的级的原始数据可以计算出真实的持仓成本分布。

时段级的原始数据是由一定时间段内对一定账户群的交易情况进行统计的信息构成的。交易级的原始数据是由每一笔交易的信息构成的。标的级的原始数据是对交易标的进行跟踪才能获得的。当前的大多数市场交易并不能实现标的跟踪。当前具有标的跟踪能力的交易基本只有根据持有时间调整收益率的理财产品的交易和根据持有时间调整费率的基金产品的交易。

要获得真实的持仓成本分布需要获得标的级数据。尽管现有的股票等金融工具的交易系统还只能提供交易级数据，但以加密货币支付体系为代表的新技术已开始涉足标的级数据的产生和维护。下面通过一个模拟实例来展示持仓成本分布在标的级数据下的计算方法，并通过同样的模拟实例验证标的级数据所能弥补的现有交易级数据的不足。

模拟实例考虑了一种交易标的在一级市场发行并在二级市场交易的情形，该交易的基本过程可以用交易级数据描述。交易级数据可以用交易记录表形式汇总。表专—2—1 是模拟实例所对应的交易记录表。该表格记录了截至 t5 时刻的所有交易。每笔交易的信息包括交易时间、交易数量、交易价格以及交易的买卖双方。在模拟实例中，使用 t 加数字抽象表示时间，使用@加数字作为市场参与主体编号。

表专—2—1　　交易记录表

交易时间	交易数量	交易价格	卖方	买方
t1	40	100	@0	@1
t1	60	100	@0	@2
t2	30	110	@1	@3
t3	10	120	@1	@3
t4	10	130	@3	@2
t5	70	140	@2	@4

从表专—2—1 的数据可以看到，模拟实例中共有 6 笔交易，先后共有 5 个市场参与主体。需要说明的是，模拟实例中@0 是原始股东，市场中的流通股总数为 100 股。

进一步观察表专—2—1 所示的交易级数据，交易的过程为：IPO 发生在 t1 时刻，发行成交总量为 100 股，发行价格为 100 元/股。发行后，@1 和@2 分别成功认购了 40 股和 60 股。此后，@3 通过二级市场分别以 110 元/股和 120 元/股的价格从@1 处购买了 30 股和 10 股。随后，@2 以 130 元/股的价格从@3 那里购买了 10 股。模拟实例中的最后一笔交易是@4 以 140 元/股的价格从@2 那里购买了 70 股。至此，市场上@3 持有 30 股、@4 持有 70 股。

下面给出这个模拟实例在采用标的级数据管理模式时可能出现的两种情形以及这两种情形下所形成的不同持仓成本分布。标的级数据使用标的记录表汇总。表专—2—2 和表专—2—3 分别是模拟实例两种情形所对应的交易记录表。这两个表格记录了截至 t5 时刻的所有交易所引起的标的变化。标的记录表所记录的信息包括交易的标的份额、份额数量、份额成本、持仓时间、该份额在形成时的持有者、该份额在失效后的去向以及备注。在模拟实例中，使用 t 加数字抽象表示时间，使用@加数字作为市场参与主体编号，使用＃加数字作为标的份额编号。

表专—2—2　　标的记录表 1

标的份额	份额数量	份额成本	持仓时间	持有者	被替代为	备注
＃0	100		t0	@0	＃1＋＃2	IPO 前
＃1	40	100	t1	@1	＃3＋＃4	IPO
＃2	60	100	t1	@2	＃7－＃6	IPO
＃3	10	100	t1	@1	＃5	二级市场交易
＃4	30	110	t2	@3		二级市场交易
＃5	10	120	t3	@3	＃6	二级市场交易
＃6	10	130	t4	@2	＃7－＃2	二级市场交易
＃7	70	140	t5	@4		二级市场交易

表专—2—2详细记录了标的随着交易的拆分、交换、组合的过程。对照表专—2—1所记录的交易信息可以更容易理解整个交易过程和标的变化过程。t0时刻，原始股东@0拥有100股标的准备IPO，这部分标的被编号为标的份额＃0。t1时刻，IPO完成，＃0份额被拆分成＃1和＃2两个新的份额，＃0份额不再有效。新出现的＃1和＃2份额中，＃1具有的标的数量是40股，由@1持有，建仓时间是t1时刻，建仓成本100元/股；＃2具有的标的数量是60股，由@2持有，建仓时间是t1时刻，建仓成本100元/股。

接下来，@3从@1那里购买了30股标的，导致@1所持有的＃1份额拆分为＃3和＃4两个新份额。其中，＃3份额继续由@1持有，因此其建仓时间和成本与＃1相同；而＃4份额由@3持有，建仓时间是t2，建仓成本是110元/股，份额对应的标的数量为30股。随后，@3又从@1那里购买了10股，这正好对应了＃3份额。因此，＃3份额转换为＃5份额，＃5份额的建仓时间是t3，建仓成本是120元/股。

此后，@2从@3那里购买了10股。此时，@3所持有的份额是＃4和＃5。情景1中@3将＃5份额卖给了@2。因此，＃5份额转换为＃6份额，＃5份额的建仓时间是t4，建仓成本是130元/股。

最后，@4从@2那里购买了70股标的，这样就买完了＃2份额和＃6份额所对应的标的，因此新出现的＃7份额将＃2份额和＃6份额进行了合并。＃2份额就被＃7－＃6所替代，而＃6份额则被＃7－＃2所替代。新出现的＃7份额的建仓时间是t5，建仓成本是140元/股。

因此，t5时刻仍然有效的份额是＃4和＃7，而持仓成本分布为：110元/股，t2时刻，30股；140元/股，t5时刻，70股。

表专—2—3　　标的记录表2

标的份额	份额数量	份额成本	成本时间	所有者	被替代为	备注
＃0	100		t0	@0	＃1＋＃2	IPO前
＃1	40	100	t1	@1	＃3＋＃4	IPO
＃2	60	100	t1	@2	＃8－＃7	IPO
＃3	10	100	t1	@1	＃5	二级市场交易
＃4	30	110	t2	@3	＃6＋＃7	二级市场交易
＃5	10	120	t3	@3		二级市场交易
＃6	20	110	t2	@3		二级市场交易
＃7	10	130	t4	@2	＃8－＃2	二级市场交易
＃8	70	140	t5	@4		二级市场交易

情景2：在t4时刻，@2从@3那里购买10股交易前与情景1都是相同的。

而这笔交易在情景 2 中，@3 选择拆分♯4 份额，并形成了♯6 份额和♯7 份额。其中，♯6 份额为@3 自留份额，因此建仓成本和建仓时间与♯4 份额相同，而其对应的标的数量为 20 股。

最后，@4 从@2 那里购买了 70 股标的，虽然份额的改变与情景 1 相似，但份额的编号不同。@4 持有的份额是♯8。

这样，情景 2 在 t5 时刻的持仓成本分布为：110 元/股，t2 时刻，20 股；120 元/股，t3 时刻，10 股；140 元/股，t5 时刻，70 股。它与情景 1 在 t5 时刻的持仓成本分布完全不同。因此，要获得真实的持仓成本分布，需要建立能够生成和处理标的级数据的新型交易系统。

前文对计算方法的重要贡献是证明了持仓成本分布的可计算性和可信度对数据的依赖关系。持仓成本分布的估算在国内已有股票信息和交易软件开发商在进行。李菲（2010）对持仓成本分布的估算和应用进行了研究。本报告研究表明，只有利用标的级数据，才可以无额外假设地计算出真实的持仓成本分布情况。如果只有交易级数据，虽然仍可以估算出具有较高可信程度的持仓分布，但需要对还原为标的级数据时具有多种可能性的交易级数据额外增加一些限制性假设条件，才能消除数据精细度降低带来的标的级信息丢失所引起的歧义，完成一种并不能确保真实的估算。事实上，如果数据精细程度进一步降低，成为时段级数据，比如只记录每个交易日内的开盘价、最低价、最高价、收盘价以及交易量的低频数据，仍可以估算出持仓成本分布，但需要附加的限制性假设条件更多，因而估算结果的可信度更低。

所以，持仓成本分布可以在不同精细程度的数据支撑下得到不同可信度的结果。最为可信的真实持仓成本分布的计算需要标的级数据。标的级数据的数据量大、数据频率高，具有大数据的特征，是完善金融市场信息、提高未来金融监管准确性和时效性的重要途径。

3.3 意义及展望

披露持仓成本分布信息的意义在于：一方面，可以完善市场信息，缓解信息不对称导致的金融不稳定性；另一方面，改良金融杠杆风险管理手段，避免当前盯住交易价格强制去杠杆可能引起的金融不稳定性。持仓成本分布信息相对于单纯的交易价格而言，具有更好的适应性，不仅可以反映短期内的市场供求变化，更能保留长期市场信息的可见性，以便为市场参与者寻找均衡价格提供更强的信息支撑，从而加强金融资产价格偏离均衡价格时价格向均衡方向变动的引力，抵御金融资产价格的正反馈效应，削弱甚至消除金融不稳定性。

由于真实持仓成本分布计算以标的级数据的采集和整理技术作为基础，因而发展和推广持仓成本分布的计算和披露，有利于推动市场微观数据的采集，并逐渐完善金融市场大数据采集标准。市场微观数据的采集对于还原金融危机发生的过程、分析金融危机发生的原因具有重要意义。金融市场大数据对于金融犯罪也是重要的证据，对于改善金融监管、威慑金融犯罪、惩治金融罪犯等具有长远意义。

持仓成本分布信息在各类金融业务中的应用是未来值得金融业深入研究和广泛创新的课题。当前的金融杠杆通常以金融资产的交易价格作为是否启动强制风险控制手段的标准，而这种制度本身增加了操作风险转化为市场波动的可能性并加剧了金融危机的影响。如果依据持仓成本分布信息作为启动强制风险控制手段的标准，那么短期异常价格波动就不会触发危害市场的链式反应，从而削弱金融杠杆对金融不稳定性的影响。

以股票市场为例，如果标的股票的价格因为操作风险而出现短暂快速下跌，那么不采用盯住交易价格的强制风险控制手段，标的股票的价格就可以很快恢复到正常范围。2010 年 5 月 6 日，美国股市的“闪电暴跌”事件（flash crash）（美国股指快速下跌超过 5%并很快恢复）正是这样的例子。Menkveld and Yueshen（2015）利用市场大数据还原了整个事件的过程，认为可能是因为误操作而出现的股指期货巨额市价空头订单以不成比例的成本获得了成交的及时性是市场指数短时巨幅波动的原因。类似地，2013 年 8 月 16 日我国的“乌龙指”事件也是由于巨额市价指令向市场索取流动性，导致股指短时上涨超过 5%后恢复正常。然而，刚刚过去的 2015 年我国“股灾”中却发生了完全不同的情形。由于金融杠杆强制平仓机制的存在，我国股市中的个股快速下跌并触发了强制平仓，从而进一步加剧了下跌压力，致使市场出现了“千股跌停”和“千股停牌”，甚至无流动性可以提供的地步。也就是说，如果采用盯住交易价格的强制风险控制手段，无论标的股票的价格因为什么原因快速下跌，只要触发强制平仓，那么标的股票的价格几乎无法恢复至正常范围。

基于持仓成本分布及其变动，我们可以建立更为智能的金融杠杆风险管理机制，从而避免在金融杠杆强制平仓过程中参与巨额市价指令高成本索取流动性的事件，防止由于强制平仓引发连锁反应，耗尽市场流动性，导致出现市场无法恢复的系统性风险。然而，由于持仓成本分布不再是单点数据，因而开发相应的应用方法仍然充满技术挑战。

4. 基于监控市场信号的预警对策

金融杠杆是金融不稳定性的本质原因之一。从 2014 年 7 月 1 日到 2015 年 6 月 12 日，在短短 11 个月的时间内，沪深 300 指数从 2 164.56 点上涨到 5 335.12 点，涨幅高达 146%；在随后的 17 个工作日内，沪深 300 指数跌至 3 663.04 点，跌幅高达 31%，可谓暴涨暴跌。股市的巨幅波动引起了对“杠杆牛”的热烈讨论，但主要集中在定性讨论两融业务，虽然认为其助涨助跌的观点颇多，但缺乏定量的分析。本部分拟定量分析融资融券业务与股市涨跌之间的关系，解析其具体发挥作用的机制。通过判断市场对杠杆的需求可以预警金融泡沫，从而预警金融危机。针对杠杆，本部分研究了基于融资融券（两融）余额、分级基金和股指期货的市场预警信号。

4.1 基于融资融券（两融）余额的市场预警信号

图专—2—1 显示了 2014 年 7 月 1 日到 2015 年 11 月 6 日，两融余额与沪深 300 指数的走势。由图可以初步看出，两者高度相关，涨跌基本同步。

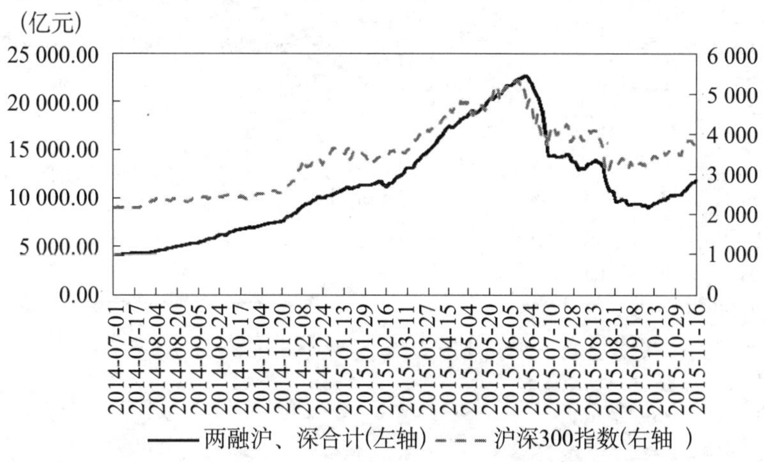

图专—2—1 两融余额与沪深 300 股指对比图

资料来源：Wind 资讯。

为了判断两融余额与沪深 300 股指的决定关系，在对数据进行平稳化处理和协整性检验之后，需要对两融余额与沪深 300 股指的时间序列进行格兰杰因果关系检验，其结果如图专—2—2 所示。

格兰杰因果关系检验的结果表明，当期两融余额的增加（减少）并不会“引起”下一期沪深 300 股指的上涨（下降），但当期沪深 300 股指的上涨（下降）会显著“引起”下一期两融余额的上升（减少）。这清晰地表明，在股市上涨时，市场参与者情绪乐观，普遍倾向于增加杠杆，以获取更高的回报率；而在股市下跌时，投资者普遍选择去杠杆。这一效应在对两者间的相互影响进行脉冲分解时表现得更加明显，见图专—2—3。从图专—2—3 中可以看出，两融余额的变化几乎不影响沪深 300 股指，但沪深 300 股指的变化显著影响其自身的后续涨跌以及两融余额的增减。

. reg D1lnv2 D1lnv6

Source	SS	df	MS
Model	0.019 737 17	1	0.019 737 17
Residual	0.126 868 626	70	0.001 812 409
Total	0.146 605 796	71	0.002 064 87

Number of obs	=	72
F(1，70)	=	10.89
Prob>F	=	0.001 5
R-Squared	=	0.134 6
Adj R-Squared	=	0.122 3
Root MSE	=	0.042 57

D1lnv2	Coef.	Std. Err.	t	p>｜t｜	[95% Conf.	Interval]
D1lnv6	0.281 545 9	0.085 316 9	3.30	0.002	0.111 386 8	0.451 705
_ cons	0.003 474 9	0.005 170 2	0.67	0.504	−0.006 836 7	0.013 786 4

. gcause D1lnv2 D1lnv6，lags (1)

Granger causality test　　sample：2014w29 to 2015w47

H0：D1lnv6 does not Granger-cause D1lnv2　　obs=71

F(1，68) = 0.04

Prob>F = 0.836 5

chi2(1) = 0.04　　(asymptotic)

Prob>chi2 = 0.832 4　　(asymptotic)

. gcause D1lnv6 D1lnv2，lags (1)

Granger causality test　　sample：2014w29 to 2015w47

H0：D1lnv2 does not Granger-cause D1lnv6　　obs=71

F(1，68) = 31.34

Prob>F = 0.000 0

chi2(1) = 32.72　　(asymptotic)

Prob>chi2 = 0.000 0　　(asymptotic)

图专—2—2　股指涨跌与两融余额增减的因果检验

值得注意的是，在沪深 300 股指下降时，投资者没有通过融券业务的做空机制来增加自己的回报。如果沪深 300 股指上涨在融资业务杠杆作用下积累的风险可以对称地通过融券业务杠杆作用释放，就有可能避免本轮股市累积的风险以暴跌的形式释放。事实上，融资业务和融券业务在两融业务中的占比相差巨大，见表专—2—4。

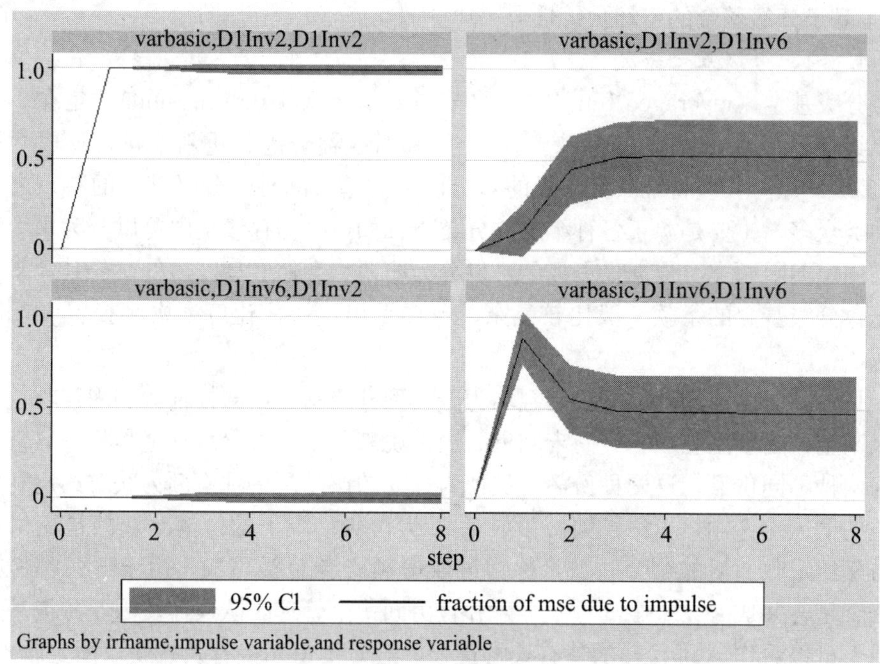

图专—2—3　沪深 300 股指与两融余额互相影响的脉冲分解图

表专—2—4　　　　融资融券业务分别占两融业务余额的比例表（%）

	融资业务余额比例	融券业务余额比例
平均值	99.48	0.52
最高值	99.84	1.16
最低值	98.84	0.16

资料来源：Wind 资讯。

从表专—2—4 中可以看出，在两融业务余额中，融资业务所占的比重远远超出融券业务，因此融资业务的走势基本主导了两融业务的走势，而融券业务没有让对市场有不同信息和看法的投资者表达自己的意见，这反映了推出融券业务的中国股市依旧处于高度的多空机制不均衡状态。考虑到场外配资的存在，则市场杠杆机制方面的不均衡事实上更加严重。在这一状态下的股市，随着交易量的放大，股指越上行，潜在的下跌压力越大，而一旦市场出现波动，就有可能引起雪崩式下跌。如前所述，在股市下跌时，前期加杠杆的投资者只能选择去杠杆，而股市大幅下跌的结果就是市场流动性紧张。为了保持流动性，投资者只能抛售优质股票和基金，而基金的赎回和抛售会把流动性危机传染给风险积累不高的股票，进而造成股市的全面下跌。

4.2 基于分级基金的市场预警信号

4.2.1 分级基金概况

分级基金（leveraged fund），也称结构型基金（structure fund），是在一个投资组合下，通过对基金所有资产的分解和对收益分配的重新安排，形成两级（或多级）风险收益特征具有差异的基金份额的基金品种。分级基金的特点之一是种类众多，主要是源于各种维度的分类。譬如，根据存续期限可以分为永续型和有固定期限两类，根据投资标的可以分为股票型和债券型。另外，与其他基金相比，分级基金的条款一般比较复杂、花样百出，往往让广大中小投资者无所适从。

目前，国内市场上的分级基金均为融资型分级基金，即杠杆型和固定收益型分级基金；多空型分级基金尚未问世。通常说来，融资型分级基金是将一只基金分为两种不同份额，这两种份额可被视为独立的产品。一种份额为获取约定利率收益的低风险份额，也称稳健份额或者A类份额；剩下的份额获取的是支付A类份额约定收益后的剩余收益，称为进取份额或者B类份额。由于这两类份额的资金是合并成一只基金（母基金）并且由同一个管理团队运作，因此分级基金实质上可以看作A类份额的持有人将资金借给B类份额持有人并获取固定收益。从本质上说，这种结构化的设计为某些证券投资者（B类份额持有者）提供了杠杆或融资。这也是分级基金在2015年的股市振荡中备受关注的主要原因。

国内第一只分级基金是国投瑞银瑞福分级，于2007年7月17日成立。2010年分级基金的总份额突破了100亿份，2013年超过400亿份。随后，在2014年下半年启动的牛市中，分级基金B份额拥有的“杠杆的魅力”受到热烈追捧，推动了当年分级基金的飞速发展，总额高达1 200多亿份。[①] 2015年上半年，在牛市和杠杆的双重诱惑之下，股票市场对于分级基金（特别是B类份额）的热情一路高涨，基金公司顺势推出各种产品，国内分级基金在此期间也经历了惊人的跨越式发展，见图专—2—4。

统计数据（来自CSMAR的中国融资型分级基金专题研究数据库）显示，截至2015年9月30日，2015年新成立的分级基金已有86只，远远超出了前两年的数目。另外，在新成立的86只分级基金中，仅有1只为非指数分级基金。指数分级基金的规模在整个分级基金中的占比，从2014年底的49.5%飙升至2015年6月底的91.78%。[②] 追踪的指数主要有中证全指证券公司指数（7只）、

① 引自《分级基金最全攻略（之一）基本概念与分类》，载《华尔街见闻》，2015-07-27。

② 参见申万宏源：《指数分级规模大涨，多空分级全部撤回——2015年2季度指数型基金季报分析》，2015-08-04。

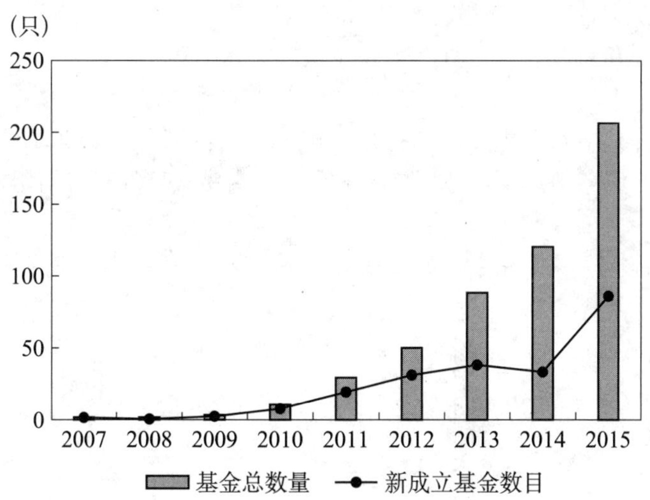

图专—2—4　分级基金历年数量变化图

资料来源：CSMAR，数据截至 2015 年 9 月 30 日。

中证银行指数（7 只）、沪深 300 指数（6 只）、中证一带一路主题指数（5 只）等，见表专—2—5。

表专—2—5　指数分级基金分布表

指数名称	分级基金数目
中证全指证券公司指数（四级行业）	7
中证银行指数	7
沪深 300 指数	6
中证一带一路主题指数	5
深证 100 指数（价格）	4
中证高铁产业指数	4
中证环保产业指数	4
中证军工指数	4

资料来源：CSMAR，数据截至 2015 年 9 月 30 日。

最后，从 2015 年新成立的分级基金来看，行业细分是一个比较明显的趋势，而且证券、高铁、“一带一路”、新能源以及互联网金融等行业或主题已成为热门。

4.2.2　分级基金的杠杆特征

2015 年上半年，分类基金的发展势头如此迅猛，但它在 2015 年的股市振荡中折损严重，与其所具有的杠杆特性密不可分。当市场情绪高涨时，在支付给 A 类份额固定收益后，B 类份额能够获得杠杆倍数的净值收益；同时，投资者会抓住机会，争相购入 B 类份额，进而其溢价率也会大幅攀升。然而，一旦市场下跌，B类份额的损失也会被放大。

了解B类份额的杠杆特性，主要应从以下几个概念出发。

1. 初始杠杆

初始杠杆是指基金成立时的杠杆，即A、B份额的总数与B份额的数量之比，见图专—2—5。从统计数据来看，目前国内最常见的是将初始杠杆设为2。

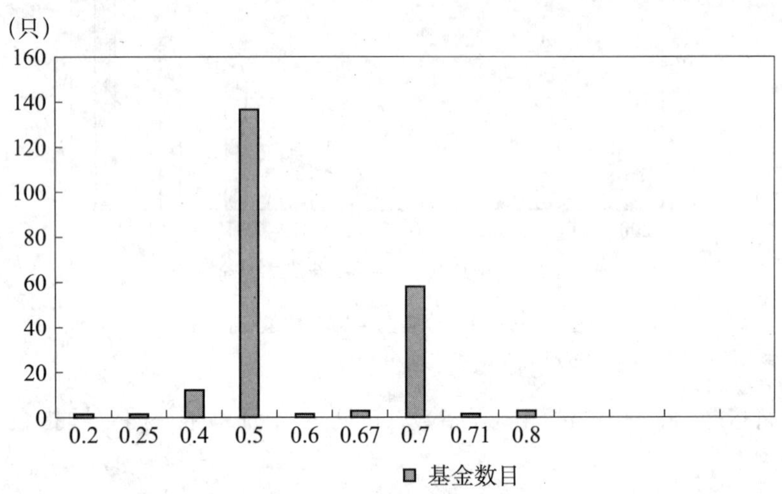

图专—2—5 A类份额初始占比图

资料来源：CSMAR，数据截至2015年9月30日。

2. 净值杠杆

净值杠杆是研究分级基金的重要杠杆指标之一，可定义为B类份额净值涨幅相对于母基金净值涨幅的比例。由于A类份额每天的收益相对总体净值而言较小，故在计算时一般不考虑。净值杠杆的计算公式为：

$$\frac{\text{母基金总净值}}{\text{B类份额总净值}}=\frac{\text{母基金净值}}{\text{B类份额净值}}\times\text{初始杠杆}$$

净值杠杆反映的是B类份额净值波动的大小，但在实际情况下，B类份额的投资者还需要考虑二级市场的价格波动。

3. 价格杠杆

由于折（溢）价的存在，净值杠杆无法反映二级市场的真实价格表现，因此我们还要看价格杠杆指标。价格杠杆是指母基金的净值变动1%后，B类份额价格变动的百分比。由于B类份额折（溢）价的存在，价格杠杆一般并不等于净值杠杆。

根据上面的杠杆指标可知，当母基金的净值下跌时，在杠杆的作用下，B类份额净值的下跌速度更快。考虑到初始杠杆的值是恒定的，那么净值杠杆会随着下跌过程加速变大。相反，当母基金的净值上涨时，则是一个净值杠杆逐渐减小的过程，这种非对称的杠杆效应加快了市场的下跌速度。随着净值下跌，杠杆逐渐变大，将引起B类份额净值跌幅过大（大于10%），超过二级市场交易的10%涨跌停板限制，即价格的跌幅将小于净值跌幅。此时，若持续下跌，B类份额的溢价率将会持续上升。一旦B类份额净值跌至下折阈值，投资者将损失惨重。

对于A类份额来说，若市场下跌，一方面，由于此时A类份额的固定收益很可能高于市场收益率，因而投资者可能更加青睐A类份额；另一方面，当B类份额跌停时，若投资者采取整体赎回策略卖出B类份额，必然会导致对A类份额需求的增加。因此，在双重作用下，A类份额的价格会上升。

4.2.3 分级基金购买情况

目前，国内市场上的杠杆性投资工具主要有股指期货、融资融券和分级基金。股指期货和融资融券的门槛较高，分级基金的投资门槛极低，也不用签署特别的风险揭示书，因而股票型分级基金的B类份额成为大受中小投资者欢迎的杠杆化投资工具。另外，分级基金中的“大热门”——指数分级基金具有分散个股风险、市场操作灵活（二级市场交易、场内外申购和赎回、套利操作）等优势，也吸引了许多对分级基金缺乏认识的个人投资者参与投资。在股市大涨之时，投资者为抓住“牛市”的大好时机，盲目追捧B类份额。投资者在对分级基金一知半解的情况下，自然也无法做好风险防范措施，因此往往在股市大跌时因分级基金自身杠杆的“助跌”效应而陷入茫然无措的境地。

另外，从各分级基金的年报数据来看，分级基金不同份额的投资者结构各自具有比较明显的特征，我们从中能明显看出B类份额极受个人投资者的欢迎。在B类份额的投资者中，机构投资者的占比通常为15%～20%，因而分级基金的主要投资者仍是个人投资者。然而，A类份额的情况则截然不同，其接近80%的份额为机构投资者所持有，这些机构投资者主要是保险、信托、企业年金等。

4.2.4 分级基金的预警

我们选择的标的为沪深300指数的B类分级基金，其总交易量和沪深300指数的走势如图专—2—6所示。

由图可知，这两个变量的走势出现了一定的相关度。为了检验两个变量的相关度，我们做如下分析：

$$g_{vol}=a+bR_{index}+u$$

式中，g_{vol}为分级基金B类份额成交量的增长率；R_{index}为沪深300指数的增长率；a和b为常数；u为随机变量。

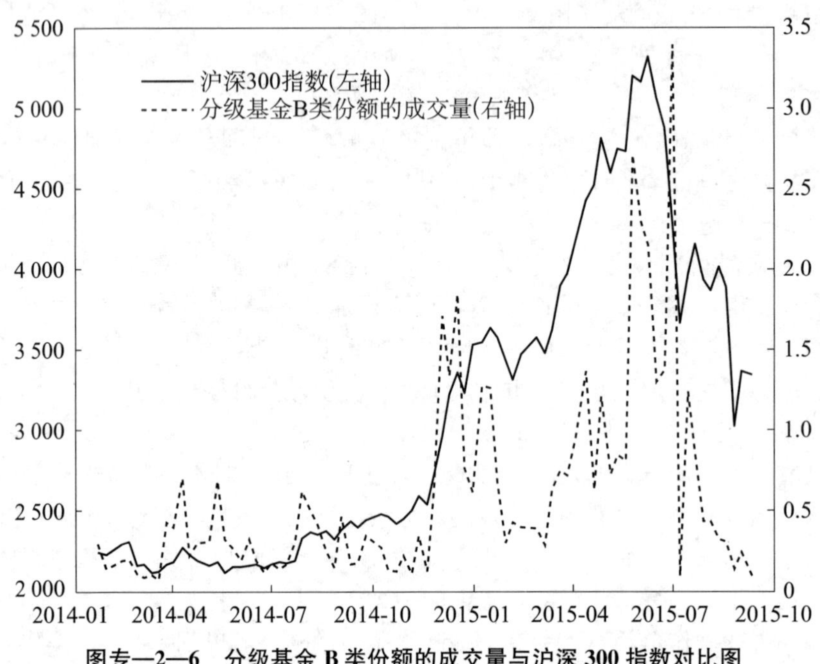

图专—2—6 分级基金 B 类份额的成交量与沪深 300 指数对比图

从 2014 年 1 月 21 日到 2015 年 11 月 13 日，我们以周为频率，总计使用了 81 个样本。此外，我们使用 Newey West（1987）的方法来调节异方差和自回归带来的估计误差，并得到 11.3，即当沪深 300 指数每增加 1%，成交量将增加 11.3%，t 检验值为 2.80，在 99%的置信度下显著。

显然，由于分级基金 B 类份额的成交量小，它不可能影响到股指的波动，因而针对分级基金 B 类份额的成交量和沪深 300 指数的共同涨跌效应的解释应为：当沪深 300 指数上升时，投资者对于杠杆的需求增加，因而多购买分级基金 B 类份额，最终使分级基金 B 类份额的成交量增加。

4.3 基于股指期货的市场预警信号

2015 年，我国股票市场出现了大幅振荡，同时表现出三个特点：第一，股市波动大。从 2015 年 6 月 15 日到 7 月 20 日，沪深 300 指数的年化波动率为 86%，大约是正常时期的 4 倍。第二，流动性干涸，出现了多只股票停牌以及大量股票的跌停。这意味着交易无法完成，也就是市场的基本功能部分丧失。第三，杠杆高，即配资炒股。当股票价格大幅下跌时，部分配资头寸被强制平仓而卖出，这引发了新一轮的下跌。

期货产品具有“高杠杆”的属性，其 10 倍的杠杆率超过配资炒股的 3～5 倍，同时期货也提供了“卖空”的手段，因而人们关于股指期货在本次股市大振

荡过程中的作用存在很大的争议。

4.3.1 股指期货的四个功能

在发达资本市场中，股指期货的功能主要有两个：套期保值和价格发现。笔者认为在我国这样的发展中国家资本市场中，股指期货新增了两个功能，即卖空渠道和市场信号。

股指期货的第一个功能是套期保值功能。在股市振荡中，股指期货的套期保值功能发挥得淋漓尽致。在千股停牌的情况下，投资者无法卖出股票，但他们可以通过卖出股指期货对股票进行套期保值，以规避市场下跌的风险。也就是说，当股票市场无法提供流动性时，股指期货市场提供了流动性，可以帮助投资者止损，即股指期货市场的套期保值功能得到了充分体现。

股指期货的第二个功能是价格发现功能。由于股指期货的流动性好、交易充分，因而大量的研究发现，股指期货的走势引领了股指本身的走势，在我国也是这样。笔者的研究发现，前一天的基差（期货价格高出现货价格的百分比）可以预测第二天的股指走势，升水（期货比现货价格高）预示股指价格将上升，贴水（期货比现货价格低）预示股指价格将下降；基差每贴水 1 个百分点，股指平均下跌 0.35 个百分点。2015 年 7 月 7 日，股指期货贴水 5.9%，8 日股指出现了大跌。8 日收盘时股指期货贴水 5.5%，9 日开盘时股指进一步下跌，直到新的救市政策出台，大盘才止跌回升。这些都表明股指期货是市场的晴雨表。从另一个角度看，在千股停牌时，股指的数据已不反映真实的市场表现，而股指期货的数值可以作为“真实股指数据”的重要参考。平均来看，股指期货与股指基本相等，仅仅比股指高 0.1 个百分点。

股指期货的第三个功能是提供了卖空渠道。尽管我国有融券业务，但融券往往比较难，因而融券的比例比融资的比例低很多。然而，使用股指期货进行卖空是很容易的。一般来看，卖空机制的存在有利于降低股票的风险。例如，在一个很难卖空的市场环境下，只有看涨的人可以买股票，而看跌的人无法卖空，因而股票容易出现泡沫。如果有了期货的卖空机制，股票将不容易形成泡沫，因而降低了股票的价格风险。笔者的研究发现，在股指期货推出后，股指期货中的股票风险显著下降，其下降的幅度大于不在股指期货中的股票。

然而，在股市大幅振荡时，股指期货也有不足，如做空者很难在股票市场上融券时必然选择卖空股指期货。与欧美国家不同，我国股票和期货市场中 70% 以上的投资者都是散户而非机构投资者。这些散户对风险没有判别能力，往往呈现非理性和跟风投机。如果卖空者使用保证金进行场外配资，其杠杆率可以比期货的 10 倍杠杆更高，甚至达到 20～40 倍杠杆。特别是在市场连续下跌的情况下，跟风配资卖空期货往往有利可图。

因为期货是现货的衍生品，两者在期货到期日的价格将趋于一致，而两者之差（基差）的大幅变化反映了市场的异常。2015 年 6 月 15 日到 7 月 20 日，基差的波动率很大（2.3%），是正常时期的 4 倍，既有 6 月 19 日接近 3%的升水，也有 7 月 7 日和 8 日超过 5%的贴水。这反映了市场对于股指走势没有一致的判断，也反映了投资者一定的恐慌心理。

4.3.2 股指期货的监管指标

1. 市场涨跌信号

如前所述，利用股指期货的升贴水可以预测股指的走势。我们使用了 2010 年股指期货正式推出后的股指期货日数据以及沪深 300 指数数据对股指期货的基差信号进行检验。我们做如下回归：

$$R_t = a + bB_{t-1} + u$$

式中，a 和 b 为常数；R_t 为股指在 t 时刻的收益；B_{t-1} 为 $t-1$ 时刻的基差，即 $B_{t-1}=\frac{F_{t-1}}{S_{t-1}}-1$，也就是期货对于现货的相对升贴水。

因为期货是投资者对未来现货价格的预测，因而基差为正说明股指将来的价格看涨，反之看跌。数据的频率为日数据。在回归中，$b=0.35$，即升贴水每增加一个百分点，股指在第二天将上涨 0.35 个百分点。回归的 t 检验值为 2.8，在 99%置信区间显著。也就是说，股指期货为市场走势，这为政府干预提供了直接信号。

图专—2—7 显示了历史上基差的变化。我们看到自 2015 年 6 月以来，基差大幅下跌，一直为负，说明投资者对股指下跌抱有预期。7 月 9 日的基差低于 −5%（见图专—2—8），这也是市场将要大跌的信号和资本市场需要管理的预警信号。

2. 市场流动性信号

Roll，Schwartz and Subrahmanya（2007）发现，基差的绝对值反映了市场的流动性。其背后的基本原理是当基差的绝对值越大时，说明没有足够多的资金进入市场以完成在期货市场和现货市场的买低卖高以及套利，也就是此时市场的流动性差；反之，市场的流动性好。所以，基差绝对值和流动性呈反比关系。

图专—2—9 和图专—2—10 描绘了基差的周均方值。由图可知，在 2015 年 7 月初，基差的周均方值非常高，接近 4%，其他时间几乎都在 2%以下。这说明了市场流动性的大幅下滑，也反映了市场流动性的干涸，表明需要注入流动性。

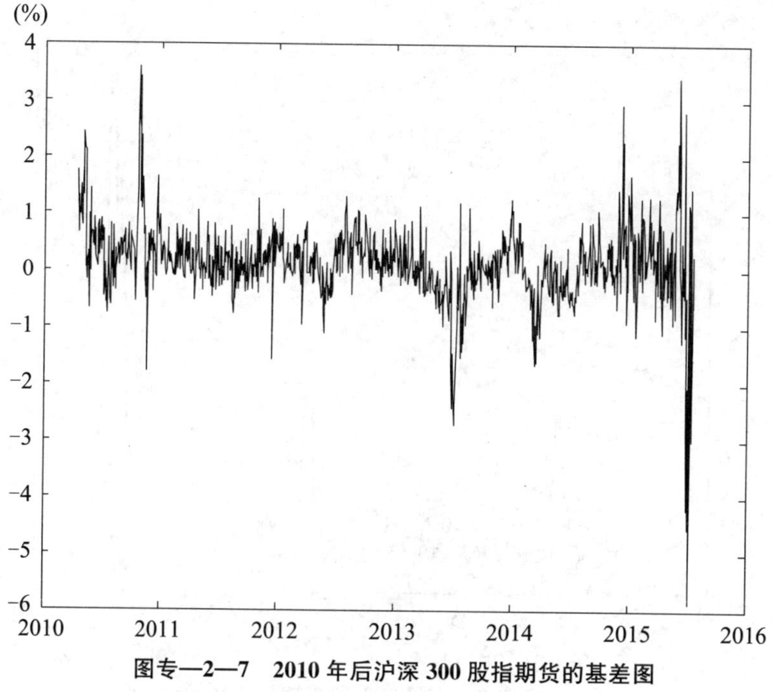

图专—2—7　2010 年后沪深 300 股指期货的基差图

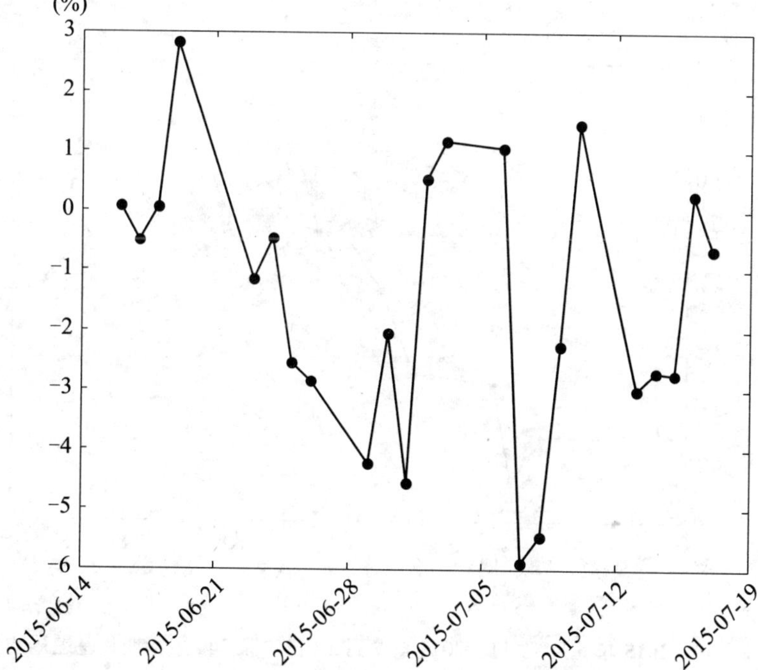

图专—2—8　2015 年 6 月 15 日—2015 年 7 月 20 日沪深 300 股指期货的基差图

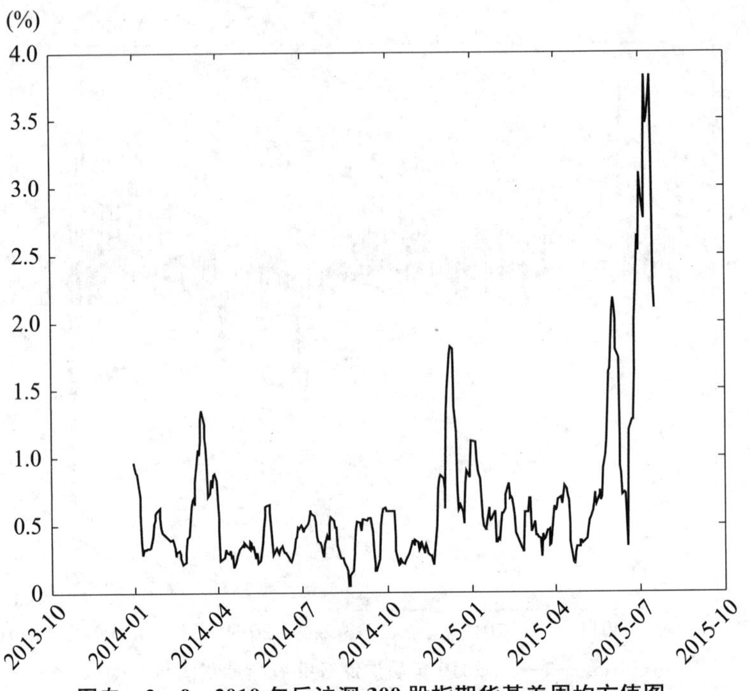

图专—2—9　2010 年后沪深 300 股指期货基差周均方值图

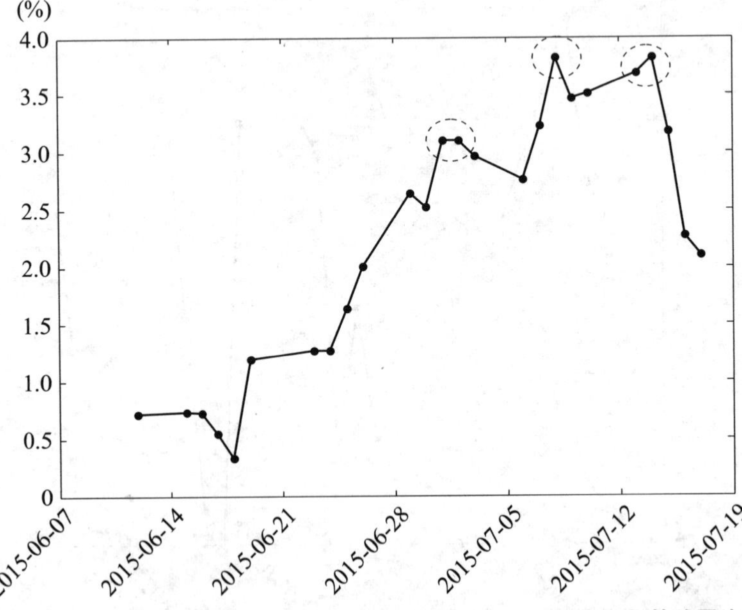

图专—2—10　2015 年 6 月 12 日—2015 年 7 月 19 日沪深 300 股指期货基差周均方值图

具体说来，2015 年 7 月 1 日、8 日和 14 日的流动性干涸问题尤为严重，这也是需要进行市场干预的一个重要信号。

综上所述，在股指期货市场上，基差的大小是判断市场走向的信号，而基差的绝对值带来了市场流动性大小的辨别信号。

5. 基于监控市场异动的应急对策

在金德尔伯格（Kindleburger）、明斯基（Minsky）框架下，一次金融危机有五个阶段，分别是外生变动、信贷扩张、过度交易、泡沫破灭、危机平复。历史上的多次危机都经历了这五个阶段。更进一步，金德尔伯格（1978，2000）在《狂热、恐慌和崩溃》（*Manias*，*Panics and Crashes*）一书中总结了三种危机模式：一是资产价格急剧上涨，随后闪电崩溃的急涨急跌模式，2008 年的原油价格正是这一模式的代表；二是资产价格在持续上涨后以对称的方式一路下跌，自 2006 年夏季开始的美国房地产市场泡沫破灭正是这一模式的代表；三是在股价上涨到一定阶段后，先是小幅调整，随后是伴随着恐慌的急剧下跌。历史上的大部分股灾都是第三种模式，2015 年的中国股市也不例外。

股市泡沫的破灭，在投机情绪冷却、资产价格重估之外，也可能意味着由高杠杆带来的流动性危机，进而是市场雪崩式不断自我强化的下跌。这也是政府在市场异动出现后采取应急对策的意义所在。各国政府实施的救市政策可分为两类：一是通过行政手段改变市场交易规则，如限制卖空、限制减持等；二是通过市场化的机制稳定市场，如完善利率传导机制、完善股票回购规则、建立市场平准基金等。在救市政策之外，针对与股灾伴随的恐慌，政府通过声明稳定市场参与者的预期，为市场提供信心也是常用的应急手段。股灾过后，监管当局对金融监管的反思通常会带来金融制度的变化，1929 年美国股市危机后出现了《格拉斯-斯蒂格尔法案》，20 世纪 90 年代英国和日本的“金融大爆炸”与先前的金融市场波动关系密切。本部分不对金融危机后的制度重建进行介绍，仅说明在市场异动情况下的各项应急对策。

5.1 完善利率传导机制

一方面，利率的变化是在防范股市危机造成游资撤离，进而引发汇率危机；另一方面，根据金融学原理，股价取决于未来现金流的折现。在预期不变的情况下，当利率变化时，因为贴现率的变化，股价也会随之发生变化。然而，在股票市场异常波动时，调整利率是否能有效地影响股市？根据程一峰和唐一丹（2010）的分析，在 2008 年股灾期间，中国人民银行的利率调整未能逆向影响市场，反而加剧了市场波动。从历史上看，1987 年美国股灾通过利率调整和其他措施稳定了外汇市场，从而将股市波动限制在股市之内；而日本在 20 世纪 90 年代试图通过宽松的货币政策稳定股市的做法则收效甚微。简言之，在危机时期，应急的利率调整主要是应对汇率风险，而不是稳定股市。

5.2 完善股票回购规则

股票回购是指上市公司利用经营盈余资金或债务融资，购回公司已经发行在外的普通股票，令其休止或进行注销。股票回购的方式主要有公开市场回购、要约回购及协议回购。覃雪梅（2009）认为，股票回购始自20世纪50年代，到1987年美国股灾时，美国政府承诺提供资金支持，鼓励上市公司进行股票回购，进而在一周内出现了650家公司宣布进行股票回购的情况，最终稳定了股票市场。由于针对股票回购目的的规定，因而上市公司只能在资本结构变动或者合并时才能进行股票回购。[①] 因此，在2008年和2015年的股灾中，中国上市公司无法采用回购股票的措施稳定股价以及向市场释放积极信号。作为替代，证监会暂时解除了对于上市公司大股东增持的限制，允许上市公司大股东在市场异常波动期间增持本公司股票，此举同样得到了相应公司的响应。两相比较，大股东增持和股票回购都能稳定单个公司的股价，当行动者数目达到一定规模时，可以提振市场整体信心；同样，在市场异常波动期间，因为上市公司对自身价值的把握更准确，所以通过大股东增持和股票回购都能盈利。然而，临时取消对大股东增持相关规定的限制，很难回避对于大股东内部交易的指责，也是对市场制度环境的伤害。我们期待修改《中华人民共和国公司法》与相关办法，允许上市公司回购股票作为库藏券。

5.3 建立市场平准基金

平准基金最早被用于外汇市场，以维持汇率稳定，随后被引入股票市场等波动性更强的市场。张堃和张昂（2009）给出的定义认为，平准基金是政府通过特定的机构（证监会、财政部、交易所等）以法定的方式建立的基金。平准基金通过对证券市场的逆向操作，熨平非理性的证券剧烈波动，以达到稳定证券市场的目的。日本、韩国、我国台湾、我国香港、瑞士和美国都先后设立了平准基金，并且都在稳定证券市场后成功退出。通过平准基金干预股市，既是以市场的手段调解市场，又是精确地将流动性注入资本市场，与通过利率手段的调节相比，其效果可预期性更强。

平准基金由央行负责管理和操作。2008年金融危机后，宏观审慎监管机构已把资产价格纳入货币政策监管指标，因而央行有权进行公开市场操作，以平滑期货价格。这有助于降低中小投资者的投机预期，帮助实体经济更稳健地增长。

但是，平准基金的设立存在以下问题：其一，钱从何来？其二，如何救市？

---

① 参见证监会：《上市公司回购社会公众股份管理办法（试行）》，2005-06-16。

其三，怎样退出？从国际上看，日、韩的平准基金来自于银行、证券、保险体系；我国香港动用的则是外汇储备基金；我国台湾既有来自银行、保险等公司的资本，也有退休基金这样的社保资本；美国和瑞士是由财政部出钱。总的来说，正如钱天峰（2006）所述，平准基金大多有政府信用背书。对于如何救市，这既是技术问题，也可能存在道德风险。意在稳定股市的平准基金除了瞄准股市外，也可以考虑平抑股指期货的价格波动，根据期货与现货之间的价格联动，同样能达到稳定股市的效果；但针对道德风险问题，如果救市由数家公司代为操作，很可能存在内幕交易或者先救自己的问题，我国台湾的“国安基金”和本次平准基金救市都存在这样的问题。

关于期货市场的平准基金，一方面，投机者为套期保值者提供了流动性，对期货市场价格发现功能的实现起到了重要作用；另一方面，在极端市场条件下，投机者在市场上的单边投机会造成价格异常，特别是期货带有较高的杠杆。例如，国际油价曾在6个月内从140美元/桶下跌至39美元/桶，这与国际投机者大量卖空不无关系。通过市场的手段干预市场、打击投机、平滑价格在国际金融市场上屡见不鲜，比如2011年6月，国际能源署向国际石油期货市场卖出了6 000万桶石油，以平抑高企的油价并打击投机。

根据我国散户居多的市场特征，期货市场平准基金不失为解决过度套利的方法。股指期货市场的纵深大、交易成本低，平准基金可以直接入市，不需要事先持有股票。另外，股指期货本身具有“高杠杆”的属性，投机力量大多聚集在股指期货市场，而平准基金与投机力量的直接交锋有利于更准确地打击投机。当股指期货上涨时，套利者可通过买入股票、卖出期货而拉动股票上涨。同时，股指期货反映了市场的“信心”，对股市有很好的引领作用。期货到期后将自动交割，因而平准基金不存在“退出”的问题。

平准基金的退出以不影响市场正常发挥功能为基本要求，与之伴随的困难在于如何评价平准基金的业绩。救市基金不以营利为目的，通常在市场濒临崩溃时买入，如果平准基金发生亏损或由于潜在亏损长期占用相应资金，如何衡量平准基金的业绩就是一个需要在实践中解决的技术问题。

6. 结论

本专论认为导致金融不稳定性的内在逻辑是金融杠杆和信息不对称，而其外在表现是偏离均衡的价格会加速远离均衡、积累风险并最终以股市危机、银行危机、货币危机和债务危机等金融危机为代价释放风险。结合我国资本市场的发展现状，我们建议从预防、预警、应急三个方面改善我国的资本市场，应对金融不稳定性。

在预防对策方面，从信息不对称这一源头出发，我们建议在完善市场客体信息披露的基础上加强市场主体信息的披露，试点建立具有标的跟踪能力的标的级信息采集机制，实现真实的二级市场持仓成本分布信息的披露，为市场行为特别是强制去杠杆行为提供更为全面的参考。

在预警对策方面，从金融杠杆这一源头出发，我们建议建立并应用3类共4个预警信号，包括：关于股票市场杠杆水平的两融余额预警信号；关于股票市场杠杆水平的分级基金B类份额成交量预警信号；关于股票市场走势的股指期货基差水平信号；关于股票市场流动性的股指期货基差均方差信号。

在应急预案方面，根据已有理论，我们建议完善利率传导机制，完善股票回购规则，同时建立市场平准基金。

本专论提出的预防、预警、应急三位一体的对策包有助于避免我国再次出现类似2015年的股市振荡，是我国资本市场长期稳健发展的重要依靠。

英文参考文献

[1] Akerlof, G. A., "The Market for 'Lemons': Quality Uncertainty and the Market Mechanism", *The Quarterly Journal of Economics*, 1970, pp. 488-500

[2] Black, F., "Noise", *The Journal of Finance*, 1986, 41 (3): 529-543

[3] Cao, H. H., Coval, J. D., and Hirshleifer, D., "Sidelined Investors, Trading—Generated News, and Security Returns", *Review of Financial Studies*, 2002, 15 (2): 615-648

[4] Corsetti, G., Pesenti, P., and Roubini, N., "What Caused the Asian Currency and Financial Crisis?" *Japan and the World Economy*, 1991, 11 (3): 305-373

[5] Diamond, D. W., and Dybvig, P. H., "Bank Runs, Deposit Insurance, and Liquidity", *The Journal of Political Economy*, 1983, pp. 401-419

[6] Gerety, M. S., and Mulherin, J. H., "Trading Halts and Market Activity: An Analysis of Volume at the Open and the Close", *The Journal of Finance*, 1992, 47 (5): 1765-1784

[7] Greenwald, B. C., and Stein, J. C., "Transactional Risk, Market Crashes, and the Role of Circuit Breakers", *Journal of Business*, 1991, pp. 443-462

[8] Hong, H., and Stein, J. C., "Differences of Opinion, Rational Arbitrage and Market Crashes", No. w7376, National Bureau of Economic Research

[9] Horvitz, P. M., "Stimulating Bank Competition through Regulatory

Action", *The Journal of Finance*, 1965, 20 (1): 1-13

[10] Keynes, J. M., *The General Theory of Interest, Employment and Money*, London: Macmillan, 1936

[11] Kindleberger, C. P., *Manias, Panics and Crashes: A History of Financial Crises*, 1978

[12] Krugman, P., "A Model of Balance-of-payments Crises", *Journal of Money, Credit and Banking*, 1979, pp. 311-325

[13] Kyle, A. S., and Xiong, W., "Contagion as A Wealth Effect", *The Journal of Finance*, 2001, 56 (4): 1401-1440

[14] Menkveld, A. J., and Yueshen, B. Z., "The Flash Crash: A Cautionary Tale about Highly Fragmented Markets", Available at SSRN 2243520, 2015

[15] Meyer, P. A., and Pifer, H. W., "Prediction of Bank Failures", *Journal of Finance*, 1970, pp. 853-868

[16] Minsky, H. P., "The Financial Instability Hypothesis", The Jerome Levy Economics Institute Working Paper, 1992 (74)

[17] Mishkin, F. S., "Global Financial Instability: Framework, Events, Issues", *The Journal of Economic Perspectives*, 1999, pp. 3-20

[18] Obstfeld, M., The Logic of Currency Crises, Springer Berlin Heidelberg, 1995, pp. 62-90

[19] Roll, R., Schwartz, E., and Subrahmanyam, A., "Liquidity and the Law of One Price: The Case of the Futures—Cash Basis", *The Journal of Finance*, 2007, 62 (5): 2201-2234

[20] Rosser, J. B., Rosser, M. V., and Gallegati, M., "A Minsky-Kindleberger Perspective on the Financial Crisis", *Journal of Economic Issues*, 2012, 46 (2): 449-458

[21] Saqib, O., "The East Asian Crisis in Kindleberger-Minsky's Framework", *Brazilian Journal of Political Economy*, 2001, 21 (2): 91-98

[22] Soros, George, The New Paradigm for Financial Markets, New York: Public Affairs, 2008

[23] Wheelock, D. C., "Deposit Insurance and Bank Failures: New Evidence from the 1920s", *Economic Inquiry*, 1992, 30 (3): 530-543

中文参考文献

[1] 程一峰，唐一丹．非常时期连续调整利率对股市影响的实证研究．新财

经（理论版）2010（5）

[2] 李菲．筹码供需关系形成的股价涨跌模型及其应用．天津大学硕士学位论文，2010

[3] 李克穆．经济全球化进程中金融危机的防范．北京：中国发展出版社，1999

[4] 覃雪梅．上市公司股票回购动因与效应分析——天音控股（000829）股票回购案例研究．广西大学学报（哲学社会科学版），2009，S2：63-64

[5] 王明华．商业银行资产配置失误与银行危机．金融时报，2001-03-10

[6] 张堃，张昂．平准基金的设立及历史经验．资本市场，2009（4）：66-69

[7] 周月刚，雷晓燕．参考价格分布和股票回报：基于处置效应的分析．经济学（季刊），2011（3）：1039-1060

专论三　政府干预与市场契约精神

摘　要

面对股灾的一次次爆发，世界各国政府一次次出手救市。从表面上看，政府的干预是对市场契约精神的破坏，但政府的干预行为在很大程度上弥补了金融证券市场的不完善性。结合经济学基本原理以及各国的救市经验，市场的契约精神是市场经济得以存在和发展的本质基础，缺失了契约精神的经济制度是无法实现资源合理配置，无法发挥促进国民生活改善等功能的，但市场经济有其局限性，政府以维护健康的市场秩序为出发点，以纠正由一场波动造成的非秩序性偏差为目的而进行的干预是有其正当性、适时性的。同时，完善市场规则是政府干预的最高形式，引入公益资金和平准机构等机制，并设计降低政府救市成本的制度，方能充分践行政府在证券金融市场中的监管者责任。市场监督是政府干预的基本前提，而现行法律体制中还存在冲突和矛盾之处，有关国家机构的组织法和立法法有其不足的地方，所以要充分建立证券市场的监管机制，强调国家机关、证券交易所以及民间机构自律监管，在日常监管中发现杠杆率、场外配资等问题，可以有效地避免股灾的发生，减少不必要的救市投入和金融市场的损失。

Abstract

Faced with continual stock market crashes, the government is forced to rescue the market repeatedly. On the one hand, the intervention of the government seem the destruction of contract spirit, on the other hand, the government intervention has the function of making up the imperfection of financial securities market. From both basic principles of economics and different bailout experiences, it is clear that the spirit of contract is fundamental to the market economy. Without it, the market cannot rationally allocate resources and raise the standard of living. However, market economies have limits and, in order to promote a healthy marketplace, the government can legitimately intervene in order to correct fluctuations caused by non-order bias in a timely manner. Nonetheless, the best form of government intervention is that of setting rules for the market place, thus the introduction of mechanisms for public welfare funds and stabilization fund is necessary, as well as government bailouts designed to reduce system costs, these measures can fulfill the responsibility of government regulators regarding securities and financial markets. Market intervention cannot be effectively practiced without market surveillance. However, the existing legal regime has conflicts and contradictions, and the laws and regulations regarding national regulatory organs has some deficiencies, therefore, in order to properly regulate the stock market, emphasis is placed on both national regulatory organs and self-regulation by the stock markets regarding areas such as the daily monitoring of leverage ratios, illegal funding and other issues of daily supervision. This method can effectively avoid crashes and reduce the need for intervention in financial markets.

1. 政府干预的必要性与重要性

世界范围内股市危机的爆发，既有各国政治、经济等方面原因的主导，也有一些具有共性的问题，其中一个根本的共性问题便是市场经济有其固有缺陷，金融证券市场也不例外。市场经济从诞生之初，便被认为是以市场机制的作用为基础来配置社会经济资源的经济方式。较之于计划经济，其运作机制、功能及作用也被认为是具有效率的经济方式，原因就在于市场经济这种资源配置方式是建立在利益主体多元化的基础之上的，其实质是“以市场运行为中心环节来架构经济流程，通过市场机制的作用来完成资源的配置和生产力的布局，用价格信号来诱导和调节社会生产与消费，协调供求关系，按照优胜劣汰的竞争机制进行国民收入的分配”①。

然而，随着市场经济的运行，早期提出的市场经济中“完全竞争市场”和“帕累托最优”的设想在现实中很难实现。法国古典政治经济学家西斯蒙第最早开始强烈质疑自由市场制度，随后众多经济学家在质疑市场经济制度的基础上，对市场失灵或市场缺陷给予了充分的研究和承认。从市场经济发展的历史以及几百年来自由经营和政府干预两大经济思潮的争论来看，完全竞争市场的几大假说和条件是很难实现的，市场失灵决定了政府干预的必要性。总而言之，由于市场失灵不可避免，因而市场调节和政府干预之间构成了一种相互补充、相互配合、不可相互替代的关系。

从各国历次金融危机的爆发与恢复过程来看，政府干预在其中起了积极的作用。当市场之手失灵时，若无外力干预，其自我调整可能耗时过长、代价较大，此时市场需要政府的干预，民众同样需要政府展示积极救助的态度。股市是一国经济的晴雨表，它直观地反映了一国经济的运行状况。因此，金融危机常常与股市的动荡相伴而生，国家对金融危机的判断、对干预时机的把握等均离不开对股市的分析和研究。随着现代金融市场的日益繁荣，这个现象越发的明显。

1.1 金融证券市场的不完善性与政府干预

1.1.1 金融证券市场的不完善性

1. 市场经济及其固有缺陷

从宏观层面看，由于市场机制的作用的滞后性和不确定性，常常导致虚假需求和生产的盲目性，从而破坏市场运行的稳定性和秩序性等，最终造成“总供给超过总需求或者总需求超过总供给的市场总量失衡，从而引起严重的通货膨胀、失业和经济衰退等危机”②。从现实层面看，完全竞争的市场毕竟过于理论化而很难实现，市场更多地在不完全竞争的条件下进行调节。

---

①② 谢自强：《政府干预理论与政府经济职能》，长沙，湖南大学出版社，2004。

2. 金融证券市场的不完善性

证券市场作为资本市场的重要组成部分，发挥着促进资本形成、优化资源配置、完善公司治理机制的功能。国民经济的健康、稳定发展，需要证券市场功能的充分发挥。然而，由于市场经济本身的缺陷，加之证券市场的高风险性、运行机制复杂、短期化效应等特点，证券市场同样是脆弱且不完善的。其不完善主要有两个方面，即市场经济本身的缺陷和证券市场自身的局限性。

市场经济的缺陷在证券市场中体现为：

（1）垄断性。在证券市场中处于垄断地位的是证券产品的卖方，即证券发行人，其凭借自己的地位或通过联合中介机构操纵产品的市场价格，并从中获利。同时，一旦证券公司、投资银行这些中介机构过分依赖发行人，并且证券产品的数量供不应求时，这种获利行为会被不断放大，进一步“引发效率损失和寻租行为，带来社会生产浪费和消费者剩余减少”①。

（2）外部性。从证券市场投融资双方的力量对比来说，大型上市公司占绝对优势，其向政府寻租的力量高于广大股民，但交易成本（投融资双方在讨价还价时的成本）要低于广大股民。因此如果完全由市场来调节股票市场，上市公司将产生负的外部性，这样就不能达到帕累托最优，因而由政府实施干预政策来挽救市场失灵是学者和各国政府的共识。②

（3）信息不对称性。上市公司作为证券产品的生产者，比证券产品的投资者拥有更多的信息。为了大量筹集资金，上市公司将在形式上进行美化、包装，并按公司制“外壳”进行改造上市，而企业经营机制、经营效率等固有的问题未得到解决，其发行的证券势必品质低劣，进而损害投资者利益。政府的干预和强制信息披露等监管正是消除信息不对称的有效方法。

证券市场的局限性包括：

（1）短期化效应。在证券市场中，证券产品的价值是建立在对未来收益的预期之上的，具有资本虚拟化的特点，这就给市场参与者创造了短期炒作的可能。投资者通过低买高卖、高买低卖的方式即可赚取差价、获取利润，而不用注重对企业的长期投资。投资者的短期投机行为也驱使上市公司“将长远发展计划让位于短期发展计划，这种‘杀鸡取卵’的行为，其后果势必限制上市公司的进一步发展”③。

（2）高风险性。证券市场的高风险性体现在多个方面，首先，交易主体的道

① 刘笑梦：《论证券市场监管与政府行为》，载《经济学家》，2002（2）。

② 参见刁昳、张铁山：《证券市场中政府行为的外部性分析》，载《商业时代》，2007（3）。

③ 刘笑梦：《论证券市场监管与政府行为》，载《经济学家》，2002（2）。

德风险。这是指证券发行人与证券投资者之间、大股东与小股东之间存在明显的信息不对称，大股东利用自身对市场信息的优势进行投机、内幕交易及操纵市场等的可能性更大。其次，系统性风险。证券价格的涨落受诸多因素的影响，与真实的经济发展状况之间呈现矛盾的运动关系，是证券市场特有的、内生的不稳定性。最后，经营机构（如证券公司）的经营风险。

1.1.2 政府干预与救市

政府干预是一双“看得见的手”。所谓“看得见的手”（抑或称为“有形之手”），是以政府管制和宏观调控的方式，通过法律、规则和管理制度来规范经济主体的行为，从而矫正、改善和补充市场缺陷的政府行为。[①] 市场经济的有效运行，实质上是“有形之手”和“无形之手”共同发挥作用的过程。现代市场经济是在政府调控的作用下，市场在资源配置中发挥基础性的作用。换言之，即“无形之手”发挥基础性作用，而“有形之手”弥补“无形之手”的缺陷。“有形之手”要顺应“无形之手”的运行规律，才能驾驭市场；“有形之手”只有知道“无形之手”在哪里“无为”，才能在哪里“有为”，才能界定政府干预经济的范围和方式，才能比较准确地定位政府的经济职能，明确政府应该如何调控经济。[②] 两只手必须配合运用，缺少任何一方，市场经济都难以正常运行。

金融危机带来的股市振荡和危机是证券市场不完善的集中体现，在经济全球化的今天，一国爆发股市危机必将波及全球金融市场，美国的“黑色星期一”、次贷危机便是最好的印证。政府的干预不仅是对证券市场采取的日常规划、调节、监管和服务，还能利用政府的角色和资源，采取市场注资、机构救助等措施，以拯救市场、减少损失并遏制危机的蔓延。当然，政府干预应该是有限度的，正如美国耶鲁大学戴维·德罗萨教授在《金融危机真相》一书中所说，“总的来说，世界经济福利面临的一个大的威胁就是，人们对短期经济低迷的容忍程度太低，而对于调整市场经济所取得结果的期望又太高了”。

就股市危机时政府救市的必要性，有的学者提出利用成本收益法进行分析。如果救市给国家的经济增长带来的收益和不救市带来的金融机构破产损失，超过了救市产生的财政成本、通货膨胀成本、道德风险，则政府有必要干预市场、拯救市场。[③] 以美国次贷危机为例，其破坏性影响波及全球金融市场，通过救市不但减少了美国的损失，也有利于控制危机在其他国家的传播，同时也给市场注入

---

① 参见安福仁：《中国市场经济运行中的政府干预》，大连，东北财经大学出版社，2001。

② 参见谢自强：《政府干预理论与政府经济职能》，长沙，湖南大学出版社，2004。

③ 参见吕江林、王庆皓：《从成本收益角度论金融危机中政府救市的必要性》，载《金融论坛》，2011（2）。

了信心。下面将对世界各国政府面对金融危机时采取的干预措施进行介绍，以分析政府救市的时机、救市措施的选择以及对危机后的市场走向产生的影响。

1.2 世界各国对金融危机的政府干预

在全球金融市场的发展过程中，世界各国（包括发达国家、发展中国家、新兴市场国家）都没有放松对金融市场的管控，并且在出现股市振荡和金融危机时，采取各项救市措施对市场进行或多或少的调整。下面详细阐述典型国家或地区的救市措施（以美国、日本和中国香港为例）。

（1）美国。公开资料显示，美国历史上出现过十多次股灾，美国政府的救市手段也在一次次股灾中变得越来越高效。自20世纪80年代以来，针对美国爆发的两次股灾，美国政府及时采取了救市措施，并在股灾后促进了金融监管的重要变革。

1）1987年的“黑色星期一”。1987年10月19日，随着道琼斯指数暴跌和一系列股市下挫，股灾爆发，美国政府和监管机构为了稳定市场，果断地干预市场，具体的措施有：①10月20日，在美股开盘前，美联储发表紧急声明，支持商业银行为股票交易商继续发放贷款。同时，时任美国总统里根和财政部部长贝克均表示，“这次股市崩盘与美国健康的经济是不相称的，美国经济非常稳定”。②美联储保证向市场提供充足的流动性。美联储鼓励金融机构与客户共渡难关，特别是商业银行对经纪商和交易商的贷款不能断。由于美联储针对流动性供给的承诺，各州主要商业银行马上宣布降低优惠利率、增加证券贷款，以保证客户的资金需要。③美国政府向多家大公司提供资金，以便其回购股票。在股灾发生的一周内，约有650家公司宣布要在公开市场上回购本公司的股票。④美国政府还与各主要国家协调了汇率政策，以干预外汇、稳定美元汇率、避免游资流出。⑤阻断程序化交易的恶性循环。10月20日中午，芝加哥商品交易所和期货交易所相继暂停交易，以期截断股指衍生品市场和现货市场的连锁反应。由于程序化交易被普遍认为是这次股灾的重要原因，故美国证监会随后引入了熔断机制：当股市出现价格异常波动时，只允许在熔断机制规定的价格区间内交易，价格区间外的交易自动取消。因为美国政府、美联储以及美国证监会的得力措施，市场投资者的恐慌情绪得以缓解，美股缓慢反弹，并在两年后回到1987年的高点。美国经济并未受到此次股灾的太大影响。

2）2008年的“次贷危机”。2000—2003年美联储多次降息，将联邦基金利率从6.5%下调至1.0%，致使房市和股市双双大涨。从2004年开始，美国再次进入加息通道，截至2006年7月，联邦基金利率已上调至5.3%。此后，浮动利率、抵押贷款利率相应大幅上升，居民偿债压力逐渐增加，而美国房市从2006年起开始陷入困境，随后危机又蔓延至金融体系。2008年9月，次级贷款危机集中爆发，房利美和房地美两大住房抵押贷款机构相继被政府接管，投资银行雷曼兄弟申请破产保护，美林被美国银行收购，保险巨头 AIG 接受联邦援助，摩根士丹利和高盛由投资银行转为银行持股公司以接受美联储更严格的监管。受此影响，美股大幅下跌。2008 年 9—12 月道琼斯指数累计下跌 31.2%，2009 年 3 月更是一度跌破 7 000 点。联邦政府在次贷危机之初就介入救助，并采取了一些措施来安抚市场情绪及稳定市场：①2008 年 3 月，美联储为贝尔斯登提供了紧急资金，联邦政府接管了两房、援助了 AIG 等。②2008 年 10 月 3 日，美国国会通过了救助计划，财政部和美联储根据这一法案相继救助了花旗、通用和克莱斯勒等巨头。在联邦政府的积极救助下，市场投资者的恐慌情绪开始缓解，2009 年 3 月美股触底反弹。次贷危机过后，美国再次对监管体制进行了改革。2010 年 1 月，总统奥巴马公布“沃尔克规则”，强调将自营业务从商业银行剥离；6 月 25 日，国会通过了《多德-弗兰克法案》。该法案被认为是自大萧条以来最为严厉和全面的金融监管法案，主要内容包括成立金融稳定监管委员会、设立消费者金融保护局、将场外衍生品纳入监管、限制商业银行自营交易、设立新的破产清算机制、美联储被赋予更大的监管职责等。

（2）日本。20 世纪 90 年代初，日本因房地产泡沫导致银行业危机，进而带来了经济衰退。1990 年 1 月，伴随着股市、地价的下跌，日本的泡沫经济崩溃。随着金融危机的进一步加深，众多银行和金融机构面临生存危机，甚至破产倒闭。日本政府应对金融危机的手段主要有以下几种：①成立了专门的金融机构，颁布了新的法案，进一步完善金融体系。1998 年 6 月，日本政府成立了新的金融监管机构——金融监督厅，接管大藏省的监管职能；1998 年 10 月，通过了以金融机构破产处理为核心的《金融再生法案》和以事前防范金融危机为目的的《金融健全化法案》。②通过入股方式进行暂时性融资。1998 年 10 月，基于《金融再生法案》，日本政府对日本长期信用银行与日本债券信用银行实施了暂时国有化。存款保险机构收购了这两家银行的全部股票，继续维持经营。③由政府指定机关予以清算。《金融再生法案》的核心是通过成立金融再生委员会来处理金融机构的破产问题，即向陷入危机的金融机构注入救济性资金，增加其自有资本，同时制订有关金融机构破产处理、危机管理等的计划和法案。④问题银行将营运权交给政府资助的过渡银行处理。在处理金融机构危机的过程中，金融再生委员会有两种选择：一是成立过渡银行；二是实施特别国有化措施。⑤以强强联合的方式进行银行间的横向合并。1999 年 1 月，三井信托银行和中央信托银行宣布将于 2000 年 4 月 1 日正式合并，组建中央三井信托银行。此后，日本兴业银行、富士银行、第一劝业银行宣布于 2000 年 9 月组建瑞穗银行，成为当时世界上资产规模最大的金融机构。在此过程中，日本政府也感悟到：对于金融机构的破产，重组性资金的注入效果似乎要比救济性资金的注入效果更好些。

（3）中国香港。1997年夏，由泰铢贬值引发的亚洲金融危机造成日本、韩国，特别是东南亚国家的货币纷纷贬值，中国香港也受到了巨大冲击。由于对冲基金和热钱的冲击，港币汇率下跌，股市急剧下挫，恒生指数从14 000点跌到7 000点以下。投机资金想在恒生指数跌破6 000点时进行抄底，以控股香港重点行业的上市公司，从而在经济上控制中国香港，并把矛头直指中国内地。在此紧迫形势下，香港特区政府采取了及时的救市措施：①香港政府和金管局直接进入股市。在意识到单纯抛售美元不足以阻止投机者后，香港金融管理局和时任财政司司长曾荫权在1998年8月主动向投机者宣战，动用约1 200亿港币外汇基金购买恒生指数成分股和股指期货。金管局从8月14日入市起，逐步将恒指推升至8 000点水平。金融管理局在大力买入8月期指的同时、卖出9月期指，以拉开两者的价值差距，使得金融炒家的炒作成本上升。部分蓝筹公司和红筹公司也在政府的号召下回购本公司的股票，成功阻止了国际游资的做空行为。②香港金融管理局直接进入汇市，以稳定汇率和利率。香港政府用外汇基金买入港币，同时把买到的港币存到香港银行，使得机构投资者从银行借走的港币得到补充，进而使港币的供求平稳，汇率和利率可以保持稳定。③限制恶意卖空行为。8月31日到9月7日，香港政府、金融管理局分别颁布了限制卖空和外汇、证券交易及结算的新规定，使炒家的投机大受限制。香港政府限制放空港币，将股票和期货的交割期限由14天减为2天，致使裸卖空（指事先不借入证券就进行卖空操作）受到极大的限制。

2. 政府干预的顺序、时机与手段

2.1 政府干预的顺序及时机

2.1.1 2008年金融危机中各国实施政府干预的措施以及顺序

2008年10月1日，美国SEC宣布延长对金融股的卖空禁令。两日后，7 000亿美元救助法案获得通过，从而极大地鼓舞了市场信心。10月8日，美联储领导全球同步降息。10月14日，美国财政部被授权动用救市资金中的2 500亿美元直接收购大型金融机构的股权，以期改善银行的资本状况、恢复市场的流动性。10月22日，美联储宣布提供5 400亿美元帮助共同基金，支持信贷市场。10月24日，美国财政部计划动用400亿美元救助断供业主。10月29日，美联储宣布再次降息。11月12日，美国政府修改救市计划，将部分资金用于救助实体行业。11月14日，美国政府调拨240亿美元保护次贷购房者的赎回权。11月23日，美国政府决定为1.4万亿美元银行债务提供担保。12月11日，美国众议院投票通过了150亿美元的汽车业救助方案。12月17日，美联储宣布再次降息。

在10月8日美联储宣布降息时，欧洲各国央行以及欧洲央行均同时宣布降息。在此之前，欧洲央行向银行提供的贷款额合计约6 351亿欧元。10月13日，法国、德国、西班牙、荷兰和奥地利政府均推出了银行拯救计划，总金额达1.3万亿欧元，通过担保银行间贷款或直接收购银行股份来挽救金融系统。两日后，欧洲央行、英格兰银行、瑞士央行宣布联手向金融机构注资2 540亿美元。11月6日，欧洲央行宣布再次降息。11月26日，欧盟委员会批准一项涵盖27个成员国、总额为2 000亿欧元的经济刺激计划。12月2日，在相隔不到一月后，欧洲央行再次宣布降息。而其他国家均在2日前后采取类似措施。10月4日，英国向欧盟建议设立120亿英镑基金以帮助中小企业。10月8日，英国央行宣布降息，并在同日宣布向银行注资500亿英镑；另外，在下午的议会中，英国央行宣布了总金额达5 000亿英镑的救市计划。此后，英国央行在11月6日、12月2日宣布再次降息，其利率达到自1951年以来的最低水平。10月9日，韩国宣布降息，并在10月13日宣布了2 400亿美元外汇储备的救市计划，其对象主要为金融机构。截至10月22日，韩国股市连续暴跌，韩国政府宣布了一系列救市措施，包括为本国银行的外债提供担保、向中小出口企业提供资金等。10月28日，韩国央行再次降息。11月6日，韩国成立了5 150亿韩元平准基金。10月3日，日本通过公开市场操作向短期金融市场注入了8 000亿日元，并且在连续13个工作日里总计注资了25.1万亿日元。10月28日，日本政府宣布提前实施裸卖空禁令。10月31日，日本央行宣布降息。与此同时，日本央行公布了27万亿日元的一揽子财政刺激计划，包括帮助中小企业恢复信贷、对家庭补贴、降低高速公路税等。11月14日，日本央行通过了10万亿日元援助计划，并向世界银行危机基金注资20亿美元。①

虽然各国的情况不尽相同，它们采取的手段以及时机均有各自不同的考虑，但从总体来看，仍有如下规律：

首先，各国均用到降息手段，并且在各项措施中，降息手段被使用的时间通常早于政府推出的一系列财政刺激计划。这是因为大额财政刺激计划往往需要一国权力机构的批准，因而相关方案受阻是常态，比如美国的7 000亿美元救市计划在一开始就未获通过；而降息手段属于央行职权，可随时根据市场情况使用，较为灵活、方便。从实际情况来看，各国采取的降息操作都不止一次，其伴随救市过程始终，各国会根据救市效果随时调整基准利率。除了降息外，央行还可能同时使用降准、其他公开市场操作等。这类措施主要是针对市场，而不直接针对企业个体，并以恢复市场的流动性为其根本目标。

① 参见邢继军：《世界金融危机》，济南，山东大学出版社，2009。

其次，在推出的财政刺激计划中，各国均首先对金融机构进行了救助，具体表现为救助受困银行，措施包括对其债务进行担保、直接购买股权等。这是因为银行在一国金融系统中处于核心地位，若其出现大量倒闭破产，将给一国金融市场带来灾难性影响。其后，各国也对其他金融机构予以救助。在暂时稳定金融市场后，各国根据情况对实体企业或行业进行了救助，并对中小企业提供了融资。

最后，有些国家政府会在不同时段对卖空进行限制。例如，美国 SEC 禁止对 799 只金融股做空，日本也在 10 月宣布禁止"裸卖空"。

2.1.2 政府干预的时机

各国对于政府应在何时采取干预措施素有争论。以 2008 年金融危机为例，美国、英国、日本等国分别在以下时点采取了政府干预：①美国。道琼斯指数在 2007 年 10 月 11 日最高达 14 198.10 点，而后便开始逐步下跌，至 2009 年 3 月 6 日，道琼斯指数最低为 6 469.95 点，跌幅达到 54.43%。美国政府的大规模干预措施主要从 2008 年 10 月开始，道琼斯指数在 2008 年 10 月 1 日的收盘指数为 10 831.07点。换言之，美国政府从股市跌幅约 23.7%时开始实施政府干预。②英国。英国富时指数在 2007 年 7 月 13 日最高达 6 754.10 点，而在 2008 年 10 月 27 日最低跌至 3 665.20 点，跌幅达到 45.73%。2008 年 10 月 1 日，其收盘指数为 4 891.50 点，英国政府大约在股市跌幅约 27.6%时实施了干预措施。③日本。日经指数在 2007 年 6 月 20 日最高达 18 297.00 点，在 2009 年 3 月 10 日最低达 7 021.28 点，跌幅高达 61.63%。而日本政府实施大规模干预也是 10 月初，日经指数 10 月 1 日的收盘指数为 11 368.26 点，日本政府在股市跌幅约 37.87%时开始实施大规模干预。

2.2 政府干预的手段与工具

在金融危机中，政府需要首先解决的就是流动性缺乏问题，但对于应该直接向谁提供流动性帮助素有争论。[①] 一种观点认为，应该尊重市场规律，即便要对市场进行干预，也应直接对市场注入流动性，而非向个别金融机构提供流动性。他们认为，央行的职责是作为"最后贷款人"，而对于问题金融机构应施加惩罚并允许其破产，这样做才是遵循市场规律。另一种观点认为，政府除了应向市场提供流动性外，也应对个别金融机构提供帮助，以避免因大型金融机构倒闭引发对金融系统的信任危机。例如，美国雷曼兄弟的破产给美国的金融市场以及实体经济造成了极大的冲击，其后果远超当时美国政府的预期。虽然理论上有此争论，但从各国应对金融危机的实际情况来看，对个别金融机构进行救助十分常

① 参见朱民、边卫红：《危机挑战政府——全球金融危机中的政府救市措施批判》，载《国际金融研究》，2009（2）。

见，其措施包括对金融机构提供担保、购买金融机构债券、入股甚至直接托管金融机构等。

除了对金融机构进行救助外，实体企业也有可能成为救助对象。美国2008年次贷危机时，国会通过的7 000亿美元救助法案原定的救助对象仅为特定金融机构，后来意识到救助实体企业的必要性，便对法案进行了修改，开始对实体企业进行救助。对实体企业的救助首先要对一些重要行业的大型企业进行救助，以避免这些大企业的破产可能给行业造成的重大伤害以及大量失业。向实体企业提供救助的措施包括向其提供低息甚至无息贷款、对其债务进行担保、减免税负、实行补贴等。此外，各国政府在金融危机中都会对中小企业提供低息贷款或类似措施，避免中小企业在金融危机中受到波及而出现的大面积倒闭。

综合来看，无论是向市场提供流动性，还是对企业直接救助，各国在进行政府干预时会综合运用以下措施：

（1）减税。税收制度作为一国重要的财政调整手段，对股市同样有重大的影响。从调节的环节来看，其对股市主要从以下几个环节产生影响：①在发行环节征收印花税；②在交易环节征税流转税；③在转让环节征收资本利得税；④在证券的投资收益环节征收收益税；⑤在证券的财产转移环节征收遗产税、赠予税。从各国来看，发达国家多以所得税和资本利得税为核心，对交易环节的税收不征或少征，而发展中国家则以流转税为主。[①] 交易环节的税收直接决定了证券交易的成本，影响了交易市场的活跃程度。在股市低迷时，一国可采用减少交易税收的方式降低交易成本、刺激股市交易，因此减税多被认为是股市的利好消息。

（2）降息。降息在金融危机中被各国央行广泛运用，主要通过央行调低基准利率实现。基准利率是指在一国金融市场中具有普遍参照作用的利率。其他金融资产的价格和利率水平均以基准利率为基本参照来确定。在利率市场化的条件下，市场经济主体根据基准利率来计算成本、收益，管理者可以根据基准利率把握宏观经济的运行情况。因此，基准利率是利率市场化的核心和前提。不同的国家确定基准利率的方式不尽相同，有的以同业拆借利率为基准利率，比如美国、英国、日本、欧盟等；有的以回购利率作为基准利率，比如德国、法国等。在我国，央行会定期发布基准利率，作为商业银行规定存贷款利率的参考指标。当调低市场基准利率时，市场上的借贷利率一般也会随之同向变化，因而降息往往被认为是股市的利好消息。

（3）降准。降准是指降低存款准备金率。以存贷为核心业务的商业银行，通

① 参见罗磊：《调整证券交易印花税对中国股市波动的非对称影响的实证研究》，载《世界经济情况》，2008（8）。

过以较低利率吸收存款，再将所吸收的存款以较高的利率贷出来获利。但是，为了保证商业银行有充足的流动性，以避免发生挤兑，各国均规定商业银行所吸收的存款不得全部贷出，必须将一定比例的存款上缴央行。存款准备金制度意义重大，若该比例过低，则不足以防止挤兑风险，给一国经济埋下极大隐患；而比例过高，又会导致商业银行可贷金额少、贷款成本高、企业贷款困难。与基准利率的作用原理不同，存款准备金率直接影响了一国的货币供应量。当国家调低存款准备金率时，货币供应量会增加。通俗地讲，就是人们手里的钱多了，自然会增加投资和消费，而其中的一部分钱会流向股市。因此，在股市低迷的时候，降准是一个利好消息。

（4）直接救助金融机构。救助金融机构的方式包括购买金融机构不良资产、购买金融机构债券、直接入股金融机构、为其债务提供担保甚至托管金融机构等。

购买金融机构的方式在各国的救助计划中得到了较多运用。通过购买金融机构的不良资产，可以在剥离其劣质资产的同时为其提供资金，解决其面临的流动性问题。这就犹如向它们注入了新鲜血液，使其得以重生。但是，这种方式也有诸多缺点，如不良资产定价存在困难且容易滋生商业银行的道德风险。诺贝尔经济学奖获得者保罗·克鲁格曼将购买不良资产的方式斥为“金钱换垃圾”。不同于美国曾大量采用直接购买不良资产的做法，欧洲各国在2008年危机中采用了直接入股金融机构的方法来稳定市场。与购买金融机构的不良资产相比，直接入股金融机构可以避开购买不良资产产生的问题，并且可以更加有效地使用救市资金，保障纳税人的利益。入股的形式以买入优先股为主，同时国家也会对这些金融机构加强监管和约束，并且可能会约定回购条件，即当这些金融机构渡过危机后，政府便会撤回投资，因为政府的目的并非要国有化这些金融机构，而是暂时帮其渡过难关。此外，政府还可以为债务过重的金融机构提供担保，增强债权人信心，避免金融机构破产。当然，在极端情况下，政府也可以直接托管金融机构。

（5）禁止做空。做空，又称卖空，是指投资者在预期未来标的资产价格会下跌时，借入该标的资产并卖出，待将来该资产价格下跌后，再买入该资产归还，从而赚取差价的盈利行为。在成熟的资本市场上，做空与做多是正常的交易方式，两者仅在价格预期上有所不同，但在本质上并无差别。在缺乏做空机制的单边市场中，当整体行情下行时，所有投资者均无法避免亏损；而在提供做空机制的双边交易市场中，当股票价格下跌时，做空者仍可获利，并且这种行为有利于发现市场的真实价格。总而言之，做空是一种正常的市场手段，在一般情况下应被允许。但当市场出现特殊情形时，大规模做空可能会加速市场下跌，甚至会引发投资者恐慌。因此，许多国家在股市出现严重动荡时采取行政手段禁止做空。比如当雷曼兄弟破产后，美国 SEC 发布禁令，禁止对 799 只金融股进行做空，以维护市场稳定。日本也在 2008 年金融危机时发出禁止裸卖空的禁令。我国监管机构在 2015 年 6 月股灾中也发布了类似禁令。

（6）二级市场直接买入。由特定机构直接进入二级市场买卖股票以影响二级市场的股票价格也是在股市下跌时的救市措施之一。这种方式作用直接、见效快，无疑给受到股灾影响的投资者打了一针“强心剂”，所以担此重任的公司被称为“国家队”。但是，此种方式也存在天然缺陷：首先，需要大量的资金，救市成本很高。其次，对资金入场的时机选择有较高要求。若进入时机过早，会助长投资者的侥幸心理，并且增加救市成本，而入场太晚则可能贻误救市时机，导致投资者信心崩塌，对救市效果产生不良影响。再次，其对标的股的选择也需要谨慎。我国已编制了许多指数，然而在重要的指数中，金融股的比例过高，导致对蓝筹股的界定并不合理。在资金入场买入时，应先救蓝筹股，故指数的编制无疑对此造成了一定障碍。最后，由于这种方式直接干预了股市的供求关系，被认为破坏了市场规律，因而受到较多批评。因此，直接采取这种措施的情况在国外并不多见。

（7）加强监管、调查并惩处违法行为。金融监管出现漏洞是历次金融危机爆发的重要原因。随着金融市场的发展，金融创新产品不断丰富，其在推动金融业发展的同时也给金融监管带来了极大的麻烦。只有不断完善监管手段，才能更好地预防危机的爆发，维护国家经济的长期繁荣。例如，2008 年 4 月 15 日美国公布了对冲基金“最佳行为准则”草案，要求提升对冲基金的透明度，强化风险管理，弥补金融监管的漏洞。

2.3 政府干预实施机构

政府干预主要是通过其负有法定职权的机构进行，也有可能由其他带有公共管理职能的非政府机构予以辅助。具体来看，以下机构在历次金融危机的调整中发挥了重要的作用：

（1）中央银行。中央银行是一国最高货币金融管理组织，独享货币的发行、货币政策的制定和执行的权利。此外，中央银行还有权对经济进行宏观调控、对金融机构进行监管等。因此，中央银行在整个金融系统中处于十分重要的地位，比如美国的美联储、欧洲央行、英国的英格兰银行、我国的中国人民银行等。当经济需要政府干预时，中央银行可以通过货币工具、利率工具、公开市场操作等手段对市场进行调整。在历次金融危机中，中央银行都扮演着重要的角色。

（2）财政部。财政部是一国政府中负责财政、税收等事务的最高机构，是政府最重要的职能部门之一。在政府干预手段中，财政政策是十分重要的调控手段，国家通过政府收入、支出来调节社会总需求和总供给的平衡。当出现金融危机时，适当地调整财政政策可以对经济产生积极的影响，比如通过减免税收来刺激股市和实体经济。此外，财政部往往是重大财政刺激计划的推动者，如美国财政部在 2008 年次贷危机中推出了 7 000 亿美元救市方案。该方案曾在国会表决时受阻，后经过修改获得通过，被称为自“大萧条”以来最大的救援计划。美国财政部在该方案的制定、修改以及获得国会的通过和后面的执行中均处于重要的地位。

（3）其他金融监管机构。除了中央银行、财政部外，其他金融监管机构也在政府干预中扮演了重要的角色。对于股市的调整而言，证券监督管理机构享有的法定职权使其对股市具有更直接的影响。在 2008 年金融危机时，美国 SEC 宣布禁止对 799 只金融股做空；在本次股灾中，我国证监会也下过类似禁令。此外，证券监督管理机构还负责对证券市场的各方主体进行依法监督，对证券违法行为进行查处等。这些职权的正确行使对维护一国证券市场的繁荣稳定意义重大。除了证券类监管机构，各国还有其他的金融业监管机构。这些机构各自享有对本行业的监管职权，只有它们各司其职、相互配合，才能达到较好的干预效果。

（4）特殊市场主体。除了政府机构外，一些特殊的市场主体实际上承担着部分政府管理的职能。在某些情况下，政府机构并不方便直接参与该管理活动，而需要通过这些特殊主体对市场进行干预。这类主体以公司法人、社会团体等形式存在。

2.4 我国对本次股市危机采取的措施

我国股市从 2015 年 6 月开始暴跌，在短短几周内，股票市值蒸发了 21 万亿元。此番暴跌引起了我国政府的高度重视，自 6 月开始，国家陆续推出了一系列措施，旨在遏制股市的暴跌趋势、稳定股市、挽回市场信心。①

6 月 27 日，央行宣布降息 0.25 个百分点，并且对特定金融机构定向降准。7 月 1 日，修改后的《证券公司融资融券业务管理办法》正式发布实施，其在维持现有合约期限不超过 6 个月的基础上允许展期，对客户担保物的违约处置更为灵活，允许客户与券商自行商定担保物的期限、比例等，可不强制平仓。同日，深、沪交易所宣布降低交易结算费用三成。隔日，证监会宣布对涉嫌市场操纵行为进行专项核查。7 月 3 日上午，汇金公司入场申购 ETF。同日，证监会宣布减少 IPO 发行家数和筹资金额。同时，宣布证金公司将大幅增资扩股，将注册资本由 240 亿元增加至 1 000 亿元，以扩大业务规模、维护市场稳定。

然而，这些举措仍无法遏制股市下跌浪潮，因而更大规模的救市计划就此展

① 引自《2015 年股灾政府救市过程》，多赢财富网，http：//finance.n8n8.cn/daodu/1381903.htm。

开。7月4日，国务院召开多部委参与的救市会议，随后宣布暂停IPO，对于已经开展申购的十家公司，在7月6日资金解冻后将申购款全部退还。同时，21家证券公司以2015年6月底净资产的15%出资，合计不低于1 200亿元用于购买ETF，由证金公司在开盘时垫资入市，要求这些证券公司的资金必须在11点前到位，同时要求证券公司的自营盘不得减持，并伺机增持。7月5日，在央行流动性的支持下，汇金公司宣布将在二级市场购入ETF。7月6日，沪指开盘大涨300点，但开始交易后沪指开始狂跌，最后靠对中石油、中石化等权重股和银行股的护盘，才得以维持指数不跌，而其他个股依旧出现千股跌停的情形。7月7日，证金公司终于介入二级市场，依次对蓝筹、中小板、创业板进行了买入，维持住了指数。

同时，我国监管机构还采取了一系列配套措施：①中金所不但限制做空，还将中证500单向开仓量限制为1 200手；②证监会宣布上市公司大股东和持股5%以上股东6个月之内不允许减持，并且允许近期减持过股票的大股东可以通过证券公司定向资管等方式立即在二级市场增持本公司股票；对于近期股价出现大幅下跌的（连续十个交易日内累计跌幅超过30%的），董事、监事、高管增持本公司股票可以不受窗口期限制；上市公司大股东持股达到或超过30%的，可以不用等待12个月就可以立即增持2%股份。7月9日，公安部开始介入本次股灾，并由副部长带队到证监会，协力调查近期股市违法行为。经过这一系列的措施后，我国股市终于止住了下跌势头，逐步走向稳定。

3. 政府救市制度的完善

金融危机发生的原因非常复杂，但越来越多的人开始认识到，金融危机的发生通常是货币体系和金融秩序存在漏洞或缺陷。因此，对于金融危机的根本治理，是要建立一个良性的货币体系和符合本国实际的金融体系。在纯粹的自由市场经济体系下，金融危机所产生的通货膨胀和货币资产泡沫可以通过不良资产核销、金融机构倒闭等形式进行消除，但在经济发展速度加快及全球经济愈来愈趋于一体化的情形下，各国政府没有足够的耐心等待经济自我修复，而是及时出台政策或措施进行干预。以美国金融危机为例，前总统布什本来是“自由市场的坚定维护者”，但在2008年金融危机爆发后，即向美国国会提出了7 000亿美元的救市方案，而新上任的总统奥巴马更为积极，向国会提出了7 870亿美元的经济刺激计划，并且采取了降息、减税等常规性救市措施及向特定企业提供贷款、注入资金、购买不良资产、收购银行股份和实行部分国有化等非常规救市措施。①

---

① 参见薛克鹏：《政府救市行为的反思及法律控制》，载《上海财经大学学报》，2010（6）。

但是，政府对金融危机的干预应以建立法律制度和监管规则为重点，而且应把握合理尺度，避免因不当干预而给市场带来更大的负面影响。

3.1 各国金融危机后的制度改革与规则完善

金融危机爆发后，受影响的国家除采取相应救市措施外，通常会对货币政策和金融监管体系中存在的漏洞或缺陷进行弥补及完善。以2008年席卷全球的金融危机为例，美国于2010年7月通过了史上最严格的《多德-弗兰克华尔街改革和消费者保护法案》，欧盟也于2010年9月通过了《泛欧金融监管改革法案》，英国则通过加强中央银行——英格兰银行的宏观与微观审慎监管职能而开展更系统化的金融监管。在亚太地区，澳大利亚、日本等国政府也先后宣布了各种经济刺激计划，以稳定本国金融市场。各国采取的主要措施和制定的规则包括：

1. 美国

美国在金融危机后对金融机构实施了更严格的监管，用于限制高风险的业务和交易行为，同时加强美联储的作用，加强对中介机构的监管和对投资者的保护。具体说来，根据2010年7月通过的《多德-弗兰克华尔街改革和消费者保护法案》，美国对原有的金融监管体系进行了调整，将原来联邦和各级州政府分别拥有的金融监管权力进行了重新整合及调整，极大地扩充了美联储的监管职能，使其成为“超级监管者”，它的监管范围从银行、银行控股公司扩大到了非银行控股公司及其附属机构，将各类金融控股公司的立法权全部集中至美联储。同时，美国设立了金融稳定监督委员会（Financial Stability Oversight Council, FSOC），负责对金融业的系统性风险进行监管并建立了新的监管规则。美联储主席是金融稳定监督委员会（FSOC）10位有投票权委员之一，一旦金融稳定监督委员会（FSOC）2/3及以上委员认为某非银行金融机构的破产或其业务活动将可能对美国金融系统的稳定造成威胁，则可认定该机构为系统性重要金融机构，并将其纳入美联储的监管。该规则使得诸如美国国际集团（AIG）和抵押贷款机构等影子银行受到了类似银行的金融监管。① 此外，美国将原来的储蓄管理局（OTS）撤销，将其职权与货币监理署（OCC）合并，统一负责对全国性的银行机构进行监管；新设联邦保险办公室（Federal Insurance Office）与各州的保险监管机构联合监管保险公司；在证券交易委员会（SEC）内部新设一个监管办公室，并授予联邦存款保险公司（FDIC）对经营严重亏损、濒临倒闭的银行和其他金融机构决定解散和清算的权力。

《多德-弗兰克华尔街改革和消费者保护法案》特别加强了对于金融衍生品交

---

① 参见张晓艳：《2008年金融危机后美国、英国和欧盟金融监管体制的改革经验》，载《清华金融评论》，2014（5）。

易和资产支持证券等产品的监管，包括要求大部分场外金融衍生品必须在交易所或类似电子交易系统中进行交易，并通过中央清算所进行清算；要求银行将信用违约互换等高风险衍生品剥离到特定的关联公司，并只可将规模不超过3%的一级资本投资于对冲基金或私募基金，而且禁止银行对所投资的基金进行救助；对从事衍生品交易的公司实施特别资本金比例、保证金、交易记录和职业操守等监管要求。对于资产证券化业务，要求发行人必须将至少5%的风险资本金保留在其资产负债表中，以防止银行通过证券化产品转移风险。①《多德-弗兰克华尔街改革和消费者保护法案》的另一成功之处是引入了沃尔克规则（Volcker rule）。沃尔克规则是《多德-弗兰克华尔街改革和消费者保护法案》的核心及最有争议的部分，其实质是禁止银行进行与客户金融服务无关的投机交易，从而限制了美国银行以及海外银行关联美国业务的自营交易和私募投资活动。②

《多德-弗兰克华尔街改革和消费者保护法案》以专门设立消费者金融保护局（CFPA）的方式为金融产品和服务的消费者提供了充分的保护，对金融产品的风险进行了测试和防范，同时加强了信息披露的要求，以确保消费者在选择使用住房按揭贷款、信用卡和其他金融产品时，得到清晰和准确的信息。消费者金融保护局可以监管各类银行和非银行机构，有权开展独立调查，而且可以独立制定监管条例并监督实施。在对金融中介机构进行监管方面，《多德-弗兰克华尔街改革和消费者保护法案》要求对冲基金和私募股权基金以投资顾问名义在美国证监会（SEC）进行登记注册，以保证投资顾问、金融经纪人和评级公司的透明度及可靠性。③

2. 欧盟

金融危机后，欧盟通过的《泛欧金融监管改革法案》的核心是建立了一个覆盖银行业、保险业和金融市场的泛欧超级监管机构。2010年9月，欧洲议会通过了《泛欧金融监管改革法案》。从2011年1月起，欧洲银行业监管局（EBA）、欧洲证券和市场监管局（ESMA）以及欧洲保险和养老金监管局（EIOPA）等欧盟金融监管机构宣告成立并正式运转，从宏观和微观层面强化了对金融体系的监管。同时，欧盟也将设立一个主要由成员国央行行长组成的欧洲系统性风险委员会（ESRB），负责监测欧盟金融市场上可能出现的宏观风险，及时发出预警，并在必要情况下采取措施。上述四家机构及其它们之间的联席委员会，再加上欧盟成

① 参见杨巍、董安生：《后金融危机时代的美国金融监管改革法案》，载《证券法苑》，2010（3）。

② 参见郭杰群：《沃尔克规则的来龙去脉及影响》，载《清华金融评论》，2014（2）。

③ 参见王光宇：《全球金融危机后国际金融监管改革的实践与启示——以欧美金融监管改革为例》，载《中央财经大学学报》，2011（3）。

员国各国的监管机构和欧盟委员会就构成了泛欧金融监管体系（ESFS）。欧洲银行业监管局（EBA）、欧洲证券和市场监管局（ESMA）、欧洲保险和养老金监管局（EIOPA）分别负责对银行、证券和保险的微观审慎监管，统称欧洲监管当局（ESAs）。新设立的泛欧超级监管机构将独立于欧盟成员国家，拥有比成员国监管机构更权威的最终决定权，有权驳回或否决各成员国监管机构的决定。

3. 英国

作为全球性金融中心之一，英国在金融危机后的金融监管改革力度非常大，并在国际金融监管合作方面投入了大量的精力。金融危机前，英国的金融体系由英格兰银行、金融服务局（FSA）和英国财政部共同负责监管。其中，英格兰银行作为中央银行，除了执行货币政策外，其第二大职能就是维系整个金融体系的稳定性。金融服务局（FSA）负责对银行、住房协会、投资公司和经纪商、保险公司、信用社等金融机构实施审慎监管。英国财政部负责金融监管体系的设置和相关立法以及与欧盟之间的谈判和协调。金融危机后，英国这种三个机构共同监管的模式受到了广泛批评，原因在于：虽然维持金融稳定是英格兰银行的职责，但其缺乏具体的工具来履行职责；金融服务局（FSA）因为承担的职责太过于广泛，以至于不能集中精力进行金融监管。

针对上述存在的问题，英国金融监管改革的核心集中在加强英格兰银行作为中央银行的宏观与微观审慎监管职能方面，即由英格兰银行承担维护整个国家金融体系安全及银行集团稳定的责任，并对支付系统、清算系统等重要金融市场基础设施进行直接监管，以彻底消除监管机构之间的职责不清和监管漏洞等问题。同时，原金融服务局（FSA）被撤销，取代其职责的是重新设立的金融政策委员会（FPC）、审慎监管局（PRA）和金融行为管理局（FCA）三个机构。金融政策委员会（FPC）作为英格兰银行理事会下设的一个委员会，最主要的任务就是消除或减少系统性风险，承担英格兰银行所担负的维护整个金融体系稳定与活力的“宏观审慎监管”职能。审慎监管局（PRA）是英格兰银行的独立附属机构，负责制定监管规则、对重要金融机构的运营进行检查，以判断其安全和稳健性并采取监管行动等。金融行为管理局（FCA）主要负责对其他金融机构、金融机构的商业行为以及金融消费者的保护。①

4. 澳大利亚

澳大利亚的金融监管方案也从完善金融体系的安全性和调整金融监管架构入手。2008年10月13日，澳大利亚政府颁布了《澳大利亚政府对大笔存款

① 参见王光宇：《全球金融危机后国际金融监管改革的实践与启示——以欧美金融监管改革为例》，载《中央财经大学学报》，2011（3）。

和大规模基金提供担保的项目》，对本国金融机构的资金进行担保，以支持澳大利亚的金融机构在市场竞争上与得到政府担保的国外竞争者处于同等地位，阻止了基金从银行的大规模赎回。同时，澳大利亚政府宣布澳大利亚证券投资委员会（ASIC）将接管澳大利亚证券交易所（ASX）的监管职能，监控澳大利亚所有国内授权市场的实时交易。2008 年 11 月，澳大利亚对信用评级机构的监管规则进行了修改，要求信用评级机构必须获得澳大利亚政府颁发的金融服务许可证。

此外，澳大利亚金融市场的监管政策也受到了全球金融监管系统变化的重大影响。针对国际证监会组织（IOSCO）对卖空行为确定的运营控制、市场披露、卖空报告、合规安排和监管豁免四项规则，除 2008 年 9 月规定在一定期限内全面禁止在澳大利亚证券交易所上市的所有公司的卖空行为外，澳大利亚证券和投资委员会（ASIC）正在执行一个范围更广的卖空监管框架，包括信息披露框架和充分披露卖空交易信息等。①

5. 日本

金融危机后，日本参考其他国家的金融监管改革方案，并吸取了此前金融危机的教训，采取了以下金融监管措施：修改了金融工具、披露规则和交易法案及相关的法律；对于金融服务争端事项，建立了专门的庭外解决程序，以快速解决与金融服务相关的争议，保护金融消费者；修改了专业投资者和业余投资者转换的过程；建立了场外证券交易相关衍生品的隔离管理义务，建立了更加公平和透明的信用评级规则。

3.2 我国完善金融市场应建立的制度与规则

美国、欧盟、英国及亚太主要国家应对金融危机的措施以及金融危机后所实施的金融监管改革，均未能解决相关国家金融监管模式的根本缺陷。美国金融危机所引发的全球性金融危机暴露出的银行资本和流动性不足只是表象，实质上是这些商业银行复杂的组织体系和业务结构导致其过度依赖资本市场而扩大了风险的传染性。但从美国、欧盟和英国公布的金融监管改革法案来看，金融监管改革的重点过于关注金融监管组织架构的调整，而不是通过强化监管能力建设来解决危机暴露出的根本性问题，仅从技术层面调整金融监管的组织架构不可能阻止金融危机的卷土重来。②

---

① 参见陈自强、薛贵、顾颖颖：《金融危机后亚太地区主要市场监管政策变化》，载《中国证券》，2010（2）。

② 中国银行业监督管理委员会：《国际监管动态》，http：//www.cbrc.gov.cn/chinese/home/docView/20110212C7259072B5D8DE70FF32002EE4851000.html。

中国在银行与金融、资本市场发展等方面的态度相对审慎保守，采取的是分业经营、分别监管的政策，因此市场相对独立，受国际金融危机的影响相对较小，主要的影响来自贸易和实体经济。我国目前的金融体制改革主要是国务院《关于进一步促进资本市场健康发展的若干意见》（以下简称“新国九条”）中确定的证券市场改革和《中华人民共和国证券法》的修改，具体包括多层次市场改革、双边市场改革、多种交易制度改革、国际金融中心建设和国际板以及金融衍生品交易制度等。本报告认为，针对新国九条确立的监管重点，我国监管机构应尽快对多层次市场改革、双边市场发展、完善融资融券制度、强化信息披露及非法配资等问题建立制度性规范。

（1）多层次市场改革的主要问题是我国多层次市场制度和交易制度还不完善，理论研究落后且低级重复。尽管我们已经有了主板市场、中小板与创业板市场、三板市场和区域产权交易市场，以及债券市场与固定收益产品市场，但我国资本市场仍然存在严重的类同化问题，如不同市场的定位不清晰，致使投资者分类管理制度形同虚设。此外，我国的多种交易制度缺乏改革与创新。在中国证券市场中，无论是散户交易，还是机构大宗交易，抑或是控制权购买交易，都无一例外地适用证券经纪商简单代理制度，这实际上抑制了上市公司并购，抑制了证券商报价制度与做市商制度的发展，将各类市场都变成了散户或类散户投机的赌场。

（2）双边市场发展的问题主要是完善股指与可交易期指制度。自 2010 年 4 月我国证券市场的股指期货问世后，进入了双边证券市场阶段。由于期货市场的卖空性产品具有交易保证金低与杠杆效率高的特点，在同等规模资金的条件下能买卖的期货或期权性产品要比现货产品高 10 倍以上（以 10%保证金比例计），这就必然造成期货市场引导现货市场的现实。由于我国证券市场迄今并未采取严格的实名制，因而境外资金或从事对冲交易的机构完全可以采取现货与期货双面持仓，并在特定时期利用现货抛盘打压指数而在期货市场赚钱的效果。此外，某些发达国家的交易场所已经开设了直接针对中国 A 股市场的期货或期权产品，包括 50 指数产品，也包括 50 ETF 产品。这些产品因其保证金比例极低、引领性强的特点，使得境外投资人可以在 A 股现货市场与境外期货市场从事对冲交易，导致股指与可交易期指的这一问题变得更为严重。

对于双边证券市场面临的股指与可交易期指问题，我国监管部门应研究建立的政策包括：首先，应当选择更具竞争力的股票指数期货、期权产品，尽量缩小我国股指期货产品与境外相关产品的制度差距；其次，在发展我国的金融衍生产品时，应当先行推出集合性衍生产品，谨慎推出仅针对个别现货产品（不包括国债）的衍生产品，以免造成对个股操纵的条件；最后，在大力扩展交易制度与经纪制度的基础上，尽量修改完善我国的限制市场操纵制度，预防未来可能出现的跨市操纵问题。①

（3）完善融资融券制度并限制高杠杆。我国自2012年开始实行证券融资融券制度，并以中央设立的证券金融公司为唯一的融资提供商，由证券金融公司统一向银行系统融资；而证券公司除以自有资金进行融资业务外，只能向证券金融公司融资从事业务。融资融券是股票的双向对冲工具，能有效防范市场风险。但是，我国的融资融券业务基本上是单边的融资业务，融券业务的发展非常缓慢，大多数两融证券标的常常处于无券可融的状态。因此，相关监管机构应采取相应措施，如将转融券标的扩大至所有融资融券标的证券，并进一步扩大可参与转融券的证券公司家数，同时扩大可融券券源、降低融券成本等，推动融资融券业务均衡发展。

此外，证券金融公司的融资融券合同条款不合理是本次股灾的重要原因之一。首先，融券合同允许借券方采取"T＋0"交易（直到9月份方禁止），这样在市场处于高位时，借券方以融券卖空后，可在跌停时全部买回；第二天又可在高位卖空后再在跌停时全部买回；由此，借券方取得了高收益与低风险的不合理竞争条件。其次，融券合同对于借券方未设任何担保条件，使得不合理的融券条件有无限扩大的趋势，若监管者对此不加控制，后果将难以想象。本报告认为，自2014年下半年以来，随着A股市场的持续走强，两融业务的规模大幅增长，目前融资余额已突破1万亿元；在此背景下，证监会应加强对两融业务的监管，整治违法违规行为，这样有利于促进融资业务的规范发展，化解市场风险。

（4）强化信息披露与动态市盈率问题。证券资产估值的判断依据是信息披露，因而信息披露应该反映信息与产业政策、公司财务状况及持股状况的信息。信息披露的类型很多，比如与发行有关的招股说明书、上市公司年度报告披露，但最重要的是临时信息披露。临时信息披露的种类很多，如收购、公司重大合同、业绩成长等，但我国对于临时信息披露缺少详细的规则和法律要求。

本报告认为，临时信息披露的重点是持股情况和市盈率预测问题。上市公司对持股股东变化的披露是非常重要的，因为股东持股状况是影响股价的最大因素，可以控制庄家的炒作。市盈率是反映股价的最重要因素，但目前的政策造成了披露的市盈率是上一年数据，这是不符合市场需求的。真正的市盈率是当年预测的净利润除以总股数，即市场所谓的动态市盈率，涉及的因素一般应包括披露时已实现的当年净利润、预测的下半年要实现的净利润以及公司当年还有没有股份送配的事实等，对此，上市公司是容易预测的。此外，我国的预测性软信息披

① 参见董安生：《跨境股指操纵不可不防》，载《中国证券报》，2010-12-31。

露、保配资格规则及道歉公告规则等得到了外国同行和学者的认可，是值得坚持的。

（5）市场机构的配资与程序化交易问题。由于我国融资融券制度的不合理，致使市场机构的非法配资行为得到了疯狂的发展。首先，由于市场机构的场外配资行为（属于民间借贷）不属于证券监管部门监管，中国银监会对民间借贷很难进行监控；其次，场外配资问题的关键在于市场机构通过一系列非法软件取得了对借款方质押证券的强制平仓权，这实际上侵蚀了证券公司的证券经纪权；凡此种种，使得我国证券市场的杠杆率最多可达到10倍，超过融资融券设计的5倍之多。除上述因素之外，我国证券市场中的机构投资人已普遍采用的程序化交易也对公平市场秩序产生了一定影响。从全球市场来看，即使在以机构投资人为主的美国市场中，程序化交易也受到严格的限制；而我国证券市场是以散户为主的市场，为了保护投资者利益、维护公平交易秩序，程序化交易更应受到限制和约束。

4. 政府救市与市场契约精神的维护

从各国政府干预或救市的措施来看，它们对金融危机的解决起到了举足轻重的作用。但是，政府干预和救市的措施也对原有的金融参与主体造成了一定经济损失，尤其是强制金融机构清算、大型国有企业破产等行为，给投资者带来了重大影响。因此，有学者认为，政府干预或救市是对市场契约精神的破坏。在我国本次股灾中，就有观点指出我国政府的干预时间过早，违背了市场规律，打乱了我国市场经济国际化有序推进的进程，认为政府救市不应以违反契约精神为代价。本报告认为，强调契约精神并不意味着政府在危机面前不作为，而是强调政府在对金融危机进行干预时要依据规则和法律，不滥用公权力。

4.1 市场经济与契约精神

市场经济是世界上绝大多数国家所采用的经济体制。其中，比较成熟的市场经济模式以美国、德国、日本为代表。虽然我国已步入了市场经济国家的行列，但从总体上说，我国的市场化程度仍有待提高。特别是从传统计划经济到社会主义市场经济的历史转变，不单单是一个经济问题，从根本上讲，这一转变必然基于并将促进人们对于市场经济本质的认识和深化。市场经济区别于其他经济形态最独特的标志，就在于市场经济是契约经济，就在于市场经济运行中所蕴含的契约精神。市场经济制度是典型的契约制度，以市场经济制度为基础的社会是典型的契约型社会。市场经济中的平等经济主体以契约形式实现他们彼此之间的经济联系，经济运行在法制层面上的全面契约化是市场经济的一个显著特征。

契约理念源于商品交换，发展于市场经济，反映了契约社会的价值诉求。从本质上说，契约是人与人之间的一种关系。契约作为一个中介性范畴，是人类交往实践不可或缺的组织性工具。历史地看，契约最早发端于经济生活领域的交换行为、交换习俗。在市场中，各交往主体具有相对独立性，是摆脱了血缘和地缘纽带而以陌生人的“无情”身份来进行物质交换的。[①] 交往主体进行交换时是以契约作为人伦纽带基础。相对于传统社会的血缘纽带，契约无疑是一种联系相对独立的个人的特殊纽带，它形成的是“一般关系”，“它摧毁一切阻碍发展生产力、扩大需要、使生产多样化、利用和交换自然力量和精神力量的限制”[②]。同时，契约交往并不需要具有特殊的身份规定性，交往可以发生在任意主体之间，由此展现了从身份到契约的历史文明进程。与契约和契约理论相关联的契约精神，是一种派生于经济活动领域中的契约活动的思想价值理念，是孕育于契约关系的原则和精神。

市场经济就是高度发展的、高度社会化的商品经济。在市场经济的形态下，市场是社会资源的基本配置者。从实质上看，市场经济就是契约经济。契约为市场交易设定了一个背景框架，在这个框架内，交易主体为了追求各自利益的最大化，将在自由平等、意思自治的前提下，彼此达成有关权利与义务关系的协议。可以说，离开社会契约就不会有市场经济制度，更不会有以市场经济制度为基础的社会。

市场行为的本质是社会行为，市场行为不仅是“交换”瞬间的行为表象，更是存在于市场内外的契约精神支撑的结果。契约精神既是构建国家和社会的理论模式，也可以作为一种构建社会经济秩序的范式。对于市场经济而言，契约精神是必需的支撑。市场经济区别于其他经济形态的独特文化标志，就是市场经济运行中蕴含的契约精神。市场经济制度是典型的契约制度。可以说，离开了社会契约就不会有市场经济制度，更不会有以市场经济制度为基础的社会。在市场经济中，平等的经济主体之间的经济联系是以契约的形式出现的，经济运行在法制层面上的全面契约化是市场经济的一个显著特征。契约赋予了市场主体从事经济活动的自主权利，也成为规范和评价经济行为的具体标准。契约与市场经济的契合使得两者密不可分，也使得契约精神在市场经济中的重要性凸显。契约精神的存在和作用发挥可以使得市场经济制度更加完备。

4.2 法律规则对公权力的约束

法律规则对公权力的约束是契约精神的核心，即公权力是有边界的。如前所述，政府应该干预经济、干预证券市场，特别是在出现危机（即出现了反秩序化

① 参见费孝通：《乡土中国》，北京，人民出版社，2008。
② 《马克思恩格斯全集》，中文1版，第46卷上，北京，人民出版社，1979。

波动）时，但这种干预是有边界的，是受法律规则约束的，包括政府救市的顺序、救市的时机等。国家干预只有在法治的轨道中才是有效的，才是可能的。契约经济就是法治经济，法治经济的核心是打造约束权力的笼子。

伴随着中国从计划经济体制转向市场经济体制的过程，从人治走向法治是中国政府治理过程中发生的最根本性变革。这个转变意味着中国政府从无限权力的政府走向有限权力的政府，从一个在法律之上的政府走向在法律规范下的政府，而促使中国政府走向法治的根本原因在于市场经济的逐步确立。与市场经济契合的契约精神可以转换成关于契约的信念，关于订立契约和遵守契约的意识，保护契约进行和实现的制度。① 契约构成依法治国的基础，也成为依法治国的要求。

契约规定了利益双方在权利与义务方面的双向依存关系，是现代社会文明发展的基石，也是法治社会的构成要素之一。契约精神倡导的是一种平等、尚法、守信并且为社会公认的行为规则，是一种代表了人类文明和进步的规则。契约精神不但是现代工业文明、商业文明赖以存在的基础，而且也是现代国家政体、民主和法制存在的前提。法治意味着契约精神和法治精神的一以贯之，意味着法律的至上性，意味着对政府、公权力所施加的一种法律限制和约束。法治政府的本质在于它承认法律的最高权威。法治政府是契约制度文明的政治权力诉求，具有契约的制度伦理特征，也是契约关系文明对社会共同体交往秩序的正义诉求，具有契约的社会伦理特征。

契约精神与法治精神的内在关系是一致的。法治社会本质上是一种规则取向的社会，法律实质上是人们的行为规则，而规则是众人意志的体现，是人与人之间形成的契约。因此，契约构成了现代法治社会的基石。契约赋予了市场主体从事经济活动的自主权利，也成为衡量和规范经济行为的具体标准及规则。契约的伦理内涵不只是一种商业交换的规则，而且是一种结构性的社会关系，是契约社会中人们行动的基本准则和处理社会关系的基本原则。② 契约原则与规则保证了市场主体交易的规范化，市场管理的法制化。契约精神强调的是公平正义，而法治则是实现公平正义、确保现代市场经济有效运行的基本条件。经过多年的不断探索，我国已经基本形成了社会主义法律体系，但在当前经济社会发展的过程中，有法不依、执法不严、权大于法、司法不公的现象依然存在，这些问题的发生与我国法治体系的缺失、契约精神的缺失有关。

依法治国是我们的治国方略，2014 年召开的十八届四中全会决定中再一次重申“社会主义市场经济本质上是法治经济。使市场在资源配置中起决定性作用

① 参见韦伟然：《社会主义市场经济视野下的契约精神》，载《法治与社会》，2008（10）。

② 参见强昌文：《契约伦理与权利》，济南，山东人民出版社，2007。

和更好发挥政府作用，必须以保护产权、维护契约、统一市场、平等交换、公平竞争、有效监管为基本导向，完善社会主义市场经济法律制度”，并大力“倡导契约精神”。2015年召开的十八届五中全会再次提出“坚持依法治国”。这些重要论述充分揭示了市场经济与法治经济的内在一致性，为我国经济体制改革和市场经济的完善提供了明确思路。法治社会要求的就是契约精神，就是要严格地依法办事，严格地限制公权力。

4.3 政府应当遵循金融证券市场的信息披露规则

金融证券市场是各国政府行政干预的主要领域。在这一领域，投资者完全依照产品所传递的信息判断证券价值并进行决策，但因为此类产品信息不对称的可能性较大，造成的后果也更为严重，从而使得针对信息披露的管制成为各国证券市场政府管制的关键部分。信息披露的管制对于金融证券市场的监管非常重要。同样，当政府面对股市危机并采取救市措施时，也应当遵循金融证券市场的信息披露规则。

面对本次股灾，我国政府第一次做出如此大规模的救市行动，由于缺乏经验，因而在信息披露方面没有遵循金融证券市场的信息披露规则，经常是提前披露而非事后披露，往往救市资金还没入市，就已经尽人皆知了，给做空资本提前出逃提供了可能。对此，我们有必要学习香港在1998年救市中的信息披露，香港是先救市，而后披露有平准基金入市。当然，我国政府本次救市与香港特区政府1998年救市有诸多不同，更主要的不同在于市场规模不一样。此外，1998年的香港也有很明确的对手盘。香港特区政府对抗的目标很明确，是索罗斯等国际“金融大鳄”，而我国本次股灾未必是有“金融大鳄”冲击市场，更需要解决的是大量散户对市场信心的问题。因此，我国政府高调救市的初衷，可能是摆出积极救市的高姿态，以唤回投资者的信心，但未入市就公开披露即将以巨资购入蓝筹股，无疑会导致市场上出现同向交易、关联交易。虽然披露救市后投资者的信心得到支持，对市场起到了积极作用，但我们认为政府应遵循金融证券市场的信息披露规则，即先入市、再披露。

4.4 违反市场契约原则可能产生的恶果

契约精神的缺失会使法律丧失权威，将导致不按规则办事、不遵守法律法规、抛弃契约精神、有法不依、执法不严，甚至徇私枉法的现象时有出现；契约精神的缺失会导致人们的短视行为，人们都选择眼前利益而忽略了长期利益和信誉的保障，进而导致市场经济的发展停步不前；将导致市场经营活动中不讲信用、不遵守规则的行为时有发生，人们习惯于从破坏规则中获得短期利益，甚至个别人把破坏规则当作智慧的象征。

通过对本次救市的政府措施进行梳理与回顾，我们发现：虽然本次救市的深度与广度都是我国历史上前所未有的，但争议也随之而来，有些措施因违反契约精神而被评价为带有明显的计划经济的深刻烙印。争议主要涉及如下措施：

（1）在监管部门的压力下，21 家证券公司宣布将出资不低于 1 200 亿元购买蓝筹股托市，由于出手时的点位并非抄底的好时机，这些资金因迫于监管部门压力而入市，将面临巨大的市场风险。

（2）证监会不仅暂缓了 28 只新股发行，而且强令这些公司将已冻结的资金退回，这等于宣布已达成的交易无效。这样的做法损害了市场交易的严肃性。

（3）证监会宣布，上市公司控股股东、持股 5%以上股东及董事、监事、高级管理人员，在 6 个月内减持过本公司股票的，通过证券公司、基金管理公司定向资产管理等方式购买本公司股票，不属于《证券法》第四十七条规定的禁止情形。这意味着一些可能的内幕交易就在救灾任务面前被合法化了，从而损害了法律的权威。

（4）证监会于 2015 年 7 月 8 日发布公告称，从即日起 6 个月内，上市公司控股股东和持股 5%以上股东及董事、监事、高级管理人员不得通过二级市场减持本公司股份。规则的随意修改，加大了在中国市场投资的不确定性。

（5）政府提出要打击“恶意做空者”，这等于对市场交易的动机做出判断，而市场行为“归罪化”颇令人担忧。其实，所有的交易都是中性的——为了赚钱，因此无所谓善意还是恶意。1997 年，索罗斯在东南亚大肆做空股指、货币，但从来没有被认定为违法，最多是受到道德谴责而已。

（6）为了避开股市下跌，居然出现了超过半数上市公司停牌的奇观。任性停牌，看似小事，其实很严重。一旦停牌，等于股东的资金被冻结，可能导致很多投资者陷入流动性困境。如果上市公司的行为可以如此任性，国际投资者很难对中国证券市场有长期信心。

中国政府在此次救市的同时，也强化了国际投资者对中国“政策风险”的认知，强化了国际投资者长期以来认为中国资本市场透明度低、管制多、政治风险大的成见。换言之，中国将付出沉重的“声誉代价”，对中国资本账户开放、自贸区、人民币国际化、上海国际金融中心建设都将带来负面影响。

我们看到，本次救市之后出现了大量的内幕交易。在资本市场中，包括监管层、券商等金融机构的多位从业人员被查，大多与内幕交易有关。2015 年 8 月和 9 月，中信证券总经理程博明、经纪业务发展与管理委员会运营管理部负责人于新利等 11 名中信证券业务骨干被公安机关要求接受调查，事由是涉嫌内幕交易、泄露内幕信息等，而此前中信证券正是股市护盘的先锋。据一家被调查基金公司的内部人士透露，从检查的情况看，可能跟证金公司救市资金的操作有关。证金公司运营救市资金，除了最早有部分股票是以“中国证券金融股份有限公司”账户买入，其他都是通过证金公司在券商新开的若干“机构专用”账户操作。当时出现了很多同向交易、关联交易，有些资金跟证金公司的交易重合度很高。虽然基金公司对于所管理的证金公司资金没有操作权，都是接受指令下单，但券商、基金公司能够看到证金公司资金的交易情况。这使得内幕交易有了滋生的空间。

我们应当维护契约精神，以杜绝因违反契约精神所可能产生的恶果。与此同时，我们认为：不能将交易所作为管制工具，尤其是在未来注册制的体制下。

5. 平准机构与平准资金

结合前面对政府干预的必要性、重要性以及政府干预的顺序、手段和时机所进行的阐述，并以遵守契约精神作为政府救市的指导原则，我们认为：合理的市场规则的确定，应当成为本次救市的终极目标。政府有必要及时针对本次股灾中所暴露的问题检视相应的规则，进而完善和弥补已有规则中的缺陷，创设出更合理的市场规则。只有完成了这一目标，才是从根本上完成了本次救市，才不辜负本次危机对我们做出的警示。

危机之下的政府干预，尤其不能流于表面。特别是面对资本市场的危机，面对资金流动性的停滞，面对世界范围内做空大鳄的虎视眈眈，此时的政府干预应当是直接的、有效的。在资本市场中，资本是最有力的“炮弹”，通过资本的力量干预、引导资本市场，是政府干预的有效措施之一。

5.1 政府干预的制度性基础

我国政府救市呈现浓厚的非法治化特点，亟须走上法治化之路，这就要求政府救市须依法定授权、按法律程序、在适当的监督和制约下进行。我国政府救市影响重大，通过设立规则，为政府干预提供一系列的制度性基础，是一项必须而且应当尽早完成的任务。

从总体上看，政府干预可以采取行政手段或者经济手段，而经济手段又可以细分为宏观经济政策和微观市场干预两种。宏观经济政策主要是通过降准、降息等方式释放流动性，而微观市场干预主要是直接入市。在本次股灾出台的各种救市措施中，我们可以看到行政手段和经济手段都有。行政手段以作为监管当局的证监会再次叫停 IPO 的影响最为突出；而经济手段，除了一度实施但效果不彰的降准、降息外，主要是通过购买蓝筹股、ETF 等渠道直接入市。相较于行政手段以及宏观经济政策手段的制度性基础而言，微观市场干预手段缺少相关制度安排，因此本部分重点关注政府通过购买蓝筹股、ETF 等渠道直接入市这一方式。在本次股灾中，随着大批散户投资者退出市场，我国政府通过入场购买蓝筹股来支持大盘指数——要么直接购买蓝筹股，要么通过购买追踪大盘股的交易所交易基金（ETF）。由此可见，政府干预必须有基础：一个是机构，另一个是资金。

在本次救市需要一个机构合法合规地将救市资金注入市场的情况下，中国证券金融股份有限公司（以下简称“证金公司”）成为不二的选择。证监会于2015年7月5日晚间公告，将证金公司推上了救市的前台。公告称，中国人民银行将通过多种形式给予证金公司流动性支持。在以央行、财政部等部委和证监会为首的“国家队”发起的规模及力度空前的救市行动中，证金公司作为“国家队”的重要一员，将数万亿元真金白银砸入股市护盘。至于救市资金的来源，综合各种媒体的报道，有说法认为证金公司获得了包括央行在内的机构提供的2.5万亿～3万亿元人民币的资金支持。除此之外，其资金来源包括央行再贷款额度、银行间市场拆借、银行授信（包括已发贷款）以及发行公司债券和短期融资券等。

有观点认为，央行为证金公司提供流动性支持，无异于将证金公司打造成了央行背书下几乎无流动性限制的中国版“平准基金”。但是，由于本次救市机构的推出与救市资金的募集均为仓促之举，缺乏制度基础及相应的规则，导致出现了诸多质疑的声音。就资金如何入市的问题，监管层也曾想过多种方式，但很多方式违反现有规则，券商也不能直接做。从救市出发，我国需要一个机构来做这件事，因而设立之初原本只是作为转融通出现、配合融资融券业务的证金公司被推上前台，其原本单一的业务和职能也在救市中被扩大。质疑者认为，从证金公司的定位来看，它不应该在二级市场参与股票买卖，只是因为其他机构承做不合适就推出证金公司，并非是合理的选择；证金公司在购买股票时缺乏明确的操作规则，导致其选股具备任意性和随意性，甚至救市救成了大股东，拿救市的钱去买连续四年亏损的梅雁吉祥，此举被批评为“救市挟带私货”、“被相关人士拿去救自己的重仓股”①；证金公司救市造成的巨额亏损，也成为它被诟病的理由之一。在缺乏规则的前提下，救市机构能否恰当地运用救市资金就成为人们关注的焦点。仓促募集救市资金也存在弊端：一是短时间内难以全部到账，造成资金实力不足。之所以有一些救市措施不是做出来而是喊出来的，主要原因就在于资金不到位，只能先敲山震虎。二是会导致募集资金的成本高昂。2015年11月15日，有媒体报道，包括救市资金在内，约有8.9万亿元的市值不是借来的资金就是抵押或质押而来的资金，这相当于A股全部流通股市值的43%。这类持仓的资金成本和估值都很高昂，因救市而出现的借贷资金还使得中国M2的增

① 参见《救市救成大股东 证金公司救市操作惹争议》，证券时报网，http：//yq.stcn.com/2015/0804/12393829.shtml。

长加快。①

真正的救市应着重于确定并完善规则，厘清市场和监管的边界。缺乏制度性基础的政府干预，同时又涉及巨额资金的运用，容易陷入私人利益的漩涡，导致救市措施不当或者失灵。

5.2 平准资金与平准机构

通过对本次救市措施的梳理，我们可以看到，虽然因缺乏制度性基础导致出现了一些弊端，但救市机构和救市资金在危机时刻所发挥的关键作用是显而易见的。随着中国资本市场的开放和国际化的程度不断加深，提高我国政府应对资本市场危机的能力也亟须提上日程，而防范资本市场危机的措施与方法应当上升到制度层面：一是保障其效果；二是厘清其界限。我们认为，应当以制度化的形式确定救市机构与救市资金，一旦危机达到一定程度，就启动救市机构的救市行动和救市资金的募集程序，将机构的运作与资金的募集通过制度的形式予以固化，从而保障救市力度、降低救市成本。

由于我国证券市场是“新兴＋转轨”的证券市场，在经济转型和证券市场不成熟国家，往往有采用平准基金或类似平准基金的做法。参考世界范围内的新兴证券市场，特别是亚洲国家在证券市场转型中的做法，通过设立平准机构并运用平准基金注入股市来参与救市，虽然从运作的情况看成功和失败的情况都有可能出现，但平准基金在维持投资者信心和稳定股市方面确实能起到积极的作用。

平准基金也称干预基金，是政府通过特定的机构，如证监会、财政部、交易所等，以法定方式建立的一种证券投资基金。政府通过其对股票市场的逆向操作，抑制股票市场的过度波动。利用平准基金干预股市的过度波动已在一些国家或地区进行了实践，如香港特区政府在 1998 年动用 1 180 亿港币外汇基金购买恒生成分股，击退了索罗斯，稳定了在外资冲击下面临巨幅下跌危险的香港股市，取得了很大的成功；1990 年，韩国政府设立了 4 兆亿韩元的“股市安定基金”；台湾地区财政管理部门设立了 5 000 亿新台币的“国安基金”。2008 年 9 月 14 日，面对次贷危机的严重后果，美联储联合美国银行、巴克莱银行、花旗集团、瑞士信贷集团、德意志银行、高盛集团、摩根大通公司、美林公司、摩根士丹利、瑞银集团十家银行巨头，筹资 700 亿美元成立了平准基金，用来为存在破产可能的金融机构提供资金保障，以确保市场的流动性。我国也曾动用过类似于平准基金的救市手段。1990 年 11 月，由于多种因素的影响，我国证券市场的股价持续滑落并引发了股市动荡，1991 年 9 月 6 日深圳综合指数从 4 月 3 日的 100

① 参见《你可能不知道的中国“国家队”救市细节》，腾讯财经网，http：//finance.qq.com/a/20151115/029538.htm。

点跌至45点，在允许机构入市还不能止跌的情况下，深圳市政府于9月初由财政及金融机构出资2亿元救市，终于使市场转暖。1992年2月，深圳市政府颁布了《深圳市证券市场调节基金管理暂行办法》（该基金的来源由印花税收入及上市公司溢价发行收入的5%组成，该基金的性质是在股市剧烈波动时期平抑股价），该办法规定由财政局、体改委、监察局三方派代表组成管理小组。由于该基金建立后不久就有异议提出，故该基金一直没有进场，但为日后推出的证券投资基金做了尝试。

虽然世界范围内对平准基金褒贬不一，但不可否认，巨量资金对于力挽股市危机的效果无疑是积极的、有效的，但如何才能更为有效地运用平准基金，这是需要经过谨慎而充分的论证并上升为制度层面的安排。对于平准机构的设置，也应以制度化的形式做出安排，而非临危受命。平准基金干预股价的方式属于微观干预，用的是市场方式来调节股票的供求关系，达到稳定股票价格的目的。当股价处于超跌时，股票成为投资者抛售的对象，股价也会随之进一步下跌，此时平准基金进入股市后将在一定价位大量吸纳股票，制止股价的下跌趋势，稳定市场信心；当发生股票价格超涨时，股票成为人们抢购的投资标的，股价也会随之继续上扬，此时平准基金可以运用所持的股票在一定价位进行大量抛售，遏制股价暴涨的势头。由此可以看出，平准基金是利用反向操作来平抑股价的，因此平准基金发挥作用的关键之一是合适的投入时机选择，也就是必须在市场出现违背本身客观发展规律之时才能进行反向操作。平准基金的资金来源与资金规模、平准基金的管理主体、平准基金的入市标准、平准基金的投资策略和交易对象、平准基金的退出机制等，均会成为影响平准基金发挥稳定市场效力的重要因素。以香港特区救市与我国救市相对比，1998年在香港特区政府救市前，香港市场的成交量一天只是100多亿港币，当时香港特区动用外汇基金入市的金额超过1 000亿港币，远超救市前市场一个星期的成交额，而内地的资本市场体量远远大过香港资本市场，因而救市资金的规模可能需要达到数万亿元人民币才能对抗市场空头，让市场觉得所有的抛售压力都可以由政府吸纳。不同的资金规模，无疑会影响到平准基金的操作效果。

与此同时，由于平准基金是一种政策性、非营利性基金，并且针对我国目前的市场规模通常需要平准基金达到千亿级别甚至是万亿级别的资金量，才有可能影响市场，针对如此巨额的公益资金，如何保障政府对其进行有效管理并避免贪腐的发生，是我国当前阶段应重点解决的问题之一。对此，我们是持谨慎态度的。诚然，贪腐情况的存在对不同社会发展阶段所产生的影响并非本报告所讨论的话题，但基于社会一般常识，我们仍不希望以存在贪腐的平准基金作为救市的必然选择。平准基金不同于一般的证券投资基金，它是货币政策的一种，动用的是国家的财政或外汇储备，外部监督常常较弱，容易产生内部人控制和道德风险。因此，平准基金除了在具体干预策略方面需要把好关之外，基金本身管理方面的问题也不容忽视。对此，我们建议：为了有效地进行治理，最好有一个比较好的机制，平时不设资金池或者设置小规模的资金池，一旦发生了股市危机且必须由平准基金施救的情况，可以通过事先设定好的机制，令资金池迅速放大。这样的机制一方面可以避免在非危机时期占用巨额资金，造成资源浪费；另一方面也能在一定程度上避免因非危机时期管理平准基金所可能产生的贪腐问题。另外，我们应通过制度设计，避免运用平准基金在救市中进行内幕交易等问题。

5.3 降低政府救市成本的制度设计

降低政府救市成本的制度设计，除了上述我们主张的应建立救市机构与救市资金的制度、通过制度安排降低机构运营的成本和资金募集的成本之外，降低救市成本的主要措施就是完善期指设计。目前，我们救市成本高昂的主要原因在于期指设计的不合理，导致救市资金难以迅速找到能够有效护盘的蓝筹股，致使其四处开花，一度找不准救市方向。

通过购买指数成分股拉动股市，就涉及期指设计的合理性，而我们在指数设计问题上是有非常大的错误的。目前，我们的沪深300指数只有一般带动性和反操纵性，而且体量太大，其中的股票也不都是蓝筹股，以至于救市中有人提出购买ETF 50之类的中间产品。我们认为，此举很有可能给被套住的人提供减仓退出的机会，因此不建议购买中间产品。造成这种情况的原因就在于我们的指数太多，指数编制不合理。

（1）指数种类太多。我国的各种指数非常多，多达五六十种；然而，虽然我国指数的种类多，却缺少真正能反映市场行情的好指数。目前，国内可以看到的挂牌指数都是由两大指数公司编制的——一个是中证指数有限公司，另一个是深圳证券信息公司。这两家公司编制的指数是为市场普遍接受的，但由于其股东主要是上海和深圳两家交易所，因而在编制指数过程中的中立性和客观性就有所减弱。此外，两家公司的员工只有数十人，而编制指数的工作需要足够多从事研究开发的人员，因此人数上的不足也会影响指数的质量。我们认为，需要一个有相当独立性的指数公司，其核心业务就是编制市场指数，同时配备足够的专业人员，剔除市场中现存的大部分劣质指数，开发出真正有影响力的指数。

（2）指数编制不合理。股指期货的问题在于指数编制非常不合理。即便是上市的品种，即沪深300、上证50和中证500这三个品种，我们认为在编制的过程中也是比较随意的，用它们无法判断什么是蓝筹股以及判断的标准是什么。在上证50中，银行股太多，最贴近蓝筹股的成分股中有60%以上是金融股，对市场的带动性很差。金融业处于产业链的一端，通常只起到融资的作用，无法对其他行业或者领域起到带动作用。实际上，对于股票有带动作用的企业主要是处于产业链中游的企业，它们在整个产业中发挥着承上启下的作用，中游企业向好将引领上游企业和下游企业同时上涨。每个板块都应该有这样的成分股，特别是对股价变动有带动作用的成分股。在选择样本股时，应该注意选取具有较好行业代表性的股票，尽可能覆盖影响国民经济发展的各个行业，以充分反映国民经济的整体状况和发展趋势；除了中游产业的股票外，其他行业的股票数量不宜相差过多。

（3）提升股票指数的可交易性。在本次股灾中，市场中缺乏能够被投资者用于套期保值的产品也是加速市场下跌的重要原因，而完善双边市场是引导投资者回归理性的一条重要渠道。我国需要进一步完善指数的设计，提升指数的可交易性，通过股指期货和基金的组合为投资者提供健全的套期保值制度。但是，由于我国股市的市值较大，缺少大流通市值的股票，因而不可避免地要增加成分股的数量。

政府救市找不到真正的蓝筹股将付出较高成本，因此，我们必须完成这部分设计，这是非常重要的内容。我们必须设计出一种引领性强、救市成本低的重要指数，该指数所包含的每一个标的股都应具有引领性，一旦股市出现危机，将救市资金集中于此，就可以起到救市的显著效果。

6. 监管者的责任

“如果人人都是天使，就失去了法制和政府存在的价值。”① 证券市场在本质上是诸多投资者进行利益博弈的场所，零和游戏是其长期遵循的法则，甚至 20 世纪 20 年代的纽约证券交易所虽已贵为世界上最大的股票市场，“但其本质仍然只是一个私人俱乐部”②。1929 年史上最为著名的崩盘是改写证券市场历史的重要依据，它为各种政府管制手段提供了更直接的现实依据。时下，已无人否认监管对稳定证券市场秩序的积极作用。

我国证券市场经历了 20 多年的发展，期间也发生过不少金融风波和动荡，而 2015 年 7 月出现的证券市场重大振荡更是对我国监管者水平的一次巨大考验。人们应当清醒地认识到：一方面，证券市场本身具有高风险性、高流动性以及跨境波动联动性；另一方面，我国证券市场正处于“新兴＋转轨”时期，具有起步晚、发展快的特点，证券投资者和证券从业人员结构复杂、知识水平不一、投资心理成熟度差异巨大。因此，在法治原则支配下的政府监管和市场监管，必将在

① 叶林：《证券法教程》，北京，法律出版社，2010。

② ［美］约翰·S·戈登：《伟大的博弈——华尔街金融帝国的崛起》，北京，中信出版社，2005。

确保我国证券市场健康、稳定发展的道路上书写浓墨重彩的一笔。

6.1 证券金融市场中的监管机制

20世纪90年代我国证券市场成立之初，中国人民银行是证券行业的主管机关，然而事实上，除了中国人民银行以外，当时的国务院、国家体制改革委员会办公室、财政部，甚至地方政府①等都对证券市场拥有一定的话语权，致使多头监管弊端初步显现。随着我国证券市场的逐步扩大，地方性市场迅速发展为全国性市场。全面统一市场必然要求中央政府负担起证券市场监管的职责。1992年，国务院分别成立了国务院证券委员会和证监会。其中，国务院证券委员会由14个部委组成，包括中国人民银行、国家体改委、财政部、经贸办、监察部、最高人民法院、最高人民检察院、外贸部、国家资产管理局等，是一个比较松散的机构。多头监管模式最大的问题就是权力过于分散，监管机构之间职责不清，在实践中出现了多头执法的混乱局面。②

为了防范和化解市场风险，国务院决定对证券市场进行集中统一监管。1997年8月，国务院决定：沪、深证券交易所划归证监会直接领导，地方政府不再行使管理权。同年，根据《国务院关于机构设置的通知》，国务院证券委员会被撤销，其监管职能被移交给证监会；同时，中国人民银行的监管职能也被移交给证监会。至此，证监会开始对全国证券市场进行统一监管，标志着我国证券金融市场由分散监管、多头监管向集中统一监管阶段迈进。1999年7月1日，我国第一部《中华人民共和国证券法》（以下简称《证券法》）开始实施，这部法律奠定了我国证券监管体制的法律基础，初步形成了我国证券监管体制的特点。2005年，《证券法》的修订肯定了原有的监管模式，使得我国证券市场集中统一的监管体制特点更趋明确。

由证监会实行集中统一的监管模式，优势在于实现了立法与执法的统一，能克服地方立法与执法的各自为政，保证证券市场管理的权威；管理者与其他市场主体高度分离，有利于执法的公平和公正，能有效地保护投资者的利益；统一履行职责，还便于实行国际监管的协作。③ 应该说，我国是市场经济的后发国家，如果没有政府的强力推动，证券市场将难以蓬勃发展。正是由于证监会依法对证券市场实行监督管理，维护证券市场秩序，保障其合法运行，才使得我国证券市场虽然年轻但是成长快速。然而，与英、美等国证券市场的监管迥然不同，在浓

① 实际上，我国证券市场早期的管理者是上海和深圳两地的地方政府，这两地的中国人民银行还相继出台了一些证券法规。

② 例如发生在深圳的“8·10”风波，百万投资者抢购新股抽签表。

③ 参见尹红强：《证监会法律地位的明确及监管职能优化》，载《石家庄经济学院学报》，2008（2）。

厚的政府监管色彩下，我国证券交易所和证券业自律组织的市场监管机制并没有相应地发展起来，两者只是被动地接受强大的政府监管。尽管多年来证券交易所和证券业自律组织不断期望强化一线监管职能，并且也多方探索新的监管手段，而且2005年《证券法》的第一百零二条、第一百七十四条已明确赋予了证券交易所与证券业协会可以进行有效自律监管的职能，但在强大的政府监管面前，至今没有确立各自的自律监管目标和手段。证券市场是一个特殊的商品交易市场，市场监管被证明是既不影响市场机制，又能发挥监管效率的最佳监管方式。实际上，在我国证券市场的发展过程中，由于政府的过度干预，常常导致市场机制无法正常发挥作用。① 因此，如何动态、弹性和妥善地协调政府监管与市场监管的关系，长期以来成为建立证券市场监管体制的重要任务。

6.2 现行法律体制中的冲突与矛盾

6.2.1 “一行三会”体制下的监管漏洞

1993年12月，国务院出台了《关于金融体制改革的决定》，明确“对保险业、证券业、信托业和银行业实行分业经营”。在分业经营的基础上，目前我国对国内金融市场采取了分业监管模式，即由中国银监会、中国证监会、中国保监会分别对银行业、证券业、保险业实行监管。中国人民银行负责宏观调控，其他专业监管机构全部集中于对应行业微观层面的管理。选择这种监管体制的初衷在于提高监管的专业化水平并及时达到监管目标，提高机构监管的效率，这就是我们经常谈到的所谓“一行三会”的我国金融市场监管结构。②

近年来，金融混业发展的趋势明显。在我国，除证监会作为法定的证券市场统一监管者之外，实际上存在多个政府部门分享证券监管权的情况。③ 虽然证监会具有法定的集中统一监管证券市场的地位，实践中却并未完全拥有证券市场统一的监管权，银监会、保监会、发改委等仍拥有部分证券监管权，因此证监会事实上并不能实现法律规定的对证券市场的统一监管。鉴于中国的特殊国情，证监会的地位和职能决定了离开其他机构的配合，证监会很难高效履行职权。另外，伴随着金融混业经营的发展，金融业务的综合化经营越来越被市场所接受，金融机构相互之间的交叉业务也越来越频繁。一方面，金融机构对混业经营有着相当强烈的内在需求，银行、证券、保险等金融业务之间的依存关系越来越强；另一方面，金融监管却强调专业分工，致使监管职能一再被拆分。监管机构均有各自的监管目标，国内金融业受分业监管框架的约束，形成了金融各业间的部门利

① 较为典型的例证是我国的“327”国债风波。

② 参见向祖荣：《论证券监管机构的法律定位》，载《证券市场导报》，2012（9）。

③ 参见孟芳：《论证券监管有效性与转型对策》，载《万方数据》，2015（2），总第467期。

益。不仅金融机构在争抢新增的市场空间，而且监管机构也从各自角度出发，出台了放宽、限制、规范业务开展的法规。

真正的隐患在于，我国现行的“一行三会”都是部级机构，彼此互不隶属，各监管部门又缺乏统一的协调机制，难以整合有限的监管资源来防范和化解系统性金融风险。此外，这些监管部门还担负着各自行业的金融改革与发展任务，而这些任务与金融监管的核心职能也具有内在的冲突和矛盾，导致各监管部门只关心其所监管行业的风险，对系统性金融风险无暇顾及。综合经营的金融机构由于监管机构目标和准则的冲突，被迫依据监管部门的标准制定多套会计报表，以应对不同监管机构和不同监管准则的要求。目前，我国的监管部门较少对金融的风险状况和具体风险事件的处理进行合作监管，反而是多头管理、监管效率低下得不到根本解决。各个监管部门都充当着监管对象的“上级主管”和所有者的角色。凭借这种关系，监管部门可以直截了当地干预监管对象的内部事务，包括向其派遣管理人员。在很多时候，说不清监管部门是从监管的角度还是从所有者的角度施加影响，也难以检验其监管政策和行为的真正效果。

在本次股灾对场外配资的查处问题上，就出现了证监会和银监会相互推诿、难以实现有效监管的现象。在证监会和银监会之间，关于场外配资的数量、规模等市场中的重要信息并没有进行有效的监管和相互分享，对于场外配资该归谁监管也莫衷一是，导致场外配资野蛮生长，这在一定程度上导致了监管部门对市场在高杠杆下可能产生的恶果不能充分认识。因此，我国必须明确多个监管机构之间的权力界限，并通过多部门联合工作机制的建立，协调不同机构权力的行使，防止监管过度和监管真空的出现。

具体说来，在法律的层面上，我国应着手整理现有的规定，重点在于：一是查找监管真空问题，增加相关规定；二是针对权力重叠和冲突的规定，明确各部门的职权，增加出现冲突时的解决措施，如召开会议或提请国务院监管协调机构处理等；三是考虑以部门规章或者其他规范性文件的形式建立定期与非定期协调监管制度。在制度的层面上，首先应继续加强和完善证券市场的集中统一监管，而后应加快建立部门间的长效合作机制。例如，考虑在国务院内部设立一个联合监管的协调部门，建立协调监管的定期工作制度。这样一来，在发生类似场外配资问题的时候，就可以减少各部门间推诿责任现象的出现，从而尽快发现和化解市场风险。

6.2.2 证监会在法律地位上的尴尬处境

根据中国证券监管体制的现状，《证券法》中的“国务院证券监督管理机构”一般是指中国证券监督管理委员会。中国证监会不是行政机关，而是国务院所属的部级事业单位。作为事业单位，其目的在于提供社会服务，而非行使行政管理职能，但从其实际运行来看，它只是依照有关规定而非依照法律或者行政法规来统一监管全国证券、期货市场，因而行使的是典型的行政权力。① 作为事业单位的证监会，在逻辑上并不具备证券监管的行政主体资格。这体现出我国立法法和国家机关组织法对于证监会的定性及定位仍存在问题，并没有明确确定其作为证券市场主管机关的独立地位。

首先，在法律结构上，我国并不承认证券监管机关监管的独立性：无论是在《证券法》，还是在《中国证券监督管理委员会职能配置、内设机构和人员编制规定》中，并没有表明中国证监会是“可独立行使监管权限”的行政机构。《证券法》第七条只是规定“国务院证券监督管理机构依法对全国证券市场实行集中统一监督管理”。可见，《证券法》并没有对国务院证券监督管理机构的性质做出规定，因此现有法律只能确认我国证券市场主管机构的合法存在，但不能对证券监督管理机构的独立性给出肯定的答案。事实上，从《中国证券监督管理委员会职能配置、内设机构和人员编制规定》第二条第十三款“国务院交办的其他事项”的内容来看，仅从“国务院交办”的描述就可得知，在执法权限上，中国证监会并不具备如同美国 SEC、英国 FSA、我国香港 SFA 那样的监管独立性。

其次，中国证监会监管地位的不独立性体现在其具体的监管行政行为中，不仅严重影响市场规则的公平运行，更不利于未来注册制的推行。例如，在上市审核环节，虽然依据法定程序，中国证监会的职责是根据法律规定的要求行使上市核准权，但在具体实施过程中，证券市场主管机关却必须服从政治利益，进而依照行政命令行使监管权，甚至对法律的强制性规定采取变通或有利于行政决策的解释；在大型国企的上市过程中，经过国务院特批而豁免法定程序所需的三年业绩要求也屡见不鲜。因为缺乏立法上系统全面的授权，导致证监会的审批职能过重、执法手段不足，难以适应证券市场监管的要求。我国现行《证券法》有多处出现了“核准”、“批准”和“不得”，并赋予了证券监管机构大量的审批职责，致使证监会不得不耗费大量资源应对审核任务，不仅违背市场自治原则，替代市场主体进行决策，还要耗费资源防范权力寻租的风险。另外，法律赋予监管机构的执法权限和执法手段明显不足，没有对违规行为人的搜查权、对当事人的传唤权和起诉权等，难以对违法行为做出及时的反应。基于这些问题，我们应从立法上重新厘清证券金融监管机构的法律定位和职权责任，明确监管主体和监管权限，有必要适度地放权、授权、让权。特别是未来在注册制下，目前证监会的法律地位问题将更为棘手，现行体制难以满足监管要求。

① 参见马晓：《中美两国证券监管制度比较研究》，东北财经大学博士学位论文，2013。

6.3 市场监管是政府干预的基本前提

监管就是要敏感。如果在股灾发生前通过监管及时发现了非法配资的问题，就不会出现这么大的问题，而后采取救市措施就比较容易。因为监管不到位，造成了政府的被动，在干预问题上又手忙脚乱，使得本次股灾给了我们一个比较深刻的教训。没有好的监管，就不可能干预，更不可能发现问题。因此，我们强调，市场监管是政府干预的基本前提。

纵观各国证券市场的监管体制，在学理上一般将其分为政府监管与自律监管两种基本类型。① 政府监管强调政府权力在分配证券市场资源方面的主导作用。这种监管模式通常建立在由政府推动而开设和运作的证券市场上。市场监管强调证券交易所、证券业协会、证券公司等自律组织在维护证券市场秩序方面的主导作用或者积极作用。这种监管模式通常建立在证券市场自由竞争的基础上。政府监管体制并不否定自律监管体制的价值，自律监管体制也不否认政府监管体制的地位，两者互不排斥，可以互相配合协调。但是，在两者之间必须明确的是，市场监管是政府干预的基本前提。

第一，证券交易本身应遵循市场规律的价值观念。“证券交易表面上是筹码的交换，但本质上是人们内心世界的交换，价值观的交换，也是欲望的交换。”② 在证券市场中，无论交易规则如何变化、发展，它都不能脱离市场运行的基本规则。历次股灾都是用惨痛的教训告诉人们这样的事实。证券交易所和证券业协会兼有市场监管者和市场参与者的双重身份，它们必须参与市场竞争。这种竞争不仅来自不同证券交易所之间的竞争，还来自于上市公司及投资者、各类证券市场参与人员的竞争。当证券交易所屡屡监管失当并显示危险时，当行业协会对于会员违法违规行为视而不见时，很难想象会吸引有发展潜力的公司到交易所上市，也很难有职业操守良好的券商愿意到这样的市场中进行交易。无论是证券交易所还是自律组织，为了自身的生存都会竭力遵循而不会轻易偏离市场规律。市场规律的价值是永恒的，但政府监管则很难一贯坚持市场规则。政府监管机构作为政府机构的组成部分，其监管目标容易受到政府多元化目标的影响。

第二，证券交易所是最贴近市场、最贴近上市公司的监管主体。证券交易所是接纳公司上市的交易场所，又是市场的组织者。无论是为社会公众提供投资服务，还是为公司上市融资提供服务，它总是首先以服务者的身份出现在市场中，即时掌握上市公司及市场动态。从监管角度来说，证券交易所往往都指派专门人员跟踪各上市公司的情况并给予指导、监督，这使得证券交易所能够在第一时间

---

① 参见叶林：《证券法》，北京，中国人民大学出版社，2013。

② 《证券交易的本质》，搜狐媒体平台，http：//mt.sohu.com/20150828/n419975111.shtml。

发现上市公司的情况变动。虽然政府监管也肩负着监督上市公司及市场秩序的作用，但无论是人员编制方面的原因，还是证券市场范围逐渐扩大、政府监管机构无力的原因，也不可能始终站在监管一线，而是更多地依赖证券交易所对上市公司的指导、监督，只有在证券交易所难以施加有效监管时，为了保护投资者利益，政府监管才会动用行政监管手段。经历本次股市振荡之后，我们更应当认识到市场监管成功的关键在于能否对风险做出预判。显然，政府监管者对于这种能力力有不逮。

第三，证券交易所监管和证券业协会的监管可以触及政府监管无力触及的角落，甚至可以深入到道德范畴。根据美国、新加坡、澳大利亚和中国香港等国家或地区证券交易所的做法，监管措施包括了劝导、私下谴责、公开谴责、公开声明、活动限制、暂停交易和终止上市等手段。不遵守劝导或置各种谴责于不顾者，并不当然承担既定的法律后果，故其并非是完全意义上的法律措施，而是具有某种道德劝导的功能。因此，境外证券交易所往往将这些措施的实施称为纪律处分。然而，政府监管必须具有强制力，应可采取法律行动来保障其处罚措施的最终实现。[①] 经验告诉我们，完全依赖行政措施或手段是极不理智的；向上市公司施加某种无法强制的处罚，更会降低人们对行政权威的尊重。下面以证券交易所为例，做进一步解释。由于证券交易所的监管权力主要源于建立在双方地位平等基础上的上市协议等文件，这种平等机制可以使被监管者没有面对政府监管者时的反感心理，可以使监管者与被监管者更容易形成价值取向的高度一致性并对监管措施等达成共识，可以使监管范围触及职业道德与操守等监管法律法规无法发挥作用的领域，可以使监管措施以更低的成本得到更好的贯彻执行。

稍加考察可以发现，市场监管具有如下优势：①贴近市场、效率高。作为证券市场的组织者与运营者，证券交易所直接参与上市公司证券的发行与交易活动，具有更为丰富的专业知识和实际经验，了解上市公司、证券公司及各方投资者的行为方式，更了解证券市场的运行规则，更容易发现各种违法违规现象的根源及规律，从而有利于提高监管效率。②反应迅速、灵活性强。作为一线监管者，证券交易所对证券市场违法违规行为具有更敏感的洞察力和反应能力，而且不像政府监管者及监管法律那样僵硬与滞后，证券交易所可根据具体情况，灵活采取针对性强的监管措施，这在解决突发性事件时尤为明显。最近，我国证券市场出现了巨大波动，一种可能的原因就是政府监管者对风险预估的不足，体现了其对市场反应的滞后性。③成本低、范围广、贯彻性好。证券交易所的自律监管

① 参见顾纪生、王员：《基于中美股市监管制度差异的中国股市运行研究》，载《新经济》，2013（2）。

权力多来自于会员章程以及上市协议。平等的监管机制可以消除被监管者的反感心理，使监管者与被监管者容易形成价值取向的高度一致性，也可以对监管措施达成共识，从而使监管范围触及职业道德与操守等监管法律法规无法发挥作用的领域，可以以更低的成本实施监管。④重视理性与信誉、合理性高。证券交易所充分发挥自律监管功能，有助于引导证券市场建立起长期信用与信誉机制，并对证券市场参与者产生了约束作用，促使证券公司及上市公司的行为更趋理性，进而可以减少违法违规行为的发生，促进证券市场的健康有序发展。自律监管意味着按照市场规律办事，从而有助于排斥不当的行政干预，约束政府监管者的行为，遏制政府监管带来的“寻租”等腐败现象，并最终推动证券市场的健康发展。

需要注意的是，市场监管并非灵丹妙药，其同样存在明显的缺陷。首先，权威性弱，监管力度不够。自律监管具有民事监管属性，证券交易所毕竟不是政府机构，它与被监管者之间的民事契约关系必定会在一定程度上制约其监管的权威性。其次，超脱性差，易引发利益冲突。我国证券交易所并非完全的公共机构，缺少对证券市场的完全超脱性，具有追求私人或集团利益最大化的潜在动机，往往更关注证券市场的高速运转，容易片面地追求会员利益，忽视对投资者利益的保护，从而影响监管的公正性。最后，统一性差，监管活动无法有效协调。在缺乏全国集中统一的政府监管机构的情况下，证券交易所容易各自开展监管，而不能彼此配合、协调有序地监管全国证券市场；在协调不当的情况下，又会引发证券交易所间的不良竞争，形成市场分割，甚至造成市场混乱的局面。证券交易所要充分发挥自律监管功能，不能离开政府监管的扶持与指导，片面强调证券交易所自律监管或政府监管都是不可取的。明智的做法是，将证券交易所自律监管与政府监管有机结合，合理安排双方对证券市场的监管权力与责任，构建一个分工明确、权责清晰的综合性证券市场监管体制。

综上所述，可以说市场监管是证券市场关系的第一层保护网，政府监管是附加在证券市场关系上的又一层防护网。政府监管与市场监管的协调性成为未来监管发展中需要解决的问题。我们认为，差异性意味着必要性，市场监管所独具的优势，虽是政府监管无法替代的，但市场监管功能的完全有效发挥也离不开政府监管的扶持与指导，片面强调市场监管或者政府监管都是不可取的。明智的做法是将市场监管与政府监管有机结合，合理安排双方对证券市场的监管权力与责任，构建一个分工明确、权责清晰的综合性证券市场监管体制。不过，在市场监管中，一个常被忽视的问题就是，证券交易所监管和证券行业监管之间的关系如何厘清的问题。两者孰先孰后以及具体的操作规则都是目前尚未引起足够重视，但在实践中又意义重大的问题。

6.4 市场监管的重点

市场监管的重点就是要及早发现问题，特别是像杠杆率等风险，能否提早发现风险是市场监管有效与否的重要标准。

无论如何，经过20多年发展的中国证券市场，始终在机遇与挑战中不断前行。2015年6—7月的证券市场更是将我国市场监管中本已存在的问题成倍放大，而焦灼的股民、重创的市场更是让监管部门倍感压力。另一个不争的事实是，全球经济增长放缓，市场的发展趋势并不明朗，我国证券市场除了要承担国家经济发展的重要任务之外，也必将面临诸如国际化证券市场、银行和证券业的合作或综合化、金融创新等一系列挑战。[①] 本次股票市场的动荡，再次引发了实务界、理论界认真思索我国在市场监管方面存在的不足，对于中国未来证券监管的重点究竟应当如何布局，我们提出了如下思路：

第一，分业监管对综合金融的适应和调整。综合金融是中国金融业发展的一个必然趋势，在当前分业监管的体制下，我们建议先设立一个松散的合作监管机构，待时机成熟，再向统一监管的模式变革。同时，应积极推动现在的机构监管向功能监管转变。本次股市大振荡最终得以缓解，关键的一步就是证监会与多个国家部委展开了密切充分的合作，这也将“三会合并”的构想提上了国家政治经济的议事日程。

第二，监管组织体系的调整，加强证监会的独立性；充实有效监管所需的适当资源；建立监管政策制定的协商机制、评价机制，保证监管的透明度；强化证券交易所应有的自律监管功能；加强证券业协会的自律监管功能；加强传媒的外部监管力量以及对传媒的监管。市场监管与政府监管依然是证券市场监管的两种主要模式，尽管在金融危机之后，政府监管对于市场的干预在逐渐加深，但这并不能改变政府对证券市场的干预应当始终以市场监管为前提。

第三，一般监管行为的调整。在2005年我国《证券法》的修订中，立法者对于监管的行为做了一些调整，包括对上市公司监管的完善和对券商、会计师事务所、律师事务所、资产评估事务所、评级机构以及证券清算结算系统的完善等。在《证券法》的法条中，还强化了中介机构的自我监管功能和法律上的约束，建立了中介机构的保险制度或风险准备金制度。从目前法律实施的效果来看，其具有十分积极的意义。本次股市的巨幅振荡，使我们对于监管的主要内容又有了新的认识，即杠杆交易应成为今后证券市场监管者主要的监管内容之一。本次A股暴涨暴跌的核心原因就是杠杆水平太高，特别是那些没有纳入监管视

---

① 参见赵锡军、董安生、李悦：《中国证券市场：国际化进程中的挑战与应对策略》，载《经济导刊》，2003（8）。

线的场外配资，甚至有些配资的杠杆高达9倍之多。今后，所有的杠杆交易都应当纳入监管，并且要保持全市场的适度杠杆水平。

第四，监管法律框架的调整和完善。长期以来，当我们讨论证券投资者保护的问题时，主要偏重于投资者民事责任救济的问题。2005年，我国在进行调整和完善《证券法》时，针对投资者保护问题，学者提出了一系列建议，包括建立证券诉讼的辩方举证制度以解决证券民事诉讼的举证困难问题，完善证券投资者赔偿制度，建立中小投资者集体诉讼机制；完善《证券法》与《公司法》、《合同法》、《破产法》、《竞争法》等法律的配合，以充分保护投资者利益。然而，面对新的证券市场发展形势，由于大量新的金融衍生产品不断向市场涌入，因此在涉及投资者保护问题上，监管的法律框架有必要再度调整。例如融资融券业务，在国外成熟的市场中，这些产品主要是由有经验的个人或者专业投资机构来参与，很少允许散户操作。因此，对于投资者保护的问题，应当从加强投资者适当性管理来入手。对于某些复杂的证券业务，设置一定的门槛是必要的。

第五，国际合作监管。2014年，我国再一次修订了《企业会计准则——基本准则》，在实行国际通用的会计准则方面又迈出了重要一步，这将进一步确保财务信息的通用性及便利统一监管。然而，在国家合作监管的其他方面，我们认为合作的程度还远远不够。有迹象表明，国际资本和某些外国势力借我国股市动荡之时，在海外市场大肆做空与我国相关的资产。为了保证我国金融安全，与其他国家和国际组织开展合作、防范金融风险是十分必要的。具体来说，诸如外国证券公司进入中国的审批应征求外国监管者的意见；建立信息共享机制，并确立信息保密标准；建立在涉及跨国欺诈行为时的调查协助机制；国际监管组织之间签订谅解备忘录，对跨国监管达成共识，以减少监管摩擦；加强不同国家之间在监管设施、专业技术中的经验交流。

第六，对监管者的监管。在我国，这一问题基本上还是空白。为此，我国要努力推动监管的法制化、市场化，减少行政性监管，从而减少监管者寻租的可能性；建立有效的权力制衡机制；强化社会新闻和舆论的监督力量，对政府部门形成有效的外部监控。

总之，在证券市场中监管的具体模式如何，哪一种监管更能发挥防范市场风险、引导市场健康发展的要求，没有人可以给出肯定的结论。各国对于证券市场监管模式的选择，除了要遵循市场规律的法则之外，各国的经济发展水平甚至历史文化习惯等也可能会发挥作用。① 然而，应当强调的是，监管就是要敏感。试

① 参见董安生，潘睿：《国际金融危机语境下的中国资本市场法制改革》，载《河南大学学报（社会科学版）》，2009（6）。

想，如果在本次股市动荡发生前，监管者能够发现非法配资的问题，就不会出现如此严重的后果。此次教训既深刻又珍贵，尽管监管者监管不力是复杂的历史原因造成的，但不能否认的事实是，监管责任不到位造成了政府的被动。我们应当明确市场监管的重点就是要及早发现问题，提早防范风险，舍此无他。

参考文献

［1］董安生，潘睿．国际金融危机语境下的中国资本市场法制改革．河南大学学报（社会科学版），2009（6）

［2］杨巍，董安生．后金融危机时代的美国金融监管改革法案．证券法苑，2010（3）

［3］赵锡军，董安生，李悦．中国证券市场：国际化进程中的挑战与应对策略．经济导刊，2003（8）

［4］王光宇．全球金融危机后国际金融监管改革的实践与启示——以欧美金融监管改革为例．中央财经大学学报，2011（3）

［5］刁昳，张铁山．证券市场中政府行为的外部性分析．商业时代，2007（3）

［6］吕江林，王庆皓．从成本收益角度论金融危机中政府救市的必要性．金融论坛，2011（2）

［7］张贵明，何军．金融衍生品风险对金融监管挑战的思考．企业家天地（理论版），2011（1）

［8］邢继军．世界金融危机．济南：山东大学出版社，2009

［9］朱民，边卫红．危机挑战政府——全球金融危机中的政府救市措施批判．国际金融研究，2009（2）

［10］胡建．后金融危机时代中国金融监管立法的应对．中国发展，2010（6）

［11］薛克鹏．政府救市行为的反思及法律控制．上海财经大学学报，2010（6）

［12］韦伟然．社会主义市场经济视野下的契约精神．法治与社会，2008（10）

［13］强昌文．契约伦理与权利．济南：山东人民出版社，2007

［14］向祖荣．论证券监管机构的法律定位．证券市场导报，2012（9）

［15］孟芳．论证券监管有效性与转型对策．万方数据，2015（2），总第467期

［16］马晓．中美两国证券监管制度比较研究，东北财经大学博士学位论文，2013

［17］顾纪生，王员．基于中美股市监管制度差异的中国股市运行研究．新经济，2013（2）

专论四 交易制度、交易结构与股价波动

摘 要

此次危机暴露出现阶段我国股票市场存在的若干问题，如期、现货的交易制度和交易结构均存在不足。本部分在此基础上对我国股市的交易制度和交易结构进行了深入反思，梳理了已有的相关研究结果，通过对比国外发达国家的发展经验和监管措施，总结了现货的“T+1”制度、股市“停摆”机制、配资市场、程序化交易、股指期货市场与股市价格波动之间的关系以及从中反映出的交易制度与交易结构的不足，进而提出了完善A股市场的交易制度与交易结构、推动我国资本市场健康有序发展的理论和政策建议。

Abstract

This crisis exposed that there are several major problems of our stock market at the present stage, and the futures and spot also have defects in the trading system and the trading structure. On this basis, this chapter makes a deep reflection on the trading system and the trading structure of China's stock market, by combing the existing study and making a comparison between the development experience and regulatory measures of developed countries. Then we conclude the relationship between T+1 trading system of the spot market, the stock price limits, margin trading, program trading and the stock price volatility, and conclude the defects reflected from them, thereby providing theoretical references and policy proposals for perfecting trading system and structure of the stock market and accelerating our capital market's healthy and ordered development.

2015年6—8月中国资本市场经历了一次真正意义上的股市危机，此次危机带给我们的是对我国股市交易制度和交易结构的深层次反思。这次危机暴露出我国股市交易制度主要存在以下几个方面的问题：一是"T＋1"交易制度的适当性；二是市场"停摆"机制的选择，即个股涨跌停板制度和整体市场的熔断机制；三是程序化交易的市场效应，包括量化投资和高频交易；四是现货市场买多与套空的动能结构；五是衍生品交易对现货市场的影响等。本部分将对我国股市的交易制度、交易结构的诸多方面进行反思，通过梳理现有专家、学者的研究结果，同时借鉴国外发达国家的发展经验，试图厘清交易制度、交易结构与股市价格波动之间的关系，从而为更好地完善资本市场的交易制度、金融产品的交易结构、防范系统性风险、减少危机的发生提供理论和实践上的借鉴。

1. "T＋1"交易制度、市场"停摆"机制与股价波动

1.1 境内外股票交易制度、交易结构的比较

通过国际比较可以看到，此次股市危机之前我国的A股市场交易制度与发达国家或地区有诸多不同（见表专—4—1），A股市场对交易单位、涨跌幅、交易时差等有严格限制，而用于对冲股市风险的衍生品种单一、做空机制缺乏、税费较高，这些因素夹杂在一起，使我国A股市场的交易制度和交易结构严重落后于发达国家或地区的股票市场。与美国成熟市场的交易制度设计相比，A股的交易规则过于单一、缺乏弹性，既不能有效地保护中小投资者的利益，又无法发挥抗风险能力强的投资者的财富管理功能。我国香港交易所的股票交易制度设计更为成熟和完善。从投资者结构来看，中、美的差异更是巨大，两个市场的结构比例完全相反：A股市场中的机构投资者仅占6.6%，而美国股市中的机构投资者占到了95%；A股市场中自然人与一般法人的比例高达85%（见图专—4—1），这种区别于发达国家的投资者结构更容易造成股市的集体非理性，发生常见的追涨杀跌行为，而且投资者的利益更容易受到侵害。由此可见，A股市场暗含的风险是远远高于美国市场的。

表专—4—1　不同国家或地区股市的交易制度和交易结构差异

	中国内地	美国	中国香港
交易单位	100股	无限制	每只上市证券的买卖单位由各发行人自行决定，可以是每手20股、100股或1 000股等

续前表

	中国内地	美国	中国香港
涨跌幅	10%	无限制，有熔断机制（对于指数：实行三级熔断机制。以标准普尔 500 指数为例，当指数下跌 5%时，将暂时停盘 15 分钟；当指数下跌 10%时，将会停盘 1 小时；当股指出现 20%的暴跌时，将会关闭股市 1 天。对于个股：如果某只个股的交易价格在 5 分钟内涨跌幅超过 10%，将暂停交易。如果该个股的交易价格在 15 秒钟内仍未回到规定的“价格波动区间”，将暂停交易 5 分钟）	无限制
衍生品种	除了股指期货，其他交易品种几乎为零	衍生品种众多	衍生品较多，如股指期货、衍生权证、股本权证、牛熊证及股票挂钩票据等
做空机制	现货市场几乎没有	指定可以做空的股票，做空机制众多	做空机构可以先卖空，然后发布针对个股的做空报告
交易时差	T+1	第一种是现金账户，账户总值低于 2 000 美元，只有在资金已交割的情况下，才可以“T+0”，否则将被禁止交易 90 天。第二种是普通融资融券账户，账户总值介于 2 000 美元和 2.5 万美元，实行“T+1”，但在 5 个交易日之内，有三次“T+0”的机会。第三种是典型回转交易账户，账户总值超过 2.5 万美元，实行“T+0”，但此类账户必须遵守最低净值 2.5 万美元	T+0
佣金费	目前普遍 0.03%，5 元起	交易时，如果股票的股价大于 1 美元的，按照交易量收费；如果股价小于 1 美元，则按照成交金额的百分比收费，一般是按成交额的 3‰收取	佣金（单边）0.15%，一般最低 100 港币
印花税	对卖方单边征收 1‰	无	买卖双方各按交易额的 0.1%缴纳印花税

续前表

	中国内地	美国	中国香港
投资者结构	机构投资者的占比例非常低，2014年只占6.6%，一般法人占41.6%，大部分为个人投资者	机构投资者完成的交易量占每天成交量的95%以上。数量庞大的养老基金、各类捐赠基金、保险基金、对冲基金、互惠基金和大大小小的投资公司等构成了美国资本市场的主体	机构投资者的比重超过60%，其中海外机构投资者更是高达40%以上

资料来源：根据相关法律制度整理。

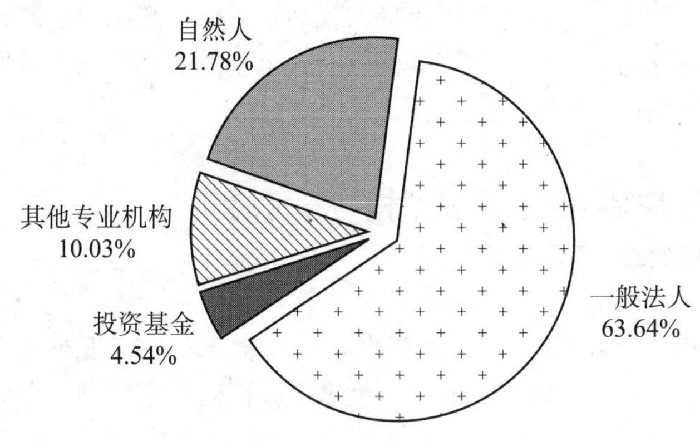

图专—4—1　A股投资者的结构

资料来源：《上海证券交易所统计年鉴》，2014

1.2　“T+1”交易制度与股市波动

我国A股市场自1995年起实行“T+1”交易制度，无法进行日内回转，而我国期货市场实行的是“T+0”交易制度，在发生系统性风险的背景下，这两种不同的制度设计导致原本发挥风险对冲功能的期货市场可能会对股票市场造成一定的冲击，特别是在上述制度缺陷下，更易形成对股指期货的批评。

中国股票市场实行“T+1”交易制度已有20年。当时，由于市场规模小、信息披露不规范、管理缺乏经验、法制也不完善、投资者对股票市场缺乏深入了解，因而在这种条件下实行“T+1”交易制度是恰当的。时至今日，中国股票市场在各个层面都发生了巨大变化，因而完善市场流动机制和风险控制机制，建立符合市场化原则和国际化要求的交易规则体系，应是当前的重要任务。所以，从规则体系的一体化、市场化和国际化的角度看，股票市场全面实行“T+0”交易制度的时机已经成熟。

1.3 市场“停摆”机制选择与股价波动

市场“停摆”机制是指个股涨跌停板和整体市场的熔断机制：为了抑制过度投机，使投资者有一个理性思考的时间，在股票市场出现异常波动达到一定程度后，监管者都会设计一个期限不等的“停摆”机制。A 股的涨跌幅限制使得市场无法及时出清，极有可能造成股市的连续下跌或持续上涨，从而引发行为金融理论中的集体非理性行为和持续的噪音交易。从实际效果看，当市场出现某种突发情况时，特别是在市场出现危机状态或上市公司出现异常信息时，涨跌停板制度反倒成了一种有利于市场炒作的制度设计，其对价格发现和价格扭曲的矫正难有正向作用。相比之下，发达资本市场（如美国股市、香港股市）并无涨跌幅限制这样的交易机制安排，反而更利于股市及时出清，再加上合理的熔断机制，还可以使市场及时冷静，从而降低了市场的扰动。另外，涨跌幅限制还大大降低了衍生工具的对冲作用，当股票在涨跌停板时，市场的流动性大大降低，因而衍生工具的风险对冲功能并不能得到发挥。

2. 配资业务的交易制度、交易结构与股价波动

2.1 各类配资制度及其杠杆率

2.1.1 场内配资

我国于 2006 年开始融资融券业务的试点工作，2010 年正式实施了融资融券业务。然而，由于我国股市发展向来鼓励做多、严防做空机制，因此融资、融券业务的发展严重失衡，见图专—4—2 和图专—4—3。截至 2014 年 9 月，仅有 396 只作为融资融券标的证券的股票和 9 只作为融资融券标的证券的交易型开放式指数基金，加上当时新增的 104 只标的股票，也仅有 500 只可融券股票标的。自 2015 年 4 月开始，我国计划将融券交易和转融券交易的标的证券增至 1 100 只。在有限的标的证券下，我国的融资业务却得到了蓬勃发展。我国对融资业务客户的资质管理一直较为放松，随着牛市的到来，不少投资者的投机心理严重，他们借助融资扩大交易杠杆，但随着股市泡沫的磨灭，高杠杆为投资者带来了严重的财富损失，在一定程度上对社会安定造成了威胁。2015 年 7 月，我国最新修订的《证券公司融资融券业务管理办法》才对不适合融资融券交易的散户资质做出了明确规定：“从事证券交易时间不足半年、缺乏风险承担能力、最近 20 个交易日日均证券类资产低于 50 万元或者有重大违约记录的客户。”《证券公司融资融券业务管理办法》中规定的融资融券可投资范围受限于充抵保证金证券范围内的证券，其品种包括国债、企业债、ETF、货币基金、分级基金、各类股指以及 1 000 只左右的股票。另外，融资融券交易也不得“用于参与定向增发、证券投资基金申购及赎回、债券回购交易等”。

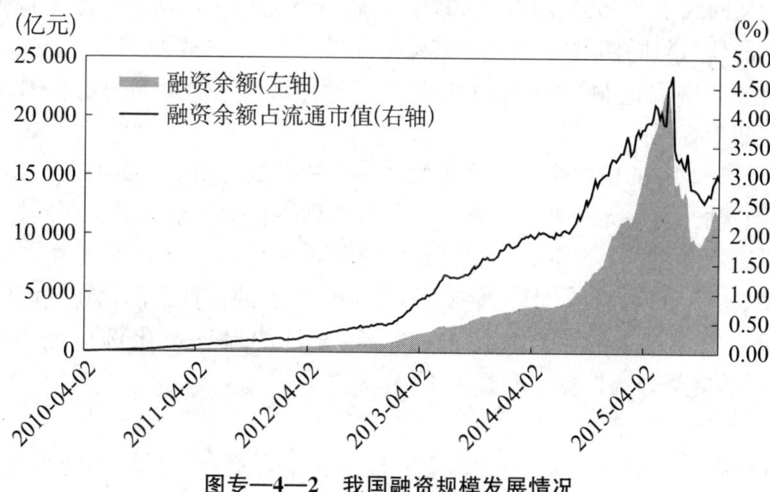

图专—4—2　我国融资规模发展情况

资料来源：Wind资讯。

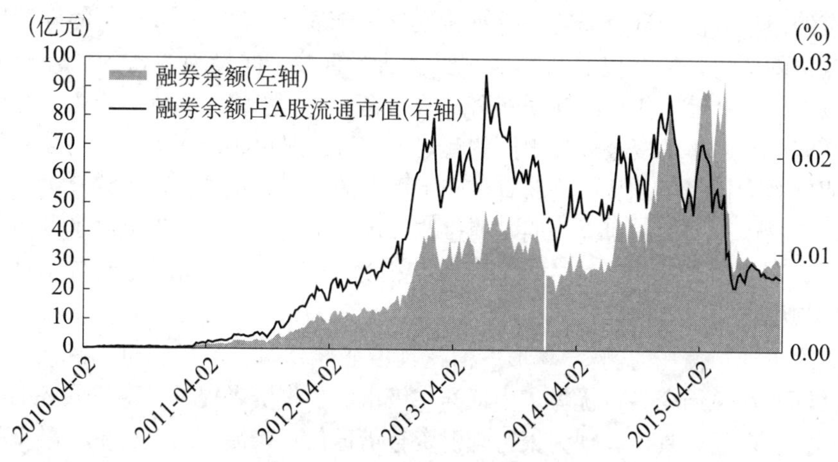

图专—4—3　我国融券规模发展情况

资料来源：Wind资讯。

我国融资融券业务制度上的失衡以及我国资本市场功能定位的偏颇导致了融资融券业务发展的不平衡现象：我国从2010年开始实施融资融券制度以来，融资交易得到了快速发展，融资余额在2010年12月底仅127亿元，到2012年底就上升到871亿元，2014年底为10 173亿元，2015年6月最高增长到22 610亿元；经过股市危机之后，融资余额有所下降，回到了2014年底的水平；在短短5年时间发展态势异常强劲。融券余额在发展初期不足1亿元，到2012年底增加到34亿元，2014年底增加到84亿元，到2015年股市最巅峰时也仅有93亿元，目前又回到了30亿元左右的水平。与融资业务相比，其发展速度非常缓慢，融券余额最高时与同期融资余额的比例仅为0.4%，可见市场失衡严重。资料显示，美国融资融券的最低进入门槛为2 000美元，但融资与融券的比例仅为3∶1，远低于我国的这一比率。

我国融资业务的单边快速发展无疑对牛市的上涨起到了一定的助推作用，而力量薄弱的融券交易无法抑制"疯牛"下的非理性行为。根据上交所的规定，融资的杠杆比例取决于各证券公司保证金的比例，最小为50%，最大为100%，大多维持在60%，即杠杆比例为1～2，这是场内融资的杠杆比例。在股市危机后，上交所调整了保证金比例，2015年11月13日的保证金比例最低不得低于100%，即融资融券的杠杆率调整为1倍。

2.1.2 场外配资

场外配资业务随着2009年"伞形"信托和集合资金信托计划的兴起而初具雏形，随着各类金融公司的资管业务放开，2010年单账户结构化配资业务渠道开始放开，2013年券商收益互换业务开始发展，而券商的分仓技术进一步降低了配资的门槛，使配资市场的规模迅速发展。随着2014年股市行情的好转以及同业竞争的恶化，银行理财及非理财资金开始直接、间接地渗透到场外配资业务；以P2P、众筹为代表的互联网金融的兴起，进一步将民间资金带入了配资市场。随着越来越多的资金通过不同的配资渠道进入股市，配资渠道的门槛和信息的透明度被大幅降低，从而为监管带来了极大的挑战，也使得配资隐藏的风险越来越大。据申万宏源的研究表明，通过测算民间配资+"伞形"信托的入市规模可知，配资公司有10 000家左右，平均规模为1亿～1.5亿元，故保守估计的整体配资规模就为1万亿～1.5万亿元。

以"伞形"信托为例，"伞形"信托是由证券公司、信托公司、银行等金融机构共同合作，结合各自优势，为证券二级市场的投资者提供投融资服务的结构化证券投资产品。具体表现为银行理财资金借道信托产品，通过配资、融资等方式，在增加杠杆后投资于股市。通过这种渠道，一个信托通道下可以设立多个（一般为20个）虚拟账户，我们可视其为子信托，每个子信托便是一个小型结构化信托，而且每个子信托都可以进行单独的投资操作和清算。"伞形"信托的灵活性体现为：①"伞形"信托的仓位限制条件更加宽松。银监会规定，结构化信托持有单个股票不能超过信托资产净值的20%。然而，对于"伞形"信托而言，由于所有子账户共用一个证券账户，因此可以规避这种对单只股票的仓位限制，只要其母账户没有超过限制即可。②"伞形"信托的投资标的更为广泛。对比融资融券的投资范围，"伞形"信托并未受到严格的限制，各类主板、中小板和创业板的证券，甚至ST板块的证券，以及场内封闭式基金、债券均可作为"伞形”信托的投资范围。③“伞形”信托的杠杆比例更高。目前市场上“伞形”信托的优先级与劣后级金额的比例主要分为1∶1、1.5∶1、2∶1、2.5∶1以及3∶1，这也意味着劣后投资者可以2倍、2.5倍、3倍、3.5倍和4倍的杠杆进行股票交易。而伴随着高杠杆的可能是低于融资融券业务的融资成本，因此吸引了大量的投资者进入配资市场。

场外配资渠道发展迅速、形式多样化，恒生Homs系统、铭创、同花顺是三大典型的配资软件，其帮助产品使用者实现了一个母账户下设立多个子账户，对子账户进行监管控制；随着配资业务的发展，民间配资的玩法更加多样化，根据“互联网＋”的角度可分为线上配资和线下配资，根据是否利用“伞形”结构可分为“伞形”配资和非“伞形”配资。这两种分类方式往往穿插利用，其资金多来自银行、基金或者某些P2P平台。

2.2 配资业务与股市波动的关系

2.2.1 各配资渠道的发展背景

各配资渠道的发展主要是与股市的持续上涨而产生的巨大投融资需求相伴。股市的发展催生了配资需求，为配资业务的发展提供了一片沃土，信息技术的进步和互联网的发展又为配资业务的迅速发展提供了技术保障，而金融领域市场竞争的加剧和差异化产品的设计需求内在地推动了配资渠道的发展。

在各类配资渠道的发展下，银行资金成为了配资业务的主要力量。随着经济下行的压力加大，传统信贷业务的风险大幅上升，银行不良资产的占比上升，因而传统业务已很难满足银行利润增长的需求；而银行资金通过认购配资产品的优先级可以获得高收益并有及时止损机制（补仓线、平仓线等）的设计，因此这种业务发展模式为银行资金提供了一个更好的去处，在无系统性风险和极端事件发生的情况下，这一业务渠道是低风险、高收益的。所以，2014年大量银行理财资金专项对接配资业务的优先级，从而迅速解决了配资业务扩张的瓶颈，同时降低了配资的成本和门槛，进一步扩大了配资业务的规模。

分仓技术的发展突破了“一人一户”的股票账户限制，在母账户的多个子账户下，各子账户都有预警和平仓功能，从而使配资业务既降低了门槛，又实现了标准化风险控制的特点，进而培育了大规模的配资市场。互联网金融平台的快速崛起进一步扩大了资金来源的渠道，其申请和交易手续便捷，同时提供较高的固定利率，并以资金池的形式进一步降低了投资门槛，满足了中小投资者的投资需求，推动了配资市场的发展。因此，股票配资市场从2014年开始获得了惊人的发展。

在此次配资业务的发展过程中，另一种产品的设计也对这次股市波动造成了较大的影响，即分级基金的设计。虽然分级基金是一类标的式产品，但它运用了杠杆的设计逻辑，即将母基金按风险类型分为不同的子份额，风险、收益较低的那部分子份额称为A类份额，而风险收益较高的那部分份额称为B类份额，B类份额相当于A类份额的劣后级。当基金上涨时，B类份额在保证A类份额收益的前提下可以获得剩余的高收益；当基金下跌、B类份额跌至某一阈值时，就要减少份额（下折机制），以保证A类份额的收益率。由于监管部门对分级基金的投资门槛并没有严格的限制，因而各类配资业务和投资者都可以进入分级基金市场。然而，此次系统性风险爆发后，分级基金的下折机制却给B类投资者造成了惨重的损失；同时，由于涨跌停板的制度设计，使大量的分级基金砸在跌停板上，导致A类份额的投资者同样遭受了严重损失。

2.2.2 配资业务与本次股市波动

背景资料：2015年4月16日，证券业协会召开了融资融券业务通报会。2015年7月12日，证监会发布《关于清理整顿违法从事证券业务活动的意见》，开始彻底清查场外配资。

根据中国证券登记结算有限公司的统计，到一季度末，新增股票账户同比新增433%，达到795万多户。其中，80后成为主力军，占比62%。从持股来看，90%以上账户的持股市值为50万元以下。投资者交易活跃，两市交易金额同比增长了238.4%，其中自然人交易金额占据8成以上，换手率为100.7%，同比增长了67.2%。清查配资的消息出来之后，再加上股市诸多负面因素的干扰和恐慌情绪的传染，股市从6月开始出现持续下跌，相应的交易规模大幅下降，股市危机自此爆发。

在牛市的氛围下，配资业务较高的杠杆比例当然吸引了大量的资金，相对于1∶1的两融杠杆，场外配资动辄就是1∶4、1∶5甚至1∶6、1∶7的杠杆比例，而高杠杆对应的是放大的高收益。然而，杠杆就像是一把双刃剑，虽然它对市场有助涨的作用，但在面临市场大幅下跌的情况时，其助跌的作用对投资者和市场造成的危害更大。在本轮牛市中，市场的大幅振荡亦表明了杠杆资金的这一特性。以“伞形”信托为代表的场外配资的快速发展，导致各类资金运用杠杆进入了股市，但互联网平台和分仓技术下的资金来源不清、备案登记的不充分导致监管当局无法获悉配资市场发展的真实情况，而资金来源的充沛推动了股票市场的过快增长，但监管部门对风险的监控和防范能力却有所落后。与叫停配资业务相伴随的是大量杠杆资金的快速抽离，致使股市急速下跌；与此同时，标准化的止损设计使各类配资业务在系统性风险出现时形成了大量卖盘，进而造成了指数的下行，加之配资业务的发展使大量散户在对股市的涨跌规律认识不足的情况下借助杠杆资金进入股市，因此股市下跌又引发了投资者的恐慌情绪上升，导致系统性风险爆发。此外，虽然许多配资产品、分级基金的设计考虑了单个产品的止损功能，但它们没有在系统性风险下的止损能力，从而加重了恐慌情绪，而集体抛售行为致使股价进一步下跌，这种棘轮式的下跌效应使本次股市危机进一步恶化。

2.3 现有配资交易制度及交易结构的不足

2.3.1 融资融券交易制度的国际比较及反思

表专—4—2 中显示了中、美、日三国的融资融券制度差异。由表可知，中国对融资融券制度的管制极强，该业务的门槛高、条件苛刻，仅保证金比例就远高于美国、日本。这主要因为相对于发达国家，我国资本市场的发展尚不成熟，市场参与主体的投资专业性和抗风险能力较低，而监管部门的风险识别能力和防控风险能力还有待加强。在这样的背景下，即使我国对融资融券交易设置了重重条件，依然造成了股市投资杠杆严重高企的局面。

表专—4—2 融资融券交易制度的国际比较

	中国	美国	日本
客户资格条件	一系列相关规定：已持有普通证券账户且已在该证券公司从事证券交易达半年或半年以上；多数券商的客户准入门槛都在资产 50 万元以上，开户时间在 1 年半以上。	需要填报完整的信息资料，相对宽松，开户资金最低为 2 000 美元，从事每日融资融券交易的最低开户资金为 2 500 美元。	有严格的审查、走访程序，并对女性客户有严格的限制：除有显著的职业、地位、收入（如医生、律师、会计师）外，都拒绝其信用交易。
券商资格条件	经营证券经纪业务已满 3 年的创新试点类证券公司；最近 6 个月净资本均在 12 亿元以上；客户交易结算资金第三方存管满足其他内控和风险控制、账户清理和高管人员的有关规定。	《1934 年证券交易法》规定了券商的负债流动资产比在 15∶1 以下；若开业未满一年者，则须维持该比率在 8∶1 以下且净资产高于 25 000 美元。	自有资本比率大于 120%。
标的证券	（1）在本所上市交易满三个月； （2）融资买入标的股票的流通股本不少于 1 亿股或流通市值不低于 5 亿元，融券卖出标的股票的流通股本不少于 2 亿股或流通市值不低于 8 亿元； （3）股东人数不少于 4 000 人； （4）近三个月内日均换手率不低于基准指数日均换手率的 15%，日	在国家证券交易所上市的证券、店头可融资证券以及根据《1940 年投资公司法》注册的投资信托基金。	借贷股票必须在主板市场交易且股利回报率比较高，同时经证券监管机关指定。

续前表

	中国	美国	日本
标的证券	均涨跌幅平均值与基准指数涨跌幅的平均值的偏离值不超过4%，且波动幅度不超过基准指数波动幅度的5倍； (5) 股票发行公司已完成股权分置改革； (6) 股票交易未被实行特别处理； (7) 其他条件。		
保证金比例	融资、融券保证金比例不低于50%，客户维持担保比例不得低于130%。当客户维持担保比例低于130%时，会员应当通知客户在约定的期限内追加担保物。客户经会员认可后，可以提交除可充抵保证金证券外的其他证券、不动产、股权等资产，并且追加比例由会员和客户自行约定。维持担保比例超过300%时，客户可以提取保证金可用余额中的现金或充抵保证金的证券，但提取后维持担保比例不得低于300%。可冲抵保证金的证券有折算率规定。	目前，信用交易的初始保证金比率为50%，而维持保证金比率由交易所自行制定，如纽约证券交易所规定融资和融券的维持保证金比率为总市值的25%和30%。如果证券市价低于5元，融券的维持保证金比率增加至总市值的100%。	不低于该交易的有价证券的时价乘以大藏大臣在不低于30%范围内规定比率的保证金，可以以有价证券充抵。
交易限制	在下一个交易日暂停融资买入/融券卖出的监控指标：单只股票的融资监控指标达到25%，若降至20%，可恢复；单只交易型开放式指数基金的融资监控指标达到75%，若降至70%，可恢复。 融券卖出的申报价格不得低于该证券的最新成交价；当天没有产生成交的，申报价格不得低于其前收盘价。	1938年的X规则规定：禁止交易商以低于最后一次交易价格进行卖空，以防止股价下行时投资者的过度抛售行为。美国《1934年证券交易法》第78条规定了展期信贷的规则：对于首次展期的信贷，其数额不得超过目前证券市场价格的55%或者该证券前36个自然月中最低市场价的100%，但不得高于现市场价的75%。美国《证券交易法》规定，证券经纪商或自营商不得超过净资本的20%，以避免信用的过度扩张。	融资融券的期限一般为6个月，一些特定产品的期限为3个月，信用交易的清算时间为6个月。

资料来源：上海证券交易所：《上海证券交易所融资融券交易实施细则》，2011-11-25。

2.3.2 配资制度的不足之处

1. 融资融券业务发展的不平衡

我国融资融券市场的发展严重失衡，在不健全的发展机制下，我国融券业务受到了严格限制。虽然这种限制在一定程度上限制了卖空行为，但它不利于抑制股市的价格波动以及维护股市的稳定。融资业务发展过快导致单边走势过强，加之各类配资业务的发展，吸引了大量资金进入股市追涨，而相应的风险对冲机制却极度缺乏，一旦股价下跌、风险暴露，股市就会出现极端的暴跌局面。国外机构的研究表明，纽约证券交易所中的融券交易份额与NYSE综合指数之间有显著的正向变动关系，即股指高涨时卖空交易量大，而股指低迷时卖空交易量小；1999—2000年客户从JP摩根融券的股票数量并没有随着NYSE综合指数达到最高点而有所降低。Bris et al.(2003) 对多个市场的收益率波动做了检验，结果发现：允许融券的市场的股票收益率波动显著低于禁止融券的市场的股票收益率波动，同时负收益率极端值的分布频率也小得多。由此可见，在股市高涨时，融券交易能够稳定市场、平抑股指波动，也就是融券交易有助于投资者对冲风险。

2. 杠杆比例无严格限制，投资者的抗风险能力与高杠杆比例不匹配

虽然我国对融资融券交易制度有一系列的复杂规定，并且对场外配资也有相应的规定，但出现了杠杆越加越大的漏洞。由于我国信息登记制度的不完善以及金融产品设计上的复杂性，导致多层杠杆叠加，其结果就是降低了进入门槛，特别是在牛市的预期效应下，利用杠杆进入股票市场的投资者越来越多，而诸多投资者并不具备与杠杆比例相匹配的风险承受能力，即投资者对风险的认识严重欠缺，而我国监管目前缺乏对复杂产品结构的风险识别能力，对杠杆的风险控制能力也不足，从而在系统性危机爆发时导致了股市的失控局面。美国1929年的“黑色星期二”和1987年的“黑色星期一”都告诉我们高杠杆必然伴随着投机过度的风险，而在股市下跌中的强制平仓加剧了“雪崩效应”，因此对高杠杆比例进行限制非常有必要，同时还要对高风险产品严格限制准入门槛。未来，伴随着金融市场的发展，金融产品将越来越复杂，因而有效控制杠杆比例对控制系统性风险至关重要。监管层应结合我国的实际情况，借鉴发达国家的经验设置合理的杠杆比例，并清晰界定各产品之间的风险界限。

3. 配资业务的信息登记和数据监测系统的不完善

在配资业务发展的后期，各类投资者借助各种渠道进入了股票市场，由于规避了“一人一户”的限制，导致大量的配资资金来源不明，即实名登记出现了严重缺陷，因此加强账户实名制管理非常必要。2015年7月，中国证券登记结算有限责任公司发布了《关于修订〈中国证券登记结算有限责任公司特殊机构及产品证券账户业务指南〉的通知》，其中规定：“在特殊机构及产品证券账户使用环

节，账户持有人不得通过在证券账户下设立子账户、分账户、虚拟账户等方式违规进行证券交易；不得出借证券账户给他人使用。产品资产管理人、托管人应当履行账户使用环节实名制审核监督义务，监督是否存在违规使用证券账户的行为。”这一规定对投资者账户做了明确规定，但我们认为，对各类金融产品的登记备案以及在互联网模式下的资金来源信息也应加强监管和监测，以提高信息的透明度。

4. 市场环境不成熟、投资者风险提示不足

由于我国资本市场的发展尚不成熟，而股市的过快发展缺乏与之相匹配的完善的法律制度规范以及风险防范体系，因此市场对风险的吸收消化能力还有待加强。在此背景下，股市的快速上涨吸引了大量的投资者，而投资者对股市上涨的预期过高、缺乏理性的涨跌认识，同时他们对复杂的交易产品更是缺乏风险认知，由于高收益往往伴随着高风险，因此前期的过分追涨导致在系统性危机下极易发生集体性的恐慌心理和抛售行为。在完善资本市场制度建设的前提下，我们应该加强对投资者的风险教育，提高他们对资本市场的认知能力，加强金融产品的风险信息披露，在投资者素质普遍不高的前提下，我们要严格限制高风险产品的准入门槛，有效地进行风险的事前防御。

3. 程序化交易、高频交易与股价波动

3.1 程序化交易、高频交易的特点及发展

3.1.1 程序化交易、高频交易的特点及功能

纽约证券交易所（NYSE）对程序化交易的定义强调了交易规模和集中性，是指包含15只股票以上、成交额在100万美元以上的一篮子交易。经过后期的发展和变化后，程序化交易的投资标的包括纽约证券交易所上市的股票、在芝加哥期权交易所（CBOE）和美国证券交易所（AMEX）交易的与这些股票或股票价格指数相对应的期权，以及在芝加哥商品交易所（CME）交易的标准普尔500股指期货合约等。一般来说，程序化交易基于这些投资品种之间的相互定价关系做出交易决策，并通过交易者的电脑下单指令直接进入市场的电脑系统自动执行交易，因此它被机构投资者广泛用于大宗交易。

算法交易更强调交易成功执行的方式和路径，它凭借计算机确定订单最佳的执行路径、执行时间、执行价格及执行数量，养老基金、共同基金、对冲基金等机构投资者通常使用算法交易对大单指令进行分拆，寻找最佳路径和最有利的执行价格，以降低市场的冲击成本，提高执行效率和订单执行的隐蔽性。算法交易可用于任何投资策略，如做市、场内价差交易、套利及趋势跟随交易等。

高频交易是一种特殊的算法交易，它可以利用高速计算机和自动交易程序以

闪电般的速度关注并处理市场上的海量信息，从而完成买卖交易并获利。高频交易的构成要素包括低延时、多种资产类别和多个交易所、有限的有效期等，其特点是资金流动性很高，持仓时间极短，交易指令根据市场行情的变化而及时反应，每天完成多笔交易。

程序化交易、算法交易在欧美发达国家金融市场上的运用较为广泛，在日本、中国香港、韩国等亚洲发达市场次之，在发展中国家金融市场上的使用少一些。程序化交易和算法交易、高频交易的特点往往互相交融，并且人们一般认为算法交易和高频交易属于程序化交易的子类。程序化交易主要针对大宗交易，其策略包括久期平均、组合保险、指数套利和数量化交易策略等；算法交易主要是降低买卖大宗证券的交易成本，绝大部分是由买方机构和对冲基金来运用的，它们基于投资基本原理买卖股票；与之不同的是，高频交易者并不重视市场中的基本原理，而是通过累积小额交易中的微小利差实现盈利。因此，高频交易者大多是利用自有资本的专有平台交易者，而非传统的依附于市场既有参与者的行为来交易。

3.1.2 程序化交易、高频交易的发展与趋势

程序化交易最早起源于20世纪70年代的美国，其雏形是1975年的“股票组合的转让与交易”。在当时，仅有具备一定资金规模的机构投资者才能以这种方式交易。这类最初被称为“有钱人的游戏”的交易方式随着计算机技术的迅猛发展而得到了普及，由于程序化交易的交易操作更为精细化、效率更高、判断更精准，因此被专业投资经理和经纪人广为接受。

然而，1987年10月19日“黑色星期一”的到来让程序化交易进入了低谷①，不少监管者和学者认为程序化交易是导致这场“股灾”的主要原因。他们认为，由于程序化的设定，导致在股市下跌过程中指数套利者不断抛售股票，造成了股价下跌的恶性循环。此后，程序化交易一直处于抑制状态，并受人诟病。对此，美国学者做了大量研究来帮助程序化交易正名［Harris and Shapiro (1989)；Brennan and Schwartz (1990)；Fremault (1991) 等］。研究认为，程序化交易与股票市场的价格波动没有必然的联系，同样，也没有证据显示指数套利加剧了股票市场的价格波动。专家们认为，由于程序化交易的交易决策从根本上说是由人做出的，其指令也是由人发出的，因而程序化交易只是加快了交易的速度，我们不能将股市价格波动的罪责归结于程序化交易。

20世纪90年代后，程序化交易再次得到发展，并逐渐获得了人们的认同，

① 1987年10月14—16日，美国标准普尔500指数连续下跌累计10.1%，19日美股开盘后暴跌20.5%。由于19日的暴跌和沉重的股市下行压力，因而这一天被称为“黑色星期一”。

纽约证券交易所、纳斯达克、芝加哥商品交易所以及芝加哥期权交易所都相继开设了程序化交易，交易标的包括标准普尔500指数和纳斯达克100指数中的成分股、相应的期货合约以及同标的的看涨期权和看跌期权等。随着程序化交易的发展，程序系统对信息的反应能力和处理能力越来越强，有些信息提供商（如彭博和路透）在新闻发布的第一时间，将新闻传送到程序化交易者的计算机上，这些信息通过程序系统和相关模型的迅速识别及判断后，由计算机发出交易指令，当手工交易者还没来得及对新闻做出反应时，程序交易员已获得了超额收益。

美国证券市场中的养老基金和共同基金的发展为程序化交易创造了发展契机。随着这些机构投资者的不断壮大，其管理的资产大幅增加，他们开始与专门的投资管理机构进行合作，并委托它们为其工作。在此背景下成长起来的代理投资机构掌握了更加成熟的经验和专业化的投资能力，它们通过研发多样化的量化投资策略、运用程序化交易等新的技术与交易手段来对大规模的资产进行有效的管理。2005年，高频交易商参与了全美股票交易的30%左右；2009—2010年该比例攀升至60%～70%。在欧洲市场，高频交易所获的青睐稍慢，但2009—2010年也逐渐占到20%～40%［Brogaard（2010）；Golub（2011a）］。非官方数据显示，2012年美、英高频交易商涉足了两国约50%的交易［麦金塔和李兰（2014）］。

2010年发生的“闪崩”事件让高频交易商再次成为市场争议的焦点，其对股市造成的剧烈波动引起了监管者对高频交易的重视，经过5个月的调查，SEC和商品期货交易委员会（CFTC）认定HFT导致了这次闪崩，并称将对自动交易程序进行测试与监督，以保证这些程序在紧急情况下可被关闭。未来，加强对程序化交易及高频交易的监管是必然趋势。

事件链接　　2010年的“闪崩”（flash crash）事件

“闪崩”是由一连串非寻常事件引发的，如果有足够的熔断机制（circuit-breaker）保护，是不太可能重现的。该崩盘事件起因于共同基金的一个算法指令，该指令在芝加哥商品交易所要求售出一笔价值约41亿美元的E-Mini S & P 500合同（一宗基于S & P 500指数的股票期货合同）。这是该合同当时的唯一一笔交易。起初，高频交易商是买家。在正常的情况下，这些买进会被搁置几秒钟或者几分钟。但是，共同基金持续的卖出行为造成卖出订单的严重不平衡，导致E-Mini S & P 500合同在4分钟内迅速贬值了3%。根据美国证券交易委员会和商品期货交易委员会的报告，随后并未出现足够多的基础买家或者跨市场套利者的购买需求，HFT（高频交易）开始互相急速买进并重新卖出这些交易合同。也就是说，同样的资金合约被迅速传来传去，并产生了一个“热土豆”效应。自下午2:45:13—2:45:27，HFT交易了27 000多笔合同，约占整个交易量的49%，但只有200个额外合同的净交易［United States (2010)］。套利交易商注意到了E-Mini指数的激降，开始抛出该指数下的股票。此时，许多HFT交易商因在交易中受到系统性损失，开始从市场收手，导致市场流动性骤降，市场上只有少许卖单。在此期间，道琼斯指数急剧下跌了近1 000点。当CME启动断路器，中止交易5分钟后，交易秩序才得以恢复。随着交易重开，市场才逐渐回归正态。整个事件持续了大约半个小时。2015年4月，美国司法部和CFTC都指出，“闪崩”发生的当天，交易员Sarao采用了“分层”（layering）和“欺诈”（spoofing）的非法交易策略，其对美股股指期货下巨额卖单并瞬间撤单，带动了股票现货的价格大幅下挫，达到了影响价格和操纵市场牟利的目的，构成欺诈。

资料来源：杰夫里·G·麦金塔：《高频交易商：天使抑或魔鬼?》，载《金融市场研究》，2014（6）。

3.1.3 我国程序化交易的发展与现状

2005年，中国期货市场开始出现程序化交易团队。2008年，由于期货公司的交易接口逐步开放，越来越多的投资者参与高频交易。随着2010年我国股指期货的推出，股指期货“T+0”及双向交易机制的特点使高频交易成为可能。2012年，《期货日报》对程序化交易使用情况的统计调查表明，在我国期货市场中大约有1%的投资者运用全自动的程序化方式进行交易，有5%～10%的投资者使用程序化交易系统提示的交易信号进行辅助交易，程序化交易的交易量约占总成交量的15%左右。程序化交易所采取的交易策略类型主要包括：①套利交易，约80%的程序化交易客户；②趋势交易，约20%的程序化交易客户；③抢错单等其他交易，少量交易客户。

在我国期货市场中，随着程序化交易的不断成熟应用，将会创造出许多新的盈利模式。目前，在我国资本市场上，程序化交易策略的占比分别为：中低频策略占54%、阿尔法策略占26%、事件策略占8%、套利策略占7%、高频策略占5%。从国外经验看，未来将有越来越多的机构投资者投入程序化交易的浪潮之中，因此要加强对程序化交易的监管，以充分发挥程序化交易的作用。

3.2 程序化交易与股价异常波动

3.2.1 增加市场异常波动的风险

资本市场和衍生品市场的规模正在急剧增长，这为程序化交易提供了快速发展的黄金时期。随着程序化交易发展势头的不断增强，基金等机构投资者也纷纷涉足程序化交易。但是，当机构投资者以投机者的身份借助计算机进行高速程序化交易时，则会增加市场的波动性。无论是什么交易策略，一旦遇到异常的市场行情时往往就会出现失灵的情况，甚至有时会崩溃。当“追涨杀跌”的交易方式被引入程序化交易之后，这种情况将变得非常普遍。当有比较明显的单边行情出现时，各种趋势策略将会迅速跟进，这会导致市场出现异常波动。但是，在许多时候，投资者往往只关心投资策略在运行时可以带来的可观收益，但忽略了策略失败时可能引发的危机。

3.2.2 增加违规操作带来的风险

证券市场上的违规操作风险也随着程序化交易的快速发展而加大，如光大证券的“乌龙指”就是实例。光大证券的策略投资部在使用程序化交易系统——ETF 套利操作系统时，错误地执行了下单指令，从而导致套利操作系统错误地产生了重新下单功能，因此在短时间内就产生了巨额订单。由于该策略投资部门并没有置于公司的风控系统监控之下，并且该系统又完全独立于公司的其他系统，这就导致其所下的订单直接进入了实盘，瞬间就拉升了上证指数。这种市场中瞬间出现的单边上升行情被程序化交易策略迅速检测出来，开始追涨跟进，并导致上证指数的暴涨，进而触发了连锁反应，然后生成了巨量的市价委托订单发送至交易所，累计申报买入 234 亿元，实际成交 72.7 亿元。这说明程序化交易具有及时性的特点，在违规操作造成市场出现单边行情时会被迅速捕捉到，并且马上进入“追涨杀跌”模式。在市场监管机制还达不到要求的情况下，这会大大增加市场中违规操作带来的风险，并可能导致巨幅损失。近期，美国证券交易委员会对世界上首例高频交易欺骗罪的判决又引起了全球范围内对程序化交易的新一轮审视。

3.2.3 “电子欺骗”行为导致股价异常波动

“电子欺骗”是这样一种行为：在虚假报价后撤单，主要是利用高频交易的时间优势迅速报单撤单，哄骗交易者跟进买入。“电子欺骗者”（spoofer）通过制造需求假象，假意在特定价格买进或者卖出，以此来引诱其他交易者进行交易，从而影响市场。然后，“电子欺骗者”就在新的价格上进行证券的买入或者卖出，并以此获利。“电子欺骗”的具体操作如下：①交易者大量买入或者卖出有价证券；②市场对上述行为做出反应，致使证券价格上升或者下降；③一旦市场做出反应，交易者立即取消交易；④交易者利用市场的反应真正地买入或者卖出证券。

尽管许多“电子欺骗”也会扰乱市场，但它们的危害其实是非常有限的。但是，如果有外部条件的配合，特别是一些重大的基本面信息正好同时出现，那么

“电子欺骗者”很容易引导市场形成巨大卖盘，进而引起连环止损，这样市场会在瞬间崩盘。

3.3 程序化交易、高频交易与此次我国股市波动

我国股市在经历了2015年6月的异常波动后，监管层于7月底对存在重大异常交易行为的34个证券账户进行了限制；同时，中国金融期货交易所对投机交易加大了抑制力度。在这次被禁止交易的高频交易者中，有的交易源程序策略遵循对上涨的股票进行买入、对下跌的股票进行卖出，这种“追涨杀跌”的交易策略在股市平稳时属于正常的投机行为，然而在市场大幅波动尤其是系统性风险下，将加大股市整体的波动幅度。同时，有的交易者利用统计模型的套利方式，加剧了市场流动性枯竭的程度。

从我国现有的股市交易制度来看，由于存在融券券源有限、股票市场实行“T+1”和单向交易机制限制了高频交易对股市的做空影响，同时涨跌停板机制使大量期货合约的标的股票砸在跌停板上丧失了流动性，因此高频交易在订单拆分策略下的撤单行为对股票波动产生的影响也是较为有限的。在此次股市危机中，程序化交易对股市波动的主要影响是在一定程度上加大了系统性风险的波动幅度，从而加大了市场的恐慌情绪，加之监管部门并未及时采取有效的遏制措施，致使股市下跌进一步加剧。

此次股市危机中针对高频交易的若干监管限制

7月31日，深交所、上交所对存在重大异常交易行为的34个证券账户采取了限制交易措施。

8月3日，中国金融期货交易所为抑制过度投机交易，加大了对异常交易行为的监管力度。对于从事股指期货套利、投机交易的客户，若单个合约每日报撤单行为超过400次、每日自成交行为超过5次的，认定为“异常交易行为”。同时，中金所进一步加强了对异常交易行为的监管，如采取电话提醒、发送监察问询函、警示函、现场调查、限制开仓等监管措施，防范过度投机的非理性交易，加大了对利用实际控制关系账户规避监管等各类违规行为的查处力度。

同日，上交所和深交所将客户融券卖出后通过买券还券或直接还券的方式向会员偿还融入证券的时间限定为下一交易日，即融券交易变为“T+1”，从而阻碍了高频交易快进快出、不隔夜持仓的特点。

8月25日，中金所进一步采取系列措施，以抑制市场过度投机：一是逐步提高股指期货各合约非套期保值持仓交易的保证金标准，并于26日、27

日、28日分别将交易保证金提高到12%、15%、20%；二是自2015年8月26日起，将客户在单个股指期货产品、单日开仓交易量超过600手的认定为“日内开仓交易量较大”的异常交易行为，并进一步加强了异常交易行为管理；三是自2015年8月26日起，将股指期货当日开仓又平仓的平仓交易手续费标准调整为按成交金额的万分之1.15收取。

8月31日，中金所再次采取了限制措施：一是对认定为“日内开仓交易量较大”的异常交易行为的交易量进一步缩小为100手；二是将沪深300、上证50、中证500股指期货各合约非套期保值持仓的交易保证金标准进一步提高到合约价值的30%。

在一系列的干预和限制措施下，监管当局认为市场的投机氛围仍然较重，于是在9月2日再次对以上限制提高了标准：一是将“日内开仓交易量较大”的异常交易行为调整为10手；二是将交易保证金标准提高至40%，三是将当日开仓又平仓的平仓交易手续费标准提高至万分之23等。

资料来源：上交所官网，中国金融期货交易所官网。

在此次股市危机的中后期，证监会、中金所对高频交易采取了若干措施，以遏制高频交易的投机交易行为。自此，股指期货交易量大大下降，尤其是经过严格限制后，我国的股指期货交易几乎陷入停滞状态，使市场流动性受到了严重影响，而程序化交易和高频交易由于失去了流动性，因此基本无法发挥其功能。

3.4 程序化交易的国外监管借鉴

3.4.1 美国对程序化交易的监管

1. 芝加哥商品交易所（CME）的监管措施

美国对程序化交易的监管以芝加哥商品交易所（CME）为代表，主要包括：

第一，要求程序化交易客户必须注册，以便有效识别程序化交易。

根据CME交易规则Rule 576的规定，所有电子交易平台用户必须注册唯一的身份认证，即Tag 50 ID或称用户账号，并使用该Tag 50 ID进行下单。对于以手动交易方式提交的指令，对应的Tag 50 ID必须是输入指令的个人ID，而对于通过程序化交易方式提交的指令，对应的Tag 50 ID必须是负责该程序化交易系统操作的个人或团队。

第二，对程序化交易的成交量、指令信息流量指标进行主要监控。

根据CME发布的信息，其对程序化交易的监控主要集中在成交量（volume）和指令信息流量（message traffic）两个指标上。这里所说的指令信息流量，是指已提交的所有指令信息，包括所有已提交但最终未成交的指令信息。

CME 通过监控程序化交易发送的指令以及其在整个市场所有交易指令中所占的比重来对程序化交易进行监管。

第三，遵循公平原则，向市场提供同质化的主机托管收费服务。

CME 对于主机托管（Co-Location）提供的是同质化的收费服务，并不是通常理解的收费越高，托管的位置越近，速度越快。CME 只提供一种收费标准，虽然这些托管服务器的位置不同，但它们连接到交易所系统的光纤长度是相同的，从而确保了同质性。

2. 美国商品期货交易委员会（CFTC）的监管措施

美国商品期货交易委员会（CFTC）对程序化交易的监管主要集中在对高频交易的监管上。

第一，明确了高频交易的定义。

CFTC 针对高频交易建立了专门的小组委员会。该委员会的职责主要是针对高频交易进行定义，监控和确认在电子平台上频繁交易所导致的潜在市场动荡。明确高频交易的定义有助于识别高频交易者，进而可以起到有效监控高频交易的目的。

第二，对主机托管服务进行监管。

2010 年 6 月 11 日，CFTC 发布对主机托管服务的监管提案，主要内容包括：对愿意付费的所有合格投资者提供主机托管服务；禁止为了阻止某些市场参与者进入而制定过高费用；信息传输时滞透明公开，公布最长、最短和平均时滞；如果主机托管服务由第三方提供，交易所要能获得与市场参与者系统和交易相关的足够信息，以便履行监管职责。

第三，要求高频交易者对姓名和地址进行注册。

自 2010 年 5 月的“闪崩”以来，CFTC 表示有必要对高频交易进行监管，然而只有要求高频交易者对姓名和地址进行注册，才能对交易的各类信息进行有效的监管。

3. 近期的限制规定

自 2010 年发生“闪崩”后，美国监管机构经过深入的讨论和分析，在现有的监管基础上新增了以下四个方面的内容：

（1）交易熔断机制。美国监管机构（SEC）引入了自动交易熔断机制来规范单个证券产品的交易，即当监视范围以内的证券在 5 分钟内的价格变动达到或者超过 10%时，整个系统将自动停盘 5 分钟。这些系统不只是作用于证券交易所，还作用于整个相互联系的美国交易市场，从而可以有效地避免风险扩大到难以控制的地步。

（2）错误交易单。美国证券监管机构（SEC）增加和修改了错误交易单的相关定义，目的是帮助市场更清楚地理解在什么情况下交易单是错误无效的，这将帮助相关人员在不同的情况下识别此类交易单。

（3）存根报价。当股市暴跌时，做市商将给出一些与当前市价差别很大的存根报价，这将导致一些交易单被错误地执行。做市商的目的并不在于这些报价会被市场接受并成交，而只是为了履行其作为做市商的相关职责。所以，当市场出现暴跌时，做市商通过撤回原有报价并给出存根报价就可以迅速吞噬市场的流动性，这会进一步加大价格的波动幅度。因此，SEC针对做市商的这种行为专门为存根报价提出了惩罚性措施，即强制做市商在满足相关规定的条件下提供准确合理的报价信息，保证市场的合理性和流动性，履行做市商应尽的义务。

（4）统一审计系统。在大额交易报表系统的基础上，统一审计系统的引入将明显提高美国监管机构的监视范围和监管能力。该系统通过使用新的数据库监视和分析美国各个市场的异常交易行为，实时收集包括交易单真实客户信息的大部分信息，这样就可以使监管机构更加快速和有效地进行调查取证。

3.4.2 欧洲程序化交易的监管

尽管欧洲的交易所和监管模式与美国的交易所和监管模式有些区别，并且程序化交易在欧洲市场的比重相比于美国市场低，但爆发在美国市场的“闪崩”事件依然给欧洲市场敲响了警钟。由于程序化的高频交易在市场中所占的比重不断提高，欧洲监管机构也对高频交易进行了激烈的讨论并最终制定了相关的政策法规，主要内容包括以下三个方面：

（1）构建强壮的交易系统，以应对异常市场行为。

（2）确保所有交易系统在异常市场行为之后，能够正确地恢复交易。

（3）通过实现泛欧异常终止和交易熔断等机制实现欧洲证券及市场管理局（ESMA）监管。

除了制定这些法规以外，欧洲的监管机构还深入地调查了高频交易的优缺点，特别是对高频交易能否给市场带来流动性进行了深入研究。但是，由于研究发现闪电指令和无过滤接入方式等交易方式容易对市场造成剧烈的波动，并且从2009年9月1日开始，美国纳斯达克OMX主动停止提供隐蔽的闪电指令，同时OMX首席执行官鲍勃·格雷菲尔德呼吁其他市场也采取同样的行动，因此欧洲市场禁止美国市场上的闪电指令和无过滤接入方式等交易方式。

2013年，德国制定了《高频交易法》，对通过大额报撤单、系列报单、隐匿报单或虚假报单等影响其他市场参与者和改变市场趋势的行为予以重点监管，具体包括：①赋予了监管者额外的权力。检查部门有权要求交易者提供程序化交易信息、交易使用的系统以及交易策略和参数。②保护价格发现过程。即使在价格出现大幅波动的情形下，交易所也必须保证有秩序的价格发现。③设定了最小报价单位。交易所需要设定一个合适的最小报价单位来保护市场的完整性和流动性，交易所在设定最小报价单位时需要综合考虑价格发现机制以及 OTR 指标。④对投资公司有一系列严格且明确的要求。与此同时，该法案还规定，当市场波动较大时，可及时终止相关程序化交易；对频繁报、撤、改单的行为，要收取额外的费用。

我们可以看出，尽管欧洲市场的程序化交易和高频交易的市场份额并没有美国市场发达，但美国股市的波动和重大事件引起了欧洲监管者的足够重视，欧洲监管者在吸取美国经验的基础上及时研究了程序化交易与股市波动的关系，对监管条例进行了及时修改，并对高危交易做出了限制，从而对风险进行了有效的事前防范。此外，欧洲监管当局在最大限度地发挥了监管职能的同时，还最大限度地尊重了市场运行的规律及市场契约精神。基于上述种种因素可知，欧洲的股票市场相对于美国股市更为稳定有效。

4. 股指期货制度与股票市场的异常波动

4.1 股指期货的推出及其市场功能

4.1.1 股指期货推出的背景及发展

由于股指期货具有风险管理、价格发现、资产配置等重要的金融功能，因而它是 20 世纪 80 年代国际资本市场上最重要的金融创新。一个完整意义上的股票市场，应该包括股票发行的一级市场、股票交易的二级市场和管理股市风险的股指期货市场。通过股指期货市场可以进行股市风险的分割、转移和再分配。① 发达国家的经验表明，股指期货的应用及发展为更好地化解股票市场风险、促进股票价格的回归发挥了重要的作用。股指期货最早出现于美国。20 世纪 70 年代石油危机之后，美国出现了严重的滞胀，利率的大幅上升使得美国股市受到了严重打击，导致股票价格波动剧烈，因而投资者对股票市场的风险分散需求愈发强烈。1982 年 2 月，堪萨斯交易所推出第一份股指期货合约（价值线综合平均指数期货）；4 月，芝加哥商品交易所推出了以标准普尔 500 股票指数为标的的期货合约，股指期货一经推出就受到了投资者的广泛欢迎，它很好地平滑了股票现货的价格波动。在美国的示范效应下，英国和德国纷纷效仿并先后推出了指数期货。随着新兴市场的股票市场发展，在 20 世纪 90 年代后期，韩国、中国台湾、印度也相继推出了股指期货。

随着我国资本市场的蓬勃发展，单纯的股票市场已不能满足投资者对风险进行分散、对冲的需求，衍生品市场的匮乏开始制约资本市场的健康运行。此外，

① 参见朱玉辰：《股指期货基础教程》，上海，上海远东出版社，2008。

以新加坡富时 A50 为代表的离岸股指期货市场的发展严重威胁到 A 股定价权和本土的金融安全，因此发展我国股指期货市场是大势所趋。我国股指期货的推出也经历了一番曲折，1993 年海南证券交易中心曾推出过股指期货，但当时的市场条件并不成熟。一方面，当时的股票供给不足，额度加指标管理的审批制度使得上市公司的数量有限，同时股权分置制度下股票的流通数量匮乏；另一方面，决策者对股指期货的认识并不充分，同时资本市场的法律制度尚不健全，没有充分的风险监控和防范能力，再加上市场的投机性太浓，因而当时推出的股指期货只维持了 4 个月就被叫停。1999 年，上海期货交易所开始重新研究股指期货，他们经过五年的时间，充分研究了上证 50 和上证 180 股指期货的方案设计，并且进行了相关的论证、规则制定和技术准备，但当时的市场条件依然不够成熟。截至 2006 年，全球共有 34 个国家或地区的 35 家交易所推出了股指期货交易，而在 2006 年国内生产总值排世界前 20 位的经济体中，只有中国还没有推出股指期货交易。随着 2006 年股权分置改革的完成以及《公司法》、《证券法》的相继修订完成，我国股票市场快速发展，论股市规模已成为全球三大股市之一，而且我国的机构投资者也开始迅速发展。2006 年中国金融期货交易所成立，2007 年《期货交易管理条例》颁布，推出股指期货的市场条件已逐渐趋于成熟，而且股指期货也在不断地进行仿真交易检验。随着 2008 年全球金融危机的爆发，中国股市的系统性风险呈现，而且由于我国股市缺乏股指期货和融资融券，故 2009 年推出的创业板市场对主板市场形成了资金抽取效应，造成主板市场的股价大幅波动，并且缺乏相应的熨平机制。自此，我国股市缺乏双向交易和对冲平衡机制的缺陷逐渐彰显，股指期货呼之欲出。2010 年 4 月 16 日，首只金融期货——沪深 300 股指期货在中国金融期货交易所上市，表明我国资本市场迈出了具有里程碑意义的一步。随后，我国于 2015 年 2 月推出上证 50 ETF 期权，4 月推出上证 50 和中证 500 股指期货。经过五年的发展，股指期货为投资者的财富管理提供了多元化选择和风险对冲的功能。

4.1.2 股指期货在我国资本市场的功能与作用

1. 股指期货可以对冲系统性金融风险，并稳定股市

股指期货是市场参与者进行风险管理的重要工具，推出股指期货的一个重要原因就是为了对冲风险。一方面，股指期货市场为整个金融市场提供了更多的流动性，可以应对市场价格的变动；另一方面，股指期货的套保、套利功能降低了投资者的持股风险，投资者可以通过建立盈亏对冲头寸的期现交易而将风险控制到最小。由于我国现货市场缺乏做空机制，因此股指期货丰富了投资者可选择的交易工具，为投资者应对系统性风险、减小股市下跌的损失发挥了重要作用。

2. 股指期货提供了额外的市场流动性

由于我国股市的现货市场缺乏做空机制，融券业务发展缓慢，并且涨跌停板机制限制了现货市场的及时出清，因此股指期货为我国现货市场提供了额外的流动性，分流了一部分涨跌压力，特别是在股市急涨急跌时，期货市场的套期保值功能可以减少现货市场的流动性冲击。

3. 股指期货为现货市场提供了价格发现功能

衍生品的价格形成机制反映了市场中的交易者对未来标的供求情况的预期，因此股指期货的价格反映了标的指数的价格走势预期，并且股指期货合约的价格是由大量投资者基于他们对标的指数的判断及集中竞价交易形成的，故其价格充分反映了市场中的各类信息和预判，因此它对于股票市场更具前瞻性和有效性。股指期货合约的价格一般领先于股票现货市场的价格，而期货市场的价格又成为投资者在股票现货市场上的买卖依据，从而提高了股票现货市场上的信息含量与信息传播速度，即股指期货具有价格发现功能。

4. 股指期货提高了资产配置的效率

金融衍生品市场快速发展的原因之一是机构投资者参与衍生品交易的比重增加。机构投资者将金融衍生品纳入资产组合，利用股指期货的安全规范性产生资产增值的效应。同时，沪深 300 股指期货自 2010 年上市至今，各类机构对股指期货的配置明显增多，中小投资者可以通过购买机构发行的产品间接投资股指期货市场，同样起到了资产配置的功效。

5. 股指期货交易的成本较低，极大地提高了市场效率

此外，股指期货还有改进市场效率、减少交易成本、减少市场交易摩擦的功能。股票市场的交易可以通过期货市场的交易进行对冲，并锁定收益或成本。当股票市场出现流动性供给失衡时，期货市场可以给予一定的流动性补充。与股票市场相比，由于股指期货具有更低的交易成本和更高的杠杆，因而期货价格比现货市场的价格更具敏感性。相关研究显示，采用面板数据估计法比较股指期货推出前后 5 年的市场波动情况，发现股指期货的引入使现货波动率降低了 13.7%。

4.1.3 股指期货与现货市场的传导机制

股指期货的标的是现货市场的一篮子股票，因此股指期货与现货市场的波动存在着“基因”上的关联。从理论分析来看，股指期货通过三类传导机制，即信息传递效应、交易行为效应和市场结构效应，对现货市场产生影响，但结合当前我国资本市场发展的实际情况来看，从理论上分析的信息传递效应和交易行为效应对现货市场造成的价格波动影响是非常有限的；相反，期货市场的发展有利于优化我国现货市场的投资者结构，平抑股价波动。

1. 股指期货的信息传递效应

前面在分析股指期货的市场功能时提到了股指期货的运行机制天生地决定了股指期货市场对于信息的反应效率要高于现货市场。股指期货的信息传递效应是指，由于人们发现了这一点，他们在投资现货市场时将考虑股指期货的价格指向，进而影响到现货市场的价格。目前，学术界对于股指期货的信息传递效应存在两种截然不同的观点：一部分学者认同股指期货交易机制设计的有效性，认为它提高了现货及期货市场的信息效率；其他学者认为，股指期货的保证金制度放大了资金杠杆，吸引了大量的投机者和噪音交易者[①]进入期货市场，导致了期货市场交易信息的非有效性。事实上，股指期货对现货市场的信息传递效应取决于各国资本市场的交易制度、交易机制、投资者结构的差异，由于我国的期货市场刚刚起步，期货交易品种还非常有限，同时我国市场中的机构投资者比例相对较低，散户比例相对较大，因此期货市场的交易结构限制了其信息的有效性，故期货市场的价格更多地受到现货市场的影响。

2. 股指期货的交易行为效应

股指期货的交易行为效应是指股指期货上市之后，投资者在期货市场和现货市场的投资行为及策略的改变而造成的现货市场价格波动。这种传导路径主要有程序化交易和价格操纵。

（1）程序化交易。随着计算机技术和信息技术的变革，信息技术开始在金融领域兴起。在20世纪70年代后期，程序化交易开始发展。程序化交易是指设计人员将交易策略的逻辑与参数经过电脑程序运算后，将交易策略系统化，并通过纯数理信息化的交易指令，规避交易员“人性的弱点”，因此许多机构投资者将这种程序化交易应用到股指期货和现货市场的交易中，表现为高频交易和量化交易策略。这些交易策略的应用也对现货市场的波动产生了影响。例如，2013年8月我国的“光大乌龙指”事件，瞬间的大规模交易对我国现货市场和期货市场产生了暴涨暴跌的影响；2015年美国判处的首例幌骗交易罪背后，也是交易员利用程序化交易进行的市场扰乱与市场操纵。因此，程序化交易极有可能在一个有意、无意的错误指令下，使期货市场出现瞬时的暴涨暴跌。这种波动极易引起现货市场的恐慌，导致现货市场大幅波动。

（2）价格操纵。在期货市场对现货市场的交易行为效应中，最重要的当属价格操纵行为。它主要有以下两种形式：第一，对期货市场进行操纵，在现货市场获取利益。具体操纵模式是事先在现货市场进行大量的买入（卖出），并于

① 最早提出“噪音交易者”概念的是Kyle（1985），Black（1986）进一步将噪音交易者明确定义为无法获得内部信息，非理性地把噪音当作信息进行交易的投资者。

特定日期（如交割日）前在期货市场进行大额反向操作，投资者会根据期货市场的变动来对自己的投资交易进行决策，而操纵者可以通过以上行为打压（拉升）现货市场的价格以获得高额利润。期货市场中常用的操纵方式有对敲、打压价格、抬高（压低）开/收盘价格、价差操纵等。第二，操纵现货市场，在期货市场获利。股指期货市场的合约以现金结算，采取类似商品期货中的挤压轧空手段获取大额利润。通常说来，市场操纵者可以先获得期货的多头仓位，在期货合约到期日前再对现货市场进行价格操纵，这样就能将期货合约的现金结算价格抬高。当期货的现金结算价格被操控后，操控者可以凭借他们的期货多头仓位挤压卖空交易者，让卖空交易者必须按照操纵者的目标价格进行平仓操作。

由于我国的现货市场没有做空机制，并且股指期货的发展尚在起步阶段，衍生品种较少、规模较小，同时标的指数结构分散、市值较大，故指数抗操纵性强①，而操纵上百种股票的价格需要极大的资金量才有可能，这是理论上的操纵步骤。但是，对于我国股指期货的操纵比较难以实施，而通过股指期货操纵现货市场更是难上加难，因此在我国现有的资本市场上通过价格操纵打压股市几乎是不可能的。

3. 股指期货的市场结构效应

市场结构效应是指在市场引入股指期货后，引起现货市场投资者结构和现货市场流动性的改变，从而导致遭受外部信息冲击后现货价格波动的方式、大小等发生了改变。

第一，股指期货有利于优化现货市场的投资者结构和交易策略。

由于股指期货具有低交易成本、低保证金比例、高杠杆率等特征，因而在股指期货推出后，将吸引一大批现货市场中的投机者和风险偏好者从现货市场转移至期货市场，同时股指期货既可做多也可做空的双边交易机制也会吸引投资者积极运用避险、套利等交易策略，从而促使现货市场的投资者结构和投资行为产生变化，降低现货市场的成交量及波动幅度。

第二，股指期货有利于提高现货市场的流动性。

股指期货既可以促进资本市场向集融资、投资、风险管理、优化组合等多项功能于一身的功能实体转变，又可以迎合不同投资者的需求，有利于培养长期稳定的投资群体。由于股指期货拥有做多、做空的双向机制，市场交易者无论处在牛市或熊市都可进行投资并获利，因此它可以有效地解决机构投资者规避系统性风险的需要，进而极大地推动了证券期货投资基金、保险基金、社会养老基金和

---

① 参见巴曙松写的《股指期货该责难还是该大力发展》一文，内有详细阐述。

QFII 等机构投资者进入证券市场和期货市场，可以促进证券市场和期货市场形成理性、规范的交易主体，还可以提高市场的流动性，降低流动性需求对价格的冲击。特别是在出现重大金融风险的情况下，由于现货市场的抛售压力，股指期货能更有效地发挥其避险保值的作用，有效缓解现货市场流动性突然降低的压力，减轻市场中投资者的流动性需求对价格造成的冲击。

4.2 我国股指期货制度与股票市场波动的关系

4.2.1 期货市场和现货市场的变动趋势与股市波动

1. 现货市场价格的跌幅分析

在 2015 年股市危机期间（即 6 月 15 日—7 月 9 日），现货市场价格不间断地快速下跌。其中，中小板与创业板相对于主板的下跌幅度较大。上证综合指数出现了高达 34.9%的跌幅，从 5 178 点下滑到 3 373 点。与此同时，深证成分指数的跌幅达到了 40.4%，从 18 211 点下滑到 10 850 点。中小板指数与创业板指数分别由 18 437 点与 4 038 点下跌到 10 694 点与 2 305 点，下跌幅度都在 42%以上。上证 50 指数、沪深 300 指数以及中证 500 指数均出现下跌现象，这三个指数的下跌幅度呈逐渐上升趋势，为 25.94%、34.0%与 44.5%；分别由原来的 3 366.8 点、5 362.4 点与 11 616.4 点跌到 2 493.6 点、3 537.8 点与 6 444.3 点。在这种情况下，我国政府相继推出了一些办法，使市场价格得到了稳定。从 7 月 9 日起，我国股市触底后出现了反弹现象，而后一直在维持区波动。7 月 31 日收盘时，与 6 月 12 日进行比较，上证综合指数、沪深 300 指数、上证 50 指数以及中证 500 指数的下跌幅度分别为 27.63%、28.47%、26.54%与 33.07%。这四个指数的振幅水平与前期相比较均出现了不同程度的上涨。

2. 股指期货合约价格的分析

在股指期货合约价格的变化方面，沪深 300 指数、上证 50 指数以及中证 500 指数的股指期货合约价格随着现货市场价格的变动均有比较大的波动。沪深 300 指数、上证 50 指数以及中证 500 指数的股指期货合约价格分别由原来的 5 387、3 417 以及 11 585 下滑到 3 363、2 355 与 5 900，跌幅分别为 37.6%、31.1%与 49.1%。股指期货市场在现货市场企稳的情况下，在 7 月 9 日出现触底反弹，紧接着开始振荡。沪深 300、上证 50 以及中证 500 股指期货主力合约到 7 月 31 日后，与 6 月 12 日相比较，分别下跌了 31.11%、29.16%与 35.25%。在此期间，股指期货主力合约在一天内的平均振幅分别是 7.40%、6.88%与 9.25%。同时，中证 500 股指期货还存在六个跌停与三个涨停。

3. 股指期货呈现开盘阶段高开、收盘阶段高走以及涨跌交叉互现的特点

期货和现货价格在整体上为同向变动趋势，股指期货价格与现货市场价格的调整变动基本一致，没有出现独立行情以及相反行情的情况。资料显示，在此期

间的34个交易日中，沪深300股指期货开盘与现货开盘涨跌情况一致的交易日比以及期货价格于现货市场收盘后继续下跌的交易日比分别是73.5%与32.5%。此外，中证500与上证50股指期货的变化情况与沪深300股指期货的变化情况基本一致。

资料显示，在6月15日至7月9日的18个交易日中，沪深300股指期货主力合约在开盘阶段高开以及收盘阶段高走的交易日均占56%。在主力合约的收盘中，涨幅高于指数以及跌幅低于指数的交易日比为44%。然而，在6月15日至7月31日的34个交易日中，沪深300股指期货主力合约在开盘阶段高开以及收盘阶段高走的交易日分别占53%与65%。在主力合约的收盘中，涨幅高于指数以及跌幅低于指数的交易日比为50%。上证50股指期货以及中证500股指期货的情况与沪深300股指期货的情况基本一致，而涨幅高于指数以及跌幅低于指数的交易日，中证500股指期货比较突出，在以上两个阶段中，交易日比分别为56%与53%。这些情况充分表明股指期货对现货具有向上提升的作用。

4.2.2 “到期日效应”与股市波动

在交易制度的框架下，如果不同市场参与主体对到期日附近股指期货的操作策略进行了有意识的调整，那么市场交易量、价格以及波动性等就会发生相应的变化，从而就会直接导致股指期货到期日效应发生。影响股指期货到期日效应的因素有：现金交割制度，交易结构，最后结算价的确定方式，多种衍生品同时结算以及现货市场交易机制及深度等。然而，从我国股指期货的发展现状来看，自2010年股指期货推出以来，股指期货的运行基本平稳，市场成交活跃，交割基本顺利，未产生“到期日效应”及其他风险事故。数据显示，即使在股市波动期间，我国股指期货合约依然平稳交割。由于我国股指期货合约采用最后交易日标的指数最后两个小时的算术平均价作为交割结算价，因而股指期货合约的最终走势取决于股票现货市场的走向，而现金交割、分层结算机制更是保障了到期日的期货市场和现货市场的行情，因此“到期日效应”发生的可能性极低。

4.2.3 跨市场套期保值与股市波动

有些客户在市场大幅下跌的时候，将实施期货、现货双向做空，通过跨市场操作来获得利润。其表现为：期货大量空头仓位与卖出股票同时进行，进而导致市场下跌，然后通过期货空仓获利。通过研究实际的市场数据，这种观点没有得到认可。

首先，券商自营等套保客户是空仓的最大持有者，他们持有较多的现货股票市值，在下跌期间将会整体亏损。套保客户对套期保值实施严格管理，在股指期货市场较小的情况下，损失将由期货和现货分担。其次，市场走势不会受到有限规模、逐步走低的现货融券的影响。最后，资料显示，在市场大幅下跌之时，大量短线交易者都是市场的主要参与者。这些参与者主要在期货市场进行交易，在现货市场交易的情况较少。

一般来说，期现套利操作方式有两种情况：第一，套利者在期货价格发生大幅升水时，就以买入股票、卖出期货的方式进行正向套利；第二，套利者在期货价格发生大幅贴水时，就会以买入期货、卖出股票的方式进行反向套利，部分卖压能够通过套利者从期货市场转到股票市场。然而，在实际操作中，很多规范对此类操作形成了制约，因此套利很难实施。现在，期现套利只是在期货升水时对期货指数进行拉动而上行，不能在期货贴水时使现货指数下行。

套利者在期货负基差的情况下，将买入期货、卖出现货，这样就会造成期货买单从期货市场转为现货市场的卖单，进而现货市场会收到期货价格的贴水。在很多情况下，套利账户交易者实施跨期套利方式以及超额收益对冲措施，即使其每天平均买入与卖出交易量都比较大，但每天平均的净买入量也会很小，通常情况下不低于 10 手，最高超不过 300 手。在期货市场中，跨期套利经常在同一品种但到期日不同的合约之间实施，此操作与现货市场没有直接关系。这意味着期现套利实施规模并不大，也就是现货市场的卖压不会得到期货价格的大幅贴水。由于期现反向套利的缺乏，致使期货价格持续大幅贴水。

4.3 股指期货交易制度的国际比较及反思

4.3.1 股指期货制度的国际比较

1. 保证金制度比较

国际上对于股指期货保证金制度的规定相似性极大，区别集中于保证金资产的流动上。根据美国芝加哥商品交易所（CME）的规定，交易所会员交纳的保证金可以为现金、市政债券、国库券、证券、CME 指定银行发行的信用状等。CME 采取对证券、债券和国库券的价值进行每天计算的方式，以使它们的价值每日根据资产的流动性进行折扣。新加坡交易所规定，会员交纳的保证金可以是现金、国库券、银行信用状，也可以是存款单、黄金证书、指定的证券等，并根据它们的流动性来对资产的面值进行折扣。台湾期货交易所不允许用证券抵缴保证金。

2. 交易所交易模式的比较

科学合理的交易模式可以恰当地处理股指期货的风险，并且可以对风险防范于未然。从传统上看，股指期货的交易模式基本可以分为三种：一是以英国、美国、新加坡、中国香港为代表的分割模式，也就是在这些国家中，股指期货只能在期货交易所内进行交易；二是以日本为代表的整合模式，具体包括挪威、匈牙利、韩国、以色列等新兴市场国家，即这些国家的股指期货交易是在证券交易所内，股指期货交易是作为证券交易的一部分；三是混合模式，以波兰、巴西、俄罗斯等国为代表，即证券交易所和金融期货交易所分别设立股指期货交易。

3. 结算中心会员制度的比较

为了控制交易客户违约可能带来的风险，各结算中心都建立了相关的结算会员制度。根据美国 CFTC 的规定，结算会员必须要满足期货经纪商所应达到的基本财务标准。除此之外，CFTC 并没有对结算会员提出其他要求。但是，CFTC 做出说明：出于防范结算会员违约风险的考虑，结算中心可以要求结算会员必须向结算中心交纳结算担保基金。

英国证券投资委员会（SIB）规定结算会员的财务标准应满足基本需求、交易部位风险需求、交易对手风险需求。基本需求主要为了确保公司有充分的流动资本，在公司收入减少或没有收入时，维持公司的正常运作。交易部位风险需求是在价格逆向变化时对公司交易部位的资本需求。交易对手风险需求表示某些客户或交易对手无法履行合约要求而使结算会员面临的资金需求。

4. 对市场操纵的防范

为了防范市场操纵的可能性，国外的股指期货管理机构对市场有着明确的相关规定。

美国 CFTC 规定的市场监察内容为：①价格改变。②现货市场与期货市场相关性的变化。③未平仓合约变化。④结算会员持仓密度。⑤交易量变化。⑥股票价格振幅。⑦会员交割集中度。⑧市场言论。

英国的证券监管机构为证券投资委员会，它规定交易所必须建立市场监测机构——市场委员会，该委员会依照金融证券法律的规定实施市场监管。英国证券投资委员会对市场委员会具有行政监督职能。

5. 熔断机制和涨跌停板的比较

海外股指期货市场在熔断机制和涨跌停板方面存在的差异主要表现为：

（1）有些市场采用了单一比例限制的涨跌停板制度，如韩国 KOSPI 200 指数期货的涨跌停板为前日收盘价的 10%。有些市场的涨跌停板采取多阶段比例限制，如美国 S & P 500 指数期货和新加坡 NIKKEI 225 指数期货采取的三阶段涨跌停板限制。这类限制的弹性较大，可以发挥涨跌停板的正面功能，减少对期货市场价格的负面影响。

（2）涨跌停板的限制比例随着时间的发展不断改变。例如，韩国 KOSPI 200 指数期货的涨跌停板限制并不是一开始就是 10%，最初推出股指期货时，涨跌停板为 5%，1998 年 3 月提高到 7%，1998 年 12 月将涨跌停板的幅度增加到 10%。

（3）股指期货市场稳定措施的规定差异性。不同国家为了维护股指期货市场的稳定，有着不同的规定。例如，英国既没有采取涨跌停板制度，也没有采取熔断机制。英国的立法者认为，市场中的做市商能够及时调整市场价格，因而重大事件不会对市场价格产生破坏。英国监管当局认为，当交易所确认市场出现了极端变化，致使报价无法在当前价格范围内成交时，做市商可以按照快市原则（fast market rule），在报价范围以外进行成交。

6. 宏观层面监管制度的比较

为了减少股指期货对现货市场价格和股指期货市场价格的影响，同时避免市场操纵行为对市场的冲击，世界各国股指期货管理部门都对股指期货合约的设定做出了规定。

美国 CFTC 要求实施交易的期货合约必须满足：①实施现金交割的股指期货制度。②非相关发行人发行组成指数的主要股票，公众持股比例达到规定值。③开展某种期货交易不会出现对期货资产价格的操纵行为。

在英国，引进新的衍生产品必须得到英国巴黎交易所运行委员会（COB）的批准。COB 将研究和衡量衍生产品对现货市场的影响。对组成指数的股票，COB 拥有决定权和替换权。

在日本，大藏省负责审定在交易所进行交易的股指衍生产品。当审定股指衍生产品时，对于该衍生产品的设计、衍生产品对现货市场的影响程度以及衍生产品交易是否会引发市场操纵行为由大藏省评估。

在中国香港，为了加强对期货市场的监督和管理，1976 年香港立法局设立了香港商品交易事务监察委员会，负责管理期货市场。其措施有：①审核批准进入市场的交易品种和决定各期货合约的上市。②批准期货交易所的开办及其会员、经纪人的资格，审核各期货交易所制定的条例规则。③采用先进的技术手段分析市场交易状况，防止价格暴涨暴跌。

4.3.2 我国股指期货制度的不足与反思

与国际市场上的股指期货制度相比，不难发现我国的股指期货市场仍存在诸多不足。

（1）目前，我国的股指期货市场容量有限。从广度上看，由期货市场、现货市场持仓规模的比较可以看出：目前，我国股指期货的持仓规模远低于市场需求。从目前基金管理的规模来看，根据市场保证金所测算出的股指期货规模远低于基金利用股指期货进行套期保值的需求量。从深度上看，期货市场的投资策略单一，持仓的期货合约层次较为集中，其中当月合约的持仓和成交较高，而远期合约的成交和持仓较少。由于远期合约的流动性较差，因而对跨期套利者而言，它缺少足够大的市场容量。在我国股指期货市场中，投资者的交易动机大多以投机为主。因此，我国股指期货投资者单一的投机动机和交易策略，使得交易结构单一，无法充分发挥股指期货市场的价格发现功能，并且对现货市场的风险对冲作用有限。

（2）机构投资者进入股指期货的参与度不足。截至 2014 年 12 月，已有 91 家证券公司、93 家基金公司、8 家信托公司、30 家 QFII、33 家期货公司、113 家私募基金公司和 8 家保险公司在股指期货市场上进行开户交易。[①] 虽然机构投资者的开户数目显著增加，但机构投资者参与股指期货交易的程度依然不足。在沪深 300 股指期货合约交易成交量中排名前十的会员仍以代理自然人客户的期货公司为主，券商的交易活动相对较多，但基金、信托、保险的参与程度却很低。

（3）股指期货品种单一。目前，我国的股指期货市场只推出了沪深 300 股指期货（IF）、上证 50 股指期货（IH）和中证 500 股指期货（IC），后两者于 2015 年 4 月刚刚挂牌，在一定程度上丰富了期货市场的品种。特别是中证 500 股指期货的推出弥补了小盘股避险能力不足的缺陷，为中小市值股票提供了对冲工具。即便如此，与国际股指期货市场相比，我国的股指期货品种依然过于单一，这三只股指期货产品承担着现货市场避险的巨大压力。

5. 现代化的交易制度是发展多层次资本市场、全面推动资本市场改革的内在核心

通过上述四个方面的深入分析可知，完善我国股票市场的交易制度为发展多层次的资本市场提供了重要的内在保障。我国现有的交易制度存在多方面的缺陷和不足，如股票交易和期货交易制度的双轨制，现有的股票交易制度无法使市场及时出清、风险及时化解，而在极端风险下又缺乏紧急的防控措施；融资融券制度缺乏平衡发展机制；衍生产品功能不健全等。因此，要及时构建并完善我国的现代化交易制度，借鉴欧美等发达国家的经验，为发展多层次资本市场助力。

5.1 加快注册制改革的推进，完善现货市场交易制度

我国资本市场的未来发展不能一味地追求资本市场的投资功能，要加强资本市场的融资功能，完善供给制度，加快注册制改革，简化审批程序，强调信息备案机制，扩大股票供给，实现市场机制在一级市场发行中的核心地位。只有在供给面增加的情况下，才能为投资者提供更多的投资选择，也才能实现融资融券业务中融券业务的快速发展，实现平抑股价波动的功能。与此同时，进一步完善我国现货市场制度，如改变“T＋1”交易机制、增加机构投资者的比例、改善现货市场的投资者结构并提高他们的专业化水平、扩大资本的开放程度，使之与未来的衍生品市场发展和国际金融中心的建设相匹配。

5.2 合理发展融券业务，平衡多空市场，完善配资制度设计

由于融券业务严重滞后于融资业务的发展，而且我国的做空机制受到多重限

① 数据引自中国金融期货交易所。

制，再加上融资业务的单边发展容易助推股市泡沫的形成，因此要加快发展融券业务、完善融券制度、扩大融券标的范围、降低融券的成本等，从而平衡多空市场。这样对避免股市极端走势和“疯牛”出现具有非常重要的作用。与此同时，我们要完善配资的制度设计，严格控制杠杆比例，提高信息透明度和风险监控能力，在制度完善的基础上给予股票配资市场一定的发展空间。

5.3 增强衍生产品市场的发展，丰富衍生产品的品种，充分发挥其套期保值的功能

通过对股指期货的研究可以发现，股指期货工具并不是本次股市大幅下跌的“凶手”；相反，股指期货为现货市场的剧烈波动提供了对冲风险、套期保值的作用，但股指期货市场发展的不足又限制了这一功能的完全发挥，因此我国应大力发展衍生产品市场，丰富衍生产品的品种，提高私募、信托、基金等机构投资者的参与度，充分发挥衍生产品市场对现货市场的风险对冲、分流压力的功能。此外，我国应进一步完善股指期货和各类衍生产品的监管条例，对于操纵市场等违法违规行为要有清晰的法律界定和严格的处罚条例。

5.4 加强对程序化交易的市场监管，防范风险漏洞

由于欧美资本市场相对发达，因而程序化交易的发展也相对成熟，它们在历史教训中总结了大量的经验，再经过不断的修复和完善，使其交易制度和监管制度都达到了较高的水平；相对而言，我国的程序化交易才刚刚起步，应该借鉴美、欧发达国家的监管经验，加强监管措施和风险防范机制的建设。例如，在系统性的急速下跌中及时发挥熔断机制的作用，以缓冲下跌的风险和恐慌情绪，给予市场及时的降温，并对危害市场的程序化交易机制进行严格限制，防止操纵市场等违法违规行为的发生；同时，我们也不应忽略市场的基本作用，并尊重市场的契约精神和基本规律，平稳有序地推进程序化交易的发展，充分发挥其提供流动性、价格发现等功能。

参考文献：

［1］Brennan，M.J.，Schwartz，E.S.，“Arbitrage in Stock Index Futures”，*Journal of Business*，1990，63（1）：7-31

［2］Bris，A.，Goetzmann，W.N.，Zhu，N.，“Efficiency and the Bear：Short Sales and Markets around the World”，NBER Working Papers，2003，62（3）：1029-1079

［3］Jonathan Brogard，“High Frequency Trading and Volatility”，Working Paper，*SSRN Electronic Journal*，2010

［4］上海证券交易所．海外市场程序化交易监管动态及监管指标研究，2014

[5] 陈海强，张传海．股指期货交易会降低股市跳跃风险吗？经济研究，2015（1）：153-167

[6] 陈磊．中外融资融券交易制度比较研究．西南财经大学硕士学位论文，2010

[7] 杰夫里·G·麦金塔，李兰．高频交易商：天使抑或魔鬼？（上）/（下）．金融市场研究，2014（5）、(6)

[8] 林复东．股指期货市场的定价、功能和风险监管研究．南开大学博士学位论文，2014

[9] 谢祖江．股指期货发展模式的国际比较及中国的选择．湘潭大学硕士学位论文，2008

[10] 严敏，巴曙松，吴博．我国股指期货市场的价格发现与波动溢出效应．系统工程，2009（10）：32-38

[11] 郑少峰．关于股指期货的探讨．现代经济信息，2011（16）：256

市场研究

基本分析　2015—2016年中国资本市场基本分析

摘　要

2015年，我国GDP增速接近7%，继续回落，供给侧结构性改革深化。货币投放速度维持适度宽松，CPI持续下降，消费价格平稳，创新型经济得到大力发展。股票市场发行制度改革实现突破，IPO注册制度在年底被强力推出，为资本市场发挥基本功能奠定了制度基础。市场规模稳步增长，A股市场在经历了疯狂上涨后发生市场危机，惊现断崖式下跌，止跌后在振荡波动中重归慢牛走势。上证指数年底收在3 539点，较2014年上涨9.41%，创业板收盘2 714点，涨幅高达84.41%。

展望2016年，世界经济将在美国经济明显好转的牵引下实现平缓增长。各国宏观经济政策也随着不同经济体的实际情况相继表现出差异化特征，美国开始加息，新兴经济体面临资本回流美国和本币贬值的压力。从总体上看，2016年外部环境缓慢向好的可能性较大，对我国的影响为中性偏好。

我国经济增速趋稳，预期全年将在6.5%～6.8%的水平，经济结构继续调整。宏观政策在适度扩大总需求的同时，着力加强供给侧改革措施落地。积极的财政政策力度更大，稳健的货币政策将保持适度充裕的流动性，实现货币信贷及社会融资规模的合理增长，在具体实施中偏向宽松。综合分析，我们认为2016年我国资本市场的发展和建设所处的宏观经济和政策环境为中性略偏多。

2016年将迎来中国资本市场的制度大变革。上市公司整体业绩的增长应在7%左右，同时表现出上市公司之间业绩的结构性变化。资金供给和资金需求表现为双向爆发式增长，资金供给超过总需求。市场的融资功能显著增强，市场规模大幅扩大，新股发行速度将明显加快，IPO融资额和再融资额显著增长，公司债融资快速增长。综合分析，2016年的A股二级市场将表现出温和整理特征——波动幅度小，交投活跃。在正常情况下，全年上证指数应当在3 000点至4 100点之间运行，上摸4 300点、下探2 850点的概率都较低。

Abstract

In 2015, the growth rate of China's GDP was nearly 7% and continued to fall. The supply-side structural reforms were deepened. The monetary policy was moderately loose and the CPI continued to decline. The consumer prices were stable and the "innovation oriented" economy has obtained large-scale development. The reform of stock issuing system achieved a breakthrough and the IPO registration system was introduced positively, which laid the institutional foundation for the capital market to play a fundamental function. The market size increased steadily and the A-share market crashed after an irrational boom. The share prices returned to a slow bull market after ending its decline. The Shanghai Composite index closed at 3 539 points at the end of the year, rising 9.41% compared with 2014. The GEM index closed at 2 714 points, rising 84.41% compared with 2014.

Looking forward to 2016, the world economic will achieve steady growth under the significant improvement in the US economy. Macroeconomic policy in various countries will show differentiated features along with the actual situation of different economies. The US has raised interest rates, and the emerging economies will be under pressure of capital returning to the US and the devaluation. Overall, the external environment will be more likely to get better slowly. The impact on our country will be neutral or positive.

China's economic growth will be more stable, which is expected to achieve a growth rate of 6.5%～6.8%. Economic structural adjustment will continue. Macroeconomic policy will expand the overall demand in general, and strengthen the implementation of supply-side reform at the same time. Fiscal policy will be more active. Prudent monetary policy will maintain moderately sufficient liquidity, which will achieve the reasonable growth of monetary credit and social financing scale, and will be easy when implemented. Overall, we believe the macroenvironment and macroeconomic policy environment of the development and construction of China's capital market in 2016 will be neutral.

China's capital market will face a big institutional reform in 2016. The overall growth of listed companies should be around 7% and the performances of the listed companies will continue to show structural changes at the same time. Capital supply and demand will show two-way dramatic growth and money supply will exceed total demand. The financing function of the market will be enhanced significantly and the size of the market will expand substantially. The IPO will speed up significantly and financing and refinancing volume will increase significantly. Corporate debt will grow rapidly. Under comprehensively analysis, the secondary market of China's A-share market in 2016 will move sideways moderately, fluctuate less and trade actively. Under normal circumstances, the Shanghai Composite Index should run between 3 000 points and 4 100 points. The probability of below 2 850 points and above 4 300 points is quite low.

1. 2015 年资本市场总体回顾

1.1 一级市场概况

1.1.1 整体情况

2015 年，资本市场 IPO 融资在上半年实现了快速增长，股权再融资规模仍居主导地位；上市公司中创新型中小企业的增长明显，发行市盈率走低；交易所的债券市场出现爆发式增长；公募基金产品出现大幅增长，混合类基金产品爆发。

1.1.2 发行市场的特征

(1) IPO 半年发行井喷，增发融资为主。2015 年，A 股市场上半年新股IPO 发行井喷，下半年受二级市场波动影响，IPO 一度暂停；直到 11 月份，随着注册制政策启动临近，IPO 发行重新启动。增发融资规模占比超八成，配股融资规模大幅减少。

根据 Wind 资讯统计，截至 2015 年 12 月 18 日，境内资本市场股票融资额合计达到 12 193 亿元，较 2014 年增加了 59.56%。其中，A 股首发 1 553 亿元，较 2014 年增加了 132.20%；增发募资 10 605 亿元（含非现金），较 2014 年增加了 55.32%，占全部融资规模的 86.97%；配股 35 亿元，比 2014 年的 145 亿元下降较大。

(2) IPO 发行增长较快，发行市盈率走低。截至 2015 年 12 月 18 日，年内发行上市的公司达 218 家，总计募集资金 1 531.51 亿元，分别较 2014 年增长了 75%和 129%。IPO 上市公司以中小企业居多，其中创业板 83 家、中小板 42 家、主板 85 家，平均发行市盈率分别为创业板 21 倍、中小板 22 倍、主板 22 倍，由此可见创业板的市盈率下降明显。IPO 上市公司的行业分布以文化传媒、医药生物、高科技制造等公司为主体，体现了创新型产业的发展方向。

(3) 交易所债券融资放宽，发行数量、规模大幅增长。2015 年 1 月，证监会推出了全新的《公司债券发行与交易管理办法》，将发行主体范围从上市公司扩展到所有公司制法人，公司债出现大公募、小公募、私募三类品种，面向公众及合格投资者公开或非公开发行。

根据 Wind 资讯统计，截至 12 月 18 日，交易所发行大、小公募债和私募债 1 053 只，发行总规模 8 732 亿元，发行家数翻番，发行规模增长五倍。

(4) 公募基金产品发行大幅增长，混合类产品爆发。根据 Wind 资讯统计，截至 2015 年 12 月 18 日，年内发行新基金 770 只，继续维持较高的发行数量。募集资金的规模为 15 689 亿元，较 2014 年增加了 292%；其中，单只基金的平均发行额为 20.38 亿元，较 2014 年增加了 71%，单只基金产品的募资规模大幅增加，主要因上半年打新基金平均单只产品较大所致。

从发行结构来看，混合型基金产品的发行数量和募资规模出现爆发式增长，股票型基金产品保持了较快的增长速度，债券型和QDII基金产品维持2014年水平，货币型基金产品的发行数量和募资额均呈现出明显减少的特征。其中，股票型基金231只，较2014年增加了181%；募资额3 549.45亿元，占募资总额的22.62%，募资额较2014年增加了290.86%。混合型基金412只，较2014年增加了347.82%；募资额11 118亿元，占募资总额的70.86%，募资额较2014年增长了926%。债券型基金68只，与2014年相当；募资额581亿元，占募资总额的4%，募资额与2014年持平。货币型基金42只，较2014年减少50%；募资额269亿元，占募资总额的1.7%，募资额较2014年减少了79.52%。

1.2 二级市场的走势及特征

2015年，我国资本市场在发挥助推经济转型功能的过程中一波三折，股票市场资金推动型市场特征鲜明。在经历了上半年的强势上涨后，6—8月爆发市场危机，使得失去了配资杠杆资金推动的资本市场开始寻找投资价值所在。在宏观经济企稳、经济结构调整效果初显的情况下，市场逐渐企稳并重新在小幅振荡中回归慢牛上涨趋势。

2014年，A股市场的强势逼空走势逐渐掀起了市场久违的股票投资热潮。2015年上半年，在配资资金推动下的一波又一波上涨将上证指数推高到5 178点。年中的断崖式下跌使得市场重新冷静下来，在企稳探底后确立了市场3 000点的底部区域。2015年下半年，在振荡波动中，投资者信心缓慢恢复，市场逐渐回归慢牛走势。

2015年12月31日上证指数报收于3 539点，全年上涨305点，涨幅为9.43%；深成指收盘12 664点，全年上涨1 650点，涨幅为14.98%；创业板收盘2 714点，涨幅高达84.41%。中国沪、深股市的涨幅居世界前列。

2015年12月31日美国道琼斯指数报收于17 425点，较2014年12月31日的17 823点下跌了398点，跌幅为2.23%；全年股指总体呈现高位振荡走势，是2008年以来表现最差的一年，美国NASDAQ指数的涨幅为5.72%。从全球来看，主要股票市场涨跌互现，见表基—1。

表基—1　全球主要股价指数的变动情况

指数名称	2014年年末收盘	全年最低点（日期）	全年最高点（日期）	2015年年末收盘	全年涨跌幅（%）
上证指数	3 234	2 850（8月26日）	5 178（6月12日）	3 539	9.43
深圳创业板指数	1 471	1 429（1月5日）	4 037（6月5日）	2 714	84.50

续前表

指数名称	2014 年 年末收盘	全年最低点 （日期）	全年最高点 （日期）	2015 年 年末收盘	全年 涨跌幅（%）
美国道琼斯 30 种工业股价指数	17 823	15 370 （8 月 24 日）	18 351 （5 月 19 日）	17 425	−2.23
美国 NASDAQ 指数	4 736	4 292 （8 月 24 日）	5 231 （5 月 20 日）	5 007	5.72
英国金融时报 100 指数	6 566	5 768 （8 月 24 日）	7 122 （4 月 27 日）	6 242	−4.93
日经 225 指数	17 450 （12 月 30 日）	16 592 （1 月 16 日）	20 952 （6 月 24 日）	19 033 （12 月 30 日）	9.07
香港恒生指数	23 605	20 368 （9 月 29 日）	28 588 （4 月 27 日）	21 914	−7.16

2. 2016 年中国资本市场展望

2.1 2016 年中国资本市场面临的宏观环境

2016 年，我国资本市场发展面临的环境主要是，我国经济将在稳定中继续结构性调整，预计经济增速将在 6.5%～6.8%波动。经济增长的动力由需求侧的“三驾马车”推动，转向需求侧和供给侧双轮驱动。宏观经济政策改革将以减少行政管制、实质性发挥市场在资源配置中的决定性作用为主要方向。积极的财政政策力度更大，通过减税让利、扩大赤字来推动全社会创新创业，从而促进消费增长，带动产业转型升级。稳健的货币政策将继续保持适度宽松和稳定，推动实体经济的存量调整和结构转型。

全球经济有企稳复苏的迹象。美国经济出现了明显的增长信号，欧元区国家债务危机缓解，新兴经济体国家在全球产业分工中再寻定位。美国终止了量化宽松政策，迈出了加息步伐，引导全球资本开始回流美国。欧元区及日本继续维持量化宽松政策，中国经济在稳定增长中正在进行结构调整和产业升级。2016 年 3 月，中国股市开始实施新股发行注册制，表明新一轮资本市场制度变革正在展开，资本市场迎来了市场化发展的新阶段——股票市场的估值功能增强，通过股票市场对上市公司的估值定价有了制度基础。资本市场将呈现良好景象，如企业上市融资便利、公司定价合理、市场规模稳步扩大，二级市场正在步入长期慢牛上涨的良性发展轨道，资本市场合理配置社会资源的功能得到更好发挥。

2.2 影响 2016 年中国资本市场的主要因素

2.2.1 宏观经济形势

展望 2016 年，虽然我国依然面临债务去杠杆压力和大宗商品价格降低的压力，而世界经济将在美国经济明显好转的牵引下实现平缓增长。各国的宏观经济政策也随着不同经济体的实际情况表现出差异化特征。美国经济增长预期确定，已经结束了长达 10 年的降息通道，并开始加息；欧元区和日本经济依然面临通缩风险，它们的经济复苏前景微露曙光，仍将继续维持量化宽松政策；新兴经济体在美国加息的影响下，将面临较大的资本流出、货币贬值压力，因此债务风险加大，为了维持资本市场稳定、减缓经济增速下滑趋势，新兴经济体的宏观经济政策将维持宽松。通过加强经济宏观协作，各国会继续加速推进区域经济一体化、减少贸易保护、加大基础设施建设，并重构全球经济产业分工格局、寻求经济增长新动力，以应对美国加息带来的影响。

综合来看，在美国，高端制造业和消费支出带动经济增长明显；欧元区在维持宽松货币政策的情况下，工业和消费增长带动了经济增长，逐步化解了债务危机；新兴经济体受大宗商品价格持续下跌的影响，原资源输出型增长方式面临较大压力，需要向制造业升级和消费拉动增长模式转变。全球经济将在区域经济一体化不断深化的过程中重建世界产业和贸易分工格局，实现缓慢平稳增长。总体来看，2016 年全球经济通过在国家间加强政策协同、减少经济波动，能够实现温和增长。因此，宏观经济形势对我国的影响为中性向好。

2015 年，我国经济增速形成了下降拐点，经济结构调整加速。

前三季度 GDP 同比增长 6.9%，预计全年增速接近 7%，较 2014 年下降 0.3 个百分点，实现经济平稳换挡发展。前三季度 CPI 涨幅下滑至 1.4%的较低水平，较 2014 年减少 0.6%，物价增速平稳放缓。货币政策表现出适度宽松特征，2014 年新增人民币贷款突破 10 万亿元，较 2014 年同期增长 10%。年末（截至 11 月底）广义货币（M2）余额 137 万亿元，同比增长 13.7%，增速略有增加，货币政策帮助经济实现在平稳中进行结构调整。

当前，在需求端推动经济增长的“三驾马车”的作用正在减弱。全年外贸进出口增速持续下降，贸易顺差明显扩大。进出口总值（截至 11 月份）为 23.95 万亿元，比 2014 年（同期）增长 2.2%，增速下滑 1%，外贸进出口助推经济增长的作用减弱。其中，出口 13 万亿元，增长 4.4%；进口 10.95 万亿元，增长 0.4%；贸易顺差 2.05 万亿元，扩大了 40.4%。国家统计局统计，2015 年（截至 11 月份）全国固定资产投资完成额（不含农户）49.72 万亿元，比 2014 年（同期）名义增长 10.2%，增速回落了 34.44%，以投资推动经济增长的模式效果明显减弱。2015 年（截至 11 月份）社会消费品零售总额为 27.23 万亿元，同比名义增长 10.6%，增速比 2014 年（同期）回落 1.4 个百分点，社会消费品零售总额对经济增长的拉动作用需要持续加强。

在经济运行面临周期性、结构性、外生性因素叠加的作用下，预计 2016 年我国经济增速将处于6.5%～6.8%的水平，既要保持持续稳定发展，又要实现经济结构加速调整。我国可以通过稳定需求端、改善供给端、消化过剩产能、提升资源配置效率来实现经济持续稳定发展。

2016年，我国宏观经济政策在适度扩大总需求的同时，着力加强供给侧改革措施落地。我国财政政策通过产业扶持政策、减税、增加财政赤字等确保经济增长稳定，并加大了结构调整力度；货币政策实行灵活的结构性宽松政策，用以引导资金流向、优化信贷结构、防范金融风险、降低社会融资成本、扩大直接融资比重、完善汇率形成机制、加快推进利率市场化进程，我国仍有降息和多次下调存款准备金率的空间，M2同比增速在14%左右。

截至2015年第三季度末，我国外汇储备余额为3.5万亿美元，较2014年同期减少了13.63%。随着美国加息，人民币兑美元贬值的趋势明显。2015年12月31日，人民币兑美元汇率中间价为1∶6.493 6，较2014年末贬值6.12%。预计人民币兑美元的汇率将会继续贬值，国际资本跨境流出规模增加，并对外汇储备产生影响。

综合分析，我们认为2016年我国资本市场的发展和建设所处的宏观经济和政策环境为中性偏好。

2.2.2 资本市场的制度建设

2015年，我国资本市场制度建设稳步推进，一批法规、制度陆续发布，主要包括：加强非上市公众公司监管，鼓励大众创业、万众创新，支持中小微企业发展，贯彻落实《非上市公众公司监督管理办法》的《关于加强非上市公众公司监管工作的指导意见》；规范公司债券发行、交易或转让，保护债券市场投资者的合法权益和社会公共利益的《公司债券发行与交易管理办法》及其配套规则；为金融衍生产品——股票期权交易试点提供制度基础的《股票期权交易试点管理办法》及配套规则；根据市场实践出现的新情况、新问题修订后发布的《证券公司融资融券业务管理办法》；为推进资本市场对外开放，实现境内外资金在基金层面的互联互通，在《内地与香港基金互认安排的监管合作备忘录》基础上发布的《香港互认基金管理暂行规定》；为进一步发挥证券市场禁入措施在惩治证券市场违法行为、促进市场主体归位尽责方面的作用而修订发布的《证券市场禁入规定》；为鼓励金融创新、促进互联网金融的健康发展，由中国人民银行、证监会等十部门发布的《关于促进互联网金融健康发展的指导意见》等。但是，仍有市场一直期待的法律制度未能如期出台，包括《证券法》、《期货法》、《上市公司监管条例》等。

从总体上看，在2016年及以后一段时间，我国资本市场在市场化改革和放松管制的基调下，其制度建设将稳步推进，在股票发行注册制改革、场外市场发展等方面有望实现较大突破。法律是制度建设的基石，《证券法》的重新修订和首部《期货法》的制定将继续稳步推进；起草过程曲折的《上市公司监管条例》终将出台；注册制是股票发行体制的重大改革，这一改革的基本制度准备将如期完成；在 IPO 重启的同时，根据改革要求，需要对相关制度进行调整；2015 年的股市危机暴露了市场交易机制存在的诸多问题，需要加以总结、形成对策、完善相关制度；沪市已明确要建立战略新兴板，相关制度准备工作应当加快；在场外市场发展方面，以新三板分层制度为中心的一系列规则需要建立，但基于各地区股权交易市场发展不均衡、不规范的现实，也需要出台区域性股权市场监督管理制度。另外，证券公司风控监管制度、上市公司股权激励制度、证券投资者保护基金制度、私募基金监管制度以及资本市场对外开放法律制度等建设方面都有望向前推进。

需要指出的是，2015 年的股市危机使我国资本市场上的许多问题都暴露了出来，因而在制度建设方面需要针对新问题、新情况做出相应的调整，所以客观上会延缓既定进程。另外，近年金融创新非常活跃，金融业分业经营的情况已发生很大变化，金融各子业之间的融合明显增强，出现了一些新的金融业态，现行的分业监管框架已明显不适应金融实践的新变化。我国金融业的监管空白和监管重叠同时存在，监管不到位和监管效率低下问题突出，故金融监管体系改革已迫在眉睫。监管体系改革也需要修订有关的法律制度，但监管体系改革是一个庞大的系统工程，而资本市场的有关制度建设和完善不能等到新的监管框架确立后再进行。可行的选择是根据当前的现实，按照既定步骤，继续推进《证券法》的修订、《期货法》的起草等资本市场法律制度建设工作，成熟一个颁布一个，待新的监管框架确立再做有关条款的修改。

(1) 继续推进《证券法》的修订工作。《公司法》和《证券法》是资本市场的两大基本上位法，重新修订后的《公司法》已自 2014 年 3 月 1 日起施行，《证券法》的修订工作已经进入最后阶段。自 2005 年算起，在现行《证券法》实行的 10 余年时间里，我国资本市场发生了巨大变化，如股权分置改革取得了重大突破，创业板市场及股指期货顺利推出，国债期货恢复上市，跨境合规机构投资者 QFII、QDII、RQFII 以及合资证券机构快速发展，沪港通股票交易互联互通机制开启，资本市场市场化、国际化程度提高，跨境证券活动日益增多。《证券法》的很多内容已经难以适应这些新情况、新变化，甚至约束了资本市场的进一步发展，正在积极推进的股票发行与上市注册制改革，也对《证券法》的修订形成了倒逼态势。因此，重新修订《证券法》的紧迫性增强，应对《证券法》进行一次全面的、突破性的、前瞻性的修订，以便为证券市场的发展创新预留空间。由于《证券法》修订内容的复杂性，加之 6—8 月股市危机的影响，其修订工作较预期大大延后，原订2015年出台的《证券法（修订草案)》经过2015年4月20—24日的初审之后，应于2015年8月进行二审，然后最快在10月完成三审。三审完成后，《证券法》修订案就可以正式出台了。但目前，二审、三审均未进行。在修法过程中，以下方面引人关注：一是“证券”定义是否扩展？现行《证券法》将适用于本法的证券定义为“在中华人民共和国境内，股票、公司债券和国务院依法认定的其他证券”，未来是否将“宝宝”们、银行理财产品、资产证券化产品纳入《证券法》的调整范畴，仍存分歧。二是如何适应创新的要求？比如为满足注册制改革的要求，对信息披露的真实性、完整性如何规定，以及信息披露违法、欺诈的民事责任和刑事责任等等。三是如何适应和协调金融机构分业经营、分业监管的要求，以及实践中的分业界限越来越模糊和金融机构综合经营的要求。另外，对于股市危机中暴露出的问题，我们需要分析总结、提出法律层面的对策，并体现于《证券法》的修订中。由于暂时摆脱了注册制的倒逼，因而《证券法》的修订工作就显得从容多了，但资本市场的上位法与实践严重脱节的情况已严重影响到市场的健康发展，不允许久拖不决，所以《证券法》的修订工作已成为立法工作的重中之重。我们相信，在2016年，《证券法》的修订工作会紧锣密鼓地推进。

（2）继续推进《期货法》的起草工作。《期货法》是20世纪90年代中期与《证券法》几乎同时酝酿起草的，当时已列入全国人大的立法进程。我国第一部《证券法》已于1999年7月1日开始实施，并经过多次修订。2006年，全国人大财经委启动了《期货交易法》的立法程序，并成立了工作小组，然而，此后迟迟不见实质性的举措。在此期间，我国期货市场迅猛发展，不仅市场平稳运行，而且交易品种不断丰富、规模日益扩大，中国期货市场已成为全球最大的商品期货市场之一。以中国金融期货交易所2010年4月16日正式推出的沪深300股指期货为标志，拉开了我国金融期货市场发展的序幕。2013年9月6日，中止了18年的国债期货重启，股票期权也开始上线交易。另外，与原油期货相关的配套政策已于8月底全部出台，上海国际能源交易中心将择机开展原油期货交易。虽然新修订的《期货交易管理条例》已于2012年12月1日实行，但要全面规范期货及衍生品交易各个方面的关系，还要进一步解决期货及衍生品市场发展的基本性、制度性问题，为我国期货及衍生品市场的持续健康发展提供有力的法律保障；同时，《境外交易者和境外经纪机构从事境内特定品种期货交易管理暂行办法》及配套规则已于2015年8月1日起实行。我国期货市场国际化的序幕正在开启，迫切需要提升《期货交易管理条例》的法律层级，制定颁布《期货法》。2013年9月，全国人大将《期货法》列入立法规划，同年12月全国人大财政经济委员会成立了起草组，并分别于2014年5月和11月草拟出《期货法（草案）》

第一稿和第二稿提交讨论。2015 年的股市危机暴露出股指期货等衍生工具制度及规则存在的问题，这些问题也应在《期货法》起草和修改完善时加以重视。我们预期，起草和完善《期货法》的工作在 2016 年会继续推进，但其正式出台还需时日。

（3）注册制改革的制度准备。一般来说，股票发行注册制的推出需要以《证券法》相关内容的修订为前提，然而《证券法》一拖再拖、迟迟不能出台，阻碍了注册制的正常推进。2015 年 12 月 27 日，全国人大常委会表决通过了《关于授权国务院在实施股票发行注册制改革中调整适用〈中华人民共和国证券法〉有关规定的决定》。此决定的实施期限为两年，自 2016 年 3 月 1 日实行，它为注册制早于新《证券法》的推出提供了法制保障。

国务院在获得授权后，需要对拟在沪、深证券交易所上市交易股票的公开发行，调整适用现行《证券法》关于股票公开发行核准制度的有关规定，对具体事项做出相关制度安排。证监会应当根据上述制度安排，制定《股票公开发行注册管理办法》等相关部门规章和规范性文件，对注册条件、注册机关、注册程序、审核要求、信息披露、中介机构职责以及相应的事中和事后监督管理等做出全面具体的规定，并按程序向社会公开征求意见后公布实施。

我们认为，将要建立和实施的有关注册制的具体制度规则都是过渡性安排，并表现出明显的渐变性特征。在新《证券法》颁布后，还需要根据上位法的要求和实践的情况对注册制的相关制度规则做出相应修改和完善。

多年来，我国股票发行制度改革历经坎坷，虽然总体上在沿着市场化、法制化方向发展（从审批制到核准制，再从核准制到注册制的转变，均体现了这一发展方向），在更好地理顺政府与市场的关系方面不断进步，但在股票发行核准制下，由于该改革要面对发行价格合理性、二级市场承受能力、发行节奏快慢、发行人及参与机构外部约束和自我约束不足、企业发行上市融资需求强烈等问题，往往会顾此失彼，效果不能令人满意。

相较而言，注册制的市场化、法制化程度更高，它着力厘清监管边界，减少监管部门的过度干预，使监管重心后移（即从事前监管转向事中和事后监管），突出了以信息披露为核心的监管理念，建立了以投资者需求为导向的信息披露规则，强化了对违法违规行为进行“秋后算账”的机制，强化了法规制度的威慑力，致力于维护市场的公开、公平、公正原则。注册制可以更多地发挥市场机制的作用，提升市场约束力，强化市场主体自律。证监会表示，注册制改革是一个循序渐进的过程，要保证注册制与核准制实现平稳对接，处理好改革的节奏、力度与市场可承受度的关系。

我们认为，注册制的推出应当以稳妥为前提，重视市场的稳定运行。预计在相关制度准备工作完成后，注册制会在2016年成行。

（4）新股发行重启的制度准备。股灾发生后，作为救市措施之一，7月4日国务院会议决定暂停IPO。11月6日，证监会认为股票市场已进入自我修复、自我调节阶段，决定重启新股发行，先按现行制度恢复前期暂缓发行的28家公司的新股发行。同时，沿着市场化方向、向注册制方向靠拢的思路，提出了进一步改革完善新股发行制度的政策措施，包括取消新股申购预缴款、优化投资者回报机制、突出审核重点、完善新股发行定价机制、强化中介机构监管等举措。落实上述措施，需要修订或制定相关规则，证监会提出了《首次公开发行股票并上市管理办法（修订草案）》、《首次公开发行股票并在创业板上市管理办法（修订草案）》、《证券发行与承销管理办法（修订草案）》以及《关于首发及再融资、重大资产重组摊薄即期回报有关事项的指导意见（征求意见稿）》，向社会公开征求意见，预期将很快公布实施。①

（5）完善市场交易机制。这次股市危机产生的原因是复杂的，产生的影响也是多方面的。就交易机制而言，我们对现有交易制度需要分析、反思和完善，应当着重关注回转交易制度、市场停摆机制和程序化交易的市场效应问题。

从回转交易制度来看，我国市场存在股票现货市场与衍生产品市场不匹配、A股市场与港股市场不匹配的问题。目前，我国股票现货市场实行“T+1”回转交易，股指期货市场实行（权证、基金也实行）“T+0”回转交易，而港股市场实行“T+0”回转交易，不同的回转交易制度使期、现两个市场的风险控制功能不对称，有可能通过“T+0”回转交易放大股指期货的交易量，放大期、现市场的价差对A股现货市场价格预期产生的影响，A股和港股不同的回转交易制度也使跨A股和港股市场交易者有可能通过沪港通进行套利。二十年前，鉴于当时信息披露、监管水平、市场效率的实际情况，股票市场开始实行“T+1”交易制度。我们认为，根据市场发展的情况，股票市场全面实行“T+0”交易制度的时机已经成熟，应当考虑恢复“T+0”交易制度，实现A股期、现市场以及港股市场回转交易制度的统一。

从市场“停摆”机制看，包括个股的涨跌停板制度、个股停牌制度（价格触发和事件触发）和市场停市制度（指数熔断和事件熔断），我国已经对个股设计实行了个股价格涨跌停板制度②，个股停牌制度（包括新股上市价格波动触发停

---

① 在2015年的最后一天，证监会正式发布上述四项规章，自2016年1月1日起施行。

② 在此，有必要对涨跌停板制度和停牌制度加以区分。涨跌停板制度是指在一定交易时段里对价格变化幅度设定限制的制度，当市场交易价格触及价格限制上限或下限时，并不停止交易，在限制幅度内的报价均为有效报价，可继续交易。停牌制度是指当制度规定的某一触发因素（如重大资产重组、价格异常波动等）发生时，即停止交易的制度。

牌制度和事件触发的停牌制度)，目前尚未实行除常规停市外的市场停市制度。自 2016 年 1 月 1 日起，上交所、深交所、中金所同步实施指数熔断制度，以沪深 300 为基准指数，当指数达到阈值触发熔断时，沪、深股市暂停所有股票及股票相关品种的交易，股指期货所有产品同步暂停交易。至此，我国建立了内容较为齐全的市场停摆机制，能够在市场出现异常时，给投资者创造一个“冷静期”，以便投资者进行理性思考，降低和抑制过度投机。实际上，人们对于市场停摆制度一直存有争论，反对者强调停摆降低了市场的流动性、延缓了市场达到均衡的时间并影响了市场的效率，我们认为，当前我国股市建立停摆机制应当慎重处之。就已经实施了十九年的个股涨跌停板制度来说，从实际效果看，它往往成为市场操纵的工具，进而助长了投机行为。若坚持实施熔断机制，应当适时取消个股涨跌停板制度。另外，还应当建立重大事件触发市场停市制度，在非交易时段发生重大事件（如战争、重大自然灾害等），有可能对市场稳定产生巨大影响时停市。

从程序化交易的市场效应看，随着技术的进步，程序化交易已成为境外市场普遍使用的交易手段，是一种在计算机和网络技术支持下瞬间完成预先设置好的组合交易的交易手段。高频交易是程序化交易的高级形式，通过程序化交易进行量化投资可以提高精确性、及时性。近年来，程序化交易在我国方兴未艾，受到机构投资者的青睐。从实践看，程序化交易具有双刃剑的特征，一方面能够改善市场的流动性、提高市场效率，另一方面也会加大市场的波动性、伤害市场的公平性。在我国市场上，程序化交易容易造成对中小投资者的不公，甚至出现了利用程序化交易进行违法违规活动的情况。这次 A 股市场从暴涨到暴跌也证明了在存在高杠杆配资的市场里，程序化交易在单边市里起到了推波助澜的作用，不仅加剧了市场的疯狂暴涨，还加剧了市场的崩盘暴跌。我们应当加强对程序化交易的监管，维护正常交易秩序，保护中小投资者的合法利益，从制度层面限制和规范其发展。中国证监会起草了《证券期货市场程序化交易管理办法（征求意见稿)》，并向社会公开征求了意见，预计待修改完善后就会正式发布。

另外，通过市场检验，我国股指期货的有关交易制度也暴露出很多问题。为了应对股市危机，我国曾对相关的股指期货交易制度做了一些调整，待股市恢复常态以后，同样需要在股指期货市场的制度层面做出相应调整和完善，以促使股指期货市场走向常态化，发挥其应有的套期保值、价格发现等基本的市场功能。

（6）建立战略新兴板的制度准备。2015 年 12 月 23 日国务院常务会议确定，建立上海证券交易所战略新兴板，依法推动特殊股权结构类创业企业在境内上市。两天后，证监会副主席方星海表示，推出战略新兴板为 2016 年发展资本市场五项重点工作中的首要任务，战略新兴板 2016 年一定要推出。酝酿两年的战略新兴板终于得以确立，并步入了建立阶段，而股票发行注册制的落地也为其顺利推出提供了条件。战略新兴板的基本定位是战略性企业、创新型企业，其定位介于主板和创业板之间。战略新兴板与创业板相衔接，并可能有所交叉。接下来，我们需要为战略新兴板的推出建立必要的制度规则，如发行审核、上市条件、信息披露、交易机制等。

(7) 降低券商准入门槛，完善证券公司风控指标、规则和制度。与公司股票发行注册制改革相对应，在市场化改革方面，对证券公司而言也需要放松管制、加强监管，我们应当在《公司法》、《证券法》、上位法及《证券公司监管条例》的基础上，降低券商准入门槛，完善证券公司风控指标、规则和制度。

降低证券公司行业准入是证券市场市场化改革的一个重要方面。2014 年，证监会表示，关于券商牌照的管理规则正在研究制定过程中。可以预期，证券经营机构各类主体准入条件将进一步放宽，民营资本、专业人员等有可能出资设立证券公司，也就是券商投资主体将更加丰富，这样将会促进证券公司新设和收购兼并，从而带来增量和结构的变化，市场化改革将使证券公司在竞争中提高整体质量和服务水平。尽管经历过股市危机后，有人担心准入门槛的降低和放松在短期内有可能增加券商的整体风险，但从长远来看，其利大于弊，放松管制、加强监管、推进市场化改革是大势所趋。2015 年 12 月 23 日国务院常务会议确定，研究证券、基金、期货经营机构交叉持牌，稳步推进符合条件的金融机构在风险隔离基础上申请证券业务牌照，预期证监会应当继续推进相关券商牌照管理规则的制定工作。

股票市场规模的扩大以及市场交易的活跃、成交量的放大，为证券公司创造了新的盈利机会。另外，近年围绕市场化、国际化改革，我国资本市场推出的一系列创新，也使证券公司迎来了前所未有的发展机遇，如融资融券、证券公司资产证券化业务、新三板、沪港通、股票期权、股权众筹融资等，即将推出的注册制改革、深港通，还有恢复“T+0”交易机制、沪伦通的预期等，都为证券公司提供了新的业务发展空间，使证券公司盈利预期高企、前景良好。另外，证券公司自身的风险管理也面临更加复杂的环境，其风控问题需要格外重视和加强，用以提高证券公司风险控制指标体系的有效性和针对性。为此，我国应当对有关的风控指标、规则和制度进行必要的完善。2014 年证监会启动了《证券公司风险控制指标管理办法》的修订工作，在对股市危机暴露出的问题进行有针对性的研究及补充后，这两项制度应能在 2015 年发布施行。

(8) 尽快发布施行《上市公司监管条例》。《上市公司监管条例》是上市公司监管的“基本法”，作为资本市场重要主体——上市公司的规范条例长期缺位，在很大程度上制约了上市公司的规范运作以及依法监管的效果，影响了我国资本市场制度建设的进程。2007 年 9 月，国务院法制办曾就《上市公司监管条例（征求意见稿）》向社会征求意见，而后搁置了逾八年的时间，主要是由于《上市公司监管条例》涵盖的内容极为广泛和复杂，涉及公司治理结构、控股股东和实际控制人、发行证券、关联交易和重大担保、信息披露、监督管理等。其中，很多内容需要部门间的协调，如国有股股东行为的监管措施以及同业竞争、关联交易等方面的内容。此外，由于资本市场的快速发展和变化，原《上市公司监管条例（征求意见稿）》中的很多内容还未推出就已落后于市场实践了，需要进行动态完善。证监会组织的新起草小组在进行了多轮讨论和论证后，已经将其列入国务院 2015 年立法工作计划，并作为力争年内完成的项目。

我们认为，《上市公司监管条例》的长期缺位，不利于依法对上市公司实施监管，尽管对一些具体内容还存有不同意见，但最好搁置争议部分，尽快推出重新起草的《上市公司监管条例（征求意见稿）》，预期 2016 年首部《上市公司监管条例》将会发布施行。

（9）完善上市公司股权激励制度。良好的股份公司股权激励制度，能够将公司股东的利益和经营者等劳动者的利益相协调，在促进公司发展中实现所有者和劳动者的双赢，引导公司管理层以及全体员工在关注当前利益的同时，也关注公司的长远发展，同时提高公司员工的劳动积极性，通过促进企业创新、建立和提高核心竞争力、提升公司业绩、实现可持续发展等在所有者与劳动者之间形成合力。2005 年底，证监会发布了《上市公司股权激励管理办法（试行）》，自 2006 年起施行。来自证监会的数据显示，截至 2015 年 10 月底，共有 775 家上市公司推出了股权激励计划，涉及股权激励计划达 1 077 个。在 10 年的时间里，我国资本市场发生了巨大变化，随着市场化改革的不断深入，在强化信息披露的基础上，监管重心从事前监管逐步后移；在实践层面，市场主体对股权激励也提出了差异化的要求。我们需要在坚持统一性的基础上，赋予上市公司较为灵活的决策空间，对于原有规则已不适应新情况、新实践的要求，亟待修订完善。证监会在做了六大方面的修改完善之后，拿出了《上市公司股权激励管理办法（征求意见稿）》，正在向社会公开征求意见，预期不久就会发布施行。

（10）完善证券投资者保护基金制度。投资者保护是证券市场长期发展的重要基石，证券投资者保护基金制度是投资者保护制度的基本组成部分。我国现行的《证券投资者保护基金管理办法》是 2005 年基于当时证券市场的实际情况发布的，彼时证券公司风险集中爆发，危及投资者的利益和社会稳定。十年来，证券投资者保护基金对投资者保护提供了制度基础，但随着证券市场的快速发展，投资者保护方面也发生了很大变化。从实践看，我们未见证券投资者保护基金拿出资金来赔偿投资者损失的实例。在投保基金公司的治理机制、基金来源渠道、投保基金的运用形式等方面，原有规定已落后于实践，有必要对《证券投资者保护基金管理办法》进行修改完善。2015 年 11 月 30 日，证监会就修订《证券投资者保护基金管理办法》公开征求意见，主要对以下六个方面的内容进行了修订：一是完善了投保基金公司的治理结构；二是优化了证券投资者保护基金的筹集程序；三是增加了投保基金公司的融资方式；四是适当拓宽了证券投资者保护基金的运行形式；五是增加了证券公司向投保基金公司报送涉及客户资金安全的数据和材料的规定；六是调整了投保基金公司信息报送制度等。若无特殊情况，该文件将会很快公布施行。

我们认为，这次修订具有局部性、过渡性的特征。从长远看，我国证券市场的投资者保护工作任重而道远，证券投资者保护基金对投资者保护的范围还需扩大，还需从防范和处置证券公司风险拓展到防范和处置其他市场主体风险，如上市公司、会计师事务所、机构投资者、大股东等；同时，相应扩大投资者保护基金的资金来源（包括证券违法违规罚没款项、上市公司等其他主体缴纳的款项等）和使用的范围。并且要提升制度层级，从部门规章提升至政府条例。

另外，在资本市场中的市场主体开展投融资活动时，往往伴随着金融消费和服务活动。例如，投资者为了完成投资活动，将依赖和接受证券公司的经纪服务，咨询公司的咨询服务；在企业的上市过程和上市后，企业需要接受券商等中介机构提供的各种业务和服务；而交易所、登记公司也为投资者、上市公司、基金公司、证券公司等提供了市场活动所必需的交易平台、登记过户等服务。所以，投资者往往也是消费者；有时，企业、基金公司、证券公司等也是金融消费者。2015 年 11 月，国务院办公厅印发了《关于加强金融消费者权益保护工作的指导意见》，对我国进一步加强金融消费者权益保护进行了部署并提出了要求，因而资本市场也需要建立相应制度，为金融消费者的权益保护提供制度保障。

（11）升级私募基金的制度层级。近年来，我国私募基金发展迅猛，来自中国证券投资基金业协会的数据显示，截至 2015 年 10 月底，公募基金资产净值合计 7.1 万亿元。同期，基金业协会已登记私募基金管理人 21 821 家，已备案私募基金 20 853 只，认缴规模 4.89 万亿元，实缴规模 4.04 万亿元。其中，15 968 只私募基金是 2014 年 8 月 21 日《私募投资基金监督管理暂行办法》发布实施后的新设基金，认缴规模 3.11 万亿元，实缴规模 2.53 万亿元。私募基金从业人员 33.92 万人，私募基金已成为市场中机构投资者的重要力量。与此同时，私募基金募集的范围越来越广，投向的领域日益多元化，投资手段的技术含量越来越高，致使非法私募频发、违法犯罪案件惊人、涉及面广、社会危害大，暴露出私募基金监管方面的诸多漏洞。中国证监会联合多部门打击非法私募取得了很大成效，查处了一大批违法违规案件。

私募基金的资金规模、治理结构、投资方向、运作模式、管理水平、盈利水平等都存在巨大差异，具有高风险性、高收益率、高淘汰率、高流动性（人员和投向）、高投机性特征。近两年，其发展过程中又凸显出资金来源渠道复杂化、投资领域多元化等新特征。与私募基金迅猛发展的现实相比，现有监管法规已滞后于私募基金实践。中国基金业协会制定了一系列文件，拟征求意见后发布，以规范私募行业的发展，包括《私募投资基金管理人内部控制指引（征求意见稿）》、《私募投资基金信息披露管理办法（征求意见稿）》、《私募投资基金募集行为管理办法（试行）（征求意见稿）》、《私募投资基金合同指引（征求意见稿）》。

应当指出，对于私募基金的监管，客观上需要证监会、银监会、保监会、工商、公安等多部门协调行动，由证监会主导的跨部门监管将现常态。证监会根据《中华人民共和国证券投资基金法》制定发布的《私募投资基金监督管理暂行办法》的部门规章层级已难以适应现实的监管要求，需要从部门规章升级到政府条例。《私募投资基金管理暂行条例》的起草已列入国务院 2015 年立法工作计划，期待 2016 年能够正式发布。

（12）动态完善资本市场对外开放法律制度。作为中国金融领域对外开放的重要组成部分，资本市场对外双向开放也不断向前推进，合规机构投资者（QFII、QDII、RQFII）继续发展，沪港通已经运行满一年的时间，深港通即将开通，沪伦通正在探讨，中国内地市场与其他境外股票市场的互联互通机制有逐步扩展的趋势；内地与香港基金互认已经启动，为资金跨境双向流动增加了新渠道。我们需要根据市场的发展，继续适时降低合规机构投资者（QFII、QDII、RQFII）的门槛，同时增加额度。沪港通的相关制度需要根据实践情况加以改进和完善，如额度的调整、可交易标的股票的调整、投资者门槛的调整，然后以沪港通的相关制度为参考建立深港通的相关制度。由于跨境投融资活动日趋活跃，因此跨境证券投资服务、跨境监管执法合作也必须跟上，我国需要建立完善相应的制度规则。从长远来看，未来不仅有跨境资金的对流，也会有更多形式的、对资本市场主体的双向开放，我国资本市场对外开放是一个动态、渐进、系统、有序推进的过程，也要求资本市场对外开放的法律制度随之动态完善。

（13）继续推进场外市场的制度建设。我国多层次资本市场建设正在推进，交易所市场（主板和创业板以及拟建设的战略新兴板）和场外市场（全国性市场——新三板和区域性市场）初见雏形。近两年，我国场外市场的快速发展引人注目，并对制度建设提出了迫切要求。

2013 年底，国务院发布了《关于全国中小企业股份转让系统有关问题的决定》。自此，新三板明显加快了发展步伐，从 2013 年底的 356 家挂牌企业、

553.06 亿元总市值发展到 2014 年底的 1 572 家挂牌企业、4 591.42 亿元总市值，再到 2015 年 12 月 31 日的 5 129 家挂牌企业。[①] 我国已经形成了以《非上市公众公司监督管理办法》、《非上市公众公司收购管理办法》、《非上市公众公司重大资产重组管理办法》、《全国中小企业股份转让系统有限责任公司管理暂行办法》等部门规章和行政规范性文件为基础，以市场层面业务规则为主体的制度框架体系。

根据新三板发展的实际情况，2015 年 11 月 20 日证监会制定并发布了《关于进一步推进全国中小企业股份转让系统发展的若干意见》，提出加快发展全国股转系统具有重要的战略意义，并从七个方面对推进全国股转系统制度完善做出了部署，提出了当前发展全国股转系统的总体要求。接下来，我们需要大力推动新三板制度建设，主要包括市场内部分层及差异化监管制度、区域股权市场的对接机制、挂牌企业向创业板转板的机制、挂牌企业融资制度、多元化的交易机制、做市商的监管制度等。目前，证监会已启动了所涉及的相关制度规则的修订和制定工作，全国股转公司也在相应完善规则，制定的《全国股转系统挂牌公司分层方案（征求意见稿）》已向市场公开征求意见，提出了基础层和创新层的分层方案。我们预计，2016 年新三板制度建设将紧锣密鼓地推进。

区域性股权市场（四板市场）是场外市场的重要组成部分。近年来，各地股权交易市场较快发展，提升了相应企业的股权流动性，对支持中小微企业直接融资，推动大众创业、万众创新起到了积极作用。但是，以区域性股权市场为代表的场外市场在爆发式增长的情况下，也出现了野蛮无序生长的问题。各地市场良莠不齐，甚至出现了混乱和纠纷，隐含了巨大风险。由于统一监管规则的缺位，在市场定位、功能作用、监管体制和监管实施、市场规则等方面缺少统一性，从而影响了市场的发展和监管的效果。2011 年 11 月至 2012 年 8 月，国务院、国务院办公厅和证监会接连出台了《关于清理整顿各类交易场所切实防范金融风险的决定》（国发［2011］38 号）、《关于清理整顿各类交易场所的实施意见》（国办发［2012］37 号）、《关于规范证券公司参与区域性股权交易市场的指导意见（试行）》（证监会公告［2012］20 号），开展了对场外市场的清理整顿工作，严厉打击了场外交易中的违法行为，取缔了不合法的场外市场，使区域性股权市场逐步走上了规范发展的道路。此外，证监会已制定了《区域性股权市场监督管理试行办法（征求意见稿）》并公开征求了意见。证监会表示，正在根据征求意见中的合理意见和建议，抓紧会商有关部委对《区域性股权市场监督管理试行办法（草案）》（以下简称“草案”）做进一步的修改完善，下一步拟报国务院批准后发布。

① 数据来自全国中小企业股份转让系统，http：//www.neeq.cc/marketnewsMouth。

股权众筹融资是指融资者通过股权众筹融资互联网平台以非公开发行方式进行的股权融资活动。其定位于股权融资中对主板、三板和区域性四板的有效补充，股权众筹融资对拓宽中小微企业融资渠道起到了积极作用，同时也存在一些不容忽视的问题和风险。由于制度基础空缺、规范性差、监管有效性低、法律地位不明确、风控机制缺位、投资者权益保障不够、业务边界模糊，如众筹融资与非法集资的界限不清，近年来影响社会稳定的欺诈、跑路等违法违规事件频发，因此股权众筹融资监管制度的建立已经刻不容缓。2015 年 3 月，国务院办公厅印发了《关于发展众创空间推进大众创新创业的指导意见》，鼓励地方政府开展互联网股权众筹融资试点。7 月，中国人民银行等十部门联合发布《关于促进互联网金融健康发展的指导意见》，明确了证监会对股权众筹融资的监管主体地位。我们需要据此以及近来股权众筹融资的实践，社会各界的意见和建议，在 2014 年底中国证券业协会公布的《私募股权众筹融资管理办法（试行）（征求意见稿）》的基础上，研究新情况、新问题，对征求意见稿进行必要的修改完善后，予以发布施行，我们认为这一规则制定和发布的主体应由证券业协会改为证监会。12 月 25 日，证监会副主席方星海表示，2016 年将启动股权众筹融资试点。预计股权众筹制度建设将加快。

另外，作为场内市场的创业板已经运行了六年的时间，需要进行制度优化，包括市场分层制度、投资者适当性制度、交易机制、信息披露制度、退市制度、再融资制度。同时，还需要明确创业板市场（以及将要推出的战略新兴板）、新三板市场、区域股权交易市场和股权众筹的各自定位，建立转移、转板机制，促进中小企业股权融资市场层次化、系统化的健康发展。国务院明确要依法推动特殊股权结构类创业企业在境内上市，在制度建设方面要为中概股回归做出准备。

2.2.3 上市公司业绩

上市公司业绩是衡量公司质量的重要指标，也是决定公司投资价值的基本因素之一。2015 年，我国宏观经济增速在 2014 年基础上继续放缓趋稳，各季度增速均衡，全年增速接近 7%的水平。与此相适应，上市公司业绩基本反映了宏观经济状况，在 2014 年基础上增速放缓。Wind 资讯统计显示，按期披露三季报的 2 800 家上市公司前三季度整体实现净利润 19 923.16 亿元，同比增长 1.46%，增幅大幅下降。综合国际环境和我国宏观经济运行增速趋稳及政府有关调控政策分析，我们预计：2016 年上市公司销售环境有所改善，其整体业绩将在 2015 年的基础上趋稳回升，整体业绩增长应在 7%左右。其中，金融股尤其是银行股仍是利润增长贡献的中坚力量，同时也将表现出上市公司之间业绩的结构性变化。

金融类上市公司的整体业绩将呈现出明显超过市场平均水平的增长，继续占据全部上市公司利润的大半壁江山，而金融股内部则会继续表现出结构性变化。

其中，受IPO重启、新三板市场爆发式成长、深港通起航等因素影响，券商和大比例持股券商的类券商上市公司业绩将继续表现出快速增长的态势，保持整体50%的增长速度。银行类公司业绩在利率市场化改革下利差缩小、存款增长继续放缓以及法定存款准备金率继续下调等因素综合影响下，业绩实现5%左右的增长。其中，中小上市银行的业绩整体领先大型银行的格局仍将继续，并会呈现内部个体分化现象。四家保险类上市公司的业绩会继续保持快速增长，整体增速有望在20%左右。

房地产类上市公司的业绩受政策影响将呈现整体回升的态势。2016年，供给侧结构性改革将有实质性动作。就房地产业而言，将通过各种政策举措（可能会包括加快农民工市民化、鼓励购买库存商品房、鼓励开发商适当降房价、促进行业兼并重组、取消过时的限制性措施等）来化解房地产库存，因而房地产的销售形势将会好转，有利于相关房地产上市公司的业绩提升。另外，通过促进房地产业兼并重组、提高产业集中度，将使房地产上市公司面临通过整合做大做强的机会，有利于其业绩的提升。

从总体上说，军工造船类、航空航天类上市公司的业绩呈现稳定增长态势。近年来，国防和军队的现代化建设步伐加快。其中，航空航天、海军的现代化建设表现突出，故军工造船类、航空航天类上市公司受益明显。但是，由于该领域的市场化程度不高，指令性、计划性色彩较浓，而且相关的上市公司超过百家，可能导致不同公司业绩出现很大差异。此外，重点核心龙头企业的盈利能力会明显强于非核心的外围企业。

基于宏观经济整体增速放缓后企稳的预期，顺周期性行业整体业绩恶化的势头有可能不再继续，包括基建、煤炭、钢铁、工程机械、化工、有色金属等类上市公司。随着“一带一路”战略的推进，对有关上市公司已经产生了实质性影响，比如铁路公路建设、大型装备制造类中一些外向型较强的上市公司的境外业务增长可期，其业绩可能会有较好的表现，而受益于中国高铁走向海外的铁路基建及高铁装备制造受益明显。

医药生物类上市公司属于对经济周期敏感性低的行业，在经济处于低潮时，它们往往也能保持较好的业绩。2015年，在经济增速下行的情况下，医药生物类板块上市公司净利润也实现了将近20%的增长，预计2016年它们的业绩也将实现稳定增长。其中，具有拳头产品的、掌握有新技术和新方向的公司会有更好表现。受屠呦呦获诺奖鼓舞，中医药迎来了良好的发展机遇，对相关上市公司的业绩提升具有推动作用。

新兴产业是引领经济发展的重要力量，能够不受经济周期的波动影响并实现持续增长。供给侧结构改革为新兴产业类上市公司的发展增加了新的政策动力，使它们的整体业绩有望保持高速增长，如精准医疗、养老服务、人工智能、新能源汽车、“互联网＋”、“云计算”等会有突出表现。新兴产业中的很多企业都是新企业或是传统行业中的老企业转型过来的，需要经历培育、淘汰、成长的过程，其业绩也会表现出不稳定。企业的业绩将表现出明显的差异，如新兴产业中有很多上市公司的业绩耀眼，同时也存在大量的亏损上市公司将是常态。

2.2.4 资金供求情况①

从总体上看，2016 年资本市场的资金供给和资金需求都将有巨大变化，表现为双向快速增长，而资金供需总体均衡。据悉，《关于进一步显著提高直接融资比重 优化金融结构的实施意见》已于 2015 年 12 月 23 日通过国务院常务会议审议，近期将以国务院文件形式发布实施，其中包括完善股票、债券等多层次市场，丰富直接融资工具，促进投融资均衡等内容。

(1) 资金供给。中央经济工作会议提出 2016 年坚持稳中求进的工作总基调，坚持稳增长、调结构的思路，继续实施积极的财政政策和稳健的货币政策，以适度扩大总需求，加强供给侧结构性改革。积极的财政政策应更有力度，比如实行减税政策、提高财政赤字率。稳健的货币政策要灵活适度，以保持流动性合理充裕和社会融资总量适度增长，进一步降低企业融资成本。我们判断，财政政策将比 2015 年更加积极，货币政策会较 2015 年继续放松。来自中国人民银行的初步统计数据显示，2015 年（截至 11 月）社会融资规模为 13.42 万亿元，比 2014 年同期减少了 1.34 万亿元，月末人民币贷款余额 93.36 万亿元，同比增长 14.9%，比 2015 年同期提高了 1.5 个百分点（自 2015 年起，人民币贷款包含了拆放给非银行金融机构的款项，这就导致人民币贷款余额同比增速被高估）。年末（截至 11 月末）广义货币（M2）余额 137.40 万亿元，同比增长 13.7 %，比 2014 年同期提高了 1.4 个百分点。从总体上看，全社会流动性供给基本合理。

我们预计，2016 年全年累积社会融资规模将快速增长，总量将接近 18 万亿元，年末广义货币（M2）余额将达到 160 万亿元，增速在 14%左右，实际新增贷款规模将超过 12 万亿元。全社会资金供给总量在 2015 年基础上继续保持相对充裕。

在全社会资金供给总量相对充裕的情况下，资本市场的发展将继续吸引社会资金的流入，推动社会资金分布结构的变化。2015 年股票市场大起大落，引起全社会关注度空前提升，也吸引了场外资金大规模的流入和流出，展现了庞大的

① 随着人民币国际化程度的提高，人民币跨境支付规模日益增加，将在一定时期总体上表现为净流出，对境内人民币的供求状况将产生越来越大的影响。鉴于中国人民银行尚未实现人民币跨境支付数据发布常态化，我们无法定量分析其影响，建议中国人民银行加快人民币跨境支付数据发布系统的建设。

社会资金捕捉投资机会的景象以及股市的财富效应对资金的强大引力。我们认为，股市结束疯狂、回归常态以后，依然具有良好的发展前景，将继续释放财富效应，加上中国人民银行继续降准降息以及其他宽松措施和政策的引导，股票市场将继续吸引场外增量资金进入。

2016年原有的股市资金渠道，如公募基金、私募基金、券商资管资金、保险资金、企业年金、保障基金、融资融券、QFII（合格境外机构投资者）、RQFII（人民币合格境外机构投资者）、沪港通等，总体上将继续保持资金流入的增长。内地与香港两地基金互认、深港通预期、2015年出台的《基本养老保险基金投资管理办法》对资金入市的正向作用、IPO新规实行市值配售的同时取消预交款，将导致部分打新资金回流进入股市和债市二级市场。

在严厉打击金融欺诈、非法集资等行为的形势下，投入到各种不合规甚至非法的社会融资中的资金将会撤离，其中的一部分会直接或间接通过基金等渠道进入股市，在管理层清理、整顿、规范股市杠杆的形势下，场外配资中的一部分资金也会通过私募或公募基金、资管等渠道再次进入股市，还有部分资金会进入交易所债券市场。这类资金具有强逐利性、高流动性、大波动性以及数量的不稳定性等特征，预计2016年会有3 000亿～1万亿元资金进入股市，7 000亿～8 000亿元资金进入交易所债市。

证券投资基金是将资金从储蓄引导到投资、从间接融资引导到直接融资的重要转换器，也是场外资金进入场内的重要渠道。2015年公募基金产品发行大幅增长，混合类产品爆发，根据Wind资讯统计：截至12月18日，发行的新基金770只，继续维持较高的发行数量。募集资金的规模为15 689亿元，较2014年增加了292%，其中股票型基金的募资额为3 549.45亿元，较2014年增加了290.86%。混合型基金412只，募资额为11 118亿元，较2014年增长了926%。公募基金成为股票市场资金供给的主要力量，预计2016年将有7 000亿元的资金通过公募基金渠道进入股票市场，有8 000亿元的资金通过公募基金渠道进入交易所债券市场。

近年来，证券公司融资融券业务得到快速发展，见表基—2。2015年初受市场疯狂上涨的推动，沪、深证券交易所两融余额不断攀升，到6月18日创出历史峰值，达到22 730.35亿元（其中融资余额22 666.35亿元）；此后，随着股市跳水式下跌，两融余额也快速萎缩，至9月30日创出全年最低的9 067.09亿元（其中融资余额为9 040.51亿元）；而后随大盘企稳缓慢上涨，两融也逐步上升，2015年12月30日两市融资融券余额达到11 913.22亿元（其中融资余额11 883.29亿元）。预计2016年，证券公司融资融卷业务将会保持增长的态势，两市融资余额将在1.5万亿元左右，较2014年增加3 000亿元左右。

表基—2 沪、深证券交易所融资融券数据

日期	融资融券余额（亿元）	融资余额（亿元）
2012-12-31	895.16	856.94
2013-12-31	3 465.27	3 434.70
2014-12-31	10 256.56	10 173.73
2015-12-30	11 913.22	11 883.29

资料来源：上海证券交易所、深圳证券交易所。

截至2015年11月27日，QFII控制总额度为1 500亿美元，QFII累计批准额度达到790.99亿美元。RQFII从中国香港扩展到新加坡、伦敦等16个国家或地区并获得试点资格，总投资额度达到1.21万亿元，其中2015年增加0.44万亿元。截至2015年11月27日，香港地区、英国伦敦、新加坡、法国和韩国等十个国家或地区的机构已申请RQFII资格并开展了相关业务，RQFII累计批准额度达到4 365.25亿元人民币。① 2015年3月，外管局取消了所有QFII 10亿美元额度上限，未来两类合格机构投资者（QFII、RQFII）的额度会逐步放开，内地与香港两地基金互认政策已经实施。随着A股市场的活跃，预期通过QFII和RQFII将流入资金2 000亿元左右。

2014年11月17日沪港通开始试点，此举拓展了资金跨境双向流通渠道，有利于沪、港股市互联互通。对A股市场而言，开拓了香港资金流入的渠道，同时也开拓了香港之外的境外资金转口香港流入内地的渠道，也就是全球的资金都有可能通过这一渠道进入中国股票市场。目前，我国对人民币跨境投资实行额度管理。其中，沪股通的总额度为3 000亿元人民币，每日额度为130亿元人民币；港股通的总额度为2 500亿元人民币，每日额度为105亿元人民币。截至2015年12月25日，沪股通累计净流入资金1 195.38亿元，总额度余额1 804.62亿元②；港股通累计净流出资金1 070.00亿元，总额度余额1 430.00亿元。③ 两者相抵后，内地市场净流入734.62亿元，远低于试点初期的预期。一年多来，沪港通运行平稳，其交易机制不断完善，并积累了经验。2016年，沪港通将进一步改进和扩容，深港通即将开行。我们预计内地与香港股市的互联互通机制在2016年能够为内地市场带来接近1 000亿元的净流入。

随着沪港通的开通，QFII、RQFII额度配置的放松，内地与香港基金互认和深港通、沪伦通的预期，境外资金进入A股市场的渠道得到了拓展，增加了净流入资金的规模。人民币国际化程度的显著提高，将促进境外投资者对中国A股股票的配置，客观上要求相应的全球性股票指数考虑中国因素。MSCI新兴市

① 参见国家外汇管理局，http://www.safe.gov.cn/。

② 参见香港交易所，http://www.hkex.com.hk/chi/csm/chinaConnect.asp?LangCode=tc。

③ 参见上海证券交易所，http://www.sse.com.cn/marketservices/hkexsc/home/。

场指数是全球知名的指数和投资决策工具提供商明晟（Morgan Stanley Capital International，MSCI）公司编制的，它是全球投资组合经理采用最多的基准指数，尽管2015年中国A股最终未被纳入MSCI新兴市场指数，但伦敦证券交易所集团（LSE）旗下的富时罗素正就将A股纳入富时（FTSE）新兴市场指数事宜积极行动。随着A股市场对外开放程度的提高，A股纳入MSCI指数和FTSE指数是迟早的事。彼时，境外投资者必将进一步加大A股配置，从而引发更多的境外资金流入，而具有前瞻性的机构投资者会提前调入资金及布局。

综合判断，2016年资本市场的资金供给在总体上较2015年显著增加。交易所市场资金供给总量在3.1万亿～3.9万亿元，股市为1.6万亿～2.3万亿元，债市为1.5万亿～1.6万亿元。

（2）资金需求。2016年我国股票市场将显著扩容，注册制的实行、沪市战略新兴板的建立都预示着交易所IPO将明显加速；上市公司再融资规模也会继续扩大；新三板建立分层制机制的同时将大幅增加挂牌公司数量；区域性股权交易市场开始进入规范发展阶段；场外市场将在逐步实现股权流动性功能的基础上，开始显露融资功能；债券市场的发展也将加速。从资金需求的角度看，2016年将显著增长。

从2015年的情况看，我国资本市场融资功能表现强劲。来自证监会网站的统计数据（见表基—3）表明，2015年（截至11月）沪、深交易所筹资合计17 150亿元，折合全年17 909亿元，是2014年的2.13倍。前11个月A股市场累计筹资总额为6 955.31亿元，折合全年7 587.61亿元，比2014年全年的4 856.43亿元增长了56%；其中，IPO筹资额为1 537.54亿元，折合全年1 677.32亿元，比2014年全年的668.89亿元增长151%；再融资筹资总额（现金）5 417.77亿元，比2014年全年的4 187.54亿元多出1 230.23亿元。2015年上半年二级市场的疯涨行情给A股筹资提供了极好机会，但由于市场出现暴跌，IPO一度暂停4个月后于11月份重启。2016年，A股市场IPO及再融资筹资额均实现高速增长，我们根据2015年新股发行的公开资料统计，全年共发行A股新股220只（其中，上海主板89只，中小板45只，创业板86只），总募集资金1 588.04亿元（其中，上海主板1 086.9亿元，中小板186.27亿元，创业板314.87亿元）。[①] 另外，2015年前11个月债券市场累计融资总额10 194.67亿元，折合全年为11 121.46亿元，是2014年的3.11倍。其中，公司债发行筹资额是2014年的近4倍，呈现爆发式增长。在交易所市场中，股市、债市双双表现出强大的融资功能。

① 未扣除发行费用及存量发行老股转让部分。

表基—3 资本市场筹资统计表 单位：亿元

	境内筹资合计	A股首次发行	A股再筹资金额			债券市场筹资额				
			公开增发	定向增发（现金）	配股	权证行权	可转债	可分离债	公司债	中小企业私募债
2008年	3 596.16	1 036.52	1 063.29	361.13	151.57	7.20	55.60	632.85	288.00	—
2009年	4 609.54	1 879.00	255.86	1 614.83	105.97	38.86	46.61	30.00	638.40	—
2010年	10 275.20	4 882.63	377.15	2 172.68	1 438.25	84.28	717.30	0.00	603.00	—
2011年	6 780.47	2 825.07	132.05	1 664.50	421.96	29.49	413.20	32.00	1 262.20	51.03
2012年	5 850.31	1 034.32	104.74	1 867.48	121.00	0.00	157.05	0.00	2 471.97	93.75
2013年	6 884.83	0.00	80.42	2 246.59	475.75	0.00	551.31	0.00	3 219.91	310.85
2014年	8 427.01	668.89	18.26	4 031.30	137.98	0.00	311.23	0.00	2 482.30	777.05
2015年 1—11月	17 149.98	1 537.54	0.00	5 375.44	42.33	0.00	93.80	0.00	8 968.76	1 132.11

说明：（1）数据来自中国证监会网站，http：//www.csrc.gov.cn/pub/newsite/sjtj/zqscyb/。

（2）本表首发筹资金额以IPO上市首日为基础统计。

（3）2014年共有619家公司定向增发，其中定向增发资产认购筹资2 634.43亿元；自2012年12月起，考虑到中小企业私募债从发行到上市交易的时间间隔较长，而且不确定性因素较多，因此将原来按交易起始日统计变更为按托管登记日统计，并对原来的数据进行了回溯调整。

（4）对于2012年的累计数据，由于证监会网站不同时间的月报之间有很大出入，因而表中采用了2012年12月的统计数据，http：//www.csrc.gov.cn/pub/zjhpublic/G00306204/zqscyb/201301/t20130122_220685.htm。

根据中国证监会网站公布的首次公开发行股票申报企业基本情况的数据统计，截至2015年12月24日，中国证监会受理首发企业750家；其中，已过会73家，未过会677家。未过会企业中正常待审企业653家，中止审查企业24家。① 由此可见，拟通过IPO进行筹资的企业数量非常充足。股票发行注册制将于2016年3月实行，预计2016年新股发行速度会明显加快，全年将有450家左右的企业发行上市，A股市场首发筹资额将在3 000亿元左右。另外，在A股上市公司再融资方面，融资总额（现金）将在8 000亿元左右，主要依赖定向增发方式（其增发的主要对象是产业资本），部分上市公司也可能会采取公开方式增发。值得重视的是，近年限售股解禁后，会有部分原始投资者将所持股份套现离场，而产业资本套现已成为股票市场资金流出的主要力量。据Wind资讯统计数据，2014年、2015年、2016年限售股解禁股数（和解禁市值）分别是1 316.33亿股（1.62万亿元）、1 892.52亿股（2.28万亿元）、1 322.12亿股（2.30万亿元），2015年上市公司重要股东和高管通过二级市场或大宗交易进行减持，累计减持金额达到4 566亿元。考虑到证监会2015年7月8日发布的减持禁令［即从7月8日起6个月内，上市公司控股股东和持股5%以上股东（以下并称大股东）及董事、监事、高级管理人员不得通过二级市场减持公司股份］将于2016年1月9日到期，因此2016年解禁后的大小非减持金额可能超过6 500亿元。

2015年实行的《公司债券发行与交易管理办法》对于发行主体范围的扩大和管制的放松，推动了公司债券发行的爆发式增长，预计2016年交易所债券市场继续快速增长，全年累计筹资总额将达1.5万亿元左右。

新三板等场外市场的迅猛发展，将对资金产生一定的吸纳作用，并形成一定的资金需求，但它们对交易所市场的资金分流作用不会很大。主要原因在于，根据现行规则，新三板投资者500万元的门槛较高，投资者以风险投资者为主，其投资资金主要是风险投资资金和机构投资者基于资产配置要求的一些资金。目前，新三板等场外市场只有协议转让和做市转让方式（没有竞价方式），加之成交量小（2015年前11个月累计成交金额仅1 672.4亿元②），因而制约了市场流动性。目前，定向增发是新三板挂牌企业股权融资的唯一方式，融资规模较小。

从融资结构看，在A股市场上，IPO、再融资以及大小非解禁套现均处于活跃的状态。从以上数据分析可以看出，股票二级市场上原始股东套现远远大于IPO带来的资金压力，所以将来解决股市供求平衡、稳定发展的关键在于能否稳

① 参见中国证监会网站，http：//www.csrc.gov.cn/pub/zjhpublic/G00306202/201512/t20151225_288644.htm。

② 参见全国中小企业股份转让系统，http：//www.neeq.cc/marketnewsMouth。

住解禁股套现问题。在 IPO 方面，中小企业板、创业板 IPO 会继续跑在主板前面。在交易所市场上，股权融资和债权融资都呈现显著增长的态势。在债权融资方面，公司债发行继续高速增长，成为债券市场发展的主要力量。

预计 2016 年资本市场的总体融资需求有显著增加，总需求金额大约在 3.2 万亿元；其中，股票市场 1.7 万亿元左右（IPO 3 000 亿元左右，股票再融资 7 500 亿元左右，大小非解禁后套现 6 500 亿元左右），交易所债券市场 1.5 万亿元左右。

综合判断，2016 年资本市场的资金供给强于资金需求，并表现为双向显著增长的态势。

2.3 2016 年股票二级市场展望

2015 年，对于中国股市是惊心动魄的一年、难忘的一年，也是必将记入史册的一年。A 股一级市场融资功能表现突出，发行家数和筹资规模双双呈现爆发式增长。二级市场走出了“过山车”式的疯涨暴跌—引发股灾救市—缓慢回升的行情。

2015 年年初，上证指数继 2014 年下半年持续上涨之后，以 3 258 点开盘，而后在 3 200 点上下横盘整理，于 2 月 9 日创出 3 049 点低点后调头向上，并于 3 月 16 日结束整理开始向上突破，至 4 月 28 日上摸 4 572 点，随后在上下巨幅振荡中继续上涨，整个过程不断创出天量，单是沪市就多次出现日成交金额上万亿元，6 月 8 日达到最高 13 099 亿元，6 月 12 日上证指数到达全年最高点（也是自 2008 年 1 月以来的新高）5 178 点。在短短 4 个月的时间内，上证指数较 2 月 9 日的 3 049 点上涨了 2 129 点，涨幅为 69.83%。此后，在多重因素作用下，中国股票市场爆发了自 1990 年建立以来最严重的市场危机，上证指数惊现两段蹦极式的巨幅跳水行情。第一段到 7 月 9 日，见 3 373 点低点，短短 18 个交易日跌去 1 805 点，跌幅为 34.86%，日均跌 100 点之巨。7 月初，政府开始全力救市，诸如暂停 IPO、汇金公司买进股票及 ETF、证券公司出资买进蓝筹股、证金公司大力买进股票、央行宣布给予证金公司无上限流动性支持、股指期货市场限制恶意开空仓、融资融券允许展期、大股东及高管减持股份禁令等多重措施齐下，7 月 9 日上证指数暂时止跌，但多空争夺依然异常激烈。在上下振荡了 28 个交易日后，8 月 18 日空方再次发力，致使上证指数开始上演第二段巨幅跳水行情。在此期间，强制平仓、爆仓盘不断涌出，至 8 月 26 日创出全年最低点 2 850点，较跳水前 8 月 17 日的收盘 3 993 点跌去了 1 143 点，跌幅为 28.63%，日均跌幅 163 点。在多种因素的作用下，包括政府和监管部门加大打击操纵市场和内幕交易等违法违规行为的力度、清理场外配资的行为等，市场终于止跌。8 月 27 日至 10 月 9 日，大盘基本在 3 000～3 200 点横向整理，大盘振幅明显收窄。从10月12日起，大盘走出了缓慢回升行情，12月31日全年最后一个交易日报收于3 539点，较2014年的收盘3 234点，涨305点，涨幅为9.43%，年K线为带有1 639点超长上影线，408点下影线，实体为281点的小阳线，沪市全年成交金额创出131.97万亿元惊人的历史天量。在深圳方面，深证成分指数收盘12 664点，涨幅14.98%；创业板指数收盘2 714点，涨幅高达84.41%；深市全年成交金额同样创出124.44万亿元的骇人天量。沪、深股市合计成交金额256.41万亿元，创出两市成立以来从未有过的历史巨量。全年有多个交易日的成交金额超过2万亿元，5月28日两市成交金额创历史最高（2.36万亿元）。沪、深两个交易所的总市值和流通市值已达53.13万亿元和41.79万亿元，较2014年的37.25万亿元和31.56万亿元分别增长了42.63%和32.41%。

2016年，世界经济形势总体上将比2015年略好。美国经济有望保持继续增长，美联储有可能继续小幅升息步伐。欧洲和日本经济在量化宽松货币政策刺激下将渐露好转迹象。新兴经济体面临美元升息、资本回流美国市场、本币汇率贬值压力，国内还面临通货膨胀和就业问题，因而经济不确定性较大，并且不同国家之间的情况差异很大。从总体上看，我国的外部经济环境虽然复杂，但已渡过最糟糕的时期，开始有所好转，而且我国的贸易环境得到了一定改善，外部因素中性且略微偏好。我国经济社会发展基本面趋于稳定且经济增速有望趋稳。我国继续结构调整，经济增长的动力由需求侧的“三驾马车”推动，转向需求侧和供给侧双轮驱动。我国宏观经济政策将保持稳中偏松，继续实行积极的财政政策和稳健的货币政策。财政政策应更有力度，如扩大财政赤字和实施减税政策，在供给侧结构性改革中发挥更大的作用。货币政策将表现出灵活性并保持适度充裕的流动性，实现社会融资规模的合理增长，在实施中偏向宽松。上市公司整体业绩将会在2015年的基础上趋稳，实现7%左右的增长。市场资金供给强于需求，并表现为双向爆发式增长的态势。在一级市场上，新股发行速度将明显加快，IPO和再筹资融资额将显著增长。我们认为，在国家大力发展直接融资、提高直接融资比重的政策引导下，我国居民资产配置的重心正在实现从实物资产向金融资产转移。随着资本市场的发展、股票市场长期财富效应的显现，居民财产配置的重心将从银行储蓄、理财产品和信托产品向资本市场中的权益类资产转移，而居民资产结构中股票资产配置比重的上升将是一个长期持续的过程，该过程至少要贯穿今后二三十年。

2016年迎来了中国资本市场的制度大变革，酝酿多年的股票发行注册制改革将起步，从而实现市场化改革的大突破，对股票市场的发展将产生深刻的影响。应当指出，从短期看，这一变革也为股票市场带来了不确定性。为了确保这一变革的顺利实现、减少股票供应的骤增对市场的冲击，管理层表示：一方面采取渐进式推进的方式，另一方面管理层正在并且会继续引导资金进入，以实现股票市场在供求双向增长、动态均衡下的稳定发展。我们也相信，在注册制的实施过程中，管理层会根据实践情况适时出台必要的政策措施。

综合分析，我们预计：A股二级市场在2015年经历了疯狂冲高—断崖式回落，企稳—缓慢回升之后，将进入长期的、缓慢的波段式慢牛行情，并由前期资金推动型行情逐渐转换到资金、价值、前景支持型行情。2016年全年将呈现温和整理，市场波动幅度小、交投活跃，底部比2015年有所抬高，顶部比2015年有所降低，全年微涨，有可能收出实体不大的阳十字K线。在正常情况下，全年上证指数应当在3 000点至4 100点之间运行，上摸4 300点、下探2 850点的概率都较低。

在注册制下上市公司数量大幅增加的同时，证监会和证券交易所都不再对发行人的资产质量、业绩和投资价值背书，客观上会造成上市公司的质量差异扩大。这种差异会通过市场机制传递和表现在上市公司股价的分化上：一些质地优和前景好的上市公司股价长期持续上涨，另一些质地劣和前景差的上市公司股价长期持续下跌。也就是说，市场配置资源和优胜劣汰的作用将增强。

随着市场规模的扩大、上市公司家数的增多，上市公司的市场表现也会出现明显差异。2016年，以下板块的股票会有上好表现。

金融类板块会有上佳表演。其中，券商股最为活跃，银行股为市场中坚，中小银行的表现会好于大型银行，保险股、信托股偶有表现。在国家大力发展直接融资、建设多层次资本市场的政策引导下，证券公司正面临前所未有的大投行、大资管时期。受注册制改革落地、IPO重启、新三板市场爆发式成长、深港通起航等因素影响，对于券商和大比例持股券商的类券商上市公司来说，其业务迎来了全面发展的良好时期，包括投资银行业务、融资融券业务、新三板业务、做市商业务、证券公司资产证券化业务、深港通试点以及公司债券继续扩容、恢复“T+0”交易机制、沪市战略新兴板建设的预期等，都给市场对券商未来的业绩和市场表现提供了巨大的想象空间，因而券商将有活跃的市场表现。银行股以其长期稳定增长的高盈利水平成为蓝筹股的重要聚集地，是众多机构投资者进行资产配置的必选内容，其稳定的回报也广受中小投资者的青睐。P2P等社会融资形式的风险集中爆发，将导致资金大规模回流到银行体系，而银行理财产品对资金的吸引力相对增强以及未来降息、降准等货币政策，都将直接惠及商业银行。从长远来看，在混业经营的发展趋势下，银行业较券商、保险、信托具有发展早、规模大、规范性强的优势，将迎来新的发展机遇期，因而前景光明。当前，银行股兼具蓝筹、成长、低市盈率、大市值、流动性强、市场号召力强等特征，具备继续充当市场中坚的条件。我国保险业正处在快速发展时期，信托业在当前金融业相互融合、渗透的过程中，表现出极强的灵活性和适应性。保险股和信托股都有表现的机会。

国企改革受益类股将跑赢大盘。在供给侧结构性改革的形势下，我国将加快国企改革，其重要内容是重组一批、清理一批和创新一批。2016 年，新一轮国企改革进入实质性落实阶段，试点范围将进一步扩大，多种改革形式和措施将因地制宜地展开。央企的强强联合、国有资本运营平台的建设以及各地灵活多样的改革措施都引人关注，集团之间的合并、集团资产注入、整体上市、并购重组中的“壳”价值、股权激励、混合所有制改革、多种所有制企业的合资合作等，都对国有控股上市公司形成利好，相关上市公司短期表现可期。从长远来看，随着股票市场开放程度的提高，它从战略角度提升了各行业“龙头”大型公司控制权的价值，加之这些上市公司往往占据着中国经济相应领域的核心资源，因而“中”字头大型公司的估值还存在大幅提升的空间，兼具多种概念的“中”字头大型公司会更受市场追捧。

现代服务业将异军突起。在供给侧结构性改革的形势下，推动现代服务业发展壮大是经济结构优化的重要内容，我国经济结构正在发生巨大变化，而现代服务业等现代产业呈现出快速发展势头，逐步成为我国新的经济支柱，并取代了重工业在经济中的核心地位，即服务业占主导地位的经济结构已悄然形成。在服务业内部，由于现代科学技术的运用，如信息网络技术、新的商业模式、服务方式和管理方法的引入，使传统服务业升级为现代服务业，并以金融保险业、信息传输和计算机软件业、租赁和商务服务业、科研技术服务和地质勘查业、医疗服务业、教育服务业、文化体育和娱乐业、房地产业及居民社区服务业等为代表。与此同时，还产生了新兴服务业态，如互联网金融。我们认为，新兴服务业已具备爆发式增长的条件，相关上市公司的市场表现将异军突起；其中，与休闲娱乐、医疗服务、体育服务业相关的上市公司将有上佳表现。

受多重利好因素的推动，具有国际竞争力的外向型上市公司有望出现上佳表现。例如，亚投行开业，“一带一路”战略逐步实施，中韩、中澳自贸协定生效，国内自贸区试点扩容，美国经济向好，人民币贬值等，对外向型上市公司可谓利好频频，一系列利好将持续惠及相关上市公司，包括传统出口型企业，铁路建设(尤其是高铁)、港口建设、公路建设、机场建设等基础设施建设类企业，装备制造类企业，以及与之相关的物流和商贸服务类企业等，相关上市公司的股价有望走出长期向上的行情。

另外，我们也看好人工智能、虚拟现实、动画与漫画、节能环保、新能源汽车、信息软件、航天军工、医药生物、大健康、大消费等上市公司的股票。

技术分析　2015—2016 年沪、深股票市场技术分析及展望

摘　要

技术分析能够指出，上证指数在 2015 年将会延续此前的上升过程，并在 2015 年的春节附近买入。在 6 月底的最高点和 8 月中旬的最低点，技术分析发出了较强的卖出和买入信号。上证指数 2016 年初的压力位置是 4 300 点。创业板指数在 2016 年的压力位置是 3 550 点。

Abstract

By technical analysis, we can predict the lower point, which represents the buying signal, appears around the spring festival of 2015. At the top in later June and the bottom in August, technical indicator appeared negative divergence and positive divergence respectively, which are very strong signals for selling and buying. For Shanghai composite index, 4 300 will be the strong resistance in early 2016. For Growth enterprise index, 3 550 will be the resistance in early 2016.

从波动过程的大体情况看，2015 年沪、深股票市场各个市场指数的波动过程基本一致。市场的整体情况可以分为三个阶段：第一阶段是从 2015 年初到 6 月底，是单边大幅上升过程，这是对 2014 年牛市的延续。上证指数越过了 5 000 点，深圳综合指数越过了 3 000 点。第二阶段是“股灾”阶段，具体时间是从 6 月底到 8 月底。在这个阶段，上证指数到了 3 000 点以下，深圳综合指数到了 1 600 点之下。第三阶段是对股灾的整理阶段，目前（年底）还没有结束。

本技术分析分为三个部分：第一，就前一年（2014 年）技术分析报告中对 2015 年预测的结果进行评价；第二，技术分析方法在 2015 年的各个阶段可能发出的买卖信号。第三，对 2016 年的行情进行部分预测。由于指数之间的情况差异不大，所以第二部分和第三部分将只对上证指数和创业板指数进行说明。

1. 对《2014 年技术分析年度报告》中预测结果的评估

在《2014 年技术分析年度报告》（以下简称《2014 年报告》）中，对 2015 年的行情进行了预测，下面根据 2015 年的实际情况对该报告做一个客观的评估。

1.1 2015 年沪深股票市场运行过程的阶段划分

前面已经指出，2015 年沪深市场的运行过程可以分为三个阶段：第一个阶段属于牛市；第二个阶段属于熊市；第三个阶段属于整理阶段。下面以上证指数作为代表，对沪、深股票市场 2015 年的整体情况进行说明。

1.2 《2014 年报告》的主要预测结论

《2014 年报告》中的主要预测结论可以概括为如下几点：

第一，上证指数 2015 年前几个月的总体格局是继续 2014 年的上升。2014 年 12 月中旬的 3 000 点附近是上升的中途，而不是上升的结束。这是对 2015 年行情的整体认识。

第二，“春节效应”依然有效。

第三，几个具体位置的预测。在 2015 年初，上证指数的压力位置是 3 155 点、3 480 点和 3 900 点。《2014 年报告》不排除更高的压力位置，但报告中没有给出。对创业板指数，《2014 年报告》给出了回落低点的位置，即 1 260 点、1 130 点、1 004 点、845 点。

第四，对 2015 年关于上证指数的交易策略比较明确，即在 2015 年初春节前后较低的位置买入，同时要参考 2006 年春节的波动情况，因为极可能重复。

1.3 《2014 年报告》正确预见了 2015 年“上半年牛市”的整体格局

《2014 年报告》指出，2015 年初的整体格局是延续了 2014 年的牛市。这是因为 2014 年的股市已完成了“寻底”的过程，而且连续突破了多个压力位置。对于这样的牛市，在短时间内是不会结束的。从 2015 年上证指数的实际运行看，这个预测是完全正确的。上证指数连续上升，直到6月底才结束，本次上升维持了半年的时间，上升幅度达到70%（从3 000点算起）。从技术分析的观点看，这样的时间和空间已经足够了。

1.4 《2014年报告》给出的几个上证指数上升压力位置没有起到预期的作用

从实际情况看，上证指数的实际压力位置在4 560点、4 960点和5 170点。显然，这些数字与《2014年报告》中所提供的数字差异比较大。

1.5 《2014年报告》认为2015年春节后的波动将"复制2006年的春节"是正确的

"春节效应"的结论来自过去近二十年的实际结果，属于技术分析中"历史会重复"的分析思路，在此不再赘述。这里需要解释的是"复制2006年的春节"。从技术图形的角度看，2006年的春节与2015年的春节有一定的"共同点"。两者最大的共同点都是"牛市上升的中途"。所谓的"复制2006年的春节"，是指"复制"2006年春节后的上升过程。当然，2006年春节后的上升幅度相当大，就2015年春节后的上升幅度看，两者是无法相比的。

1.6 《2014年报告》能部分指导上证指数2015年的投资

《2014年报告》指出，对于上证指数来说，投资者可认为"前几个月是牛市"，并在2015年春节前后较低的位置买入。显然，在"2015年春节"买入是没有问题的，属于"绝对正确"，存在问题的是"获利了结"的位置。《2014年报告》中给出了2015年的几个压力位置，但从上证指数的实际情况看，卖出过早是明显的。

1.7 对于创业板指数回落的深度预测是错误的

《2014年报告》中指出"等待回落买入"，并给出了几个回落的低点，然而实际的创业板指数几乎没有回落。

2. 技术分析方法在2015年的买卖信号

技术分析的核心作用并不是进行预测，而是发出交易的买卖信号。也就是说，在适当的时候发出合适的信号，无论当时的价格位置是否与事先进行的预测一致。当然，如果正好是一致的，则信号的准确性将大大提高。下面将分别针对创业板指数和上证指数讨论技术分析方法在2015年所发出的交易信号。

交易信号分为长线的交易信号和短线的交易信号，是否应该发出交易信号与所考虑的时间周期有关。长线的交易信号至少为两周（通常还应该长一些），而短线的交易信号在一周以内。下面所分析的信号是针对长线交易信号的。此外，由于篇幅的原因，这里不可能涉及所有的技术分析方法，仅重点讨论技术指标中的MACD、波浪理论、黄金分割等几个技术分析方法。

2.1 创业板指数在2015年的技术分析交易信号

图技—1是创业板指数的日线图，图中A点之后是2015年的波动过程。创业板指数在2015年的波动过程可以分为三个过程，即前六个月上升（图技—1中从A点到C点），而后是两个月的回落（图技—1中从C点到E点），然后是小幅上升（图技—1中从E点到F点）。我们在图技—1中用字母标出值得进行买卖交易的位置。下面分别说明技术分析方法在这些位置的信号。

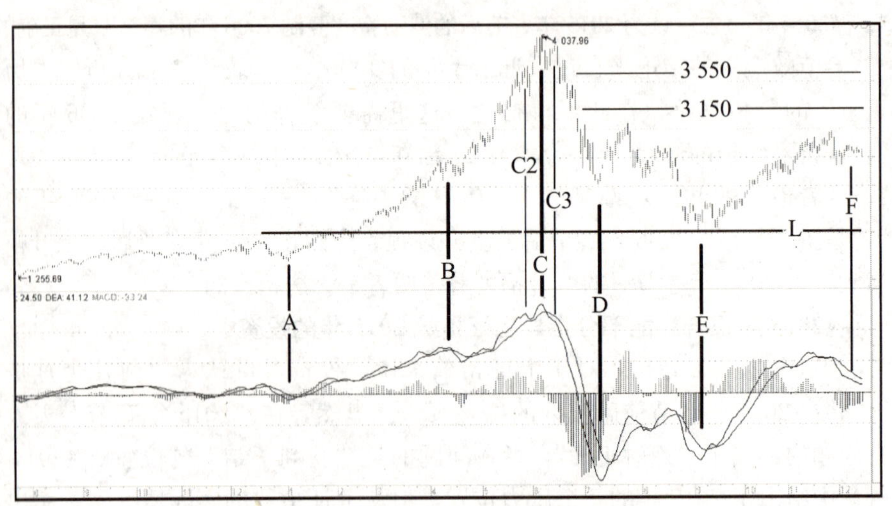

图技—1 2015年创业板指数日线图的交易信号

第一，关于A点的信号。A点是2014年底持续上升的结果，不是典型的买入、卖出位置。对于A点，在《2014年报告》中已经给出了明确的说明，即等待回落的低点买入，而A点就是回落的低点。至于A点的交易信号，技术分析方法给出的买入信号还是有一定的强度。买入的主要理由是：技术指标MACD在A点回到了0点，并且已经开始向上运行，这是建议买入的信号。

第二，关于B点的信号。B点是从A点开始上升后出现的新高点，从台阶的观点看，上升又多了一个台阶。在B点卖出的概率要大一些。

至于B点的交易信号，卖出信号的强度是比较大的。卖出的主要理由是：第一，技术指标MACD在B点达到了较高的位置，属于极端值的情况。第二，从图技—1最左边的低点大约1 200点算起，到B点的时候，上升幅度已达到了2倍，按照黄金分割的观点，属于卖出的位置。第三，到B点时，上升的台阶数又多了一个，增加了B点成为顶部的概率。

第三，关于C点附近的信号。C点与之前的C2点是非常值得卖出的，当然C点卖出更“完美”。至于C点的交易信号，支持卖出的理由比较充分，有下面几个是主要的。第一，技术指标 MACD 在 C 点附近（包括 C2 点）处于极端高的位置。第二，从上升幅度看，C 点附近的上升幅度已经足够大了。如果从最低点 1 200 点算起，上升幅度超过 3 倍（远大于 2.618 倍）。即使从最近的低点 1 450 点算起，也超过了 2.618 倍。第三，从波浪理论的观点看，上升的波动次数可认为已达到了第 5 浪。

需要提醒的是，这里所讨论的是 C 点附近，而不是仅仅讨论 C 点。从事后可知，在 C 点附近卖出都是正确的。其中，C2 点可能是比较早的卖出位置，C3 点是比较晚的卖出位置。

另外，还需要说明一点，如果按更高的技术分析信号的要求，C 点的卖出信号还没有达到“超级高”的地步。卖出信号的主要“不足”是技术指标还没有出现背离（这里是顶背离）。在实际交易中，这是个两难的问题。如果选择等待出现更强的信号，即在 C 点附近不卖出，那么这一次在高位就没有“成功逃顶”。如果选择不等待更强的信号，则有可能过早卖出，前面的 B 点就是“过早卖出”的典型。当然，B 点和 C 点还是有比较大的区别的。

第四，关于 D 点的信号。从事后的结果看，在 D 点买入有一定的正确性。从技术分析的信号角度看，支持买入的理由包括：第一，D 点处在前期高点 B 点的支撑位置。第二，技术指标 MACD 是极端值，而且有点“超级极端”。

第五，关于 E 点的信号。E 点的时间是 2015 年 8 月中旬，在此买入无疑是正确的。从技术分析信号的观点看，买入的信号是很强的。这是因为技术指标 MACD 出现了明显的标准背离，这是很强的信号。此外，E 点处在前期 A 点的支撑位置。

第六，关于 D 点和 E 点买入的区别。从上面的分析可知，D 点和 E 点都是买入的位置。然而，在这两个点的买入是有明显区别的，主要体现在买入信号的强弱不同，或者说成功的概率不同。很明显，E 点的信号要强得多，下面从三个方面来说明：

(1) 从技术指标 MACD 方面看，E 点是底背离，而 D 点是极端值。

(2) 从波浪理论方面看，E 点是第二次（从 C 点算起）大幅下降，而 D 点只是第一次大幅下降。也就是说，D 点是第 1 浪或者 a 浪，离下降结束还差得远，而 E 点可能是第 2 浪或 c 浪。如果是 c 浪，下降过程就结束了。

(3) 从黄金分割的支撑/压力方面看，E 点的位置是更低的位置，其下降结束的概率更大。

正因为如此，尽管在 D 点和 E 点都是买入，但买入之后的策略有较大的区别。对于 D 点的买入，在 7 月之后的反弹过程中，投资者的神经需要高度紧张，要时刻准备卖出；而对于 E 点的买入，投资者不必这么“紧张”。

第七，结合周线图的分析结果。上述分析只是依据日线图的结果，根据“共振”的原理，如果结合周线图将使分析结果更准确。

图技—2 是 2015 年创业板指数的周线图。图技—2 中的字母所标出的位置与图技—1 相同。下面根据 MACD 的分析结果，对上面几个关键点的信号强弱进行分析说明。

对于 B 点，在周线图中，技术指标一路向上，没有拐弯，根本没有卖出信号，因此 B 点的“过早卖出”问题有可能会得到避免。

对于 C 点，从周线观点看，此时出现了极端值，应该卖出，这加强了 C 点卖出的信号强度。然而，由于周线属于“慢指标”，等周线拐弯出现卖出信号，是在 C 点之后了。

对于 D 点，周线没有买入信号，甚至还有点偏卖出，因而对 D 点的买入没有帮助。

对于 E 点，周线的结论是不明确的，偏向于买入，因而对 E 点的买入有一定的帮助。

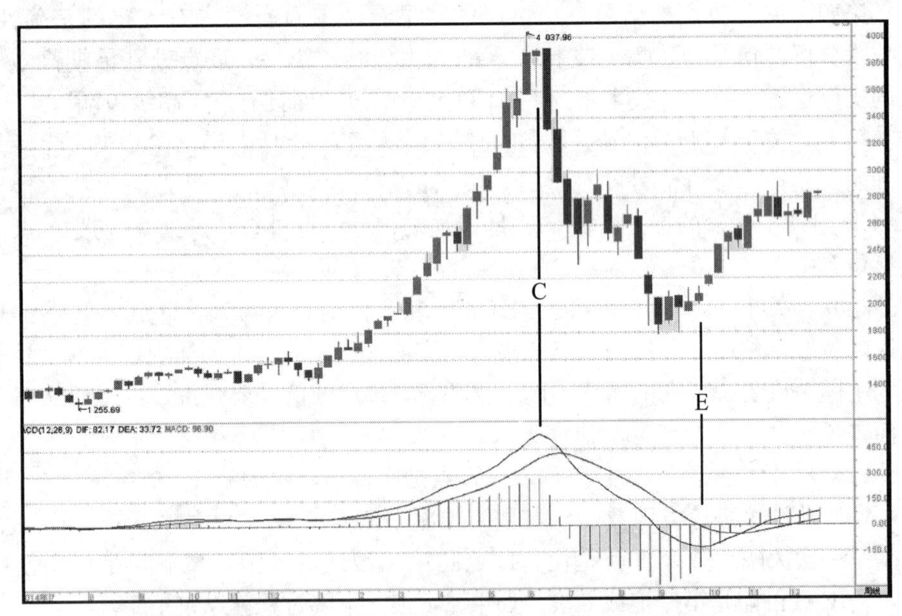

图技—2　2015 年创业板指数周线图的交易信号

结合上面对信号的分析，在 C 点，日线和周线明显“共振”，信号最强，因此在 C 点附近卖出的概率很大。在 D 点，日线和周线差不多也是共振，卖出信号较强。在 E 点，日线和周线共振程度稍弱，有买入信号。

2.2 上证指数在 2015 年的技术分析交易信号

图技—3 是上证指数的日线图，图中 G 点之后是 2015 年的波动过程。上证指数在 2015 年的波动过程可分为三个过程，即前六个月的小幅上升（图技—3 中从 G 点到 I 点），之后是两个月的大幅下降（图技—3 中从 I 点到 K 点），最后是对下降的整理阶段。在图技—3 中用字母标出了值得进行买卖交易的位置。下面分别说明技术分析方法在这些位置的交易信号。

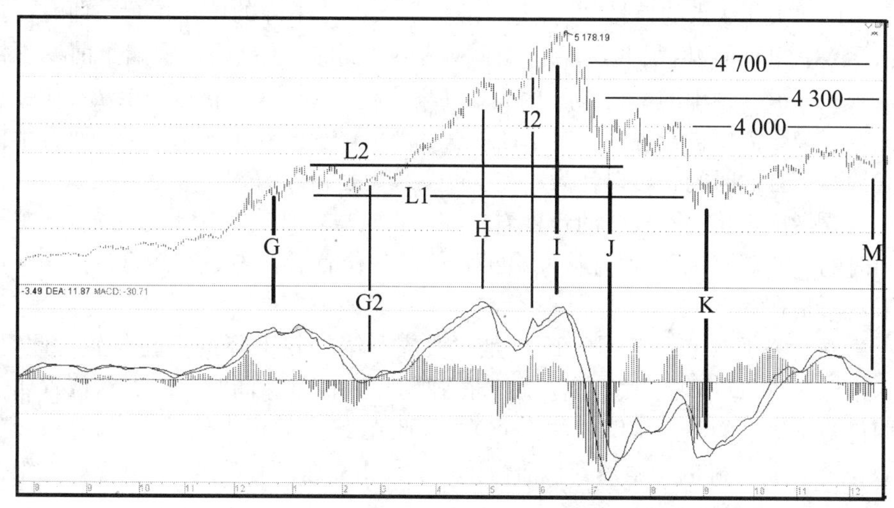

图技—3　2015 年上证指数日线图的交易信号

第一，关于 G2 点的信号。在春节前后买入是既定的策略，但具体的行动位置则需要技术指标的信号加以确定。具体地说，G2 点就是春节前后买入的具体位置。这是因为在 G2 点，技术指标 MACD 从 0 附近开始上升，表明整理过程可能已经结束。

第二，关于 H 点的信号。在 H 点，MACD 的数值比较高，属于技术指标的极端值，是考虑卖出的信号。此外，从上升幅度看，H 点已经达到 4 500 点，如果从 2 000 点算起，已经超过了 2 倍，可以认为比较高了，卖出也是值得考虑的。从上证指数的实际情况看，在 H 点卖出可以算是勉强正确。

第三，关于 I 点附近的信号。上证指数在 H 点的 4 500 点稍做停顿之后，继续上升，直到 I 点才真正停止。此时，技术指数 MACD 出现的是顶背离，属于极强的卖出信号。从技术指标的观点看，卖出几乎是必然的。此外，从上升幅度看，与 H 点相比，I 点更上一层楼，达到 5 170 点，这个位置正好是上升起点 1 974 点（2014 年 3 月）的 2.618 倍，完全符合黄金分割线的相关结论，属于压力很强的卖出位置，卖出是必须加以考虑的。从后来的实际情况看，在 I 点卖出是完美的。

需要说明的是，这里讨论的是 I 点附近的位置，而不只是这一个点。事实上，在 I 点之前，技术指标 MACD 的每一次拐弯向下都有可能是顶背离，即都可能是卖出信号。其中，最典型的位置是 I2 点，只不过实际的顶背离发生在 I 点。正因为如此，在实际的投资过程中，从技术指标的观点看，在 I 点附近都是卖出的信号。

第四，关于 J 点的信号。J 点是“股灾”第一轮下降的停止位置。此时，技术指标 MACD 的数值很低，肯定属于极端值。同时，J 点的位置属于前期价格密集区的上沿（图中的 L2 点）。因此，在 J 点有一定的买入信号。至于在 J 点买入是否正确，需要进行说明。鉴于在 J 点之后价格上升到了 4 000 点，而且维持了大约两个月的时间，可以认为“在 J 点买入”是正确的。

需要指出，从实际投资的角度看，在 J 点买入需要有一定的“勇气”，主要是当时的“悲观气氛”，而且从发出买入信号的位置看，不是在最低的 3 400 点以下，而是在 3 500 点。

第五，关于 K 点的信号。K 点是“股灾”第二轮下降的停止位置。此时，技术指标 MACD 出现了底背离，属于很强的买入信号。同时，K 点的位置属于前期价格密集区的下沿（图中的 L 点），因此在 K 点的买入信号非常强。显然，在 K 点买入是正确的。虽然到目前为止，上证指数还没有超过 3 700 点，但维持的时间已有 4 个月。

3. 技术分析对 2016 年沪、深市场行情的预测和投资操作建议

技术分析的核心作用是信号而不是预测，即使预测的结果是正确的，也不能直接指导买卖行动。然而，进行预测又是技术分析绕不开的课题，下面是对 2016 年前几个月所做的部分预测结论。

3.1 上证指数和创业板指数在 2016 年前几个月的总体格局

对于总体格局的描述，主要是回答两个问题：第一，2016 年的前几个月如何承接 2015 年底的上升过程？第二，上证指数是否还会出现比 2 850 更低的位置？对别的指数来说，就是是否会出现比 2015 年 8—9 月时更低的指数值。

对于第一个问题，简单地说，2016 年的前几个月还会延续 2015 年的上升。对于上升的高度，上证指数有可能达到 4 000 点，甚至更高。对于上证指数的牛市来说，如果从 2014 年 3 月算起，到 2015 年 6 月的最高点，时间仅仅 1 年，属于时间较短的牛市，因此从时间长度上讲，市场还有继续上升的过程，这样才更“符合”牛市的要求。

对于第二个问题，本报告认为，2015 年 8—9 月的低点就是今后长时间的低

点，在 2016 年不会出现更低的位置。需要说明的是，这个结论是基于“不出现意外”的前提所得到的。2015 年 8 月的股市下降可归因于卖空和杠杆，而这是以往没有出现过的。技术分析主要依靠总结过去的表现，而对于“新生事物”需要有一定的适应过程。对于沪、深股票市场，技术分析目前所面临的“新生事物”就是实行注册制，因为注册制对市场的影响程度需要我们进行总结。

深圳综合指数、创业板指数，中小板指数的情况类似，区别在于具体的上升位置有所不同。

3.2 “春节效应”依然有效

对于“春节效应”，在以往报告的分析中指出了“春节效应”可能出现错误的几个情况。2016 年的春节不属于错误的那几种情况，因此“春节效应”依然有效，即可以考虑在春节前后买入。然而，与 2015 年的春节“复制 2006 年的春节”的情形不同，在 2016 年的春节买入之后，上升的幅度可能不大。此外，我们可能还需要等到在春节前后股市出现向下的回落。

3.3 具体位置的预测

对上证指数而言，由于它正在上升，因而最迫切需要预测的是未来的压力位置，然后才是回落之后的支撑（买入）位置。对创业板指数而言，只需要计算未来回落的支撑位置。在技术分析方法中，对高点和低点的预测方法主要包括计算支撑/压力位置和波浪长度两种。这里只给出利用黄金分割线计算的结果

3.3.1 对 2016 年初上证指数压力位置的计算

如前所述，上证指数已经完成了“寻底”过程，8 月中旬就是这个底部。目前，上证指数已经达到了 3 600 点的位置，这是 7 月初低点附近的压力位置。下面计算未来的压力位置。本报告认为，最近的一个压力位置就是 4 000 点，第二个压力位置是 4 300 点，第三个压力位置是 4 700 点。图技—3 中标出了这几个位置，下面将说明理由。

第一，关于 4 000 点。这是根据前期高点作为压力位置的原理。前期的高点和低点以及成交密集区是判断支撑/压力位置的重要方法之一。在上证指数的 K 线图中可以看到，从 2015 年 7 月底到 8 月初，上证指数的高点就是 4 000 点。此外，按照黄金分割线的原理，以 5 170 点为高点、以 2 850 为低点画出黄金分割线，可以发现 4 000 点正好是中点线。

第二，关于 4 300 点。这是利用黄金分割线预测支撑/压力位置的结果。对于具体的计算过程，上面已经进行了说明。两者不同的是，4 300 点是更高的一个压力位置。

第三，关于 4 700 点。这也是利用黄金分割线预测支撑/压力位置的结果。对于具体的计算过程，上面已经进行了说明。两者不同的是，4 700 点是最高的

一个压力位置。按照黄金分割线的信号，4 700 点是“必须”卖出的位置。

至于更高的压力位置，技术分析并不排除，但那是突破了 5 100 点之后出现新高的事情。显然，这将是新一轮牛市的开始。本报告认为，就目前的情况看，讨论这个问题还为时过早。

需要说明的是，价格到了压力位置，并不是说一定会下降很多。事实上，技术分析中的压力位置只保证原来的上升将出现“停顿”，并不保证出现回落；尽管大多数情况下会出现回落，甚至是较大的回落。

3.3.2 创业板指数回落的支撑位置

与上证指数相似，目前创业板指数面临计算压力位置的问题。同理，我们可以利用黄金分割线，以 4 090 点为高点、以 1 770 点为低点画出黄金分割线，得到的未来压力位置为 2 880 点、3 150 点、3 550 点，我们在图技—1 中已经标出了这几个位置。其中，2 880 点基本就是现在的指数位置，意义已经不大。如果价格升到 3 550 点，基本上要采取卖出的行动。当然，彼时还需要考虑技术指标的信号。

3.3.3 上证指数与创业板指数的差异

两者最大的差异是，上证指数的反弹高度不如创业板指数。创业板指数的反弹高度已基本达到了 7 月下旬的高点 3 000 点，这也是黄金分割线的中点，而上证指数还没有达到这个位置（相当于 4 000 点）。

3.4 对 2016 年初的投资建议

对于 2016 年初创业板指数和上证指数的投资建议比较简单，就是等待冲高时候卖出，然后等待回落，并判断是否应该买入。

投资者对于冲高后的回落深度颇为关心，即指数究竟回落到什么位置才考虑买入？对于这个问题，应该是没有明确的答案。这是因为回落的具体表现形式是多样的，在时间上有长有短，而回落的空间可深可浅。

然而，本报告认为 2015 年 8 月的最低点应该是回落低点的极限位置；换句话说，如果真的出现（出现的概率不大）上证指数 2 850 点、创业板指数 1 800点，则是可以“放心”买入一些的。当然，并不是一碰到这个位置就不分场合一律买入，按照技术分析的要求，投资者还需要等待技术指标发出买入信号。

附录　中小板指数、深圳综合指数 2015 年的交易信号

下面的图技—4 和图技—5 分别是中小板指数和深圳综合指数，两个图形基本是一致的，图中用竖线标出了值得关注的位置。可以看出，这些位置的买卖信号与上证指数和创业板指数的差异不大。

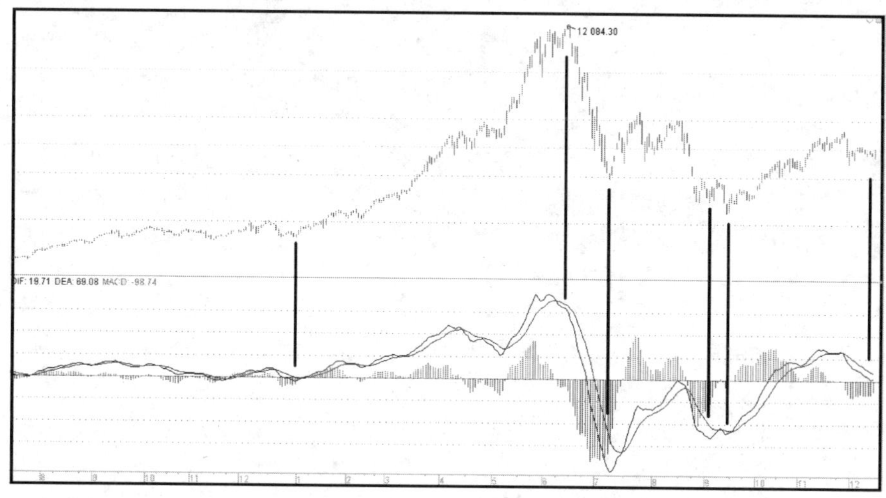

图技—4　2015 年中小板指数的交易信号

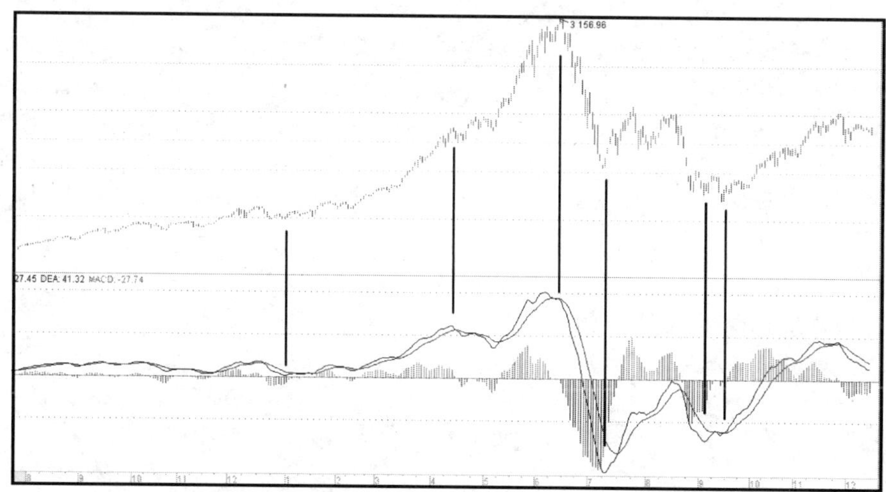

图技—5　2015 年深圳综合指数的交易信号

政策分析

2015 年中国证券市场政策分析

摘 要

2015 年，我国证券市场上半年和下半年的表现极不相同。上半年，我国股市（以上证综指为例）以 3 258.63 点高开 0.74%，当日大涨 115.84 点，涨幅为 3.58%；此后，经过两个月的盘整，股市重拾升势，并一路攀升到 6 月 12 日的 5 178.19 点，不到半年涨幅高达 59%；但从 6 月 13 日开始，大盘便以急跌的方式快速下挫，在不到 3 个月的时间里狂泻 2 300 多点，最低探到 2 850.71 点，跌幅高达 45%，市场一片恐慌，国内外惊呼中国市场出现了“股灾”。经过多方努力，市场才止跌企稳，并缓慢盘升。到 12 月 25 日，上证综指收于 3 627.91 点，与年初相比，上涨 12.16%。

2015 年，证券监管及相关部门除了继续推进投资者保护体系建设、强化新三板市场监管、推动期货市场国际化以及加快新股发行制度改革之外，还史所罕见地出现了多部门通过多举措进行联合救市的壮举，并取得了较为明显的效果。

Abstract

In 2015, the situation of China's Securities Market in the first half was quite different from that of the second half. In the first half, the Chinese stock market, the Shanghai composite index, for example, opened at 3 258. 63 points, 0. 74% higher than the previous year and rising 115. 84 points, 3. 58% that day, and reached 5 178. 19 points on 12th, June, rising for 59% within 6 months. But on 13th, June, the index declined sharply for 2 300 points, 45% within 3 months. This generated a great panic. Through efforts from all-sides, the market ceased to fall, and began to rise smoothly. On December 25th, the index reached 3 627. 91 points, raised 12. 16% from the beginning of the year.

In 2015, the securities regulation and the relevant departments have taken a series of measures to build the system of the investors' protection, strengthen the supervision of the new third market, quicken the innovation of the new stock issue, and especially protect the market from failure.

1. 全方位推进投资者保护体系建设

我国的投资者规模已超过1亿，其中中小投资者占有很大的比重，其交易量最高曾占到90%。但与机构投资者相比，中小投资者对于证券期货等专业知识相对缺乏，容易产生跟风与杀跌等非理性行为；此外，中小投资者在信息获取和甄别方面处于相对弱势，他们的风险意识和自我保护能力不强；与此同时，一些上市公司、大型投资机构利用信息优势进行内幕交易、操纵市场，从而破坏了市场秩序，导致中小投资者的权益时常受到侵害。对于仍处于“新兴+转轨”阶段的我国资本市场来说，由于基础性制度建设较为薄弱，因此对监管层而言，投资者保护工作更为重要。2015年，习近平总书记对股市提出了四项新要求：“加快形成融资功能完备、基础制度扎实、市场监管有效、投资者权益得到充分保护的股票市场。”在这四项要求中，投资者保护无疑是股市建设的重心，保护投资者就是保护股市，没有健全的投资者保护制度，股市就难以健康发展。

针对投资者反映迫切的问题，2015年中国证监会组织开展了“公平在身边”投资者保护专项活动，这是资本市场加强投资者合法权益保护工作的一项重要举措，也是进一步落实党的十八大提出的维护社会公平正义、促进社会和谐稳定的必然要求。这次专项活动主要包括6项具体任务：一是实现证监会12386热线全国直拨，提高了投资者诉求的处理能力。5月，12386热线开通了全国直拨，免除了投资者的长途话费，降低了投诉成本。在此基础上，将进一步优化投诉处理机制，健全投诉回访制度，以提高投资者的满意度。在热线开设调解和法律援助窗口，进一步拓展12386热线的服务功能。对存在蓄意欺瞒、拖沓敷衍等情形的被投诉对象，将依法采取监管措施。鼓励市场经营主体对投诉处理情况开展自主评价，并向市场发布。二是推动多元化纠纷解决机制建设，提升调解的权威性。推动建立全国性证券期货纠纷调解组织，继续发挥行业协会和地方性调解组织的作用，形成纠纷调解工作多元发展局面。以申请便捷、程序简化、专业权威、实施有效为目标，研究有利于中小投资者利益保护的特殊的纠纷调解机制。采用远程调解方式，便捷投资者参与。协同各方力量，提升证券期货市场调解工作的权威性和公信力。三是开展持股行权试点工作。通过专门机构持股行权，发挥示范效应，强化中小投资者权利意识，引导和支持其依法行权维权，督促上市公司完善治理，公平对待所有股东。积极探索通过智能终端、移动互联网等工具提供便捷的投资者行权服务。四是建设中国投资者网站，形成全方位、多功能的投资者服务平台。建设好投资者自己的网站，为广大投资者提供知识普及、一站式查询、监测调查等基本功能，以及网上调解、行权和法律支持等全新服务平台。与此同时，探索运用移动互联网、云计算、大数据等新技术，构建投资者信息数据库，提供便利投资者的信息服务。五是建设投资者教育基地，让投资者拥有自己的服务场所和渠道。建设实体和虚拟的投资者教育基地，发挥知识普及、培训宣传、投资服务等功能。以基地建设促进开发有影响力的投资者教育产品，促进投资者教育纳入国民教育体系。鼓励各市场主体主动开展投资者教育服务工作，便利投资者获得更加公平的教育服务。六是开展投资者保护状况评估评价工作，分类发布评估评价报告。研究建立科学的评估评价体系，发布反映投资者保护水平和状况的评估评价报告，借助权威信息，让投资者和社会各方真实了解投资者权益保护的状况，并通过评估评价发现工作中存在的问题和不足，督促相关各方改进工作，提升投资者保护水平。从效果上看，“公平在身边”投资者保护专项活动取得了成效。下一步，证监会将以解决投资者的实际问题为导向，加大投资者保护力度，发布并构建以适当性管理为核心的投资者保护制度体系，构建使投资者权益得到有效保护的资本市场。

2月17日，证监会发布了《行政和解试点实施办法》，自2015年3月29日起施行。该文件明确，行政相对人因行政和解协议所涉行为造成投资者损失的，投资者可以向行政和解金管理机构申请补偿；2月28日，证监会联合财政部又发布了《行政和解金管理暂行办法》（以下简称《办法》），明确自3月29日起实行。行政和解金是指证监会与行政相对人就其涉嫌违法行为的处理达成行政和解协议，行政相对人按照行政和解协议约定交纳的资金。行政和解金可用于补偿同一案件中投资者因行政相对人的涉嫌违法行为所受的损失，中国证券投资者保护基金有限公司（以下简称“投保基金公司”）履行行政和解金的管理、使用职责。行政和解金补偿程序与投资者提起的民事赔偿诉讼程序相互独立，投保基金公司使用行政和解金补偿投资者的行为不是行政相对人对投资者的赔偿行为，投资者既可以接受行政和解金的补偿，也可以就同一涉嫌违法行为提起民事赔偿诉讼。然而，行政和解金制度以补偿投资者损失为原则，不支持投资者同时通过行政和解金补偿与民事赔偿诉讼就同一损失获得重复救济。《办法》的主要内容包括：一是行政和解金的管理、使用。行政和解金的管理遵循专户管理的原则，投保基金公司不得混合不同和解案件的行政和解金，不得使用特定案件中行政相对人所交纳的行政和解金对因其他案件受到损失的投资者做出补偿。投保基金公司收到行政和解金后，应当尽快制定行政和解金补偿方案，并报证监会备案。投保基金公司使用行政和解金对投资者做出补偿的，补偿数额原则上以投资者受到的损失为限。二是对行政和解金管理、使用的监督。证监会、财政部对投保基金公司管理行政和解金实施监督管理，投保基金公司每年应当向证监会和财政部专题报告行政和解金管理、使用的具体情况。行政和解金补偿方案执行完毕后30日内，投保基金公司应当在其网站上公告补偿方案的执行情况和执行费用支出情况；行政和解金补偿方案执行完毕后90日内，投保基金公司应当就行政和解金补偿方案的执行情况编制专门报告，报送证监会和财政部。此外，投保基金公司应当制定行政和解金管理、使用的财务管理和会计核算办法，以及行政和解金管理和使用的具体操作规程。这为投资者权益的保护又提供了一大保障。

9月，证监会发布了《关于加强证券期货投资者教育基地建设的指导意见》和《首批投资者教育基地申报工作指引》，明确了投资者教育基地建设的总体要求、建设标准、申报命名、基地管理等内容。随后，启动了首批国家级投资者教育基地申报命名工作，在评审结束后将推出首批投资者教育基地，让投资者拥有一站式的教育服务场所，集中、系统、便利地获得更加公平的教育服务。此外，证监会还积极推动将投资者教育纳入国民教育体系，用以提高全民的理性投资意识和自我保护能力。目前，在证监会派出机构、自律组织与当地教育机构的共同努力下，部分省市已将证券期货课程通过多种方式和多种渠道纳入了教育课程，包括中小学、高等院校和职业院校等各级各类教育与专业培训中。

10月，证监会就修订《证券投资者保护基金管理办法》向市场公开征求意见，拟从增加投保基金公司的融资方式、适当拓宽证券投资者保护基金的运行形式、完善投保基金公司治理结构等方面，对该办法进行修订。通过总结实践经验、参考《保险保障基金管理办法》的规定并结合证券市场的实际情况后，在保障资金安全的前提下，证监会将适当拓展资金运用的范围，规定投保基金的资金运用限于银行存款，购买政府债券、中央银行票据、中央企业债券、信用等级较高的金融机构发行的金融债券以及国务院批准的其他资金运用形式。11月，国务院办公厅印发了《关于加强金融消费者权益保护工作的指导意见》（以下简称《意见》），要求央行、银监会、证监会、保监会要按照职责分工，切实做好金融消费者权益保护工作。与此同时，《意见》还强调了金融领域的相关社会组织应当发挥自身优势，积极参与金融消费者权益保护工作，并协助金融消费者依法维权，推动金融知识普及，在金融消费者权益保护中发挥重要作用。《意见》提出应健全金融消费者权益保护机制，建立金融消费者适当性制度，保障金融消费者的财产安全权和自主选择权；同时，保障金融消费者的依法求偿权等。《意见》对政府监管部门的职能健全以及相关法律法规的完善提出了更高要求。例如，《意见》要求完善监督管理机制，建立健全保障机制；金融管理部门要及时修订相关法律法规，促进金融市场公平竞争；同时，建立金融消费纠纷第三方调解、仲裁机制，形成包括自行和解、外部调解、仲裁和诉讼在内的金融消费纠纷多元化解决机制，及时有效地解决金融消费争议。

2. 以市场禁入加大违规者成本

伴随2015年上半年股市的大幅攀升行情，欺诈发行、内幕交易和操纵市场以及重要股东违背承诺、违规减持等违法违规行为趁机频频出现。这些行为不受到应有的惩罚，其示范效应将非常可怕。

2006—2014 年证监会共对 50 余名证券违法行为责任人员采取终身证券市场禁入措施，涵盖了上市公司信息披露违法、市场操纵、欺诈发行、利用未公开信息交易证券等主要违法案件种类。特别是近年来，证监会进一步加大了对证券违法行为的惩处力度，对欺诈发行等违法案件中情节特别严重的责任人员坚决采取终身禁入措施，将一批严重扰乱市场秩序的违法人员清除出场，这在市场中也产生了极强的震慑效应。

随着资本市场的改革发展和监管转型的深入推进，特别是随着股票发行注册制改革和多层次资本市场体系的建设步伐加快，对进一步加强以违法行为责任追究为核心的市场监管执法工作提出了新的更高要求。证券市场禁入措施尤其是终身市场禁入，作为一种比一般罚款处罚更严格的惩戒措施和责任追究形式，在执法实践中具有非常重要的地位和作用。

为了适应证券市场发展的需要以及进一步严格执法、保护投资者合法权益，2015 年 3 月证监会决定对《证券市场禁入规定》的适用范围及采取终身证券市场禁入措施的适用情形进行修改。2015 年 5 月 18 日，证监会发布《关于修改〈证券市场禁入规定〉的决定》，对证券市场禁入措施，特别是终身市场禁入措施的适用条件和范围等进行了修改和完善，自 2015 年 6 月 22 日起实施。此次修改具体包括四个方面：一是修改《证券市场禁入规定》第五条（二）项规定，明确从事保荐、承销、资产管理、融资融券等证券业务及其他证券服务业务，负有法定职责的人员，故意不履行法定义务并造成特别严重后果的适用情形；明确采取隐瞒和编造重要事实等特别恶劣手段，或者涉案数额特别巨大的适用情形；明确从事欺诈发行、内幕交易和操纵市场等违法行为，严重扰乱市场秩序、投资者利益遭受特别严重损害的适用情形，并兼顾了对跨市场违法行为的适用。二是针对证监会执法实践中遇到的违法人员阻碍、抗拒执法的问题，为维护监管执法的严肃性、保护监管执法工作的顺利开展，增加了当事人违法行为情节严重，应当采取市场禁入措施，且存在故意出具虚假重要证据，隐瞒、毁损重要证据等严重故意不配合执法的适用情形规定。三是针对多次违法、屡罚不改的严重违法失信问题，增加“累犯”的适用情形规定。四是将《证券市场禁入规定》的适用范围从发行人、上市公司扩大到非上市公众公司的相关责任人员。这次对《证券市场禁入规定》的修改，是适应市场发展和监管执法工作的需要，在总结以往监管执法实践经验的基础上，进一步充实、明确终身市场禁入的情形，更好地发挥市场禁入措施尤其是终身市场禁入措施的作用，通过严格执法，促进市场主体归位尽责，维护良好的市场秩序，保障投资者合法权益，为市场创新改革发展提供有力的监管执法保障。

3. 强化新三板的监管

近年来，在现有证券监管系统下，对于不挂牌的非上市公众公司来说存有监管盲区，针对新三板的监管一直存在空缺，市场甚至一度认为证监会对新三板挂牌公司没有纳入监管范围，相对宽松的新三板市场因此出现了异常火爆的局面，也出现了诸多违法违规的案例，如涉嫌信息披露违法违规的华泰集团（830831）、现代农装（430010）、汽牛股份（原）（现名春茂股份：430463）；涉嫌操纵股价的有华恒生物（831088）、中科招商（832168）、国贸酝领（430583），涉嫌违规交易的奥美格（430406），以及涉嫌利用内幕信息交易的宏泰矿业（831131）。这些新三板企业都遭到了证监会的调查。而被证监会立案调查的中海阳（430065），证监会在其异常交易案方面已取得了重要进展。

4月24日，证监会就《关于加强非上市公众公司监管工作的指导意见（征求意见稿）》（以下简称《意见》）向社会公开征求意见。证监会明确指出，对非上市公众公司进行监管是证监会重要的监管职责，全国股转系统挂牌公司是非上市公众公司的重要组成部分。证监会认真贯彻落实《国务院关于全国中小企业股份转让系统有关问题的决定》，研究制定了《非上市公众公司监督管理办法》（以下简称《管理办法》）及相关配套规则，指导全国股转系统完善了挂牌公司自律规定，初步形成了非上市公众公司监管的制度体系。目前，全国股转系统总体运行良好，市场规模和影响力不断扩大。全国股转系统支持中小微企业发展的积极效应正在得到市场各方的认可。

5月15日，证监会正式发布了《关于加强非上市公众公司监管工作的指导意见》（以下简称《意见》），旨在加强对非上市公众公司的监管，规范各类市场主体的行为，明确监管系统内部职责分工，提高监管协同性和有效性。

《意见》分为五个部分，即总体要求、规范各类市场主体行为、挂牌公司监管、不挂牌公司监管、监管协调，厘清了自律监管与行政监管的关系，两者不得相互替代、不得缺位越位。行政监管机构和自律组织要归位尽责，依照法律法规对非上市公众公司履行行政执法和自律监管职责。《意见》还对非上市公众公司、中介机构、自律组织等市场主体提出了规范要求，强化了各类市场主体的合规意识和法律责任，划分了非上市公众公司的监管职责。证监会牵头抓总，负责制定监管规则，指导、协调全国中小企业股份转让系统和证监会派出机构的监管工作。全国股转系统履行挂牌公司自律监管责任；同时，全国股转系统作为市场参与主体，也是行政监管的对象。证监会派出机构作为日常监管的执法主体，承担事中、事后的监管职责，坚持“底线监管”思维，以问题和风险为导向，根据发现的违法违规线索启动现场检查，采取监管措施和行政处罚。《意见》还明确了要建立监管信息共享和公开机制、监管协作机制以及加强日常监管与稽查执法的协调、非上市公众公司监管与中介机构监管的衔接等。对于在《意见》中增加投资者保护内容、明确市场主体之间权责边界等涉及具体条文方面的修改意见，由于证监会目前已建立了投资者保护制度体系，《意见》也对做好非上市公众公司投资者保护和风险揭示工作等做了安排，在《意见》中就不再专章规定投资者保护内容。另外，《意见》明确了主办券商、挂牌公司等市场主体之间的责任和行为规范，因而不再增加这方面内容。

4. 明确四板市场的定位及监管主体

自 2013 年 12 月 13 日国务院下发《关于全国中小企业股份转让系统有关问题的决定》，正式将全国中小企业股份转让系统定调三板并升级为全国性交易所以来，对四板市场却一直没有重磅的监管文件出台。但是，区域性股权市场却在近年来得到了迅猛发展。截至 2015 年 4 月底，全国已设立 33 家区域性股权市场，各市场共有挂牌股份公司 2 597 家，展示企业 2.65 万家，累计为企业实现各类融资 2 435 亿元，因而四板市场也面临归位问题。

2015 年 3 月的《中共中央、国务院关于深化体制机制改革加快实施创新驱动发展战略的若干意见》和 6 月出台的《国务院关于大力推进大众创业万众创新若干政策措施的意见》都明确提出要发展并且规范区域性股权市场。规范发展区域性股权市场是贯彻落实《国务院关于进一步促进资本市场健康发展的若干意见》和 2015 年政府工作报告所做工作部署的一项重要举措，对于健全多层次资本市场体系，扩大中小微企业直接融资，推动大众创业、万众创新，具有重要意义。

6 月 25 日，证监会就《区域性股权市场监督管理试行办法（征求意见稿）》（以下简称《试行办法》）向社会各界公开征求意见。《试行办法》共 24 条，主要对区域性股权市场的下列事项做了规定：一是基本定位。基于区域性股权市场的自身优势和所服务企业的特点，明确区域性股权市场是为其运营机构所在地省级行政区划内中小微企业私募证券的发行、转让及相关活动提供设施与服务的场所，是私募证券市场的一种形式。二是功能作用。经过近几年的探索，各方对区域性股权市场的功能和作用形成了基本共识，即区域性股权市场应当是小微企业培育和规范的园地，是小微企业的融资中心，是扶持小微企业发展优惠政策综合运用的平台，也是资本市场中介服务的延伸。《试行办法》通过规定区域性股权市场可提供的服务方式给予了明确。三是监管体制。《试行办法》主要采取对有关市场主体提出规范要求的方式，对国务院已经确定的区域性股权市场监管体制做了规定。四是监管底线。按照负面清单管理的思路，着重划出为防控金融风险、维护市场秩序、保护投资者利益所必需的基本行为底线，包括不得采用公开或变相公开方式发行证券，不得向非合格投资者发行和转让证券，交易方式和交易间隔必须符合国务院规定，禁止欺诈误导、内幕交易和操纵市场等。在这些底线要求之外，淡化了行政色彩，突出了市场自律，由市场进行自我约束和自我管理，用以在有效防范区域性、系统性风险的前提下，更大限度地发挥市场的功能作用。五是市场规则。区域性股权市场提供的私募证券发行和转让服务，必然涉及证券发行和转让、信息披露、合格投资者、投资者资金管理、证券账户管理和登记结算、中介机构管理、违规处理和报告、风险防控和信息技术管理等问题。为了指导运营机构加强管理，保障市场规范发展，《试行办法》对其制定涉及这些问题的业务规则和管理制度提出了基本要求。六是支持措施。为了支持区域性股权市场的规范发展，《试行办法》规定了支持区域性股权市场与全国股转系统建立合作机制，支持证券业协会开展自律管理和服务，支持证券公司参与区域性股权市场等措施。除此之外，证监会还将推出专门服务于区域性股权市场的小微证券公司试点，引导依法设立的私募投资基金等机构投资者参与区域性股权市场，并研究采取其他措施，支持区域性股权市场的规范发展。

5. 逐步推进期货品种国际化

2015 年 9 月，《中共中央、国务院关于构建开放型经济新体制的若干意见》出台，其中特别强调要“扩大期货市场的对外开放”，因此期货市场国际化迎来了发展机遇。

从 20 世纪 90 年代初开始，我国就有了以境外代理业务为主的期货交易实践，但由于代理链条过长、沟通成本过高，经常发生纠纷和风险。1994 年 3 月，国务院发文明令禁止境外期货代理业务。随着 2001 年《国有企业境外期货套期保值业务管理办法》的落地，31 家国有企业获准参与境外套期保值业务，其他企业和个人投资者被拒之门外。近年来，期货市场国际化的步伐明显加快。目前，已有 6 家期货公司在香港设立分支机构，为内地在香港或海外的分支机构代理相关业务；3 家期货公司获准开展境外代理试点准备业务。与此同时，国内也出现了具有外资背景的期货公司。2015 年 11 月 18 日，由上海证券交易所、中国金融期货交易所与德意志交易所集团在法兰克福合资组建的中欧国际交易所正式开业，开始在欧洲打造离岸人民币资产的交易和定价中心，而在上海自贸区挂牌的国际能源交易中心也推出了原油期货品种，后续还将循序渐进地推进期货品种的国际化。

2015 年 6 月 26 日，中国证监会发布《境外交易者和境外经纪机构从事境内特定品种期货交易管理暂行办法》（以下简称《暂行办法》），自2015年8月1日起施行。《暂行办法》共35条，具体包括四方面的主要内容：一是扩大了我国期货市场的参与主体，允许境外交易者和境外经纪机构从事境内特定品种的期货交易。二是为境外交易者和境外经纪机构提供了多种参与模式。三是规范了境内特定品种期货交易涉及的主要业务环节，包括开户、运营、结算、保证金收取及存管要求、大户报告、强行平仓、违约处理、纠纷调解处理等。四是规定了对境外交易者、境外经纪机构从事境内特定品种期货交易及相关业务活动的违法违规查处和跨境执法等监督管理职责。

此外，证监会还将会同有关单位和部门，统筹原油期货上市前的各项准备工作，包括协调配合相关部委出台原油期货配套政策、审批上海期货交易所国际能源交易中心章程及交易规则；指导做好业务规则准备、会员招募、境外交易者和境外经纪机构参与、市场宣传培训、投资者教育等工作。完成上述工作预计需要三个月左右，希望相关各方做好原油期货市场的建设准备工作，促进原油期货平稳推出和安全运行。

从期货品种国际化的角度看，境外交易者可以根据自身情况和业务需要，选择通过以下模式参与：通过境内期货公司或者境外经纪机构从事境内特定品种的期货交易；符合条件的境外交易者经期货交易所批准，可以直接在期货交易所从事境内特定品种的期货交易。境外经纪机构可以根据情况，选择通过以下模式参与：境外经纪机构在接受境外交易者委托后，委托境内期货公司进行境内特定品种的期货交易；符合条件的境外经纪机构经期货交易所批准，可以接受境外交易者委托，直接在期货交易所进行境内特定品种的期货交易。此外，为了引导期货市场的有序良性发展，境外经纪机构只能接受境外交易者委托进行境内特定品种的期货交易。这些境内特定品种将按照成熟一个推出一个的思路，由证监会确定特定品种的开放顺序并对外公布。原油期货是证监会确定的第一个允许境外交易者和境外经纪机构参与的境内特定品种。

6. 进一步改革完善新股发行制度

7月初，因市场出现异常波动，已经启动新股发行程序的28家公司暂缓发行，首发企业的初审会、发审会等会议也随之暂缓安排。在股票市场业已进入自我修复、自我调节阶段的情况下，恢复和保持合理适度的新股供给，有利于增加市场活力、增强市场功能，促进市场的持续健康发展。同时，证监会通过综合考虑市场各方面对于进一步完善新股发行制度的意见和建议，重点围绕解决巨额资金打新、简化发行审核条件、强化中介机构责任、加大投资者合法权益保护等事项，提出了进一步改革完善新股发行制度的政策措施。

2015年11月6日，证监会公布了“证监会完善新股发行制度重启新股发行”的通知，决定将7月暂停的新股发行程序重新启动，同时完善了新股发行制度。具体包括：一是针对巨额打新资金对货币市场的影响及部分投资者卖老股、打新股问题，取消了现行的新股申购预先缴款制度，将申购时预先缴款改为确定配售数量后再进行缴款。同时，强调新股申购应为投资者自主决策、自担风险、自负盈亏的行为，证券公司不得接受投资者全权委托进行新股申购。二是按照以信息披露为中心的监管理念，突出发行审核重点，调整发行监管方式，严格执行《证券法》明确规定的发行条件，将一部分基于审慎监管要求而增加的发行条件调整为信息披露要求。三是公开发行2 000万股以下的小盘股一律取消询价环节，由发行人和主承销商协商定价，直接向网上投资者定价发行，以简化程序、缩短发行周期、提高发行效率、降低中小企业的发行成本。四是加强对中小投资者合法权益的保护，建立摊薄即期回报补偿机制，要求首发企业制定切实可行的填补回报措施。公司董事、高管应忠实、勤勉地履行职责，维护公司和全体股东的合法权益，对公司填补回报措施的切实履行在招股说明书中做出承诺。五是强化中介机构监管，落实中介机构责任。建立保荐机构先行赔付制度，要求保荐机构在公开募集及上市文件中做出先行赔付的承诺。完善信息披露抽查制度，进一步提高信息披露质量。出台会计师事务所从事证券业务监督管理办法，进一步明确审计机构未勤勉尽责的认定标准，从严监管审计机构的执业行为。

这些完善新股发行制度的政策措施需要修订或制定相关规则。为此，证监会拟定了《首次公开发行股票并上市管理办法（修订草案）》、《首次公开发行股票并在创业板上市管理办法（修订草案）》、《证券发行与承销管理办法（修订草案）》以及《关于首发及再融资、重大资产重组摊薄即期回报有关事项的指导意见（征求意见稿）》，并向社会公开征求意见，在履行相关程序后公布实施。

本次完善新股发行制度继续坚持市场化、法治化取向，本着解决新股发行过程中的突出问题、保护投资者合法权益的原则，推出了取消新股申购预缴款、优化投资者回报机制、突出审核重点、完善新股发行定价机制、强化中介机构监管等举措，是新股发行体制改革的进一步深化，朝着股票注册制改革的方向又迈出了坚实一步。本次改革要进一步落实以信息披露为中心的审核理念，强调发行人是信息披露的第一责任人，保荐机构、会计师事务所等中介机构承担核查把关责任，投资者应自主判断发行人的投资价值，审核工作重点关注信息披露的齐备性、一致性和可理解性。发行人的质量优劣和投资价值由市场决定，监管部门不对其“背书”，也不对持续盈利能力做判断。本次改革强化了中介机构的主体责任，包括建立保荐机构先行赔付制度；完善信息披露抽查制度；拟出台《会计师事务所从事证券业务监督管理办法》，进一步明确审计机构未勤勉尽责的认定标准，从严监管审计机构执业行为。

7. 多部门、全方位“救市”

2015 年 6—9 月上证指数大跌 45%，多次出现千股跌停，大部分个股跌幅超过 50%，不少个股跌幅深达 80%，人称出现“股灾”。市场恐慌情绪蔓延，投资者损失惨重。如果市场继续深度下跌，则分级基金也将受到波及，质押股权将被强行卖出，使上市公司的控制权难以保证，同时万亿银行系资金面临危机，甚至可能引发全面金融危机。对于这种现象的出现，除了因上半年上涨过多过快而引发的技术性调整要求之外，更多的是不少机构和个人违法违规进行股票交易、操纵市场，甚至内外勾结做空中国股市。在此背景下，政府多部门通力合作，采取经济、法律、行政等多项措施和手段“救市”，遏制了市场的进一步暴跌，避免了可能出现的系统性金融风险。同时，我国股市在“救市”过程中暴露的许多问题也值得深思。

（1）多方联手救市。据不完全统计，参与救市的国家部委包括证监会、央行、财政部、银监会、保监会、国资委、国家发改委、人社部、全国社保基金理事会、国家统计局十部委以及众多金融机构。先是政府高层表示中国政府有能力、有信心防止不发生区域性风险和系统性风险，有能力、有条件、有信心促进股票市场的稳定发展以及国民经济的稳定发展。6 月 28 日，中央银行出台定向降准和降息的措施，随后相关部门大幅降低交易结算费用、允许两融展期并直接暂停新股发行。7 月 4 日，21 家证券公司联合公告，至少出资 1 200 亿元申购蓝筹 ETF；央行也再次公告协助提供流动性，证金公司融资可达万亿元。从央行“双降”开始，政府短期内出台了 38 个利好政策。7 月 5 日，证监会发布 17 号公告称，为了维护股票市场稳定，中国证监会决定，充分发挥中国证券金融股份有限公司的作用，多渠道筹集资金，扩大业务规模，增强维护市场稳定的能力。中国人民银行将协助通过多种形式给予中国证券金融股份有限公司（以下简称“证金公司”）流动性支持。7 月 6 日，代表“国家队”的证金公司正式进场，不但大力购买蓝筹股，而且也集中买入中小板、创业板的个股。从 9 月初开始，50 多家券商再度输血千亿元，为“国家队”提供充足的维稳弹药，因此市场停止下挫。据统计，相关部门和机构用于救市的资金高达 1.5 万亿元以上。

（2）鼓励增持，限制减持。证监会规定，允许近期减持过股票的产业资本通过证券公司定向资管等方式立即在二级市场增持本公司股票；其中，股价出现大幅下跌的（连续 10 个交易日内累计跌幅超过 30%的），公司高管增持本公司股票可以不受窗口期限制；上市公司大股东持股达到或超过 30%的，可以不等待 12 个月立即增持 2%股份。7 月 8 日，证监会发布 18 号公告称，从即日起 6 个月内，上市公司控股股东和持股5%以上股东（以下并称“大股东”）及董事、监事、高级管理人员不得通过二级市场减持本公司股份；上市公司大股东及董事、监事、高级管理人员违反上述规定减持本公司股份的，中国证监会将给予严肃处理。

（3）严查违规配资。7月12日，证监会发布《关于清理整顿违法从事证券业务活动的意见》，明确了对违反证券账户实名制、未经许可从事证券业务的活动予以清理整顿的具体意见，随后便着手严查违规配资问题。截至9月11日，完成清理资金账户3 255个，占全部涉嫌场外配资账户的60.85%；还有2 094个账户尚未清理，持股市值约1 876.27亿元。在已清理账户中，有76.28%采用取消信息系统外部接入权限并改用合法交易的方式清理，仅6.33%采用销户方式清理，还有部分账户采取产品终止等方式清理。11月26日，中信证券、海通证券、国信证券三家券商因在开展融资融券业务中涉嫌违反《证券公司监督管理条例》第八十四条“未按照规定与客户签订业务合同”的规定，同时接到证监会的《调查通知书》。到目前为止，已有19家券商因为两融违规和场外配资问题被证监会处罚。而在23家上市券商中，市值排名前10的公司中就有5家在2015年下半年被证监会立案调查，其中不乏救市“国家队”的成员。11月27日，证监会下发《关于规范证券期货经营机构涉嫌配资的私募资管产品相关工作的通知》（以下简称《通知》），要求清理整顿私募资管产品的配资。《通知》提出，各证监局在中国证券投资基金业协会前期摸排数据的基础上，督促辖区证券期货经营机构进一步甄别、确认涉嫌配资的相关私募资管产品；与此同时，明确了需要规范的三类私募资管产品的范围及标准，相关数据核实与后续清理规范应按该标准进行。《通知》要求分类推进清理规范工作，坚决清理私募资管产品中下设子账户、分账户、虚拟账户等情形，有序规范涉嫌配资的优先级委托人享受固定收益、劣后级委托人以投资顾问等形式直接执行投资指令参与股票投资的私募资管产品。此外，持续关注利用“一人多户”、“线上转线下”等新型场外配资及其风险，督促各证券期货经营机构建立健全识别、监测、防范场外配资活动的工作制度和流程。截至11月6日，证券公司已基本完成相关清理工作，共清理5 754个场外配资账户，其中12%的账户采用销户方式清理，其他账户均采用合法合规方式承接。

（4）重拳打击违法违规。一场“股灾”也使一批证券市场的违法违规者浮出了水面。证监会、司法、纪检多方通力合作，查处了从证监会高官到实行证券操纵欺诈的不法分子。2015年是证监会系统被查处违规人员最多的一年。2015年9月16日，中纪委监察部网站发布消息称，证监会主席助理张育军因涉嫌严重违纪接受组织调查。10月13日，国务院免去张育军中国证监会主席助理的职务。迄今为止，张育军是证券系统中唯一一位先后执掌过上海和深圳两大交易所要职的关键人物。张育军于2012年8月任职证监会党委委员，2012年9月升任证监会主席助理，主管机构。他曾经明确提出过资管业务的“八条底线”，强调不得有非公平交易、利益输送、“老鼠仓”等损害客户利益行为，不得有商业贿赂等行为等。2015年10月31日，中央第七巡视组专项巡视证监会工作动员会召开，巡视组进驻证监会。11月13日，中纪委网站发布消息称，证监会党委委员、副主席姚刚因涉嫌严重违纪，正接受调查，成为到目前为止落马的职位最高的证监会官员，也是中央巡视组进驻证监会后被查处的第一人。2004年7月，姚刚担任中国证监会党委委员、主席助理兼发行监管部主任，2008年2月被国务院任命为中国证监会副主席。姚刚曾和张育军联手组织2015年的救市工作。除了这两位高官以外，证监会还有官员因为涉嫌内幕交易、受贿、利用职务便利为他人谋取利益而被移送司法机关。9月15日，中信证券总经理程博明、运营管理部负责人于新力、信息技术中心副经理汪锦岭等人，因涉嫌内幕交易、泄露内幕信息被公安机关带走并接受调查。整个中信证券先后有11人被公安机关带走调查，其中包括中信证券执行委员会的4名高管。10月23日，国信证券总裁陈鸿桥在家中被发现自缢身亡。张育军与程博明师出同门，与陈鸿桥也有交集。2000—2008年张育军担任深交所总经理、党委书记；陈鸿桥是从2003年起担任深交所副总经理，作为张育军副手的时间长达5年。11月1日，新华社报道：从公安部获悉，泽熙投资管理有限公司法定代表人、总经理徐翔等人通过非法手段获取股市内幕信息，从事内幕交易，操纵股票交易价格，其行为涉嫌违法犯罪，近日被公安机关依法采取刑事强制措施。目前，相关案侦工作正在严格依法进行中。仅高中毕业的徐翔，被市场称为最神秘低调的投资大家，他一手创办了上海泽熙投资管理有限公司，管理约60亿元资金，其投研团队30多人，均来自券商、基金、保险等专业领域。此后，多位与徐翔相关的人物也相继失联。

这次股市的非正常巨震，虽然在各方努力下最终是有惊无险的，但从巨震产生到救市历程以及救市效果考察，还是给人们留下了值得思考的问题。例如，在金融混业快速发展的过程中，如何应对金融工具和金融业务的创新对现有金融监管框架体系的冲击问题；政府救市如何把握时机，如何平滑进出引发的市场振荡问题等。

附录

附录一
第二十届（2016年度）中国资本市场论坛会议纪要

第二十届中国资本市场论坛成功举行

由中国人民大学金融与证券研究所（FSI）、《中国证券报》、华融证券股份有限公司共同主办的第二十届（2016年度）中国资本市场论坛于2016年1月8—9日在中国人民大学隆重举行。教育部社会科学司为论坛提供了特别指导，鑫苑（中国）置业有限公司、《资本市场》杂志社、中国人民大学财政金融学院和中国人民大学商学院对论坛提供了特别支持。

本次论坛的主题是“中国资本市场：风险与监管”。会议主办方指出，2016年迎来了第二十届中国资本市场论坛。20年来，我们坚守学术使命，探索理论疑惑，研究实际问题，推动金融改革，关注资本市场发展，勾画大国金融战略。20年，虽弹指而过，却记载着一代人的努力、希望和追求。

会议主办方指出，刚刚过去的2015年对中国资本市场来说是极不平凡的一年，它将载入中国资本市场发展的史册。2015年出现了自沪、深交易所建立以来最严重的危机。为了稳定市场预期，恢复投资者信心和金融体系的稳定，中国政府第一次入市干预。在救市和多项措施的影响下，中国资本市场已趋于正常。

会议主办方认为，如何避免未来中国资本市场可能发生的危机，如何减少危机对市场、金融体系和实体经济的破坏作用，如何构建防范和应对危机的有效机制，如何恰当地把握市场与政府之间的关系等，应是未来中国金融改革和资本市场发展必须研究的问题。我们要善于反省历史、总结教训、完善自我。基于这种思考，第二十届（2016年度）中国资本市场论坛的主题定位于“中国资本市场：

风险与监管”。本次论坛试图以 2015 年中国股市危机和近 30 年全球几次有典型意义的金融危机（股市危机）为分析重点，以期找到不同国家金融危机（股市危机）形成的相同特点和大致的逻辑基础。在此基础上，提出完善中国资本市场的制度架构、政策措施和规则体系的有益建议。

会议主办方强调，重温历史、问道规划，既是对过往的寻踪溯源、追根究底，又是对时下的自检自省、纠偏固本，更是对未来的谋篇布局、倾耳戴目。让我们回顾，让我们驻足，让我们履途。

9 日的论坛于上午 9:30 开始在中国人民大学逸夫会议中心举行。

中国人民大学党委书记、校务委员会主席靳诺教授，教育部社科司司长张东刚教授到会并致辞，中国人民大学校长刘伟教授到会并作主题演讲。

中国人民大学金融与证券研究所所长吴晓求教授在会上发布“中国人民大学金融与证券研究所《中国资本市场研究报告（2016） 股市危机与政府干预：让历史告诉未来》”。

全国人大财经委副主任委员吴晓灵研究员，中国华融资产管理股份有限公司董事长赖小民，孙冶方经济科学基金会理事长李剑阁研究员，中国社会科学院学部委员、原副院长李扬教授分别作主题报告。

中国金融学会名誉会长黄达教授、国家发展和改革委员会副主任宁吉喆等出席了开幕式。

开幕式与主题演讲之后，是精彩的论坛模块。

论坛主题一的议题是：“十三五”中国金融战略：模式选择与监管改革。该模块由中国人民大学金融与证券研究所所长吴晓求教授主持。参与该模块讨论的专家有中国人民大学小微金融研究中心理事会联席主席贝多广教授、国家发展和改革委员会国际合作中心主任曹文炼研究员、中国银行前首席经济学家曹远征教授、上海黄金交易所理事长焦瑾璞研究员、中国人民银行金融研究所所长姚余栋研究员、中国人民大学财政金融学院副院长赵锡军教授。

论坛主题二的议题是：“十三五”中国资本市场：发展机遇与风险管控。该模块由中国政法大学金融资本研究院院长刘纪鹏教授主持。参与该模块讨论的专家有北京大学金融与证券研究中心主任曹凤岐教授、民生证券研究院执行院长管清友先生、英大证券有限责任公司研究所所长李大霄先生、清华大学社会科学学院经济学研究所汤珂教授、《华夏时报》总编辑水皮先生、上海重阳投资总裁王庆先生、光大证券股份有限公司首席风险官王勇先生。

最后由中国人民大学财政金融学院院长郭庆旺教授作论坛结语。

本届论坛是中国资本市场论坛的第二十届（也是第二十年），大会特别安排 8 日晚上在中国人民大学国学馆报告厅举行了“论坛夜话：20 周年回顾与海峡两岸和香港五大高校金融尖峰对话”。

中国人民大学常务副校长王利明教授到会致辞。

“夜话序幕：中国资本市场论坛20周年回顾”，由中国人民大学财政金融学院副院长赵锡军教授主持。现场播放了“中国资本市场论坛20周年回顾片”，在北京的中国人民大学金融与证券研究所核心团队成员到会发言，他们是中国人民大学金融与证券研究所高级研究员、中国人民大学法学院董安生教授，中国人民大学金融与证券研究所高级研究员、华夏基石咨询集团合伙人施炜博士，中国人民大学金融与证券研究所高级研究员、中国人民大学经济学院国民经济管理系主任方芳教授，中国人民大学金融与证券研究所原副所长吴江博士，中国人民大学金融与证券研究所高级研究员、中国青年政治学院金融研究所所长李永森教授，中国人民大学金融与证券研究所高级研究员、中国人民大学财政金融学院应用金融系副主任李凤云副教授，中国人民大学金融与证券研究所高级研究员、中央财经大学金融学院副院长应展宇教授，中国人民大学金融与证券研究所高级研究员、中国人民大学财政金融学院许荣教授，中国人民大学金融与证券研究所高级研究员、清华大学社会科学学院经济学研究所汤珂教授。最后，吴晓求教授作了总结发言。

“夜话主题：金融理论发展与中国实践——海峡两岸和香港五大高校金融尖峰对话”，由中国人民大学金融与证券研究所所长吴晓求教授主持。香港中文大学中国金融研究中心主任何佳教授，台湾大学金融研究中心主任黄达业教授，清华大学金融研究中心主任宋逢明教授，北京大学经济学院金融系主任宋敏教授，中国人民大学财政金融政策研究中心主任瞿强教授参加了尖峰对话。

本论坛得到了教育部社科司的大力支持，FSI为大会提供的研究报告从2011年起被列为教育部哲学社会科学研究（发展）报告资助项目。

来自中央机关、国家机关、著名高校、著名研究机构等的有关负责人和国内外著名专家学者，以及证券公司、基金公司、上市公司的嘉宾和新闻单位的代表等共计500余人参加了此次论坛。本次论坛取得了圆满成功！

附录二

专家、学者在第二十届（2016年度）中国资本市场论坛上的发言

本届论坛主题："中国资本市场：风险与监管"

第二十届（2016年度）中国资本市场论坛于2016年1月9日在中国人民大学逸夫会议中心举行，本届论坛由中国人民大学金融与证券研究所（FSI）联合华融证券股份有限公司和《中国证券报》等单位共同举办。论坛主题是"中国资本市场：风险与监管"。参加此次论坛和演讲的专家学者有黄达、宁吉喆、吴晓灵、刘伟、赖小民、李剑阁、李扬、王利明、张东刚、王旻、侯苏、杜厚文、胡乃武、安体富、吴晓求、王坚、郭庆旺、张勇、赵锡军、董安生、施炜、方芳、吴江、李永森、李凤云、应展宇、许荣、何佳、黄达业、宋敏、宋逢明、瞿强、祝献忠、吴锦才、贝多广、曹远征、焦瑾璞、王庆、姚余栋、刘纪鹏、曹凤岐、管清友、李大霄、汤珂、王勇等。吴晓求、吴晓灵、赖小民、李剑阁、李扬、刘伟等发表主题演讲。

论坛开幕式与主题演讲

主持人： 尊敬的各位来宾，老师们、同学们，大家上午好！

欢迎大家参加第二十届中国资本市场论坛！我是今天的大会主持人祝献忠，我谨代表主办方向各位的到来表示最热烈的欢迎和最衷心的感谢！

从1997年起，中国资本市场论坛已经连续举办了20年。二十年来，每年的1月份，中国资本市场的主要代表、学界精英和业界专家都会在这里齐聚一堂，共同回顾过去一年资本市场的发展，一起展望新一年资本市场的未来，为中国资

本市场的持续、健康发展建言献策。

第二十届论坛是由中国人民大学金融与证券研究所、华融证券股份有限公司和《中国证券报》共同主办，教育部社会科学司给予了特别的指导和支持。鑫苑（中国）置业有限公司、《资本市场》杂志社、中国人民大学财政金融学院和中国人民大学商学院对本届论坛给予了大力的协助。在此，我代表论坛组委会向二十年来支持和关心论坛的各位朋友表示衷心的感谢！

下面请允许我隆重介绍今天莅临论坛的各位代表、来宾：

首先，中国金融学会名誉会长黄达校长。二十年来，黄校长身体力行，一直亲自参加资本市场论坛，从第一届开始到现在，对论坛倾注了很多心血，是我们的表率。让我们再次以热烈的掌声，对长期以来黄校长对论坛的支持和指导，致以衷心的感谢！让我们共同祝愿黄校长身体健康，万事如意！

接下来，请允许我介绍本次论坛的特邀嘉宾，他们是：

国家发展和改革委员会副主任宁吉喆博士

全国人大常委、财经委副主任委员吴晓灵研究员

中国人民大学校长刘伟教授

中国华融资产管理股份有限公司董事长赖小民先生

孙冶方经济科学基金会理事长李剑阁研究员

中国社会科学院学部委员、原副院长李扬教授

中国人民大学常务副校长王利明教授

教育部社科司司长张东刚教授

中国证券业协会副会长王旻先生

中国期货业协会副会长侯苏庆先生

在此，我谨代表论坛主办方向各位嘉宾的到来表示热烈的欢迎和衷心的感谢！

接下来，请允许我介绍本次论坛主办方的主要领导，他们是：

中国人民大学金融与证券研究所所长吴晓求教授

《中国证券报》副董事长王坚先生

中国人民大学财政金融学院院长郭庆旺教授

鑫苑（中国）置业有限公司董事长张勇先生

此外，还有多年来积极参与论坛、支持论坛的中国人民大学老教授杜厚文教授、胡乃武教授、安体富教授。欢迎大家参加论坛！欢迎中国人民大学的各位老师、同学以及媒体的朋友！

今天，我们邀请到了学术界的专家学者和业界精英，他们将在下午为大家带来精彩演讲。由于时间所限，我们在此就不一一介绍了，会议手册中有详细的介绍。

第二十届论坛选择了“中国资本市场：风险与监管”这个主题。这是一个紧迫又充满挑战的话题，尤其是在中国资本市场经历了 2015 年千股跌停、千股涨

停的跌宕起伏，又经历了2016年首周A股的两次熔断收市之后。今天，我们相聚于此，共同探讨“风险与监管”这一主题，其意义不言而喻。我们期待参加大会的各位专家、各位来宾能给我们带来一场启迪思想与碰撞智慧的盛宴！

首先，请大家观看“中国资本市场论坛20周年回顾片”，重温资本市场论坛一路走来的风雨历程。

大国金融梦——中国资本市场论坛二十周年回望

（解说词）

我们正处在一个伟大的时代，一个中国走向世界舞台的时代，一个全新大国正在崛起的时代。中华民族的繁荣、强盛和崛起，是无数中国人百年来追求的梦想。为了实现这个梦想，中华民族经历了太多的苦难，付出了人类历史上最昂贵的代价。现在，这个梦想正在向我们招手。

在世界现代文明史中，一个大国的崛起，既要有强大的经济竞争力和巨大的财富积累，也要有社会的正义、宽容与和谐。就经济和财富而言，大国的崛起不仅体现在经济规模和国际贸易的影响力方面，而且也必然体现在金融的全球竞争力上。金融的强盛是大国影响力的显著标志。20世纪中叶前大英帝国长达200多年的强盛说明了这一点。20世纪以来，美国在经济上无与匹敌的竞争力同样印证了这一点。中国经济的发展既要基于实体经济的雄厚基础，也要基于金融体系的强大竞争力。中国必须构建一个与大国经济地位相匹配的大国金融。大国金融梦是中国金融人的梦想追求，也是中国梦的重要内容。

中国资本市场论坛在冥冥之中就是为了这个梦，这个大国金融梦而诞生的。中国资本市场论坛诞生于20年前那个充满理想的时代，它由吴晓求教授最早倡议发起。吴晓求教授凝集了学术的力量，推动了论坛的发展。本论坛的背后有一支实力雄厚且结构稳定的年轻学术团队，赵锡军、瞿强、董安生、焦瑾璞、刘振亚、施炜、应展宇、许荣、汤珂、李凤云、方芳、李永森、梅君、吴江、陈启清、魏建华、李向科等是这支年轻学术团队中的中坚力量。围绕不同时期中国资本市场发展面临的不同问题，他们讨论、交流、研究、思考，继而形成了年度研究报告和政策建议，每年的《中国资本市场研究报告》是中国资本市场论坛的重要成果。

中国人民大学金融与证券研究所（FSI）是中国资本市场论坛的主发起单位，它与《中国证券报》一起，历经二十年的紧密合作，共同主办了中国资本市场论坛，不仅坚守了使命，而且创造了辉煌。

二十年中，诸多国内外著名的金融证券机构亦加入到中国资本市场论坛主办者的行列中，它们的加盟使中国资本市场论坛的影响日益扩大，不断攀登新的高峰。教育部将中国资本市场论坛纳入了资助计划，赋予了论坛智库的功能。

中国资本市场论坛从创设到连续 20 年成功举办，得到了中国人民大学的全力支持。不同时期的中国人民大学主要领导均亲自前往论坛致辞，表达了他们对中国资本市场论坛的良好祝愿。

中国资本市场论坛的学术基因来源于中国人民大学，它丰沃的土壤孕育了中国资本市场论坛的勃勃生机和鲜明特色。中国人民大学群星璀璨、大师云集，在论坛泛滥、不计其数的今天，能够始终得到诸多校内外学术大家关爱的论坛少之又少，中国资本市场论坛有幸沐浴了诸多学术大家的阳光雨露（宋涛、黄达、成思危、董辅礽、刘鸿儒、萧灼基、王传纶、陈共、周升业、胡乃武、赵海宽、戴园晨、陶湘、杜厚文、杨启先、秦池江、安体富等）。黄达教授是其中的杰出代表。黄达教授是新中国金融学科的主要奠基人，在经济学界和金融学界享有崇高威望。从 1997 年 1 月第一届论坛开始，黄达教授连续二十年参加中国资本市场论坛，其间几次发表过简短而精彩的演讲。以黄达教授为代表的老一代学术大家二十年如一日的支持，开创了学术论坛之先河，前无范例。他是中国资本市场论坛生命长青的精神力量。

在哺育中国资本市场论坛成长的过程中，数以百计的专家学者贡献了自己的智慧。其中，我们不能不提两位德高望重的前辈导师和一位业界精英：成思危先生、董辅礽教授和尚福林主席。成思危先生身为全国人大常委会副委员长，从 2004 年起，先后六次参加论坛，亲自撰写讲话稿并发表演讲。在第十六届（2012 年）论坛上，他已患重病，仍抱病参加论坛并发表演讲。成思危先生提携后辈、尊重学术的高尚品格激励着论坛主办者。董辅礽教授是我国一代杰出的经济学家，他曾对吴晓求教授说，参加中国资本市场论坛是他优先的选择。在尚福林先生担任中国证监会主席期间，他本人亲自参加了四届论坛并发表了重要演讲，难能可贵。

在最先几届的中国资本市场论坛上，讨论研究的主题仅限于资本市场发展中的一些重要理论问题和现实问题。随着中国金融改革和资本市场发展的推进，随着研究的深入，在中国需要构建一个什么样的金融体系随之浮出，大国金融的战略理念渐渐清晰。

第九届（2005 年度）中国资本市场论坛的大会主题是“市场主导型金融体系：中国的战略选择”，明确提出了中国未来的金融体系是一种基于资本市场充分发展的现代金融体系，即市场主导型金融体系。到了第十四届（2010 年度）中国资本市场论坛，构建大国金融的战略理念已经十分清晰。这一届论坛的主题非常明确，即“大国经济与大国金融——寻求中国金融崛起之路”。在这一届论坛上，吴晓求教授在主题演讲中已经准确地阐释了中国资本市场论坛的使命：“倡导大国金融理念，谋划大国金融战略，剖析大国金融结构，探寻大国金融崛起。”

如果说大国金融理念是中国资本市场论坛灵魂的话，那么立足现实、研究问题、提出建议、丰富理论则是中国资本市场论坛的根基和着眼点。

2016 年 1 月 9 日召开的第二十届论坛，是一场集大成的论坛。它以中国 2015 年股市危机为背景，全面分析了 30 年来全球股市危机形成的逻辑结构并对各国政府干预市场进行了比较研究，以期找到一个未来应对股市危机的制度安排和应对机制。

二十年时间，虽弹指而过，却记载着一代人的梦想和追求。在中国资本市场论坛的 20 年中，中国有一百多位一流或一线专家学者来到这个充满思想创新的论坛。他们的演讲，要么深邃理性，要么激情澎湃；要么立于现实，要么放眼未来；要么雄辩滔滔，要么娓娓道来。思维的盛宴、思想的开放既是那个激情岁月的写照，更是伟大时代的标志。

岁月在流淌，时代在进步。让我们为中国资本市场的健康发展，为中国大国金融的崛起，为中华民族复兴的中国梦的实现而共同努力！

主持人：现在有请主办方代表，《中国证券报》有限责任公司副董事长王坚先生致欢迎辞。

王坚：尊敬的各位来宾，大家上午好！在新的一年开始之际，大家冒着严寒赶来中国人民大学，齐聚一堂论道资本市场。我想，这正意味着在座的各位对我国资本市场的发展前景高度关注。作为会议的主办方之一，在此，我代表《中国证券报》，对大家的支持表示衷心的感谢！

目前，我国资本市场已走到了一个重要的历史关口：一方面，“十三五”规划对资本市场发展提出了“积极培育公开透明、健康发展的资本市场”，“提高直接融资比重”等多项目标，并涉及注册制改革等具体工作。市场普遍认为，这意味着未来中国经济转型升级将更为倚重资本市场，资本市场改革事关全局，其重要性将大幅提升。另一方面，2015 年资本市场大起大落，火热的牛市和年中异常波动并存。在 2016 年第一个交易日，熔断机制刚刚实施就触发熔断，所有投资者都在关注资本市场何去何从，在此时讨论中国资本市场的风险与监管显得尤为重要。

正是在这样的背景下，第二十届中国资本市场论坛将主题定为“中国资本市场：风险与监管”，真是恰逢其时。我看到，本届论坛邀请了来自学界和主流金融机构的一线专家学者，我们希望能借此机会，回顾近 30 年来世界资本市场发展中遭遇的重大危机，并以史为镜，探讨我国资本市场长久发展的制度基石与监管结构，为我国资本市场的繁荣发展建言献策。

2016 年，我国的资本市场将迎来改革大年，注册制的颁布与实施在即。这一改革牵一发而动全身，将为未来若干年资本市场的走势奠定基础。中央经济工作会议明确指出，抓紧研究提出金融监管体制改革方案。这意味着在“十三五”期间，我国资本市场将面临前所未有的发展机遇，而这将对风险管控提出更高的要求。

在未来中国金融战略的大棋局下，监管改革是大势所趋，我国将选择怎样的监管路径？资本市场的监管又将发生什么样的变化？这些议题都期待今天参会的

嘉宾给出建设性的意见。

到今天，中国资本市场论坛已经是第二十届。二十年来，《中国证券报》和中国人民大学共同见证了资本市场的变革、创新和进步。《中国证券报》今后将一如既往地支持和记录资本市场的改革。未来，让我们一起伴随中国资本市场的成长，见证新的历史。预祝论坛圆满召开，谢谢大家！

主持人：谢谢王坚副董事长！接下来，有请中国人民大学常务副校长王利明教授致辞。

王利明：尊敬的各位领导，各位嘉宾，女士们、先生们，大家上午好！首先，请允许我代表中国人民大学对今天莅临由我校金融与证券研究所和《中国证券报》联合举办的第二十届中国资本市场论坛的朋友，对你们的到来表示衷心的感谢和诚挚的欢迎！

在这里，我对第二十届中国资本市场论坛的召开表示热烈的祝贺。中国资本市场论坛在各位专家学者的鼎力支持下，已发展成为今天在学术界和业界都具有重要影响力的论坛，也是我校名副其实、在全国具有影响力的重要学术论坛。

从 2011 年开始，《中国资本市场研究报告》已获得教育部人文社科教育资助，这是从教育层面对中国资本市场论坛的支持。在这里，感谢各位领导的参与，感谢各位论坛的倡导者、主办者，感谢参与讨论的专家学者，感谢大家的参与。

我们还要感谢《中国证券报》和华融证券股份有限公司对第二十届中国资本市场论坛顺利召开的贡献。

中国人民大学是以人文社科为主要学科的综合理论型大学，在新的历史时期，我校努力推出更多有针对性、有分量的创新理论成果和创新政策建议，充分发挥智囊团的作用。通过中国资本市场论坛进一步推进我校资本市场理论的创新，使金融学科和资本市场研究发展成为我校具有国际影响力和世界一流的重要学术创新领域。与此同时，我们希望我校的资本理论研究成为制定政策的重要参考，为金融改革和资本市场发展做出新的贡献。

本届论坛的主题是风险与监管，各位专家学者将要探讨我国资本市场长久发展的基石、监管结构，为我国资本市场的繁荣发展建言献策。大家知道，2015 年中国股票市场面临从 1991 年建立以来最严峻的挑战，现在处在波动之中。如何正确把握危机发生的规律、剖析危机形成的原因及科学治理危机，对未来资本市场深化改革、扩大开放以及建设国际金融中心具有重要的意义。

我相信，经过各位专家学者的深度探讨，经过前十九届论坛的成功经验积累，中国资本市场论坛将取得更多、更好、更重要的研究成果。一些优秀的研究成果必将有助于中国资本市场和金融体系的发展及建设，为中国经济持续发展和现代金融体系的建立做出应有的贡献。中国资本市场的明天一定会更加美好，预祝第二十届资本市场论坛取得圆满成功。谢谢大家！

主持人：谢谢王利明教授内涵丰富的开幕词。接下来，有请教育部社会科学司司长张东刚教授致辞。

张东刚：各位好！向各位领导、业界的各位朋友和同学们，长期以来对高校工作的关心和支持表示衷心的感谢。我一直认为，中国资本市场论坛坚持高端引领，关注当下的热点，有当下之急需，有未来之急需，这点是论坛成功的关键。

现在，论坛成为我国资本市场研究的一面旗帜，发挥了中国智库的作用。这个论坛是365天的机制，不仅是今天搞一次论坛，它是365天为中国资本市场的战略研究建言献策，它对传统外交方面也发挥了积极的作用。

我们看到，论坛对发挥智库思想的碰撞、促进高端人才的汇聚、推动优秀成果的传播做出了积极贡献。论坛的品牌影响力逐年提高，推动了中国资本市场的健康发展。大家知道党的十八届五中全会提出了五大发展理念，既指明了中国资本市场改革方向的路径，也对资本市场发挥经济“晴雨表”、创新孵化器、重组助推器等作用提出了新的要求。

2015年，中国资本市场经历了波澜壮阔的发展，也遭受了大的洗礼，在中国资本市场的发展史上留下了难以磨灭的印记。中国资本市场是中国改革的方向，需要大力推动体制改革，倡导交易规则与创新，提升突发事件的应急能力。结构合理、功能完善、开放包容的多层次资本市场对中国的改革和未来极为重要。

2016年注定是中国资本市场的改革年，伴随改革大幕的徐徐开启，熔断机制正式实施。当前，维护资本市场稳定、健康的运行是关键，尤其需要各方保持定力，推动协作，确保各项改革有序推进。风险与监管是资本市场永恒的话题，当前伴随市场发展积累的老问题与改革带来的新情况相互交叉叠加，出现了新的内容、新的特征。在新的形势下，如何构建多层次资本市场体系和适应风险分层的管理机制；如何识别和处置高杠杆融资、互联网金融等新概念的风险隐患；如何通过完善资本市场的结构加快风险防控模式的创新，提升监管法制，建立以大数据为基础的监管体系，有效抑制市场异常的波动，排除潜在的系统性风险，提升资本市场金融资源的配置效益，已成为国家金融战略决策的核心内容，也是摆在我们专家学者面前的研究课题，需要我们联起手来不断推动理论创新，提高服务水平。

从2010年起，教育部提出了哲学研究报告服务项目，目的是服务国家战略，满足社会需求，以推动协同创新为抓手，组建各类学科团队，围绕改革开放与现代化建设中的重大理论和现实问题，长期进行跟踪研究，获得一批具有前瞻性的研究成果。

未来，社科司将一如既往地支持中国资本市场论坛的举办，预祝论坛圆满成功！各位领导、来宾新年快乐！谢谢！

主持人：谢谢张东刚司长，教育部社科司对中国资本市场论坛一直给予了特别的支持。在此，我们表示诚挚的谢意！

各位来宾，我们的致辞告一段落。接下来，有请中国资本市场研究报告主持人、中国人民大学金融与证券研究所所长吴晓求教授发布今年的研究报告。吴教授是论坛的创始人，在20年前创立了中国资本市场论坛。每年，吴教授都要组织中国人民大学校内外专家撰写《中国资本市场研究报告》，二十年如一日。今天，我们很荣幸能够聆听吴教授的研究报告。对于过去的股市，我们称其“过山车”，2015年到2016年前一段时间我们又将其改为“蹦极”，听我们吴教授讲述一下“蹦极”的感觉。欢迎吴教授！

吴晓求： 尊敬的黄老师，各位领导、各位朋友、同学们，大家上午好！非常荣幸来参加中国资本市场第二十届论坛，我还是要对大家的到来表示感谢。

20年的历史非常短，但它是一代人的历史，然而对于一个人、一个团队来说，它是一个漫长的历史，因为要坚持20年。细细想来，要坚持20年并且几乎在同一天举行这个论坛，一般都是新年的第一个星期六，这个一般是确定的（如果碰到重大事件，最多是第二个星期六，不会再有任何的变化），而且每年我们都根据当时的情况做一个研究报告。应该说，20年来，我们还是非常快乐的。

感谢黄老师！我每次都要感谢黄老师，看到他非常健康，我们非常快乐。他从71岁的时候开始参加论坛，那时他很年轻，头发还是黑的。我仍记得自己上研究生的时候，有一天晚上我看到黄老师打篮球，那时他50岁。岁月非常快，中国的发展也非常快。还有其他的各位，我就不一一说了，主要因时间所限。

2015年，我们主要是研究一个重要的问题，即关注中国资本市场改革当中遇到的重大问题，这些问题有可能会影响到中国大国金融战略的实施。

所以，2015年我们要研究一下金融危机，尤其是2016年我国出现了一次重大的危机，这是历史因素的堆积。以前我国也有过大幅下跌，但那个谈不上危机。2015年，我们引入了很多制度、办法，所以这是第一次在市场上的危机。中国市场的发展时间非常短，根据它所得出的结论不具有代表性，可能没有特别大的典型性，所以说我们要回顾历史。从1987年“黑色星期一”以后，我们想研究最近30年来全球的金融危机，它们发生的过程、发生的机理以及各国政府如何干预市场，各国政府干预之后有什么样的效果，干预之后各国政策、法律、制度又做了什么样的调整。

把这些结合在一起，可以为未来中国资本市场的发展和改革提供借鉴。我们的报告最后定名为“股市危机与政府干预”，重点还是要放在2015年股市危机上。沿着这个思路，我的汇报有四个步骤，自1987年10月19日“黑色星期一”以来，我们研究对中国有价值的金融危机，特别是这些危机的逻辑线索、产生的原因以及后来各国政府如何治理。

我们大概有几个案例。首先是1987年10月19日“黑色星期一”，虽然时间不太长，但它对后来建立现代资本市场的一系列规则产生了重大影响。因为那一天的资本市场下跌了22.6%，我们称之为真正的危机。在10个交易日加起来下跌超过20%，这个就出现危机了。按照这个标准，全球有七八次危机，而中国这一次也符合危机的标准。选择这一次是因为从此以后，这个事件告诉我们，熔断机制是非常非常重要的，整个熔断机制是完全配套的，美国是首先实施熔断机制的，而且实施是有效的，二十多年来只触发了一次。

再往后走，就是日本的泡沫经济。1990 年，日本的泡沫经济引发了日本股市危机，日本股市出现了大幅下跌。从 1989 年 12 月 30 日开始，日本股市迅速下跌，其下跌的速度非常快。除了股市危机以外，它的银行也出现了某种程度上的危机。

1997 年的亚洲金融危机实际上已经变得非常复杂了，亚洲金融危机从整个东南亚扩大到韩国、俄罗斯，即俄罗斯金融危机是亚洲金融危机的延续。此时，你发现这些国家全是发展中的后起国家。它们都是资本的依赖国，主要是靠国际资本的输入发展经济，所以它们的危机是从货币大幅贬值开始的。

金融危机有四种形态，就是货币危机、债务危机、银行危机（银行的流动性危机）以及股市危机。这四种危机在亚洲金融危机时期的所有亚洲国家几乎同时发生了，韩国最严重，后来波及俄罗斯。这与前面的金融危机不一样。

过了两年，出现了我们称为互联网泡沫的危机。这个危机是比较单一的，它对整个美国的金融体系没有带来什么影响，反而因为这个危机，美国的高科技企业、互联网企业得到了迅速发展。所以，有时危机是一把“双刃剑”，一部分的财富会损失，但它也会通过这样的竞争性机制孵化出伟大的企业。

八年之后，终于爆发了我们认为最重要的金融危机——全球金融危机。这次危机的源头是美国，后来波及全世界。这次危机发生在美国，致使美元出现了某种意义上的贬值，但这次危机绝不是货币危机，也没有出现债务问题，美国的整个金融体系没有问题。这个是非常有趣的。

再往后走就是 2015 年的中国股市危机，这个后面会谈到。从这几次危机的形态来看，我们就想研究一些理论，把这个事情搞清楚。对于理论问题，我们主要是想探讨这么三个困惑。第一个困惑就是股市危机乃至金融危机发生的逻辑结构、逻辑的过程是什么。这是非常复杂的，因为它涉及对外部资本依赖程度的不同，涉及这个国家经济的成熟度，涉及这个国家经济的规模，还涉及这个国家的货币在全球的影响等。这些实际上都给这个国家金融危机的形态带来了重大影响。

这里有一个图，这个图是包括 2015 年中国股市危机在内的这些危机的共同因素，这些共同因素叠加在一起形成了这个图，表明这些危机怎么衍生出来的。这个图非常长，我画了两天，这个也是学习黄老师的。这个图有几个意思：一是各国的金融危机是否与 M1 过量增长有关系。二是是否与信贷规模扩张和信贷的泡沫化有关系。对于这两个方面，因为不同国家对外部资本的依赖程度不同，所以它的结论会有差异。例如发展中国家、亚洲国家，它们对外部资本的依赖程度非常大，所以它的形成程度不一样。

再往下走就是资产价格，大多数国家都会先出现房地产价格的快速上涨。这个几乎没有例外，股票上涨比它慢半拍。房地产价格的快速上涨会进一步刺激信贷规模的扩张，因为抵押物的价值扩大了。随着市场的上涨和资产价值的上涨，实际上它的杠杆功能加大。这里面有一个周期，如果有一天突然发现资产价值上涨的收益率不能对冲银行贷款的利益，此时就有问题了。那么，这个市场将慢慢往下走，而股市危机就是最后的结果。

在此之前，房地产将会出现重大的下跌，我们想说明这样的一个逻辑过程。这个市场告诉我们，未来要避免危机需要做哪些事，在哪些节点上要注意。这是我们想解决的第一个问题，即股市危机和金融危机发生的逻辑过程以及节点在哪里。

第二个我们想探讨和思考的是，这四种危机形态是如何相互转化、相互感染，最后引发全面金融危机的。对外部资本依赖，货币贬值不是很必要的。

通常说来，资本性的国家发生单一危机的概率比较大，发生全面危机的概率是比较小的，包括这一次我国的股市危机，从理论上说，它还没有结束，这几天熔断现象的出现，既与熔断机制有关系，也是股市危机的进一步延续。在中国，你会发现我们的市场没有完全开放，其他的危机事实上没有出现，虽然人民币出现了不同程度的贬值，但它在市场上还是正常的表现。

目前，中国对外部机制的依赖程度不是特别大，我们主要是研究未来，重点是未来的中国资本市场。因为未来中国金融将会逐渐开放，因而中国对外部资本的依赖肯定会有，但不是特别大，可能与日本有点接近。事实上，我们是要说明，中国出现全面金融危机的概率，即四种金融危机交织在一起的概率，我认为是比较小的，不会像韩国、俄罗斯那样。对于它们相互转化的机理是什么，我不展开。

金融危机在全球范围内是否有跨地域的国际性？大体上 8～10 年就会出现一次重大的金融危机，从国际资本流动的角度来看，有人说有某种跨期的效应，这个要做很好的实证分析，对金融危机史做研究。我们经过很多的研究，发现还是有一定痕迹的，我们通过大量的数据统计，分析它的资本走了，到哪里去了，最后怎么触发了金融危机。我们有这样的理论猜想，我认为有跨期的。这个是关于金融危机逻辑的研究。

第三个我们想探讨和思考的问题是中国的股市危机。2015 年，在中国股市危机之后，我们对其进行了研究。这是一个很好的案例，对于研究未来的中国资本市场有很好的借鉴意义。

从 2014 年 7 月以后，特别是 10 月份以后，市场出现了三次大幅上涨，而后到了 6 月 8 日出现了大幅下跌，三次大幅下跌，包括这次，这次是第三次。三次大幅上涨、三次大幅下跌，最后回到了起点。之所以说它是危机，主要是因为它在 10 个交易日出现了超过 20%的跌幅，两次在 10 个交易日之内的跌幅大大超过了 20%，而且这两个 20%的跌幅出现的时间非常接近。

是危机，我们就要分析它的原因。对于这个原因，我们做了一个概括。的确，我们冒了很大的风险对中国经济进行改革转型，我们很多新的战略、新的理念都非常好，包括“一带一路”等，这是我国的长期战略。长期战略不能作为短期战略，因为它是长期的，不可以在一年之内把这样一个红利消化掉。这是第一个原因。

第二个原因，我们对发展资本市场的战略意图做了严重的误读。自十八大以来，民众非常重视资本市场的发展，他们比以前任何时候都重视资本市场的发展。从中国的宏观经济看，它确实起到了非常重要的作用。战略本身非常重要，但民众对战略本身做了误读，以为资本市场就是国家市场。这两个东西是两回事，因为它是个长期战略。

第三个原因，我们的高杠杆配资。我们很多事情都做反了，我们的高杠杆是问题的焦点。这个是有问题的。

第四个原因，我们交易机制的结构性缺陷。其中，主要包括我们的涨跌停板机制、程序化交易以及股票市场的结构平衡等，这些都形成了重要的原因。

第五个原因，即监管的滞后和监管的不对称。监管主体主要是干什么的？监管最重要的职能不是使指数上涨，不要把指数的上涨作为监管的成就，也不能单纯地以为市值的扩大是监管的成就。监管最重要的职能还是要保持市场的良性运转，不应随市场的变化而变化，不能把查处违规违法作为市场调节的一个工具，它不应以市场的状态变化而变化，这就是监管。监管应高度关注市场的风险结构、风险的变化，同时调整效益的规则。中国监管的独立性不够，也很滞后。杠杆配置谁不知道?!

第六个原因，我们的媒体。媒体当然很重要，但国家媒体跟市场媒体不一样，你不能说我认为它是什么东西的开始，国家媒体和市场媒体是不一样的。

第一个建议，不能因为危机，我们的改革就停止。我们大力发展资本市场的方向不能变，不要质疑它。

我们在制度方面要改革，注册制是要推进的，它千万不要像熔断机制那样搞了几天又停了。我们一定要深刻地理解注册制的附加条件是什么？为什么要做注册制？它需要什么条件？并不是说把注册制推上去就是注册制了，不是的！注册制最重要的方面：第一，要完成透明度。第二，要建立一个匹配的权责机制。第三，注册制的标准要非常清晰，要制定一整套良好的、流程清晰的标准，不可以模模糊糊的。

第三个建议，我们要规范融资渠道，形成动态的杠杆管理。资本市场没有杠杆是不可能的，一定会有杠杆，也应允许杠杆，但杠杆要有周期。

第四个建议，我们要建立更加市场化的交易制度。中国市场的市场化程度不够，昨天涨停了，我们的报告里面没有写这个，我们写完的时候才知道还有这个东西，后来我们说没做评价，没有对熔断机制做评价，我们不知道它的影响是什么。

为什么没做评价？是因为我们之前有一个熔断机制，微观上的熔断，他们又搞了整体熔断，这两个是不对接的，两者只能取其一。如果你要谈整体熔断，部分熔断就要取消。这个熔断是叫冷静期：第一个是要公司冷静，思考思考。第二个是要政府冷静、监管部门冷静，让你看看在这个期间有什么重大信息发布，如果没有重大信息发布就有问题。第三个是要交易所冷静，因为你们要发布信息。但是在这两天，没有人在任何熔断期间发表任何信息，都是在收市之后。

美国在“黑色星期一”的时候，当时美国总统就出来反复讲我们没事，他说我们可以提供无穷的流动性，然后就走了，市场就好了。我们没有任何人讲话，它就是失效的，就形成了恐慌。我们没有理解熔断机制的本意。

我们有一个报纸，头版头条“熔断机制：投资者资产保护的安全阀”。我看完以后非常恐慌，你对这个完全误解了，不是说有熔断机制风险就没了。从一定程度上说，它控制了风险，如果你没有信息发布的话，它就会扩大风险，而不是说进入熔断就没风险了。

第五个建议，我们要处理交易风险。我们不能因为保护风险而把重大的交易风险忽略了。

第六个建议，我们要强化市场监管的独立性，调整监管的重心。这个一定要做相应的调整。

好，我就讲这么多，谢谢！

主持人：谢谢吴晓求教授关于我国股市危机的原因与对策的精彩演讲！下面，我们有请全国人大常委、财经委副主任吴晓灵研究员为我们做主题演讲！

吴晓灵：谢谢，大家上午好！今天是资本市场论坛二十周年，首先我对论坛二十周年表示祝贺，感谢以黄达老师为首的老一代老师们对论坛的积极支持。非常感谢以吴晓求教授为代表的研究人员对资本市场研究的执着。

应该说，对于研究这些理论的人，外面的市场很精彩，他们获利的机会很多，但他们还能坚守在学校里头教学和研究是令人非常敬佩的。

下面，我讲一下如何规范金融产品的名称，维护市场秩序，保护投资者的合法权益。

近年来，互联网企业频繁介入金融服务行业，给社会大众带来了更好的体验、更多的选择，也促进了传统金融机构的变革，增进了社会的整体福利。与此同时，也出现了一些乱象，让一些人借用互联网金融和金融创新的名义冲破了监管红线，扰乱了金融秩序，给投资人带来了不应有的损失。

为什么会出现这些问题？

第一，许多人没有认识到将互联网技术运用于金融业并没有改变金融的本质，对各类金融产品的本质属性缺乏准确的了解，对金融的法律红线缺乏敬畏之心。

第二，现有的金融产品设计没能满足不同风险承受能力投资人的需求，因而出现了一些有市场但不合规的产品，进而由于它们的运作不当给市场带来了风险。

第三，金融监管跟不上市场发展，缺乏应有的引导和警示。因此，必须加大金融改革的力度，使其适应社会需求，维护市场秩序，保护投资人权益。

（1）要正确引导社会对金融产品的属性认识，遵守法律红线，维护社会秩序。当前，互联网金融中风险暴露最多的有两个领域：一是P2P；二是互联网理财。在这两个领域，由于社会对这些产品的法律性质认识不清，以致难以有效防范和控制风险。

P2P是"点对点"的直接融资，它不能有"资金池"，这是监管红线，因为"资金池"是变相吸收存款。P2P是直接借贷，借贷双方必须有借款合同，如果这个标的分拆的话，分拆标的的最大分拆额30份，最多20万元。如果这个标的不分拆，则多大都可以，借1亿元也只是要求双方直接签合同，借1亿元是你的自主权。如果分拆的话，最大金额就是20万元，而且对拆借的份数做了限制，即30份。

此外，在P2P中，如果要防止建立"资金池"，最好的措施就是资金通过银行直接从借贷双方走账。现在，有的P2P平台说，我的资金是委托在银行，我是有保险的。但是，开的账户是谁的？如果是P2P平台本身的账户，把资金打到你的账户里头再出去。对不起，这就是"资金池"，就是在吸收存款。

如果P2P平台想建立一个直接融资的银行托管账户，实际上是P2P平台向银行发出指令，把甲客户出借的钱直接转到乙客户的账上，不过平台的账户。现在的监管当局要求P2P平台找银行做托管账户，而很多银行没有开发这样的技术产品，因而这是P2P平台在银行资金托管当中面临的很大技术障碍。

份额化的P2P标的就是发行债券，它必须遵守私募发行或公募发行的规则。要是把这个份额化了，如果是在法律的解释范围之内，你是没有事的；如果超出了这个范围，那么再分解就要遵守债券的规定了。如果私募发行少于200份，必须向合格投资人发起。但是，如果你公募发行的话，就要实行核准制或注册制。现在，所有的债券、证券发行是核准制，而基金发行是注册制。

当前的P2P乱象为：第一，资产端没有坚持小额融资，它的金额很大。正因为金额大，肯定就要分拆。第二，资产端的标的复杂，许多标的还等额分，实质就是债券。比如对小微企业和融资租赁的贷款，其中的融资租赁有资产管理的产品等，这是资产端。由于资产端的产品复杂、金额大，因而分拆标的是普遍的现象，所以它们的违规也就是普遍的。

从资金端来说，它会产生资金的错配和期限的错配。因为资产端的金额太大，因而当资金端金额小的时候，就会分拆标的。另外，当资产端的资金需求期限比较长的时候，即借贷期限比较长的时候，由于资金端无法提供长期资金，而且很多参与P2P的投资人都希望短期获高利，因而产生了期限的错配。这是关于P2P的乱象。

此外，我要讲一下互联网理财，现在大众应该说都参与到了理财当中，而在这个理财中，互联网理财的乱象是非常严重的。互联网理财有三种形式：①金融信息服务。②销售金融机构的产品。这些需要该类金融产品的销售许可，而私募产品不可以公开销售。③集合客户资金并帮助客户投资。此时，平台承担了资产管理的责任，其实质是在发行集合投资计划。

理财、投资是一种行为，而不是产品，完成理财行为要借助金融工具，并且金融工具的属性和法律关系必须明确。我现在非常反对将一个具体产品说成理财产品，肯定会误导公众。理财是一种行为，你可以出主意，可以向客户销售产品，而销售给客户的那些工具、那些产品，它是有特定属性的，你必须把所售理财产品的属性说清楚。现在，大量的理财产品其实就是集合投资计划。

集合份额化的资金，并由第三方管理的投资产品都是集合投资计划；其法律关系是信托，其金融产品属性是投资集权，是证券。如果你是私募发行，要小于200份，而且必须向合格投资人发行。现在，咱们各个监管当局掌握的合格投资人的起点是100万元。金融资产的余额是多少，要按照监管当局界定的合格投资人的范围。如果是公募，可以大于200份；但是，集合投资计划是基金，必须注册发行。这是我讲的第一个问题。

第二个问题要加大金融创新力度，以满足不同层次投资者的需求。

股票投资和基金投资已形成了投资者的风险自担，我们应沿此路径创新公募基金产品、发展股权众筹，以满足不同投资人的需求。

第一，创新公募基金产品，满足中间层次投资者的需求。公募基金投资标的范围过窄，私募基金投资门槛过高，这是当前难以满足中间层次投资者需求的主要矛盾。私募基金的投资范围由合同约定，它的收益高，但是风险大。

从理论上说，私募基金是可以投资所有标的的，包括另类投资，如古玩、字画、红酒都可以。私募基金是由合同来约定的，它的收益高，但风险也是很高的。

在我们的监管当中，公募基金的投资范围偏窄，收益率偏低。法律规定的公募基金投资范围为：①上市交易的股票、债券；②国务院证券监督管理机构规定的其他证券及其衍生品。我们在公募基金投资范围方面应该进行扩展，这样才可以加大公募基金的收益。

创新公募基金品种，允许在一定比例内投资未上市的证券，同时提高投资人的门槛。例如，我们现在除了已上市的股票和债券之外，还可以让它投资一些股权或者是私募债，甚至可以包括一些其他的投资计划，将其作为基金的基金也可以。但是，这个必须要有一定的范围，一旦你扩大了这个范围之后，投资人承担风险的能力必须要加强，因而必须提高投资人的门槛。

例如，一般只投资于上市股票和债券的基金，你的投资门槛现在已经降到1块钱了（由于余额宝的出现降到了1块钱），你现在就可以把它提高到几万块钱。银行理财产品的起点是5万元和8万元。所以说，当资产端放开的时候，同时提高了客户端的要求。我们需要简化公募基金的注册程序，允许同一投资结构的基金一次注册、多次发行，实行数量储架发行制。实际上，当一个基金管理公司管理同一类型的基金时，它的投资风格是一样的，而投资结构大体一致的话，我们应该允许做一次注册、多次发行。这是创新公募基金的品种，解决从 1 块钱认购到 100 万元认购私募产品之间的中间投资人的需求问题。

第二，发展股权众筹，让一般投资人参与企业创业。众筹是互联网时代大众参与投资的好形式，而且众筹的种类很多。股权型众筹是小微企业发起设立的重要创新形式，《公司法》允许在 2 人以上、200 人以下发起设立股份制公司。请大家记住这点，当你做股权融资的时候，200 人以下是没有合格投资人的要求；如果是做债券私募发行，则有合格投资人的要求。股权是根据《公司法》，可以说随便一个人都可以去发起设立股份公司，只要你愿意参与就行。

但是，如果要是互联网股权众筹平台发起这个项目的时候，怎么把好关？这基本上就是指股权众筹平台对于项目筛选和投资人控制是怎么进行的。第一类是平台尽职调查，客户自主选择。这是大多数互联网股权众筹平台正在做的。第二类是在众筹平台上有领头人。第三类是一些孵化器推荐，而孵化器也是有各种标准的。这是对于项目的选择。

对于投资人来说，尽管从身份上说，所有人都可以参加众筹。但是，为了保证参与众筹人承担的风险不至于过大，应该有一个最高投资金额设限，就是说让你投的少一点。例如，每一个人最高只能投多少，还有就是说要对参加多少个项目也要有限制，这样做的目的最主要的是什么呢？最主要的是想控制你，一旦这个项目进行了，不至于影响你的生计和生活，也就是从投资端控制投资人的风险。

现在，网上比较合规的众筹平台，一般都自觉地把人数控制在 200 人以内，它们的风险起投额大多控制在 50 万美元，没有做到我刚才所说的让所有公司的一般人都能参加，也没有包括公众公司。真正今后要搞的股权众筹实际上要在股权众筹平台上发起公募，再由公募发起公司，这才是股权众筹的创新所在。

如果你不突破 200 份，就没有打破关于合格投资人的限制，还是私募；只有突破了 200 份的限制，同时降低了投资人的门槛，才是真正的股权众筹。这样的众筹可以给小额投资人参与创业投资的机会，因而需要立法给予确认。由于现在的法律没有相应的修改，所以突破这两个限制的都是违法的。美国所做的股权众筹是有一个总额控制的，美国的控制是 100 万美元。我个人建议，中国能够发起设立的公司控制在 300 万元，投资额度的限制是可支配资产的一定比例，或者是对绝对额和投资项目的数目进行限制。

第三个方面是开放大额存款市场，给投资人一个投资高息存款的合法途径。保本保息是中国投资人的偏好，但债券不适合向个人投资者发行。中国有许多经营债券的机构，但苦于资金来源受限，比如个人消费、融资租赁公司、汽车金融公司、住房信贷等。如果我们能够开放大额存款市场，让它们变成允许一些非银行存款类金融机构吸收公众存款（即成为有限牌照银行），那么这个对于提供更多的投资产品是有好处的。

第四个方面是要创新监管，解除压抑，促进经济社会的健康发展。我们应拓展证券的定义，实行功能监管。证券是代表财产权益的可均分、可转让或可交易的凭证或投资活动。

第一，克服监管当局的地盘意识，按实质重于形式的原则，明确产品的法律关系和功能属性，实行功能监管。让银行理财产品归位公募基金，用数量储架方式进行发行。

第二，完善中央和地方双层金融监管体制。吸收公众存款、公开发行证券、办理保险的金融机构和信托公司归中央监管，不吸收公众存款的一些金融服务机构可以归地方金融监管局监管。中央银行负责对地方金融监管机构的协调和指导。

第三，规范金融产品的名称。所有金融产品（无论线上、线下）在销售时都必须表明产品的金融属性，比如存款、贷款、基金、债券、股票、集合投资计划、资产产品计划等所有的产品必须明示产品的名称。

现在，大家都知道各种“宝宝”。实际上，“宝宝们”对大家的法律关系有时没有标注清楚。最早创立的余额宝，它的本质是通过支付宝销售天弘余额宝货币市场基金，因而产品销售的全称为“天弘余额宝货币市场基金”。它现在在网上销售的时候，产品的全称是“天弘余额宝货币市场基金”。

最近爆发风险的“E租宝”，其本质是将融资租赁标的进行份额化出售，因此它是在非法从事证券活动和非法吸收存款。没有金融牌照的互联网平台销售金融产品，必须持有销售许可证。

第四，严格管理公司的名称。凡含有金融、理财、投资、投资咨询、财务、担保、财富管理、资产管理、融资租赁等字样的公司，要先到地方金融办办理备案，再到工商局注册。我觉得国务院应该出台一个特殊的国务院令，或者是人大出台一个决定，用以明确这件事情。因为这些名称实在是太能误导公众了，这是我们当前金融混乱最重要的原因。

地方金融办今后应成为金融监管局，对这些公司进行负面清单监管，即不得非法集资，不得非法公开发行证券，不得办理超出200个合格投资人范围的资产管理业务等。这些都属于要有金融牌照的人才能干的事情。

第五，加大对违法行为的处罚力度。

第六，打破刚性兑付，树立风险自担的意识，以维护稳定。迁就投资人只能助长非法集资活动。

这是我今天讲的，谢谢！

主持人：谢谢吴晓灵研究员的精彩演讲！下面，我们有请中国华融资产管理股份有限公司董事长赖小民先生为我们做主题演讲。有请！

赖小民：尊敬的各位嘉宾，女士们、先生们，朋友们，大家上午好！今天，我非常高兴能再次参加资本市场论坛，这是第二十届资本市场论坛，每次参加我都有新的感受，而这一次的感受特别深刻。资本市场论坛走过了20年不容易，能将一件事情干 20 年的人，现在不太多了，所以我特别感动。中国人民大学教授吴晓求先生也是 20 年论坛的倡导者，他孜孜以求、一以贯之，用 20 年干这一件事，真的不容易。为了促进资本市场的健康发展、加强中国资本市场秩序的建立，吴晓求教授提出了构建大国金融这么一个崇高的梦想和目标，为中国市场的健康发展进行呼吁。

第二个让我感动的是黄达教授。92 岁的老教授，作为我国德高望重的金融界泰斗级的专家学者，20 年没有一次落下参加论坛，这个也不容易，体现了老一辈大家对年轻干部的重视与培养，以及对中国资本市场的高度关心。

中国资本市场走了二十多年，我在过去一直搞监管，在中国人民银行银监会任职，现在搞实业，是作为一个上市公司的董事长（该上市公司是中国规模最大的资产管理公司，也是目前我国资产管理公司中市值最大的资产管理公司）来参会，所以对资本市场，尤其是 2015 年的资本市场感同身受，体会很多。

2015 年，我和我的团队管理的中国最大的资产管理公司——中国华融成功在香港主板市场上市。当时的一个感觉，2015 年在我国二十多年的资本市场当中是最跌宕起伏的，也是影响最深刻的。在这个形势下，要将中国华融推向资本市场，当时我问我的团队，我要带着大家走上国际资本市场，我说我是冒着枪林弹雨冲向市场的。当时压力很大，我给华融股价定价的三个原则为：第一，由于国有资产要保值增值，因而股价一定要在净资产之上；第二，股价要优于同业的定价；第三，让投资者对未来充满信心，有赚钱的空间。这三大原则相对于 2015 年的市场，其难度非常大。不管大银行、小银行，还是我的同业，在 2015 年的资本市场上都受到重创，而且股价一直徘徊在净资产以下 0.7、0.8 左右，包括很多大银行、非常好的银行，至今还是 0.7。我的同业股价一直在低迷当中，在净资产以下，因此你要跑赢同业、跑赢市场就要有特殊的模式。

在这几个月，尽管市场跌宕起伏，我们仍然保持高于同业、高于市场、高于净资产。如果我是第一个以净资产为基准发出股票，则在良心上过不去，因为保值增值的目标都达不到。让国有企业做强、做优、做大，实现国有企业改革有三大目标：第一，让国有经济充满活力；第二，放大国有资本的功能；第三，实现国有资产的保值增值。国有企业的掌门人一定要实现这三个目标，华融也正在为此努力。

中国资本市场当前的风险很大，迫切需要监管，晓求教授把这个主题在这个时间提出，非常贴切，符合大家当前的关切，也是我党和政府、投资者、市场监管部门最关注的话题。

刚才我注意到，看到吴晓求教授讲 2015 年资本市场危机爆发，他讲了一个观点，他说 2015 年是股票危机。这个观点很有意思，但我不太赞成这个提法。2015 年的股票危机，从技术上说，其 10 天的跌幅超出了定义危机的标准，这是一个观点。2015 年是股票危机，这当然是吴晓求教授的研究成果，但我作为实体工作者来说，我对这个观点不一定赞成，我觉得 2015 年这个事件顶多叫作不正常的风险事件，还没有上升到危机。为什么这么说？中国的资本市场还没有到危机的阶段。尽管 2015 年我国股市跌宕起伏，但我觉得中国经济的基本面还是好的，我对中国股市未来的信心比较乐观，这主要基于中国经济的增长。

我们分析我国的经济现象和经济指标，不能简单地从几个指标或者几个模型分析，这是中国与西方最大的区别。大家回顾一下 1997 年的亚洲金融危机，那场危机重创了亚太金融体系。泰铢跌破了 60%，股票跌破了 70%，这是一场大的危机。“亚洲四小龙”在这场危机中销声匿迹。在这场危机中，中国没有受到太大影响，但仍要加大对银行的管制。当时，中国的银行业市场很糟糕。我跟国际货币基金组织的官员交流，他们说中国的银行业技术上已经破产了，各种指标、各种模型没有利润，一直亏损；资本达不了标，利润没有，亏损；不良贷款率 20%以上。但是，在那么困难的情况下，中国也没出现金融危机。2007 年，再一次出现了全球最大的一场金融危机，而且这场危机的范围更广、破坏性更强。美国的五大投行倒了 3 家，美国一百多家银行纷纷倒闭破产。在这个过程当中，全球出现了深度的金融危机。前后十年，1997—2007 年的 10 年都是金融惹的祸。中国仍然没有出现危机，为什么？1997 年，中国金融那么糟糕、指标那么糟糕，仍然没有出现危机，为什么？两个原因：第一，中国共产党的坚强领导；第二，中国政府强大的风险管控能力。这两点使得老百姓相信你，相信共产党，相信银行，把钱放到银行。

所以，我们不能从一个数据或者一个模型来判断中国经济。特别是当前中央政府、国务院给一行三会的目标就是稳定金融，防止发生系统性和区域性的金融危机。中国共产党、中国政府不会让金融危机在中国发生，或者说，会尽量推迟这个危机的发生。因为我们有得是办法，有比西方更强大的管控能力和集中力量办大事的能力，关于这一点，西方包括美国做不到。从这个意义上说，我对中国近期的基本判断是不会发生危机，对中国未来经济的发展仍然看好。

2015 年，你说有一个观点叫 2015 年股票危机，我有点不太赞成这个提法，应该称为非正常风险事件。但是，既然发生了风险事件，我们来研究风险，我觉得很有意义。我想借这个主题讲四个观点，不展开，因为时间有限。

第一个观点就是当前国内资本市场跌宕起伏，引发人民深度思考发达国家经济体和新兴市场经济体货币政策的不利影响。回顾历史，我们可以发现，20 世纪 80 年代后期，美元加息有 4～5 次，每次都伴随着区域性或者全球性的金融危机。2015 年，在美元加息引领发达国家和新兴市场国家货币正常博弈的情况下，全球经济市场动荡，美元持续走强，大宗商品价格暴跌，各国市场竞相贬值，许多新兴市场国家面临系统性的金融压力，也给不够成熟的市场体系带来了较大的冲击和影响。2015 年，我们股市的表现就是这种发达国家和新兴市场国家货币政策博弈的反映。

这两天，我看到了世界银行的全球经济发展报告，它对 2016 年、2017 年、2018 年三年做了预测，将 2016 年定位为全球经济增长的风险之年。同时，调低了它对2016年的经济预期，由3.3调到了2.9。为什么调低了经济预期？有三个原因：一是大宗商品价格大跌；二是贸易和资本流动的疲软；三是全球金融市场的动荡会加剧。世界银行对这三大原因开了个药方，要保持世界经济增长，需要三个方面出现转机：第一，高收入国家的经济增长保持复苏的态势。第二，大宗商品的价格要趋稳。第三，讲到了中国经济。中国经济要保持适度的增长，中国的增长模式在发生变化，由投资型转向消费和服务型为主导，并正在建立这么一个增长途径。如果这三大方面出现变化，全球经济就会有好的发展，我还是赞成世界银行的观点、判断。

企业也感觉到2016年的风险更大，生意越来越难做，投资者（包括我们）赚钱越来越困难。虽然这几年保持了相对的稳定，但企业仍然感觉到赚钱的难度越来越大。此外，2016年我们将会面对更多的风险、挑战和困难。2015年，我们回顾了中国资本市场，可以说是波澜壮阔、大起大落。年初，先是一轮暴涨；年中，资本市场剧烈波动，中小板和创业板的跌幅达到40%，而且下跌呈现出连锁效应——先是机构主动降杠杆，随后前期大涨的股票开始暴跌，导致高比例配资账户爆仓，最后甚至连非配资账户也开始抛售股票。在杠杆作用下的股市上涨和去杠杆时的暴跌，一度疯狂。

8月，人民币汇率贬值，在当时特殊的背景下，汇率的深度贬值引发了市场的猜测，导致资本市场再次出现大幅动荡，而资本市场的剧烈波动引发了人们对经济体系稳定性和监管有效性的争论。所以说，2015年我国股票市场发生了非正常的典型风险事件，所以我们也把它叫作危机。这跟吴晓求教授的看法有点不一样，这是学者跟我们实体工作者探讨角度不一样导致的。因为他从理论上说不符合10天的交易论、数据模型，各种数据都显示2015年的股票走势一定是危机，这是他们理论上的观点。我从现实当中还没有看到这么严重，因而它不叫危机，可以叫典型风险事件，而且处理得当可以得到改变。中国资本市场不会进入危机的，这是我的一个基本判断，我们还得充满信心。

我自己做上市公司的董事长，我对股票市场充满信心，包括对我自己的股票也充满信心。从这个角度来说，中国的资本市场不会出现，至少短期内不会出现大的危机，所以我想这是第一个观点。

第二个观点就是新常态下，我国资本市场的风险呈现跨境化、国际化、系统化的特点，虽然它不是危机，但是风险特性还是非常明显的，这是要关注的。2015年，我国资本市场跌宕起伏、大起大落，股市的泡沫破裂可能形成系统性金融风险的严峻现实，也深刻地教育了市场参与者和投资者。中央文件提出，尽快形成基础制度扎实、市场监管有效、投资者合法权益得到充分保护的股票市场，完全符合当前资本市场时代的客观要求，也是投资者迫切希望的。当前，我国资本市场的发展波澜壮阔，各种创新丰富多彩，正在支撑和落实供给制改革。

我认为，当前特别是2015年的股灾给了我们启示，需要重视潜在的风险，不能忽视它，监管部门和投资者需要加以关注。近年来，随着金融市场的发展和

金融创新的推进，一些金融机构开展的业务形成了混合金融。金融业务所有的牌照基本上都拿到了，这说明中国典型意义上金融控股集团的雏形已经出现了，而防火墙的建设、隔离带的建设对于我们来说仍然任重道远。

2015 年，大量资金通过非证券的渠道涌向股票市场，由于这些资金流向和产品创新都超越了原有的风险边界，因此监管者很难判断风险，从而造成了金融体系的潜在风险隐患。2015 年股市泡沫和股灾风险的重要原因就是资金通过 P2P，加上高杠杆、去杠杆失控，再加上监管不力，从而导致了股灾，并造成了巨大损失。这给我们敲响了警钟。

此外，我国金融业对外的进一步开放使得我国金融体系面临着外部冲击的潜在风险，我们对此不能忽视。人民币国际化是中国经济发展的必然趋势，也是一把双刃剑，它在给我国带来巨大利益的同时，也使我国资本市场面临风险暴露、外部风险向境内传递、投机性资本双向流动等因素，这将导致对我国经济的冲击和对我国货币政策的驱动，增加宏观调控的难度，稍有不慎就有可能引发资本市场的系统性危机。在开放的金融市场条件下，1997 年东南亚的亚洲金融危机就是前车之鉴。

上市公司盈利减速甚至萎缩，将直接带来 A 股市场估值系统的潜在风险。当然，同时我们也应该看到，当前我国 A 股市场也有相当部分公司具备投资价值，特别是在房地产市场进入长期拐点、市场利率大幅下降的背景下，居民将资产向股票市场转移，将是大势所趋。

第三个观点就是市场制度不完善、监管有效性不足是资本市场大幅波动的重要原因。

（1）市场基础交易制度不完善，不利于资本市场的稳定发展。涨跌停板制度、“T+1”交易制度、交易平台制度、强制平仓制度、熔断制度等，这些制度都有缺陷，应该加以完善。

（2）资金的跨市场流动，凸显了分业监管的不适应性。券商通过金融机构的配资、金融衍生产品使用等金融资金和工具在资本市场的交叉混合使资本市场在高杠杆的撬动下，迅速形成了风险泡沫。风险在金融系统内部的传递加剧了我国资本市场和金融体系运行的不确定性。

（3）缺乏整体配套有效的平台机制和价值发现功能。例如，2015 年大家知道融资融券的发展极为不平衡，融券规模不足融资规模的 1%。由于能够平衡多种市场的金融衍生产品较为匮乏，同时资本市场缺乏完整的架构，其价值发现功能和及时的举措能力均有较大的风险，由此造成股市的异常波动。类似的缺陷阻碍了我国股票市场自身功能的正常发挥。另外，针对上市公司的监管不到位以及非法内幕交易扰乱了市场秩序。

第四个观点就是创新审慎监管，构建经济新常态，推动我国资本市场持续健康发展。党的十八届五中全会在“十三五”规划中明确提出，加强宏观经济审慎管理制度建设，统筹协调改革并完善适应现代金融市场发展的金融监管构架，健全符合国情和符合国际标准的监管游戏规则，实现金融风险的全覆盖，提升监管的有效性，促进金融稳定增长，确保不发生系统性和区域性的金融危机或风险。

（1）在新常态下，资本市场的风险更是牵一发而动全身，我们对资本市场的监管不能采取简单的方式，要综合治理。我认为，当前应该积极探索符合我国国情的监管，加强基础法律法规建设，建立高效和有弹性的监管体系，积极地引导上市公司注重股东的回报，促进资本市场健康发展，探索适合我国国情的宏观审慎监管构架。

（2）系统地提升监管的高度，强化监管和功能监管，提升资本市场监管的有效性。强化功能监管既是我国现阶段的要求，也是世界的趋势。传统的监管方式是机构监管，比如将银行、保险、证券公司等作为划分监管权限的依据。功能监管的必要性和重要性已得到了各界的认可，各国纷纷提出了以功能监管为导向的监管改革方案，即在统一监管的构架下，根据金融的性质划分监管对象，消除分业监管模式下的信息不对称。

（3）提升监管的深度，实行穿透式监管。当前，我国市场利率大幅走低，导致银行、保险等金融机构资金进入股票市场的意愿日益提高，但其中蕴含着金融风险，因此需要将资本市场风险与银行、保险系统进行有效的隔离，即建立隔离带、防火墙和安全网至关重要，避免出现系统性的金融风险。为了应对这种复杂局面，监管层要加强监管能力，实现穿透式监管，把基础资产还原。另外，我们还要加强金融机构和投资者的专业教育，提升投资者的风险识别能力，实现“买者自负，卖者有责”。

（4）系统提升监管的厚度，实现全流程监管。搞金融一定会有风险，不可能消除，但我们可以跟踪控制风险。要提前做好风险出现后的应对、化解和处置机制，这是高度复杂和专业的问题，需要监管部门、企业，乃至其他部门的高效配合。我们需要事先建立常态化的跨部门、跨机构协同机制，做好紧急预案。

（5）对国际化提升宽度，实现跨境监管。国际资本进入中国资本市场的越来越多，潜在的风险也在日益增大，因而对资本市场的监管需要提升监管的国际化水平，将跨境资本纳入监管。因此，我国应与国际组织合作建立金融监管体系，积极地参与金融监管国际协议的制定和修订，增强话语权。建立国际资本市场监管的合作机制，是现在国际范围内有效的监管防范风险的方法。

（6）对电子化提升监管的密度，实现数据化监管。随着信息技术的发展，影响资本市场的信息越来越多、越来越杂乱，监管工作的难度越来越大。我认为，通过积极利用先进的大数据和“云计算”，建立统一的智能监管框架，能高效跟踪、测试分类信息，加大监管力度，提升监管的有效性。

（7）进一步完善监管基础，使其符合法律法规。

（8）特别注重引导上市公司对于股东的回报。对于这一点，我特别有体会。现在，很多上市公司是短期行为，而投资者也是短期行为。我们要适应新常态，实现新发展。预祝本次大会圆满成功，谢谢大家！

主持人： 感谢赖小民董事长的精彩演讲！刚才吴晓灵研究员在回去的车上来电话，她在演讲的时候提到了最高、最低的比例限制，PPT 是正确的。她演讲时表述的角度不同，最后以 PPT 为准，请媒体报道时注意。下面，我们有请孙冶方经济科学基金会理事长李剑阁研究员做主题演讲！

李剑阁： 各位老师，上午好！今天是第二十届资本市场的论坛，我是第一次参加，今天由于时间的原因，我可能只能做简短的报告。因为 2015 年发生了很多事情，如刚才吴晓求教授讲的，为我们搞金融研究、资本市场研究的这些人提供了丰富的素材。

确保论坛报告的准确性是很大的挑战，报告出来以后，媒体有很多的讨论，乃至争议，我觉得这是非常正常的。所以，这些报告只是一个开始，我们还要进行下去。刚才吴晓求教授讲每一次论坛都是在新年的第一个周末召开，20 年来从来没有一次例外。在新年短短一周交易日里发生这么多事情，所以这次第二十届的论坛显得特别有意义，也有内容。

现在，我就对一个问题百思不得其解。1 月 4 日熔断两次，按照道理，导致熔断发生的原因应该是 12 月份的时候市场参与者人人都知道的公开新闻，比如说数据不太乐观、人民币有贬值趋势。假设 1 月 4 日将有熔断趋势，1 月 8 日有减持的大限，为什么这些所谓的利空没有在 12 月份得到说明，而是在 1 月 4 日直接熔断。现在，所有的报告都没有给出一个令人信服的回答。

第二个问题，我们的监管部门在 2015 年 6 月份出现危机后进行了政策调整。那么，为什么每次证监会都要在市场的逼迫下在晚上出台新的政策调整，事先为什么没想到？比方说 1 月 8 日的贬值，为什么要熔断以后再出一个声明。如果 12 月份就说清楚了可能会有一个贬值高潮到来，但是投资者不要恐慌，这是有安排的。为什么监管部门在 12 月份没有动，而且投资者为什么要等到那天亏钱，早走一步就不亏钱，这个我不理解。

第三个问题，既然在 4 天里宣布暂停熔断机制，说明在 2015 年紧急状态下我们出台的一些监管措施，或者说出台的一些政策条款是仓促的、粗糙的，而这次证监会的公告也承认了这一点，所以做出了暂停熔断机制的决定。我们想问的就是，到今天为止，是不是有足够的时间总结一下我们 2015 年出台的还有什么是粗糙的、将要发生的，这个问题我觉得至少应该回答。在危机当中出现这些问题，我们可以理解，但事后你总要等市场逼到那个份上才能出来，才能看到。

我只想讲一点，现在我们有一个危机正在爆发却始终没有人提到，但我认为是非常重要的危机，就是监管部门的人才危机。一方面，证监会不会用这四个字，我在下面想了四个字，不是很准确，但还是能够表达一些意思，这四个字就是外流内耗，即人才的外流内耗。另一方面，你的监管、薪酬机制和其他各种各样的原因，包括一些体制内干部任职的条件，导致一些人才的配偶、子女在国外而不能任职。证监会前一段时间有一个大规模的离职潮，人才不断外流。而我觉得外流的情况非常严重，因为相比较而言，前不久我到东南沿海某一个省调研金融机构，发现这些机构所拥有的人才条件大大超过了证监会。

所以，如果你是一批非一流的人才，去监管一流的人才，这个市场能不能监管好？我想，这是一个很大的问题。因为我看到在这些金融机构里头有许多人才是我们政府流失的官员，有许多是从海外华尔街回流的经过多年培养的精英人才，还有一些是自股票市场建立以来一直在里面摸爬滚打的本土专家。对于这些人的组合，我看了非常惊讶。我感到我们监管机构的人才危机非常严峻，这是“外流”。

内耗，这个词与中国强调的内耗不太相同，我不是说内部在打架，而是内部在损耗。2015 年是中国监管机构被捕人数最多的一年，也是被捕人员级别最高的一年。这个情况应该引起高度的重视。这是为什么？多年一直讲，晓求也讲事前、事中、事后的监管转为事中、事后的监管，说白了不就是减少审批嘛。15 年前，我在证监会当副主席，这次抓的人很多都是我的老部下，我感到非常痛心，很可惜。不能说他们十几年前就是坏人，我认为十几年前的他们很优秀，非常优秀，也很勤奋。为什么十几年的好人，至少当时我认为他们是好人，现在就变成了正在接受司法调查的人？我认为，这就是我们这种监管体制、审批体制导致的巨大寻租机会，这对内部是一个损耗。所以，我个人觉得监管的人才危机和监管体制的改革应该结合起来。

下面，我再简单说一件具体的事情——怎么办。最近，有一位学者提出证监会应该设立部门管理，用以加强人才方面的缺失。我个人认为这是非常危险的建议，下面用两个案例证明：第一，我在证监会工作的时候就想利用社会力量来制约证监会，并建立了一个委员会，聘请了很多社会闲杂来参与我们的审批。但是，后来市场对这个制度安排的意见很大。因为你请的人越多，相当一个专家组，就导致贿赂成本越来越高。看起来，你没有一个好的监管体制，好人不一定都在社会上，好人也不一定都在证监会，哪里都可能有坏人。

第二个案例就是 2015 年我们组织了“国家队”的救市，说证监会没人找社会人，当时这些人被光荣地选入“国家队”的时候非常高兴。其中，有一个公司没有入选还非常失落，而有一个公司因为入选感到非常骄傲。但是，现在入选“国家队”的证券公司都很郁闷，原因之一是产生了巨大的账面亏损；而没有入选“国家队”的证券公司非常高兴，因为它避免了巨大的亏损。

所以我觉得，要解决证监会的人才危机，用顾问团的办法不是一个好办法，还得从证监会内部的机制着手，包括干部政策等，今天不展开了。

我觉得，如果监管部门的人才危机不解决，中国股市的危机还会一波一波地到来。谢谢！

主持人：谢谢李剑阁研究员的精彩演讲！刚才我在下面听大家说，见到今天的金融大家不容易，宁可有精神食粮而推延吃饭的时间，感谢金融大家的精彩分享。下面，有请中国社会科学院学部委员、原副院长李扬教授做主题演讲！

李扬：各位好！外面是晴空万里，万里无云，但大家心里面雾霾很重。前两天我看到一些国外的老总，双方讨论中国形势，我跟他们说中国形势很乐观，长期看好，中国不会遇到危机。但是，他们说中国已经遇到了危机。我们通过改革驱散雾霾，下一个非常重要的问题就是对我们的金融体系、资本市场进行重新改革。所以，今天我就选择了这样一个题目跟大家来交流。这是一个非常大的题目，由于时间原因，我要简单说的是一个逻辑和五个方面。

第一，一个逻辑。过去，我们金融改革的逻辑基本上是金融自身的逻辑，然后是自身的架构和自身的逻辑，我们要考虑机构问题，考虑市场问题，考虑产品和服务问题，考虑货币政策问题，考虑监管问题，考虑国际协调问题。然后，按照这样一个逻辑来展开和设计我们的金融改革方案。应当说，这在前一段时间也是对的，但现在不对了。金融体系这么多年来没有绝对的好，只有适用不适用，于是它又契合了我们的另一个逻辑，金融要服务于实体经济，它没有自身追求的目标。所以，在下一轮金融改革中一定要说清楚中国现在缺什么，然后再说我们改什么，绝对不能说按照自己的逻辑，这样我们的金融和实体经济将越来越成为问题。随着这样一个逻辑，大家看一下我国的整个经济形势。这样的局面对我国的经济改革是什么要求？下一步的改革要服务于五大发展，即支持创新发展、协调发展、绿色发展、开放发展、共享发展。对于每一个目标，我们都有具体的金融改革安排。

第二，在今后3～5年里，中国将处于一个不良资产集中暴露的时期，我们的金融改革不可避免地要解决不良资产的问题，不良贷款包括不良债券等都必须处理。下面大致讲一下规模，我们有个估计，过去参加了金融改革设计的一些人在讨论，20世纪末到21世纪初我们集中处置了一次不良资产，这些不良资产源自两个方面：一是亚洲金融危机；二是我们长期积累的不良资产。现在，中国的规模比那时候大很多（3倍以上），因此你就要有一个大于5万亿元不良资产的准备，因为上一次花了5万亿元。2016年，基本上我们银行的拨备覆盖率覆盖了不良率。2016年，我们已经采取了好多的特殊措施。因此，我们必须在今后的3～5年进行改革，而且金融改革不能排队。

第三，监管的问题。现在，监管出现了很多的问题，我们需要对监管体系提出解决方案。若从服务实体经济这个逻辑考虑未来的金融改革，我觉得有三个要点：一是服务于五大发展；二是服务于处理不良资产；三是建立一个更好的有效监管体系。

下面开始讨论哪些领域的事情值得金融改革为其服务。第一个领域就是要为市场有效配置资源提供基准。大家知道，我们的经济改革方向是让市场在资源配置中起决定性作用，但市场配置资源需要有基准，在金融领域中就是利率、汇率以及无风险的收益率。对于这三个东西，我们觉得应该在下一步改革中进一步推进。这些领域的改革已有了进展，但我们对其应当有比较大的推动，获得比较大的成果。

对此，我们有三个要点：一是利率由市场决定，现在还没有做到。我们放开了对存款利率的管制，但是货币的供应、信贷的供应是被管制着的。当供求数量被管制的时候，价格是不可能有提升的，所以利率市场化进一步的问题是放开管制。二是要有一个体系，即建立一个市场利率体系的要求，它在本质上是要求打破各种各样的限制，打破各种市场之间的限制。我们需要有中央银行，它要用市场化的手段来调控利率。做市场的很清楚，所有金融产品的定价要有基准。现在，中国的基准是有的，但它不完善，我们下一步要完善这样一个基准。三是汇率。如果这几天看到了汇率市场，大家就会知道这个事情不那么简单。对此，我们需要有方向，有时间表，还要有路线，以及一些防范风险的预案。现在，对于这些方面，我们考虑得还不周全。

我们下一步的金融改革要支持创新创业。现在，创新是国家发展的核心。从金融角度来说，我们支持创新、创业的要点是什么？我觉得要点是我们要建立一个金融体系，要允许人们选择，要允许人们犯错误，而现在这个体系是以银行为主，而以银行为主的金融体系是不允许犯错误的。

因此，关于市场结构的问题，与我们今天的主题扣得特别紧，即要发展资本市场。资本市场是大众去投资、大家去选择，它允许你犯错误。对于这个市场，我觉得必须要有大的发展。

第四，下一步改革要注意发挥投资者的作用。中国经济在下滑，在未来很长时间内还要靠投资。如何支持今后的投资就成为我们金融改革的一个重要方面。总体来说，中国是不缺资金的，但是我们资金的来源比较短期，对资金的使用比较差，工业化、城市化、新兴工业化等都需要长期资金。大致说来，中国资金的平均长度不到 3 年，但使用时间在 6 年以上，这样就出现了一个资金的错配问题，金融就是要解决资金错配的问题。但是，长期以来，我们没有一个稳定的机制来解决这个问题，所以下一步的改革要有效地解决它。

从资产端来说，就是两个东西：一是解决长期资本的问题；二是解决股权资金的问题，解决资本的问题。资本问题之后，后面要谈到杠杆率的问题。

因此，我们需要发展多层次资本市场。现在不能停留在文件上，必须要找到重点，并把重点做好。我觉得多层次资本市场要解决两个问题：一是解决草根资本资金的来源；二是解决地方的资金来源。

目前，需要有一个适宜中国的股权市场。中国从最好的市场到作为其基础的草根市场，这是一个“倒三角”，越往下越少，越往上越多。它是很典型的中国资本市场的形状。与美国相比，美国是一个“正三角”，当然它与事物的发展规律相匹配，最基础的是最原始的，中间出现一些好一点的，然后再选出较好的，是这种情况。因此，中国“倒三角”的结构必须改革。

与此同时，为了解决投资的问题，还要有长期信用机构。我国建立长期信用机构主要针对基础设施，针对城市化。下一步中国要投资，而且主要投资在基础设施领域，但基础设施投资没有商业可持续性，因而下一步要解决这个问题。但是，现在我不得不再次提出这个问题，我认为这个问题如果不解决，中国将有大量不良资产的问题难以解决。

第五，降低杠杆率。我们对杠杆率这个问题做了很多长期、深入的研究。在此，我们从杠杆率这个角度跟大家说一下看法。杠杆率这个问题肯定是我们一个很大的问题，在十八届五中全会首次说降低杠杆率，紧接着中央经济工作会议提出要降低杠杆率，可见任务之紧迫、任务之重。本来危机就是杠杆率太高造成的，因此降杠杆率也是各国政府反危机的首要措施。但是，7 年下来，我们看到的情况是杠杆率在上升，在 2015 年底全世界大概是债务 200 万亿美元，其中有 57 万亿美元是危机期间增长出来的，也就是在我们降杠杆率的过程中债务增加了。

我的意思是说，要充分认识到这个问题的长期性、艰巨性，最终我们写的报告就是说降低杠杆率要有打持久战的准备。因为经济在下滑，当局必须选择允许经济下滑还是降杠杆率，降杠杆率本身可能会是一个使经济萎缩的政策，现在世界各国无一例外都选择继续加杠杆。在这样的大背景下，我们提出降低杠杆率，对于这个目标，我们必须要瞻前顾后，要有长期的充分准备。

政府部门的杠杆率也在变化，但它是比较缓慢的，我们看到杠杆率的一个跳跃式增长也是在 2008 年发生的，这个原因很清楚。危机是提高杠杆率的一个客观因素。但是，中国的资产比债务还要多，这是我们研究的结论，可以自我安慰的事情。其中，流动性中所含的资产包括外汇，而外汇是流动性比较高的资产。

对于杠杆的问题有很多的措施，比如说还债。还债是可以的，但大家都还债是不可以的，特别是要在一起用卖资产的方式去还债的时候，将导致资产越来越便宜。在美国危机的头几年是这种情况，所以这条路理论上可行，无懈可击。中央银行买，在短时间内看不出来，但它使资产负债表扩大了，美国的资产负债表扩张了 3 倍，中国的也扩张了 3 倍多，我们现在变成了世界第一大中央银行。金融的钱和财政的钱不一样，金融的钱必须还，最后你要收回它，这是一个很长期、痛苦的事情。

所以，去杠杆只有“分母对策”，分子不断扩大，不断地稀释分母，只有这个路径。这个事情非常令人沮丧，只有一个方法，控制债务，让债务逐渐被稀释，这是一个长期的过程。

第六，我们看到在中央确定的未来改革方案中有一句新话：“要建立商业性金融、开放性金融、政策性金融、合作性金融分工合理、相互补充的金融机构体系。”这句话把四类金融体系都提出来了。2016 年明确地提出了四种东西并行，这是针对中国今后很长时间的实体经济需要所做出的一个战略决策。为什么呢？我们要从两个方面看：一方面，危机还在发生，还在延续。在这个过程中，一切都将水落石出，因而我们要去调整，我们有金融机构的处置问题、整个信息的维持问题，这些单靠商业性金融是不可能做到的。今后，我们在很长时间里要有政策性、合作性、开发性。另一方面，从经济的恢复过程来看，根据中国的情况，经济恢复要靠投资，还要靠房地产、股权投资。我想说的意思是，无论今后多长时间，无论如何解救危机，无论走出危机后经济如何进一步发展，都不可能只靠商业性金融来解决，因此我们需要全面发展各种各样的金融。

总之，我们现在面临一个新常态。新常态就是说我们进入了一个跟过去完全不同的新时期，对于新时期的金融改革必须有新的观点，主导型的逻辑就是经济缺什么就补什么。不要说美国有什么我就有什么，那样是不对的，一定要我们缺什么就补什么。谢谢！

主持人：谢谢李扬教授的精彩演讲！最后，我们有请中国人民大学校长刘伟教授做主题演讲！

刘伟：各位老师、各位同学，大家中午好！因为时间关系，我就不做演讲了。首先，对各位参加今天论坛的专家、学者和媒体的朋友们表示热烈的欢迎，对来参加讨论的同学和企业界的朋友们，包括关心论坛的朋友们致以衷心的感谢！

中国资本市场论坛今年20年，其实一个论坛能搞20年是一件很不容易的事情，之所以不容易，说明这个论坛搞的质量高，尤其像李扬老师，还有吴晓灵老师，特别像黄达先生等，他们给予了很大的支持、帮助，所以使这个论坛的质量非常高。

能坚持20年下来，更重要的是我们社会的发展需要，需要研究中国资本市场这样一个问题。今后可能更加需要，尤其是中国社会的发展遇到了一系列的新问题，对于资本市场问题的研究和推动资本市场的发育来说，具有特别的意义。

大家都知道，2016年是第十三个五年计划的开局之年，我们提出来到2020年实现第一个百年目标，全面建成小康社会。建成小康社会，我曾经做过简单的比较，即实现向高收入阶段的跨越，我国人均GDP的水平大体上是在2010年达到了世界上中等收入国家的起点线。到2020年，如果我们能实现向高收入阶段的跨越，等于我们用10年时间实现了中等收入阶段的历史穿越。

这个时间长不长？世界上现在高收入国家70个左右，平均人均GDP在4万多美元，起点线应当在12 600美元以上，它们实现这个中等收入向高收入阶段的跨越平均用了12年零4个月，其中有20个人口大国实现这个阶段的跨越平均用了11年零9个月，中国用10年时间实现这个跨越的话，应当说不算长也不算短。

实现这个目标对我们有体制方面的要求，“十三五”提出的思想，除了2020年实现全面小康社会的基础目标之外，有一个非常重要的体制目标：到2020年，我们要建立比较完备的社会主义市场经济体制。在建成社会主义市场经济体制这个目标当中，资本市场具有不可或缺的，甚至关键性的作用，世界上有70多个高收入国家在12年左右完成了跨越，世界上还有116个发展中国家，但其中只有15个国家实现了向高收入阶段的跨越，剩下的100多个国家没有实现这个跨越，反而出现了像20世纪70年代的拉美旋涡，80年代的东亚泡沫，90年代以来我们看到的所谓的西亚、北非的动荡。为什么？所以，2006年世界银行报告中提出了一个概念——中等收入陷阱，到了上、中等收入阶段，由于一系列的条件发生了变化，有些国家不适应这种变化，穿越不过去。我国现在到了上、中等收入阶段，构成中等收入的因素在我们国家可以说普遍存在，在某些方面还非常典型。

我们总结一下经验教训，为什么有些国家过去了，有些国家到了这个阶段后半个世纪过不去，像拉美这些国家四十多年都没有过去，为什么？非常重要的原因就是在这个阶段，当各种条件变化之后，它们解决不了核心问题，也就是公平和效率。解决不了这个，没有效率就没有持续发展的能力，没有公平就调动不了社会的积极性，导致矛盾四出。

怎么解决这个问题？我们现在找到了一个办法，习总书记、党中央多次讲的五大发展理念，就是跨越中等收入陷阱的一个要领：一个是创新，一个是协调，另外还有绿色、开放和共享。大家可以仔细想一想，这五大理念要解决的核心目的是什么？是公平、效率！其实要解决这个问题，要解决公平和效率，创新在里面特别关键，创新有技术创新和制度创新，而制度创新重于技术创新。

但凡穿越过去的国家，首先它在经济制度上的市场化程度比较深，有比较完备、深入的市场化体系和改革的历史进程在推动。深化市场体系的核心目的是解决政府和市场的关系问题，让市场在资源配置的微观领域起决定作用，而政府在社会长期发展中起主导作用。

这就是社会主义市场经济体制改革深化到 2020 年要初步达到的目标，即要解决政府和市场的关系。今天讨论的风险与监管说到底，政府和市场的关系是在体制上。如果这个解决不好，使市场失灵，应该市场起作用的地方市场不起作用，企业通过正常、公平的市场竞争获得不了这个机会，那么这个权力在谁手里？政府手里！政府替代了市场，集中了它不应该获得的这些权力，那么企业就要找政府谈判，而企业跟政府谈判最有效的手段是行贿。这就形成了寻租。所以，政府和市场的关系处理不了，政府手里的权力过多，而市场的作用发挥不出来、市场不完备的话，一定会导致普遍的寻租。寻租带来一个什么问题？它从根本上否定效率，资源配置在这种情况下不按照效率原则，不是在市场竞争中谁的效率高我就配置给谁，它取决于腐败指数，谁行贿的力度大我就给谁。此时，社会没有公平也没有效率。

陷入中等收入陷阱的过程，最根本的原因是没有公平和效率，最严重的现象是高度腐败，一定是这个问题。反过来，但凡穿越过去的，你看最要紧的问题是公正、公平和效率的问题，但最要紧的现象是什么呢？在制度上大力地反腐败，反腐败这个东西的根源是制度改革。首先是经济制度，对我们国家来说，就是完善社会主义市场经济体制，确实解决好政府和市场的关系，市场的权利、主体的权利、私权一定要保障，政府的公权力一定要规范。

这就涉及经济体制改革深化要求有政治体制改革相配合，而政治体制改革要解决的核心问题有两个，即民主和法治的问题。十八届四中全会提出的全面推进依法治国，要使政府的权力真正建立在民主的基础上，将其关进制度的笼子，这就是一个法治和民主的问题。

如果一个社会到了上、中等发展阶段，并且情况发生了变化，尤其是资本市场滞后的话，那么市场失灵，政府将替代市场，进而政府集中权力，民主和法治落后。当政府集中了大量权力时，由于这种权力既无民主的阳光照耀，又无法治的笼子约束，它就会滥用，你可以想想这个社会将是什么结构？政府失灵，政府和市场的关系扭曲，企业要想获得项目资源不可能通过市场公平竞争获得，只能找有关政府官员行贿。政府官员的权力怎么样？集权又没有约束，那么这个时候你想是什么情况？企业是拿着钱整天准备腐蚀政府官员，政府官员有着巨大的权力，而且这个权力又没有约束，那他能不能顶得住这种诱惑，就看这个官员能不能经得住考验。

我们常讲人不能老考验他，能经得住一次两次，长了很困难。要对社会主义事业负责的话，应大力推进制度创新。所以，我们党认识到这个问题，十八届三中全会全面深化市场经济体制改革，十八届四中全会全面依法治国，2020 年初步建立比较完备的市场经济的目标。这是经济改革的目标，是要初步形成社会主义法制中国、法制社会、法制政府。经济制度改革要解决好政府和市场的关系，政治制度改革要解决好民主和法治的关系。我想，五大发展理念就是前面讲的创新、协调、开放、共享、绿色这五个，若它能够在制度上获得保障，那么这五大理念实现后就能达到一个效果，使社会主义现阶段的公平和效率得到妥善的解决。这个得到妥善的解决，我们就能跨越中等收入陷阱，实现发展。

在改革当中的资本市场发展具有重要性和不可或缺性，所以我们想让中国社会发展就有理由相信并支持中国资本市场论坛再搞 20 年，因为它至少还需要 20 年，已经搞了 20 年再搞 20 年，我算了算大概在 2036 年。据有关方面的预测，彼时中国的 GDP 总量将超过美国，成为世界第一大经济体。19 世纪初叶，我们中国是第一；中叶，我们被西方打垮了，我们的信心没有了，并开始引进西方的文化，包括学科。经过二百多年，到 2036 年，我们将重回世界第一的位置。对此，我们很有信心，就发展历史来说，我们经过二百多年的轮回重新回到世界第一，这是非常有希望的事情。当然，这需要大家的共同努力，让我们一起！谢谢大家！

主持人：感谢刘伟校长的精彩演讲！也感谢今天多位教授、金融大家的精彩演讲。上午的会议已接近尾声。相信大家通过今天的论坛也很有收获，意犹未尽。没关系，下午还会有吴晓求教授和刘纪鹏教授主持的两场精彩分论坛呈现给大家。

分论坛一

议题："十三五"中国金融战略：模式选择与监管改革
主持人：吴晓求教授（中国人民大学金融与证券研究所所长）
特邀专家：中国人民大学小微金融研究中心理事会联席主席贝多广教授
中国银行前首席经济学家曹远征教授
上海黄金交易所理事长焦瑾璞研究员
清华大学金融研究中心主任宋逢明教授
中国人民银行金融研究所所长姚余栋研究员
中国人民大学财政金融学院副院长赵锡军教授

吴晓求：下午的论坛马上开始，请大家先看一段中国资本市场二十周年回顾的片子。（视频播放）

吴晓求：这是一个回顾片。第二十届论坛下午的第一个主题是："十三五"中国金融战略：模式选择与监管改革。下面有请六位学者：中国人民大学小微金融研究中心理事会联席主席贝多广教授；中国银行前首席经济学家曹远征教授；上海黄金交易所理事长焦瑾璞研究员；中国人民银行金融研究所所长姚余栋研究员；清华大学金融研究中心主任宋逢明教授；中国人民大学财政金融学院副院长赵锡军教授。

我们又会面了，这个论坛做了20年，在在座的各位中，余栋是第一次参加，欢迎加盟。首先，感谢各位在百忙之中参加第二十届中国资本市场论坛，远征是昨天晚上回来参加这个会。

我们这个主题主要是讨论一些大的战略，先说一说"十三五"。在你们心目中，未来的金融到"十三五"末期是一个什么样的战略目标？能不能实现？比如，我们的上海、深圳能不能成为真正的国际金融中心。从贝教授开始。

贝多广：谢谢！在"十三五"时期，我觉得中国的金融有很好的机遇，主要有两点：第一点，从国际的环境看，中国已成为了世界第二大经济体，中国的国际贸易在世界上已是举足轻重，中国的人民币在国际上的地位获得了很大的提高。前不久，国际货币基金组织也认同了人民币在国际货币中的作用。我们从战略上应该明确提出推进人民币的国际化，这个是作为一个战略目标。

从目前来看，人民币还是在被大家认可的国际贸易结算中发挥着越来越大的作用。但是，下一步人民币要成为国际储备货币，在成为国际储备货币之前首先要成为国际的投资货币。这是一个比贸易本身更大的挑战，这个主要就是在挑战中国的资本市场，挑战中国的金融体系。

有人建议，人民币国际化就要在国外、海外建立离岸市场。对于这个，我有不同的看法，我觉得人民币国际化真正的成功体现在国内金融市场的国际化。中国资本市场的加深、加快，尤其是中国债券市场有巨大的发展空间。反之，我们通过开放来促进改革，通过人民币国际化这样的战略来倒逼国内的金融，这是第一点。

第二点，未来的5年，是中国金融结构将要发生重大变化的5年，可能下周国务院就要发布《2016—2020年推进普惠金融的发展规划》。这个预示着在未来5年普惠金融在中国有巨大的发展机遇。在过去30年中，中国建立了非常好的金融体系，但是也存在很大的问题，就是提供给我们广大的中小微企业、广大的低收入人群、弱视群体的金融服务还是比较缺乏的。更不用说现在国家提出来要扶贫、精准扶贫所面对的贫困人群，他们的问题更大。所以，在未来的5年当中，普惠金融的发展战略应该是中国金融当中的主要内容。

吴晓求：我听清楚了。一个是他认为人民币国际化，特别是成为投资型货币是未来5年的一个重要目标。如果没这个目标，大国金融、国际金融中心就难说。另外，普惠金融在5年内将有很大的发展。接下来，曹远征发表你的看法。

曹远征：我想说在两年多前，十八届三中全会已经把未来5年中国的目标做出来了，核心的一条就是实现无局限，这是最核心的目标。货币市场、信贷市场跟资本市场是通的，就无风险收益率来说，其他产品围绕着无风险收益率才能形成一个体系。

过去，中国的金融以银行为主，无风险收益率是一个固定收益率，中国金融在未来5年将从间接融资走向直接融资。从目前的数值来看，全社会融资贷款的比重正在持续下降。如果是10年前，大概贷款在整个社会融资规模中间占90%以上，现在占50%。我想，在未来5年中，这个比例会降到50%以下。从这个意义上讲，在未来5年中是以资本市场、资本市场的固定收益为代表，同时它也是一个挑战。

在人民币成为国际货币的过程中，国际金融的建设就变成了不可回避的问题，我们说上海国际金融中心的建设指日可待，可是挑战也很大。

近年来，利率市场化以及各种金融产品不断出现。我们知道，中国的市场因为金融产品比较少、市场比较薄，因此资金冲击着汇率。在亚洲金融危机中间，香港为什么没有事情，而韩国和泰国汇率出现了那么大的变化？因为香港有比较好的资本。资本的发展不仅是中国金融的发展，还是金融稳定的前提条件。所以，上海金融中心的建设就变得很重要。

吴晓求：他是说，首先，中国金融体系要完成一个风险定价能力的改造，如果对资产没有定价能力，那么这个金融体系是有问题的。他认为风险定价最重要的方面是产品多样性，而资本市场是整个金融体系稳定的前提条件，这给了我一个很大的启发。这一点非常重要。焦瑾璞来说一下。

焦瑾璞：刚才听了吴老师的介绍，心情很激动，我参加20年了，记得最初咱们在留学生招待所一个一楼小屋里开始写。我也是吴老师早期的学生。实际上，我今天专门准备了一个题目“数字货币与普惠金融”，我认为这是“十三五”期间很重要的两个战略问题。

我想跟大家谈的问题包括：什么是数字货币？数字货币与普惠金融的关系是什么？另外，还包括数字货币在国际上推动着普惠金融的经验，还有数字货币怎么监管，以及数字货币促进普惠金融发展的基本原则。

此外，我还想谈谈数字货币与法币的关系。实际上，这个事情现在很大。后面，我说一下什么是比特币。这些与现在的互联网金融是一个大的概念。因为时间的问题，我不解释，只是把这个提出来。自这个概念出来，我们可以看到它与传统的我们学过的货币的五大功能是有区别的。

现在，从全球来看，数字货币以一种越来越快的速度在发展。有一些国家没有本国货币，而最近阿根廷出了危机之后，大家说干脆把阿根廷的货币取消算了，搞一个数字货币。

另外，发展数字货币的全社会成本是最低的，它后面的信用卡、借记卡及中央银行的成本基本为零，全社会的成本只有 0.86，与支票、现金相比，总的社会成本是最低的。

对于国际经验这一部分，我略去，主要是讲现在全球的 89 个国家已经提供了 259 种移动货币的服务，并且很多国家已把它用到了账户管理，很多都是电子账户了。将数字货币用到了现金管理、支付、管理、征信上面，这是很大的一个事。

借助大数据可以发现，通过一个数字货币完全可以把你日常的行为和规范找出来。另外，若每月你都有一笔固定的大额充值，证明你就是工薪收入者，而你不定期的小额充值说明你处于不确定的工作状况。这是一个趋势。无论怎么讲，将来移动货币或者叫数字货币，它的影响对现在的货币理论是颠覆的。此前，我专门看了黄达老先生编的《货币金融学》，原来叫《货币银行学》，在这方面是很好的。

然后，我想说第四部分：各国数字货币监管形式对比。从全球来看，监管当局肯定会对数字货币有一个看法。例如，以欧洲、日本为代表的货币发行业相关模式把它作为一个货币发行来看待，以中国香港、台湾为代表的类银行业监管模式，还有一个是以美国为代表的货币服务业。也就是说，它是一种单独的类型，各国给它这样来算的。这样就是三种类型，而且这三种类型都有监管的趋势。

对于中央银行发不发数字货币，它的利和弊的问题。一般来讲，如果有数字货币的发行，可能会对现有的整个货币调控、监管形成很大的一种冲击。

如果在这样的情况下，可以说未来的服务基本上是金融的服务会扁平化，它的流通半径会越来越短，那么我们所谓的普惠金融也好，现在贷款难的问题也好，服务贵的问题也好，包括服务不方便的问题，都可能通过移动支付或者电子货币的形式有一个改观。

对于这个题目，我研究 3 年多了。因为现在职位变化，我主要研究市场和交易，但这个事情，我估计将来要把它拿出来跟大家分享。我相信，在未来的5～10年，将会形成我们学术争论的一个主流。谢谢！

吴晓求：小焦的研究很前沿，都是很先进的，主要着眼于数字化、互联网金融。今年关于这个话题“货币的数字化、创造、发行”，我也讨论了很多，不展开讲了。下面请宋老师。

宋逢明：谢谢！我本来昨天晚上应该来参加金融教学和研究的，结果昨天晚上因为飞机航班的延误和取消没来得及。今天来参加战略的讨论，我讲一些自己粗浅的想法。我认为，中国在“十三五”期间的金融发展战略实际上跟整个经济发展战略是一样的，应该关注供给侧的改革。大家都知道，凯恩斯主义主要是调节有效需求的，所以可以说是需求侧的调控。货币主义和供应学派的理论就是供给创造需求。供给是不是自动创造需求？应该给予一个正确的理解，如果单纯是量的拓展，是原有的这种供给的扩张，只会供过于求。

实际上，供给侧改革的一个核心或者灵魂实际上是创新。我为中国金融做过的一点工作就是1995年从美国回来以后，把金融工程这个新学科介绍引进到中国，金融工程实际上是金融创新的技术支持，它是创新型金融产品和流程的设计、开发及实施。

创新是金融的生命力，我们理解供给侧改革的时候，实际上真正要关注的就是要创新。创新并不是简单的学习和模仿，必须在学习和模仿的基础上发挥我们中国人的智慧，中国人的聪明才智，做出世界领先的工作。

现在，我们感觉到很高兴，比如说中国高铁，这是我们向日本、法国、德国这些国家学习的，但实际上我们现在已经形成了徒弟打师傅的能力。供给创造需求，其中很典型的例子，比如说手机、平板电脑，这些东西并不是需求方提出来的，而是供给方提出来的。供给方为什么能够提出这些东西？就是因为有了科技创新。金融创新就是“十三五”发展战略的核心或者说是灵魂，而资本市场是金融创新的大态势。

中国的传统金融是以间接金融、间接融资、银行体系为主体的，即使传统的银行业务很简单，就是存款和贷款，那么你也要有各种各样的创新型金融产品。实际上，银行和资本市场已经逐渐结合了。

对于我们银行现在的一般存款产品，从负债管理来讲，已经很难吸收到，所以推出了大量的理财产品，而很多理财产品是资本市场的。所以，我很赞成曹远征老师说的，实际上我们的货币市场、信贷市场、资本市场这三个市场要连接到一起，重新创新。当然，创新不可能一开始就成功，往往是学习和模仿，但学习和模仿从欧美发达国家来的东西，有时往往不接地气，出现过很多典型的例子。最近的就是熔断机制，大家都知道熔断机制，你说在中国算不算创新？虽然不是创新，人家早就有了，但是你学习来了、模仿来了，后来一实验，发现它实际上跟中国的具体情况有不相融的地方。现在需要改进，而改进还是要创新来引导。

所以我想，“十三五”的金融发展战略要与中央对于整体金融体制的改革相一致，也就是供给侧的改革，我想这是符合发展潮流的。供给侧的核心思想实际上就是要由创新来引领。这是我的一点建议，如果有不对的地方，请批评指导！

吴晓求：供给侧是 2015 年最后两个月最热的词，宋老师提到了一个金融体系的布局，这个倒是挺有意思的，他主要还是跟远征兄和贝教授的意思一样。我们市场的确出现了资产没有可以选择的、资产荒等一系列问题，大概就是这个意思。请姚余栋，他是这个场上最年轻的，他不是资深的，而是年轻的后起之秀。

姚余栋：很高兴第一次到仰慕已久的论坛——中国人民大学举办的资本市场论坛上来，它使我们走向了一个跟其他转轨经济体不一样的路径。比如说，我前段时间碰到一个匈牙利的访问学者，我说你们转轨的时候为什么不搞资本市场？他说没人说过要搞资本市场。所以，我觉得这个论坛有这样一批像吴晓求教授、赵老师和一大批这样的人从很早的 20 年前（当时，中国银行融资占 99%的情况下）就开始呼唤资本市场是非常难得的，他们着实引领着我们前进。

因此，我非常赞同这个论坛的主张是大国金融，如果不是大国金融，终究你搞制造业是玩不转的。大家看到的全球流动资金不足、美元资金升值不一定是美国引起的。

如果中国总搞制造业，不搞大国金融，不搞人民币的国际化，将来我们是扛不住贬值压力的，也是扛不住资本回流的。这跟你本国没什么关系，是外在的。所以，有时题内的文章要题外做，我们必须在全球范围同时做两个大局。从这个方面说，一定要做金融强国，一定要让直接融资超过间接融资。虽然现在直接融资成功的只有英国和美国，但我觉得，如果我们不把直接融资做得很好的话，将来遇到危机就不好办了。

我们要防止跌倒，还有就是跌倒了要迅速爬起来。如果没有以直接融资为主的市场，将来跌倒就爬不起来了。欧洲是什么情况？即使 QE，日本的情况只能做 QE，能不能起来？我觉得起不来了，很难。

直接融资中也有两块，一个是债券市场，“十三五”期间目标百分之百的 GDP，现在资产总额 46 万亿元，很难想象有这么大的规模。另一个股票市场还要加强融资。最终，银行是靠股本的，企业也靠股本。如果一个经济体中，大家都是搞债权融资，将来终究有一天会出事。对于股权融资，无论是一级市场、二级市场，还是众筹都是特别重要的，经济体要保证资本金。

在这个大的格局下要发展多层次资本市场，其中有一块就是优先股。“十三五”期间要着力化解银行的风险，银行的风险在上升，虽然总体上可控。15 000 亿元的坏账怎么办？5 000 亿元要划转成优先股，否则未来的中国经济将要下台阶。中高速到了“十四五”期间就是中速了，将来这个账面坏账都成了真正坏账。所以，我们只能把逐渐增加的坏账平摊到中国的十几年二十几年中，而银行又不能吃普通股。所以，我们主张在债券、普通股中间要有夹层，这个夹层就是优先股，而且这个夹层很重要。我们在银行体系和整个债券体系中找到了这样一个化解风险的很好工具，它就是优先股。所以，多层次资本市场依然是重中之重。谢谢！

吴晓求： 讲了很多很重要的内容，尤其是他特别强调发展资本市场，今天台上的观点可能大致不会有太多的分歧。昨天晚上我主持的五个高校的座谈，好像有相对偏多的人说中国还是要发展银行，大家怀疑中国资本市场能不能发展下去。下面有请赵老师。

赵锡军： 实际上，刚才五位专家把该说的供给、需求、国内、国外都说了，未来的金融方面都说得差不多了，我总结一下。

我觉得，未来要从三个方面来考虑：第一个方面，沿着我们金融服务与实体经济角度考虑，我们要考虑5年以后的实体经济，比2010年要翻两番，这是指总额翻两番，人均也要翻两番。那就需要很庞大的金融体系支持它，至少比现在庞大得多。从规模来讲，我觉得是这样的。

另一个，刚才几位专家也提到了，除了要服务以往的这些大企业以外，还出现了很多的中小微企业。这个东西你原来是没有的，你的供给这块是满足不了的，那么这块你要新长出来。尽管刚才焦局长讲有很多的手段来提供，但这五年中间怎么样通过这些手段来服务于这些中小微企业或者更多的民营企业，我觉得也是一个很重要的要考虑的地方。

我们可能还要考虑另一个角度。例如，我为了得到这个服务，为了这个实体企业得到服务，要花多大代价，要承担什么样的后果。我个人理解，从经济学角度来讲，对于不同的服务方式、不同的资源配置方式，可能它的代价和要承担的后果是不一样的。尽管莫迪利安尼和米勒已经论证了，如果你剔除这些交易成本、税收的外部因素，那么你通过债权融资和股权融资的贡献跟企业价值的贡献是一样的，没有区别。这是微观层面。

从宏观层面来讲，两者可能是不同的。债权融资有硬约束，到期要偿还，还要支付利息。无论你这个企业、这个实体经济在经营过程中挣不挣钱，有没有困难，到期你都要偿还，你都要付利息。一旦出现偿还不了，利息支付不了，那就是风险事件，后果不一样。

股权融资不同，股权融资对于企业来说不是硬约束，企业经营得不好亏损了，那就不分红，不需要偿还股本。这个东西不一样，不同的融资方式后果不一样。

我现在看了一下，最新的中国人民银行公布的到2015年9月的一个社会融资总额的报告里面，现在总的社会融资余额是134万亿元，其中债券的部分大概是130万亿元的余额，股权部分的余额才4万亿元。大家可以想一想，130万亿元债权融资的余额，到期都有偿还的要求，有支付利息的要求。所以，如果从后果来看，那么我们将来可能还真的要考虑结构方面，特别是股权融资方面要有大的发展，才能应对这个硬约束。这是第二个方面要考虑的。

第三个方面，大家都讲到的国际方面。我们现在也是在不断地往外边走，外边也在走进来，我们现在用了一个很好的说法，就是我们要参与国际的金融治理，提供金融的公共产品。这个怎么样来提供，是通过人民币国际化，是国内资本市场的开放，还是什么？没有想清楚。

吴晓求：好的，实际上股票市场的市值是83万亿元，到“十三五”末的时候都是GDP的百分之百。我们来看一看，光是发展股票市场或者债券市场是不够的，我个人理解包括人民币的国际化，实际上两个东西加起来以后要构建一个全球开放的、有影响力的金融体系，这是我们最重要的目标。

刚才片子里面说大国金融，一开始我们也没有那个想法，但这个还挺重要的。资本市场不是一个单纯的融资工具，甚至不是一个单纯的资产池，它不仅在大国金融结构里面起稳定性的作用，非常重要，它也是人民币“走出去”重要的东西，没这个东西是出不去的。所以我说，接下来的问题也是未来“十三五”可能要遇到的问题，如果人民币成为国际化货币在2020年能实现，中国就是一个金融大国了。在这个过程中，我们将会碰到国内和国际两方面的问题，下面每个人说两个最重要的阻碍因素。

贝多广：国际资本没有完全开放，没有开放的部分主要是资本市场部分，如债券市场、股票市场，包括外国人进来和中国人走出去这几个方面。拿人民币国际化这件事来说，有一些人就提出来，我们应该加快建立离岸市场，原因就是我们由于国际贸易已经在海外以及在香港形成了几万亿元的人民币。

老想让人民币出去以后跟国内隔开，而这个隔开在我来看恰恰是人民币国际化应避免的一件事。人民币国际化不是为国际化而国际化，人民币国际化是要让中国的金融走向世界，是要融为世界金融体系的一部分。通过人民币，我们现在有这个条件。如果建立了离岸市场，那是强化了，而且回流机制比离岸市场更重要。举个例子，香港这么多人民币待在那，现在苦于没有投资工具，应该让它们回流，而现在严格地禁止回流。在座的很多人就说买股票，实际上在我看来，主要是回流，当然包括长期的和短期的，这个机制一定要建立起来。

现在，中国是储蓄大国，你可以让海外的机构到中国来发债，发人民币债，不要到英国去发人民币债。当然，还有很多技术问题我没有时间来展开，但是，我觉得重点就是这么一个方向。在未来5年，我相信中央银行按小川行长的思想贯彻下去，在这个方面有很大的机会。

第二个，从国内来看，我觉得最主要的障碍还是观念上的，就是人民对债务、债券、债权的认识。我觉得到了今天，我还是比较失望的。

吴晓求：中国人就怕借钱，这是一种债务。

贝多广：前一段时间大家担心，到今天还有人担心，说中国会发生企业的债务危机，甚至有的说政府面临破产，这个在我来看都是不太懂金融的人说的话。要不然我们不要改革，我们“大一统”的财政通过统一调配、统一收支就完了，这个是成本最低的。但是，为什么改革？我们发现这种体制的效率实际是成本下降了。

再说债券市场需要有对风险的定价，就是对于不同的发行体，它本身的风险要在市场当中通过定价展示出来。现在中央财政说我帮你发，你成本反而下降了，你对投资者怎么交代这件事情？对于广大的投资者来说，是愿意买国债还是愿意买地方政府债，我不知道大家做过调查没有。这个问题可以去调查，实际上投资者对地方政府债务是非常感兴趣的，我主要说债券。

中国的主要问题是通过银行借短期债，毛病是期限结构出现了大的问题。本来地方政府搞基础设施应该借10年以上、20年以上的债甚至永久债，但中国现在的性质导致它只能借一两年，工程还没完成就被搁置了。所以对这个观念，我觉得吴老师可能有一定责任，我不知道对不对。因为你过去20年主要强调股票市场，我建议今后5年中，“十三五”里面还要多讲债券市场。谢谢！

吴晓求：是，我已经看到这个重大问题了。下面请曹远征。

曹远征：我想说两个问题。

第一，我觉得中国对金融的理解和理念有问题，这个理解和理念与相关风险管理能力有关系。你回顾一下（包括资本市场论坛20年），咱们一讨论金融问题就是融资、拿钱的问题，是投资者跟投资者之间的桥梁，无论谈到什么都是融资问题。其实，吴晓求教授这么讲金融很清楚，金融的核心就是风险问题，金融存在的功能是风险的配置。

我们现在面临的很多问题是资本的问题，说明我们金融体系中的风险定价能力有问题。换言之，我们要重新反思金融在做什么。过去金融发展时期，金融是以融资为主，比如怎么提供资金、怎么发展。在金融新阶段，可能金融是以管理配置为主，这是中国资本市场发展的核心要义。

如果说间接融资现在不能满足长期债务的话，则是因为长期风险管理的问题。为什么要有股本市场，股本市场为什么在降杠杆？这是从宏观上分析风险管理这个问题，我们要从这样一个新的角度来分析中国资本市场的风险。

第二，我们发现，无论是央行、市场，还是我们从业者，均缺少风险管理工具。事后监管者对风险管理工具不知情，而衍生工具本身就是风险管理工具。

我觉得多广说得对，如果人民币已经国际化，人民币资产是国际资产，那么什么是大国金融？大国金融是大国在全球风险定价能力上的核心地位，美国金融机构能处理美元的很多风险。如果你处理不了人民币的风险，我对人民币国际化很担心。大家看看20世纪90年代是日元国际化的天下，进入21世纪初，日元国际化停滞不前，在国际储备中占4%。在晓求教授讲大国金融时，我很想强调一下，大国金融是大国金融机构在处理全球性风险时的定价能力。

吴晓求：刚才两位讲的非常专业、精深，中国人怕借钱、不肯负债，所以整个金融产品中的创新品种就比较少，大多数资产化是债券、负债，但负债相对比较少。刚才远征兄讲了一个，现在很多人不明白，他们把业务风险和业务风险管理工具混同了，所以这是有问题的。风险管理工具是金融创新以及金融服务定价的重要载体，没有这些东西是不可能完成金融创新和金融服务定价的，所以这是中国在发展现代金融或者市场金融的过程中碰到的最大的概念问题。

焦瑾璞：刚才我在想说哪两个，想了想就说几个小的。第一个，语言很重要，尤其是英语。现在我也是做实业的，准备明年推出黄金的人民币定价业务。我现在正在认真的准备。

昨天，周行长在很忙的情况下又抽出了一个小时听我汇报和讨论，在这里就不讲很多了，我就说语言的问题。这是因为，如果要做黄金的人民币定价，就需要有做市商，而国内的做市商还是用人民币，因而必须有国际的做市商。我拜访了国际上做资产交易的大银行，包括一些大市场，像 CME、LBMA、伦敦的货币市场，发现了一个很重要的问题，但将其归结到语言是为什么呢？因为我有时讲的话翻译老给我翻译不准，明明我讲的 A，他给我翻译成 B，最后我都着急了，肯定这个老外听错了。

实际上，这个东西是很麻烦的。我在想，你像咱们国内的金融学，基本上都是学国外的，比如黄达老先生的货币金融学。你现在看看，它叫社会主义货币金融学，与国际上的还是有区别的。

吴晓求：那个还是起了很重要的作用。

焦瑾璞：启蒙作用。咱们现在做的很多东西国际上不理解，这里的理解是说我们怎么用通俗的语言说清楚，让他们理解；如果再扩大一点，就是国际接轨。我感觉在实际工作中，这个事情太重要了，我那个翻译还是找的我们交易所内最好的翻译。所以，这就是我刚才告诉好多同学的，学英语很重要，有利于促进我们人民币走向国际化。

第二个，如果还有一个原因，就是金融的基础设施建设。金融的基础设施建设包括要素市场的建设、技术市场的建设、技术市场的程序，就是程序编得好不好。

第三个，资质建设。现在比较多的叫 CCP，即你有没有这个资质，像食品 CCC 的质量认证。中国在这个方面都是缺的，目前非常缺。

因为我现在受命，我率先走出去定价这个。我现在发现，除了翻译不行、英语不行之外，还有一个不得不说的，就是制度也是不行的。因为国外要素市场是非常活跃和流通的，期货、现货、指数、期指都是连在一起的广泛市场。咱们国内不行，说得小一点就是黄金这块，我在上海期货交易所有现货、期货，期货归证监会管，现货归中国人民银行管，黄金生产又归国资委管，这个弄不到一块去。你说怎么办？

还有一个技术，现在好的技术人员都去互联网金融公司去了，真的很麻烦。还有一个我在工作中的体会，别人问我，黄金交易所凭什么可以搞清算，你又没有 CCP 资格（它是国际上的一个认证单位，以前都不知道）。也就是说，你不是我的对手，双方不是互相认可的，咱们两个不是一个重量级的，我不跟你玩。这是非常专业的东西。

可能大家听不懂，但我想说一个什么呢？比如说，空气质量好坏大家是有一个标准的，咱们一直是关着门在发展资本市场，而没有把国外对资本市场、金融市场的一些基本要求给它体现出来，给它规范化起来。在这个行当下，我们做资产，这种资产它的份额一般是多少？像黄金的份额一般为 12.5 公斤，这就是一个份额，你非要搞 10 公斤的，大家就不认。

所以说这个东西，我说了它的各种资质咱们没有，我总结了一句话：咱们还要审视自己市场的完善程度。如果你连最基本的设施还完善不了，那么交易肯定受影响，并且这方面在未来的几年要加大投入，不但要加大资金的投入、技术的投入、人员的投入，还要加大对开放的投入。有一些事情你自己做不了，只有请国际上的高手来做，不能关门搞改革、搞开发。

吴晓求：好，我们这次论坛做了一个变化，又邀请了 20 位大学的学院院长，在座都有了。刚才小焦说的是中国的人才，我觉得的确这是个障碍。我认为，中国最大的缺陷是人才这块，真的不够。

曹远征：我插一句。我们是从市场做过来的，魔鬼在细节，往往是细节没有做好。比如他讲人民币国际化的问题，就是因为语言和技术性，你不能把中国这个介绍清楚，这个是什么、怎么做？这在各国银行讨论中是很感兴趣的一件事。人民币是很特殊的一个安排，它有中国的特色，你怎么把它讲清楚？讲不清楚，很多事情就做不好。在座有 20 个金融学院的院长，那我说两点：第一，要把风险的概念灌输到学生里面，即产品和风险。第二，真的是沟通能力，中国的金融从此是国际的金融。

吴晓求：好，宋老师是我们清华大学的著名教授，对此有很多的感受。你谈一下内、外两个因素。

宋逢明：其实，我刚才觉得讲得很好、很精彩，给我很大的启发。实际上，这里面讲到一个知和行的问题，到底是“知难行易”还是“知易行难”，这个问题要搞清楚。大家都讲到股票市场、债券市场，还讲到优先股，我觉得还是要把一些事情先搞明白，就是股本到底是怎么做。因为这些年我的研究和兴趣是金融工程，实际上所谓搞金融工程中最主要的也是风险配置跟风险管理，这一次资本市场论坛的大题目就是风险与监管。

这个最大的问题也是我一直感兴趣的研究，就是说资本市场的风险管理和银行的风险管理，它们之间的区别在哪里？实际上，它们还是很有区别的，我们现在讲的金融学，资本市场的管理从 portfolio 开始，首先讲组合分散管理，然后开始讲衍生工具，通过衍生工具转移配置风险。

而银行业的风险管理，实际上它的贡献是《巴塞尔协议》形成了一个共识。银行作为商业性机构，你是可以赔钱的，但你必须赔自己的钱，你不能赔到人家头上去，赔到人家头上去就会引发系统性风险。但是，当时定了一个 8%的资本充足率，这是从哪来的呢？说句实在话，它是资本经验，经过了 10 年的运作，提出了《巴塞尔协议Ⅱ》，我认为它实际上把资本（银行的资本主要是指股本）是干什么用的给出了新的定义，我认为这个非常重要。

刚才，比如姚所长讲到的比例，债务资本和权益资本之间的比例。在整个融资规模当中，好像赵老师刚才说到这个，占比是多少。其实，这不是一个简单的数量比较，我认为《巴塞尔协议Ⅱ》的思想非常重要，它的思想实际上把银行的风险管理转变成损失管理。也就是它把损失给出了一个概率分布，然后分成了三块。第一块是预期损失，现在的金融经济学和金融统计学里面都是把平均值作为预期值。第二块实际上是非预期损失，即超出预期的损失部分。第三块是把尾巴切下来，所以就不是风险的问题。

这三块损失是怎么进行监管和管理的呢？它实际上提出了一个非常重要的思想，就是预期损失实际上是今年的利润并不能全部作为可分配利润，它要留下来一部分作为明年经营活动的准备，也就是银行里面提到的拨备，用这个拨备来弥补明年经营当中可以预期到的损失。非预期的部分就要靠你的资本来覆盖，这就引出了经济资本的概念，也引出了资本冲击的概念。这个时候牵扯到流动性、制度建设这一类东西。

股本是起什么作用的？以前我们学金融、学财务，我们只要是资本就是拿来做投资，但《巴塞尔协议》引出了一个新的概念，你这个股本主要是来抵御非预期到的损失。如果这样的话，那我们发展股票市场，一个公司应该有多少的负债资本？此时就不像莫迪利安尼和米勒那个对照理论资本说的，所谓的资本结构与企业价值无关，当然它有很多价值。

股本的多少，实际上就是对于企业运营中的非预期损失你要有足够的能力去覆盖。只有精确化到这样的程度，你才能使资本配置真正合理。所以，资本市场的风险监管、银行业的风险监管如何走到一起？如何打通它们？这将是世界性的难题。我觉得，中国金融发展中的真正困难，就是我们如何找出真正符合中国国情、体现中国特色的金融发展道路，也就是所谓的中国模式。

一讲中国模式和中国道路，很多人就很反感，但这个事情确确实实是这么回事。30年的改革开放使中国从一个庞大的计划经济国家转型为一个社会主义市场经济的国家，我觉得这是一条特殊的道路。那么，现在我们要从原来的间接金融占99%的一个金融体系，发展到资本市场包括股票市场能够占到一定比例的市场，这在全世界也是没有的。咱们更不要说到文化的特性，讲到哲学的背景，这就扯远了，所以我认为这个事情确确实实是我们面临的最大问题。

第二个问题就是翻译的问题。翻译的问题不光是学校里的问题，现在最最头疼的是监管部门的翻译，监管部门的翻译出了问题以后，把下面的企业搞得惨不忍睹。监管部门的翻译都是小孩子，从学校里面出来没多久的，但他们的辈分高，他们是爷爷辈，企业部门找他们的时候被骂回去了。

我举一个例子，我在建行做董事的时候是关联交易董事会主席，我现在在广发银行做董事也是关联交易董事会主席。什么是关联交易？实际上是两类关联交易：一类是 connected party transaction，另一类是 related party transaction。香港联交所为了区别这个 connected party transaction，就把关联的联翻译成连起来的连。所以你去看香港，你要说这是港式中文，其实不是，它是有意的。

然后，我们国内的监管部门把它翻译成联系的联，这样关联方的关联交易怎么来界定，银行搞得苦不堪言。为什么呢？你没搞清楚，因为 connected party transaction 是要进行控制的，而 related party transaction 主要是会计的，是要进行披露的，在我们国家是由财政部管的。所以，翻译的问题真的是大问题，今天趁着这么一个论坛，我们向监管部门呼吁一下，你们是不是最好翻译得准确一点，下面的企业可以比较好操作。

吴晓求：宋老师还是要根据中国的特殊情况，目标太大，且不说文化基因的问题，从现在到那个目标挺难的。大概这个意思。

宋逢明：我是比较主张知难行易的，我们得把意思搞清楚。

吴晓求：请余栋。刚才他说的我非常赞同，在中国发展资本市场特别艰难，我也赞成。

姚余栋：我想说两个。第一个，我同意贝主任说的把人民币的回流机制做好，因为我们已是国际货币了，所以我们在“十三五”期间面对的困难是前所未有的大，要有思想准备。因为美国经济和美联储加息是对全球有影响的，这种情况下我们依然要把人民币做好，要做好回流。

我们还是要打开这个，让别人持有我们的人民币，分享中国的收益；而且对外，我们要把 QDII2 打开，个人对外投资要打开。中国的老龄化很快，我们将来到哪里配置资源？到全球配置，我们就要用人民币进行海外投资，人家拿到人民币买我们债券，人民币就回来了。这是贝前辈说的。

第二个，我觉得应回到曹主席说的风险，我们一定要打破刚性兑付，特别是在债券市场、资本市场打破刚性兑付。大家看发行公司债、地方债，AA 还是几个 A，那个风险溢价是要加的，让它变。现在这个事情不行的，而且“十三五”规划中提出了对高收益债券，即垃圾债券、BBB 以下级的，那个风险溢价加多少要清楚。一定要打破刚性兑付，让我们的信用利差真正反映信用风险。

同时，投资者得承担风险。你要买了高收益的债券，人家还不起钱的时候你也不能闹事。这是承担风险，这两个都是要承担的。所以，我觉得“十三五”期间国内要让风险暴露出来，有序地、可控地打破刚性兑付，对外进一步加速我们的开放，继续把人民币国际化坚持下去，并把回流资金做好。

吴晓求：好。

赵锡军：讲了五个内部因素、五个外部因素，第六个加在里面很困难。

对于外部这块，我们感到两难。一方面，我们人民币要国际化，要让别人持有，要让别人投资，那么你要保持人民币在相对位置的稳定，不能贬值，要有升值，至少有稳定性。另一方面，我们要应对国内的一些复杂局面，也可能要有一些相对比较灵活的政策，灵活的政策再加上美元加息，这就导致我们肯定有一个实际的贬值压力。所以，这个两难怎么处理好，可能是一个涉外的困境，具有比较大的挑战。

在国内，我倒是从宋老师那里想到了非常重要的一个问题，对风险的认识和我们怎么样建立从微观到宏观层面精确分割和化解风险的一个体系，这是很重要的。现在，我们首先是风险分不清楚，股市、债市分不清楚，有的是股权债务化，有的是债权股票化。刚性兑付，本来是一个债券或者是一个投资选择，你把它债券化了或者怎么样了，让别人承担了，这也是分不清楚，以后就会出现很多模糊的情况。

另外，究竟股权市场应该多大？股权的资本已不再是完全用来进行投资了，它有一部分或者相当一部分是用来应对风险的，那我们就要看看按照常规测算的风险量要多大，我们要建立多大规模的股权市场，使它与债券之间有一个匹配。这个我觉得很重要。

我从中国人民银行的数字里面看出来，在134万亿元的融资余额里，大概有4万亿元是股权，不到4%，达不到银行资本充足率中的核心资本充足率，显然是偏低的。所以，怎么样发展它，是基于我们对风险的认识。我觉得，更好地认识它是很困难的。

吴晓求：我听完了很受启发，有一个概念没搞清楚，金融企业的资本和实体企业的资本应该在功能上是有差异的，也就是银行的资本和实体企业的资本。

宋逢明：关于这一点，说我一点粗浅的想法。我认为今后实体企业的发展，实体企业公司、金融公司财务的发展，在资本结构的理论当中，我认为完全是有可能跟银行和金融机构走比较相似的道路。因为不管怎么说，借贷资本的成本比权益资本低，我们都是研究杠杆率，计算杠杆率应该多大。杠杆率过大，这个企业的财务风险就会变大。

但问题是，这里面并没有实际的科学理论模型和测算，我们只是一种经验的估计。

曹远征：经验估计。

宋逢明：对于某一类企业，我们可以精确地测算出或者统计测算出它的损失分布曲线，实际上比较大的财务杠杆对企业的经营是有好处的。所以，这只是我一点粗浅的想法。我觉得今后要发展其中的某一个方向。

吴晓求：这个是非常正确的。在我们国家，有一个与今天理论不一样的行为特征。在我们国家，大家经常认为权益性融资是便宜的，实际上不是的，它是很昂贵的。他们认为股本是最便宜的，这就出了大问题了。

曹远征：他们认为股本是不用还钱的。

吴晓求：实际上，对于刚才的问题，我也赞同。短期来看，我认为“十三五”时期这个问题不存在，“十三五”时期还成问题，那么中国的金融改革太难了，还搞什么？

曹远征：现在有个呼声要资本管制。

吴晓求：我的意思是，如果我们真的发展顺利，你觉得美国人喜欢人民币强大吗？我认为他们不喜欢。等到有一天人民币的份额不要说超过美元，哪怕是接近，比重加大了之后，我想说外部因素将是最大的因素。美国的抵制将是非常大的。我们内部的最大问题是资产结构。这两大因素从长期战略意义上看，可能的确那个影响人民币，这个影响资本市场，而这两个因素一捆绑，我认为就出问题了。对于那些短期的制度安排，我认为通过改革都可以解决，但这两个东西是很难的，我不知道对不对。

另一个问题是监管。2015 年的股市危机让大家觉得监管有漏洞是一个重要的理由，有人开始提出了超级金融监管者，甚至有人说把央行也并进去。我说，这个一听就是外行。所以，对于未来的中国金融，在“十三五”时期，随着我们国际化的发展、市场化程度的提升，包括金融产品研发速度的加快，中国需要什么样的，既能促进创新，又能促进发展的监管方法？

赵锡军：我个人认为，从监管角度来讲，确实上午讲到了很多监管方面的，我特别赞成吴晓灵讲到的，不要按照现在完全局限于微观层面的以机构为主导的监管，因为我们是面向所有群体来提供金融服务的，那就是一个综合化的监管；或者说，你可以把它划分为不同的功能，然后按照功能来监管。

另外，随着市场的不断发展，可能市场行为监管也变得越来越重要。所以我认为，功能和行为的监管这两块是未来很重要的考虑。另外，还有一点，我个人觉得可能在人民币国际化或者资本市场开放的期间，针对资金进出的管理是一个新的考验。

姚余栋：对于这个问题，我就谈这个观点。第一个，要综合平衡地看这个问题，通过全球视野综合评判，不要管中窥豹，这是一个全球的综合的事情，从整体来看监管问题。

第二个，所有的体制都有利和弊，不可能找到一个都是好处、没坏处的体制，这是不可能的。还要有一个，你不要总在无限期地讨论。综合地、平衡地看一个观点，总是有利和弊，但要在一定时间内完成分辨。我觉得清楚了，谢谢！

宋逢明：金融监管方面现在遇到的第一个比较大的困境，我认为还是监管体制问题。监管体制问题是一行三会的体制，这里面就是中国监管体制的建设是学国外的，其中犯了一个盲目，就是盲目地学国外。把银行的监管从央行分离，这是学英国的，认为央行只管货币政策不用管金融监管。但是，英国人后来又走回去了，因为发现对于银行的监管有利于整个金融系统的稳定，而后央行马上成立了金融稳定局，并在支付系统当中反省以前的问题。这些问题只有央行有能力监管，有能力调控。为什么？因为央行有流动性工具，要照我来看——

吴晓求：金融监管未来“十三五”怎么改？

宋逢明：我认为是建立超级央行。为什么呢？因为要建立一个真正的由央行进行协调的这样一种机制。原体制遗留下来的问题，各个部门都有它们部门的利益，一涉及职权的划分，有时冲突很激烈。谁来管？谁管谁才能出政绩，如果我没有权力，就出不了政绩。

我现在有个问题，现在一行三会都是正部级的单位——

吴晓求：你从科学的角度来看。

宋逢明：从科学的角度来讲，我认为：如果你现在让三会降格，个人觉得这件事情是很难行得通的，与其你们留级不如我升级。所以，我觉得这个可能是比较行得通的。虽然现在央行也在起协调作用，但实际上协调起来还是很困难的，这是我的看法。尤其是在银行监管方面，我是深有体会的。

焦瑾璞：我想说一点感想，两个月前我还是金融消费权益保护局的局长，主要是做行为监管的研究，卸任之前出了一本书。

刚才说了要讲三点。第一，确实现在金融业已综合化了，因此要有一个综合性的监管，而且事前、事中、事后监管要跟上。第二，现在所有的金融体系现代化了，慢慢引发了一些“羊群效应”，股市体现得也很多，你必须及时配套有效的监管政策。第三，确实应该加强消费者权益的保护，原先没做这项工作不知道。对于一般消费者来讲，银行是信息优势方，它的信息多，站在有利的地方。有时，它侵占了你的权益，你可能都不知道，比方说手续费，它借助电子化给你划走了你都不知道。我们要把供、需双方的对等关系，特别是要把保护老百姓的利益和金融机构履行责任进行加强，不能说只挣钱而不管社会公平。

曹远征：我想说自己4年前出过一本书，主要研究全球监管体制，叫《全球监管变革问题挑战》。它研究了监管体制的变化跟我们对中国监管体制的一些看法。我说三点看法：

（1）我说监管不是个理论问题，它是要解决实际困难的问题。也就是说，监管不是一个什么理论，它完全是为了应付风险。当前，中国最大的问题是什么？在产品市场上是通的，在监管里是不通的。

（2）央行的作用问题。其实，我们发现大家在讲央行作用时都讲央行的货币政策。我想问大家，货币政策是1933年以后才有的，央行比它出现得更早，那么在此之前央行是干什么的？我们发现，央行不只是出台货币政策，它出现的背景是承担金融稳定责任。如果说全球处在金融风险之中，央行作为最后贷款者让金融稳定是必然的，因此它的协调地位是必需的。它不是只有货币政策，还有金融稳定责任。近年来，中国央行突然发现这个任务越来越沉重，由于流动性短缺了、不足了，央行天天要做操作。

（3）我们说监管需要改革，但纯粹的机构改革是不行的。我们的监管理念要发生变化，监管功能也要发生变化。因为过去监管机构监管的是人，但真正要监管的是产品。如果一个产品跨了市场，比如从货币端到资本端，应该专业监管，而不能说一个监管机构是管银行的，一个是管证券公司的，另一个是管支付宝的，这种监管观念是不行的。

回到晓求说的人才机制，这是对专业标准的要求。在证监会或者三会刚刚设立的时候，其实就涵盖了这个要求。监管机构应该是准政府的机构，是一个技术标准，而不是权力机构。在这个意义上，我觉得要重新考虑这个问题，就是技术标准的提高。第三方监管、人才的监管、能力的培养以及对功能、产品的监管，没有技术标准的提高是不行的。

吴晓求：最后，它在“十三五”末是什么样呢？

曹远征：它必须是一个综合性监管的机制，央行一定是具有协调能力的，其监管要转变成功能性监管，而不仅仅是机构的改革和合并。

吴晓求：赞成。

贝多广：我谈一点个人的看法，而且不太含蓄、比较直白。因为我在监管部门工作过，现在是完全的市场人士，我谈三点，非常简单。第一点，监管问题要放到国家治理结构当中去考虑。全世界的监管大家都会看到，美国也好、英国也好，所谓的监管部门跟政府部门是分开的，而我们现在是政治家跟监管专业人员搞在一起。所以，最近有人发文章，大家可能都看到了，说证监会主席应该让证券公司的老总来当，让具有证券公司老总经验的人到证监会当主席——

吴晓求：证券公司没级别，人家是部级。

贝多广：不是级别问题，是国家治理结构的问题。说白了，我觉得证监会的领导蛮冤枉的，这个事情可能都不是他定的。首先，从改革的角度，十八大确定了国家治理体系要改革，要理清政府部门在监管部门当中的地位和作用。老曹说了，当初成立的时候是一个准政府的机构。1993 年我在证监会，我们头儿说要办成像美国 SEC（美国证券交易委员会）一样的，后来发现在中国，专家治理玩不转，最后慢慢就演变成了政府机构。到今天大家看到了，实际它带来的问题更多，它产生的灾难是整个股市的灾难。

第二点，是中国人民银行大，还是证监会大？这个用英文说就是 territory battle，大家争地盘，在我来看就是这样，级别高低都不是主要的，关键还是每一个监督机构的专业职能。因为银监会即使并到中央银行去，银监会所承担的责任还在，该做的事情还是要做，至于它是独立机构还是什么级别的这都是次要的问题。

但是，现在的一行三会结构确实给当今的金融体系带来了一些问题，它不适应现在的形势。它是分业监管背景下形成的，而现在是混业经营，都是跨部门综合经营的。监管机构怎么适应金融市场社会形态的变化，这是主要的问题，而不是说谁的权力大、权力高就能解决问题，我觉得解决不了这个问题。

第三点，我们不要仅仅讨论政府监管机构，我们要更多地考虑市场在资源配置中的决定性作用。什么概念？就是要发挥自我监管的功能。全世界发达的、成熟的市场经济资本市场都要讲 self-regulation，即自我监管，它是由市场的专业机构形成的专业团体、协会，要让它真正地发挥作用。

比如今天我们说熔断这种东西，这种东西是整个行业在经验、技术当中形成的东西，而不是一个政治的决策，我就讲这三点。谢谢！

吴晓求：关于这个问题，有的很哲学，有的很晦涩，有的很绕弯，有的从理论层面论证，最后我也没听出来“十三五”最后会发展成什么样；监管机构会是什么样子，我也没听出来。但他们的理论非常清晰，我也赞同。

刚刚开玩笑。刚才六位非常负责任地把线索说清楚了。贝教授讲的是国家治理层面的思考，实际上他是在说，现在的银行监管不应该纳入政府管理体系，政府管理是有重大差别的。我理解的是这个意思。远征说金融最后的东西是什么，包括宋老师还有他们几个讲的，最后的风险是流动性风险。说实话，财务风险实际上不是风险，亏点钱没关系，但流动性风险是金融市场最底线的，要把这个理清楚了。

还有功能监管，这几大功能要搞清楚，顺序是什么。随着金融的变革、发展、深化，这几大功能是在变化的。理清了这些问题，实际上就慢慢理清了我们未来的监管架构是什么，这样结论就出来了。

中国的金融监管理论在我看来是最薄弱的，研究得最差的，损失也是最多的。我看过几本，无论是中央银行监管，还是金融监管的书，没法看，最多有点市场缺失理论。从市场缺失到金融架构的设立，这中间的逻辑链条无限长。对于他们六位，我内心不希望他们说出未来是什么，但他们果然不说出，一看功底很深，知道说那个东西是错的，把理论搞清楚了什么事情就搞清楚了。我这个环节，就到这里。

接下来，有请刘纪鹏教授，下面的环节才热闹。谢谢！

分论坛二

议题："十三五"中国资本市场：发展机遇与风险管控

主持人：刘纪鹏教授（中国政法大学金融资本研究院院长）

特邀专家：北京大学金融与证券研究中心主任曹凤岐教授
民生证券研究院执行院长管清友先生
英大证券研究所所长李大霄先生
清华大学社会科学学院经济学研究所汤珂先生
上海重阳投资总裁王庆先生
光大证券股份有限公司首席风险官王勇先生

刘纪鹏：有请曹凤岐教授、管清友先生、李大霄先生、汤珂先生、王庆先生、王勇先生迅速登场。我们这一讲的题目叫："十三五"中国资本市场：发展机遇与风险管控。我想这两个话题永远是相伴的，机遇到底有没有？风险应该怎么看？特别是 2016 年一开年我们就来个熔断。大家对于经济下滑问题怎么看，如何判断对未来资本市场的影响？股市不能不要，如果要的话，我们的改革和创新怎么走？这些都是值得讨论的。我想最终谈完之后，大家对一些实际的想法是感兴趣的。

两个话题，前面的虚，咱们就来点实的。怎么看待 6 月份这场股灾，现在好像放开点口了，只能叫股市异常波动，只能这么提了。我坦率地讲，那就是股灾。这场股灾之后，我们做了什么样的反思？现在又重新开闸了，又搞注册制，三大交易所又竞相开放。股市跌，熔断机制不好是主因吗？还是它只是一个形式？如果废除了熔断机制，中国股市就能好吗？咱们是不是每人谈个三五分钟，多谈几轮。曹老师开始。

曹凤岐：我还得虚实结合，这个平台是很重要的，风险与机遇。关于“十三五”，我讲六个字“发展、风险、监管”。首先，“十三五”时期的资本市场应该有很好的发展机遇，因为“十三五”期间我们要实现小康了，国民生产总值要翻两番。我们发展新兴产业靠什么？除了靠货币市场，靠财政，我们还要靠资本市场。

二十多年来的资本市场发展有一定作用，但我个人认为，中国资本市场根本没有起到调配企业资源和社会资源的作用。为什么？近几年，我们的货币年年发近 10 万亿元，到现在我们的 M2 已经是 120 万亿元了。但是，对于中国的资本市场，从股市来说，25 年来一级市场的筹资融资额不到 7 万亿元，没有一年货币发行得多。所以，从货币的角度来说，中国经济的发展是靠增发货币成长起来的，现在已造成非常大的一个问题了。

1978 年，0.5 元人民币创造 1 单位 GDP，2014 年近 2 元货币创造 1 单位 GDP，而且造成债务很高的局面，当然不是欠银行的。所以，我们应该用资本市场来做这个事情。刚才讨论了是股权融资还是债权融资，债权融资当然比银行融资、社会的债权融资可能效果更好一些。但是，我主张发展股权融资。有人说股权融资成本也很高，这个不对！股权融资在中国的成本低，因为拿了钱就不还了。中国股权融资的成本高就是公关成本高，一个企业上市要花多少钱啊！这是稀缺资源，所以说还要发展股权经济。

不仅是股票，我们还要发展风险投资、私募股权基金等其他形式的股权经济，用以减少杠杆、增加自由资本，这是我们今天很重要的一方面。当然，比例多少可以再看，这是第一点。

其次，风险。风险在什么地方？刚才讲了杠杆风险，都不是！中国股市和资本市场最大的风险是制度风险。在 2015 年股灾发生的时候，我又该说你了，刘纪鹏拉着我说签字吧，要救市了，是国内外势力勾结起来搞垮中国股市。

刘纪鹏：这句话是您加的，结论也没下，没有国内外勾结，这是您强加的，博得掌声也不能这么激烈。

曹凤岐：至少是很多人在做空中国股市，暂停的建议不是你提的吗？暂停就是停发，是吗？所以说要救市。

刘纪鹏：后来，中央基本都采纳了。

曹凤岐：那是纯资本主义，就这一个月的事，救起来了吗？花了 1 200 亿元的资金，救起来了吗？实际上根本不是那么回事。你们说不救会出现系统性风险。什么是系统性风险？银行不好好的吗？保险不好好的吗？实际上根本不是，是救了券商，救了大投机者，老百姓还得耗。采取措施是必要的，但是这么做——

刘纪鹏： 指挥队伍里出了间谍，没有特务我们就能救起来了。

曹凤岐： 咱们举个例子，猫是监管者，老鼠是被监管者，怎么救市？是猫找老鼠说，咱们共同保卫粮仓吧！我的意思是你得制度改革，公司制度、监管制度要进行改革，这样才能解决中国的问题。要不然短期什么取消涨跌停板了，什么恢复了，都没用。同志们！

刘纪鹏： 这个我爱听，这是您说的最精彩的一句话，就是您最后这一句话。

曹凤岐： 最后，中国最大的问题是监管体制存在问题，一行三会这种监管体制已经不适应需要了。我不像他们那么含蓄，我就说合并三会，形成一行一会这种监管体制，把央行合并进来，意思是说取消三会，都回到央行那去，你听明白没有？实际上，央行还应该存在，而且在执行货币政策、外部政策时必须有央行，央行在货币市场的监管必须要做到。对于银行的监管、保险的监管、货币的监管，应该成立中国金融监督管理委员会，而不是学英国和美国，所以我说必须改变中国的监管体制。目前，这种监管体制非常糟糕。这次股灾的协调性很不够，也说明了这个问题，所以我主张合并三会，形成中国人民银行和中国证监会，即一行一会的监管格局。谢谢！

刘纪鹏： 好。大家知道当主持人真的不容易，我希望我们这组多出现几个曹教授。管清友是民生证券研究院的院长，年轻有为，精于理论联系实际，非常优秀，宏观、微观都懂，且听他分解。

管清友： 我说几点，第一点，说点轻松的，欢迎中国人民大学的学生到我院、我司工作，那里有很多机会。

第二点，刚才刘老师、曹老师都提到了，关于股灾救市的问题，这个我想留给历史评价。现在的评价多多少少都会有不同的观点、不同的角度，甚至带有一点情绪。刘老师提议救市的时候还是非常慷慨激昂的，表扬！在股灾期间，我确实是主张救市的，因为当时感觉它已经威胁到股权质押这块了，我们当时救市的核心还是想恢复流动性。

第三点，关于资本市场有没有机会的问题。好像说没有机会是不正确的，我只能这么说，短期的困难还是很多的，长期的前景还是可以看好的。困难在哪里？2016 年，我想是一个改革年，我们过去几年应该说看到了很多的改革方案、设计、说法，我想 2016 年的改革会比较快。大家注意一下，1 月 4 日开年《人民日报》头版、二版发表了权威人士谈论当前经济的七论，里面好多话我觉得说得比较到位，甚至比较狠。

所以，2016 年很多改革的举措会加快，包括资本市场上的一些制度改革。其中，注册制就是非常重要的一块，这个在多个场合我们几位都聊过。注册制对中国资本市场的影响将是深远的。当然，注册制的方向是市场化，它需要一个更加严格、透明的体制。我们的文本很多时候也是比较有特色的，文本写得很好，最后可能执行得不是特别好，甚至走向了反面。希望注册制不要成为这样一个文本。

注册制会对市场造成冲击。现在的市场有两大块：一块类似于新三板注册制的发行，未来向注册制过渡。另一块是存量的问题。发行制度客观上会造成我们股票供应不足、估值偏高，这是二十多年来我国资本市场一直存在的问题。注册制推出之后，对原来存量的估值会有比较大的影响。当然，过去几年，无论是在创业板还是主板上，我们说这个逻辑的时候，基本上还是基于现在的保荐核准制。注册制出来后，我们的逻辑会发生很大的变化，包括市场流动性。这是第三点。

第四点，如果说我们看好中国资本市场发展的机遇，我想最大的机遇来自于制度红利推动的流动性释放。回顾历史，你就会发现2001年美国开始降息，到2008年开始量化宽松，这十多年的历史，在整个经济金融史上特别少见。我们第一次面临一个流动性十分宽松，甚至形成一个堰塞湖的状态。在这种情况下，我们实际上是希望有多个池子去分流流动性。注册制实行之后，我想会起到很大的作用，它将成为吸纳融资的一个很大场所。当然，在这个过程中，一定会出现很多不确定性、风险。很显然，当注册制推出后，整个市场的估值可能要趋同。

关于注册制下的股票趋同还是存量趋同，大家可以想一想。我们不妨比较一下A股市场和港股市场的关系，尽管它们不可能完全一致，但一定有一个趋同，这个趋同就是有一个估值趋同。这是对我们的改革、市场的影响最大的。

第五点，我想跟大家说，供给侧改革（不管它叫什么）代表了中央决策者、学术界、理论界对于走出2008年后困境的一种探索，用1月4日访谈那天的话说，就是解决了怎么看、怎么干的方向问题。

我想，在历史上这么明确地提出供给侧改革，应该是第一次。实际上，我们以往干的很多事都是供给侧改革，只不过现在把它单独拎出来从一个层面来讲。

供给侧改革会对短期市场产生比较大的影响，有正面的影响，也有负面的影响。在1月4日的访谈里，我们可以理一条线，它主要的发力领域是跨结构生产，主要的方式是兼并重组。

这几天经历了熔断，出现了“眉飞色舞”的情况，跟市场对未来供给侧改革的预期是有关系的，但我觉得大家炒的有点早。我觉得未来几年中国经济可能会（自己不成熟的想法）出现当年美国出现过的情况，即摩根时代，在很多产业出现产业垄断寡头，而重工业随着将来产能的提高会出现大量的托拉斯。我国在一些新兴领域已出现了产业托拉斯，所以我觉得会出现中国式的摩根时代。就讲这些。

刘纪鹏：请李大霄下一个发言。

李大霄：尊敬的各位同学、来宾，大家下午好！我今天的题目是“中国股市‘婴儿底’仍然存在”。我认为到现在为止，中国股票市场的“婴儿底”还健在。同时，我认为“婴儿底2”比“婴儿底1”要高，是这个概念。

第一个理由，我们看这条曲线。这条曲线是中国10年期国债收益率曲线，它在坚定地下行。这是我认为中国的股票市场会步入“慢牛”的一个坚实基础。

假如这条曲线往上走，那我判断的逻辑前提是不存在的。

第二个理由，我认为中国的股票市场从开市以来只有 4 个点可以买，即 325 点、998 点、1 664 点、“钻石底”，这些点才可以买股票，“钻石底”大买，“婴儿底 1”小买，“婴儿底 2”小买。

为什么我得出这个结论？把市场细分一下，为什么我说“拥抱蓝筹股，待之如初恋；远离黑五类，避之如蛇蝎”。我们看这个市场，现在只有蓝筹股处于可以投资的区域，所以大家看这个图应该能理解我说的意思。我有一句话告诉大家，九个字“做好人，买好股，得好报”。谁是好人？3 年以来增持的是好人，招商银行、民生银行等这些是好人；3 年以来减持的有可能是坏蛋。股灾以来拼命增持的是好人，拼命减持的是坏蛋。

我们再看一看，为什么我对这一次的情况不像上一次那么警惕呢？因为杠杆在急速下行，即杠杆在急速收缩，上次是 2.27 万亿元的杠杆，现在是 1.2 万亿元的杠杆，我们的杠杆率是 2.3，美国的杠杆率是 2.5，现在我国的杠杆率低于美国股市，所以我判断这次很快能稳定下来。

三句话奉献给大家：“‘钻石底’亮晶晶，‘地球顶’沉甸甸，‘婴儿底’抱紧紧。”3 000 点是将来的地平线，我仍然认为‘婴儿底’还在，我都这样了，你还怕什么？中国股票市场现在就像婴儿一样，在茁壮成长，在慢慢长大，它需要政策的呵护，需要大家的呵护。在这个时候，我们每一个市场的参与人都有责任将这个市场建设好、维护好。最后，因为时间关系，虽然抗日战争过去 70 周年了，但我们用当时的情景描述一下，假如你抱着好股票，同志们，我们要向着自由、解放，冒着别人的炮火，前进！

刘纪鹏：别走，我得问两个小问题。股市如此低迷，伤了这么多人的心，你为什么还能保持这种诗情画意的心情呢？

李大霄：我觉得我生来就这样，在别人悲观与绝望的时候给他们一点信心，在别人狂热的时候给他们一点风险的提示，这是我的责任。

刘纪鹏：那你不是专家，而是慈善家。第二个问题，你说的那坏蛋某某某某是指谁啊？大概透露一下。

李大霄：在座的除外。我告诉大家，为什么我要谈这句话。首先，跟着国家走，吃喝啥都有。还有一句话，跟着大股东，走吃喝啥都有。他们减持了，为什么接他们的手？他们增持，为什么不跟进去？这是道理，给大家讲讲，不要再当傻大头。他们在减持的时候，只要他公布减持，我们为什么要跟他亲近？

刘纪鹏：好的！我提前透露一会儿给你提的问题，如何看待这次证监会的 1 号文件。1 号文件知道吗？我是他们公司的董事，你怎么还没有我懂事呢？

李大霄：为什么您是领导呢？

刘纪鹏：我提醒一下，我也不知道。

李大霄：先透露一个，刘老师是正确的。

刘纪鹏：汤教授，马上轮到您了。您以诗人或者艺术家的角度调侃一下。

汤珂：因为我参与了资本市场报告的写作，给我的任务是危机预警信号的研究，我们能不能找到一些现实的信号，说明危机可能要来了，这样对监管层有很多的帮助。

实际上，关于危机的研究，历史上有很多，我比较喜欢的是米什金和金德尔伯格，他们把历史上所有的危机都研究了一遍，然后在20世纪70年代提出了危机的过程，现在依然实用。

从人类历史上第一个金融危机（1630年）开始到现在，资本市场危机的爆发基本上是按照这样的流程来的。第一个就是宏观的错位。我们能看到宏观经济有一些变化。第二个就是信用的扩张。信用扩张在危机中经常出现，大家疯狂地借钱，导致杠杆高了。第三个就是过度的交易。资本市场交易总量在增加，随后就是危机的爆发。危机的爆发有几个阶段：第一个阶段就是资产价格的下跌，我们都看到了价格在下滑；第二个阶段就是流动性的干涸。在市场上没有人交易了，买卖双方不做了。下面就用四张图，通过四个环节——信用扩张、过度交易、价格下跌、流动性干涸来看危机的爆发。

第一个图就是信用扩张的图。这张图的信号很简单，就是两融的余额。我们国家融资的余额很高，你会看到两融沪、深合计的波动非常大。实际上，这是一个正反馈的作用。价格高了以后，更多人喜欢用杠杆买股票，越来越多的人用杠杆将使价格更高。用杠杆容易买，不容易卖，我们会看到融资的余额很高，而融券很难。这就是第一个信号。从信用扩张和杠杆来看，杠杆的多少非常重要。

第二个图就是过度交易的图。我突然在想找什么样的过度交易指标。在几个月之前有媒体采访过吴晓求教授，他当时说得很好，他说很担心A股的交易量。后来，我选择了B类分级基金来研究过度交易，B类基金是有杠杆的基金，等于它向A类基金借钱买。

实际上，过度交易也是一个危机的预警信号。如果资本市场上的交易量太大了，此时监管层要注意了，下一步有可能危机就来了。这是两个预警信号。

第三个图是价格下跌的图。价格下跌的信号反映在股指期货上，要看它与现货的价格差，看一个基差。自股指期货推出以来，平均而言，期货的价格比现货的价格高1个百分点左右。7月份出现问题的时候，最多跌到6%左右，期货价格比现货价格跌了很多。

不管是国外市场还是国内市场，期货都是引领现货，期货价格的下跌引领现货价格下跌。这是很重要的信号。这张图是在股指期货交易规则修改之前做的，规则修改前我们有这个信号；规则修改之后我还不知道，没做这个研究。这是一个信号，股指期货的基差反映了价格的下跌。

第四个图是流动性干涸的图。什么指标能反映市场流动性的干涸？这个指标就是股指期货和现货的基差绝对值。美国有几个教授发现股指期货和现货的基差绝对值反映了股票市场的流动性。因为正常来说，股指期货比现货升水1个百分点，如果没有这么好的联动，就说明了某一个市场的流动性干涸问题出现了。很多股票最后停市也是一个道理，其本身没有交易，出现了市场的流动性干涸。

通过这个图你会看到，7月份有几个点，包括7月初、9日和15日，这几个点都是市场流动性干涸的点。你要救市，流动性是市场最核心的问题。我们要有一个好的资本市场，就要维持市场的流动性。刚才，刘教授谈到了，救市要救流动性。因此，我觉得这几个流动性干涸的点是很重要的信号，告诉我们应该救市了，这个时候要给市场注入流动性了。由于时间关系，我就讲这四幅图。

最后，大家来回顾一下，这四个信号来自金融危机的四部分：信用扩张（两融余额），过度交易（B类分级基金交易量），价格下跌（股指期货与现货的基差），以及市场流动性干涸（股指期货与现货的基差绝对值）。

刘纪鹏：汤教授讲得非常好！对于这场股灾，大家说有技术的因素，也有制度的因素，技术的因素就是高杠杆融资的现货和高频度交易的期货。你看看汤教授，我是实在忍不住了，本来不想评价，要给专家时间，但这个价值太高了。我跟汤教授交朋友交定了，再次感谢汤教授！你们肯定熟悉王庆，人大出来的，他也是实战出身。对比上一节晓求的归纳是哲学、绕弯、晦涩，你看我绝不会用这样生硬的语言归纳我台上的教授。所以，王庆就看你的了。

王庆：谢谢刘教授的介绍。首先，感谢吴晓求教授再次邀请我参加资本市场论坛，我是第五次参加了，所以吴晓求老师对我很重要。此外，实际上要是准确地说，吴晓求老师是我师兄。这是我参加五届资本市场论坛赢得掌声最多的一次，感谢曹老师！更要感谢刘老师，主持得好！

我跟刘老师参加过讨论，只要刘老师在，我就有底。我讲的是比较枯燥的东西，刘老师提出讲干货，实际上你越做实战越没干货。但是，刚才接着李大霄的讲，他提到这个"婴儿底"和以前提到过的"钻石底"，我觉得他关于"底"的定义是否清楚或者是否准确另说，但他的相对意义我是同意的，就是说现在整个市场的投资者情绪比较低落。另外，刚才我们汤教授用各种指标来说明，现在市场肯定是没有到疯狂的阶段。

但是，它跟"钻石底"区别挺大的。所以我们觉得，如果从前瞻性来看市场，我们以实战角度来讲，主要看四大类指标。第一个因素是企业盈利。应该说，这几年经济转型，企业盈利都不好，2014年、2015年不好，2016年也好不到哪里。供给侧改革可能会使没有改革的受一些保护，但效果要经过一段时间才能显现出来。

第二个因素就是利率。若利率下行，这个对资产价格的影响很重要。我们从2014年11月进入利率下行周期开始，经过2014年、2015年五次降息以后，2016年利率进一步下行的趋势肯定还会继续，但下行的空间变化应该比2014年、2015年少，2014年、2015年五次降息，2016年最多两次。

刚才，李大霄说到收益率——国债收益率。现在，我们的国债收益率已到2.8%了，美国是2.2%，貌似空间挺大。因此，利率有下行的可能，但空间不是特别大。这是第二个因素。

第三个因素就是投资者的风险偏好。影响股票市场的就是投资者的风险偏好。经过市场的异常波动之后，大家受到了一定的伤害，正处在修复的过程中，再亢奋起来通常要花点时间。心理学研究出忘掉上次的创伤可能需要3年的时间。美国股市可能需要10年忘记，中国可能短一点。

然而，市场上再出现一个系统性大危机的概率不高。另外，刚才汤教授总结的那些点，包括李大霄讲的那些点，似乎说的是下行风险，但你要说有大风险，似乎可能性也不大，所以这种市场很可能就是一个结构性的（现在讲结构性的问题讲得很多）这样一个行情。

说到结构性的特点，市场上很多人在讲结构性行情，背后的结构到底是哪块好、哪块不好，是不一样的。这就涉及第四个要素，就是制度因素。这个制度因素就是刚才管清友讲的注册制了。注册制这个事情挺重要的，对影响中国资本市场的供求关系、定价效率等挺重要的。它对不同板块的影响不一样，尤其对供求关系的影响是不一样的。

考虑到我们现在提的供给侧改革，以及管清友反复强调的年初的这篇文章，给人感觉推动改革的力度和决心会比往年都要大，这个就使得大家不得不关注未来改革带来的风险和机会。

说到这点，最后我想结合年初市场的变化进一步谈谈，为什么注册制这么重要？实际上，在中国的资本市场和金融体系里，除了股票市场以外，所有的金融体系和金融板块的组成部分都有非常明显的刚性兑付特征，以至于中国任何系统性风险的上升、变化首先都集中和过渡地反映在了唯一一个没有刚性兑付特征的市场，就是股票市场。

所以，市场或投资者对于系统性风险的任何波动，首先会体现在股票市场。实际上，我们说这轮股市的调整从5 000点跌下来，到了8月上旬稳定住了，但后来汇率一动又跌了30%，那是为什么？因为市场看汇率一动，觉得它反映了一些系统性风险，而这些系统性风险会先反映在股市上，这次也是这样。尽管有熔断机制等，这些刚才刘教授讲得也很清楚，它实际上是一个技术问题。其背后的因素也是因为汇率这一动，使得投资者对中国的系统性风险有了重新的评估，而没有刚性兑付预期的市场就成了风险洼地并集中释放，结果股票市场就出现了波动。

很多问题不能怪证监会，坦率地说，证监会是有点冤的。从资本市场或从股票市场角度来说，我们需要完善这个机制，尽管股票市场最有可能成为风险释放的地方，但是怎么避免它一步一步地放大风险。此时，注册制就比较重要了。如果市场本身是高估值、高杠杆的，那它本身就是十分脆弱的了，若再叠加上系统性风险的释放，那么问题就出现了。

所以，通过资本市场的改革，尤其是注册制的推出，加上前期股票市场的大幅波动，杠杆已经降下来了。相对来讲，这个市场要成熟一些，尽管它仍然无法摆脱系统性风险释放闸口的特征。前瞻地看，我们必须筑立风控，然后对于相关监管当局要公平地看，要带一份客观，不能够太求全责备，中国市场的现状就是这样。

刘纪鹏：你认为注册制推出之后，沪、深两市的价格趋势是往下吗？

王庆：注册制的核心就是改变中国市场的供求关系，核心是中国股票市场，尤其是新股发行市场。

刘纪鹏：现在都要尝试，大家都要一块上市，会不会价格空间跌到了 2 000 点以下了，我们还能上市干事吗？还能融资吗？没人理了怎么办？这种事会发生吗？

王庆：这个市场对于资本市场的衡量，最重要的是（今天我们前一个环节挺重要的，您没来）对金融市场、金融体系怎么看的问题。资本市场是一个对风险定价的市场，它的这个效率是最重要的；有了效率，自然就会带来融资。

刘纪鹏：投资人可能更喜欢能对他的投资产生正效应或负效应的直接措施，或者他有自己的判断。

王庆：所以，这个市场可能是一个结构性的市场。

刘纪鹏：好，反正你没直接回答这个问题。接下来有请王勇。王勇，我原来是你们公司的。我想说的是，我跟陈雨露原来是光大证券的董事，我们俩当董事的时候没发生什么风险，我们俩离职之后就出现了“乌龙指”了，那时候你是光大的风险端吗？今天，光大格外重视这个风险。因此，我们从风险的角度听王勇谈谈股市。

王勇：谢谢！不玩虚的，别人都说怎么救市，但我在光大的责任是怎么救自己。我的职称是首席风险官，主要管理公司的风险，但公司的财务还有公司的信息技术我也管。

我先说几句题外话，刚才说到让猫跟老鼠看粮仓，想法不对。但是，我说这么一句：猫找老鼠看粮仓，主要看防什么；防偷找老鼠不行，防水、防火说不定你还真的要找老鼠。如果要面对一个巨大的系统性风险的话，也许在市场上并不完美的一些参与者，或许对市场的救助有好处。美国采取了类似的方式，若咱们采取了类似的方式，我认为是无可厚非的。

我是首席风险官。大家想知道，为什么证券公司也要首席风险官？这里面确实反映了一个变化，原来我们证券公司主要是做买卖股票、替别人上市这样的简单活儿。但是，现在我们做的活比原来要复杂很多，其中有很多我们是在做所谓的资本中介。这样的话，确实需要懂得风险管理的人。

2015 年我回来以后，经常有人问我：你回来，你觉得回来值，还是不值？我觉得有一点，我赶上这次股灾特别值，这是我在人生中难得的机会。我经历了 2008 年、2009 年的金融危机，经历了 A 股市场异动，这是我人生的一大笔财富。

还有一句，讲到监管制度，我在这里说一句。因为我是从加拿大回来的，原来我在加拿大做了 20 年银行。讲到监管，可能大家最忽略的一个地区就是加拿大。很多文章都说我们要采取美国、德国或者英国等地的监管，我看了很多文章，实际上我觉得加拿大的监管制度是很值得咱们监管当局研究的。加拿大有一个央行和一个金融监管局，跟曹教授提的模式可能很相近。它这样做的关键就是可以将经营各类产品的所有金融机构纳入监管。金融机构经营的产品类型比较多，则它抵御系统性风险的能力就比较强。

另外，咱们这次股灾所暴露的一个最大问题就是信息不透明，很多信息披露出了问题，我们相应的救助机制在没有信息的情况下，很难提出一些比较好的方法。

今天上午李剑阁先生说的证监会急需人才，原来我不太认同，但经过 2016 年前 4 天的市场演变，我也认同这一点了。说到证券行业的业务变革与风险应对，咱们看一下证券行业的整个业务模式，大家看一下它的收入。我给大家放了图片，但因为时间的原因，不可能每个细节都跟大家讲了，我用一个图片来说明证券行业，我们确实是过于依赖股票市场了。资本市场与股票市场是有很大区别的。资本市场是关键，因为它可以有效地配置资金，帮助需求方从社会融入资金，融资方获得资金后用于资产的有效配置，因而股票市场只是一种形式。我们现在的资本市场或证券行业的业务过于依赖股票市场了。

但是，我们看其他的国家，它们从结构上就没有这种形式，国外也是走了很多年才走到现在这种状态。反过来，给大家看一下，我们的收入都随着股票市场同涨同跌，因此我们抵御系统性风险的能力非常弱。

“两融”给了证券行业一个非常好的机会，一个非常好的扩大自己资产规模的机会，但对于这个机会，您仔细想一想，这个“两融”跟银行的信用业务还是很不同的，因为“两融”当中有很大的一笔收入取决于股票交易量。如果股票市场跌了，它给证券行业带来的问题就是，证券行业的收入与“两融”的收入一起大幅下跌，这是其中一个很关键的原因。

现在看融资融券给证券行业带来的一个机会，同时带来了一个问题，这个问题现在是国内的，因为我觉得业界应该好好思考一下这个问题。相比之下，银行存在一个什么问题？多少年，银行就存在一个“以短放长”的问题。这样，它容易造成一个流动性的枯竭，我们从 2008 年、2009 年的金融危机就可以看到这个问题。

然而，证券行业是相反的。这个问题与当时证监会的决策有一定的关系。说我们做“两融”业务贷出去的钱要有长期资金来支持，这样就造成了证券行业通过发债的形式融资，这是长期债务，而我们的资产弹性很高，因为融资融券的人说来就来、说走就走，相当于做成活期存款的形式。证券行业发债以后，就是长期债务，最后我们把钱都投出去了，这个是证券行业面临的一个非常大的问题。这个问题说明，证券行业必须要进步，证券行业确实要跟银行好好学习。

我们看这个行业进入了一个什么状态？刚才是管先生说的，说这个行业当中出现了很多并购的机会。对于这一点，我是非常认同的。这个确实是给证券行业带来了一个非常好的机会。

在创新方面，我始终对衍生品是非常看好的，因为这个方面刚好与我原来的背景非常相关。另外，我认为客户的机构化也是这次股灾之后市场上会逐渐出现的一个趋势。

接下来，我从微观的层面，主要是从资本中介业务的角度来讲，“两融”给证券行业也带来了很多的机会。我认为，“两融”的业务还会发展起来。因为现在证监会建立的“两融”平仓机制是对“两融”资产质量非常好的保护。

还有一点很重要，证券行业将面临一个由混业经营带来的非常好的机会。对于一个企业来说，除了目前简单的发债、融资等发展方式外，今后随着这个行业的进步，将会出现“一站式服务”的需求，这个我就不多展开了。

下面说我最擅长的一个内容，关于风险管理。风险管理行业已由原来的被动管理风险变成了主动管理风险。此外，从行业的管理理念到各个方面都要与银行逐渐看齐，比如怎么管、建立什么样的机制、有什么样的风险偏好。另外，我认为证券行业最缺的就是数据。今天就说这么多。

刘纪鹏：您刚才说，您不关心救市，只关心救自己。其实，这句话有点不太严谨。如果市场很惨，你们证券公司的日子也不会好过。这是第一点，咱俩可以交流。第二点就是，你在国外做衍生品的技术性很强，风险一定是由专家来把握的。就中国的这个衍生品市场而言，刚才您也听到汤教授的讲话了，他说股市下跌的时候期货价格是走在前面引领的。这个问题在我们这里是争论很大的问题。

特别是在中国现货市场、创业板平均150倍泡沫的水平上，再搞个中证500的衍生品，出现这样大规模的做空，你怎么看这个问题。

王勇：衍生品是交易双方达成的某一种金融协议。这种协议最关键的一点是国家要有一个非常好的诚信体系，即国家的诚信体系。目前，我们的诚信体系是比较薄弱的，这是造成衍生品发展比较缓慢的一个因素。

刘纪鹏：您是否赞成现货基础很差的话，衍生品的创新最好不要太快？

王勇：衍生品创新要有用，绝不能走到像美国那样。这里就要回到加拿大管理的模式，它什么都做，但什么都有个度。

刘纪鹏：依据中国的情况来看，你觉得现在搞衍生品的时机是否恰当？

王勇：你懂的。

刘纪鹏：好，谢谢！下面让曹老师回答问题。第二轮不是您自由发挥了，注册制推出之后，证监会是注册了，这两个交易所都扩编了150人左右，拉开架式还要核准，您觉得这次注册制是真的吗？第二个问题，管清友用了一个概念叫保荐核准。今后两个交易所还得拉开架式，另一个方面又搞了无门槛的买卖，它们面临很大的问题。第一个问题，搞了注册制还要交易所核准吗？第二个问题，证监会说大家别恐慌，我们还要把握节奏、速度，这么把控的话还叫注册制吗？请您回答这两个问题。

曹凤岐：我再插一句，刚才我说猫找老鼠看粮仓可能是比喻不太恰当，但这一次通过券商来救市的效果怎么样？实际上把猫也拉下水了。它们都是内部交易，都是从救自己出发，所以说这么保护粮仓不行。说实在的，这么去救肯定有问题。我不是说券商都是老鼠，我没那个意思。

关于注册制的问题，第一点，我认为必须推出，这是毫无疑问的。因为中国多年来所谓的审核制也是批准制，是一样的。它造成的结果是两个：①从宏观上说，供求矛盾太大。实际上，一级市场到现在还是稀缺资源。谁能拿得到股票谁就可以赚钱，企业融到资就成为富翁，也包括创业板这一块。然后，谁能拿到一级市场的股票也是无风险的，而广大的散户是拿不到一级市场股票的。最后，证监会对于 IPO 是说停就停，法律上都没那么规定。即使说“暂停”，那也是停了。在 3 500 点停的，现在重启还是 3 500 点，那你停它干什么呢？这次股灾是由于一级市场滑坡引起的吗？根本不是，主要是高杠杆！IPO 它可以随时停发，中断二级市场、一级市场，这是不可以的。②寻租空间。企业怎么能为了上市连证监会的处级领导都给请出来吃饭，还是有价码的。谁能拿到上市资格，谁就一本万利，这行吗？

刘纪鹏：不行！

曹凤岐：所以必须得改。这是我的第一个观点，即建立一个公平、公正的市场，而且让广大投资者都能享受到一级市场和二级市场的红利，所以要实行注册制。这是第一点。

第二点，现在传言 3 月份就开始实行注册制。证监会昨天说话了，说人大批准可以授权 3 月份做，这句话是对的。注册制是要实行的，但必须慎重，在监管体系和各方面制度不健全的情况下，盲目实行所谓的完全注册制可能会造成中国资本市场非常大的混乱，这是第二点。

第三点，我认为要有个过渡期。过渡期是什么呢？第一个变化，证监会的职能需要转变，它现在从一票批准权变成一票否决权，这是一个变化。证监会不再批准了，但它有否决权。如果我发现你的财务是虚假的，我完全可以叫停，这就是一个很大的转变，这需要证监会投入大量的调查、研究工作，所以这是一个变化。

第二个变化，证监会从事前的审批变成事中和事后的监管。这个就提出了很大的一个要求，证监会如何在事中发现问题，如何在事后进行监管，这个需要转变。如果实行注册制了，证监会不可能再去掌握节奏，那不是注册制，所以说不能由证监会再去否定。

刘纪鹏：您的意思是证监会不能再掌握节奏了？

曹凤岐：对！所以，证监会首先要放下架子，证监会不是审批会，过去证监会就是审批会，这是不对的。所以，证监会要转变职能，这是一个变化。

第三个变化，交易所要发生变化。实际上，现在的交易所和证监会是一家人，我的意思就是把审批权下放在交易所，跟放在证监会没有任何区别。为什么？交易所的总经理、理事长等都是证监会派的，都是证监会官员，那不就是一回事嘛！所以，要加强交易所的独立性。

交易所还有一个要解决的问题，就是要确立一套审查机制。不是说注册制都不审查了，还是要审查的。交易所起着非常大的作用，包括交易所委员会也起着非常大的作用。但是，它要有一套制度，也要有一套标准，不是说谁想上就能上。现在，新三板就有这个问题了，不是说谁想申请就申请，我们翻了 5 000 多家了，还有 7 000 家在那排队，所以新三板要划分层次了，比如有创新型的还有基础型的，它必须要划分。所以，在这个时候，交易所也要根据条件、证券法等审查股票发行，也得审查它够不够条件。当然，不是以它是不是盈利为条件，而是看信息是否真实，是不是达到了上市发行的条件。这需要时间。

第四个变化，要防范风险。在注册制推出后，我可以直说，这个风险肯定会下调。怎么来解决这个问题？股票发行多了不要紧，实际上我的观点就是，一级市场和二级市场价格平衡（即自然平衡）就完成任务了，就是对的。

也就是说，在一级市场和二级市场买股票是一样的。做到这一点，老百姓就不用再中签了，因为第一天上市，第二天也可能下跌。在这个情况下，老百姓在二级市场买可能比在第一级市场买便宜，这就是一极市场和二级市场平衡了。所以我认为，这个要有一个过渡期，大概用 2 年左右把这些制度建成了，真正的注册制才能出来。

刘纪鹏：好，谢谢曹老师！接下来，清友，我跟你同台演讲好几次了，但我觉得你今天发挥得不好，因为你平常都是很精彩的。现在，如果你觉得还有自己想说的，可以再说一次；如果没有，我就提问题了。

管清友：提问吧！其实我和两位王总，包括大霄，我们的身份也没有什么特殊，但我们是工作人员，所以我们是受监管机构。刚才曹老师讲的我完全认同，但我不敢说，所以你提问题吧！

刘纪鹏：大家希望你们的态度明确一点。你们假如了半天都是挣钱，得说说怎么保护投资者利益。我想，清友是研究宏观的，一直非常活跃。新年伊始，有人说“4 天 4 个熔断”，也有人说“两个熔断”。在寻找原因的时候，现在大家较多地认为，熔断机制并不是主因，只是一种添乱的方式，去这个机制后还得查主因。就主因而言，你认为的内因和外因是什么？

管清友：这个可以说说。市场出现这么大的波动，确实很多人在骂监管部门。其实，我在开始时也不是拍马屁。一开始我就说，你们不要因为市场跌了就骂熔断机制，这次股票下跌，我觉得原因不是熔断机制。这次下跌有几个原因，大家看到的，美联储的原因，这是外因。当然，内因还是主要原因，一个就是所谓的减持。

刘纪鹏：1 月 8 日重新减持，第一个。

管清友：大家对经济走势和汇率的担忧。

刘纪鹏：汇率下跌。

管清友：这种担忧愈演愈烈，我看姚所长他们也在看，从中央银行这个角度看，现在的关键是要改变人们的预期。

刘纪鹏：预期。

管清友：中央银行必须采取措施，改变我们自 8 月 11 日以来的一些思路。也就是说，现在就是说一次性贬到位，然后坚决维护住这个水平。

刘纪鹏：一次性贬到位。

管清友：我们要改变这个预期。因为现在对汇率威胁最大的不是投资或者投机，而是人们的预期。人们老觉得目前还没有贬到位，老想往外走，就进一步加重了贬值的情况。目前来看，贬值的情况没有消除，反而在加重。此时，只能改变原来放开资本项目的方式并开始加强资本管制，改革往回走。

刘纪鹏：改革往回走。

管清友：资本项目的改革在往回走。

刘纪鹏：你不太赞成这个做法。

管清友：我觉得，一开始我们可能在这方面做得不太到位。

刘纪鹏：老是这样么，像上节似的，直接说就好。

管清友：汇率改革这个，我觉得一开始可能就做错了。

刘纪鹏：你觉得应该一次到位吗？

管清友：我觉得应该一次到位。大家会问汇率贬到多少是底，我们没有一个由市场定价形成的均衡价格，只能根据经济下行的情况判断，我个人觉得是 7。

刘纪鹏：不会是 7.1 吗？如果到了 7.1，我们的政府、央行要不要果断采取措施？

管清友：如果 7 是一个底线的话，到 7.1 的时候要坚决干预。

刘纪鹏：你说了这么多内因、外因，中国证监会领导的资本监管制度本身有没有什么样的内因？有没有制度性的因素，导致大家没有信心？

管清友：刚才曹老师讲到的，从审批制到保荐核准制客观上有寻租的制度基础在，也是因为这种制度，我们很多领导干部出现了问题。实际上，这是一个非常重要的制度基础，所以我想加一句，曹老师刚才也说，尽快推出注册制是对我们监管部门领导干部的最好保护。

刘纪鹏：对领导干部，你指的哪个层面？李大霄来，你不用我提问了，是吧？

李大霄：不用，刘老师休息一下！刚才刘老师提的第一个问题是 1 号文件，就是减持新规。告诉大家一个数据，我们现在每天的成交是 1.28，它规定三个月不能通过集合竞价超过 1%，所以对于集合竞价这一条，刘老师的建议是正确的。

刘纪鹏：但是远远不够。

李大霄：大宗交易、协议转让是尽量鼓励的，鼓励通过大宗交易和其他不过度影响市场的方式进行减持。所以我要跟大家说明，就是什么会对市场产生影响，这是一个大的说法。集合竞价会对市场产生过度的影响，但大宗交易和协议转让不加以限制的话，是有漏洞的。我们怎样去应对这个漏洞，这是监管层一个非常高超的艺术了。

第一个，按照法律的自由流通来说，是应该给它出口的。但是，我呼吁上市公司不要太猴急，上市公司要顾及长远利益，而不是短期利益，这是第一个呼吁。我们怎样维护市场？这才是自己利益最大化的体现，而不是短期利益，这是第一个。

第二个，我觉得在这个位置上，国家队应该出手了，维系市场的稳定。国家队出手有几个层面，养老金应该出手，养老金出手的最佳时机是在“钻石底”，那个时候是最好的机会。我非常痛心，同志们！如果那个时候出手的话，中国人的养老问题就解决一大部分了。这是真的，我们的养老金只有在市场下行的时候才能买，不能追高。

第三个，上市公司的回购计划应该实行，上市公司的员工持股计划应该实行。什么叫好老板？在市场下跌的时候给自己的员工一点股份的叫好老板，给忠心耿耿的干部一点股份的叫好老板。

此外，投资人自己要负责任，他们要做甄别。那些拼命在减持的公司，我为什么要支持它？上次吴老师、曹老师在5月份的会议上，那是在“地球顶”。大家知道那个悲惨的结局是怎么产生的吗？一个个善良的投资人在“地球顶”上打开了自己的钱包，任高管和大股东拿去，靠道德约束而不是制度约束，怎么可能约束？只能是“跟着大股东走，吃喝啥都有”的这个概念，我们不能在减持的时候给他钱。一级市场和二级市场必须要接轨，每个投资人都要对自己负责任。就像我们在上市的当天以48.6元/股买中石油，实际上是每一个投资人用自己的行为在支持这种泡沫，这是绝对不对的，我们要想着中石油的教训。我只能讲这么多，让给曹老师、刘老师多讲。

刘纪鹏：大霄，你说的要有信心，那么“钻石底”到底是哪个点？

李大霄：现在见底了，接近上次“婴儿底1”的2 850点，现在上证50的股息收益率是3.6%，10年期国债收益率是2.83%，那么市场面临的是什么？面临的是大量的资产荒，而不是钱荒。所以，从这个角度上看，蓝筹股一见底，市场就见底。

刘纪鹏：蓝筹股有5～6倍的市盈率，但问题是买了不赚钱。所以，你老说它有价值，但大家不去。相反，创业板有150倍的市盈率，大家还是跟进。

李大霄：千万不要被骗，我告诉大家在“地球顶”上，创业板1块钱只能换到7分钱的净资产。跌到现在，1块钱他们卖出去6块8毛钱。

刘纪鹏：我跟大家说说这个数据。大家已经不把精力放在做实业上了，我们的企业上市融资了。2015年1—6月创业板、中小板减持的是2 000多家，但股本很小；创业板483家，平均上市股本是9 500万元，股本不及工商银行的八分之一。

减持问题为什么要集中讨论？这个市场这么多人倒下了，却有一些人在暴富。2015年6月，创业板的IPO只有425家，我们的钱进入了资本市场，它是支持实体经济了吗？所以我说，制度性反思一定要进行。

李大霄：对于一级市场的泡沫，大家一定要注意。证监会已准备放开小股票的发行价格了，不要以为买新股就能赚钱了，因为它放开了一级市场的泡沫，这个时候一定要注意，相信有道德约束。

刘纪鹏：汤教授，一个小问题：您认为中国的熔断机制有必要吗？另外，您是不是认为不应暂停，而是应该彻底废除？

汤珂：对于中国的熔断机制，我认为有一个问题，就是熔断的阈值太窄了。然而，中国股市的波动率很高，是美国的一倍。如果说5%触及熔断，按照正态分布的假定，每年大概有5%的可能性会触及熔断，这样每个月要触及一次。在《期货日报》上有人做了研究，熔断按5%设定的话，2015年会触及15次，与我算的差不多。阈值非常窄，结果会导致您说的磁吸效应，也就是到4%的时候，卖家就要赶紧跑，会以相对低的价格走掉；而买家知道卖家肯定会卖，就会等一等再买，因为他知道会触及5%的熔断，这样就会很快触及熔断。总体来说，我感觉熔断跟涨跌停板重复了。

刘纪鹏：我们应该在现有的基础上改造阈值，还是彻底废除？

汤珂：我觉得可以废除。

刘纪鹏：最后，给王庆总提个问题。有记者采访我说，三板市场的资金都被PE私募给融走了，新三板市场挂牌被叫停。你是做二级市场的，二级市场也在其中，你怎么看待这个问题。

王庆：因为新三板设立的初衷是服务中小企业的融资，资产管理机构去融资，这本身就是一个潜在的不和谐。在实际操作中，我们对新三板市场不太熟悉，所以新三板实际上成了基金的上市，都要变成巴菲特模式，这个跟设立新三板的初衷可能不一致。

刘纪鹏：所以你是赞成停止私募PE、VC在新三板挂牌融资？

王庆：我觉得，作为投资者来讲，应该把新三板投资当作PE、VC投资，不要当成二级市场。

王勇：我有一个看法，你对风险管控说得少了一点。

刘纪鹏：现在风险已经都这样了。

王勇：加一句，今后投资人做投资一定要有一个规划。这是我想说的，你要把自己的整个财务需求跟股票市场投资、固定收益投资联系到一起。有了这个规划，你才能把投资真正做好。

刘纪鹏：好！谢谢两位的两轮发言。晓求说在5:55结束之前要给下面的同志们、同学们一到两个提问的机会，有没有人提问？

提问1：我是一个普通的投资者，有朋友听说我在这个场合听这么一个高端的讲座，委托我向李大霄和管清友老师问两个问题。第一个，目前愈演愈烈的人民币贬值，在短期、中期、长期对股市的影响究竟怎么样？第二个，因为我个人是你们的粉丝，经常看你们的微博，想知道你们在这一阶段的投资收益怎么样。

管清友：汇率对2016年股票市场的影响是非常大的。可以说，我觉得它是排在前三位的不确定因素。2016年还有很多变数，贬值的因素需要考虑。排在第一位的是去产能的执行情况，能不能有 20 世纪 90 年代的执行力。排在第二位的是汇率。从第三个往后排还有很多，这两个是比较重要的。

提问： 汇率贬值到 7 的话，你预计股市会到多少点？

管清友： 这个没法预计。

李大霄： 保密。

刘纪鹏： 好！你们俩下面交流，还有一个人可以提问。

提问 2： 汤教授，如果根据您 PPT 上第二个过度交易的预警信号说法，您认为此时出现这个预警信号，监管当局是应该坚决地干预，还是不需要坚决地干预？如果不需要，下面第一步需要解决的问题是什么？

汤珂： 我觉得应该干预，还要成立平准基金这样的公司。在股指期货市场上，还应该给市场注入流动性。干预的核心是要注入流动性，让这个市场活跃地交易。

刘纪鹏： 非常好！还有那位女同志，最后一个。

提问 3： 我想问王庆老师一个问题，我来自一个投资公司，本来我们也准备在新三板上市，现在证监会出了文件说要暂停，那么以后会不会放开？如果这个文件一直在实行的话，对已经挂牌的投资公司有什么影响？

王庆： 抱歉，我不研究这个课题，我们也不投资新三板，所以我的确无法回答你这个问题。

刘纪鹏： 最后，我想代表台上、台下所有的嘉宾、听众问吴晓求教授一个问题：您觉得您的主持和刘纪鹏的主持差距在哪儿？

吴晓求： 差距就是我是个主持人，他是个演讲家，他不是主持人。

刘纪鹏： 最好的主持人必须要懂专业，所有下次大家还欢迎我再来是不是？

主持人： 下面有请郭庆旺院长给大家做一个总结，大家欢迎！

论坛总结

郭庆旺： 每年要做这个角色挺难受，大家辛苦一天了，吴老师还让我代表组委会做一个简单的总结。其实，我在这个时候非常感动，主要是因为在这么长时间的论坛后，大家还能静静地坐下来听我这几分钟的讲话，我能感受到这是大家对吴老师的尊重，对他的尊敬，对本论坛深情厚谊的体现。

所以，我也不敢浪费过多的时间。至于总结，我作为一个外行、一个看热闹的、一个自己从来没有亲自买过股票的人，我是一个旁观者，不敢说做总结。但是，听完了今天的讨论，经过这么多专家的熏陶后，我讲两点：

今年的主题是中国资本市场的风险与监管。我想，以中国人的这种赌性来说，我们有可能不怕不确定性、不怕风险，但我想你绝对不会不怕陷阱。

在我看来，不管是风险的防范也好，还是加强监管也罢，对于中国资本市场的初级阶段来说有一个前提条件，就是如何抑制市场参与者的动物精神。人为财死，鸟为食亡，作为这个阶段的中国人来说，这种动物精神太强烈了。所以，我觉得政府不能以资本市场作为搂钱的耙子，企业也不能以资本市场作为圈钱的工具，投资者更不应该把资本市场作为发财的手段。如果参与者都是这样的动物精神，可能就有点问题。

看 2015 年的股市，赢家不会很多。除了动物精神之外，我还想借用自己在 2015 年第十九届资本市场论坛上针对理论板块说过的一句话，就是中国资本市场要想走向世界、发展壮大，要听习主席的话，跟共产党走，顺应政府的引导，按市场规律办事。对于前两个方面，我们每个人都做到了，但大家对于第三个方面“顺应政府的引导”做到了吗？我想不一定。在 2015 年波澜壮阔的股票市场中，有人听劝了吗？不一定，我借用上午吴晓求教授发言当中出现的几个词，就是出现了对监管的误判、对杠杆的误用等，这你怨谁呢？

大家真的按市场规律办事了吗？未必。你突然闯进了中国的资本市场，但市场规律一般有特殊性，市场机制在任何国家的具体运行当中都会带有这个国家政治、文化、制度的烙印。因此你闯入中国的资本市场，心中却想的是美国的市场规律、英国的市场规律，这样去抉择、去行事，怎么能行呢？

那好，对于中国资本市场的规律，您摸清了吗？如果没有，那么我在此代表中国资本市场论坛的主办方邀请您继续参加明年（2017 年）第 21 届中国资本市场论坛，您到时候会摸清的。祝各位身心健康！家庭幸福！吉祥如意！明年再见，谢谢！

主持人：谢谢郭庆旺的结束语！第二十届中国资本市场论坛现在圆满结束，感谢各位的到来，明年再会！

后　记

对中国资本市场来说，2015 年是不平凡的一年，它将载入中国资本市场发展的史册。2015 年中国资本市场出现了自沪、深交易所建立以来最严重的危机，市场先是快速上涨，继而是断崖式下跌，不仅市场秩序十分混乱，而且金融体系的稳定性受到严重威胁。为了稳定市场预期、恢复投资者的信心和金融体系的稳定，中国政府第一次入市进行干预。虽然对这次救市的政策和策略有不同评价，但总体而言，救市是必要的，也是及时的。在救市和多项措施的影响下，中国资本市场目前已趋于正常。

中国资本市场正处在开放的过程中，如何尽可能避免和有效防范未来可能出现的股市危机，我们有必要系统地反思这次股市危机的演变过程、形成原因和风险特点，然后在深入研究的基础上，提出制度变革和政策调整的应对措施。每一次危机的结果不能只是财富的损失，而应是制度的进步、法制的完善、规则的调整和市场的成熟。

在全球资本市场的漫漫历史长河中，虽然中国资本市场的前途不可限量，但它毕竟年轻而懵懂。由于中国资本市场的发展历史很短，其行为和现象难以充分体现出规律性，还不太可能做到窥一斑而见全豹。为此，我们必须全面了解过去发生的具有典型意义和全球影响的他国或全球性的股市危机（金融危机）。虽然股市危机的形成原因不尽相同，但其理论逻辑大体一致。他山之石，可以攻玉。历史是面镜子。基于上述理解，《资本市场研究报告（2016）》的重点放在了对 2015 年中国股市危机和 1987 年“黑色星期一”之后全球几次大的股市危机（金融危机）的分析上，以期找到不同国家股市危机形成的不同特点和共同理论逻辑，然后在此基础上，提出完善中国资本市场的制度架构、政策措施和规则体系的系统建议。基于研究的设想和内容，我们将《中国资本市场研究报告（2016）》的主题定为“股市危机与政府干预：让历史告诉未来”。本研究报告的主报告内容曾在 2016 年 1 月 9 日于中国人民大学举行的“第二十届（2016 年度）中国资本市场论坛”上发布，反响较大。

本研究报告《股市危机与政府干预：让历史告诉未来》主要由中国人民大学金融与证券研究所（FSI）的专家团队完成，并由所长吴晓求教授主持，赵锡军教授、瞿强教授、董安生教授和施炜博士协助完成。在本研究报告主题思路的酝酿过程和研究讨论期间，吴晓求教授在FSI内部举行的几次研讨会上，曾就研究主题及写作思路做了详细解读，并亲自起草了写作大纲。在充分讨论的基础上，确定了各自的写作分工。

本研究报告分为总论、分论、专论和市场研究四个部分。其中，总论、分论和专论是本研究报告的核心内容及主体部分，是一个有机整体。市场研究是本研究报告的附录内容。写作分工为：总论，吴晓求；分论一，应展宇、黄春妍；分论二，瞿强；分论三，赵锡军、张夏、李好雪、韦博洋、赵扬、张江涛；分论四，陆超、孙冉、李刚、彭飞；分论五，张霞；分论六，李凤云、施炜、卢昱融、陈越、戴奥然、赖元杰、吴昊、郑韬；分论七，许荣、李少君、尹志锋、姚佩、李星汉、刘成立；专论一，瞿强；专论二，汤珂、曹圣熙、陈乾；专论三，董安生、朱宁、吴建丽、赵海瑞、杨皓月、刘民昊、田苗；专论四，徐昭、李诗瑶；基本分析，李永森、张宁、付敏、王琳；技术分析，李向科；政策分析，魏建华。

在本研究报告初稿完成后，赵锡军教授翻阅了研究报告的核心内容并提出了一些技术性修改建议，而后各相关作者就报告内容做了修改。最后，由吴晓求教授通读全文后定稿。中国人民大学金融与证券研究所赵振玲女士为本报告的编辑做了大量繁杂的事务性工作。

特别要感谢的是本研究报告得到了教育部社科司的大力支持，并从2011年起被列为教育部哲学社会科学研究（发展）报告资助项目；与此同时，本研究报告也得到了鑫苑（中国）置业有限公司和华融证券股份有限公司的特别支持，以及中国人民大学出版社的支持和帮助，谨此致谢！

中国人民大学金融与证券研究所（FSI）

2016年1月20日

Postscript

The year 2015 was an extraordinary year to the Chinese capital market, it was remembered in the history of the development of China's capital market. The most serious crisis broke in this year since the establishment of the Shanghai and Shenzhen Stock Exchange. The rapid increases of the stock prices which in turn were cliff falls, the market order became chaotic and the stability of the financial system was seriously threatened. In order to stabilize the market expectation, restore investors' confidence and maintain the financial system's stability, the Chinese government firstly intervened the market. Although evaluations of the bailout policies and strategies were different, we thought that, overall, the bailout was necessary and timely. With a number of bailout measures, the Chinese capital market returned to a normal track.

In the opening process of China's capital market, in order to effectively avoid and prevent the stock market crises in the future, it is necessary to profoundly rethink the evolution, the causes and the risk characteristics of the stock market crises. Based on the in-depth study, we proposed measures for institutional reforms and policy adjustments. In each time, the result of the crisis was not just the loss of wealth, but should be the progress of institutions, the improvement of legal systems, the adjustment of rules and the maturity of markets.

In the long history of global capital markets, although the Chinese capital market was very young, it had unlimited potentiality. Due to the short history, the behavior and phenomena in the history were difficult to fully reflect the regularity and the whole picture. Therefore, it was necessary to have a comprehensive understanding of the global stock market crises (financial crises) occurred in other countries, which had representative meaning and global influence. Although the causes of the stock market crises were different, the theoretical logic were the same. History is a mirror. In order to find the special characteristics and the common theoretical logic of the stock market crises in different countries, and thus to put forward policy measures and systematic recommendations to improve the regulatory systems and the institutional framework of China's capital market, the core contents of the 20th capital market research report were based on the analysis of the Chinese stock market crisis in 2015 and several major global stock market crises (financial crisis) after the "Black Monday" in 1987. The theme of China's capital market research report in 2016 was set to "The Stock Market Crisis and the Government Intervention: Let History Tell the Future". The main contents of this study were released at "the 20th (2016) China Capital Market Forum" on January 9th, 2016 at Renmin University of China, which received enthusiastic response.

This research report, "The Stock Market Crisis and the Government Intervention: Let History Tell the Future", was composed by experts from the research team of Finance and Securities Institute (FSI). The chief-author, also the director of FSI, Professor Wu Xiaoqiu, the routine vice director, Professor Zhao Xijun, the vice director, Professor Qu Qiang, the chief securities law expert, Professor Dong Ansheng and the chief researcher, Doctor Shi Wei contributed their knowledge and wisdom to the report. In the preparation phase, Professor Wu Xiaoqiu illustrated his personal point of view on this topic in FSI's internal seminar and enumerated the outline of the report. On the basis of sufficient preparations, this research report was divided into several parts, assigned to different contributors.

The study is composed of four parts: introduction, thesis, special topics and market research. The introduction, theses and special topics are the core and main body of the study. The market research is the appendix. The authors in each part are: Introduction, Wu Xiaoqiu; Thesis One, Ying Zhanyu, Huang Chunyan; Thesis Two, Qu Qiang; Thesis Three, Zhao Xijun, Zhang Xia, Li Yuxue, Wei Boyang, Zhao Yang, Zhang Jiangtao; Thesis Four, Lu Chao, Sun Ran, Li Gang, Peng Fei; Thesis Five, Zhang Xia; Thesis Six, Li Fengyun, Shi Wei, Lu Yurong, Chen Yue, Dai Aoran, Lai Yuanjie; Thesis Seven, Xu Rong, Li Shaojun, Yin Zhifeng, Yao Pei, Li Xinghan, Liu Chengli; Special

Topic One, Qu Qiang; Special Topic Two, Tang Ke, Cao Shengxi, Chen Qian; Special Topic Three, Dong Ansheng, Zhu Ning, Wu Jianli, Zhao Hairui, Yang Haoyue, Liu Minhao, Tian Miao; Special Topic Four, Xu Zhao, Li Shiyao; Basic Analysis, Li Yongsen, Zhang Ning, Fu Ming, Wang Lin; Technical Analysis, Li Xiangke; Policy Analysis, Wei Jianhua.

With the completion of the first version, Professor Zhao Xijun reviewed the contents and proposed some revision suggestions. In the end, Professor Wu Xiaoqiu re-examined the report and determined the final version. Mrs. Zhao Zhenling, who works in FSI, contributed a lot for the editing of the report.

In particular, this research report received substantial support from the Social Science Department of the Ministry of Education and has been selected as a sponsorship project in Philosophy and Social Science Research (Development) since 2011. Also, this research report obtained enormous assistance from Xinyuan Real Estate Co. Ltd., Huarong Securities Co. Ltd., and Renmin University Press. We appreciate very much their contributions.

Finance and Securities Institute (FSI) of Renmin University of China

January 20, 2016

图书在版编目（CIP）数据

中国资本市场研究报告．2016：股市危机与政府干预：让历史告诉未来/吴晓求等著．—北京：中国人民大学出版社，2016.7
（教育部哲学社会科学系列发展报告）
ISBN 978-7-300-22743-6

Ⅰ.①中… Ⅱ.①吴… Ⅲ.①资本市场-研究报告-中国 Ⅳ.①F832.5

中国版本图书馆 CIP 数据核字（2016）第 074084 号

教育部哲学社会科学系列发展报告
中国资本市场研究报告（2016）
股市危机与政府干预：让历史告诉未来
吴晓求　等著
Zhongguo Ziben Shichang Yanjiu Baogao（2016）

出版发行	中国人民大学出版社		
社　　址	北京中关村大街 31 号	**邮政编码**	100080
电　　话	010-62511242（总编室）		010-62511770（质管部）
	010-82501766（邮购部）		010-62514148（门市部）
	010-62515195（发行公司）		010-62515275（盗版举报）
网　　址	http://www.crup.com.cn http://www.ttrnet.com(人大教研网)		
经　　销	新华书店		
印　　刷	北京易丰印捷科技股份有限公司		
规　　格	170 mm×228 mm　16 开本	**版　　次**	2016 年 7 月第 1 版
印　　张	37.5 插页 1	**印　　次**	2016 年 7 月第 1 次印刷
字　　数	690 000	**定　　价**	89.00 元